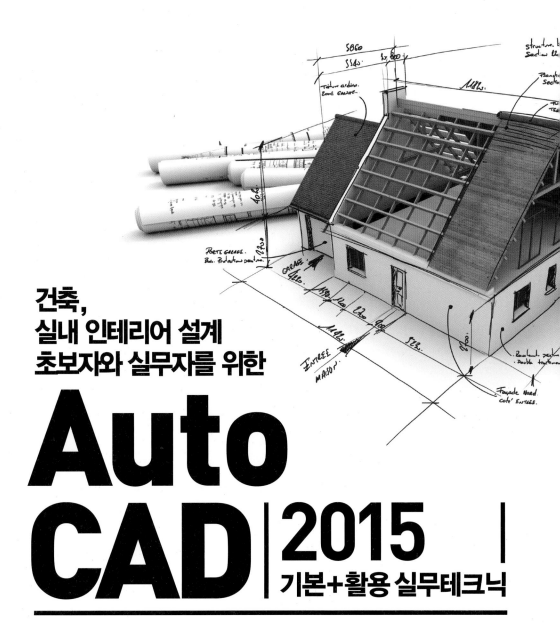

건축,
실내 인테리어 설계
초보자와 실무자를 위한

Auto CAD | 2015 |
기본+활용 실무테크닉

BM 성안당

고현정 지음

Foreign Copyright:
Joonwon Lee
Address: 10, Simhaksan-ro, Seopae-dong, Paju-si, Kyunggi-do,
Korea
Telephone: 82-2-3142-4151
E-mail: jwlee@cyber.co.kr

건축, 실내 인테리어 초보자와 실무자를 위한

AutoCAD 2015
기본+활용 실무테크닉

2015.   1. 21. 1판 1쇄 발행
2017.   2. 22. 1판 2쇄 발행
2019.   2. 19. 1판 3쇄 발행

저자와의
협의하에
검인생략

지은이 │ 고현정
펴낸이 │ 이종춘
펴낸곳 │ BM (주)도서출판 성안당

주소 │ 04032 서울시 마포구 양화로 127 첨단빌딩 5층(출판기획 R&D 센터)
10881 경기도 파주시 문발로 112 출판문화정보산업단지(제작 및 물류)

전화 │ 02) 3142-0036
031) 950-6300

팩스 │ 031) 955-0510

등록 │ 1973. 2. 1. 제406-2005-000046호

출판사 홈페이지 │ www.cyber.co.kr

ISBN │ 978-89-315-5589-9 (13000)

정가 │ 26,000원

이 책을 만든 사람들

책임 │ 최옥현
진행 │ 조혜란
본문 · 표지 디자인 │ 디박스
홍보 │ 정가현
국제부 │ 이선민, 조혜란, 김혜숙
마케팅 │ 구본철, 차정욱, 나진호, 이동후, 강호묵
제작 │ 김유석

■ **도서 A/S 안내**

성안당에서 발행하는 모든 도서는 저자와 출판사, 그리고 독자가 함께 만들어 나갑니다.
좋은 책을 펴내기 위해 많은 노력을 기울이고 있습니다. 혹시라도 내용상의 오류나 오탈자 등이
발견되면 **"좋은 책은 나라의 보배"**로서 우리 모두가 함께 만들어 간다는 마음으로 연락주시기
바랍니다. 수정 보완하여 더 나은 책이 되도록 최선을 다하겠습니다.
성안당은 늘 독자 여러분들의 소중한 의견을 기다리고 있습니다. 좋은 의견을 보내주시는 분께는
성안당 쇼핑몰의 포인트(3,000포인트)를 적립해 드립니다.
잘못 만들어진 책이나 부록 등이 파손된 경우에는 교환해 드립니다.

이때 Zoom 명령어를 실행하지 않으면 Limits 명령어는 화면에 재정의되지 않으므로 주의해야 합니다.

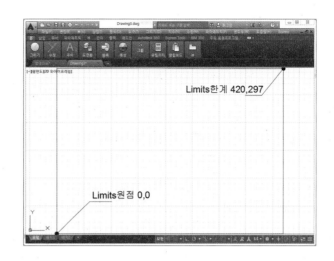

동적 명령어를 해제하고 명령어를 사용하고 싶을 때

마우스 커서에 명령어가 나타나고 움직이는 좌표마다 좌표와 각도 등을 표시하면 편리할 수도 있지만 도면 작업이 익숙한 경우에는 오히려 해당 내용이 나타나는 것이 불편할 수 있습니다. 이 경우 다음과 같은 방법을 사용하면 명령 행 위주로 작업할 수 있습니다.

1 [도구–제도 설정] 메뉴를 클릭합니다.

2 [제도 설정] 대화상자가 나타나면 그림과 같이 모든 체크 박스를 해제하여 명령 프롬프트에서만 내용이 나타나도록 합니다.

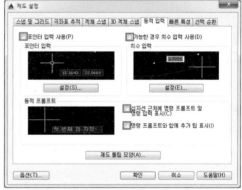

2 도면 그리기 걸음마 시작

이번에는 도면을 그리는 가장 기초적인 명령어를 알아보겠습니다. 도면을 그리는 명령어 및 수정하는 명령어의 가장 기초가 되는 좌표 개념과 기본 도형을 그리는 명령어에 대해 알아보면서 기초 도면 그리기를 시작해보겠습니다.

A u t o C A D 2 0 1 5

1 AutoCAD 좌표의 구성

AutoCAD가 도면으로서 가치가 있는 이유는 눈대중으로 대충 그린 그림이 아니라 정확한 좌표 시스템을 통한 정확한 수치를 기반으로 그린 도면이기 때문입니다. 따라서 캐드를 공부하려면 가장 먼저 좌표 시스템을 이해해야 합니다. 좌표 개념은 더하거나 빼는 연산을 기본으로 합니다.

1 | 절대 좌표

절대 좌표는 변하지 않는 화면의 고유 좌표를 말합니다. 즉, 임의로 변경할 수 없는 원래의 좌표를 말하며, 절대 좌표는 주로 기준점으로 사용하지만 이를 이용하여 도면을 작성하지는 않습니다. 다만, 이를 기준으로 상대 좌표나 상대 극좌표를 활용한다고 보면 됩니다.

> 절대 좌표
> **X좌표값, Y좌표값**

명령어 사용법 ▼

화면의 임의 지점에 대한 X, Y값을 입력하는 것으로, 입력한 순서에 따라 가로 위치값=X, 세로 위치값=Y가 입력됩니다. 어느 명령어를 사용하더라도 모든 절대 좌표 입력법은 [X좌표, Y좌표]만 입력하면 됩니다. 선이나 원 등을 그리는 경우 원하는 좌표값을 입력할 때 사용합니다. 선 그리는 명령을 이용하여 좌표 입력 방법을 익혀보겠습니다.

명령: LINE Enter
첫 번째 점 지정: 20,20 Enter
다음 점 지정 또는 [명령 취소(U)]: 60,20 Enter
다음 점 지정 또는 [명령 취소(U)]: 60,50 Enter
다음 점 지정 또는 [닫기(C)/명령 취소(U)]: 20,50 Enter
다음 점 지정 또는 [닫기(C)/명령 취소(U)]: 20,20 Enter
다음 점 지정 또는 [닫기(C)/명령 취소(U)]: Enter

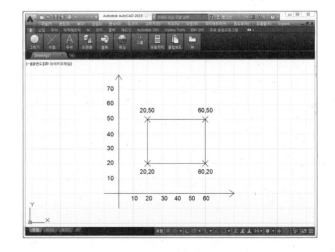

2 | 상대 좌표

상대 좌표는 화면 고유의 코드값만을 이용하여 도면을 그리기가
어렵기 때문에 현재 커서를 기준으로 이동된 거리만큼을 입력하
여 이동하는 좌표계로 주로 많이 사용합니다. 기준은 항상 현재

> 상대 좌표
> **@X의 이동 거리, Y의 이동 거리**

마우스 커서가 있는 위치로부터 가로(X)의 이동 거리 및 세로(Y)의 이동 거리를 입력하여 좌표를 이동합니다.
이때 절대 좌표와 구분하기 위해 '@'를 좌표값의 앞에 입력합니다.

명령어 사용법 ▼

그림과 같이 절대 좌표와 같은 크기의 사각형을 그리는 경우, 시작점은 마우
스로 클릭하거나 절대 좌표로 입력한 후 현재 커서의 위치를 기준으로 이동된 X와 Y의 길이값만 입력합니다.
따라서 가로인 좌우로 움직이는 경우 X값에, 세로인 상하로 움직이는 경우 Y값에 객체의 길이값을 입력하면
도면을 쉽게 작성할 수 있습니다. 선이나 원 등을 그리는 경우 원하는 좌표값을 입력할 때 사용합니다. 선 그
리는 명령을 이용한 좌표 입력 방법을 익혀보겠습니다.

명령: LINE Enter
첫 번째 점 지정: 20,20 Enter (또는 마우스로 임의의 점을 클릭)
다음 점 지정 또는 [명령 취소(U)]: @40,0 Enter
다음 점 지정 또는 [명령 취소(U)]: @0,30 Enter
다음 점 지정 또는 [닫기(C)/명령 취소(U)]: @-40,0 Enter
다음 점 지정 또는 [닫기(C)/명령 취소(U)]: @0,-30 Enter
다음 점 지정 또는 [닫기(C)/명령 취소(U)]: Enter

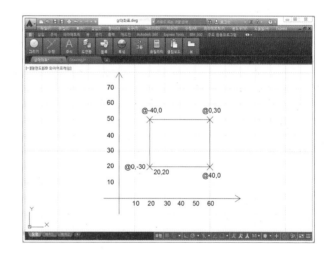

사선으로 이동할 때에는 그림과 같이 X값과
Y값을 함께 변경해야 합니다. 즉, 사선으로
이동하는 것은 X좌표로 이동한 후 다시 Y좌
표로 이동하는 것을 의미합니다.

명령: LINE Enter
첫 번째 점 지정: 마우스 클릭
다음 점 지정 또는 [명령 취소(U)]: @40,0 Enter
다음 점 지정 또는 [명령 취소(U)]: @-20,40 Enter
다음 점 지정 또는 [닫기(C)/명령 취소(U)]: @-20,-40 Enter
다음 점 지정 또는 [닫기(C)/명령 취소(U)]: Enter

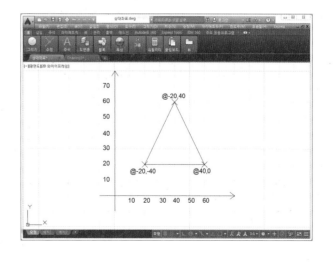

3 | 상대 극좌표

상대 극좌표는 상대 좌표와 마찬가지로 현재 커서의 위치를 기준으로 길이와 각도의 변화를 통해 좌표를 구성합니다. 즉, 길이와 이동 각도 방향을 입력하여 X와 Y의 이동 거리를 모르고 직선거리값과 해당 각도를 아는 경우에 이용합니다.

상대 극좌표

@길이값<각도

명령어 사용법 ▼

그림과 같이 시작점은 마우스로 클릭하거나 절대 좌표로 입력한 후 현재 커서의 위치를 기준으로 이동 길이만큼 원하는 각도 방향으로 움직입니다. 즉, '@치수<방향 각도'를 입력하여 원하는 좌표를 찾아가는 것입니다. 선이나 원 등을 그리는 경우, 원하는 좌표값을 입력할 때 사용합니다. 선 그리는 명령을 이용한 좌표 입력 방법을 익혀보겠습니다.

명령: LINE Enter
첫 번째 점 지정: 마우스 클릭
다음 점 지정 또는 [명령 취소(U)]: @30<0 Enter
다음 점 지정 또는 [명령 취소(U)]: @40<90 Enter
다음 점 지정 또는 [닫기(C)/명령 취소(U)]: @30<180 Enter
다음 점 지정 또는 [닫기(C)/명령 취소(U)]: @40<270 Enter
다음 점 지정 또는 [닫기(C)/명령 취소(U)]: Enter

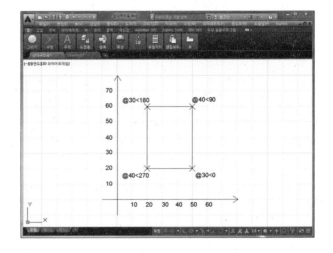

직선 방향의 경우 0도, 90도, 180도, 270도 방향을 통해 상하 좌우로 이동할 수 있습니다. 그러나 대각선 등 사선 방향으로 움직이는 경우에는 각도계 방향을 기준으로 0도부터 방향을 계산하여 움직입니다. 각도계는 시계 반대 방향으로 회전하는 것이므로 원하는 방향은 항상 0도에서 이동하는 각도 방향 전체를 읽어줍니다.

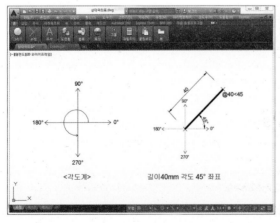

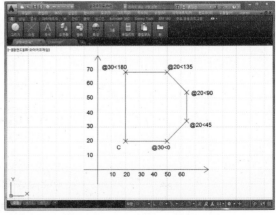

명령: LINE Enter
첫 번째 점 지정: 마우스 클릭
다음 점 지정 또는 [명령 취소(U)]: @30,0 Enter
다음 점 지정 또는 [명령 취소(U)]: @20〈45 Enter

다음 점 지정 또는 [닫기(C)/명령 취소(U)]: @20〈90 Enter
다음 점 지정 또는 [닫기(C)/명령 취소(U)]: @20〈135 Enter
다음 점 지정 또는 [닫기(C)/명령 취소(U)]: @30〈180 Enter
다음 점 지정 또는 [닫기(C)/명령 취소(U)]: C Enter

2 선분 그리기 Line

AutoCAD의 가장 기본이 되는 명령어로, 두 점을 선택한 후 그 두 점을 직선으로 연결하는 객체를 '선(Line)'이라고 합니다. 선은 최소 2점이며, 2점 이상의 경우 연속하는 여러 개의 객체가 모인 다중 선분이 만들어집니다. 선을 그리는 데에는 마우스를 클릭하는 방법, 좌표값을 입력하는 방법, 스냅과 그리드를 이용하여 입력하는 방법이 있습니다.

메뉴	도구 막대	리본 메뉴	명령 행
[그리기(D)-선(L)]	✎	[홈] 탭- [그리기] 패널-[선] ◨	Line(단축 명령어: L)

명령어 사용법 ▼

명령어를 입력한 후 원하는 지점을 마우스나 좌표값을 이용하여 입력합니다. 다음 점 지정 명령어를 보면서 원하는 위치의 다음 점을 마우스 또는 좌표값을 이용하여 입력합니다.

명령: LINE Enter
첫 번째 점 지정:
→ 선분의 첫 번째 점의 위치를 입력합니다.
다음 점 지정 또는 [명령 취소(U)]:
→ 선분의 두 번째 점의 위치를 입력합니다.
다음 점 지정 또는 [명령 취소(U)]:
→ 선분의 세 번째 점의 위치를 입력합니다.
다음 점 지정 또는 [닫기(C)/명령 취소(U)]: Enter
→ 더 이상 입력할 위치가 없는 경우 Enter 를 눌러 명령어를 종료합니다.

명령어 옵션 해설 ▼

선(Line) 그리기 명령어의 옵션은 그린 선분을 취소하거나, 시작점과 마지막 점을 연결하여 닫아주거나, 명령어를 종료하는 등 선 그리기 명령어를 도와 명령어를 완성하는 역할을 합니다.

옵션	옵션 해설
명령 취소(U)	진행하던 선분 하나하나를 역으로 취소합니다.
닫기(C)	[Close] 옵션으로 그리던 선분의 시작점과 마지막 점을 연결하여 닫고 명령어를 종료합니다.

선(Line) 그리기 명령어의 순서와 적용 방법을 순차적으로 실습합니다. 특히, 앞에서 배운 좌표값을 이용한 선 그리기 연습을 통해 좌표계와 선을 그리는 명령어를 다양하게 익히도록 합니다.

1 | 마우스로 선 그리기

01 먼저 새 도면을 연 후 도면 한계인 Limits를 그림과 같이 설정하고 Zoom 명령어를 통해 도면 한계를 도면에 세팅합니다.

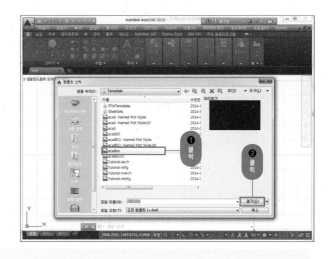

명령: NEW Enter

명령: LIMITS Enter
모형 공간 한계 재설정:
왼쪽 아래 구석 지정 또는 [켜기(ON)/끄기(OFF)] ⟨0.0000,0.0000⟩: Enter
오른쪽 위 구석 지정 ⟨420.0000,297.0000⟩: 120,90 Enter

명령: ZOOM Enter
윈도우 구석 지정, 축척 비율(nX 또는 nXP) 입력 또는
[전체(A)/중심(C)/동적(D)/범위(E)/이전(P)/축척(S)/윈도우(W)/객체(O)] ⟨실시간⟩: a Enter
모형 재생성 중 …

02 도면이 열리면 그림과 같이 명령어를 입력한 후 마우스로 선분을 그리는 연습을 합니다.

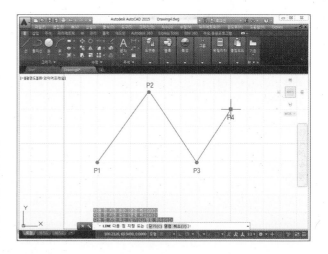

명령: LINE Enter
첫 번째 점 지정: P1점 클릭
다음 점 지정 또는 [명령 취소(U)]: P2점 클릭
다음 점 지정 또는 [명령 취소(U)]: P3점 클릭
다음 점 지정 또는 [닫기(C)/명령 취소(U)]: P4점 클릭

03 명령 취소를 실행하기 위해 [U] 옵션을
입력합니다.

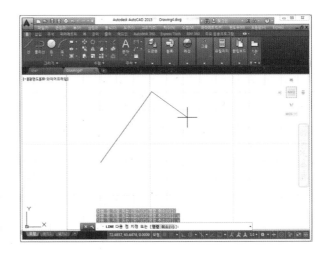

다음 점 지정 또는 [닫기(C)/명령 취소(U)]: U Enter
다음 점 지정 또는 [닫기(C)/명령 취소(U)]: U Enter

04 선분이 하나만 남았습니다. 1개의 선분
을 더 그린 후 [C] 옵션을 이용하여 선을
닫고 명령어를 종료합니다.

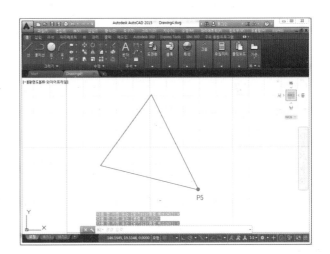

다음 점 지정 또는 [명령 취소(U)]: P5점 클릭
다음 점 지정 또는 [닫기(C)/명령 취소(U)]: C Enter

2 | 상대 좌표로 선 그리기

● 완성 파일: **Sample/EX01.dwg**

먼저 새 도면을 연 후 도면 한계인 Limits를
그림과 같이 설정하고 Zoom 명령어를 통해
도면 한계를 도면에 세팅합니다.

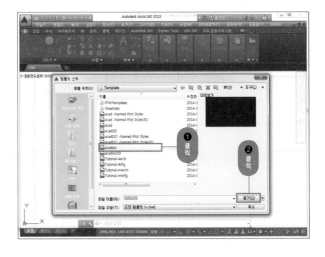

명령: NEW Enter

명령: LIMITS Enter
모형 공간 한계 재설정:
왼쪽 아래 구석 지정 또는 [켜기(ON)/끄기(OFF)] ⟨0.0000,0.0000⟩: Enter
오른쪽 위 구석 지정 ⟨420.0000,297.0000⟩: 120,90 Enter

명령: ZOOM Enter
윈도우 구석 지정, 축척 비율(nX 또는 nXP) 입력 또는
[전체(A)/중심(C)/동적(D)/범위(E)/이전(P)/축척(S)/윈도우(W)/객체(O)] ⟨실시간⟩: a Enter
모형 재생성 중 …

상대 좌표를 이용하여 다음의 도형을 그립니다. 시작점은 절대 좌표값을 입력한 후 상대 좌표값을 입력하고, 마지막 점은 [C] 옵션을 이용하여 닫습니다.

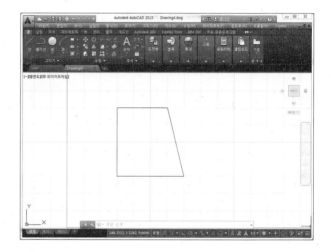

명령: LINE Enter
첫 번째 점 지정: 30,30 Enter
다음 점 지정 또는 [명령 취소(U)]: @40,0 Enter
다음 점 지정 또는 [명령 취소(U)]: @-10,40 Enter
다음 점 지정 또는 [닫기(C)/명령 취소(U)]: @-30,0 Enter
다음 점 지정 또는 [닫기(C)/명령 취소(U)]: @0,-40 Enter
다음 점 지정 또는 [닫기(C)/명령 취소(U)]: Enter

3 | 상대 극좌표로 선 그리기

● 완성 파일: **Sample/EX02.dwg**

먼저 새 도면을 연 후 도면 한계인 Limits를 그림과 같이 설정하고 Zoom 명령어를 통해 도면 한계를 도면에 세팅합니다.

명령: NEW Enter

명령: LIMITS Enter
모형 공간 한계 재설정:
왼쪽 아래 구석 지정 또는 [켜기(ON)/끄기(OFF)] ⟨0.0000,0.0000⟩: Enter
오른쪽 위 구석 지정 ⟨420.0000,297.0000⟩: 120,90 Enter

명령: ZOOM Enter
윈도우 구석 지정, 축척 비율(nX 또는 nXP) 입력 또는
[전체(A)/중심(C)/동적(D)/범위(E)/이전(P)/축척(S)/윈도우(W)/객체(O)] ⟨실시간⟩: a Enter
모형 재생성 중 …

상대 극좌표를 이용하여 다음 도형을 그립니다. 시작점은 절대 좌표값을 입력한 후 상대 극좌표값을 입력하고 마지막 점은 [C] 옵션을 이용하여 닫습니다.

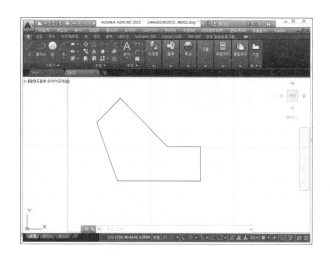

명령: LINE Enter
첫 번째 점 지정: 30,30 Enter
다음 점 지정 또는 [명령 취소(U)]: @50<0 Enter
다음 점 지정 또는 [명령 취소(U)]: @20<90 Enter
다음 점 지정 또는 [닫기(C)/명령 취소(U)]: @20<180 Enter
다음 점 지정 또는 [닫기(C)/명령 취소(U)]: @40<135 Enter
다음 점 지정 또는 [닫기(C)/명령 취소(U)]: @20<225 Enter
다음 점 지정 또는 [닫기(C)/명령 취소(U)]: C Enter

3 객체 지우기 Erase

화면에 그려진 객체를 지우는 명령어입니다. 명령 취소(Undo)와 달리 선택하는 객체만 삭제하는 명령어입니다. 한 번에 하나 또는 하나 이상의 객체를 선택하여 객체를 지웁니다.

메뉴	리본 메뉴	명령 행
[수정(M)-지우기(E)]	[홈] 탭-[수정]-[지우기]	Erase(단축 명령어: E)/ Delete

명령어 사용법

명령어를 입력한 후 지울 대상 객체를 마우스로 하나씩 선택하거나 클릭, 드래그하여 상자를 만들고 객체를 상자 영역 안에 포함하여 선택합니다. 선택이 완료되면 Enter를 눌러 완료해야만 해당 객체가 지워집니다.

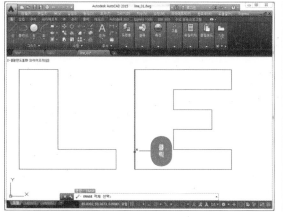

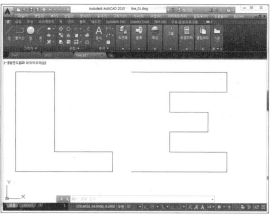

명령: ERASE Enter
객체 선택:
→ 원하는 객체를 마우스로 클릭합니다.
1개를 찾음
→ 선택한 객체의 개수를 숫자로 표시하여 선택됨을 알려줍니다.
객체 선택: Enter
→ 선택 완료 시 Enter 를 눌러 Erase 명령어를 완료합니다.

TIP

상자를 이용한 객체 선택법

화면에 선택해야 하는 객체가 많은 경우에는 한 번에 하나씩 선택하는 것이 불편합니다. 이때 마우스를 빈 공간에서 대각선 방향으로 드래그하여 상자를 만들고 그 상자 안에 객체가 조금이라도 포함되면 선택되도록 하거나 완전히 포함된 객체만 선택되도록 하는 Object Selection을 이용하면 편리하게 선택할 수 있습니다.

1 Crossing Selection(마우스를 오른쪽에서 왼쪽으로 드래그하기)

여러 개의 객체를 선택하는 경우, 객체가 없는 빈 공간을 클릭한 후 오른쪽에서 왼쪽으로 마우스를 드래그하면 연두색 반투명의 점선 상자가 나타나고, 그 안에 일부라도 포함된 객체가 있다면 모두 선택됩니다. 한 번에 여러 개를 선택하는 경우에 편리하게 이용할 수 있습니다. Erase 명령어뿐만 아니라 객체를 선택하는 모든 명령어에 사용합니다.

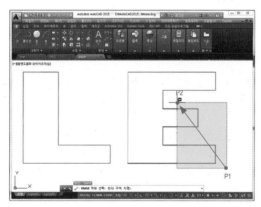
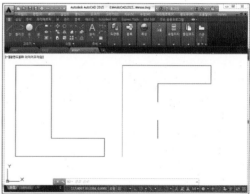

2 Window Selection(마우스를 왼쪽에서 오른쪽으로 드래그하기)

여러 개의 객체를 선택하는 경우, 객체가 없는 빈 공간을 클릭한 후 왼쪽에서 오른쪽으로 마우스를 드래그하면 파란색 반투명의 실선 상자가 나타나고, 그 안에 완전하게 포함된 객체가 있다면 모두 선택됩니다. 복잡한 객체들 사이에 원하는 객체만 선택하는 경우에 편리하게 이용할 수 있습니다. Erase 명령어뿐만 아니라 객체를 선택하는 모든 명령어에 사용합니다.

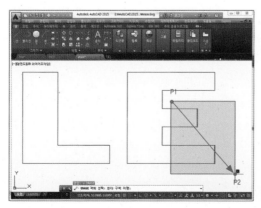
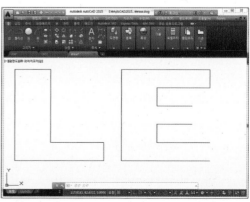

명령어 사용법

객체를 선택하는 다양한 방법을 통해 Erase 명령어를 연습해봅니다.

● 실습 파일: Sample/EX03.dwg   ● 완성 파일: Sample/EX03-F.dwg

01 먼저 Open 명령어를 이용하거나 🖱️ 아이콘을 클릭한 후 [파일 열기]를 선택하여 'Sample/EX03.dwg' 파일을 엽니다.

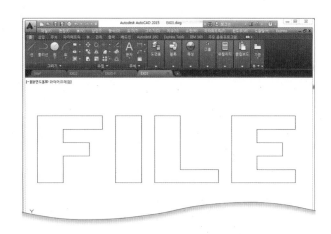

02 Erase 명령어를 입력하거나 단축 명령어인 'E'를 입력하고 그림과 같이 각각의 객체를 하나씩 선택합니다. 더 이상 선택할 객체가 없는 경우 Enter를 눌러 명령어를 완료합니다. 선택만 하고 Enter를 누르지 않으면 명령어가 실행되지 않습니다.

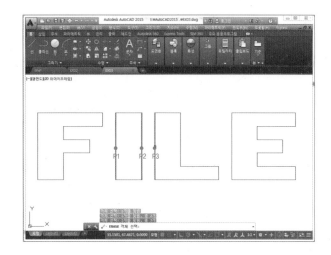

명령: ERASE Enter
객체 선택: 1개를 찾음
→ P1점 클릭
객체 선택: 1개를 찾음, 총 2개
→ P2점 클릭
객체 선택: 1개를 찾음, 총 3개
→ P3점 클릭
객체 선택: Enter

03 다시 Erase 명령어를 입력한 후 마우스로 빈 공간을 오른쪽에서 왼쪽 대각선 방향으로 클릭, 드래그하여 그림과 같이 여러 개의 객체를 다중 선택합니다.

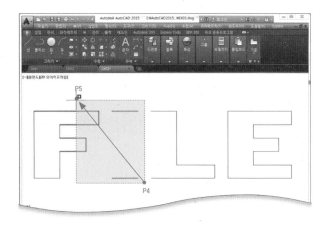

명령: ERASE Enter
객체 선택: 반대 구석 지정: 8개를 찾음
→ P4~P5점 클릭, 드래그
객체 선택: Enter

04 이번에는 Erase 명령어를 다시 입력하후 마우스를 왼쪽에서 오른쪽으로 드래그하여 상자 안에 완전히 포함된 객체만 선택하여 지웁니다.

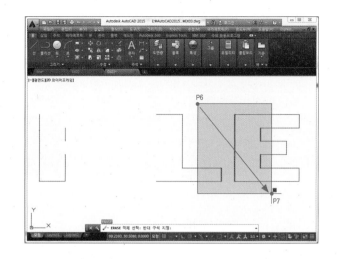

명령: ERASE [Enter]
객체 선택: 반대 구석 지정: 4개를 찾음
→ P6~P7점 클릭
객체 선택: [Enter]

05 그림과 같이 객체가 지워졌습니다. 이를 완성 파일과 비교해보기 바랍니다.

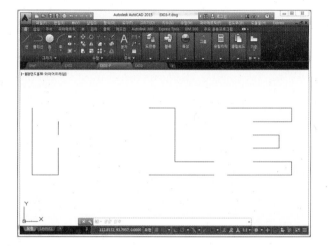

4 명령 취소하기 Undo, 되돌리기 Redo

화면에서 작업하다가 현재 상태를 취소하고 싶은 경우에는 Undo를 사용합니다. 선을 그리다가 Undo를 하면 선을 그리기 전 상태로 되돌아가고, Erase 명령어를 취소하면 지워진 객체가 다시 복원됩니다.

메뉴	신속 접근 도구 막대	명령 행
[편집(E)-명령 취소(U)]	신속 접근 메뉴 ⬅	Undo(단축 명령어: U)

명령어 사용법 ▼

도면 작업을 하다가 바로 직전에 실행한 명령어를 취소하고 싶은 경우에는 단축 명령어인 'U'를 입력하거나 신속 접근 메뉴의 ⬅ 아이콘을 클릭하여 직전 취소를 합니다. 한 번에 하나의 명령어가 취소됩니다.

01 먼저 Line 명령어의 단축키인 'L'을 입력한 후 그림과 같이 선분을 그립니다.

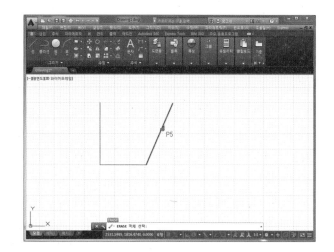

명령: L Enter
Line
첫 번째 점 지정: P1점 클릭
다음 점 지정 또는 [명령 취소(U)]: P2점 클릭
다음 점 지정 또는 [명령 취소(U)]: P3점 클릭
다음 점 지정 또는 [닫기(C)/명령 취소(U)]: P4점 클릭
다음 점 지정 또는 [닫기(C)/명령 취소(U)]: Enter

02 그려진 선분을 하나 지우기 위해 [Erase]의 단축 명령어인 'E'를 입력한 후 다음의 객체를 클릭하여 지웁니다.

명령: E Enter
Erase
객체 선택: 1개를 찾음
→ P5점 클릭
객체 선택: Enter

03 바로 직전에 실행된 명령어는 Erase입니다. 직전 취소 명령어인 'U'를 입력합니다. Erase로 지워진 객체가 다시 복원됩니다.

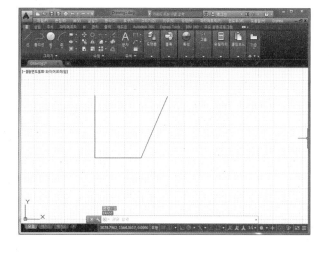

명령: U Enter
Erase
→ Undo로 취소된 명령어를 표시합니다.

04 한 번 더 'U'를 입력합니다. Erase 직전
에는 Line 명령어가 실행되어 선분을
그렸기 때문에 다시 'U'를 입력하면 Erase 앞
에 실행된 Line 명령어가 취소되어 Line으로
그려진 객체가 그려지기 전 상태로 되돌아가
없어집니다.

명령: U Enter
Line GROUP 옵션→Undo로 취소된 명령어를 표시합니다.

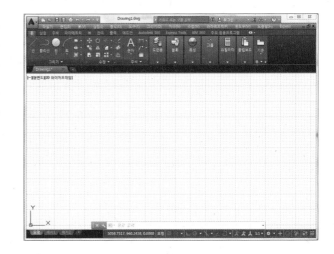

05 이때 U를 오랫동안 누르는 경우 취소하
지 않아야 하는 명령어도 취소되는 경우
가 발생합니다. 이때에는 Redo 명령어를 이용
하여 Undo 명령어를 되돌려줍니다. 단, Redo
는 Undo를 행하고 바로 실행해야 합니다.

명령: REDO Enter
Line
→ 복원된 명령어를 표시합니다.

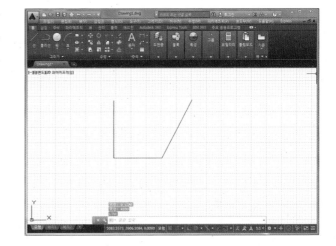

TIP

Undo와 Redo는 단축키나 신속 접근 도구 막대를 이용하세요

Undo와 Redo는 단축키를 사용하는 것도 좋지만, 신속 접근 도구 막대를 이용하면 편리합니다.
또한 Undo의 경우 Ctrl + Z 도 윈도우 사용자들이 공통으로 사용하는 단축키이므로 이와 함께
사용하는 것이 좋습니다. Redo의 Ctrl + Y 를 이용하거나 신속 접근 도구 막대의 경우 나란하게
나타나며, 한 번씩 아이콘을 클릭하면 Undo와 Redo를 교대로 실행할 수 있습니다. 또한 신속
접근 도구 막대를 이용할 때 [목록] 버튼을 누르면 사용한 명령어를 보면서 순차적으로 취소하는
대신 여러 단계를 한 번에 보면서 취소할 수도 있습니다.

명령어	Undo	Redo
신속 접근 도구 막대		
단축키	Ctrl + Z	Ctrl + Y

AutoCAD 2015

좌표값을 이용하여 도형 그리기 (1)

앞에서 배운 좌표계를 이용하여 다음의 도형을 그려봅니다. 가장 많이 사용하는 상대 좌표인 [@X의 이동 거리, Y의 이동 거리]를 이용하여 다음의 'S'자 도형을 그려봅니다. 같은 내용을 [@길이값-각도 방향]을 이용한 상대 극좌표로 'E'자 도형을 그려봅니다. 초기 화면은 Limits부터 설정하여 그려볼 예정이므로, 파일은 열지 말고 완성 도면만 보고 그려보기 바랍니다.

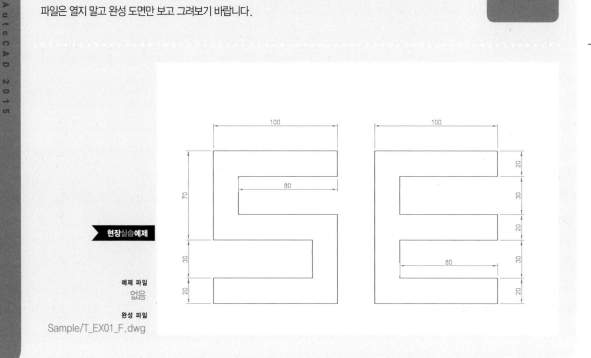

현장실습예제

예제 파일
없음

완성 파일
Sample/T_EX01_F.dwg

01 ···· 먼저 새 도면을 엽니다. 새 도면을 열 때는 Ctrl + N 을 누르거나 신속 접근 도구 막대의 새 도면 아이콘을 누른 후 그림과 같은 대화상자가 나타나면 acadiso.dwt 파일이 선택된 것을 확인한 후 [열기] 버튼을 클릭하면 됩니다.

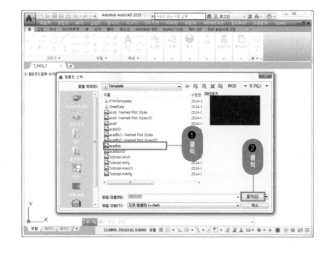

02 새 도면의 Limits는 A3 사이즈에 맞춰져 있으므로 Limits 명령어를 통해 A4 사이즈로 변경합니다. Limits를 변경하고 나면 Zoom 명령어를 통해 반드시 크기를 화면에 고정해야 합니다.

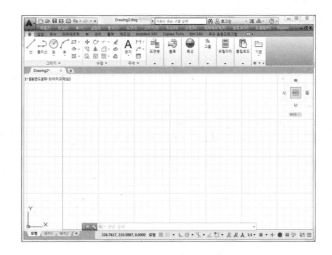

명령: LIMITS `Enter`
모형 공간 한계 재설정:
왼쪽 아래 구석 지정 또는 [켜기(ON)/끄기(OFF)] ⟨0.0000,0.0000⟩: `Enter`
오른쪽 위 구석 지정 ⟨420.0000,297.0000⟩: 297,210 `Enter`
→ 원하는 화면 크기의 가로, 세로 크기값을 입력합니다.

명령: Z `Enter`
Zoom
윈도우 구석 지정, 축척 비율(nX 또는 nXP) 입력 또는
[전체(A)/중심(C)/동적(D)/범위(E)/이전(P)/축척(S)/윈도우(W)/객체(O)] ⟨실시간⟩: a `Enter`
모형 재생성 중 …
→ 변경한 Limits값이 화면에 고정되도록 합니다.

03 상대 좌표를 이용하여 선을 그립니다. 먼저 선 그리기 명령어인 Line 명령어의 단축키인 'L'을 입력하고 그림과 같이 좌표값을 입력하여 'S'를 그립니다.

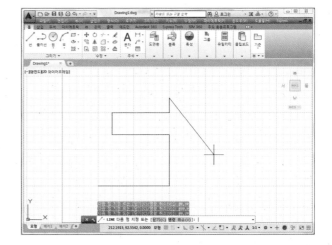

명령: L `Enter`
Line
첫 번째 점 지정: 50,50 `Enter`
다음 점 지정 또는 [명령 취소(U)]: @100,0 `Enter`
다음 점 지정 또는 [명령 취소(U)]: @0,70 `Enter`
다음 점 지정 또는 [닫기(C)/명령 취소(U)]: @-80,0 `Enter`
다음 점 지정 또는 [닫기(C)/명령 취소(U)]: @0,30 `Enter`
다음 점 지정 또는 [닫기(C)/명령 취소(U)]: @80,0 `Enter`
다음 점 지정 또는 [닫기(C)/명령 취소(U)]: @0,20 `Enter`

04 계속 다음의 좌표값을 입력하여 도형을 완성합니다. 이제 반복되는 패턴을 알 수 있습니다. 오른쪽, 왼쪽은 X값이 변화되고, 위, 아래는 Y값이 변화된다는 것을 알 수 있습니다. 즉, 오른쪽(+X), 왼쪽(-X), 위쪽(+Y), 아래쪽(-Y)입니다. 맨 마지막 점과 시작점은 자동으로 연결한 후 명령어를 마치는 [C] 옵션을 이용합니다.

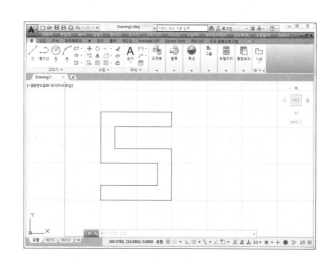

다음 점 지정 또는 [닫기(C)/명령 취소(U)]: @-100,0 Enter
다음 점 지정 또는 [닫기(C)/명령 취소(U)]: @0,-70 Enter
다음 점 지정 또는 [닫기(C)/명령 취소(U)]: @80,0 Enter
다음 점 지정 또는 [닫기(C)/명령 취소(U)]: @0,-30 Enter
다음 점 지정 또는 [닫기(C)/명령 취소(U)]: @-80,0 Enter
다음 점 지정 또는 [닫기(C)/명령 취소(U)]: C Enter

05 다음은 옆의 'E' 문자 도형을 상대 극좌표를 이용하여 그려봅니다. 시작점은 절대 좌표로 입력합니다. 이때 절대 좌표 대신 마우스로 임의의 지점을 클릭하여 선택해도 됩니다.

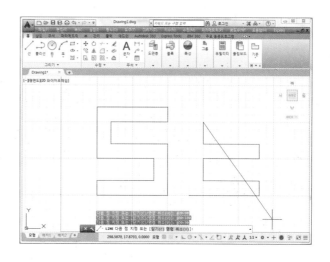

명령: L Enter
Line
첫 번째 점 지정: 180,50 Enter
다음 점 지정 또는 [명령 취소(U)]: @100<0 Enter
다음 점 지정 또는 [명령 취소(U)]: @20<90 Enter
다음 점 지정 또는 [닫기(C)/명령 취소(U)]: @80<180 Enter
다음 점 지정 또는 [닫기(C)/명령 취소(U)]: @30<90 Enter
다음 점 지정 또는 [닫기(C)/명령 취소(U)]: @80<0 Enter
다음 점 지정 또는 [닫기(C)/명령 취소(U)]: @20<90 Enter
다음 점 지정 또는 [닫기(C)/명령 취소(U)]: @80<180 Enter
다음 점 지정 또는 [닫기(C)/명령 취소(U)]: @30<90 Enter

다음 점 지정 또는 [닫기(C)/명령 취소(U)]: @80<0 Enter
다음 점 지정 또는 [닫기(C)/명령 취소(U)]: @20<90 Enter
다음 점 지정 또는 [닫기(C)/명령 취소(U)]: @100<180 Enter
다음 점 지정 또는 [닫기(C)/명령 취소(U)]: C Enter

06 상대 극좌표도 상대 좌표처럼 규칙적으로 움직인다는 것을 확인했습니다. 먼저 오른쪽은 0도, 왼쪽은 180도, 위쪽은 90도, 아래쪽은 270도로 이동하는 것을 확인할 수 있습니다. 마지막 점과 시작점은 [C] 옵션을 이용하여 닫고 명령어를 종료합니다.

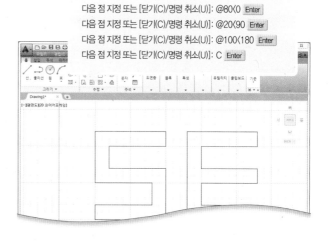

AutoCAD 2015

좌표값을 이용하여 도형 그리기 (2)

앞에서는 수직, 수평 방향으로 이동하는 방법에 대해 알아보았지만, 이번에는 사선이나 대각선 방향으로
이동하는 방법에 대해 알아보겠습니다. 하지만 반드시 모든 도형을 이렇게 상대 좌표나 상대 극좌표만을
이용하여 한 바퀴 돌아오듯 그리는 것은 아닙니다. 지금은 좌표값을 익히는 과정이므로 한 가지씩 실습해보기
바랍니다.

현장실습예제

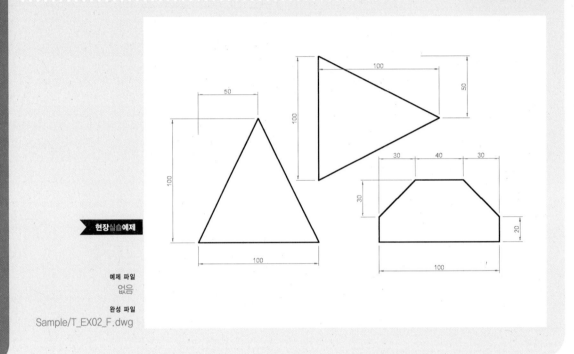

예제 파일
없음

완성 파일
Sample/T_EX02_F.dwg

01 먼저 새 도면을 엽니다. 새 도면을 열
때에는 Ctrl + N 을 누르거나 신속 접근
도구 막대의 새 도면 아이콘 을 눌러 그림
과 같은 대화상자가 나타났을 때 acadiso.
dwt 파일이 선택된 것을 확인한 후 [열기] 버
튼을 클릭합니다.

02 새 도면의 Limits는 A3 사이즈에 맞춰 져 있으므로 Limits 명령어를 통해 A4 사이즈로 변경합니다. Limits를 변경하고 나면 Zoom 명령어를 통해 반드시 크기를 화면에 고정해야 합니다.

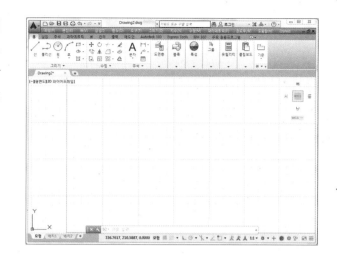

명령: LIMITS Enter
모형 공간 한계 재설정:
왼쪽 아래 구석 지정 또는 [켜기(ON)/끄기(OFF)] ⟨0.0000,0.0000⟩: Enter
오른쪽 위 구석 지정 ⟨420.0000,297.0000⟩: 297,210 Enter
→ 원하는 화면 크기의 가로, 세로 크기값을 입력합니다.

명령: Z Enter
Zoom
윈도우 구석 지정, 축척 비율(nX 또는 nXP) 입력 또는
[전체(A)/중심(C)/동적(D)/범위(E)/이전(P)/축척(S)/윈도우(W)/객체(O)] ⟨실시간⟩: a Enter
모형 재생성 중 …
→ 변경한 Limits값이 화면에 고정되도록 합니다.

03 Line 명령어의 단축키인 'L'을 입력하고 그림과 같이 절대 좌표를 이용하여 시작점을 입력합니다. 선분의 시작점은 절대 좌표 대신 마우스로 임의의 지점을 클릭해도 관계 없습니다. 이번에는 X축과 Y축을 동시에 입력하여 수직, 수평으로 한 번에 이동합니다.

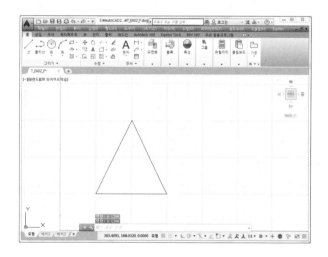

명령: L Enter
Line
첫 번째 점 지정: 50,50 Enter
다음 점 지정 또는 [명령 취소(U)]: @100,0 Enter
다음 점 지정 또는 [명령 취소(U)]: @-50,100 Enter
다음 점 지정 또는 [닫기(C)/명령 취소(U)]: @-50,-100 Enter
다음 점 지정 또는 [닫기(C)/명령 취소(U)]: Enter

04 두 번째는 위쪽에 사선으로 옆으로 이동하는 선을 그려봅니다. Line 명령어의 단축키인 'L'을 입력하고 시작점은 그림과 같이 절대 좌표로 클릭하거나 마우스로 클릭하며, 상대 좌표를 이용하여 X축과 Y축을 동시에 변경하여 이동합니다. 사선은 결국 직선으로 두 번 이동하여 좌표를 알아내는 방식이라고 생각하면 됩니다.

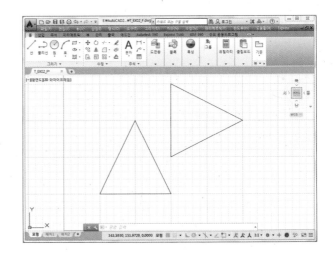

명령: L Enter
Line
첫 번째 점 지정: 150,100 Enter
다음 점 지정 또는 [명령 취소(U)]: @100,50 Enter
다음 점 지정 또는 [명령 취소(U)]: @-100,50 Enter
다음 점 지정 또는 [닫기(C)/명령 취소(U)]: @0,-100 Enter
다음 점 지정 또는 [닫기(C)/명령 취소(U)]: Enter

05 이번에는 좌우 대칭 방향으로 도형을 만들어 봅니다. Line 명령어의 단축키인 'L'을 입력한 후 시작점은 절대 좌표나 마우스로 클릭하여 선택합니다. 그림과 같이 상대 좌표를 이용하여 이동합니다.

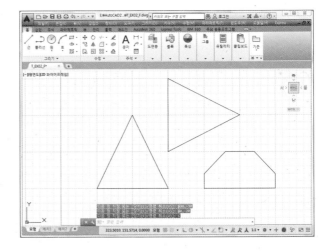

명령: L Enter
Line
첫 번째 점 지정: 200,50 Enter
다음 점 지정 또는 [명령 취소(U)]: @0,20 Enter
다음 점 지정 또는 [명령 취소(U)]: @30,30 Enter
다음 점 지정 또는 [닫기(C)/명령 취소(U)]: @40,0 Enter
다음 점 지정 또는 [닫기(C)/명령 취소(U)]: @30,-30 Enter
다음 점 지정 또는 [닫기(C)/명령 취소(U)]: @0,-20 Enter
다음 점 지정 또는 [닫기(C)/명령 취소(U)]: C Enter

좌표값을 이용하여 도형 그리기 (3)

앞에서는 수직, 수평 방향으로만 이동하는 방법에 대해 알아보았지만, 이번에는 사선이나 대각선 방향으로 이동하는 방법에 대해 알아보겠습니다. 하지만 반드시 모든 도형을 상대 좌표나 상대 극좌표만을 이용하여 한 바퀴 돌아오듯 그리는 것은 아닙니다. 지금은 좌표값을 익히는 과정이므로 한 가지씩 실습해보기 바랍니다.

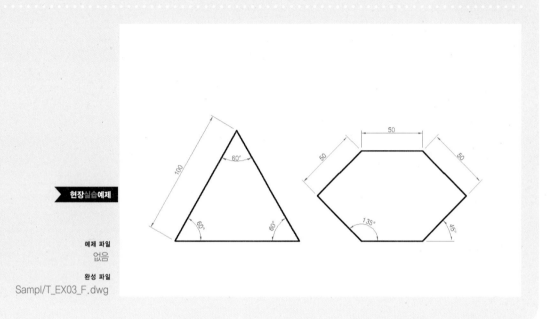

현장실습**예제**

예제 파일
없음

완성 파일
Sampl/T_EX03_F.dwg

01 먼저 새 도면을 엽니다. 새 도면을 열 때는 Ctrl + N 을 누르거나 신속 접근 도구 막대의 새 도면 아이콘 📄 을 눌러 그림과 같은 대화상자가 나타났을 때 acadiso.dwt 파일이 선택된 것을 확인한 후 [열기] 버튼을 클릭합니다.

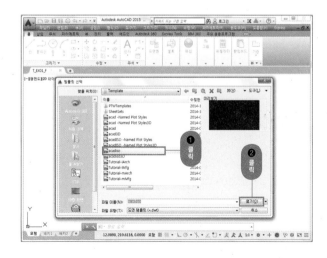

02 새 도면의 Limits는 A3 사이즈에 맞춰져 있으므로 Limits 명령어를 통해 A4 사이즈로 변경합니다. Limits를 변경하고 나면 Zoom 명령어를 통해 반드시 크기를 화면에 고정합니다.

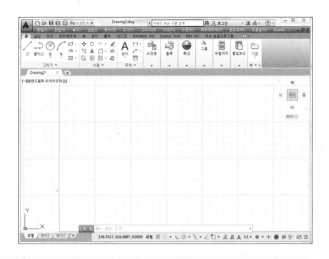

명령: LIMITS Enter
모형 공간 한계 재설정:
왼쪽 아래 구석 지정 또는 [켜기(ON)/끄기(OFF)] 〈0.0000,0.0000〉: Enter
오른쪽 위 구석 지정 〈420.0000,297.0000〉: 297,210 Enter
→ 원하는 화면 크기의 가로, 세로 크기값을 입력합니다.

명령: Z Enter
Zoom
윈도우 구석 지정, 축척 비율(nX 또는 nXP) 입력 또는
[전체(A)/중심(C)/동적(D)/범위(E)/이전(P)/축척(S)/윈도우(W)/객체(O)] 〈실시간〉: a Enter
모형 재생성 중 …
→ 변경한 Limits값이 화면에 고정되도록 합니다.

03 먼저 Line 명령어의 단축키인 'L'을 입력한 후 시작점은 절대 좌표나 마우스로 클릭하여 선택하고 그림과 같이 상대 극좌표를 이용하여 이동합니다. 정삼각형의 내각은 모두 180도로 동일하다는 전제하에 내각을 포함한 전체 각을 기준으로 각도를 계산합니다.

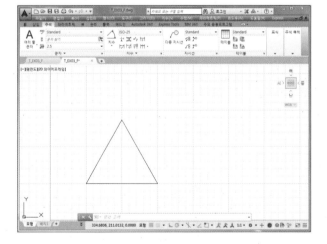

명령: L Enter
Line
첫 번째 점 지정: 50,50 Enter
다음 점 지정 또는 [명령 취소(U)]: @100〈0 Enter
다음 점 지정 또는 [명령 취소(U)]: @100〈120 Enter
다음 점 지정 또는 [닫기(C)/명령 취소(U)]: @100〈240 Enter
다음 점 지정 또는 [닫기(C)/명령 취소(U)]: Enter

04 이번에는 한 변의 길이가 '50'인 육각형 도형을 그려보겠습니다. Line 명령어의 단축키인 'L'을 입력한 후 시작점을 그림과 같이 입력하고 한 변의 길이와 각도를 계산하여 입력합니다.

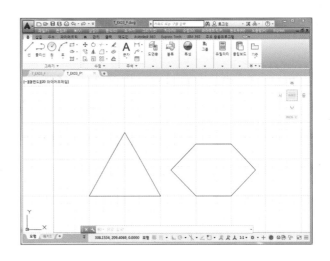

명령: L [Enter]
Line
첫 번째 점 지정: 250,50 [Enter]
다음 점 지정 또는 [명령 취소(U)]: @50<45 [Enter]
다음 점 지정 또는 [명령 취소(U)]: @50<135 [Enter]
다음 점 지정 또는 [닫기(C)/명령 취소(U)]: @50<180 [Enter]
다음 점 지정 또는 [닫기(C)/명령 취소(U)]: @50<225 [Enter]
다음 점 지정 또는 [닫기(C)/명령 취소(U)]: @50<315 [Enter]
다음 점 지정 또는 [닫기(C)/명령 취소(U)]: C [Enter]

5 동그라미, 원 그리기 Circle

Circle는 원을 그리는 명령어입니다. 보통 원은 중심점과 반지름으로 이루어져 있으며, 원이 갖는 다양한 점을 이용하여 원을 그리는 다양한 옵션이 있습니다.

메뉴	리본 메뉴	명령 행
[그리기(D)-원(C)]	[홈] 탭-[그리기] 패널-[원] ⊘	Circle(단축 명령어: C)

명령어 사용법 ▼

원을 그리기 위해서는 원을 그리는 명령어를 입력한 후 원의 중심이 되는 지점을 마우스로 또는 절대 좌표로 입력해야 합니다. 그런 다음, 순서에 따라 반지름값을 입력하거나 옵션을 이용하여 원을 그립니다. 옵션을 이용하는 경우에는 옵션 단어의 대문자로 표시된 문자를 입력한 후 순서대로 진행합니다.

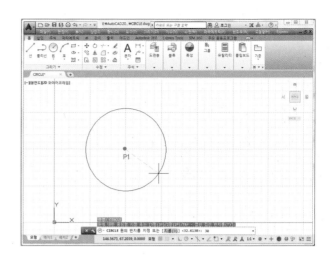

명령: CIRCLE Enter
원에 대한 중심점 지정 또는 [3점(3P)/2점(2P)/Ttr-접선 접선
반지름(T)]: P1점 클릭
→ 원의 중심점 위치를 좌표로 입력하거나 마우스로 클릭하여
입력합니다.
원의 반지름 지정 또는 [지름(D)]: 50 Enter
→ 숫자를 입력하면 원의 반지름값으로 사용됩니다.

명령어 옵션 해설 ▼

원은 주어진 조건에 따른 옵션이 다릅니다. 반지름값 대신 지름값을 입력하거나 2점, 3점을 클릭하면 그 점들을 지나는 원을 그릴 수 있습니다. 옵션에 대한 내용을 정확히 알아야만 주어진 조건만 갖고도 원하는 원을 그릴 수 있습니다. 또한 원의 위치별 명칭을 정확히 알아야만 옵션을 이해할 수 있습니다.

옵션	옵션 해설
3점(3P)	3점을 입력한 후 입력된 3점을 지나는 원을 그립니다.
2점(2P)	2점을 입력한 후 입력된 2점이 지름값인 원을 그립니다. 이때의 2점은 원의 중심을 지나 반대편의 2점이므로 지름의 값을 의미합니다.
Ttr-접선 접선 반지름(T)	화면의 임의의 객체 두 곳을 만나면서 입력된 반지름 크기의 원을 그립니다.

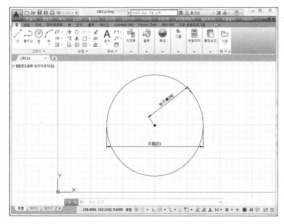

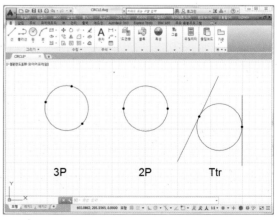

명령어 실습하기

원을 그리는 기초적인 방법을 통해 원을 그리는 연습과 원의 옵션을 이용하여 원을 그리는 연습을 합니다.

● 실습 파일: Sample/EX04.dwg   ● 완성 파일: Sample/EX04-F.dwg

01 Open 명령어를 이용하여 'Sample/ EX04.dwg' 파일을 연 후 그림과 같은 내용이 있는 파일을 엽니다.

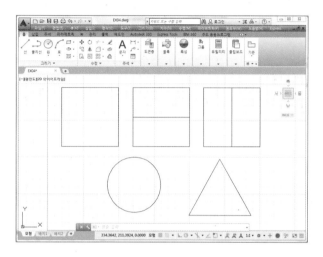

02 원을 그리기 위해 원을 그리는 [Circle] 의 단축 명령어인 'C'를 입력한 후 다음 위치를 클릭합니다. 객체의 정확한 지점을 찾 아주는 Osnap이 켜져 있으므로 그림의 아이 콘이 나타났을 때 선택합니다.

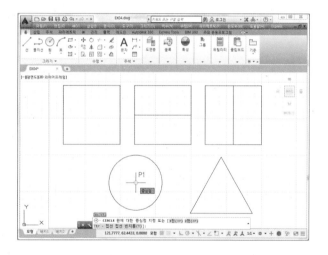

명령: C [Enter]
Circle
원에 대한 중심점 지정 또는 [3점(3P)/2점(2P)/Ttr-접선 접선 반지름(T)]:
→ P1점 클릭
원의 반지름 지정 또는 [지름(D)] ⟨37.3711⟩: 20 [Enter]

03 옵션을 이용하여 원을 그리는 연습을 합니다. 원을 그리는 명령어의 단축키인 'C'를 입력한 후 2점을 지나는 원을 그리는 옵션인 '2P'를 입력하고 사각형 가운데 선분의 양끝 점을 차례대로 선택합니다.

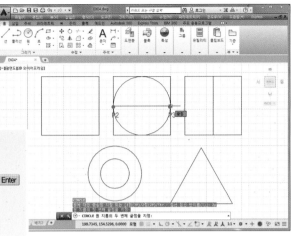

명령: C Enter
Circle
원에 대한 중심점 지정 또는 [3점(3P)/2점(2P)/Ttr−접선 접선 반지름(T)]: 2p Enter
원 지름의 첫 번째 끝점을 지정:
→ P2점 클릭
원 지름의 두 번째 끝점을 지정:
→ P3점 클릭

04 이번에는 3점을 지나는 원을 그려봅니다. 명령어의 단축키인 'C'를 입력한 후 3점을 지나는 원을 그리는 옵션인 '3P'를 입력하고 삼각형의 꼭지점을 차례대로 선택합니다.

명령: C Enter
Circle
원에 대한 중심점 지정 또는 [3점(3P)/2점(2P)/Ttr−접선 접선 반지름(T)]: 3p Enter
원 위의 첫 번째 점 지정:
→ P4점 클릭
원 위의 두 번째 점 지정:
→ P5점 클릭
원 위의 세 번째 점 지정:
→ P6점 클릭

05 임의의 두 지점과 반지름을 갖는 원을 그리는 [Ttr] 옵션을 이용하여 원을 그립니다. 명령어의 단축키인 'C'를 입력한 후 접선과 반지름의 옵션인 Ttr의 'T'를 입력합니다. 그런 다음, 사각형의 두 지점을 차례대로 선택하고 반지름 '40'을 입력합니다.

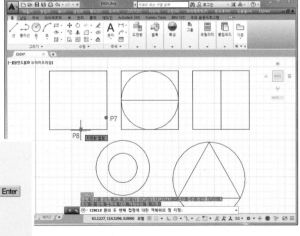

명령: C Enter
Circle
원에 대한 중심점 지정 또는 [3점(3P)/2점(2P)/Ttr−접선 접선 반지름(T)]: t Enter
원의 첫 번째 접점에 대한 객체 위의 점 지정:
→ P7점 클릭
원의 두 번째 접점에 대한 객체 위의 점 지정:
→ P8점 클릭
원의 반지름 지정 〈40.0000〉: 40 Enter

06 지름값을 이용하여 원을 그려보겠습니다. 먼저 원을 그리는 단축키인 'C'를 입력한 후 다음 사각형 가운데 선분의 중간점을 Osnap을 이용하여 선택합니다. Osnap은 뒤에 설명할 예정이므로 먼저 따라하기를 통해 실습만 합니다.

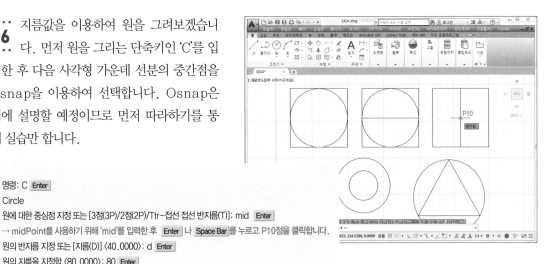

```
명령: C Enter
Circle
원에 대한 중심점 지정 또는 [3점(3P)/2점(2P)/Ttr-접선 접선 반지름(T)]: mid Enter
→ midPoint를 사용하기 위해 'mid'를 입력한 후 Enter 나 Space Bar 를 누르고 P10점을 클릭합니다.
원의 반지름 지정 또는 [지름(D)] 〈40.0000〉: d Enter
원의 지름을 지정함 〈80.0000〉: 80 Enter
```

6 원을 잘라 만든 파이 모양의 도형 그리기 Arc ●━━━━━━━━━━●

Arc 명령어는 호를 그리는 명령어입니다. 호의 특성은 원을 잘라 만든 명령어로, 원이 갖고 있는 특성을 모두 지니고 있으며 호만이 갖고 있는 내부각 등의 요소도 지니고 있습니다. 많은 옵션이 있지만 원을 잘라 사용하거나 자주 사용하는 옵션을 이용하여 익숙하게 사용하는 것이 필요합니다.

메뉴	리본 메뉴	명령 행
[그리기(D)-호(A)]	[홈] 탭-[그리기] 패널-[호]	Arc(단축 명령어: A)

명령어 사용법 ▼

명령어를 입력한 후 호를 그리는 순서에 따라 원하는 점이나 값을 입력합니다. 호는 시계 반대 방향으로 그려지므로 시작점, 끝점 등의 점을 입력할 때 그려지는 방향에 신경을 써서 입력해야 합니다.

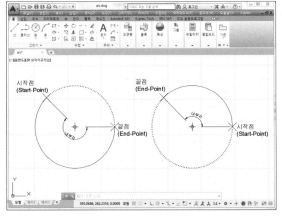

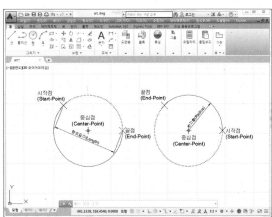

```
명령: ARC Enter
호의 시작점 지정 또는 [중심(C)]:
→ 호의 시작점을 클릭하거나 호의 중심점을 입력하기 위한 옵션을 입력합니다.
호의 두 번째 점 또는 [중심(C)/끝(E)] 지정:
→ 호의 두 번째 점을 클릭하거나 옵션을 입력합니다.
호의 끝점 지정:
→ 호의 세 번째 점을 입력합니다.
```

TIP

Arc의 옵션 조합이 많다고 어려워하지 마세요!

Arc는 원을 잘라 만들었습니다. 원의 특성과 선의 특성을 모두 갖고 있다 보니 일반적인 옵션보다 복잡해 보입니다. 하지만 결국 사용하는 옵션의 조합을 제일 많이 사용합니다. 주로 시작점, 끝점, 반지름이나 내부각의 조합을 제일 많이 사용합니다. 그 밖의 조합은 주어진 조건에 따라 다르지만 보조선이 있다면 지금의 이 조합만으로도 얼마든지 호를 그릴 수 있습니다. 이 책에는 모든 내용을 다루지만 궁극적으로는 시작점, 끝점, 반지름이나 내부각의 조합만 익혀도 호를 그리는 데는 문제 없습니다. 그리고 하나의 조합만 완벽히 이해하면 이를 응용할 수도 있습니다.

명령어 옵션 해설 ▾

호를 그리는 경우 옵션을 이용하지 않는 한 3개의 점을 찍고 그 3점을 지나는 호를 그릴 수밖에 없습니다. 또는 메뉴나 리본 메뉴의 이미 조합된 내용을 먼저 클릭한 후 순서대로 클릭하여 그릴 수도 있습니다. 옵션의 순서를 그리면서 정하는 경우에는 지금처럼 하나하나의 옵션을 이해하고 원하는 옵션의 대문자를 먼저 클릭하여 선택한 후 원하는 지점을 입력하여 그립니다.

옵션	옵션 해설
S(Start Point)	호의 시작점을 입력합니다.
E(End Point)	호의 끝점을 입력합니다.
C(Center Point)	호의 중심점을 입력합니다.
A(Angle)	호의 내부각을 입력합니다.
L(Length)	호의 현의 길이값을 입력합니다.
R(Radius)	호의 반지름값을 입력합니다.
D(Direction)	호의 접선의 방향을 입력합니다.

명령어 실습하기 ▾

호를 그리는 기본 방법과 옵션을 이용하는 다양한 방법을 통해 Arc 명령어의 기본기를 익혀봅니다.

● 실습 파일: Sample/EX05.dwg   ● 완성 파일: Sample/EX05-F.dwg

01 OPEN 명령어를 이용하여 'Sample/ EX05.dwg' 파일을 열어 다음 내용이 있는 파일을 엽니다. 명령어를 실행하기 전에 도형의 특정 지점을 정확히 선택할 수 있는 Osnap을 눌러 그림과 같이 선택해둡니다.

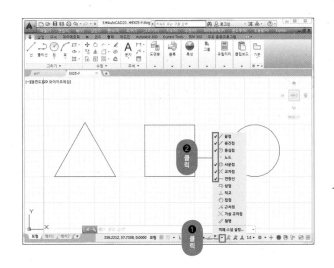

02 Arc 명령어로 호를 그리기 위해 ARC 의 단축키인 'A'를 입력한 후 그림과 같이 순서대로 클릭하여 임의의 호를 그려봅니다. 아무 지점이나 클릭한 후 반지름이나 각도 등이 입력되지 않았으므로 대충 그린 호가 되는 것입니다.

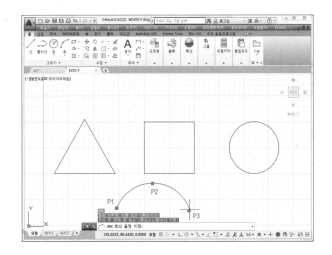

```
명령: A Enter
Arc
호의 시작점 지정 또는 [중심(C)]:
→ P1점 클릭
호의 두 번째 점 또는 [중심(C)/끝(E)] 지정:
→ P2점 클릭
호의 끝점 지정:
→ P3점 클릭
```

03 이번에는 정확한 호를 그려보겠습니다. 먼저 리본 메뉴의 [홈] 탭-[호]를 클릭 하여 그림과 같이 시작점, 중심점, 끝점의 조 합을 선택합니다. 조합을 선택하면 해당 순서 대로 일정한 위치만 클릭하면 됩니다.

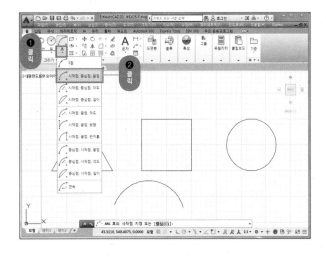

04 조합된 순서대로 시작점을 먼저 클릭한 후 호의 중심이 되는 위치를 클릭하고 끝으로 호의 끝점이 될 지점을 클릭합니다. 옵션이 자동으로 지정되므로 옵션을 지정하기 어려울 때는 이렇게 미리 조합된 호 그리기 명령어를 이용합니다.

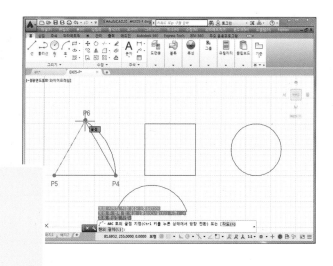

```
명령: _arc
호의 시작점 지정 또는 [중심(C)]:
→ P4점 클릭
호의 두 번째 점 또는 [중심(C)/끝(E)] 지정: _c
호의 중심점 지정:
→ P5점 클릭
호의 끝점 지정([Ctrl] 키를 누른 상태에서 방향 전환) 또는 [각도(A)/현의 길이(L)]:
→ P6점 클릭
```

05 이번에는 옵션을 하나하나 입력하면서 동일한 옵션을 이용해봅니다. 어느 것이 더 편할지는 사용자가 결정합니다. 초보자는 조합된 내용을 사용하는 것이 더 편할 수 있습니다. Arc 명령어의 단축키인 'A'를 입력한 후 다음 지점을 클릭합니다.

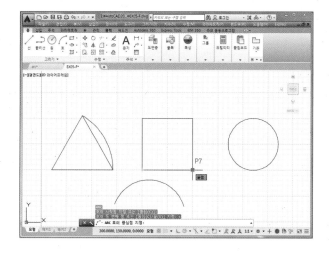

```
명령: A Enter
Arc
호의 시작점 지정 또는 [중심(C)]:
→ P7점 클릭
```

06 호의 중심점을 입력하기 위해 옵션의 [중심(C)] 대문자인 'C'를 입력하고 중심이 될 위치를 그림과 같이 클릭합니다.

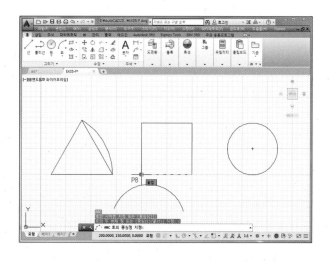

```
호의 두 번째 점 또는 [중심(C)/끝(E)] 지정: C Enter
호의 중심점 지정:
→ P8점 클릭
```

07 마지막으로 호의 끝점을 그림과 같은 위치를 클릭하여 완료합니다. 조합된 호 그리기의 경우 순서대로만 클릭하면 되지만, 옵션을 일일이 열거하는 경우 이와 같이 원하는 지점을 클릭하기 전에 옵션을 입력해야 사용할 수 있습니다.

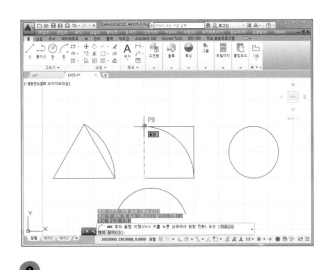

호의 끝점 지정([Ctrl] 키를 누른 상태에서 방향 전환) 또는
[각도(A)/현의 길이(L)]:
→ P9점 클릭

08 계속하여 조합된 내용으로 옵션을 가진 호를 그려봅니다. 리본 메뉴의 [홈] 탭-[호]를 클릭하여 그림과 같이 시작점, 중심점, 각도의 조합을 선택합니다. 조합을 선택하면 해당 순서대로 일정 위치만 클릭하면 됩니다.

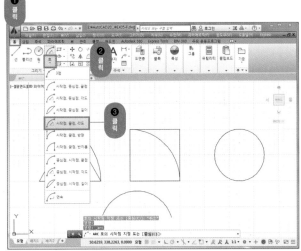

09 순서대로 호의 시작점과 끝점을 마우스로 정확히 클릭한 후 각도에 '60'을 입력합니다.

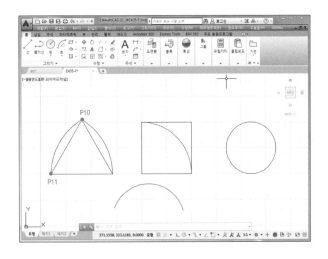

명령: _arc
호의 시작점 지정 또는 [중심(C)]:
→ P10점 클릭
호의 두 번째 점 또는 [중심(C)/끝(E)] 지정: _e
호의 끝점 지정:
→ P11점 클릭
호의 중심점 지정([Ctrl] 키를 누른 상태에서 방향 전환) 또는
[각도(A)/방향(D)/반지름(R)]: _a
사이 각 지정([Ctrl] 키를 누른 채 방향 전환): 60 Enter

10 계속하여 조합된 내용으로 옵션을 가진 호를 그려봅니다. 리본 메뉴의 [홈] 탭-[호]를 클릭하여 그림과 같이 시작점, 끝점, 반지름의 조합을 선택합니다. 조합을 선택한 후 해당 순서대로 일정한 위치에 클릭하면 됩니다.

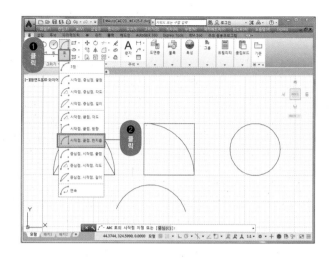

11 조합된 순서대로 시작점, 끝점을 순서대로 클릭한 후 반지름값을 입력합니다. 리본 메뉴의 [홈] 탭-[호]를 클릭하여 그림과 같이 시작점, 중심점, 각도의 조합을 선택합니다.

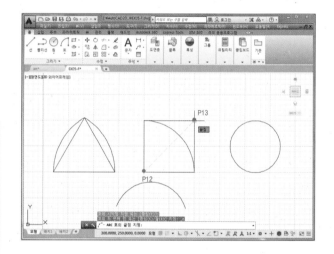

```
명령: _arc
호의 시작점 지정 또는 [중심(C)]:
→ P12점 클릭
호의 두 번째 점 또는 [중심(C)/끝(E)] 지정: _e
호의 끝점 지정:
→ P13점 클릭
호의 중심점 지정([Ctrl] 키를 누른 상태에서 방향 전환) 또는
[각도(A)/방향(D)/반지름(R)]: _r
호의 반지름 지정([Ctrl] 키를 누른 상태에서 방향 전환): 100 Enter
```

12 원 안에 호를 그리기 위해 조합된 호 그리기 명령어를 이용합니다. 리본 메뉴의 [홈] 탭-[호]를 클릭하여 그림과 같이 시작점, 끝점, 각도의 조합을 선택합니다.

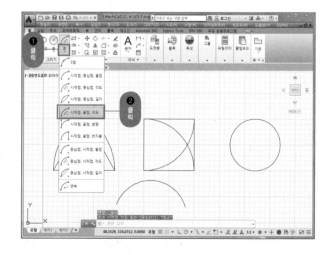

13 원의 4분점 중 0도 지점과 원의 중심점이 호의 시작점과 끝점이 되도록 선택합니다. Osnap이 설정되어 있기 때문에 원의 4분점과 원의 중심점이 정확하게 선택됩니다.

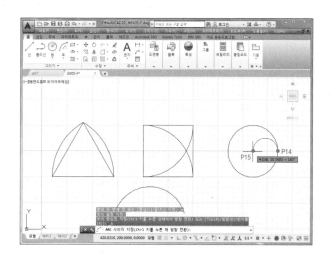

```
명령: _arc
호의 시작점 지정 또는 [중심(C)]:
→ P14점 클릭
호의 두 번째 점 또는 [중심(C)/끝(E)] 지정: _e
호의 끝점 지정:
→ P15점 클릭
```

14 호의 각도값에 '180도'를 입력하여 원 안에 반원의 호가 그려지도록 합니다.

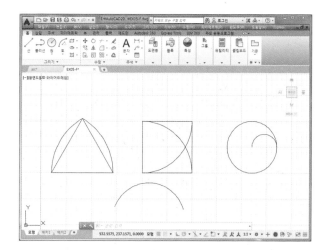

```
호의 중심점 지정([Ctrl] 키를 누른 상태에서 방향 전환) 또는
[각도(A)/방향(D)/반지름(R)]: _a
사이 각 지정([Ctrl] 키를 누른 채 방향 전환): 180 Enter
```

7 축의 길이가 다른 타원 그리기 Ellipse

원과 비슷한 모양을 가진 Ellipse 명령어를 이용하면 타원을 그릴 수 있습니다. 타원은 원과 달리 중심에서 원에 이르는 긴 축과 짧은 축을 둘레로 원을 만드는 명령어입니다.

메뉴	리본 메뉴	명령 행
[그리기(D)-타원(E)]	[홈] 탭-[그리기] 파일-[타원] ⊙	Ellipse(단축 명령어: EL)

명령어 사용법 ▼

명령어를 입력한 후 타원의 축이 되는 양쪽 끝점의 두 지점을 순서대로 클릭하고 두 지점이 하나의 축을 이루면 나머지 한 점을 입력하여 반대편 축이 되는 지점을 입력하여 타원을 그립니다.

타원의 성격을 이해하고 타원을 그리는 명령어 옵션을 이용하여 그립니다.

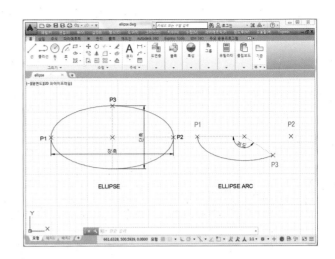

명령: EL Enter
Ellipse
타원의 축 끝점 지정 또는 [호(A)/중심(C)]: P1
→ 타원의 한쪽 축의 첫 번째 끝점을 클릭하여 선택합니다.
축의 다른 끝점 지정: P2
→ 타원의 한쪽 축의 두 번째 끝점을 클릭하여 선택합니다.
다른 축으로 거리를 지정 또는 [회전(R)]: P3
→ 타원의 두 번째 축의 길이값을 위한 나머지 점을 클릭합니다.

명령어 옵션 해설 ▼

타원을 그리는 기본 방법 외에 타원 형태의 호를 그리거나 원을 수평에서부터 천천히 각도만큼 휘어 만드는 각도를 입력한 타원 등을 그리는 방법을 알 수 있습니다.

옵션	옵션 해설
Arc	타원형의 호를 그립니다.
Center	타원의 축을 선택하는 경우 타원의 중심을 먼저 선택하고 축의 나머지 끝점을 선택할 수 있는 옵션입니다.
Rotation	원을 회전한 값을 이용하는 원리를 이용하여 타원을 그리는 옵션으로 원을 정면에 수직으로 세워둔 채 점점 바닥으로 눕혀보면 원이 타원처럼 보입니다. 이렇게 원이 회전한 값을 이용하는 원리를 이용하여 타원을 그리는 옵션이며, 0~89도까지의 각도를 입력할 수 있습니다.

명령어 실습하기 ▼

타원을 그리는 일반적인 연습을 통해 타원의 속성을 이해하고 타원을 그릴 수 있습니다.

● 실습 파일: **Sample/EX06.dwg** ● 완성 파일: **Sample/EX06-F.dwg**

01 Open 명령어를 이용하여 'Sample/EX06.dwg' 파일을 연 후 그림과 같은 내용이 있는 파일을 엽니다. 빨간색 선분으로 되어 있는 도형은 Ellipse를 그리기 위한 가이드입니다.

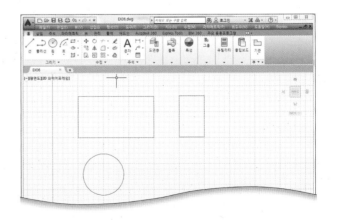

02 타원을 그리는 명령어 단축키인 'EL'을 입력한 후 그림과 같은 두 지점을 먼저 클릭하여 타원의 한쪽 축을 먼저 지정하고 반대편의 축 지점을 클릭하여 타원을 그립니다.

명령: EL [Enter]

Ellipse

타원의 축 끝점 지정 또는 [호(A)/중심(C)]:

→ P1점 클릭

축의 다른 끝점 지정:

→ P2점 클릭

다른 축으로 거리를 지정 또는 [회전(R)]:

→ P3점 클릭

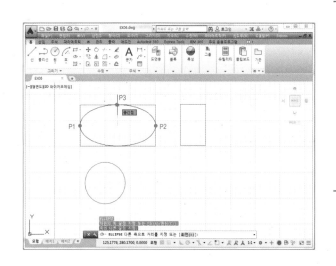

03 처음의 타원에 비해 장축의 위치를 바꿔 그려보겠습니다. 단축키인 'EL'을 입력한 후 그림과 같은 두 지점을 먼저 클릭하여 타원의 한쪽 축을 먼저 지정하고 반대편의 축 지점을 클릭하여 타원을 그립니다.

명령: EL [Enter]

Ellipse

타원의 축 끝점 지정 또는 [호(A)/중심(C)]:

→ P4점 클릭

축의 다른 끝점 지정:

→ P5점 클릭

다른 축으로 거리를 지정 또는 [회전(R)]:

→ P6점 클릭

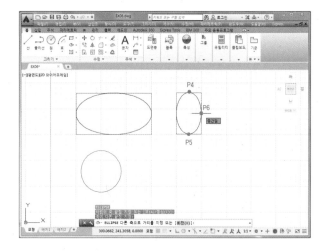

04 보조선이 없는 경우, 타원의 크기만 아는 경우, 특정 위치가 필요하지 않는 경우에는 그림과 같이 좌표값을 이용하여 그릴 수 있습니다. 명령어 입력한 후 해당 지점을 다음과 같이 좌표값을 입력하여 그려봅니다.

명령: EL [Enter]

Ellipse

타원의 축 끝점 지정 또는 [호(A)/중심(C)]:

→ P7점 클릭

축의 다른 끝점 지정: @100〈0 [Enter]

다른 축으로 거리를 지정 또는 [회전(R)]: @25〈90 [Enter]

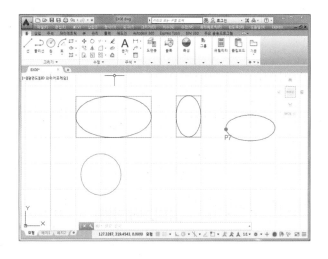

05 Rotation 각도를 입력하고 원을 구부려 타원으로 만드는 옵션을 이용하여 타원을 그려봅니다. 단축키를 입력한 후 다음 지점을 마우스로 클릭합니다. 그런 다음, 축 길이값을 좌표로 입력하고 옵션 'R'을 입력한 후 각도를 입력하여 완성합니다.

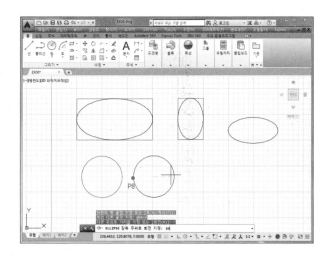

```
명령: EL Enter
Ellipse
타원의 축 끝점 지정 또는 [호(A)/중심(C)]:
→ P8점 클릭
축의 다른 끝점 지정: @80<0 Enter
다른 축으로 거리를 지정 또는 [회전(R)]: r Enter
장축 주위로 회전 지정: 30 Enter
```

06 타원형 호를 그려보겠습니다. 타원형 호는 먼저 타원을 먼저 그린 후 호를 만들어주는 형태입니다. 먼저 타원형 호를 그리는 경우 호 옵션인 'A'를 먼저 입력한 후 축 지점을 클릭해야 합니다.

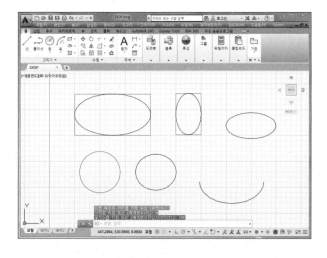

```
명령: EL Enter
Ellipse
타원의 축 끝점 지정 또는 [호(A)/중심(C)]: a Enter
타원 호의 축 끝점 지정 또는 [중심(C)]:
→ P9점 클릭
축의 다른 끝점 지정:
→ P10점 클릭
다른 축으로 거리를 지정 또는 [회전(R)]:
→ P11점 클릭
```

07 그려진 타원의 장축이 되는 방향의 처음 클릭한 지점이 호를 그리는 각도계의 시작 각도가 됩니다. 따라서 호의 시작 각도에 '0도'를 입력하면 왼쪽 지점으로부터 원하는 각도만큼 시계 반대 방향으로 타원형 호가 그려집니다.

```
시작점 지정 또는 [매개변수(P)]: 0 Enter
끝 각도를 지정 또는 [매개변수(P)/사이 각(I)]: 180 Enter
```

8 삼각형, 사각형, 다각형 그리기 Polygon

다각형은 3~1,024개의 변을 가진 도형을 그리는 것을 말합니다. 주로 3~12각형 정도를 가장 많이 그리며 주로 오각형, 육각형 등의 정형화되어 있는 다각형 그리기에 이용합니다. 1024각형은 원이고, 원은 Circle 명령어로 그리며, 다각형으로는 그리지 않습니다.

메뉴	리본 메뉴	명령 행
[그리기(D)-폴리곤(Y)]	[홈] 탭의 [그리기] 패널-[타원] ⬠	Polygon(단축 명령어: POL)

명령어 사용법 ▼

다각형 명령어를 입력한 후 원하는 개수의 각형 수를 입력하고 다각형의 중심점을 입력합니다. 중심점을 입력한 후 다각형의 크기를 결정하는 반지름값을 입력하여 크기를 결정하고 원의 안쪽에 내접하는 경우와 원의 바깥쪽에 외접하는 경우의 옵션을 선택하면 다각형이 완성됩니다.

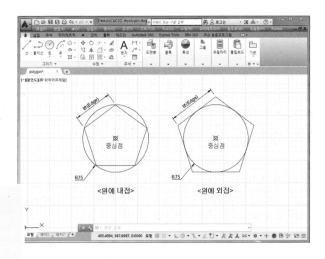

명령: POL Enter
Polygon 면의 수 입력 '4':
→ 원하는 다각형의 변의 수, 각형 수를 입력합니다.
폴리곤의 중심을 지정 또는 [모서리(E)]:
→ 다각형의 중심점을 마우스 또는 좌표값으로 입력합니다.
옵션을 입력 [원에 내접(I)/원에 외접(C)] ⟨I⟩: Enter
→ 내접(I)하는 경우 Enter 를 누르고 외접(C)하는 경우 'C'를 입력합니다.
원의 반지름 지정:
→ 원의 반지름값으로 다각형의 크기를 입력합니다.

명령어 옵션 해설 ▼

다각형을 그리는 방법 중 다각형의 중심을 입력하고 반지름값을 입력한 후 다각형의 크기를 결정하는 옵션으로, 원에 내접하는 다각형(Inscribed in Circle)과 원에 외접하는 다각형(Circumscribed about Circle)이 있습니다. 또한 다각형의 한 변 길이는 다른 변의 길이와 동일하므로 한 변의 길이(Edge)값을 옵션으로 하여 원하는 변의 길이를 입력하면 원하는 다각형을 그릴 수 있습니다.

옵션	옵션 해설
Edge	한 변의 길이값을 입력하여 다각형을 그립니다. 길이값은 마우스로 두 점을 클릭하여 입력하거나 좌표값을 입력하여 그립니다.
Inscribed in Circle	원에 내접하는 형태의 다각형을 그립니다.
Circumscribed about Circle	원에 외접하는 형태의 다각형을 그립니다.

여러 가지 다각형을 그리는 연습을 통해 다양한 다각형을 그리는 방법을 연습
해봅니다.

● 실습 파일: Sample/EX07.dwg   ● 완성 파일: Sample/EX07-F.dwg

01 Open 명령어를 이용하여 'Sample/
EX07.dwg' 파일을 열고 다각형을 그
리는 Polygon 명령어의 단축키인 'POL'을
입력합니다. 원하는 다각형의 개수와 다각형
의 중심점을 그림과 같이 원의 중심점으로 선
택합니다.

명령: POL Enter
Polygon 면의 수 입력 〈4〉: 6 Enter
폴리곤의 중심을 지정 또는 [모서리(E)]:
→ P1점 클릭

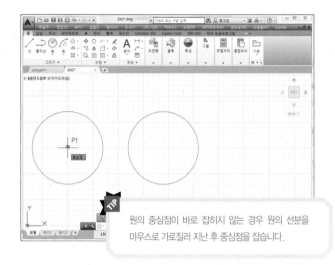

원의 중심점이 바로 잡히지 않는 경우 원의 선분을
마우스로 가로질러 지난 후 중심점을 잡습니다.

02 원 안에 내접하는 형태의 다각형을 그리
기 위해 옵션 내접(I)인 상태에서 Enter
를 누르고 다각형의 크기를 지정하기 위해 반
지름값을 그림과 같이 입력합니다.

옵션을 입력 [원에 내접(I)/원에 외접(C)] 〈I〉: Enter
원의 반지름 지정: 70 Enter

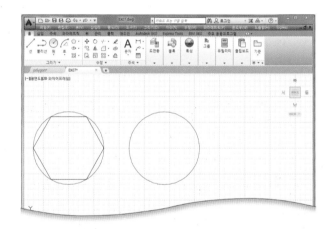

03 원 안에 들어가는 6각형을 그린 후 원의
바깥쪽에 그려지는 6각형을 그리기 위
해 POL 명령어를 입력한 후 6각형을 지정하
고 오른쪽 원의 중심점을 다각형의 중심으로
선택합니다.

명령: POL Enter
Polygon 면의 수 입력 〈6〉: Enter
폴리곤의 중심을 지정 또는 [모서리(E)]:
→ P2점 클릭

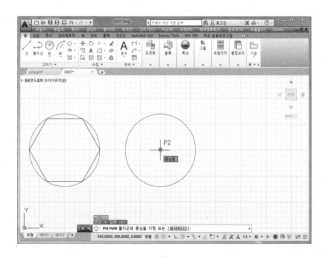

04 이번에는 원의 바깥쪽에 다각형을 그리고 원에 외접하는 형태의 다각형 옵션인 [외접(C)]를 선택하기 위해 'C'를 입력하고 동일한 반지름값을 입력하여 다각형을 그립니다.

옵션을 입력 [원에 내접(I)/원에 외접(C)] ⟨I⟩: C Enter
원의 반지름 지정: 70 Enter

05 이번에는 한 변의 길이값을 입력하여 다각형을 그려보겠습니다. 단축 명령어인 'POL'을 입력한 후 5각형을 그리기 위한 각형수를 입력하고, 옵션 [모서리(E)]를 지정하기 위해 'E'를 입력한 후 모서리의 첫 번째 지점을 마우스로 클릭합니다.

명령: POL
Polygon 면의 수 입력 ⟨6⟩: 5 Enter
폴리곤의 중심을 지정 또는 [모서리(E)]: e Enter
모서리의 첫 번째 끝점 지정:
→ P3점 클릭

06 모서리에 해당하는 한 변의 길이를 입력하기 위해 마우스로 클릭하거나 그림과 같이 정확한 길이값을 좌표값을 이용하여 입력합니다.

모서리의 두 번째 끝점 지정: @60⟨0 Enter

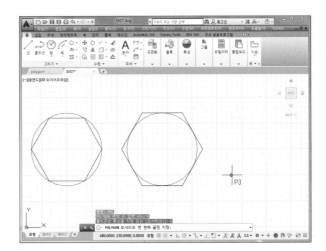

9 빠르게 사각형 그리기 Rectang

한 지점을 클릭한 후 사각형의 반대편 구석을 클릭하면 한 번에 가로와 세로의 길이값이 입력되는 사각형을 그리는 명령어로 사각형을 빠르게 그릴 수 있습니다. 옵션을 이용하면 모서리의 모양이 변경된 채로 만들 수도 있으며, Rectang 객체의 속성은 PolyLine으로 되어 있어 하나로 연결된 선이 그려집니다.

메뉴	리본 메뉴	명령 행
[그리기(D)-직사각형(G)]	[홈] 탭-[그리기] 패널-[타원]	Rectang(단축 명령어: REC)

Polygon과 Rectang 명령어 리본 메뉴는 토글됩니다

Polygon과 Rectang은 하나의 아이콘에 들어 있습니다. 리본 메뉴의 [Rectang]에는 Polygon이 들어 있으며, 바로 전 단계에서 사용한 명령어가 최상위에 나타나도록 되어 있으므로 확인한 후에 사용하기 바랍니다.

명령어 사용법

사각형을 그리기 위해 Rectang 명령어의 단축키인 'REC'를 입력한 후 사각형의 시작점을 클릭하고 사각형의 반대편 구석 점을 클릭하여 그립니다. 시작점의 위치와 반대편 위치는 마우스로 클릭하거나 좌표값을 이용하여 정확하게 그립니다.

명령: REC Enter
Rectang
첫 번째 구석 점 지정 또는 [모따기(C)/고도(E)/모깎기(F)/두께(T)/폭(W)]:P1
→ 사각형 모서리의 첫 번째 점을 클릭합니다.
다른 구석 점 지정 또는 [영역(A)/치수(D)/회전(R)]:P2
→ 사각형 모서리의 두 번째 점을 클릭합니다.

명령어 옵션 해설

Rectang 명령어의 옵션을 이용하면 사각형의 모서리가 깍인 모따기가 되어 있는 사각형, 사각형의 모서리가 둥글게 다듬어진 모깎기가 되어 있는 사각형 등과 같이 다양한 형태의 사각형을 그릴 수 있습니다. 또한 두께 있는 사각형을 그리거나 3차원 객체의 경우 두께값을 갖고 여러 가지 조건에도 맞는 Rectang을 그릴 수 있습니다.

옵션	옵션 해설
Chamfer	모서리를 대각선으로 깎아내는 모따기 방식으로 모서리가 직선으로 잘려 있는 사각형을 그립니다.
Elevation	3차원인 3D 상태에서 사각형이 그려지는 높이의 시작값을 조절합니다. 즉, 3차원 객체의 고도를 정하여 사각형을 그립니다.
Fillet	사각형의 모서리를 둥글게 모깎기한 채로 모서리가 둥근 모양의 사각형을 그립니다.
Thickness	2D 상태에서는 확인하기 힘들며 사각형을 그리고 그려진 사각형에 Z축의 높이값을 미리 부여하여 사각형을 그려주는 방식으로 높이값을 갖는 객체를 그려줍니다. 3차원 관측 시점에서만 확인할 수 있습니다.
Width	사각형의 선들에게 가로의 넓이 폭을 만들어줍니다.
Area	사각형의 면적을 지정하여 사각형을 그립니다.
Dimensions	가로의 치수값과 세로의 치수값을 입력하여 사각형을 그립니다.
Rotation	사각형의 기울기 각도를 입력하여 기울어진 사각형을 그립니다.

명령어 실습하기 ▼

객체를 선택하는 다양한 방법을 통해 Erase 명령어를 연습해봅니다.

● 실습 파일: Sample/EX09.dwg ● 완성 파일: Sample/EX09-F.dwg

01 Open 명령어를 이용하여 'Sample/EX09.dwg' 파일을 연 후 Rectang 명령어를 입력하거나 단축키인 'REC'를 입력하고 그림과 같이 두 지점을 클릭하여 임의의 사각형을 그립니다.

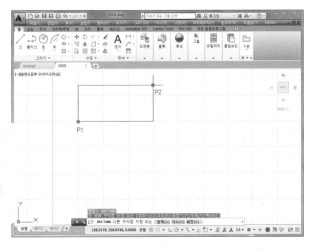

명령: REC `Enter`
첫 번째 구석 점 지정 또는 [모따기(C)/고도(E)/모깎기(F)/두께(T)/폭(W)]:
→ P1점 클릭
다른 구석 점 지정 또는 [영역(A)/치수(D)/회전(R)]:
→ P2점 클릭

02 정확한 크기의 사각형을 그리기 위해 REC 명령어를 입력한 후 그림과 같이 시작점은 절대 좌표로, 구석 점은 상대 좌표로 입력하여 가로×세로가 100×100인 정사각형을 그립니다.

명령: REC `Enter`
Rectang
첫 번째 구석 점 지정 또는 [모따기(C)/고도(E)/모깎기(F)/두께(T)/폭(W)]: 50,50 `Enter`
다른 구석 점 지정 또는 [영역(A)/치수(D)/회전(R)]: @100,100 `Enter`

03 모따기 옵션을 이용하여 모서리가 절단된 사각형을 그리기 위해 [모따기(C)] 옵션을 이용해봅니다. 명령어를 입력한 후 옵션 'C'를 입력하고 사각형을 그립니다.

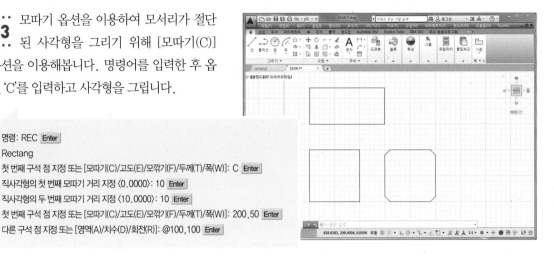

명령: REC Enter
Rectang
첫 번째 구석 점 지정 또는 [모따기(C)/고도(E)/모깎기(F)/두께(T)/폭(W)]: C Enter
직사각형의 첫 번째 모따기 거리 지정 〈0.0000〉: 10 Enter
직사각형의 두 번째 모따기 거리 지정 〈10.0000〉: 10 Enter
첫 번째 구석 점 지정 또는 [모따기(C)/고도(E)/모깎기(F)/두께(T)/폭(W)]: 200,50 Enter
다른 구석 점 지정 또는 [영역(A)/치수(D)/회전(R)]: @100,100 Enter

04 이번에는 모깎기 옵션을 이용하여 모서리가 둥글게 깎인 사각형을 그리기 위해 [모깎기(F)] 옵션을 이용해봅니다. 명령어를 입력한 후 옵션 'F'를 먼저 입력하고 사각형을 그립니다.

명령: REC Enter
Rectang
현재 직사각형 모드: 모따기=10.0000x10.0000
첫 번째 구석 점 지정 또는 [모따기(C)/고도(E)/모깎기(F)/두께(T)/폭(W)]: F Enter
직사각형의 모깎기 반지름 지정 〈10.0000〉: 10 Enter
첫 번째 구석 점 지정 또는 [모따기(C)/고도(E)/모깎기(F)/두께(T)/폭(W)]: 350,50 Enter
다른 구석 점 지정 또는 [영역(A)/치수(D)/회전(R)]: @100,100 Enter

05 사각형의 선분에 두께를 부여하여 Rectang을 그려봅니다. 먼저 명령어를 입력한 후 두께 옵션인 'W'를 입력합니다. 그런 다음, 두께값을 입력하고 사각형의 대각선 두 지점을 좌표를 이용하여 입력합니다.

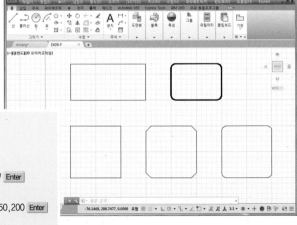

명령: REC Enter
Rectang
현재 직사각형 모드: 모깎기=10.0000, 폭=2.0000
첫 번째 구석 점 지정 또는 [모따기(C)/고도(E)/모깎기(F)/두께(T)/폭(W)]: W Enter
직사각형의 선 폭 지정 〈2.0000〉: 2 Enter
첫 번째 구석 점 지정 또는 [모따기(C)/고도(E)/모깎기(F)/두께(T)/폭(W)]: 250,200 Enter
다른 구석 점 지정 또는 [영역(A)/치수(D)/회전(R)]: @100,70 Enter

현장
실습
04

원을 이용한 기초 도면 요소 그리기

앞에서 배운 원 그리기 명령어를 익힌 후 옵션을 자유롭게 사용할 수 있도록 원 그리기 명령어를
익혀보겠습니다. 특별한 도면을 그리기보다 현장에서 사용할 내용의 도형을 자유롭게 그릴 수 있도록 도면
작업을 해봅니다.

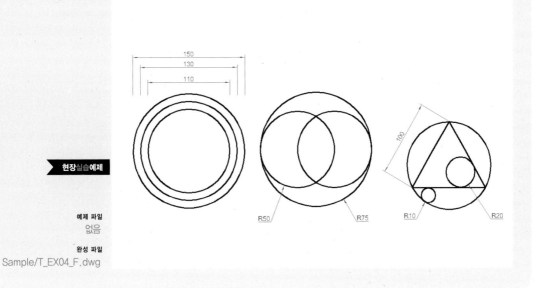

현장실습예제

예제 파일
없음

완성 파일
Sample/T_EX04_F.dwg

01 먼저 새 도면을 엽니다. 새 도면을 열
때에는 Ctrl + N 을 누르거나 신속 접근
도구의 새 도면 아이콘을 눌러 그림과 같은 대
화상자가 나타나면 acadiso.dwt 파일이 선
택된 것을 확인한 후 [열기] 버튼을 클릭하여
새 도면을 엽니다.

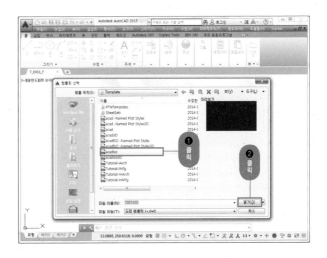

02 원을 그리는 단축키 'C'를 입력한 후 다음의 P1점을 클릭하여 원의 중심점을 마우스로 지정하고 반지름을 입력하여 원을 하나 그립니다.

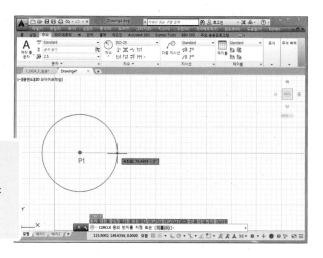

명령: C `Enter`
Circle
원에 대한 중심점 지정 또는 [3점(3P)/2점(2P)/Ttr-접선 접선 반지름(T)]:
→ P1점 클릭
원의 반지름 지정 또는 [지름(D)]: 75 `Enter`

03 제일 먼저 그린 원과 동일한 중심점을 갖는 원을 그리기 위해 Osnap으로 원의 중심을 클릭하여 그린 원의 중심점을 자동으로 선택합니다. 원 명령어를 입력한 후 반지름값 '65'를 입력하여 작은 원을 하나 더 그립니다.

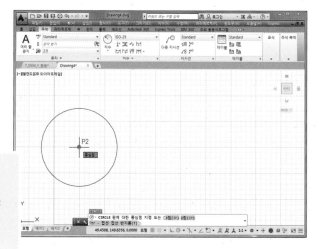

명령: C `Enter`
Circle
원에 대한 중심점 지정 또는 [3점(3P)/2점(2P)/Ttr-접선 접선 반지름(T)]:
→ P2점 클릭
원의 반지름 지정 또는 [지름(D)] 〈75.0000〉: 65 `Enter`

04 동일한 중심점을 갖는, 크기가 다른 원을 하나 더 그려봅니다. Osnap으로 원의 중심을 클릭하여 그린 원의 중심점을 자동으로 선택합니다. 원 명령어를 입력한 후 반지름값 '55'를 입력하여 작은 원을 하나 더 그립니다.

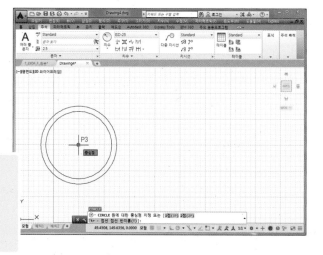

명령: C `Enter`
Circle
원에 대한 중심점 지정 또는 [3점(3P)/2점(2P)/Ttr-접선 접선 반지름(T)]:
→ P3점 클릭
원의 반지름 지정 또는 [지름(D)] 〈65.0000〉: 55 `Enter`

05 기준이 되는 원을 그리기 위해 원 명령 어를 입력한 후 다음 중심점을 마우스로 클릭하여 반지름이 '75'인 원을 그립니다.

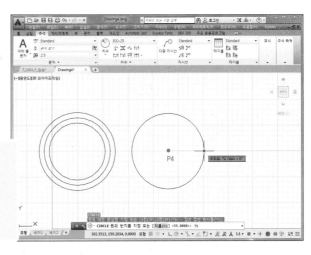

명령: C Enter
Circle
원에 대한 중심점 지정 또는 [3점(3P)/2점(2P)/Ttr−접선 접선 반지름(T)]:
→ P4점 클릭
원의 반지름 지정 또는 [지름(D)] ⟨55.0000⟩: 75 Enter

06 원의 180도 지점으로부터 오른쪽으로 100의 지름을 갖는 원을 그리기 위해 [2P] 옵션을 이용하여 그림과 같이 그립니다. P3점에는 Osnap이 설정되어 있기 때문에 자 동으로 180도 지점이 선택됩니다.

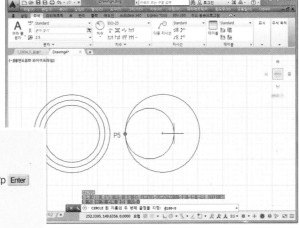

명령: C Enter
Circle
원에 대한 중심점 지정 또는 [3점(3P)/2점(2P)/Ttr−접선 접선 반지름(T)]: 2p Enter
원 지름의 첫 번째 끝점을 지정:
→ P5점 클릭
원 지름의 두 번째 끝점을 지정: @100⟨0 Enter

07 반대편에 반사된 원을 하나 더 그리기 위해 [2P] 옵션으로 그림과 같이 그립니 다. P4점에는 Osnap이 설정되어 있기 때문 에 자동으로 0도 지점이 선택됩니다.

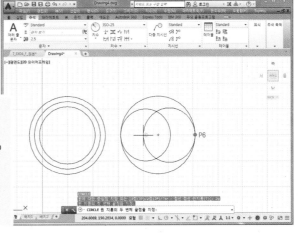

명령: C Enter
Circle
원에 대한 중심점 지정 또는 [3점(3P)/2점(2P)/Ttr−접선 접선 반지름(T)]: 2p
Enter
원 지름의 첫 번째 끝점을 지정:
→ P6점 클릭
원 지름의 두 번째 끝점을 지정: @100⟨180 Enter

08 삼각형을 그리기 위해 Polygon 명령어를 입력한 후 변의 수에 '3'을 입력하고 한 변의 길이를 입력하는 모서리 옵션인 'E'를 입력하여 P5점을 클릭한 후 한 변의 길이는 좌표값으로 입력합니다.

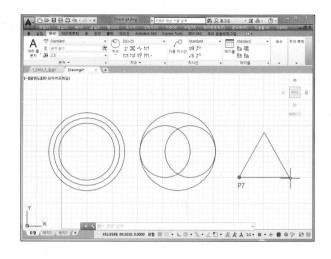

명령: POL `Enter`
Polygon 면의 수 입력 〈4〉: 3 `Enter`
폴리곤의 중심을 지정 또는 [모서리(E)]: e `Enter`
모서리의 첫 번째 끝점 지정:
→ P7점 클릭
모서리의 두 번째 끝점 지정: @100〈0 `Enter`

09 삼각형 바깥쪽에 원을 그리기 위해 원 명령어를 입력하고 [3P] 옵션을 입력한 후 삼각형의 꼭지점을 차례대로 클릭하여 선택합니다.

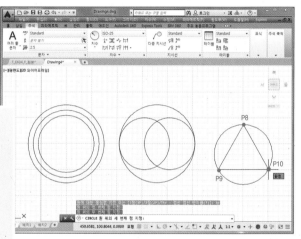

명령: C `Enter`
Circle
원에 대한 중심점 지정 또는 [3점(3P)/2점(2P)/Ttr-접선 접선 반지름(T)]: 3p
원 위의 첫 번째 점 지정:
→ P8점 클릭
원 위의 두 번째 점 지정:
→ P9점 클릭
원 위의 세 번째 점 지정:
→ P10점 클릭

10 바깥쪽 원과 안쪽 다각형의 임의의 점을 만나는 반지름 '10'인 원을 그립니다. 원 명령어를 입력한 후 접선+접선+반지름 옵션인 [Ttr]을 입력하고 그림과 같은 지점을 클릭합니다.

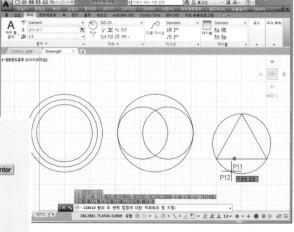

명령: C `Enter`
Circle
원에 대한 중심점 지정 또는 [3점(3P)/2점(2P)/Ttr-접선 접선 반지름(T)]: t `Enter`
원의 첫 번째 접점에 대한 객체 위의 점 지정:
→ P11점 클릭
원의 두 번째 접점에 대한 객체 위의 점 지정:
→ P12점 클릭
원의 반지름 지정 〈57.7350〉: 10 `Enter`

11 이번에는 안쪽 다각형의 임의의 점을 만 나는 지점에 반지름이 '20'인 원을 그립 니다. 원 명령어를 입력한 후 접선+접선+반 지름 옵션인 [Ttr]을 입력하고 그림과 같은 지 점을 클릭합니다.

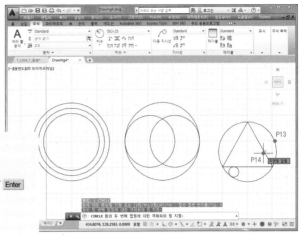

명령: C Enter
Circle
원에 대한 중심점 지정 또는 [3점(3P)/2점(2P)/Ttr-접선 접선 반지름(T)]: T Enter
원의 첫 번째 접점에 대한 객체 위의 점 지정:
→ P13점 클릭
원의 두 번째 접점에 대한 객체 위의 점 지정:
→ P14점 클릭
원의 반지름 지정 〈10.0000〉: 20 Enter

다양한 원형 도형을 이용한 도면 요소 그리기

앞에서 배운 다양한 형태의 도형을 그리는 방법을 익혀보겠습니다. 도면에 사용되는 기본 도형을 그리는 다양한 방법을 옵션을 이용하는 방법을 통해 알아내고 빠르게 그릴 수 있도록 알고 있는 내용만으로 접근하는 방법을 통해 도면 그리기에 도전해보겠습니다. 현장에서 사용할 도형을 자유롭게 그릴 수 있도록 도면 작업을 해봅니다.

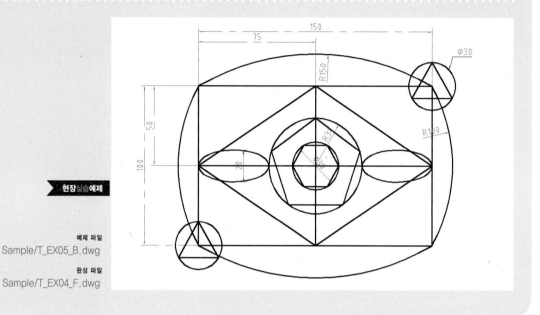

현장실습예제

예제 파일
Sample/T_EX05_B.dwg

완성 파일
Sample/T_EX04_F.dwg

01 Open 명령어를 이용하여 일부가 미리 그려진 샘플 파일을 엽니다. 'T_EX05_ B.dwg' 파일을 선택한 후 [열기] 버튼을 클릭합니다.

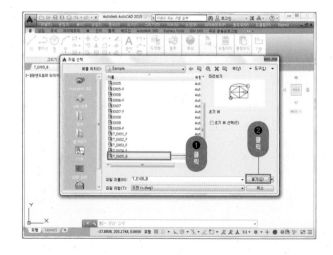

02 먼저 Osnap이 지정되어 있는지 확인하기 위해 [Object Snap] 버튼을 클릭하여 그림과 같이 선택되어 있는지 확인합니다. Snap은 객체의 특정 지점을 자동으로 잡아주는 기능입니다.

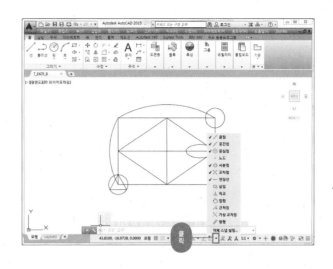

03 먼저 사각형의 중앙을 기준으로 원을 그립니다. Circle 명령어의 단축키인 'C'를 입력한 후 그림과 같은 지점을 중심점으로 선택하고 도면 요소에 표시된 수치인 반지름이 '30'인 원을 그립니다.

명령: C Enter
Circle
원에 대한 중심점 지정 또는 [3점(3P)/2점(2P)/Ttr-접선 접선 반지름(T)]:
→ P1점 클릭
원의 반지름 지정 또는 [지름(D)]: 30 Enter

04 원 안에 내접하는 오각형을 그리기 위해 다각형 명령어의 단축키인 'POL'을 입력한 후 그림과 같은 지점을 중심점으로 클릭하여 원과 반지름이 동일한 오각형을 그립니다.

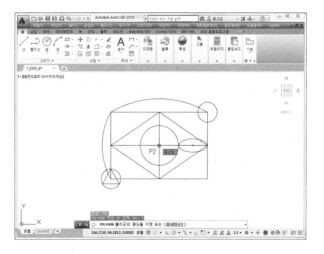

명령: POL Enter
Polygon 면의 수 입력 〈4〉: 5 Enter
폴리곤의 중심을 지정 또는 [모서리(E)]:
→ P2점 클릭
옵션을 입력 [원에 내접(I)/원에 외접(C)] 〈I〉: Enter
원의 반지름 지정: 30 Enter

05 오각형 안에 다시 원을 그리기 위해 'C'를 입력한 후 중심점 P3을 클릭합니다. 그런 다음, 도면에 표시된 지름값을 이용하기 위해 옵션 'd'를 입력하고 Ø30을 이용하여 원을 그립니다.

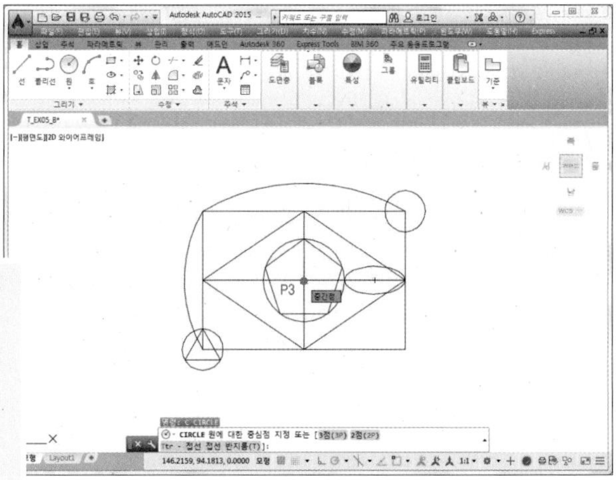

명령: C Enter
Circle
원에 대한 중심점 지정 또는 [3점(3P)/2점(2P)/Ttr-접선 접선 반지름(T)]:
→ P3점 클릭
원의 반지름 지정 또는 [지름(D)] 〈30.0000〉: D Enter
원의 지름을 지정함 〈60.0000〉: 30 Enter

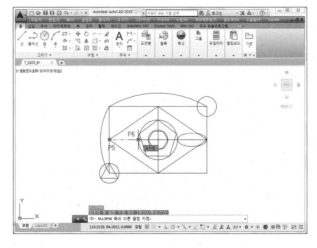

06 지름이 '30'인 원 안에 6각형을 그리기 위해 'POL'을 입력한 후 도형의 면 수와 반지름값을 그림과 같이 입력하여 육각형을 그립니다.

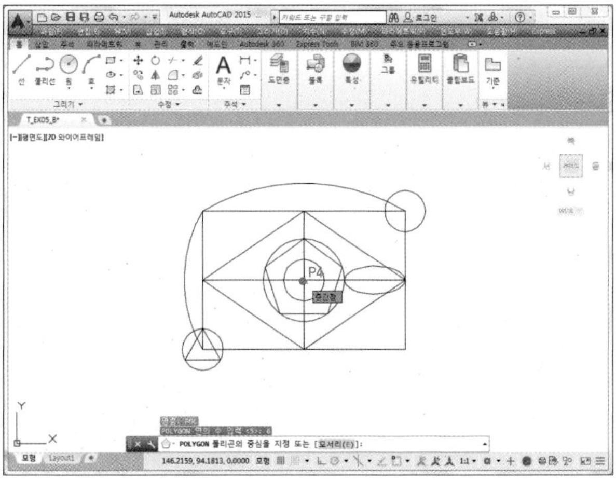

명령: POL Enter
Polygon 면의 수 입력 〈5〉: 6 Enter
폴리곤의 중심을 지정 또는 [모서리(E)]:
→ P4점 클릭
옵션을 입력 [원에 내접(I)/원에 외접(C)] 〈I〉: Enter
원의 반지름 지정: 15 Enter

07 타원을 그리기 위해 단축키 'EL'을 입력한 후 그림과 같은 두 지점을 마우스로 클릭한 후 남은 축의 절반 크기는 좌표값을 이용하여 입력합니다.

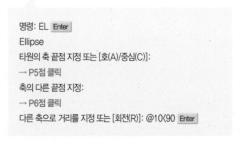

명령: EL Enter
Ellipse
타원의 축 끝점 지정 또는 [호(A)/중심(C)]:
→ P5점 클릭
축의 다른 끝점 지정:
→ P6점 클릭
다른 축으로 거리를 지정 또는 [회전(R)]: @10〈90 Enter

08 아래쪽에 반지름이 '150'인 호를 그립니다. 먼저 호의 옵션의 순서가 지정되어 있는 리본 메뉴를 이용해봅니다. 리본 메뉴에서 [호]를 클릭한 후 시작점, 끝점, 반지름의 순서의 호 그리기를 선택하고 그림과 같이 선택합니다.

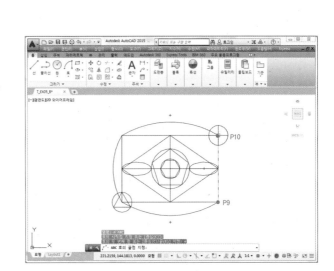

명령: _arc
호의 시작점 지정 또는 [중심(C)]:
→ P7점 클릭
호의 두 번째 점 또는 [중심(C)/끝(E)] 지정: _E
호의 끝점 지정:
→ P8점 클릭
호의 중심점 지정([Ctrl]을 누른 상태에서 방향 전환) 또는 [각도(A)/방향(D)/반지름(R)]: _R
호의 반지름 지정([Ctrl]을 누른 상태에서 방향 전환): 150 Enter

09 호를 그리는 방법으로 원하는 옵션을 지정하여 그리는 방법으로 그려봅니다. 반시계 방향으로 그려지는 것을 염두에 둔 상태에서 시작점을 클릭한 후 끝점의 옵션인 [E]를 입력하고 끝점을 클릭합니다.

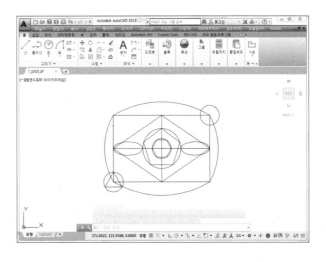

명령: A Enter
Arc
호의 시작점 지정 또는 [중심(C)]:
→ P9점 클릭
호의 두 번째 점 또는 [중심(C)/끝(E)] 지정: e Enter
호의 끝점 지정:
→ P10점 클릭

10 반지름값을 입력하기 위해 'R'을 입력한 후 반지름 '100'을 입력하여 완료합니다.

호의 중심점 지정([Ctrl]을 누른 상태에서 방향 전환) 또는
[각도(A)/방향(D)/반지름(R)]: r Enter
호의 반지름 지정([Ctrl]을 누른 상태에서 방향 전환): 100 Enter

11 끝으로 작은 원 안에 삼각형을 하나 그려 넣습니다. 다각형을 그리는 명령어 단축키인 'POL'을 입력한 후 삼각형의 변수를 입력하고 그림과 같이 입력하여 완료합니다.

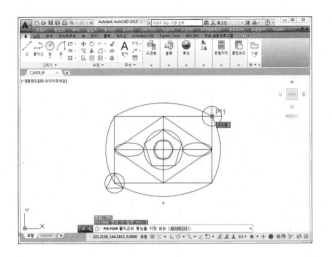

명령: POL Enter
Polygon 면의 수 입력 〈6〉: 3 Enter
폴리곤의 중심을 지정 또는 [모서리(E)]:
→ P11점 클릭
옵션을 입력 [원에 내접(I)/원에 외접(C)] 〈I〉: Enter
원의 반지름 지정: 15 Enter

TIP

호를 그릴 때 Ctrl 을 누르면 호가 그려지는 방향을 바꿀 수 있습니다

Arc가 그려지는 방향은 시계 반대 방향으로 그리는 것을 원칙으로 합니다. 즉, 시작점과 끝점의 위치를 클릭할 때 순서를 바꾸어 선택하면 그려지는 방향이 서로 반대가 됩니다. 시작점과 끝점을 선택한 후에 그려지는 방향을 바꾸는 경우 Ctrl 을 누르면 시계 반대 방향으로 그려지는 호가 반대로 선택한 순서대로 그려집니다.

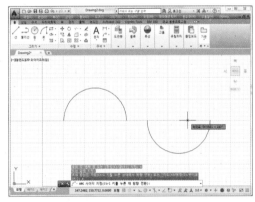 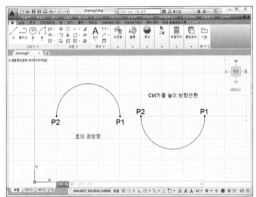

Ctrl 을 누르면 순서에 관계없이 호의 방향이 바뀝니다. 똑같이 클릭한 순서대로 그리더라도 Ctrl 을 누르면 호의 방향이 바뀝니다.

PRACTICE
DRAWING
A U T O C A D 2 0 1 5

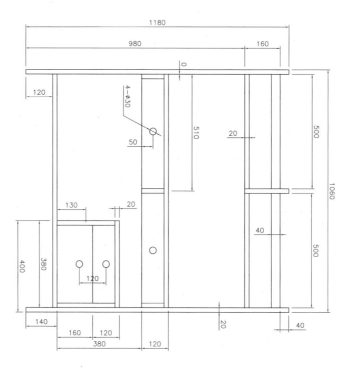

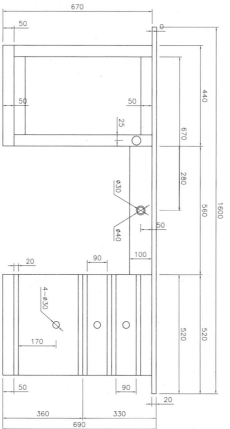

<참고>
책상 정면도를 그린 2개의 책상입니다.
ⓐ 대부분의 선분은 기준선을 하나 그린 뒤
ⓑ 치수에 나와있는 값을 기준으로 Offset/Trim활용
ⓒ 좌표값만 이용하지 않고 Copy/Offset/Trim 적극사용

도면을
요리조리
수정하여
요리하기

PART

02

이 파트에서는 그려진 도면 요소를 수정 편집하는 명령어를 중심으로
알아봅니다. 도면 요소는 한 번에 하나씩 그리기만 해서는 도면을 완성
할 수 없습니다. 선 하나, 원 하나 만으로 이루어지는 도면 요소는 없
기 때문에 도면을 작성하는 경우, 같은 것은 빠르게 복제하고 다양한
도면 요소를 서로 자르거나 붙여 도면을 완성해야 합니다. 이와 아울러
기본 도형을 수정 편집하여 새로운 모양을 만드는 다양한 방법에 대해
서도 알아봅니다.

Transform 명령어 정복하기

기본적인 도면 수정 명령어를 사용하는 방법을 익힙니다. 가장 흔하게 사용하는 복제 및 이동, 크기와 회전 등의 Transform(변형) 도구 등을 이용하여 기존의 도면을 수정하는 방법을 학습합니다. 특히, 객체를 자르거나 붙이는 등의 빠른 도면 요소 변형을 익혀 도면을 빠르게 그리는 방법을 알아봅니다.

AutoCAD 2015

1 도면 요소 복제하기 Copy

선택한 객체를 원하는 위치에 크기와 각도의 변화 없이 복제합니다. 한 번에 하나 또는 하나 이상을 빠르게 복제할 수 있으며, 좌표계를 이용하거나 거리값을 입력하여 정확한 길이값 대로 복제할 수 있습니다.

메뉴	리본 메뉴	명령 행
[수정(M)-복사(Y)]	[홈] 탭-[수정] 패널-[복사]	Copy(단축 명령어: CP/CO)

명령어 사용법

명령어를 입력한 후 복제를 원하는 객체를 선택합니다. 그런 다음, 기준점을 선택하고 복제를 원하는 장소를 지정합니다. 기본점과 복제점의 경우, 마우스로 클릭하거나 좌표값, 거리값, 복제 총 개수 등을 입력하여 복제합니다.

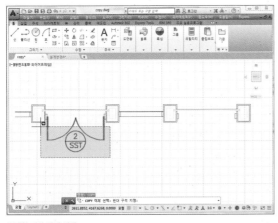

복제할 대상 객체 선택

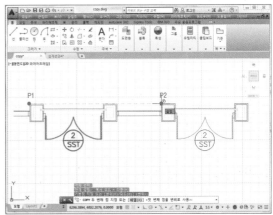

기준점을 선택한 후 복제 위치를 선택하여 복제

명령: CP `Enter`

Copy

객체 선택:

→ 복제할 객체를 선택합니다.

객체 선택: `Enter`

→ 더 이상 선택할 객체가 없는 경우 `Enter` 를 눌러 선택을 종료합니다.

현재 설정: 복사 모드 = 다중(M)

기본점 지정 또는 [변위(D)/모드(O)] 〈변위〉: P1점 클릭

→ 복제할 대상 객체의 기준점을 마우스로 클릭하거나 좌표값을 입력합니다.

두 번째 점 지정 또는 [배열(A)] 〈첫 번째 점을 변위로 사용〉: P2점 클릭

→ 복제될 장소의 위치를 마우스로 클릭하거나 좌표값을 입력합니다.

두 번째 점 지정 또는 [배열(A)/종료(E)/명령 취소(U)] 〈종료〉: `Enter`

→ 더 이상 복제하지 않는 경우 `Enter` 를 눌러 명령어를 종료합니다.

명령어 옵션 해설 ▼

복제하는 여러 가지 옵션을 통해 한 번에 하나 또는 여러 개를 다양한 방법을 통해 복제할 수 있습니다. 한 번에 여러 개를 복제하는 경우, 편리하게 복제할 수 있습니다.

옵션	옵션 해설	
변위(D)	• Copy 명령어의 기본 상태로 기준점을 입력하고 복제될 지점을 입력하여 복제합니다. • 기준점과 복제될 지점은 마우스나 좌표값을 이용하여 입력할 수 있습니다.	
모드(O)	• 한 번에 한 번만 복제할 것인지, 한 번에 여러 개를 다중 복제할 것인지의 여부를 결정합니다. • CopyMODE 변수를 통해 관리할 수 있습니다.	
	변수값	**제어 내용**
	0	[Copy] 명령 시 복제가 반복적으로 이루어지도록 다중 복사를 설정합니다.
	1	[Copy] 명령 시 복제가 한 번만 작동되도록 복제 옵션을 설정합니다.
	단일(S)	CopyMODE=0
	다중(M)	CopyMODE=1
배열(A)	복제될 개수를 지정하여 복제 시 원하는 개수만큼 복제되도록 합니다. 배열(A) 개수를 입력한 후 기준점과 복제점을 입력하여 원하는 개수만큼 복제합니다.	
	맞춤(F)	배열(A) 개수를 입력한 후 [맞춤(F)] 옵션을 입력하면 기준점과 복제점 사이에 배열 개수만큼 두 지점 사이에 맞춤으로 복제됩니다.

명령어 실습하기 ▼

Copy 명령어를 이용하여 창호 부호를 다양하게 복제하는 연습을 합니다.

● 실습 파일: **Sample/EX10.dwg** ● 완성 파일: **Sample/EX10-F.dwg**

01 Open 명령어를 이용하여 'Sample/ EX10.dwg' 파일을 연 후 그림과 같은 내용이 있는 파일을 엽니다. Copy 명령어의 단축키인 'CP'를 입력한 후 그림과 같은 지점을 마우스로 클릭, 드래그하여 선택합니다.

명령: CP `Enter`
Copy
객체 선택: 반대 구석 지정: 30개를 찾음
→ P1~P2점 클릭, 드래그
객체 선택: `Enter`

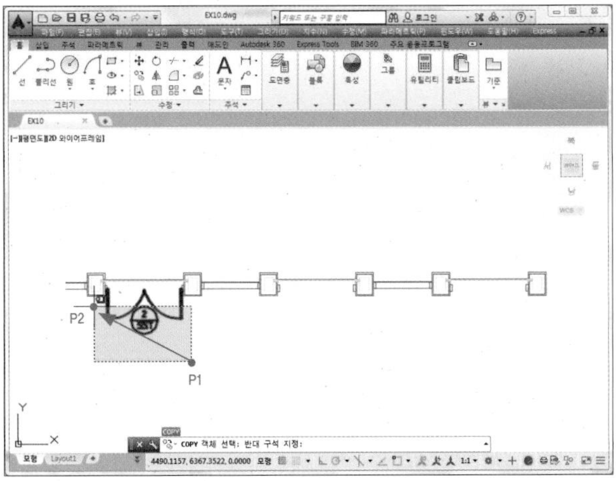

02 복제 시 기준이 되는 기준점을 클릭합니다. 마우스로 사각형의 끝점을 기준점으로 클릭하여 선택합니다.

현재 설정: 복사 모드 = 다중(M)
기본점 지정 또는 [변위(D)/모드(O)] 〈변위〉:
→ P3점 클릭

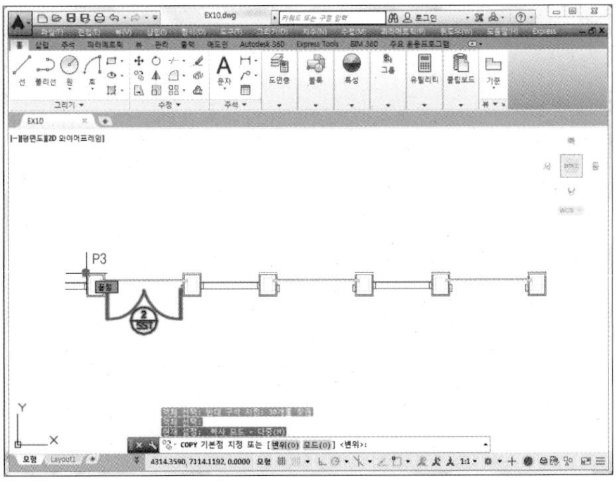

03 이동할 복제점의 위치를 다음 그림과 같이 클릭하여 선택합니다.

두 번째 점 지정 또는 [배열(A)] 〈첫 번째 점을 변위로 사용〉:
→ P4점 클릭

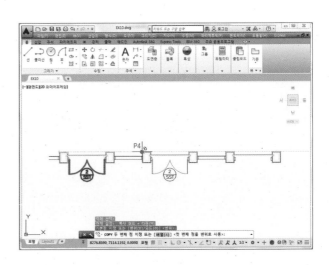

04 계속 복제될 지점의 위치를 다시 마우스로 클릭하여 복제한 후 더 이상 복제하지 않는 경우 Enter 를 누르고 명령어를 종료합니다.

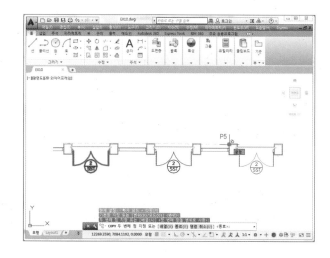

두 번째 점 지정 또는 [배열(A)/종료(E)/명령 취소(U)] 〈종료〉:
→ P5점 클릭
두 번째 점 지정 또는 [배열(A)/종료(E)/명령 취소(U)] 〈종료〉: Enter

05 다시 복제하기 위해 명령어의 단축키인 'CP'를 입력하고 그림과 같이 클릭, 드래그하여 다중 선택합니다.

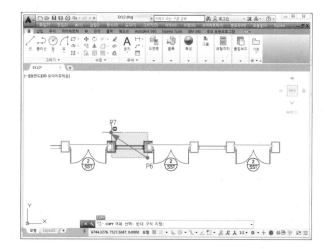

명령: CP Enter
Copy
객체 선택: 반대 구석 지정: 32개를 찾음
→ P6~P7점 클릭, 드래그
객체 선택: Enter

06 복제할 대상 객체의 기준점을 선택한 후 한 번에 여러 개를 복제하기 위해 배열 옵션인 'A'를 입력하고 다중 복제 개수를 입력합니다.

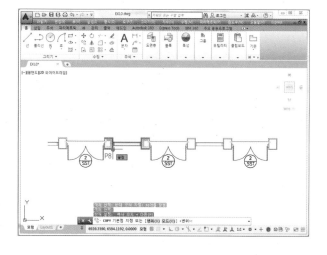

현재 설정: 복사 모드 = 다중(M)
기본점 지정 또는 [변위(D)/모드(O)] 〈변위〉:
→ P8점 클릭
두 번째 점 지정 또는 [배열(A)] 〈첫 번째 점을 변위로 사용〉: a Enter
배열할 항목 수 입력: 5 Enter

07 다중 복사의 개수를 입력한 후 복제될 지점을 다음 그림과 같이 마우스로 클릭하여 선택합니다. 기준점에서 두 번째 점 사이가 반복적으로 입력되어 5개가 복제됩니다.

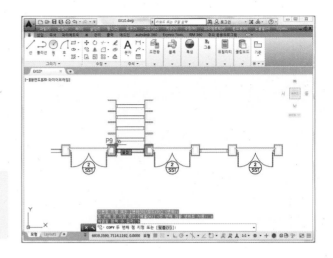

두 번째 점 지정 또는 [맞춤(F)]:
→ P9점 클릭
두 번째 점 지정 또는 [배열(A)/종료(E)/명령 취소(U)] 〈종료〉: Enter

08 Copy 명령어의 옵션 배열(A)을 맞춤(F) 옵션을 이용하여 복제해봅니다. 명령어 단축키를 입력한 후 그림과 같이 객체를 선택합니다.

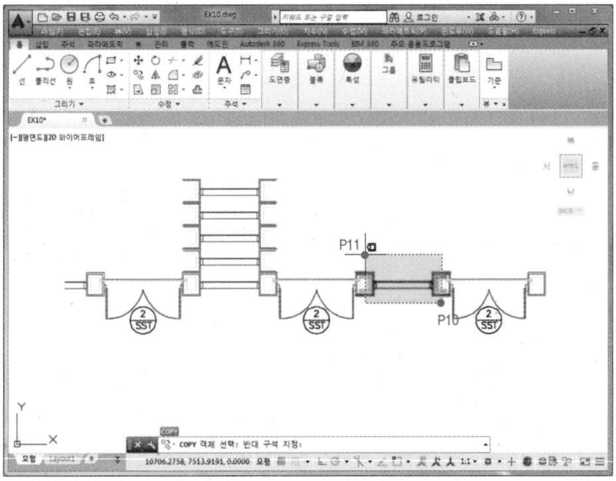

명령: CP Enter
Copy
객체 선택: 반대 구석 지정: 30개를 찾음
→ P10~P11점 클릭, 드래그
객체 선택: Enter

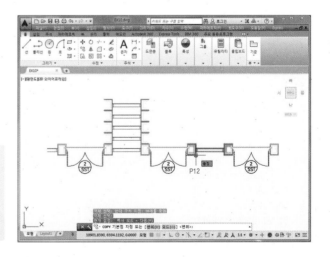

09 다중 복제를 위해 기준점을 마우스로 다음과 같이 선택한 후 배열(A)의 옵션인 'a'를 입력하고 다중 복제 개수인 '5'를 입력합니다.

현재 설정: 복사 모드=다중(M)
기본점 지정 또는 [변위(D)/모드(O)] 〈변위〉:
→ P12점 클릭
두 번째 점 지정 또는 [배열(A)] 〈첫 번째 점을 변위로 사용〉: a Enter
배열할 항목 수 입력: 5 Enter

10 처음 입력한 기준점과 두 번째 입력된 지
점 사이에 원하는 개수만큼 동일 간격대
로 복제해주는 [맞춤(F)] 옵션을 입력한 후 두
번째 점을 그림과 같이 마우스로 입력합니다.

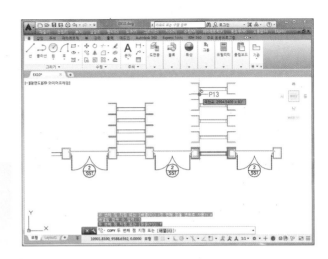

두 번째 점 지정 또는 [맞춤(F)]: f Enter
두 번째 점 지정 또는 [배열(A)]:
→ P13점 클릭
두 번째 점 지정 또는 [배열(A)/종료(E)/명령 취소(U)] 〈종료〉: Enter

2 객체를 이리저리 이동시키는 Move

선택한 객체를 원하는 위치로 이동하는 명령어입니다. 이동 시 마우스로 기준점과 이동 지점을 클릭하여 이동하거나 좌표계를 이용하여 정
확하게 이동합니다.

메뉴	리본 메뉴	명령 행
[수정(M)-이동(V)]	[홈] 탭-[수정] 패널-[이동]	Move(단축 명령어: M)

명령어 사용법

명령어를 입력한 후 이동할 객체를 먼저 선택하고 선택이 완료되면 Enter 를
눌러 선택을 종료합니다. 기준점을 클릭한 후 이동될 점을 클릭하면 객체가 이동되고, 명령어는 자동 종료됩
니다.

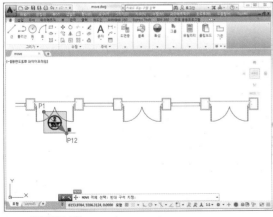

Move 대상 객체를 선택

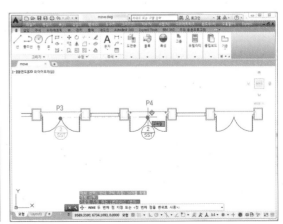

기준점을 선택한 후 이동점을 선택하여 이동

명령: M [Enter]

Move

객체 선택: 반대 구석 지정: 12개를 찾음

→ P1~P2점 클릭, 드래그

객체 선택: [Enter]

기준점 지정 또는 [변위(D)] 〈변위〉:

→ P3점 클릭

두 번째 점 지정 또는 〈첫 번째 점을 변위로 사용〉:

→ P4점 클릭

명령어 실습하기 ▼

객체를 이동하는 Move 명령어를 이용하여 객체를 원하는 장소로 옮겨보도록 합니다. 선택한 객체를 마우스 또는 좌표값을 이용하여 이동할 수 있습니다.

● 실습 파일: Sample/EX11.dwg ● 완성 파일: Sample/EX11-F.dwg

01 Open 명령어를 이용하여 'Sample/EX11.dwg' 파일을 연 후 Move 명령어의 단축키인 'M'을 입력하고 후 그림과 같이 선택합니다.

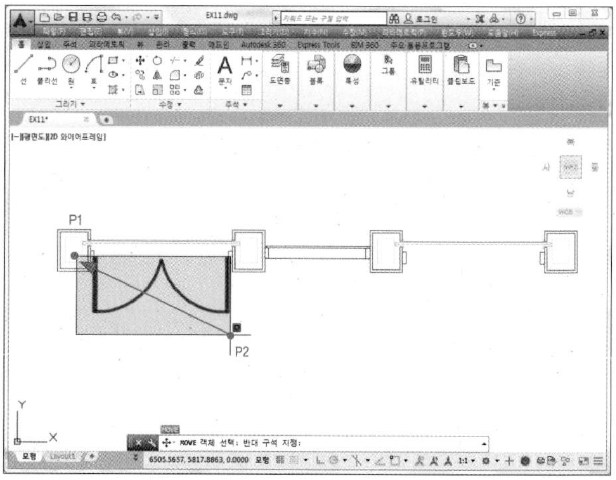

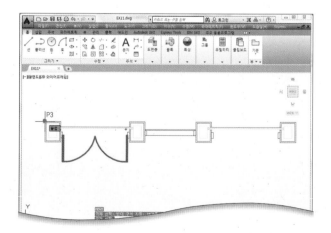

명령: M [Enter]

Move

객체 선택: 반대 구석 지정: 18개를 찾음

→ P1~P2점 클릭

객체 선택: [Enter]

반투명 파란색 상자에 해당 객체가 모두 포함되어야 합니다.

02 이동할 객체의 기준점을 다음 그림과 같이 클릭하여 선택합니다.

기준점 지정 또는 [변위(D)] 〈변위〉:

→ P3점 클릭

03 마우스로 두 번째 지점을 클릭하여 다음과 같은 위치로 클릭합니다. 객체는 이동되고 명령어는 종료됩니다.

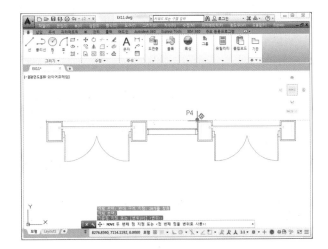

두 번째 점 지정 또는 〈첫 번째 점을 변위로 사용〉:
→ P4점 클릭

TIP

객체를 선택하는 다양한 선택 옵션

Erase 명령어, Copy 명령어, Move 명령어 등과 같이 객체를 선택해야만 명령어를 실행할 수 있는 경우, 객체를 선택하는 다양한 방법이 있습니다. 지금까지 따라하기를 통해 사용한 선택법은 드래그 방향에 따른 Window와 Cross뿐입니다. 이 밖에도 다양한 선택 방법의 옵션이 있습니다. Pick 방법을 제외하고는 대문자로 이루어진 알파벳을 입력하여 객체를 선택합니다.

옵션	옵션 해설
Pick	객체 하나하나를 Pickbox를 이용하여 선택합니다. 한 번에 하나의 객체만 선택하게 됩니다.
ALl	화면에 있는 모든 객체를 선택하는 Object Selection입니다.
WP(=Window Polygon)	선택해야 하는 객체의 주변을 점을 찍듯 클릭하여 다각형을 만든 후 객체가 그 다각형 안에 완전히 포함되어 있는 객체만 선택되는 Object Selection입니다.
CP(=Cross Polygon)	WP 옵션과 사용법이 같으며, 선택해야 하는 객체의 주변을 점을 찍듯 클릭하여 그 다각형 안에 완전히 포함되거나 조금이라도 포함되어 있으면 선택되는 Object Selection입니다.
Last	맨 마지막에 그려진 객체 하나만 자동으로 선택하는 Object Selection입니다.
Previous	바로 전단계에서 선택한 선택 객체 그룹을 다시 선택해주는 Object Selection입니다.
ReMove	선택한 객체를 선택 객체 그룹에서 선택 해제시키는 Object Selection입니다.
Add	ReMove 옵션으로 선택 객체를 해제하는 ReMove Object의 Command 상태에서 다시 물체를 선택하는 Select Object 상태로 변경하여 추가로 객체를 선택할 수 있는 상태로 변경합니다.

3 크기를 바꿔주는 Scale

선택한 객체를 원하는 크기로 변경해줍니다. 마우스 드래그로 크기를 늘리거나 줄일 수 있으며 원래 크기를 '1'로 이해하고 Factor의 입력 값에 따라 정확한 비율대로 크기를 늘리거나 줄일 수 있습니다.

메뉴	리본 메뉴	명령 행
[수정(M)-축척(L)]	[홈] 탭-[수정] 패널-[축척] 🔲	Scale(단축 명령어: SC)

명령어 사용법 ▼

명령어를 입력한 후 크기를 변형할 객체를 선택합니다. 축척을 변경할 객체의 기준점을 선택한 후 원하는 축척 비율값을 숫자로 입력하여 크기를 변경합니다.

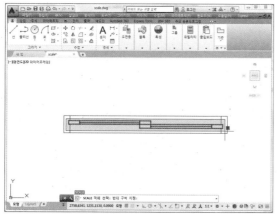

축척 대상 객체 선택   원래 크기의 150% 확대

명령: SC Enter
Scale
객체 선택:
→ 축척의 변경을 원하는 대상 객체를 선택합니다.
객체 선택: Enter
→ 더 이상 객체를 선택하지 않는 경우 Enter 를 눌러 선택을 종료합니다.
기준점 지정:
→ 크기 변경의 기준점 위치를 마우스로 클릭합니다.
축척 비율 지정 또는 [복사(C)/참조(R)]:
→ 크기 변경의 비율(Factor)을 입력합니다.

TIP

Scale에서 크기 변경의 비율값은 '1'을 기준으로 합니다

Scale 명령어를 사용하는 경우, 축척 비율을 입력하여 크기를 조절합니다. 축척 비율, 즉 Factor의 크기를 '1'을 기준으로 늘리는 경우에는 2, 3, 4…를 입력하여 현재 크기의 2배, 3배, 4배…, 즉 200%, 300%, 400%…로 만들고, 크기를 줄이는 경우에는 0.8, 0.7, 0.5…를 입력하여 현재 크기의 0.8배, 0.7배, 0.5배…, 즉 80%, 70%, 50%…로 만듭니다.

명령어 옵션 해설 ▼

축척을 지정하는 옵션을 이해하면 크기를 변경하면서 동시에 객체를 복제하거나 참조값을 이용하여 축척을 변경할 수 있습니다. 참조값의 경우 정확한 비율 계산이 어려운 축척에 이용하기 편리하며 Xref 등으로 참조한 객체의 정확한 길이값을 변경할 때 유용합니다.

옵션	옵션 해설
복사(C)	크기를 변경함과 동시에 복제를 실행합니다.
참조(R)	참조값을 이용하여 기준값과 새로운 값을 입력하면 기준값의 크기에서 새로운 값을 참조하여 자동 축척을 입력합니다.

명령어 실습하기 ▼

축척, 즉 크기를 변형하는 다양한 방법을 익혀 크기를 변경하면서 복제하거나 외부 참조된 객체의 크기도 원하는 비율대로 정확하게 변경하도록 합니다.

● 실습 파일: Sample/EX12.dwg ● 완성 파일: Sample/EX12-F.dwg

01
Open 명령어를 이용하여 'Sample/EX12.dwg' 파일을 연 후 Scale 명령어의 단축키인 'SC'를 입력하고 그림과 같이 객체를 선택합니다.

명령: SC Enter
Scale
객체 선택: 반대 구석 지정: 19개를 찾음
→ P1~P2점 클릭, 드래그
객체 선택: Enter

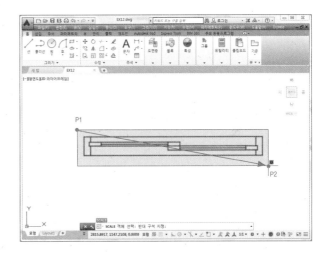

02
축척의 기준점 위치를 다음과 같이 창문 중간점의 위치를 클릭하여 선택하고 현재 크기의 150%에 대한 축척 비율인 '1.5'를 입력합니다.

기준점 지정:
→ P3점 클릭
축척 비율 지정 또는 [복사(C)/참조(R)]: 1.5 Enter

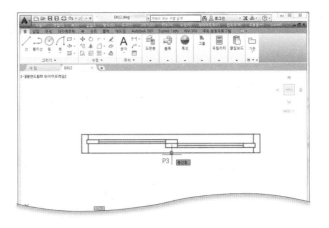

03 다시 Scale 명령어를 입력하기 위해 단
축키인 'SC'를 입력한 후 바로 전에 선
택된 객체를 자동으로 다시 선택해주는
[Previous] 옵션의 'P'를 눌러 자동 선택되도
록 합니다.

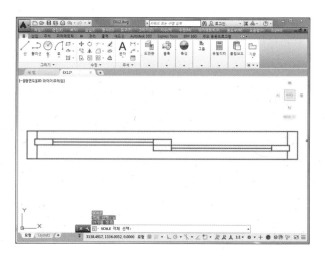

명령: SC `Enter`
Scale
객체 선택: p `Enter`
19개를 찾음
객체 선택: `Enter`

04 기준점의 위치를 창문의 중간점인 다음
의 P4점을 정확히 클릭하고 현재 크기
의 70%로 축소하기 위해 축척 비율값에 '0.7'
을 입력합니다.

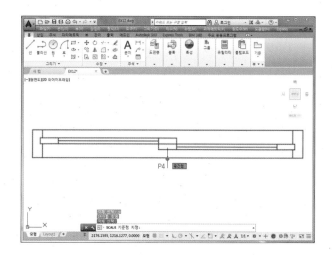

기준점 지정:
→ P4점 클릭
축척 비율 지정 또는 [복사(C)/참조(R)]: 0.7 `Enter`

05 전체 창문의 길이값을 입력하기 위해 조
회 명령어 중 하나인 길이를 재는 Dist
명령어의 단축키 'DI'를 입력한 후 그림과 같
은 두 지점을 순서대로 클릭하여 길이값
1260을 확인합니다.

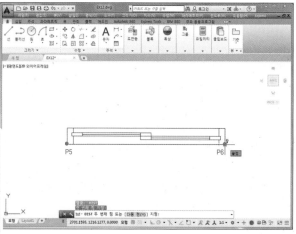

명령: DI `Enter`
Dist
첫 번째 점 지정:
→ P5점 클릭
두 번째 점 또는 [다중 점(M)] 지정:
→ P6점 클릭
거리=1260.0000, XY 평면에서의 각도=0, XY 평면으로부터의 각도=0
X증분=1260.0000, Y증분=0.0000, Z증분=0.0000

06 1260의 길이값을 가진 창문의 크기를 1050으로 변경하기 위해 참조(R)를 이용합니다. 'SC'를 입력한 후 'P'를 입력하여 바로 전에 선택한 객체를 자동 선택합니다. 그런 다음, 중심점을 클릭하고 옵션을 선택한 후 다음과 같이 입력합니다.

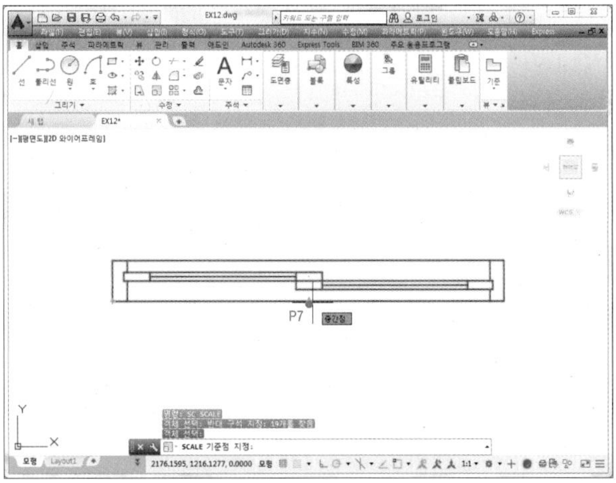

명령: SC Enter
Scale
객체 선택: p
19개를 찾음
객체 선택: Enter
기준점 지정:
→ P7점 클릭
축척 비율 지정 또는 [복사(C)/참조(R)]: R Enter
참조 길이 지정 ⟨1.0000⟩: 1260 Enter
새 길이 지정 또는 [점(P)] ⟨1.0000⟩: 1050 Enter

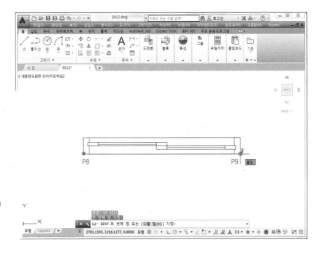

07 축척이 변형되었지만 정확히 1050이 되었는지 확인하기 위해 DI 명령어를 입력하여 그림과 같이 확인합니다.

명령: DI Enter
Dist
첫 번째 점 지정:
→ P8점 클릭
두 번째 점 또는 [다중 점(M)] 지정:
→ P9점 클릭
거리=1050.0000, XY 평면에서의 각도=0, XY 평면으로부터의 각도=0
X증분=1050.0000, Y증분=0.0000, Z증분=0.0000

08 이번에는 축척을 변경함과 동시에 복제도 가능하도록 옵션을 지정합니다. 명령어를 입력한 후 'P'를 입력하여 이전에 선택한 객체를 자동으로 다시 선택하고, 기준점을 다음과 같은 위치에 지정합니다.

명령: SC Enter
Scale
객체 선택: p
19개를 찾음
객체 선택: Enter
기준점 지정:
→ P10점 클릭

•••• **09** 축척이 변경됨과 동시에 복제되도록 복
•••• 사(C)의 옵션 'C'를 입력한 후 변경 비율
을 입력하여 Scale 명령어를 종료합니다.

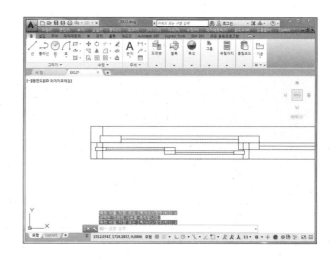

축척 비율 지정 또는 [복사(C)/참조(R)]: C [Enter]
선택한 객체의 사본을 축척합니다.
축척 비율 지정 또는 [복사(C)/참조(R)]: 2 [Enter]

4 각도대로 회전하는 Rotate

선택한 객체를 원하는 각도대로 회전할 수 있습니다. 마우스를 이용하여 임의의 각도대로 회전하거나 원하는 각도를 정확히 입력하여 회전
할 수 있습니다.

메뉴	리본 메뉴	명령 행
[수정(M)-회전(R)]	[홈] 탭-[수정] 패널-[회전] ⟳	Rotate(단축 명령어: RO)

명령어 사용법 ▼

명령어를 입력한 후 회전할 대상 객체를 선택합니다. 선택이 완료되면 회전의
중심축이 되는 위치를 선택한 후 원하는 방향으로 마우스를 돌려 클릭하거나 원하는 회전 각도를 입력하여 회
전합니다.

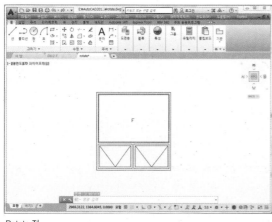

Rotate 전

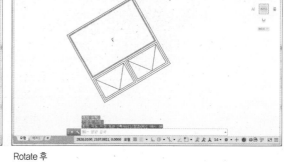

Rotate 후

명령: RO `Enter`
Rotate
현재 UCS에서 양의 각도: 측정 방향 = 시계 반대 방향 기준 방향 = 0
객체 선택:
→ Rotate할 대상 객체를 선택합니다.
객체 선택: `Enter`
→ 더 이상 선택할 객체가 없는 경우 `Enter` 를 눌러 선택을 종료합니다.
기준점 지정:
→ 회전할 기준점의 위치를 클릭합니다.
회전 각도 지정 또는 [복사(C)/참조(R)] 〈0〉:
→ 회전 각도를 숫자로 입력합니다.

명령어 옵션 해설 ▼

회전값을 입력하여 객체를 회전하는 기본값 외에 옵션을 입력하여 회전과 동시에 객체를 복제하거나 참조값을 이용하여 회전값을 변경할 수 있습니다.

옵션	옵션 해설
복사(C)	객체를 회전함과 동시에 복제를 실행합니다.
참조(R)	참조값을 이용하여 기준값과 새로운 값을 입력하면 기준값의 크기에서 새로운 값을 참조하여 자동 회전값을 입력합니다.

명령어 실습하기 ▼

객체를 회전하는 다양한 방법을 통해 Rotate 명령어를 연습하고 객체의 회전을 통해 도면을 빠르게 작성하는 방법을 익힙니다.

● 실습 파일: **Sample/EX13.dwg** ● 완성 파일: **Sample/EX13-F.dwg**

···· Open 명령어를 이용하여 'Sample/
01 EX13.dwg' 파일을 연 후 Rotate 명
···· 령어를 입력하고 그림과 같이 객체를 선택합
니다.

명령: RO `Enter`
Rotate
현재 UCS에서 양의 각도: 측정 방향=시계 반대 방향 기준 방향=0
객체 선택: 반대 구석 지정: 20개를 찾음
→ P1~P2점 클릭, 드래그
객체 선택: `Enter`

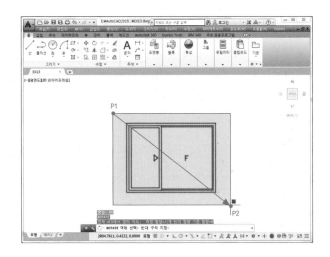

02 회전할 대상 객체가 선택되었다면 그림과 같은 점을 클릭하여 회전의 중심점을 선택한 후 회전할 각도를 입력합니다.

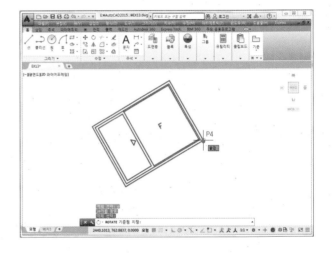

기준점 지정:
→ P3점 클릭
회전 각도 지정 또는 [복사(C)/참조(R)] ⟨0⟩: 30 Enter

03 다시 한 번 Rotate 명령어의 단축키를 입력한 후 바로 직전에 선택된 그룹을 자동으로 선택하는 'P'를 입력하여 객체를 선택하고 회전 중심점을 선택합니다.

명령: RO Enter
Rotate
현재 UCS에서 양의 각도: 측정 방향=시계 반대 방향 기준 방향=0
객체 선택: p Enter
20개를 찾음
객체 선택: Enter
기준점 지정:
→ P4점 클릭

04 처음에 회전한 값에 마이너스(−)를 붙여 값을 입력해봅니다. 그림과 같이 원래대로 각도가 변경되는 것을 알 수 있습니다.

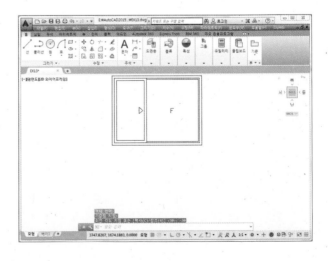

회전 각도 지정 또는 [복사(C)/참조(R)] ⟨30⟩: -30 Enter

AutoCAD 2015

현장
실습
06

변형 도구 활용법 익히기

도면 요소는 무조건 그리기만하는 것이 아니라 기존의 객체를 최대한 활용하는 것이 빨리 도면을 완성할 수 있는 지름길입니다. 무엇보다 같은 도면 요소는 복제하거나 크기와 각도를 변형하여 두 번 그리는 일이 없도록 하는 것이 컴퓨터와 프로그램을 이용하는 가장 좋은 이점입니다. 다음 내용을 따라하면서 변형 도구를 익히기 바랍니다.

▶ 현장실습예제

예제 파일
Sample/T_EX06_B.dwg

완성 파일
Sample/T_EX06_F.dwg

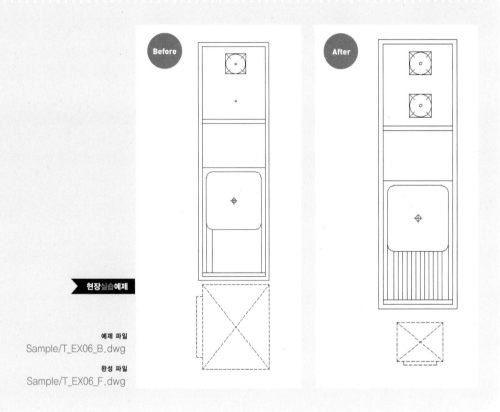

01 Open 명령어를 이용하여 'Sample/T_EX06_B.dwg' 파일을 연 후 Zoom 명령어를 입력하고 그림과 같은 위치를 선택하여 화면을 확대합니다.

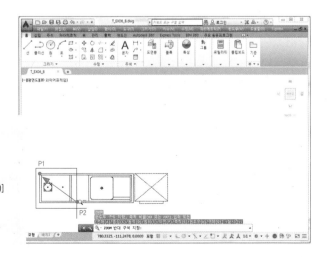

명령: Z `Enter`
Zoom
윈도우 구석 지정, 축척 비율(nX 또는 nXP) 입력 또는
[전체(A)/중심(C)/동적(D)/범위(E)/이전(P)/축척(S)/윈도우(W)/객체(O)]
〈실시간〉:
반대 구석 지정:
→ P1~P2점 클릭, 드래그

02 주방 기구 평면도의 가스레인지 화구를 하나 더 복제합니다. Copy 명령어의 가장 기본적인 사용 방법으로 복제합니다. [Copy] 명령의 단축키인 'CP'를 입력한 후 다음과 같이 객체를 선택합니다.

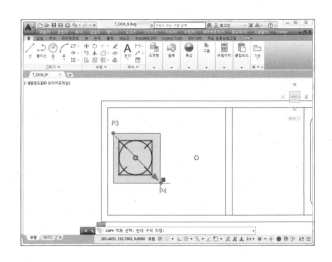

명령: CP Enter
Copy
객체 선택: 반대 구석 지정: 10개를 찾음
→ P3~P4점 클릭, 드래그

03 화구 안의 작은 원은 이미 오른쪽에 그려져 있으므로 선택에서 제외합니다. 선택된 객체를 제거하는 ReMove selection인 'R'을 입력한 후 왼쪽의 원을 선택합니다.

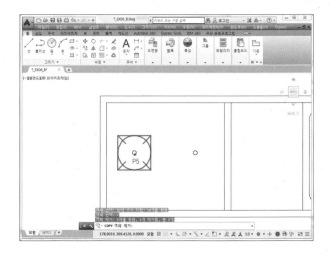

객체 선택: r Enter
객체 제거: 1개를 찾음, 1개 제거됨, 총 9개
→ P5점 클릭
객체 제거: Enter

04 복제할 대상의 기본점을 다음 그림과 같이 원의 중심점을 기준으로 선택하여 오른쪽 작은 원의 중심점으로 이동 복제합니다. 복제가 완료되면 Enter 를 눌러 명령어를 종료합니다.

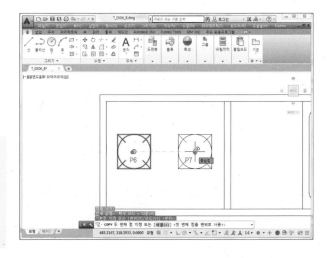

현재 설정: 복사 모드=다중(M)
기본점 지정 또는 [변위(D)/모드(O)] 〈변위〉:
→ P6점 클릭
두 번째 점 지정 또는 [배열(A)] 〈첫 번째 점을 변위로 사용〉:
→ P7점 클릭
두 번째 점 지정 또는 [배열(A)/종료(E)/명령 취소(U)] 〈종료〉: Enter

05 화면을 이동하기 위해 마우스 휠을 누른 채 오른쪽에서 왼쪽으로 드래그하여 당깁니다. 화면의 확대/축소 없이 오른쪽의 도면 요소가 화면 안으로 보여집니다.

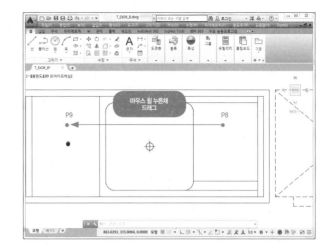

→ P8~P9점 클릭, 드래그

06 싱크대의 결 무늬를 만들기 위해 기존의 선분 하나를 12개 복제합니다. 먼저 CP 명령어를 입력한 후 다음의 객체 하나만 선택합니다.

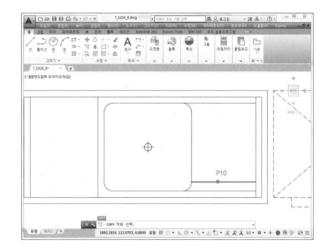

명령: CP Enter
Copy
객체 선택: 1개를 찾음
→ P10점 클릭
객체 선택: Enter

07 복제할 대상 객체의 기준점의 위치를 그림과 같이 클릭한 후 한 번에 여러 개를 복제하기 위해 배열(A) 옵션을 입력하고 선택한 자신을 포함하여 총 개수를 입력합니다.

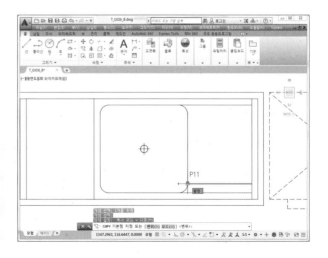

현재 설정: 복사 모드=다중(M)
기본점 지정 또는 [변위(D)/모드(O)] 〈변위〉:
→ P11점 클릭
두 번째 점 지정 또는 [배열(A)] 〈첫 번째 점을 변위로 사용〉: a Enter
배열할 항목 수 입력: 12 Enter

08 12개의 선분은 간격을 따로 입력하지 않고 맞춤(F) 옵션을 이용하여 두 번째 클릭하는 위치까지 거리값이 자동으로 입력되도록 합니다. 12개의 객체가 일정한 간격대로 자동 배열 복제됩니다.

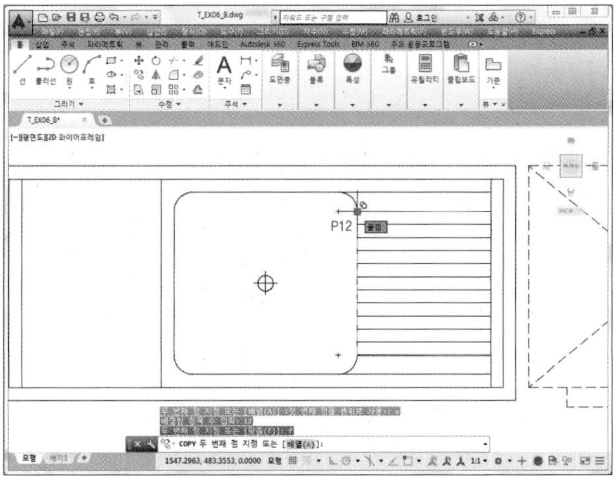

두 번째 점 지정 또는 [맞춤(F)]: f Enter
두 번째 점 지정 또는 [배열(A)]:
→ P12점 클릭
두 번째 점 지정 또는 [배열(A)/종료(E)/명령 취소(U)] <종료>: Enter

09 화면을 축소한 후 중앙에 배치하기 위해 마우스 휠을 먼저 아래 방향으로 돌려 전체 화면이 되도록 한 후 마우스 휠을 움직여 그림과 같이 객체가 화면에 배치되도록 합니다.

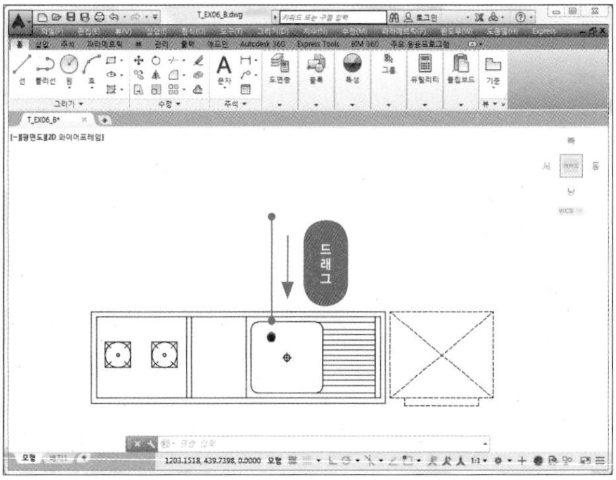

→ 마우스 휠을 아래 방향으로 드래그 + 마우스 휠을 누른 채 위에서 아래로 드래그하여 배치

10 이번에는 싱크대 전체를 회전해보겠습니다. 명령어 'RO'를 입력한 후 그림과 같이 객체를 선택합니다. 우측의 점선으로 되어 있는 객체의 선분은 선택되지 않도록 주의합니다.

명령: RO Enter
Rotate
현재 UCS에서 양의 각도: 측정 방향=시계 반대 방향 기준 방향=0
객체 선택: 반대 구석 지정: 57개를 찾음
→ P13~P14점 클릭, 드래그
객체 선택: Enter

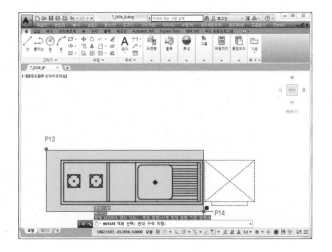

11 싱크대 및 가스레인지를 회전시킬 기준
점의 위치를 그림과 같이 클릭합니다.

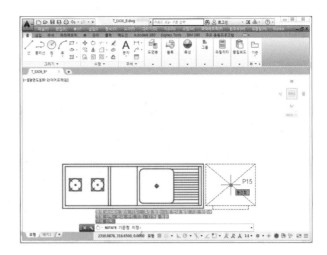

기준점 지정:
→ P15점 클릭, 드래그

12 아래 방향으로 드래그하여 싱크대가 위
쪽으로 회전되도록 합니다. 물론 각도
를 입력해도 되지만 마우스로 드래그하며 기
준 각도만큼 회전할 수 있습니다.

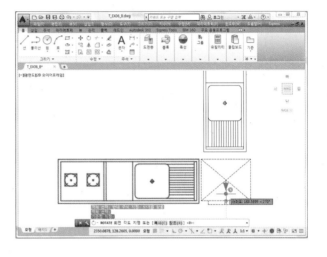

회전 각도 지정 또는 [복사(C)/참조(R)] ⟨0⟩:
→ P16점 클릭

13 화면에 전체 객체가 보이지 않습니다.
마우스 휠을 아래로 드래그하여 화면을
축소하고 마우스 휠을 눌러 화면과 같이 배치
합니다.

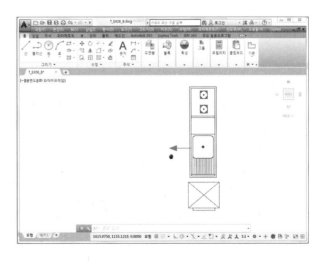

→ 마우스 휠을 아래 방향으로 드래그 + 마우스 휠을 누른 채
그림처럼 드래그하여 배치

14 아래쪽에 있는 점선의 이동 박스 크기를 변경합니다. 축척을 변경하는 SC 명령어를 입력한 후 그림과 같이 객체를 선택합니다.

명령: SC `Enter`
Scale
객체 선택: 반대 구석 지정: 9개를 찾음
→ P17~P18점 클릭, 드래그
객체 선택: `Enter`

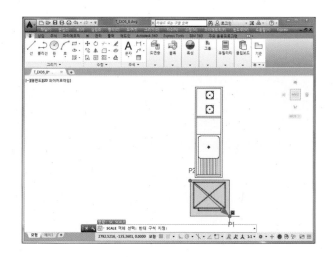

15 축척의 중심점을 다음 그림과 같이 위쪽 선분의 중간점 위치로 설정합니다. 현재 크기의 절반인 50%로 축소하기 위해 축척 비율에 '0.5'를 입력하여 완료합니다.

기준점 지정:
→ P19점 클릭
축척 비율 지정 또는 [복사(C)/참조(R)]: 0.5 `Enter`

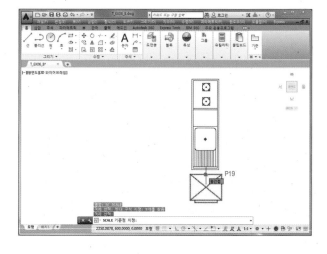

객체 스냅 OSNAP을 이해합시다

객체를 선택하는 경우, 객체마다 특정 지점을 정확하게 선택해야 하는 경우가 많습니다. AutoCAD는 정확한 수치를 바탕으로 그려지는 도면이기 때문에 특정 지점을 정확하게 선택하지 않으면 도면으로서의 가치가 떨어지기 때문입니다. 이번에는 Osnap을 선택하는 방법과 지정하는 방법, 그리고 각 요소의 내용에 대해 알아보겠습니다.

● 객체 스냅 Osnap의 정의

도면을 작성하는 경우 모든 도면을 좌표값만을 이용하여 그리는 것이 아니므로 객체가 갖고 있는 특정 지점의 위치를 정확하게 찾아낼 수 있어야 합니다. 이때 Osnap을 이용하여 도면을 그리면 사용자가 원하는 객체들의 일정한 지점을 정확하게 찾아서 선택할 수 있습니다(F3 으로 ON/OFF).

● 객체 스냅 Osanp의 종류

아이콘	객체 스냅	설명
끝점	끝점 (End Point)	선이나 호의 양끝 점을 찾아서 선택합니다. 선이나 호의 정가운데를 기준으로 양쪽 끝점 2개를 선택할 수 있으며 중간점의 위치를 기준으로 클릭하려는 끝점과 가까운 곳을 마우스로 클릭하면 선택됩니다.
중간점	중간점 (Mid Point)	선이 호와 같이 시작과 끝이 있는 객체의 중간점을 찾아서 선택합니다. 선분의 1/2이 되는 지점을 찾아주는 객체 스냅입니다. 선분에서 1개만 존재하는 점이므로 선의 아무 곳이나 선택해도 찾아줍니다.
중심점	중심점 (Center Point)	원이나 타원, 호의 중심점을 선택합니다. 마우스 커서가 원 안에 있으면 작동하지 않는 경우가 있는데, 원이나 호의 선분을 한 번 지나가면 중심점이 잡힙니다.
노드	노드점 (Node Point)	점(Point) 명령어로 그려진 객체점만 찾아서 선택합니다. 모양이 있는 점이라도 점으로 그려진 객체는 다른 객체 스냅으로는 선택되지 않으며 반드시 노드점을 이용해야 선택됩니다.
사분점	사분점 (Quadrant Point)	원이나 타원 그리고 호의 0도, 90도, 180도, 270도 지점을 찾아 선택합니다.
교차점	교차점 (Intersection Point)	선분이 서로 교차하거나 2개 이상의 끝점이 모여 있는 모서리에 해당하는 연결점을 찾아서 선택합니다.
연장선	연장선 (Extension Point)	실제로 존재하지 않지만 객체의 특정 지점으로부터 연장되는 가상의 점을 점선으로 표시한 후에 찾아서 선택합니다.
삽입	삽입점 (Insertion Point)	도면 안에 [Insert] 명령을 통해 삽입된 블록이나 입력된 문자(=Text)처럼 객체를 작성할 때 삽입점을 통해 도면을 그리는 객체의 삽입점을 찾아서 선택합니다.
직교	직교점 (Perpendicular Point)	현재 마우스 커서의 위치로부터 선택하는 객체와의 90도 직각의 수직점을 찾아서 선택합니다.
접점	접점 (Tangent Point)	일정한 지점에서 다른 한 지점의 선까지 자연스럽게 만나는 접점을 찾아서 선택합니다.
근처점	근처점 (Nearest Point)	선택한 객체에서 가장 가까운 점을 찾아줍니다. 근처점은 중간이나 끝점처럼 특정 지점이 아니라 선분상의 아무 점이라도 그 선분상에 존재하는, 마우스에서 가장 가까운 점이라는 의미입니다.
가상 교차점	가상 교차점 (APParent Intersection)	실제로는 없는데 보이는 부분이 교차한 것처럼 보이는 곳을 찾아서 선택합니다. 보통 3D 상태에서 보이는 View Point 상태에서 가상의 지점이 선택됩니다.
평행	평행점 (Parallel Point)	선택한 Line, PLine, XLine 등의 선을 다른 선형 객체와 평행이 되도록 평행한 선분을 찾아서 선택합니다.

수정 명령어를 활용하여 도면 빨리 그리기

지금까지 도면을 그리는 기초 도면 요소를 그리고, 간단하게 편집하는 변형 도구까지 익혀보았습니다. 이번에는 도면을 빠르게 그려내는 스피드업 명령어에 대해 알아보겠습니다. 이는 AutoCAD에서 도면을 그릴 때 가장 많이 사용하는 명령어입니다.

A u t o C A D 2 0 1 5

1 평행 복사 Offset

선택한 단일 객체를 객체와 나란한 방향으로 복제해주는 명령어입니다. 선, 원, 호를 가리지 않고 객체를 평행 복제해주는 명령어로, Copy 보다 더 많이 이용됩니다. Copy와는 달리 한 번에 하나의 단일 객체를 선택한다는 점이 다를 뿐, 복제되는 것은 같습니다. 주로 하나의 선분을 동일 간격대로 복사할 때 많이 사용합니다.

메뉴	리본 메뉴	명령 행
[수정(M)-간격 띄우기(S)]	[홈] 탭-[수정] 패널-[간격 띄우기] 🖾	Offset(단축 명령어: O)

명령어 사용법

명령어를 입력한 후 원본과 복제 객체 사이의 간격값을 입력하고 복제할 원본 객체를 선택하여 평행 방향의 일정 지점을 클릭합니다. 복제를 계속하는 경우, 새로 복제된 객체를 다시 선택한 후 진행 방향으로 방향점을 클릭하여 중복 복제할 수 있습니다.

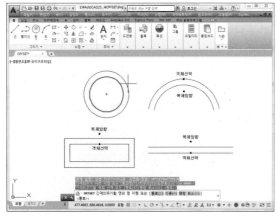

Offset 진행 방향

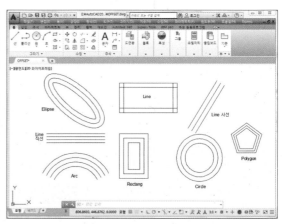

Offset의 여러 가지 결과

명령: O Enter
Offset
현재 설정: 원본 지우기=아니오, 도면층=원본, OFFSETGAPTYPE=0
간격 띄우기 거리 지정 또는 [통과점(T)/지우기(E)/도면층(L)] 〈통과점〉: 10 Enter
→ 간격 거리값을 선택합니다.
간격 띄우기할 객체 선택 또는 [종료(E)/명령 취소(U)] 〈종료〉:
→ 복제할 원본 객체를 선택합니다.
간격 띄우기할 면의 점 지정 또는 [종료(E)/다중(M)/명령 취소(U)] 〈종료〉:
→ 복제할 방향의 지점을 클릭하여 선택합니다.
간격 띄우기할 객체 선택 또는 [종료(E)/명령 취소(U)] 〈종료〉: Enter
→ 복제를 완료하는 경우 Enter 를 눌러 종료합니다.

명령어 옵션 해설 ▼

간격 띄우기 Offset 명령어의 경우 단일 객체를 평행한 방향으로 빠르게 복제하는 명령어로 주로 사용하지만, 한 번에 평행 복사를 해야 하는 객체의 수가 많은 경우 옵션을 이용하여 선택의 횟수를 줄여주거나, 도면이 복잡한 경우 복제된 객체들의 원본들이 서로 레이어가 다르거나 원본 객체는 남아 있지 않아야 하는 경우, 옵션을 통해 설정할 수 있습니다.

옵션	옵션 해설
통과점(T) Through	평행 복사 거리값을 마우스가 클릭하는 지점으로 설정하여 임의의 값으로 평행 복사합니다.
지우기(E) Erase	평행 복사를 실행한 결과 처음에 선택한 원본 객체는 지우고 복사된 객체만 남기는 경우에 사용합니다.
도면층(L) Layer	선택한 객체를 현재 레이어의 소속이 되도록 할 것인지, 원본 객체가 소속되어 있는 레이어로 할 것인지를 결정합니다. 보통 원본과 현재 Current로 지정된 레이어가 다른 경우, 사용자가 원하는 레이어로 바로 변경하여 평행 복사할 때 사용합니다.
종료(E) Exit	Offset 명령어를 종료합니다.
다중(M) Multiple	Offset의 경우 한 번에 하나의 객체를 복사하고 재복사하는 경우 원본이나 복사본 객체를 다시 선택하고 방향을 지정해야 하지만, Multiple 옵션을 사용하는 경우 계속 복사할 방향만 클릭해주면 원본이나 복사본 객체를 선택하지 않아도 빠르게 다중 복사할 수 있습니다.
취소(U) Undo	복사된 객체를 하나씩 단계별로 취소해 나갑니다.

명령어 실습하기 ▼

간격 띄우기를 통해 객체를 평행한 방향으로 복제하는 다양한 방법을 알아봅니다. 특정 도면 요소보다 각각의 서로 다른 도면 요소의 Offset 명령어의 결과가 어떻게 달라지는지 알아봅니다.

● 실습 파일: Sample/EX14.dwg   ● 완성 파일: Sample/EX14-F.dwg

01 Open 명령어를 이용하여 'Sample/ EX14.dwg' 파일을 연 후 Offset 명령 어를 입력하고 그림과 같이 복제 간격 '12'를 입력하고 원본 객체를 선택합니다.

명령: O Enter
Offset
현재 설정: 원본 지우기=아니오, 도면층=원본, OFFSETGAPTYPE=0
간격 띄우기 거리 지정 또는 [통과점(T)/지우기(E)/도면층(L)] 〈통과점〉: 12
Enter
간격 띄우기할 객체 선택 또는 [종료(E)/명령 취소(U)] 〈종료〉:
→ P1점 클릭

02 평행 복사이므로 복제할 방향은 위 또는 아래입니다. 위쪽으로 평행 복사하기 위 해 그림과 같이 위쪽 방향으로 복제 지점을 클 릭한 후 Enter 를 눌러 명령어를 종료합니다.

간격 띄우기할 면의 점 지정 또는 [종료(E)/다중(M)/명령 취소(U)] 〈종료〉:
→ P2점 클릭
간격 띄우기할 객체 선택 또는 [종료(E)/명령 취소(U)] 〈종료〉: Enter

03 세로 선분을 왼쪽과 오른쪽으로 평행 복 사해봅니다. 명령어 단축키인 'O'를 입 력하고 간격은 그대로 입력할 예정이므로 Enter 를 누르고 그림과 같이 원본 객체와 방향 을 번갈아 가면서 클릭하여 선택합니다.

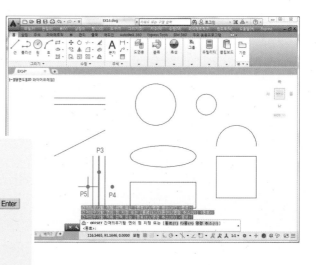

명령: O Enter
Offset
현재 설정: 원본 지우기=아니오, 도면층=원본, OFFSETGAPTYPE=0
간격 띄우기 거리 지정 또는 [통과점(T)/지우기(E)/도면층(L)] 〈12.0000〉: Enter
간격 띄우기할 객체 선택 또는 [종료(E)/명령 취소(U)] 〈종료〉:
→ P3점 클릭
간격 띄우기할 면의 점 지정 또는 [종료(E)/다중(M)/명령 취소(U)] 〈종료〉:
→ P4점 클릭
간격 띄우기할 객체 선택 또는 [종료(E)/명령 취소(U)] 〈종료〉:
→ P3점 클릭
간격 띄우기할 면의 점 지정 또는 [종료(E)/다중(M)/명령 취소(U)] 〈종료〉:
→ P5점 클릭
간격 띄우기할 객체 선택 또는 [종료(E)/명령 취소(U)] 〈종료〉: Enter

04 직선이 아닌 사선도 직교 방향으로 평행 복사됩니다. Offset의 옵션 중 [지우기(E)]를 이용하여 복제 원본 객체는 지워지도록 설정해봅니다. 명령어를 입력한 후 그림과 같이 객체를 선택해봅니다.

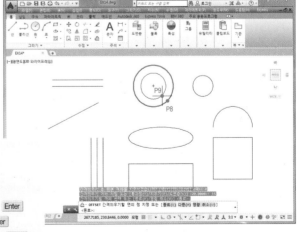

명령: O `Enter`
Offset
현재 설정: 원본 지우기=아니오, 도면층=원본, OFFSETGAPTYPE=0
간격 띄우기 거리 지정 또는 [통과점(T)/지우기(E)/도면층(L)] 〈12.0000〉: e `Enter`
간격 띄우기 후 원본 객체를 지우시겠습니까? [예(Y)/아니오(N)] 〈아니오〉: y `Enter`
간격 띄우기 거리 지정 또는 [통과점(T)/지우기(E)/도면층(L)] 〈12.0000〉: 20 `Enter`
간격 띄우기할 객체 선택 또는 [종료(E)/명령 취소(U)] 〈종료〉:
→ P6점 클릭

05 원본이 지워지는지 확인하기 위해 평행 복사의 방향 지점을 그림과 같이 마우스로 클릭하여 선택합니다. 복제된 후 `Enter` 를 눌러 종료하면 원본 객체는 지워집니다.

간격 띄우기할 면의 점 지정 또는 [종료(E)/다중(M)/명령 취소(U)] 〈종료〉:
→ P7점 클릭
간격 띄우기할 객체 선택 또는 [종료(E)/명령 취소(U)] 〈종료〉: `Enter`

06 원처럼 하나로 이어진 선분을 평행 복사하는 경우 어떻게 변화되는지 확인해봅니다. Offset 명령어의 단축키인 'O'를 입력하고 그림과 같이 원본과 복제 방향을 클릭합니다. 이전에 원본 객체 지우기로 설정된 것을 다시 '지우지 않기'로 설정한 후에 시작합니다.

명령: O `Enter`
Offset
현재 설정: 원본 지우기=예 도면층=원본 OFFSETGAPTYPE=0
간격 띄우기 거리 지정 또는 [통과점(T)/지우기(E)/도면층(L)] 〈20.0000〉: e `Enter`
간격 띄우기 후 원본 객체를 지우시겠습니까? [예(Y)/아니오(N)] 〈예〉: n `Enter`
간격 띄우기 거리 지정 또는 [통과점(T)/지우기(E)/도면층(L)] 〈20.0000〉: 15 `Enter`
간격 띄우기할 객체 선택 또는 [종료(E)/명령 취소(U)] 〈종료〉:
→ P8점 클릭
간격 띄우기할 면의 점 지정 또는 [종료(E)/다중(M)/명령 취소(U)] 〈종료〉:
→ P9점 클릭

07 오른쪽의 작은 원은 바깥쪽으로 확장 복제합니다. 그림과 같이 클릭하여 선택합니다.

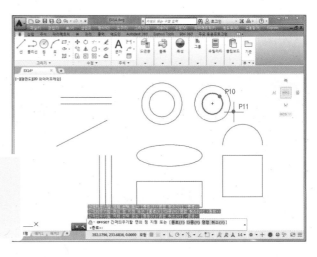

간격 띄우기할 객체 선택 또는 [종료(E)/명령 취소(U)] 〈종료〉:
→ P10점 클릭
간격 띄우기할 면의 점 지정 또는 [종료(E)/다중(M)/명령 취소(U)] 〈종료〉:
→ P11점 클릭

08 호의 경우 원과 마찬가지로 방향에 따라 크기가 줄거나 늘면서 복제됩니다. 호의 안쪽 방향으로 복제 지점을 클릭하여 복제합니다.

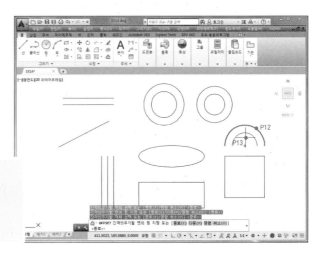

간격 띄우기할 객체 선택 또는 [종료(E)/명령 취소(U)] 〈종료〉:
→ P12점 클릭
간격 띄우기할 면의 점 지정 또는 [종료(E)/다중(M)/명령 취소(U)] 〈종료〉:
→ P13점 클릭

09 타원은 하나 이상 복제 시 모양이 달라질 수 있습니다. 그 이유는 축이 변형되기 때문입니다. 현재 객체의 바깥 방향으로 복제해봅니다.

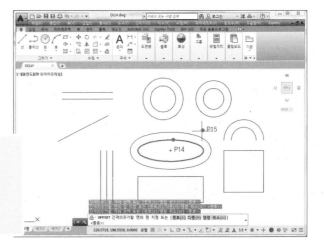

간격 띄우기할 객체 선택 또는 [종료(E)/명령 취소(U)] 〈종료〉:
→ P14점 클릭
간격 띄우기할 면의 점 지정 또는 [종료(E)/다중(M)/명령 취소(U)] 〈종료〉:
→ P15점 클릭
간격 띄우기할 객체 선택 또는 [종료(E)/명령 취소(U)] 〈종료〉: Enter

10 사각형이라 하더라도 Line 명령어로 그려진 객체를 Offset하면 선분 하나씩만 복제됩니다. 2개 이상 같은 방향으로 복제해봅니다.

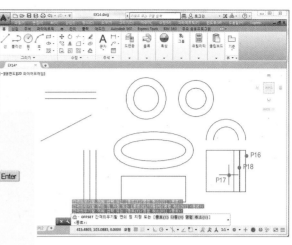

```
명령: O Enter
Offset
현재 설정: 원본 지우기=아니오, 도면층=원본, OFFSETGAPTYPE=0
간격 띄우기 거리 지정 또는 [통과점(T)/지우기(E)/도면층(L)] 〈10.0000〉: 12 Enter
간격 띄우기할 객체 선택 또는 [종료(E)/명령 취소(U)] 〈종료〉:
 → P16점 클릭
간격 띄우기할 면의 점 지정 또는 [종료(E)/다중(M)/명령 취소(U)] 〈종료〉:
 → P17점 클릭
간격 띄우기할 객체 선택 또는 [종료(E)/명령 취소(U)] 〈종료〉:
 → P18점 클릭
간격 띄우기할 면의 점 지정 또는 [종료(E)/다중(M)/명령 취소(U)] 〈종료〉:
 → P17점 클릭
간격 띄우기할 객체 선택 또는 [종료(E)/명령 취소(U)] 〈종료〉: Enter
```

11 끝으로 Rectang으로 그려진, 하나로 이어진 사각형을 한 번에 여러 개 다중 복제해봅니다. 이때 동일한 간격이라면 [다중(M)] 옵션을 이용하여 원본 객체를 계속 선택하는 불편을 해소할 수 있습니다.

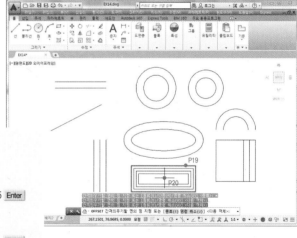

```
명령: O Enter
Offset
현재 설정: 원본 지우기=아니오, 도면층=원본, OFFSETGAPTYPE=0
간격 띄우기 거리 지정 또는 [통과점(T)/지우기(E)/도면층(L)] 〈12.0000〉: 5 Enter
간격 띄우기할 객체 선택 또는 [종료(E)/명령 취소(U)] 〈종료〉:
 → P19점 클릭
간격 띄우기할 면의 점 지정 또는 [종료(E)/다중(M)/명령 취소(U)] 〈종료〉: m Enter
간격 띄우기할 면의 점 지정 또는 [종료(E)/명령 취소(U)] 〈다음 객체〉:
 → P20점 클릭
간격 띄우기할 면의 점 지정 또는 [종료(E)/명령 취소(U)] 〈다음 객체〉:
 → P20점 클릭
간격 띄우기할 면의 점 지정 또는 [종료(E)/명령 취소(U)] 〈다음 객체〉: Enter
```

2 객체를 기준으로 자르기 Trim

원하는 선분을 잘라내는 명령으로, 교차한 선분이나 끝점이 연결된 객체를 기준으로 객체의 불필요한 부분을 잘라 없애줍니다. Trim은 AutoCAD 명령어의 핵심 명령어로, 거의 대부분의 도면을 작성하는 경우에 사용하는 명령어입니다. 하지만 교차점이 있는 객체만 Trim으로 잘라낼 수 있고, 자르고 남은 나머지 부분은 Trim으로 자르지 않고 Erase를 이용해야 삭제됩니다.

메뉴	리본 메뉴	명령 행
[수정(M)-자르기(T)]	[홈] 탭-[수정] 패널-[간격 띄우기] ⁄	Trim(단축 명령어: TR)

명령어 사용법 ▼

명령어를 입력하고 잘라내려는 선분과 교차되는 선분을 절단 모서리(cutting edges...)로 선택한 후 자를 객체를 다양한 방법으로 선택하여 잘라냅니다. 한 번에 여러 개의 객체를 잘라내야 하는 경우에는 객체를 선택하는 방법을 통해 다양하게 선택하며, 옵션을 이용하여 실제로 존재하지 않는 기준 객체를 이용하여 잘라낼 수도 있습니다.

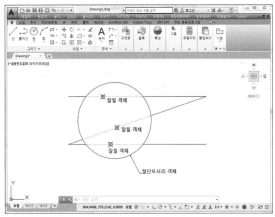

[Trim] 명령 객체 성분

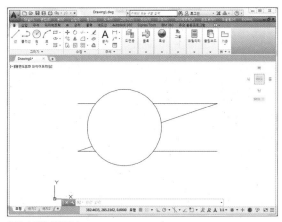

[Trim] 명령 실행 결과

명령: TR Enter

Trim

현재 설정: 투영=UCS 모서리=없음

절단 모서리 선택: 1개를 찾음

→ 잘라낼 객체의 교점을 가진 기준 객체를 선택합니다.

객체 선택: Enter

→ 기준 객체의 선택을 종료하기 위해 Enter 로 구분합니다.

자를 객체 선택 또는 [Shift]를 누른 채 선택하여 연장 또는

[울타리(F)/걸치기(C)/프로젝트(P)/모서리(E)/지우기(R)/명령 취소(U)]:

→ 잘라낼 객체를 하나씩 클릭하거나 객체 선택법을 이용하여 다중 선택합니다.

자를 객체 선택 또는 [Shift]를 누른 채 선택하여 연장 또는

[울타리(F)/걸치기(C)/프로젝트(P)/모서리(E)/지우기(R)/명령 취소(U)]: Enter

→ Enter 를 눌러 명령어를 종료합니다.

Trim을 이용하여 객체를 잘라내는 다양한 방법을 선택할 수 있습니다. 기본적으로 걸치기(C)의 사용은 마우스 드래그만으로도 선택할 수 있으며, 좁은 공간에서 많은 객체를 한 번에 선택하는 경우 울타리(F)를 사용하여 잘라낼 수도 있습니다.

옵션	옵션 해설
울타리(F) Fence	한 번에 여러 개의 다중 객체를 선택하여 잘라낼 때 사용하는 옵션 기능으로, 선택하려는 객체 위로 Selection 선을 걸쳐 그 선에 걸쳐진 객체가 선택되도록 하는 Object Selection입니다.
걸치기(C) Crossing	한 번에 여러 개의 다중 객체를 선택하여 잘라낼 때 사용하는 옵션 기능으로, 빈 공간을 클릭한 후 대각선 방향으로 드래그하여 그 사각 영역으로 잘라낼 객체를 선택하는 옵션 기능입니다.
프로젝트(P) Project	3차원 공간에서 자르기를 하는 옵션 기능을 지정할 수 있습니다.
모서리(E) Edge	잘라낼 객체가 경계가 되는 기준 객체와 닿지 않는 부분까지도 잘라낼 수 있는 옵션 기능입니다.
지우기(R) Erase	보통은 경계 객체를 기준으로 잘라내는 것을 기본으로 하지만 이미 잘려나간 객체의 경우 Trim으로 잘라낼 수 없습니다. 이때 경계 객체와 교점을 형성하지 않는 객체를 지워 없애는 옵션 기능입니다. 즉, 자르다가 남겨져 Trim으로 지워지지 않는 객체를 지우는 경우에 사용됩니다.
명령 취소(U) Undo	Trim으로 잘라낸 객체를 되돌리는 옵션 기능입니다.

Trim을 이용하여 객체를 자르는 연습을 해봅니다. Trim의 경우 해당 객체를 잘라내고 남은 객체는 어떻게 처리하는지 확인하는 것이 중요합니다.

● 실습 파일: **Sample/EX15.dwg** ● 완성 파일: **Sample/EX15-F.dwg**

01 Open 명령어를 이용하여 'Sample/ EX15.dwg' 파일을 연 후 선분이 교차한 선분들이 있는 도형을 확인합니다.

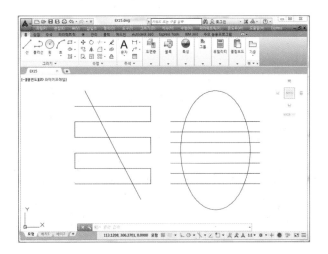

02 Trim 명령어의 단축키인 'TR'을 입력한 후 그림과 같은 사선을 절단 모서리 객체로 선택하고 더 이상 절단 모서리 객체가 없는 경우 Enter 를 눌러 선택을 종료합니다.

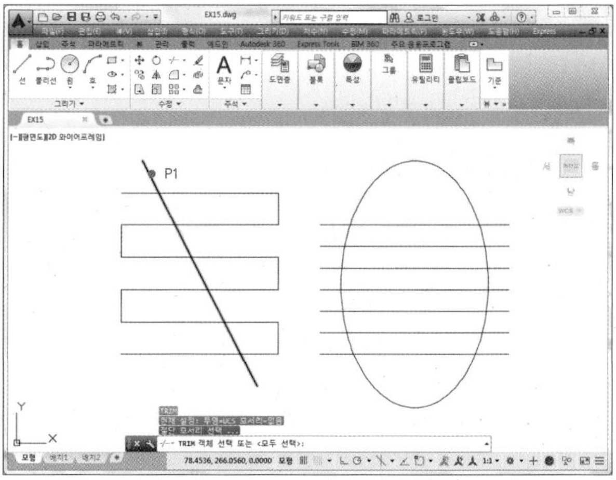

명령: TR Enter
Trim
현재 설정: 투영=UCS 모서리=없음
절단 모서리 선택
객체 선택 또는 〈모두 선택〉: 1개를 찾음
→ P1점 선택
객체 선택: Enter

03 절단 모서리로 선택된 사선을 기준으로 교차된 선분을 모두 잘라 없애기 위해 다음과 같이 드래그하여 사각형을 만들어 선택합니다.

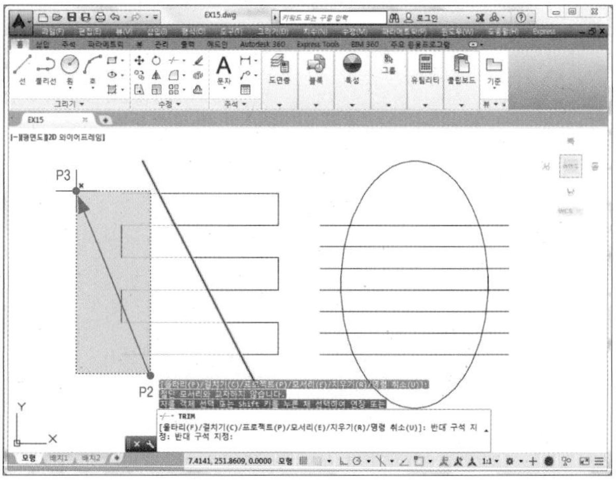

자를 객체 선택 또는 [Shift]를 누른 채 선택하여 연장 또는
[울타리(F)/걸치기(C)/프로젝트(P)/모서리(E)/지우기(R)/명령 취소(U)]:
반대 구석 지정: 반대 구석 지정:
→ P2~P3점 클릭, 드래그
자를 객체 선택 또는 [Shift]를 누른 채 선택하여 연장 또는
[울타리(F)/걸치기(C)/프로젝트(P)/모서리(E)/지우기(R)/명령 취소(U)]:
절단 모서리와 교차하지 않습니다.

04 자르기를 한 객체의 반대편의 객체도 선택해봅니다. 이미 잘린 반대편 객체는 그림과 같이 선택 시 잘려 나가지 않는 것을 알 수 있습니다.

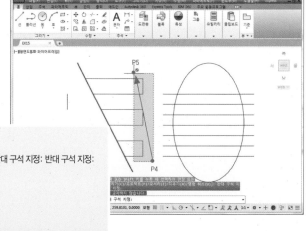

자를 객체 선택 또는 [Shift]를 누른 채 선택하여 연장 또는
[울타리(F)/걸치기(C)/프로젝트(P)/모서리(E)/지우기(R)/명령 취소(U)]: 반대 구석 지정: 반대 구석 지정:
→ P4~P5점 클릭, 드래그
절단 모서리와 교차하지 않습니다.
반대 구석 지정:
절단 모서리와 교차하지 않습니다.
자를 객체 선택 또는 [Shift]를 누른 채 선택하여 연장 또는
[울타리(F)/걸치기(C)/프로젝트(P)/모서리(E)/지우기(R)/명령 취소(U)]: Enter

05 이번에는 오른쪽의 타원을 기준으로 차
례대로 객체를 잘라내도록 합니다.
Trim 명령어를 입력한 후 타원을 선택합니다.

명령: TRIM Enter
현재 설정: 투영=UCS 모서리=없음
절단 모서리 선택
객체 선택 또는 〈모두 선택〉: 1개를 찾음
→ P6점 클릭
객체 선택: Enter

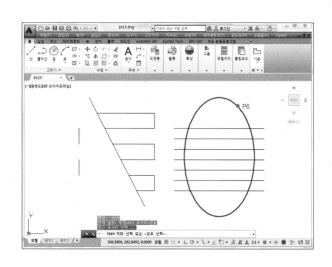

06 원 안쪽과 바깥쪽 모두를 잘라낼 예정입
니다. 원 바깥쪽의 선분부터 드래그하
여 선택해봅니다.

자를 객체 선택 또는 [Shift]를 누른 채 선택하여 연장 또는
[울타리(F)/걸치기(C)/프로젝트(P)/모서리(E)/지우기(R)/명령 취소(U)]: 반대
구석 지정: 반대 구석 지정:
→ P7~P8점 클릭, 드래그

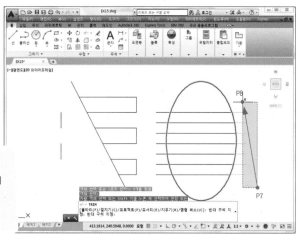

07 이번에는 타원 안쪽의 객체를 다음 그림
과 같이 드래그하여 모두 선택해봅니
다. 왼편의 남은 객체는 이전 객체와 마찬가
지로 잘린 나머지이고, Trim으로는 지울 수
없으므로 명령어를 종료합니다.

자를 객체 선택 또는 [Shift]를 누른 채 선택하여 연장 또는
[울타리(F)/걸치기(C)/프로젝트(P)/모서리(E)/지우기(R)/명령 취소
(U)]: 반대 구석 지정: 반대 구석 지정:
→ P9~P10점 클릭, 드래그
자를 객체 선택 또는 [Shift]를 누른 채 선택하여 연장 또는
[울타리(F)/걸치기(C)/프로젝트(P)/모서리(E)/지우기(R)/명령 취소
(U)]: Enter

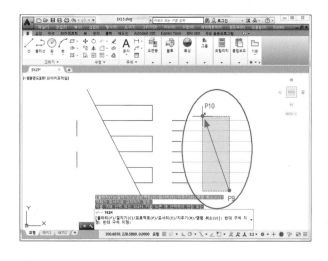

3 임의의 두 지점을 선택하여 잘라내기 Break

Break는 임의의 두 지점을 클릭한 후 그 두 지점 사이를 잘라 없애는 명령어입니다. 주로 임의의 지점을 선택하는 명령어로 정확성을 가진 자르기보다 임의의 지점을 잘라 없앨 때 사용합니다. 대략 그린 중심선의 길이 조정 등에 많이 사용합니다.

메뉴	리본 메뉴	명령 행
[수정(M)-끊기(K)]	[홈] 탭-[수정] 패널-[끊기] 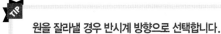	Break(단축 명령어: BR)

명령어 사용법 ▼

Break는 선택한 두 지점 사이를 끊어주는 명령어이므로 명령어를 실행한 후 끊기를 할 대상 객체를 선택하고 그림과 같은 지점을 선택하면 두 지점 사이가 끊어져 없어집니다.

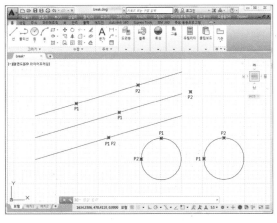
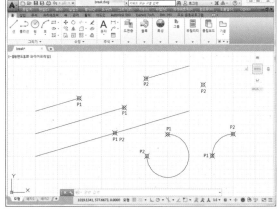

명령: BR [Enter]

Break

객체 선택:

→ 잘라낼 객체를 선택합니다.

두 번째 끊기점을 지정 또는 [첫 번째 점(F)]:

→ 선택한 객체의 첫 번째 지점으로부터 잘라낼 두 번째 지점을 선택합니다.

TIP

원을 잘라낼 경우 반시계 방향으로 선택합니다.

원을 Break하는 경우, 반시계 방향으로 선택해야 선택하는 순서대로 잘려 나갑니다. 시계 방향으로 선택하는 경우 해당 객체는 반대편이 잘려 나갑니다.

명령어 옵션 해설 ▼

Break는 처음 선택하는 지점이 잘라내기 첫 번째 지점이 됩니다. 첫 번째 지점을 다시 선택해야 하는 경우, 다음과 같이 [첫 번째 점(F)] 옵션을 선택하여 Break의 첫 번째 기준점을 다시 지정합니다.

옵션	옵션 해설
첫 번째 점(F) First Point	처음 선택한 좌표 점을 Break의 첫 번째 기준점으로 하지 않고 새로운 좌표를 첫 번째 기준점으로 다시 지정하고자 할 때 사용합니다.

명령어 실습하기 ▼

Break를 연습하여 중심선을 다듬는 기초 연습을 해봅니다. 선분은 실선이지만 나중에 Layer를 만들고 중심선을 작도하는 작업을 할 때 사용할 중심선 다듬기를 연습해봅니다.

● 실습 파일: Sample/EX16.dwg   ● 완성 파일: Sample/EX16-F.dwg

01 Open 명령어를 이용하여 'Sample/
EX16.dwg' 파일을 연 후 그림과 같이
직선으로 Offset된 선분이 있는 중심선을 확인합니다.

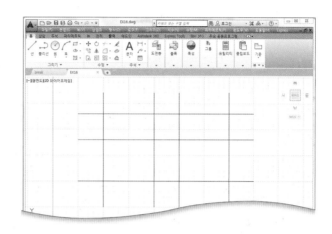

02 Break 명령어의 단축키인 'BR'을 입력
한 후 그림과 같은 지점을 Break의 대상 객체이자, 끊기의 첫 번째 지점으로 선택
합니다.

명령: BR Enter
Break
객체 선택:
→ P1점 클릭

03 두 번째 끊기 지점을 그림과 같이 선택
한 선분의 끝점을 지난 지점으로 선택합니다. 그러면 두 지점을 넘어 나머지 모든 부분이 잘려 나갑니다.

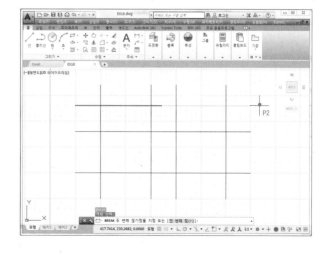

두 번째 끊기점을 지정 또는 [첫 번째 점(F)]:
→ P2점 클릭

04 다음은 세로 선분 두 지점을 선택하여 다음과 같이 잘라봅니다. Break 명령어의 단축키인 'BR'을 입력하고 그림과 같은 두 지점을 클릭하여 선택합니다.

명령: BR Enter
Break
객체 선택:
→ P3점 클릭
두 번째 끊기점을 지정 또는 [첫 번째 점(F)]:
→ P4점 클릭

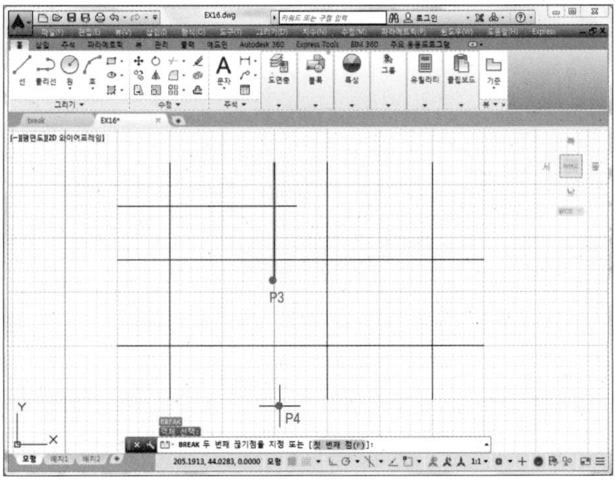

05 이번에는 가운데 임의의 두 부분을 잘라 없애도록 합니다. 그림과 같이 Break 명령어를 실행한 후 두 지점을 클릭합니다. 첫 점은 반드시 객체를, 두 번째 점은 그림과 같이 선분의 아무 곳이나 선택하면 됩니다.

명령: BR Enter
Break
객체 선택:
→ P5점 클릭
두 번째 끊기점을 지정 또는 [첫 번째 점(F)]:
→ P6점 클릭

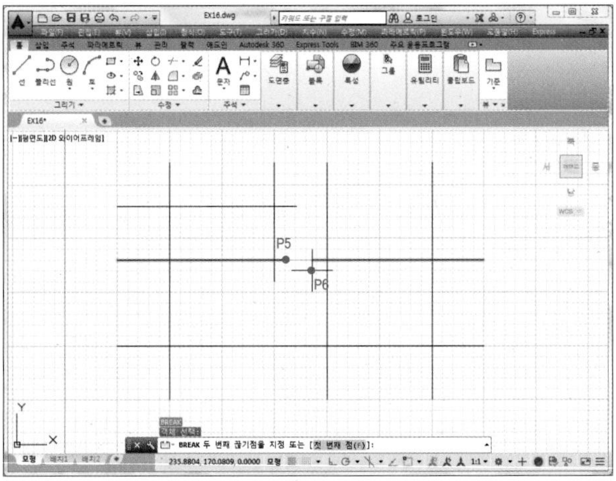

06 이제 남은 세로선의 윗부분을 잘라 없앱니다. 명령어를 입력한 후 그림과 같은 두 지점을 클릭하여 선택합니다.

명령: BR Enter
Break
객체 선택:
→ P7점 클릭
두 번째 끊기점을 지정 또는 [첫 번째 점(F)]:
→ P8점 클릭

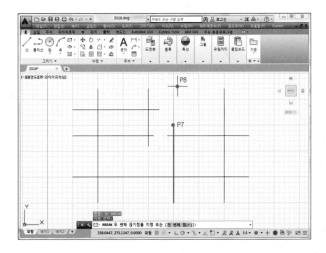

07 마지막으로 오른쪽 세로 선분의 나머지 선분을 정리합니다. 명령어를 입력한 후 그림과 같은 두 지점을 클릭하여 선택합니다.

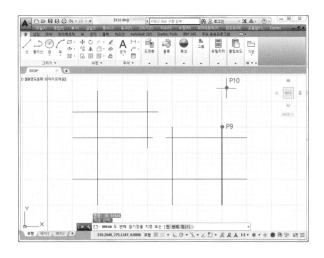

명령: BR Enter
Break
객체 선택:
→ P9점 클릭
두 번째 끊기점을 지정 또는 [첫 번째 점(F)]:
→ P10점 클릭

4 기준선까지 연장하기 Extend

원하는 객체를 잘라내는 Trim과 Break의 반대 개념으로 짧거나 잘려 나간 객체를 원하는 경계면까지 연장하는 명령어입니다. 보통 이미 그려진 객체를 활용하는 경우, 일부를 삭제하고 연장할 수 있기 때문에 새로운 객체를 활용할 때 편리합니다.

메뉴	리본 메뉴	명령 행
[수정(M)-연장(D)]	[홈] 탭-[수정] 패널-[연장] --/	Extend(단축 명령어: EX)

명령어 사용법

원하는 객체가 있는 곳까지 객체를 연장하는 것이므로 Extend 명령어의 단축키인 'EX'를 입력한 후 먼저 연장의 기준 객체를 선택하고 Enter 를 눌러 구분합니다. 그런 다음, 연장할 객체를 기준 객체와 가까운 쪽의 끝점을 향해 선택합니다. 기준 객체와 만나지 못하는 경우에는 옵션을 이용하여 가상의 연장선 경계까지 연장하는 방법을 이용합니다.

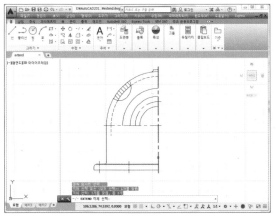

Extend 경계 객체 선택

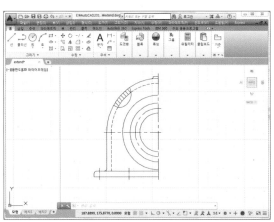

Extend 연장 완료

```
명령: EX  Enter
Extend
현재 설정: 투영= UCS 모서리=없음
경계 모서리 선택
객체 선택 또는 〈모두 선택〉:
→ 연장될 위치의 경계 객체를 선택합니다.
객체 선택:  Enter
→ 경계 객체의 선택을 완료하기 위해  Enter 를 누릅니다.
연장할 객체 선택 또는 [Shift]를 누른 채 선택하여 자르기 또는
[울타리(F)/걸치기(C)/프로젝트(P)/모서리(E)/명령 취소(U)]:
→ 연장해야 하는 객체를 경계 객체와 가까운 위치를 향해 선택합니다.
연장할 객체 선택 또는 [Shift]를 누른 채 선택하여 자르기 또는
[울타리(F)/걸치기(C)/프로젝트(P)/모서리(E)/명령 취소(U)]:  Enter
→ 더 이상 연장할 객체가 없는 경우  Enter 를 눌러 명령어를 종료합니다.
```

명령어 옵션 해설 ▼

연장 객체를 선택하는 다양한 방법이나 가상의 연장선의 사용 유무 또는 3차원 공간에서의 역할 등을 선택할 수 있습니다. 그러나 가장 기본적인 선택인, 클릭하여 Pick하는 방법과 사각 박스를 이용하여 여러 개를 선택하는 방법이 많이 사용됩니다.

옵션	옵션 해설
울타리(F) Fence	한 번에 여러 개의 다중 객체를 선택하여 객체를 연장할 때 사용하는 옵션 기능입니다. 선택하려는 객체 위로 Selection 선을 걸친 후 걸쳐진 객체가 선택되도록 하는 객체 선택 방법입니다.
걸치기(C) Crossing	한 번에 여러 개 이상의 객체를 선택하여 객체를 연장할 때 사용하는 옵션 기능으로, 사각 영역으로 연장할 객체를 선택하는 옵션 기능입니다.
프로젝트(P) Project	3차원 공간에서 객체를 연장하는 옵션 기능을 지정합니다.
모서리(E) Edge	경계가 되는 기준 객체와 닿지 않는 부분까지도 객체를 연장할 수 있는 옵션 기능입니다.
명령 취소(U) Undo	Extend 명령어로 연장된 객체를 되돌리는 옵션 기능입니다.

명령어 실습하기 ▼

원하는 경계 영역까지 원하는 선분 객체를 연장해주는 Extend를 실습합니다. 경계 영역을 선택한 후 Enter 로 구분하고 연장 객체를 선택하는 순서를 연습합니다.

● 실습 파일: Sample/EX17.dwg   ● 완성 파일: Sample/EX17-F.dwg

01 Open 명령어를 이용하여 'Sample/ EX17.dwg' 파일을 연 후 그림과 같이 직선과 곡선으로 만들어진 객체를 확인합니다.

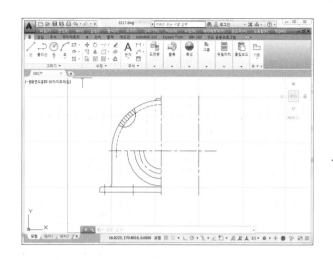

02 Extend 명령어를 이용하여 객체를 연 장하기 위해 단축키인 'EX'를 입력한 후 그림과 같이 연장될 기준 경계 객체를 선택하 고 Enter 를 눌러 선택을 완료합니다.

명령: EX Enter
Extend
현재 설정: 투영= UCS 모서리=없음
경계 모서리 선택
객체 선택 또는 〈모두 선택〉: 1개를 찾음
→ P1점 클릭
객체 선택: Enter

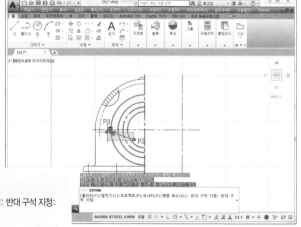

03 이번에는 처음 선택한 기준 객체까지 연 장될 객체를 선택하겠습니다. 한 번에 하나씩 또는 여러 개를 사각 박스를 이용하여 선택할 수 있습니다. 선택하면 연장될 선분의 가상선이 나타납니다. Enter 를 눌러 명령어를 종료합니다.

연장할 객체 선택 또는 [Shift]를 누른 채 선택하여 자르기 또는
[울타리(F)/걸치기(C)/프로젝트(P)/모서리(E)/명령 취소(U)]: 반대 구석 지정: 반대 구석 지정:
→ P2~P3점 클릭, 드래그
연장할 객체 선택 또는 [Shift]를 누른 채 선택하여 자르기 또는
[울타리(F)/걸치기(C)/프로젝트(P)/모서리(E)/명령 취소(U)]: Enter

04 이번에는 좀 더 멀리 있는 객체까지 연장해봅니다. Extend 명령어의 단축키인 'EX'를 입력한 후 다음의 객체를 기준 경계 객체로 클릭하여 선택합니다.

명령: EX `Enter`
Extend
현재 설정: 투영= UCS 모서리=없음
경계 모서리 선택
객체 선택 또는 〈모두 선택〉: 1개를 찾음
→ P4점 클릭
객체 선택: `Enter`

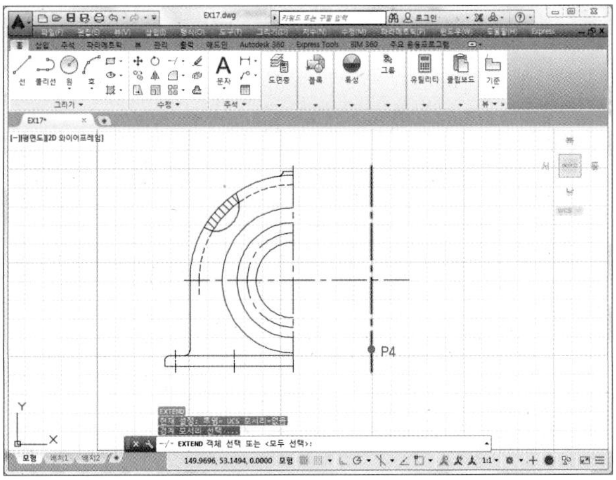

05 이번에는 한 번에 하나씩만 클릭하여 선택하기 위해 그림과 같이 선분 하나하나를 경계 객체와 가까운 쪽을 기준으로 선택합니다.

연장할 객체 선택 또는 [Shift]를 누른 채 선택하여 자르기 또는
[울타리(F)/걸치기(C)/프로젝트(P)/모서리(E)/명령 취소(U)]:
→ P5점 클릭

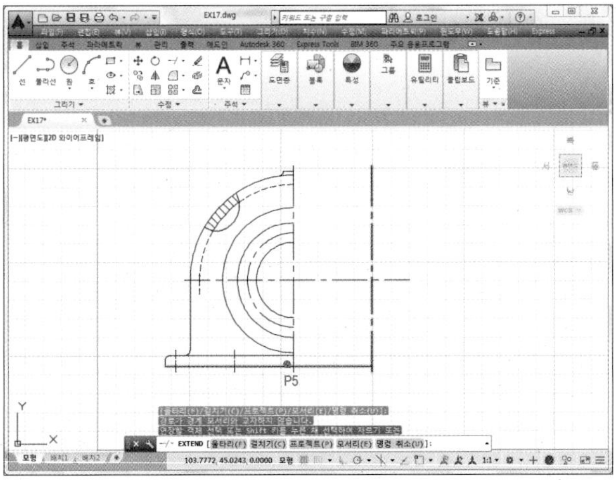

06 처음 선택한 객체의 위쪽 객체도 그림과 같이 기준 경계 객체와 가까운 곳을 클릭하여 선택합니다.

연장할 객체 선택 또는 [Shift]를 누른 채 선택하여 자르기 또는
[울타리(F)/걸치기(C)/프로젝트(P)/모서리(E)/명령 취소(U)]:
→ P6점 클릭

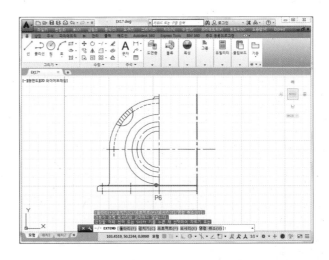

07 이번에는 반원 상태의 객체를 연장하기 위해 마우스로 클릭해봅니다. 보통 마우스만 닿아도 연장의 가상선이 보이는데, 오히려 금지 표시가 나타납니다. 클릭해도 연장되지 않는 것을 볼 수 있습니다. 그 이유는 닿을 수 없기 때문입니다.

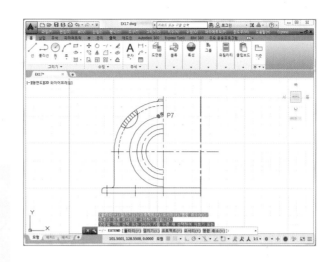

연장할 객체 선택 또는 [Shift]를 누른 채 선택하여 자르기 또는
[울타리(F)/걸치기(C)/프로젝트(P)/모서리(E)/명령 취소(U)]:
→ P7점 클릭
경로가 경계 모서리와 교차하지 않습니다.
연장할 객체 선택 또는 [Shift]를 누른 채 선택하여 자르기 또는
[울타리(F)/걸치기(C)/프로젝트(P)/모서리(E)/명령 취소(U)]: Enter

08 이번에는 옵션 울타리를 이용하여 연장해보겠습니다. 단축키인 'EX'를 입력한 후 가로 선분을 기준 경계 객체로 선택합니다.

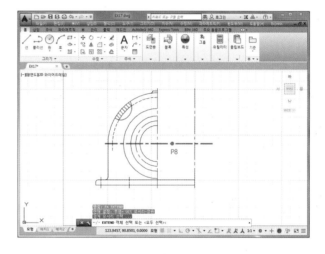

명령: EX Enter
Extend
현재 설정: 투영=UCS, 모서리=없음
경계 모서리 선택 …
객체 선택 또는 〈모두 선택〉: 1개를 찾음
→ P8점 클릭
객체 선택: Enter

09 [울타리(F)] 옵션의 대문자인 'F'를 입력한 후 P9점에서 드래그하여 P10점의 위치까지 클릭합니다. 완료 시 Enter 를 눌러 옵션을 종료하고 연장할 객체가 없는 경우에는 한 번 더 Enter 를 눌러 명령어를 종료합니다.

연장할 객체 선택 또는 [Shift]를 누른 채 선택하여 자르기 또는
[울타리(F)/걸치기(C)/프로젝트(P)/모서리(E)/명령 취소(U)]:
경로가 경계 모서리와 교차하지 않습니다.
연장할 객체 선택 또는 [Shift]를 누른 채 선택하여 자르기 또는
[울타리(F)/걸치기(C)/프로젝트(P)/모서리(E)/명령 취소(U)]: f Enter
첫 번째 울타리 점 또는 선택/드래그하기 커서 지정:
다음 울타리 점 지정 또는 [명령 취소(U)]:
→ P9점 클릭, 드래그
다음 울타리 점 지정 또는 [명령 취소(U)]:
→ P10점 클릭
다음 울타리 점 지정 또는 [명령 취소(U)]: Enter
연장할 객체 선택 또는 [Shift]를 누른 채 선택하여 자르기 또는
[울타리(F)/걸치기(C)/프로젝트(P)/모서리(E)/명령 취소(U)]: Enter

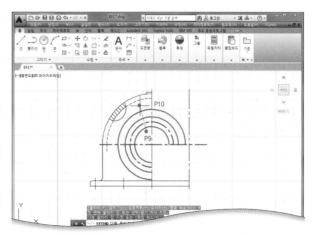

5 모서리를 동그랗게 깎아주는 Fillet

선분의 모서리를 동그랗게 깎아주는 Fillet 명령어는 쓰임새가 매우 많습니다. 직선도, 원형의 선분도 2개의 선분만 있으면 반지름의 길이만큼 동그랗게 모깎기를 해줍니다. 2개의 선분을 지정한 반지름값 만큼의 호로 연결해주는 명령어입니다.

메뉴	리본 메뉴	명령 행
[수정(M)-모깎기(F)]	[홈] 탭-[수정] 패널-[모깎기] ▢	Fillet(단축 명령어: F)

명령어 사용법

Fillet 명령어를 입력한 후 둥근 모서리에 입력되어야 할 반지름값을 옵션으로 입력하고 모서리를 이루는 2개의 선분을 차례대로 선택하여 모서리 부분이 둥글게 깎이도록 합니다. 만약 반지름값을 '0'으로 입력하면 오히려 둥글었던 모서리가 뾰족한 모서리가 만들어지며, 반지름값을 '0'이 아닌 값을 넣었을 때도 Shift 를 누른 채 2개의 객체를 클릭하면 반지름이 있는 상태에서도 모서리는 직선의 뾰족한 모서리가 됩니다.

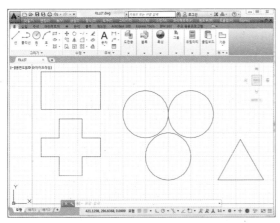

Fillet하지 않은 객체

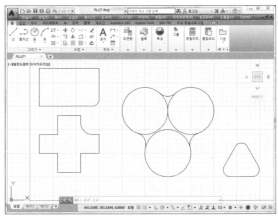

Fillet으로 모깎기한 객체

명령: F Enter
Fillet
현재 설정: 모드=자르기, 반지름=0.0000
첫 번째 객체 선택 또는 [명령 취소(U)/폴리선(P)/반지름(R)/자르기(T)/다중(M)]: R Enter
→ 둥근 모깎기를 할 대상 반지름값을 입력하기 위한 옵션 'R'을 입력합니다.
모깎기 반지름 지정 〈0.0000〉: 15 Enter
→ 반지름값을 입력합니다.
첫 번째 객체 선택 또는 [명령 취소(U)/폴리선(P)/반지름(R)/자르기(T)/다중(M)]:
→ 모깎기를 할 모서리의 첫 번째 선분을 클릭합니다.
두 번째 객체 선택 또는 [Shift]를 누른 채 선택하여 구석 적용 또는 [반지름(R)]:
→ 모깎기를 할 모서리의 두 번째 선분을 클릭합니다.

명령어 옵션 해설 ▼

Fillet은 모서리를 둥글게 깎아주는 명령어이므로 반지름인 Radius를 입력하는 옵션을 가장 많이 사용합니다. 또한 모서리는 그대로 남기거나 한 번에 여러 군데의 모서리를 명령어를 다시 입력하지 않고도 둥글게 할 수 있는 다양한 옵션을 사용할 수 있습니다. 옵션을 통해 일반 Line 속성의 객체와 PolyLine 속성의 객체를 구분하여 빠르게 처리할 수 있는 옵션들을 이용합니다.

옵션	옵션 해설
명령 취소(U) Undo	모깎기를 한 모서리를 취소하여 되돌리거나 Mutiple 옵션 등을 사용하여 실행된 둥근 모서리를 되돌립니다. 대부분의 실행된 결과의 해당 옵션을 취소하거나 되돌리는 옵션입니다.
폴리선(P) PolyLine	PolyLine으로 만들어진 객체를 Fillet하는 경우, 옵션을 사용하여 선택하면 한 번에 모든 모서리를 둥글게 처리합니다. 이 옵션을 이용하는 객체는 PolyLine으로 만들어진 객체들에 국한되며 PLine, Rectang, Polygon 등의 객체들이 이 옵션으로 실행될 수 있는 객체들입니다.
반지름(R) Radius	둥근 모서리에 해당하는 호의 반지름값을 입력합니다.
자르기(T) Trim	Fillet한 모서리의 호를 기준으로 원본의 선분을 잘라내거나 남길 수 있는 모드를 정하여 사용합니다.
다중(M) Multiple	한 번에 2개의 선분을 클릭하여 하나의 모서리를 Fillet하는 것이 기본으로 되어 있지만, 이 옵션이 선택되면 명령어를 다시 입력하지 않아도 종료하기 전까지 원하는 모든 객체의 모서리를 모두 Fillet할 수 있습니다.

명령어 실습하기 ▼

Fillet은 가장 많이 사용할 수 있는 중요 명령어입니다. 모서리를 둥글게 할 때도 사용하지만 둥근 부분을 다시 뾰족하게 만들 때도 사용할 수 있습니다. 다음의 예제 실습을 통해 명령어를 확실하게 익히기 바랍니다.

● 실습 파일: Sample/EX18.dwg   ● 완성 파일: Sample/EX18-F.dwg

01 Open 명령어를 이용하여 'Sample/EX18.dwg' 파일을 열면 그림과 같이 모서리가 직선으로 이루어진 객체를 볼 수 있습니다. 좌우 모두 뾰족한 상태의 모서리입니다.

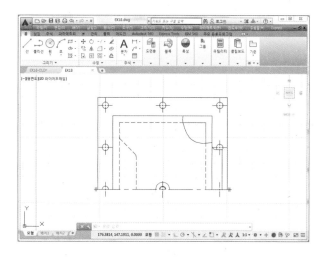

02 Fillet 명령어의 단축키인 'F'를 입력한 후 둥근 모서리의 반지름 옵션인 'R'과 '6'을 입력하고 그림과 같은 두 곳을 클릭하여 모깎기를 합니다.

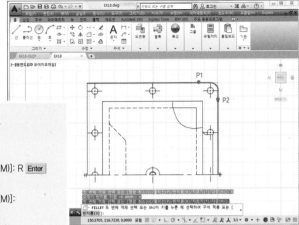

명령: F Enter
Fillet
현재 설정: 모드=자르기, 반지름=0.0000
첫 번째 객체 선택 또는 [명령 취소(U)/폴리선(P)/반지름(R)/자르기(T)/다중(M)]: R Enter
모깎기 반지름 지정 〈0.0000〉: 6 Enter
첫 번째 객체 선택 또는 [명령 취소(U)/폴리선(P)/반지름(R)/자르기(T)/다중(M)]:
→ P1점 클릭
두 번째 객체 선택 또는 [Shift]를 누른 채 선택하여 구석 적용 또는 [반지름(R)]:
→ P2점 클릭

03 이번에는 안쪽의 모서리를 둥글게 할 예정입니다. 두 곳이므로 한 번에 하나 이상 모깎기를 할 수 있도록 다중 옵션을 이용하도록 합니다.

명령: F Enter
Fillet
현재 설정: 모드=자르기, 반지름=6.0000
첫 번째 객체 선택 또는 [명령 취소(U)/폴리선(P)/반지름(R)/자르기(T)/다중(M)]: R 모깎기
반지름 지정 〈6.0000〉: 14 Enter
첫 번째 객체 선택 또는 [명령 취소(U)/폴리선(P)/반지름(R)/자르기(T)/다중(M)]: M Enter
첫 번째 객체 선택 또는 [명령 취소(U)/폴리선(P)/반지름(R)/자르기(T)/다중(M)]:
→ P3점 클릭
두 번째 객체 선택 또는 [Shift]를 누른 채 선택하여 구석 적용 또는 [반지름(R)]:
→ P4점 클릭

04 명령어가 종료되지 않는 것을 확인하였습니다. 다음의 두 곳도 마우스로 클릭만 하면 반지름 14의 둥근 모서리로 모깎기됩니다.

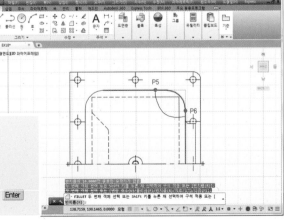

첫 번째 객체 선택 또는 [명령 취소(U)/폴리선(P)/반지름(R)/자르기(T)/다중(M)]:
→ P5점 클릭
두 번째 객체 선택 또는 [Shift]를 누른 채 선택하여 구석 적용 또는 [반지름(R)]:
→ P6점 클릭
첫 번째 객체 선택 또는 [명령 취소(U)/폴리선(P)/반지름(R)/자르기(T)/다중(M)]: Enter

05 다른 옵션 중에서 한 번에 여러 개의 객체를 활용해야 하는 경우와 모깎기로 둥근 모서리가 생성되면서 원래 있던 선분은 그대로 남아 있어야 하는 경우에 자르기 옵션을 이용합니다.

명령: F Enter
Fillet
현재 설정: 모드=자르기, 반지름=14.0000
첫 번째 객체 선택 또는 [명령 취소(U)/폴리선(P)/반지름(R)/자르기(T)/다중(M)]: R 모깎기
반지름 지정 〈14.0000〉: 9 Enter
첫 번째 객체 선택 또는 [명령 취소(U)/폴리선(P)/반지름(R)/자르기(T)/다중(M)]: T Enter
자르기 모드 옵션 입력 [자르기(T)/자르지 않기(N)] 〈자르기〉: N Enter
첫 번째 객체 선택 또는 [명령 취소(U)/폴리선(P)/반지름(R)/자르기(T)/다중(M)]:
→ P7점 클릭
두 번째 객체 선택 또는 [Shift]를 누른 채 선택하여 구석 적용 또는 [반지름(R)]:
→ P8점 클릭

6 모서리를 잘라주는 Chamfer

Fillet 명령어와 사용법이 비슷하며 Fillet과 마찬가지로 선분의 모서리를 관리하는 명령어입니다. Fillet이 모서리를 둥글게 만드는 명령어라면 Chamfer는 모서리를 각지게 만드는 명령어라고 할 수 있습니다. '모따기'라고도 하며 옵션의 사용법도 같습니다. 기계 도면에서 C25로 표시되는 C가 바로 'Chamfer'입니다.

메뉴	리본 메뉴	명령 행
[수정(M)-모따기(C)]	[홈] 탭-[수정] 패널-[모따기] ⬜	Chamfer(단축 명령어: CHA)

명령어 사용법 ▼

Chamfer 명령어를 입력한 후 모따기할 거리값을 입력합니다. Fillet과 마찬가지로 2개의 선분을 클릭하여 지정된 거리만큼 선분으로 이어지도록 합니다. 보통은 모서리에 길이값을 입력하여 같은 길이로 잘라내는 형식을 많이 사용하지만, 다른 길이값이나 각도값으로 잘라내며 사용하기도 합니다.

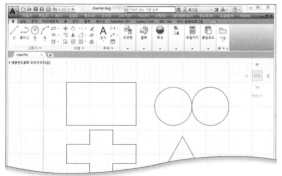
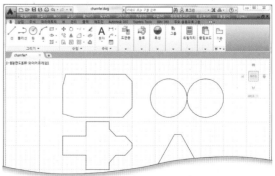

명령: CHA `Enter`
Chamfer
(자르기 모드) 현재 모따기 거리1=0.0000, 거리2=0.0000
첫 번째 선 선택 또는 [명령 취소(U)/폴리선(P)/거리(D)/각도(A)/자르기(T)/메서드(E)/다중(M)]: D `Enter`
→ 모따기의 길이값을 입력하는 옵션 'D'를 입력합니다.
첫 번째 모따기 거리 지정 〈0.0000〉: 15 `Enter`
→ 모따기 모서리의 첫 번째 거리값을 입력합니다.
두 번째 모따기 거리 지정 〈15.0000〉: `Enter`
→ 모따기 모서리의 두 번째 거리값을 입력합니다. 처음 값과 동일한 경우에는 `Enter` 를 누릅니다.
첫 번째 선 선택 또는 [명령 취소(U)/폴리선(P)/거리(D)/각도(A)/자르기(T)/메서드(E)/다중(M)]:
→ 모따기의 첫 번째 모서리 선분을 클릭합니다.
두 번째 선 선택 또는 [Shift]를 누른 채 선택하여 구석 적용 또는 [거리(D)/각도(A)/메서드(M)]:
→ 모따기의 두 번째 모서리 선분을 클릭합니다.

명령어 옵션 해설 ▼

모따기의 경우 주로 거리값을 입력하여 모따기합니다. 다만, 각도와 기울기를 이용하거나 한 번에 여러 번의 모따기를 진행하는 경우 옵션을 이용하면 더 빠르게 모따기할 수 있습니다.

옵션	옵션 해설
명령 취소(U) Undo	Mutiple 옵션 등을 사용하여 실행된 모따기를 되돌리거나 모따기하면서 지정한 옵션을 역순으로 취소합니다.
폴리선(P) PolyLine	PolyLine으로 만들어진 객체를 Chamfer하는 경우, 옵션을 입력하여 선택하면 한 번에 모든 모서리를 각지게 모따기합니다. 이 옵션을 이용하는 객체는 PolyLine으로 만들어진 객체들로 PLine, Rectang, Polygon 등의 객체들이 이 옵션으로 실행될 수 있습니다.
거리(D) Distance	Chamfer 대상 객체의 각진 한 변의 길이값을 입력합니다.
각도(A) Angle	Chamfer 대상 객체의 한 변의 기울기 각과 길이값을 입력합니다.
자르기(T) Trim	Chamfer 한 모서리의 사선을 기준으로 원본의 선분을 잘라내거나 남길 수 있는 모드를 정하여 사용합니다.
메서드(E) mEthod	Chamfer하는 방법을 선택할 수 있으며, Distance와 Angle가 있습니다.
다중(M) Multiple	Chamfer는 한 번에 하나의 모서리를 Chamfer하는 것이 기본으로 되어 있지만 Multiple 옵션을 선택하는 경우, 종료 전까지 원하는 모서리 모두를 Chamfer할 수 있습니다.

명령어 실습하기 ▼

Chamfer 명령어를 이용하여 세면기의 모서리를 만들어 봅시다. 같은 길이값을 가진 모서리와 서로 다른 거리값을 가진 모서리로 나눈 후 다중 옵션을 이용하여 만들어 봅니다.

● 실습 파일: Sample/EX19.dwg   ● 완성 파일: Sample/EX19-F.dwg

01 Open 명령어를 이용하여 'Sample/ EX19.dwg' 파일을 연 후 직선으로 만들어진 세면기의 도면 객체를 확인하고 Chamfer 명령어의 단축키인 'CHA'를 입력합니다.

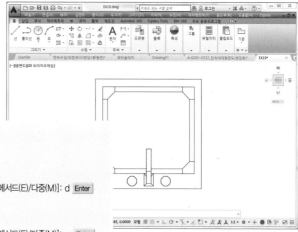

명령: CHA Enter
Chamfer
(자르기 모드) 현재 모따기 거리1=0.0000, 거리2=0.0000
첫 번째 선 선택 또는 [명령 취소(U)/폴리선(P)/거리(D)/각도(A)/자르기(T)/메서드(E)/다중(M)]: d Enter
첫 번째 모따기 거리 지정 〈0.0000〉: 70 Enter
두 번째 모따기 거리 지정 〈70.0000〉: Enter
첫 번째 선 선택 또는 [명령 취소(U)/폴리선(P)/거리(D)/각도(A)/자르기(T)/메서드(E)/다중(M)]: m Enter

02 거리값과 다중 실행을 미리 입력하였으므로 그림과 같이 원하는 모서리의 2개의 선분을 차례대로 선택합니다.

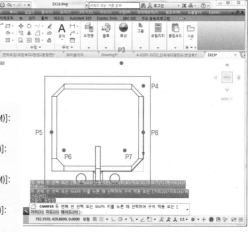

첫 번째 선 선택 또는 [명령 취소(U)/폴리선(P)/거리(D)/각도(A)/자르기(T)/메서드(E)/다중(M)]:
→ P1점 클릭
두 번째 선 선택 또는 [Shift]를 누른 채 선택하여 구석 적용 또는 [거리(D)/각도(A)/메서드(M)]:
→ P2점 클릭

03 같은 거리값으로 이용하여 모서리를 모두 모따기할 예정이므로 순서대로 계속 두 지점을 클릭한 후 네 군데 모두 모따기하고 나면 Enter 를 눌러 명령어를 종료합니다.

첫 번째 선 선택 또는 [명령 취소(U)/폴리선(P)/거리(D)/각도(A)/자르기(T)/메서드(E)/다중(M)]:
→ P3점 클릭
두 번째 선 선택 또는 [Shift]를 누른 채 선택하여 구석 적용 또는 [거리(D)/각도(A)/메서드(M)]:
→ P4점 클릭
첫 번째 선 선택 또는 [명령 취소(U)/폴리선(P)/거리(D)/각도(A)/자르기(T)/메서드(E)/다중(M)]:
→ P5점 클릭
두 번째 선 선택 또는 [Shift]를 누른 채 선택하여 구석 적용 또는 [거리(D)/각도(A)/메서드(M)]:
→ P6점 클릭
첫 번째 선 선택 또는 [명령 취소(U)/폴리선(P)/거리(D)/각도(A)/자르기(T)/메서드(E)/다중(M)]:
→ P7점 클릭
두 번째 선 선택 또는 [Shift]를 누른 채 선택하여 구석 적용 또는 [거리(D)/각도(A)/메서드(M)]:
→ P8점 클릭
첫 번째 선 선택 또는 [명령 취소(U)/폴리선(P)/거리(D)/각도(A)/자르기(T)/메서드(E)/다중(M)]:
Enter

04 이번에는 한 변의 길이와 다른 한 변의 길이가 다른 모따기를 합니다. Chamfer 명령어의 단축키인 'CHA'를 입력한 후 그림과 같이 길이값을 다르게 입력하고 잘릴 길이에 해당하는 선분을 첫 번째 선분으로 클릭합니다.

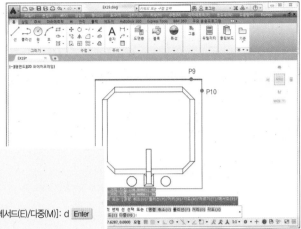

```
명령: CHA Enter
Chamfer
(자르기 모드) 현재 모따기 거리 1=70.0000, 거리 2=70.0000
첫 번째 선 선택 또는 [명령 취소(U)/폴리선(P)/거리(D)/각도(A)/자르기(T)/메서드(E)/다중(M)]: d Enter
첫 번째 모따기 거리 지정 〈70.0000〉: 40 Enter
두 번째 모따기 거리 지정 〈40.0000〉: 30 Enter
첫 번째 선 선택 또는 [명령 취소(U)/폴리선(P)/거리(D)/각도(A)/자르기(T)/메서드(E)/다중(M)]: m Enter
첫 번째 선 선택 또는 [명령 취소(U)/폴리선(P)/거리(D)/각도(A)/자르기(T)/메서드(E)/다중(M)]:
→ P9점 클릭
두 번째 선 선택 또는 [Shift]를 누른 채 선택하여 구석 적용 또는 [거리(D)/각도(A)/메서드(M)]:
→ P10점 클릭
```

05 왼쪽의 모서리도 지정된 서로 다른 길이값으로 모따기되도록 순서대로 클릭하여 모서리를 만들고 명령어를 종료하기 위해 Enter 를 누릅니다.

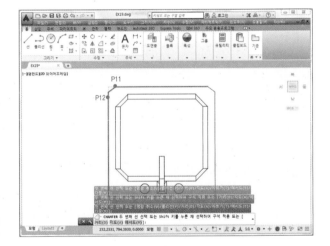

```
첫 번째 선 선택 또는 [명령 취소(U)/폴리선(P)/거리(D)/각도(A)/
자르기(T)/메서드(E)/다중(M)]:
→ P11점 클릭
두 번째 선 선택 또는 [Shift]를 누른 채 선택하여 구석 적용 또는
[거리(D)/각도(A)/메서드(M)]:
→ P12점 클릭
첫 번째 선 선택 또는 [명령 취소(U)/폴리선(P)/거리(D)/각도(A)/
자르기(T)/메서드(E)/다중(M)]: Enter
```

7 거울 반사 복제, 대칭하기 Mirror

Rotate 명령어는 한 방향으로만 회전되지만, 대칭인 Mirror 명령어는 회전 명령어로 돌릴 수 없는 반대편으로 뒤집어 회전되는 객체를 만드는 명령어입니다. 따라서 Mirror 명령어를 이용하면 객체의 대칭 방향으로 뒤집어 이동하거나 복사할 수 있습니다.

메뉴	리본 메뉴	명령 행
수정(M)-대칭(I)	[홈] 탭-[수정] 패널-[대칭]	Mirror(단축 명령어: MI)

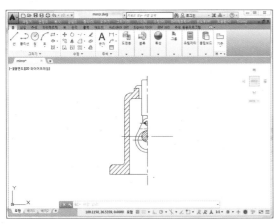 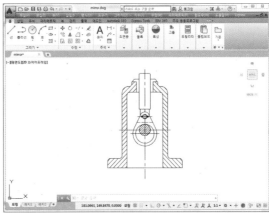

명령: MI Enter

Mirror

객체 선택:

→ 대칭 복사할 대상 객체를 선택합니다.

객체 선택: Enter

→ 선택이 완료되면 Enter 를 누릅니다.

대칭선의 첫 번째 점 지정:

→ 대칭 기준점의 첫 번째 점을 선택합니다.

대칭선의 두 번째 점 지정:

→ 대칭 기준점의 두 번째 점을 선택합니다.

원본 객체를 지우시겠습니까? [예(Y)/아니오(N)] [N]: Enter

→ 대칭 이동할 것인지, 대칭 복사할 것인지의 여부를 결정합니다. 기본값은 대칭 복사이므로 Enter 를 누르면 대칭 복사됩니다.

명령어 옵션 해설

대칭 반사를 하는 Mirror의 옵션은 Yes/No 두 가지로 대칭 반사를 하는 경우 원본을 남기거나 원본은 지우고 대칭 반사 복사본만 남길 것인지의 여부만을 묻습니다. 기본적으로 대칭 반사 복사를 많이 하므로 'N'을 기준으로 작성합니다.

옵션	옵션 해설
예(Y)	객체를 대칭 반사만 하고 원본 객체는 삭제합니다.
아니오(N)	객체를 대칭 반사 복사하여 원본 객체와 복사본 모두 남겨 대칭 반사합니다. Mirror 옵션의 기본값으로 설정되어 있습니다.

명령어 실습하기

회전 복사되는 형태와 반사 대칭 복사의 형태는 공존하기 어려운 부분이 있습니다. 하나의 기준 축을 중심으로 양편에 반사 대칭 복사의 연습을 통해 대칭 복사를 연습합니다.

● 실습 파일: **Sample/EX20.dwg**　● 완성 파일: **Sample/EX20-F.dwg**

···· **01** ···· Open 명령어를 이용하여 'Sample/ EX20.dwg' 파일을 연 후 반쪽씩만 남은 객체를 확인합니다. 기계 도면은 반쪽만 필요한 경우가 있고, 반쪽만 그려서 반대로 대칭 복사하는 것이 편리한 경우도 있습니다.

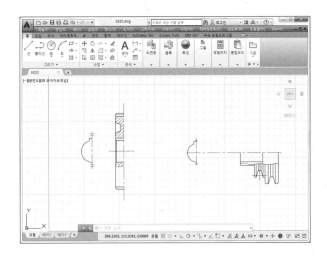

···· **02** ···· Mirror 명령어의 단축키인 'MI'를 입력하고 왼쪽에서 오른쪽으로 드래그하여 상자 안에 완전히 포함된 객체만 선택되도록 합니다.

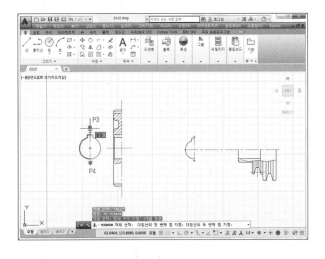

명령: MI Enter
Mirror
객체 선택: 반대 구석 지정: 3개를 찾음
→ P1~P2점 클릭, 드래그
객체 선택: Enter

···· **03** ···· 대칭 반사할 기준점의 위치를 2점 클릭합니다. 이때는 객체 스냅을 이용하여 정확히 선택해야 합니다. 대칭 복사할 예정이므로 원본 객체가 지워지지 않도록 Enter 를 눌러 종료합니다.

대칭선의 첫 번째 점 지정: P3점 클릭
대칭선의 두 번째 점 지정: P4점 클릭
원본 객체를 지우시겠니까? [예(Y)/아니오(N)] [N]: Enter

04 이번에는 아래쪽 객체를 위쪽으로 대칭
반사해봅니다. 먼저 명령어의 단축키인
'MI'를 입력한 후 그림과 같이 중심선은 제외
하고 객체만 선택되도록 왼쪽에서 오른쪽으로
드래그하여 상자 안에 완전히 포함된 객체만
선택되도록 합니다.

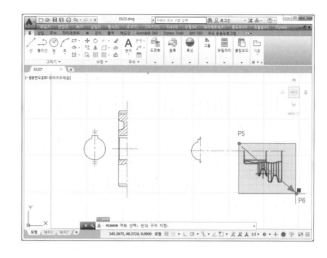

명령: MI Enter
Mirror
객체 선택: 반대 구석 지정: 41개를 찾음
→ P5~P6점 클릭, 드래그
객체 선택: Enter

05 위쪽으로 대칭될 예정이므로 그림과 같
이 양쪽 끝점을 대칭의 기준점으로 객체
스냅을 이용하여 정확하게 선택합니다. 대칭
복사할 예정이므로 원본 객체가 지워지지 않
도록 Enter 를 눌러 종료합니다.

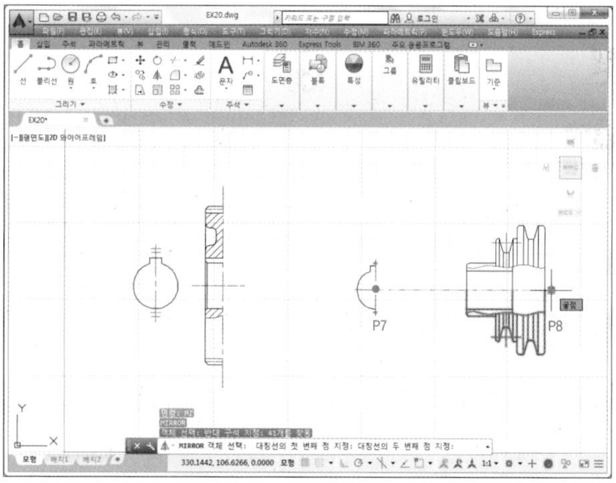

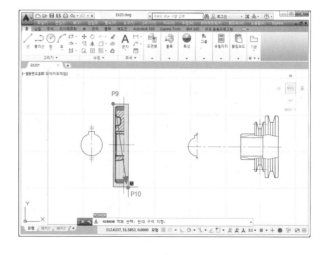

대칭선의 첫 번째 점 지정: P7점 클릭
대칭선의 두 번째 점 지정: P8점 클릭
원본 객체를 지우시겠습니까? [예(Y)/아니오(N)] [N]: Enter

06 이번에는 대칭만 하여 반대편으로 이동
해보겠습니다. 단축키인 'MI'를 입력한
후 그림과 같이 중심선은 제외하고 객체만 선
택되도록 왼쪽에서 오른쪽으로 드래그하여 상
자 안에 완전히 포함된 객체만 선택되도록 합
니다.

명령: MI Enter
Mirror
객체 선택: 반대 구석 지정: 24개를 찾음
→ P9~P10점 클릭, 드래그
객체 선택: Enter

07 오른쪽으로 대칭 이동되도록 하기 위해 그림과 같이 양쪽 끝점을 대칭의 기준점으로 객체 스냅을 이용하여 정확하게 선택합니다.

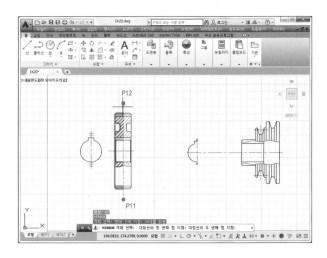

대칭선의 첫 번째 점 지정: P11점 클릭
대칭선의 두 번째 점 지정: P12점 클릭

08 대칭 이동할 예정이므로 옵션에 'y'를 입력합니다. 그림과 같이 왼쪽의 객체가 오른편으로 대칭 이동되었습니다.

원본 객체를 지우시겠습니까? [예(Y)/아니오(N)] [N]: y Enter

8 한꺼번에 다중 배열 복제 Array

Array는 '배열'이라는 뜻을 갖고 있습니다. 즉, 하나를 한 번에 여러 개 복제하는 경우 편리하게 이용할 수 있습니다. 다만, 서너 개 복제하는 경우에는 Copy 등의 간편한 명령어를 사용하고, 수십 개를 복제하는 경우에는 사각 배열과 원형 배열을 통해 한꺼번에 복제가 가능한 Array를 사용하는 것이 편리합니다.

메뉴	리본 메뉴	명령 행
[수정(M)-배열-직사각형 배열/원형 배열/경로 배열]	[홈] 탭-[수정] 패널-[배열]	Array(단축 명령어: AR)

명령어 사용법 ▼

　　　　　　　　Array의 경우 세 가지 방식이 있습니다. 이 세 가지 방식에 따라 각기 전혀 다른 옵션이 나타나므로 해당 명령어는 Array라는 배열 방식만 갖고 있을 뿐 전혀 다른 복제 명령어라고 할 수 있습니다. 사각 배열 복사인 [Rectangular Array]는 가로줄의 개수와 세로줄의 개수를 입력하고 각 줄의 간격을 입력하여 가로×세로 형태의 배열 복사를 하는 형태이며 원형 배열 복사인 [Polar Array]의 경우 선택한 객체가 중심점을 기준으로 회전하면서 배열 복사를 하는 형태입니다. 경로 복사의 경우 하나의 경로에 배열되는 방식으로 세 가지 형태의 Array 배열을 알아봅니다.

1 | 직사각형 배열(Rectangular Array)

Array 명령어를 입력한 후 배열할 객체를 선택합니다. 명령 행의 옵션에서 직사각형 배열 옵션인 'R'을 입력한 후 직사각형 배열 복제 순서에 맞춰 가로줄의 개수, 세로줄의 개수, 가로줄 간의 간격과 세로줄 간의 간격을 넣고 연관 여부를 확인한 다음에 종료하면 직사각형 배열 복제가 됩니다.

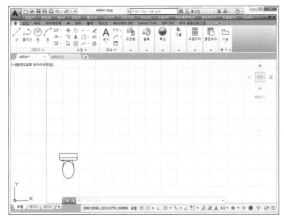 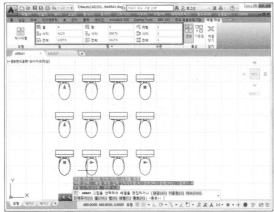

명령: AR Enter
Array
객체 선택:
→ 배열 복사할 대상 객체를 선택합니다.
객체 선택: Enter
→ 선택 완료를 위해 Enter 를 누릅니다.
배열 유형 입력 [직사각형(R)/경로(PA)/원형(PO)] 〈직사각형〉: R Enter
유형 = 직사각형 연관 = 예
→ 직사각형 배열 복사 옵션을 선택합니다.
그립을 선택하여 배열을 편집하거나 [연관(AS)/기준점(B)/개수(COU)/간격두기(S)/열(COL)/행(R)/레벨(L)/종료(X)] 〈종료〉: Enter
→ 화면에서 해당하는 복사의 개수 및 간격이 맞는지 확인 하고 Enter 를 눌러 명령어를 종료합니다.

명령어 실행 시 리본 메뉴 옵션

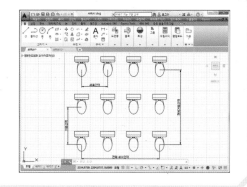

옵 션	옵 선 해 설
직사각형 **배열**	① **열**: 선택된 객체의 세로 방향으로 복사될 객체의 개수를 입력합니다.
	② **행**: 선택된 객체의 가로 방향으로 복사될 객체의 개수를 입력합니다.
	③ **사이**: 세로 방향 또는 가로 방향 객체 간의 간격값(거리값)을 입력합니다.
	④ **전체**: 세로 방향 또는 가로 방향 객체 전체의 간격값을 입력합니다.
	⑤ **레벨**: 3차원 Z축 방향으로 복사될 객체의 개수를 입력합니다.
	⑥ **사이/전체**: 3차원 Z축 방향으로의 객체 간 간격값과 객체 전체의 간격값을 입력합니다.

TIP

직사각형 배열에서 간격의 의미

보통 간격이라고 하면 객체와 객체 사이의 사이값을 생각하는 사람이 많습니다.
모든 객체의 간격이라 함은 원본 객체에서 복사된 객체의 위치까지 잴 때 원본과
사본의 같은 위치에서 같은 위치까지의 거리값을 말합니다. 다음 그림을 보면 간
격의 의미와 전체 간격이라는 의미를 알 수 있습니다. 그러므로 값을 넣을 때 항
상 복사 원본 자신의 길이값이 포함되어야 간격이 생긴다는 것을 기억하도록 합
시다.

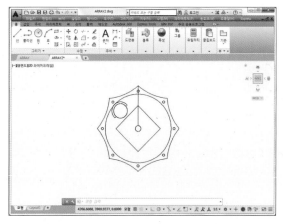

2 | 원형 배열(Polar Array)

Array 명령어를 입력한 후 배열할 객체를 선택합니다. 명령 행의 옵션에서 직사각형 배열 옵션인 'P'를 입력
한 후 원형 배열 복제 순서에 맞춰 원형 배열 복제 개수와 중심점의 위치를 선택하면 원형 배열 복제가 됩니다.

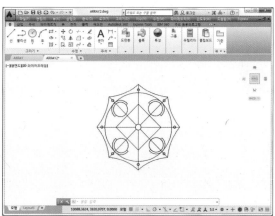

```
명령: AR  Enter
Array
객체 선택:
```
→ 원형 배열 복사할 대상 객체를 선택합니다.
```
객체 선택:  Enter
```
→ 선택 완료를 위해 Enter 를 누릅니다.
```
배열 유형 입력 [직사각형(R)/경로(PA)/원형(PO)] 〈원형〉: PO  Enter
```
→ 원형 옵션을 이용하기 위해 'PO'를 입력합니다.
```
유형=원형, 연관=예
배열의 중심점 지정 또는 [기준점(B)/회전축(A)]:
```
→ 회전할 중심점의 위치를 정확히 입력합니다.
```
그립을 선택하여 배열을 편집하거나 [연관(AS)/기준점(B)/항목(I)/사이의 각도(A)/채울 각도(F)/행(ROW)/레벨(L)/항목 회전(ROT)/종료(X)]〈종료〉:
```
→ 옵션 메뉴를 입력하여 진행하거나 리본 메뉴에서 해당 원형 복사 개수를 입력합니다.
```
그립을 선택하여 배열을 편집하거나 [연관(AS)/기준점(B)/항목(I)/사이의 각도(A)/채울 각도(F)/행(ROW)/레벨(L)/항목 회전(ROT)/종료(X)]〈종료〉:  Enter
```
→ 원형 배열 복제를 완료하기 위해 Enter 를 눌러 명령어를 종료합니다.

명령어 실행 시 리본 메뉴 옵션

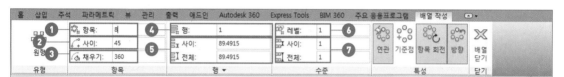

옵 션	옵 션 해 설
원형 배열	① **항목**: 선택된 객체의 원형 복사될 객체의 개수를 입력합니다.
	② **사이**: 원형 복사는 회전 복사를 의미하며, 여기에 회전 각도를 입력합니다.
	③ **채우기**: 원형 복사되는 전체 각도를 입력합니다. 360도인 경우 전체 한 바퀴에 개수만큼 복제됩니다.
	④ **행**: 원형 복사 시 해당 복제 객체를 해당 방향으로 층층 복사합니다.
	⑤ **사이/전체**: 행으로 원형 복제될 때 객체 간의 간격값과 객체 전체의 간격값을 입력합니다.
	⑥ **레벨**: 3차원 Z축 방향으로의 복제 개수를 입력합니다.
	⑦ **사이/전체**: 3차원 Z축 방향으로의 객체 간 간격값과 객체 전체의 간격값을 입력합니다.

TIP

원형 배열에서 행의 의미

행이라는 의미는 이전의 버전에서는 사용하지 않던 개념 중 하나입니다. 보통은 원하는 각도만큼 개수를 원형 배열 복사하는 것으로 끝났지만 층을 만들어 복사해야 하는 경우 이를 반복해야 했습니다. 원형 배열에서 [행]의 옵션은 이러한 단점을 보완해주는 양질의 옵션입니다.

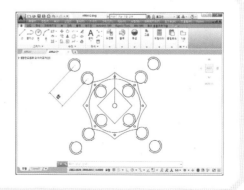

3 | 경로 배열(Path)

경로 배열은 2013 버전부터 사용하던 옵션으로, 그동안 직사각형 배열과 원형 배열이 Array 명령어의 핵심이었지만 경로(Path) 배열을 통해 경로를 따라 배열 복사를 편리하게 할 수 있습니다. 예를 들어 굽어진 도로를 따라 가로수를 배열할 수도 있으며, 원이 아닌 곡선을 따라 객체를 배열 복사할 수도 있습니다. 객체를 선택하고 나면 배열 옵션인 'PA'를 입력하고 경로 객체를 선택한 후 리본 메뉴에서 [길이 분할]로 개수를 정할 것인지, [등분할]로 개수를 정할 것인지를 선택하고, 곡선에 나란하게 할 것인지, 회전하게 할 것인지를 [항목 정렬]을 통해 선택합니다.

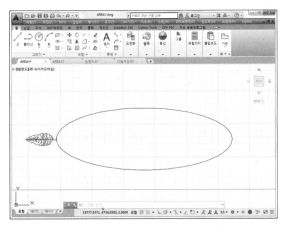 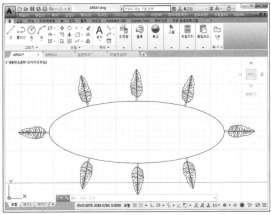

명령: AR `Enter`
Array
객체 선택:
→ 경로 배열할 대상 객체를 선택합니다.
객체 선택: `Enter`
→ 객체의 선택을 완료하기 위해 `Enter` 를 누릅니다.
배열 유형 입력 [직사각형(R)/경로(PA)/원형(PO)] 〈경로〉: pa `Enter`
→ 경로 배열 옵션을 선택하기 위해 'PA'를 입력합니다.
유형=경로, 연관=예
경로 곡선 선택:
그립을 선택하여 배열을 편집하거나 [연관(AS)/메서드(M)/기준점(B)/접선 방향(T)/항목(I)/행(R)/레벨(L)/항목 정렬(A)/Z 방향(Z)/종료(X)] 〈종료〉:
→ 리본 메뉴를 통해 [길이 분할] 또는 [등분할], [항목 정렬] 등의 옵션을 선택합니다.
그립을 선택하여 배열을 편집하거나 [연관(AS)/메서드(M)/기준점(B)/접선 방향(T)/항목(I)/행(R)/레벨(L)/항목 정렬(A)/Z 방향(Z)/종료(X)] 〈종료〉: `Enter`
→ 명령어를 종료하기 위해 `Enter` 를 눌러 완료합니다.

명령어 실행 시 리본 메뉴 옵션

옵션	옵션 해설
경로 배열	① **항목**: 선택된 객체의 복사될 객체의 개수를 정하며 [등분할] 선택 시 개수를 지정할 수 있습니다.
	② **사이**: 선택된 객체의 복사될 객체의 개수를 정하며 [길이 분할] 선택 시 거리값을 지정할 수 있습니다.
	③ **전체**: 사이에 입력된 거리값이 전체 길이에 해당하는 거리값으로 입력됩니다.
	④ **행**: 경로 복사 시 해당 복제 객체를 해당 방향으로 층층 복사합니다.
	⑤ **사이/전체**: 행으로 원형 복제될 때 객체 간의 간격값과 객체 전체의 간격값을 입력합니다.
	⑥ **레벨**: 3차원 Z축 방향으로의 복제 개수를 입력합니다.
	⑦ **사이/전체**: 3차원 Z축 방향으로의 객체 간의 간격값과 객체 전체의 간격값을 입력합니다.
	⑧ **접선 방향**: 경로의 시작점과 끝점의 위치를 재지정합니다.
	⑨ **등분할/길이 분할**: 경로 복사의 개수를 정하거나 복사되는 객체 사이의 간격을 입력할 수 있도록 지정합니다.
	⑩ **항목 정렬**: 경로에 맞춰 회전 복사 배열될 것인지의 여부를 결정합니다.

TIP

항목 정렬을 하지 않는 경우, 그림의 방향이 원본 객체와 똑같이 정렬됩니다

보통 경로는 곡선인 경우가 많습니다. 해당 객체가 경로의 각도에 맞춰 회전되는 것이 보통이지만, 때에 따라 원본의 각도를 유지해야 하는 경우도 있습니다. 이 경우, 다음 그림과 같이 항목 정렬 항목을 끄고 지정하면 각도만큼 회전하지 않게 됩니다.

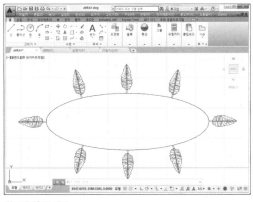

항목 정렬을 켠 상태

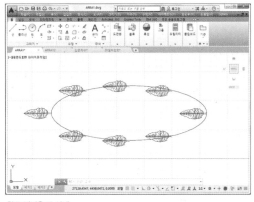

항목 정렬을 끈 상태

명령어 실습하기(원형 배열) ▼

Array의 다양한 옵션에 대한 실습을 통해 Array의 사용법을 충분히 익히도록 합니다. 배열은 가장 많이 사용하고 빠르게 도면을 그릴 수 있는 명령어입니다. 제일 먼저 원형 배열부터 연습합니다.

● 실습 파일: Sample/EX21.dwg ● 완성 파일: Sample/EX21-F.dwg

01 Open 명령어를 이용하여 'Sample/ EX21.dwg' 파일을 연 후 도면을 확인하고 Array의 단축키인 'AR'을 입력합니다.

명령: AR Enter
Array

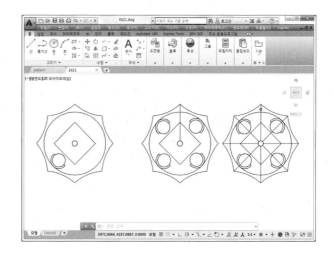

02 Array를 통해 원형 배열 복제할 대상 객체를 그림과 같이 왼쪽에서 오른쪽으로 드래그하여 상자를 만들어 선택하고, 선택이 완료되면 Enter 를 눌러 선택을 완료합니다.

객체 선택: 반대 구석 지정: 4개를 찾음
→ P1~P2점 클릭, 드래그
객체 선택: Enter

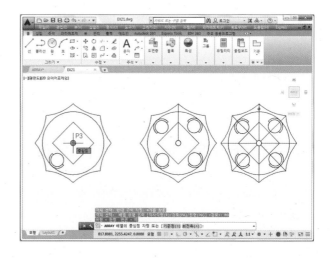

03 배열 복사 중에서 원형 배열 복사를 하기 위해 'PO'를 입력합니다. 원형 배열의 경우 중심점의 위치를 정해야 하므로 그림과 같이 원의 중심점을 객체 스냅을 이용하여 배열의 중심점으로 선택합니다.

배열 유형 입력 [직사각형(R)/경로(PA)/원형(PO)] 〈경로〉: PO
Enter
유형=원형, 연관=예
배열의 중심점 지정 또는 [기준점(B)/회전축(A)]: P3점 클릭

04 중심점을 클릭하고 나면 리본 메뉴에 배열 명령어의 옵션이 나타납니다. 그림과 같이 배열 복사 개수와 행의 개수를 각각 4, 3으로 입력하면 화면에 미리 보기가 나타납니다. 내용이 맞으면 Enter 를 눌러 완료합니다.

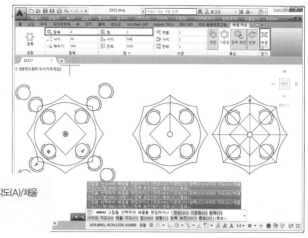

그립을 선택하여 배열을 편집하거나 [연관(AS)/기준점(B)/항목(I)/사이의 각도(A)/채울 각도(F)/행(ROW)/레벨(L)/항목 회전(ROT)/종료(X)]〈종료〉: Enter

05 이번에는 가운데의 객체 선분을 배열 복사해봅니다. 처음과 개수가 다르기 때문에 순서에 맞춰 Array 명령어의 단축키인 'AR'을 입력한 후 그림과 같이 세로 선분을 선택하고 Enter 를 누릅니다.

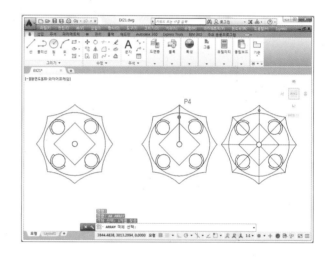

명령: AR Enter
Array
객체 선택: 1개를 찾음
→ P4점 클릭
객체 선택: Enter

06 배열 복사 중에서 원형 배열 복사를 하기 위해 'PO'를 입력합니다. 중심점의 위치를 그림과 같이 원의 중심점을 객체 스냅을 이용하여 배열의 중심점으로 선택합니다.

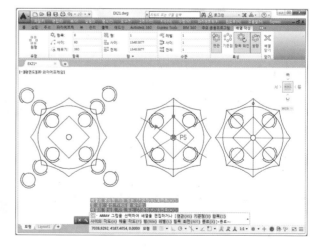

배열 유형 입력 [직사각형(R)/경로(PA)/원형(PO)]〈원형〉: PO Enter
유형=원형 연관=예
배열의 중심점 지정 또는 [기준점(B)/회전축(A)]: P5점 클릭

07 배열의 개수가 8개이어야 하므로 항목의 개수를 '8'로 다시 입력하면 그림과 같이 개수가 조정되어 화면에 미리 보기로 나타납니다. Enter 를 눌러 완료합니다.

그립을 선택하여 배열을 편집하거나 [연관(AS)/기준점(B)/항목(I)/
사이의 각도(A)/채울 각도(F)/행(ROW)/레벨(L)/항목 회전(ROT)/
종료(X)]〈종료〉: Enter

TIP

종료 시 Enter 또는 리본 메뉴 가장 오른쪽의 [배열 닫기] 버튼을 누릅니다.

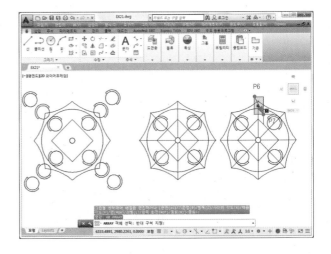

08 세 번째로 맨 우측의 작은 원을 배열 복사합니다. Array 명령어의 단축키인 'AR'을 입력한 후 드래그하여 상자를 만들고 원을 선택한 다음 Enter 를 누릅니다.

명령: AR Enter
Array
객체 선택: 반대 구석 지정: 1개를 찾음
→ P6~P7점 클릭, 드래그
객체 선택: Enter

09 원형 배열 복사를 하기 위해 'PO'를 입력합니다. 중심점의 위치를 그림과 같이 원의 중심점을 객체 스냅을 이용하여 배열의 중심점으로 선택한 후 항목에 8개의 개수가 있는지 확인하고 완료되면 Enter 를 눌러 종료합니다.

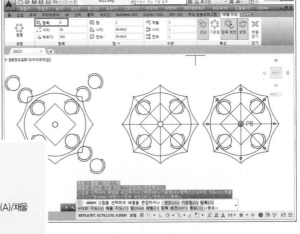

배열 유형 입력 [직사각형(R)/경로(PA)/원형(PO)]〈원형〉: PO Enter
유형=원형, 연관=예
배열의 중심점 지정 또는 [기준점(B)/회전축(A)]: P8점 클릭
그립을 선택하여 배열을 편집하거나 [연관(AS)/기준점(B)/항목(I)/사이의 각도(A)/채울
각도(F)/행(ROW)/레벨(L)/항목 회전(ROT)/종료(X)]〈종료〉: Enter

명령어 실습하기 (직사각형 배열)

이번에는 직사각형 배열 연습합니다. 건축 인테리어 도면에 많이 사용되는 문(Door)의 입면을 기준으로 직사각형 배열을 합니다.

● 실습 파일: **Sample/EX22.dwg** ● 완성 파일: **Sample/EX22-F.dwg**

01 Open 명령어를 이용하여 'Sample/EX22.dwg' 파일을 연 후 문의 입면도 그림에서 문 모양의 사각형이 하나만 있는 도면을 확인합니다.

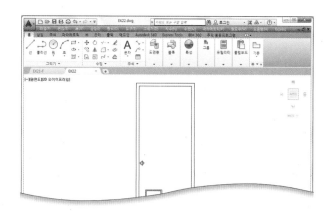

02 사각형의 세로 2줄, 가로 5줄을 한 번에 복제하기 위해 Array 명령어의 단축키인 'AR'을 입력한 후 그림과 같이 드래그하고 상자를 이용하여 사각형을 선택합니다.

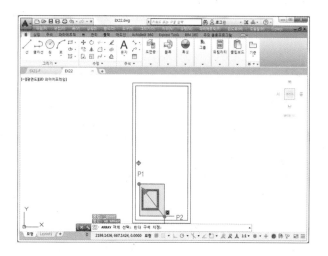

명령: AR Enter
Array
객체 선택: 반대 구석 지정: 8개를 찾음
→ P1~P2점 클릭, 드래그
객체 선택: Enter

03 직사각형 배열을 하기 위해 'R'을 입력한 후 리본 메뉴의 열과 행의 값에 '2'와 '5'를 입력하고 열 간의 간격에 '355', 행 간의 간격에 '350'을 입력합니다.

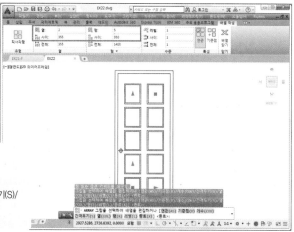

배열 유형 입력 [직사각형(R)/경로(PA)/원형(PO)] 〈원형〉: R Enter
유형=직사각형, 연관=예
그립을 선택하여 배열을 편집하거나 [연관(AS)/기준점(B)/개수(COU)/간격두기(S)/열(COL)/행(R)/레벨(L)/종료(X)] 〈종료〉:

04 미리 보기에서 확인한 내용이 맞는 경우 Enter 를 눌러 명령어를 완료합니다.

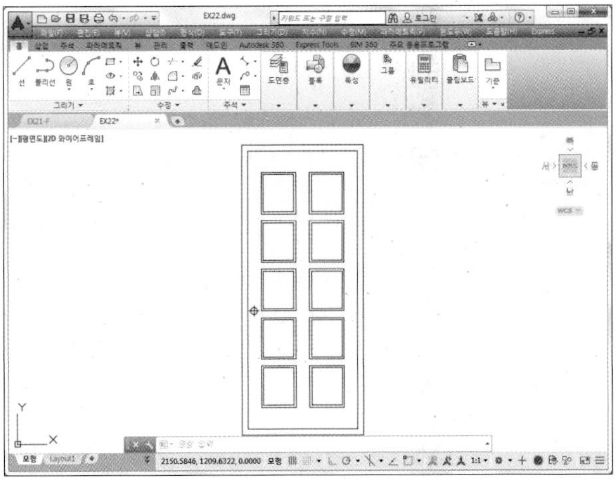

그립을 선택하여 배열을 편집하거나
[연관(AS)/기준점(B)/개수(COU)/간격두기(S)/열(COL)/행(R)/
레벨(L)/종료(X)] 〈종료〉: Enter

05 이번에는 문 전체를 우측으로 3개 복제 해보겠습니다. Array 명령어의 단축키 인 'AR'을 입력한 후 'AL' 옵션을 입력하여 전체를 선택하고 직사각형 배열 옵션 'R'을 입력한 후 리본 메뉴에서 그림과 같이 3열 1행과 간격 '1000'을 입력합니다.

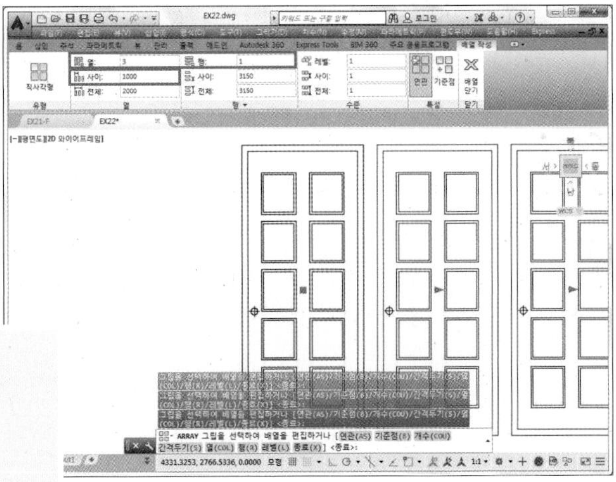

명령: AR Enter
Array
객체 선택: AL 73개를 찾음
객체 선택: Enter
배열 유형 입력 [직사각형(R)/경로(PA)/원형(PO)] 〈직사각형〉: R Enter
유형=직사각형, 연관=예
그립을 선택하여 배열을 편집하거나 [연관(AS)/기준점(B)/개수(COU)/간격두기(S)/
열(COL)/행(R)/레벨(L)/종료(X)] 〈종료〉:

06 미리 보기 화면과 마찬가지로 Door의 입면 3개가 나란히 복제된 것을 확인할 수 있습니다.

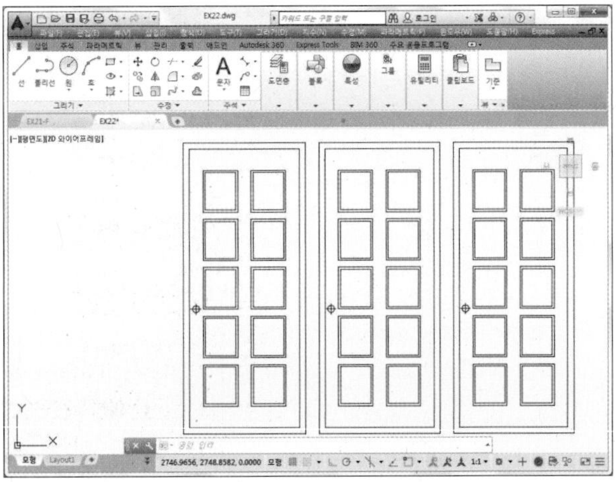

그립을 선택하여 배열을 편집하거나
[연관(AS)/기준점(B)/개수(COU)/간격두기(S)/열(COL)/행(R)/
레벨(L)/종료(X)] 〈종료〉: Enter

명령어 실습하기(경로 배열)

이번에는 경로 배열 연습을 해봅니다. 건축 인테리어 도면에 많이 사용되는 문(Door)의 입면을 기준으로 직사각형 배열을 합니다.

● 실습 파일: Sample/EX23.dwg ● 완성 파일: Sample/EX23-F.dwg

01 Open 명령어를 이용하여 'Sample/EX23.dwg' 파일을 연 후 타원형의 회의 테이블에 의자 하나가 놓인 도면을 확인합니다. 보통 원형 테이블인 경우 원형 배열을 사용하지만, 타원은 결과가 타원에 맞춰지지 않습니다.

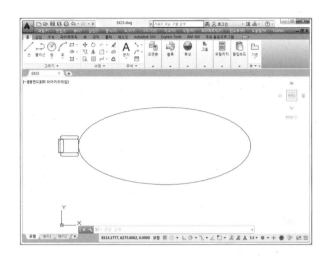

02 Array 명령어의 단축키인 'AR'을 입력한 후 그림과 같이 드래그하고, 상자를 이용하여 의자 객체를 선택합니다.

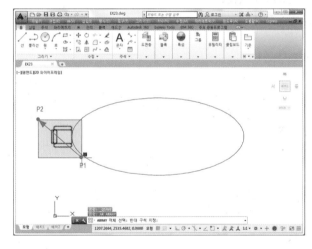

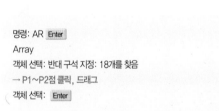

명령: AR Enter
Array
객체 선택: 반대 구석 지정: 18개를 찾음
→ P1~P2점 클릭, 드래그
객체 선택: Enter

03 타원을 경로로 이용하는 경로 배열 방식을 사용하기 위해 'PA' 옵션을 입력한 후 그림과 같이 타원을 경로 객체로 선택합니다.

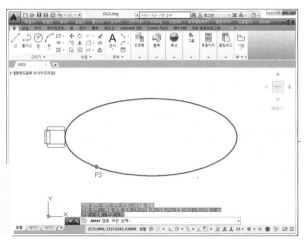

배열 유형 입력 [직사각형(R)/경로(PA)/원형(PO)] 〈직사각형〉: PA Enter
유형=경로, 연관=예
경로 곡선 선택: P3점 클릭

04 경로를 선택하자마자 그림과 같이 화면이 기본값으로 만들어지는 경로 배열에 대한 내용이 나타납니다. 개수와 정렬 방향 등은 따로 정의해야 합니다.

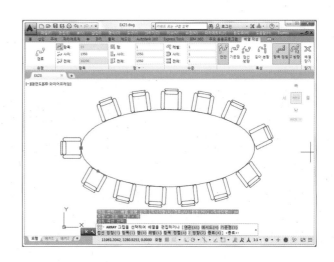

그립을 선택하여 배열을 편집하거나 [연관(AS)/메서드(M)/기준점
(B)/접선 방향(T)/항목(I)/행(R)/레벨(L)/항목 정렬(A)/Z 방향(Z)/
종료(X)] 〈종료〉:

05 먼저 원하는 개수를 입력하기 위해 [길이 분할]로 지정되어 있는 항목을 [등분할]로 선택합니다.

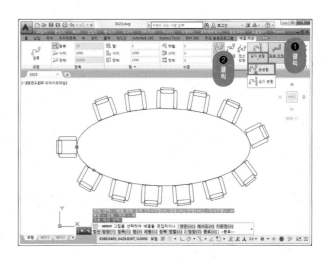

그립을 선택하여 배열을 편집하거나 [연관(AS)/메서드(M)/기준점
(B)/접선 방향(T)/항목(I)/행(R)/레벨(L)/항목 정렬(A)/Z 방향(Z)/
종료(X)] 〈종료〉:

06 그림과 같은 경우 항목의 개수를 8개로 입력합니다. 혹은 원하는 다른 개수를 입력해도 됩니다.

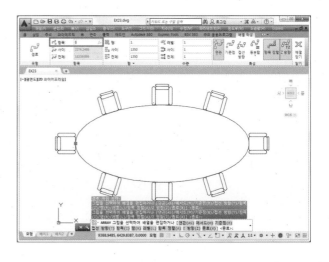

그립을 선택하여 배열을 편집하거나 [연관(AS)/메서드(M)/기준점
(B)/접선 방향(T)/항목(I)/행(R)/레벨(L)/항목 정렬(A)/Z 방향(Z)/
종료(X)] 〈종료〉:

07 완료할 수도 있지만 [항목 정렬] 버튼을 클릭하여 끄게 되면 경로에 맞춰 회전되던 의자는 처음의 원본 객체와 마찬가지로 회전하지 않은 채로 8개가 복제됩니다.

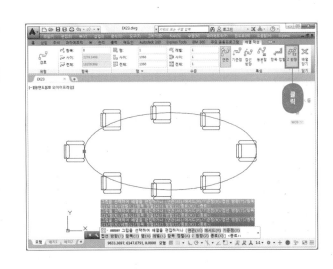

그립을 선택하여 배열을 편집하거나 [연관(AS)/메서드(M)/기준점(B)/접선 방향(T)/항목(I)/행(R)/레벨(L)/항목 정렬(A)/Z 방향(Z)/종료(X)] 〈종료〉:

08 도면을 완료하기 전에 다시 [항목 정렬] 버튼을 눌러 켜고 Enter 를 눌러 명령어를 종료합니다. 그림과 같이 처음의 완료 상태대로 경로에 맞춰 배열됩니다.

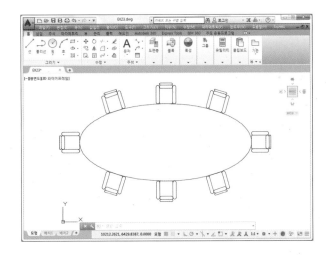

그립을 선택하여 배열을 편집하거나 [연관(AS)/메서드(M)/기준점(B)/접선 방향(T)/항목(I)/행(R)/레벨(L)/항목 정렬(A)/Z 방향(Z)/종료(X)] 〈종료〉: Enter

9 길이의 신축을 맘대로 조절하는 Stretch

객체의 길이를 조정하는 명령어로, 하나의 단일 객체로 떨어져 있는 경우에는 이동되며 반대쪽의 객체에 붙여 있는 경우에는 신축을 통해 연장되거나 축소됩니다. Stretch를 이용하면 이동과 연장을 한 번에 해결할 수 있지만, 객체 선택을 잘못하는 경우에는 엉뚱한 결과가 나타나기도 합니다.

메뉴	리본 메뉴	명령 행
수정(M)-신축(H)	[홈] 탭-[수정] 패널-[신축]	Stretch(단축 명령어: S)

명령어 사용법

신축 기능인 Stretch 명령어의 단축키를 입력한 후 신축을 원하는 객체를 사각형 박스의 형태로 드래그하여 선택합니다. 이때 선택되지 않은 객체와 끝점이 닿아 있는 객체의 경우에는 신축이 일어나는 객체이며, 선택되지 않는 객체와 완전히 떨어져 있는 객체는 신축에 따라 이동이 일어나는 객체가 됩니다. 선택이 끝나면 기준점의 좌표를 클릭한 후 원하는 장소로 마우스를 드래그하여 이동 좌표점을 클릭합니다. 기준점이나 이동점의 좌표는 Osnap을 이용하거나 절대 좌표나 상대 좌표 등을 이용하여 정확하게 사용하는 것이 좋습니다.

명령어 옵션 해설

신축을 하는 Stretch는 옵션이 따로 없었지만, 신축의 상대 거리 및 방향을 지정하는 변위(D)를 통해 이동되는 단위만큼 X, Y, Z값으로 표현하는 변위가 새로 생겼습니다.

옵션	옵션 해설
변위(D)	신축의 상대 거리 및 방향을 지정합니다. 현재의 위치를 기준으로 X, Y, Z로 이동하고 싶은 단위만큼 입력합니다.

명령어 실습하기

Stretch 명령어를 실습할 수 있는 현관 유리문의 도면을 이용하여 오른편 왼편 자유롭게 신축을 활용해봅니다. 객체를 선택하는 경우, 마우스로 클릭하는 것은 피하도록 합니다.

● 실습 파일: **Sample/EX24.dwg** ● 완성 파일: **Sample/EX24-F.dwg**

01 Open 명령어를 이용하여 'Sample/ EX24dwg' 파일을 연 후 Stretch 명령어의 단축키인 'S'를 입력합니다. 그런 다음, 상자를 만들고 드래그하여 선택합니다.

명령: S Enter
Stretch
걸침 윈도우 또는 걸침 폴리곤만큼 신축할 객체 선택...
객체 선택: 반대 구석 지정: 13개를 찾음
→ P1~P2점 클릭, 드래그
객체 선택: Enter

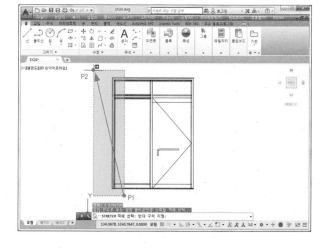

02 신축할 대상 객체의 기준점을 그림과 같이 객체 스냅을 이용하여 정확하게 선택합니다.

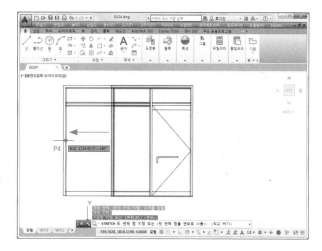

기준점 지정 또는 [변위(D)] ⟨변위⟩: P3점 클릭

03 왼쪽 방향으로 당겨보면 고무줄처럼 흐느적거리면서 당겨집니다. 이때 F8을 눌러 [직교 켜기]를 하면 수평 방향으로 정확하게 이동됩니다. 유리문에 달려 있던 가로 선분들은 늘어나고 맨 왼쪽의 세로 선분은 이동되었습니다.

두 번째 점 지정 또는 ⟨첫 번째 점을 변위로 사용⟩: [직교 켜기] P4점 클릭

04 이번에는 Stretch의 단축키인 'S'를 입력한 후 그림과 같이 우측 유리문을 선택합니다.

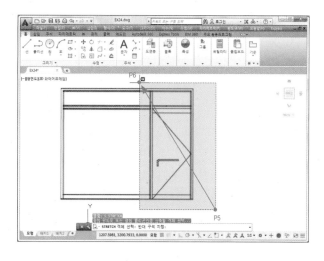

명령: S Enter
Stretch
걸침 윈도우 또는 걸침 폴리곤만큼 신축할 객체 선택…
객체 선택: 반대 구석 지정: 27개를 찾음
→ P5~P6점 클릭, 드래그
객체 선택: Enter

05 신축할 대상 객체의 기준점을 그림과 같이 객체 스냅을 이용하여 정확하게 선택합니다.

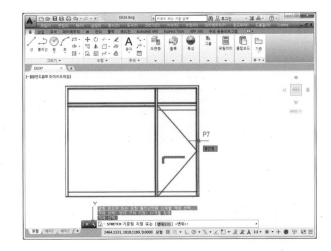

기준점 지정 또는 [변위(D)] 〈변위〉: P7점 클릭

06 왼쪽으로 잡아당겨줍니다. 이미 [직교 켜기]가 되어 있으므로 수평으로 정확하게 이동됩니다. 그림과 같은 위치를 클릭하여 줄여줍니다.

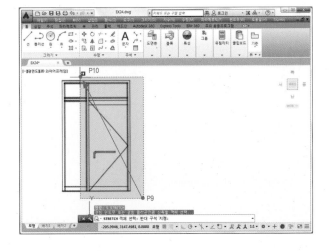

두 번째 점 지정 또는 〈첫 번째 점을 변위로 사용〉: P8점 클릭

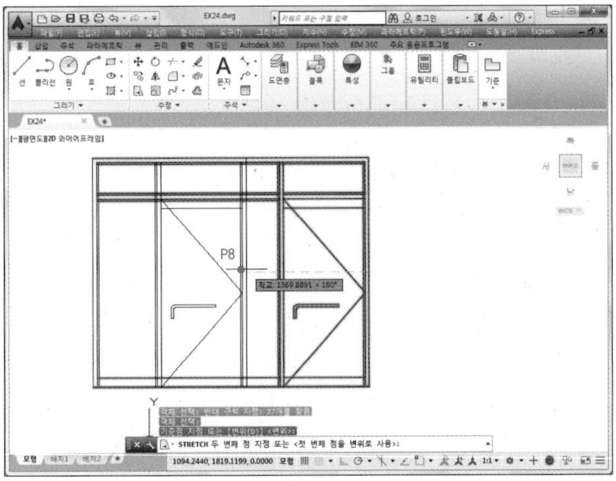

07 이번에는 줄어든 유리문을 다시 신축을 이용하여 정확한 길이값으로 늘려보겠습니다. 먼저 Stretch 명령어의 단축키인 'S'를 입력한 후 그림과 같이 선택합니다.

명령: S Enter
Stretch
걸침 윈도우 또는 걸침 폴리곤만큼 신축할 객체 선택…
객체 선택: 반대 구석 지정: 27개를 찾음
→ P9~P10점 클릭, 드래그
객체 선택: Enter

08 신축할 대상 객체의 기준점을 그림과 같이 객체 스냅을 이용하여 정확하게 선택합니다.

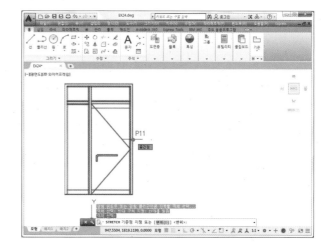

기준점 지정 또는 [변위(D)] 〈변위〉: P11점 클릭

09 오른쪽으로 1800단위만큼 이동 신축을 하기 위해 두 번째 점을 마우스로 클릭하지 않고 상대 좌표나 상대 극좌표를 이용하여 원하는 길이값만큼 입력합니다. 그림과 같이 정확하게 1800단위만큼 이동 신축이 일어납니다.

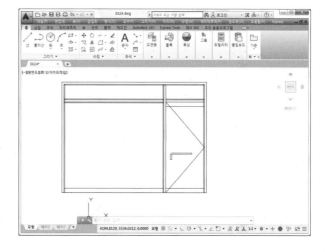

두 번째 점 지정 또는 〈첫 번째 점을 변위로 사용〉: @1800〈0 Enter

현장
실습
07

수정 명령어 활용법 익히기 (1)

도면을 그리는 경우, 그리는 명령어를 기본으로 사용하여 모양을 따라 그리는 것이 아니라 대강의 크기에 알맞은 레이아웃을 먼저 그린 후 편집과 수정을 통해 모양을 갖춰 나가는 방식을 사용합니다. 복잡한 도면을 그리는 것은 지면 관계상 어려울 수 있지만 해당하는 도면 요소를 어떻게 운영하여 도면을 그려 나갈 것인지를 확인하면 됩니다. 다음의 도면을 완성하여 도면을 그려 나가는 형식을 익히도록 합니다.

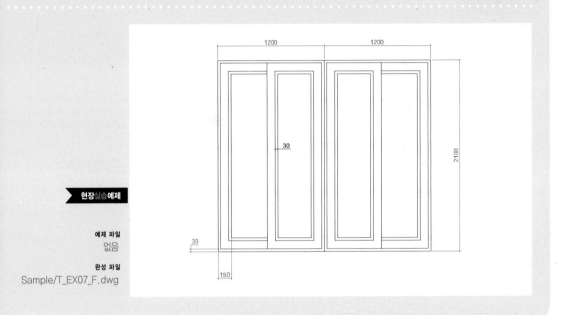

현장실습예제

예제 파일
없음

완성 파일
Sample/T_EX07_F.dwg

01 New 명령어를 이용하여 새 도면을 엽니다. 아무것도 설정되어 있지 않은 상태를 기준으로 그릴 예정이므로, 그림과 같이 새 도면을 열고 도면 한계인 Limits를 설정합니다.

명령: NEW Enter

명령: LIMITS Enter
모형 공간 한계 재설정:
왼쪽 아래 구석 지정 또는 [켜기(ON)/끄기(OFF)] 〈0.0000,0.0000〉: Enter
오른쪽 위 구석 지정 〈420.0000,297.0000〉: 4200,2970 Enter

명령: Z Enter
Zoom
윈도우 구석 지정, 축척 비율(nX 또는 nXP) 입력 또는
[전체(A)/중심(C)/동적(D)/범위(E)/이전(P)/축척(S)/윈도우(W)/객체(O)] 〈실시간〉: a Enter
모형 재생성 중 …

02 창문의 기본 크기인 1200짜리 사각형
을 그리고 화면에 크게 보이도록 Zoom
명령어로 그림과 같이 확대합니다.

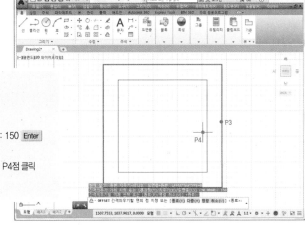

명령: REC [Enter]
Rectang
첫 번째 구석 점 지정 또는 [모따기(C)/고도(E)/모깎기(F)/두께(T)/폭(W)]: 500,500
[Enter]
다른 구석 점 지정 또는 [영역(A)/치수(D)/회전(R)]: @1200,1200 [Enter]

명령: Z [Enter]
Zoom
윈도우 구석 지정, 축척 비율(nX 또는 nXP) 입력 또는
[전체(A)/중심(C)/동적(D)/범위(E)/이전(P)/축척(S)/윈도우(W)/객체(O)] 〈실시간〉:
반대 구석 지정: P1~P2점 클릭, 드래그

03 창문 틀의 전체적인 크기만큼을 만들기 위
해 안쪽으로 150만큼 평행 복사합니다.

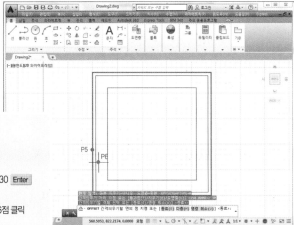

명령: O [Enter]
Offset
현재 설정: 원본 지우기=아니오, 도면층=원본, OFFSETGAPTYPE=0
간격 띄우기 거리 지정 또는 [통과점(T)/지우기(E)/도면층(L)] 〈30.0000〉: 150 [Enter]
간격 띄우기할 객체 선택 또는 [종료(E)/명령 취소(U)] 〈종료〉: P3점 클릭
간격 띄우기할 면의 점 지정 또는 [종료(E)/다중(M)/명령 취소(U)] 〈종료〉: P4점 클릭
간격 띄우기할 객체 선택 또는 [종료(E)/명령 취소(U)] 〈종료〉: [Enter]

04 틀 안쪽의 간격만큼 모두 평행 복사합니
다. 동일한 값으로 Offset하는 것이므
로 그림과 같이 안쪽으로 Offset합니다.

명령: O [Enter]
Offset
현재 설정: 원본 지우기=아니오, 도면층=원본, OFFSETGAPTYPE=0
간격 띄우기 거리 지정 또는 [통과점(T)/지우기(E)/도면층(L)] 〈150.0000〉: 30 [Enter]
간격 띄우기할 객체 선택 또는 [종료(E)/명령 취소(U)] 〈종료〉: P5점 클릭
간격 띄우기할 면의 점 지정 또는 [종료(E)/다중(M)/명령 취소(U)] 〈종료〉: P6점 클릭

154

05 안쪽의 선은 바깥쪽으로 Offset합니다. 값은 동일하므로 방향만 바꾸어 Offset합니다.

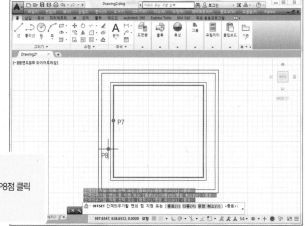

간격 띄우기할 객체 선택 또는 [종료(E)/명령 취소(U)] 〈종료〉: P7점 클릭
간격 띄우기할 면의 점 지정 또는 [종료(E)/다중(M)/명령 취소(U)] 〈종료〉: P8점 클릭
간격 띄우기할 객체 선택 또는 [종료(E)/명령 취소(U)] 〈종료〉: Enter

06 사각형인 Rectang은 하나의 폴리선으로 이어져 있습니다. 이 경우 해당 객체가 고무줄처럼 늘어나거나 줄어들면서 Offset이 되므로 하나씩 수정하는 경우에는 불편합니다. 하나씩 수정하기 편리하도록 Explode 명령어를 통해 개개의 객체로 변환합니다.

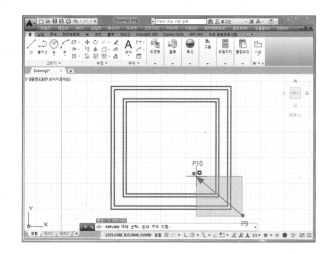

명령: X Enter
Explode
객체 선택: 반대 구석 지정: 4개를 찾음
→ P9~P10점 클릭, 드래그
객체 선택: Enter

07 이제 창문을 2개로 분리하기 위해 가장 외곽에 있는 객체의 중간점을 기준으로 선을 그립니다.

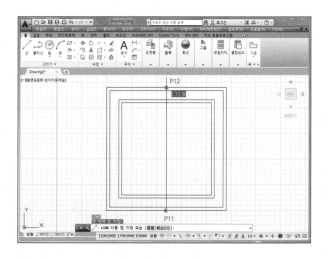

명령: L Enter
Line
첫 번째 점 지정: P11점 클릭
다음 점 지정 또는 [명령 취소(U)]: P12점 클릭
다음 점 지정 또는 [명령 취소(U)]: Enter

08 전체 창틀의 두께값인 '90'이 되도록 가운데 있는 선을 두 번 선택하여 양쪽으로 45만큼 평행 복사합니다.

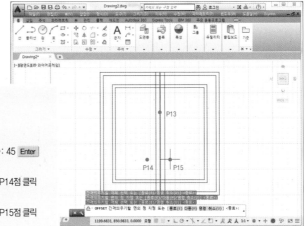

명령: O Enter
Offset
현재 설정: 원본 지우기=아니오, 도면층=원본, OFFSETGAPTYPE=0
간격 띄우기 거리 지정 또는 [통과점(T)/지우기(E)/도면층(L)] 〈150.0000〉: 45 Enter
간격 띄우기할 객체 선택 또는 [종료(E)/명령 취소(U)] 〈종료〉: P13점 클릭
간격 띄우기할 면의 점 지정 또는 [종료(E)/다중(M)/명령 취소(U)] 〈종료〉: P14점 클릭
간격 띄우기할 객체 선택 또는 [종료(E)/명령 취소(U)] 〈종료〉: P13점 클릭
간격 띄우기할 면의 점 지정 또는 [종료(E)/다중(M)/명령 취소(U)] 〈종료〉: P15점 클릭
간격 띄우기할 객체 선택 또는 [종료(E)/명령 취소(U)] 〈종료〉: Enter

09 양쪽으로 OFFSET한 객체를 기준으로 안쪽의 선분들을 정리할 예정입니다. Trim 명령어를 입력한 후 다음과 같이 기준 객체를 선택합니다.

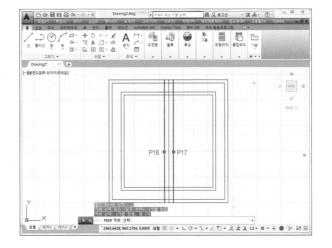

명령: TR Enter
Trim
현재 설정: 투영=UCS 모서리=없음
절단 모서리 선택 …
객체 선택 또는 〈모두 선택〉: 1개를 찾음
→ P16점 클릭
객체 선택: 1개를 찾음, 총 2개
→ P17점 클릭
객체 선택: Enter

10 기준 객체가 선택되었다면 이번에는 자를 객체를 선택합니다. 한 번에 하나씩 또는 여러 개인 경우 드래그하여 상자를 만든 후에 선택합니다.

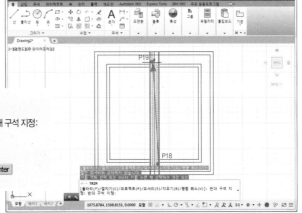

자를 객체 선택 또는 [Shift]를 누른 채 선택하여 연장 또는
[울타리(F)/걸치기(C)/프로젝트(P)/모서리(E)/지우기(R)/명령 취소(U)]: 반대 구석 지정:
→ P18~P19점 클릭, 드래그
자를 객체 선택 또는 [Shift]를 누른 채 선택하여 연장 또는
[울타리(F)/걸치기(C)/프로젝트(P)/모서리(E)/지우기(R)/명령 취소(U)]: Enter

11 경계를 기준으로 잘라낼 필요 없는 선은 Trim이 아닌 Erase 명령어를 통해 지웁니다.

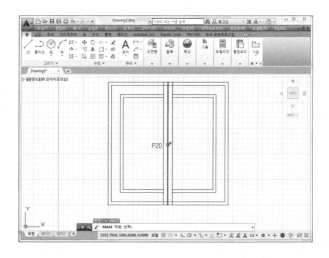

명령: E Enter
Erase
객체 선택: 1개를 찾음
→ P20점 클릭
객체 선택: Enter

12 Trim 명령어를 통해 다음의 위아래 선을 기준 객체로 지정한 후 남아 있는 두 지점도 잘라 없앱니다.

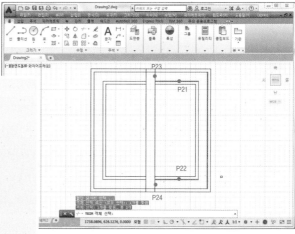

명령: TR Enter
Trim
현재 설정: 투영=UCS 모서리=없음
절단 모서리 선택 …
객체 선택 또는 〈모두 선택〉: 1개를 찾음
→ P21점 클릭
객체 선택: 1개를 찾음, 총 2개
→ P22점 클릭
객체 선택: Enter
자를 객체 선택 또는 [Shift]를 누른 채 선택하여 연장 또는
[울타리(F)/걸치기(C)/프로젝트(P)/모서리(E)/지우기(R)/명령 취소(U)]: P23점 클릭
자를 객체 선택 또는 [Shift]를 누른 채 선택하여 연장 또는
[울타리(F)/걸치기(C)/프로젝트(P)/모서리(E)/지우기(R)/명령 취소(U)]: P24점 클릭
자를 객체 선택 또는 [Shift]를 누른 채 선택하여 연장 또는
[울타리(F)/걸치기(C)/프로젝트(P)/모서리(E)/지우기(R)/명령 취소(U)]: Enter

13 잘라내어 선분이 하나밖에 없는 선분도 다른 창문과 동일하도록 안쪽으로 30만큼 Offset합니다.

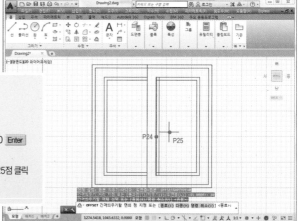

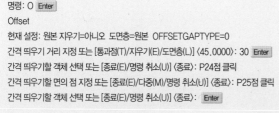

명령: O Enter
Offset
현재 설정: 원본 지우기=아니오 도면층=원본 OFFSETGAPTYPE=0
간격 띄우기 거리 지정 또는 [통과점(T)/지우기(E)/도면층(L)] 〈45.0000〉: 30 Enter
간격 띄우기할 객체 선택 또는 [종료(E)/명령 취소(U)] 〈종료〉: P24점 클릭
간격 띄우기할 면의 점 지정 또는 [종료(E)/다중(M)/명령 취소(U)] 〈종료〉: P25점 클릭
간격 띄우기할 객체 선택 또는 [종료(E)/명령 취소(U)] 〈종료〉: Enter

14 Trim만 객체를 잘라낼 수 있는 것이 아
닙니다. 특히 모서리를 만드는 경우에
는 Fillet 명령어를 통해 반지름을 '0'으로 입
력한 후 두 선분을 누르면 그림과 같이 모서리
가 만들어집니다. Fillet을 2번 실행하여 모
서리를 만듭니다.

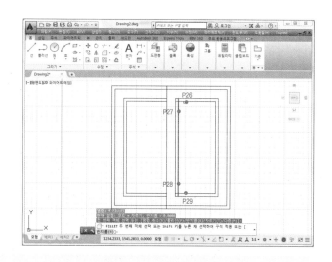

명령: F `Enter`
Fillet
현재 설정: 모드=자르기, 반지름=0.0000
첫 번째 객체 선택 또는 [명령 취소(U)/폴리선(P)/반지름(R)/자르기(T)/다중(M)]: P26점 클릭
두 번째 객체 선택 또는 [Shift]를 누른 채 선택하여 구석 적용 또는 [반지름(R)]: P27점 클릭

명령: F `Enter`
Fillet
현재 설정: 모드=자르기, 반지름=0.0000
첫 번째 객체 선택 또는 [명령 취소(U)/폴리선(P)/반지름(R)/자르기(T)/다중(M)]: P28점 클릭
두 번째 객체 선택 또는 [Shift]를 누른 채 선택하여 구석 적용 또는 [반지름(R)]: P29점 클릭

15 창문의 가운데를 분리했던 선을 정리하
겠습니다. 위아래 가로 선을 기준으로
가운데 분리선을 Trim으로 잘라냅니다.

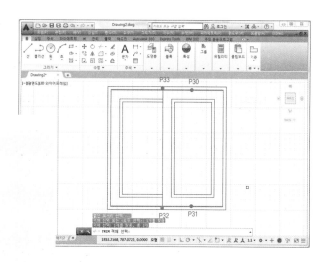

명령: TR `Enter`
Trim
현재 설정: 투영=UCS 모서리=없음
절단 모서리 선택 …
객체 선택 또는 〈모두 선택〉: 1개를 찾음
→ P30점 클릭
객체 선택: 1개를 찾음, 총 2개
→ P31점 클릭
객체 선택: `Enter`
자를 객체 선택 또는 [Shift]를 누른 채 선택하여 연장 또는
[울타리(F)/걸치기(C)/프로젝트(P)/모서리(E)/지우기(R)/명령 취소(U)]: P32점 클릭
자를 객체 선택 또는 [Shift]를 누른 채 선택하여 연장 또는
[울타리(F)/걸치기(C)/프로젝트(P)/모서리(E)/지우기(R)/명령 취소(U)]: P33점 클릭
자를 객체 선택 또는 [Shift]를 누른 채 선택하여 연장 또는
[울타리(F)/걸치기(C)/프로젝트(P)/모서리(E)/지우기(R)/명령 취소(U)]: `Enter`

16 다른 크기의 창문으로 변경하기 위해 Zoom All로 화면을 크게 정리한 후 마우스 휠을 이용하여 오른쪽 윗부분으로 화면을 잠시 이동합니다.

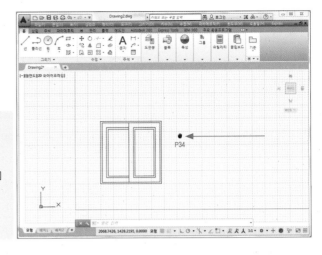

명령: Z Enter
Zoom
윈도우 구석 지정, 축척 비율(nX 또는 nXP) 입력 또는
[전체(A)/중심(C)/동적(D)/범위(E)/이전(P)/축척(S)/윈도우(W)/객체(O)]
〈실시간〉: a Enter

→ 마우스 휠로 P34점으로 이동

17 높이가 1200짜리인 창문을 만들어 저장하였다면 같은 폭의 높이만 다른 문은 현재의 도면을 활용합니다. Stretch 명령어를 통해 신축 연장을 해봅니다.

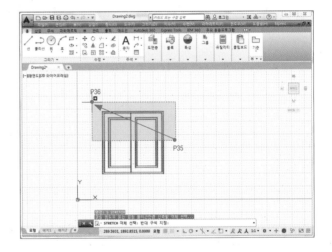

명령: S Enter
Stretch
걸침 윈도우 또는 걸침 폴리곤만큼 신축할 객체 선택…
객체 선택: 반대 구석 지정: 17개를 찾음
→ P35~P36점 클릭, 드래그
객체 선택: Enter

18 선택한 부분을 기준으로 2100단위의 창문으로 바꾸기 위해 그림과 같이 중간점을 기준으로 Y축 방향으로 900만큼 신축합니다.

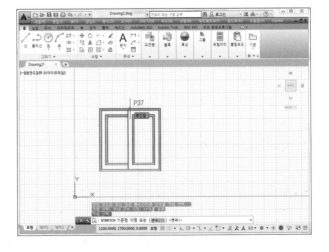

기준점 지정 또는 [변위(D)] 〈변위〉: P37점 클릭
두 번째 점 지정 또는 〈첫 번째 점을 변위로 사용〉: @0,900 Enter

19 이번에는 늘어난 창문을 이중창으로 만들어 보겠습니다. 양쪽으로 반대 모양이 되도록 Mirror 명령어를 입력한 후 그림과 같이 객체를 선택합니다.

명령: MI Enter
Mirror
객체 선택: 반대 구석 지정: 23개를 찾음
→ P38~P39점 클릭, 드래그
객체 선택: Enter

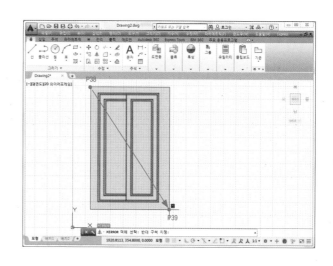

20 대칭 반사의 기준점이 되는 위치 두 곳을 객체 스냅을 이용하여 마우스로 정확하게 클릭합니다. 대칭 복사되어 4개의 서로 대칭되는 객체가 완성됩니다.

대칭선의 첫 번째 점 지정: P40점 클릭
대칭선의 두 번째 점 지정: P41점 클릭
원본 객체를 지우시겠습니까? [예(Y)/아니오(N)] [N]: Enter

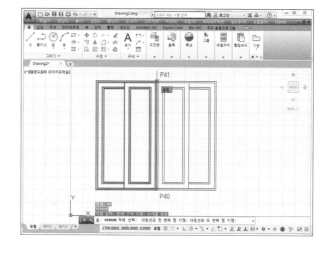

수정 명령어 활용법 익히기 (2)

앞의 현장 실습을 통해 도면 객체를 완성하는 경우 선분 하나하나를 따라 그리는 것이 아니라 전체적인 크기를 만들어 Offset, Trim, Copy, Move, Stretch, Scale, Rotate 등 편집·명령어를 통해 도면 객체를 완성하는 형태로 작업하는 것을 알았습니다. 다음의 창호 도면을 그리면서 수정 명령어를 활용하는 방법을 완벽히 익혀보도록 합니다.

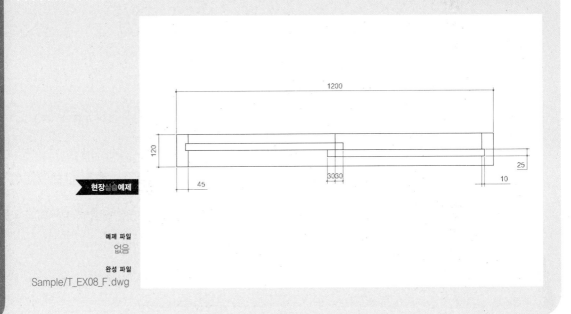

현장실습예제

예제 파일
없음

완성 파일
Sample/T_EX08_F.dwg

01 New 명령어를 이용하여 그림과 같이 새 도면을 엽니다. 아무것도 설정되어 있지 않은 상태를 기준으로 그릴 예정이므로, 그림과 같이 새 도면을 열고 그림과 같이 도면 한계인 Limits를 설정합니다.

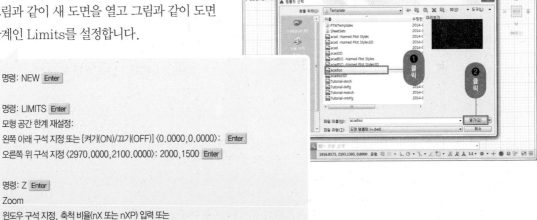

명령: NEW Enter

명령: LIMITS Enter
모형 공간 한계 재설정:
왼쪽 아래 구석 지정 또는 [켜기(ON)/끄기(OFF)] 〈0.0000,0.0000〉: Enter
오른쪽 위 구석 지정 〈2970.0000,2100.0000〉: 2000,1500 Enter

명령: Z Enter
Zoom
윈도우 구석 지정, 축척 비율(nX 또는 nXP) 입력 또는
[전체(A)/중심(C)/동적(D)/범위(E)/이전(P)/축척(S)/윈도우(W)/객체(O)] 〈실시간〉: A Enter
모형 재생성 중 …

02 가로 1200단위의 창문 평면도를 그릴 예정이므로 1200보다 큰 가로 선분을 하나 그려서 기준선으로 작성합니다. 시작점은 절대 좌표로 입력하거나 마우스로 클릭합니다.

명령: L Enter
Line
첫 번째 점 지정: 400,600 Enter
다음 점 지정 또는 [명령 취소(U)]: @1500,0 Enter
다음 점 지정 또는 [명령 취소(U)]: Enter

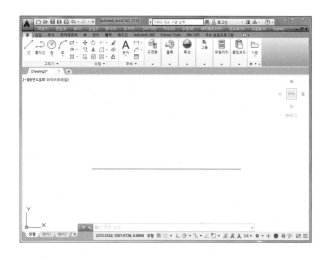

03 가로 선분을 창의 너비만큼 평행 복사합니다. Offset 명령어의 단축키를 입력한 후 그림과 같이 간격을 '120'으로 입력하고 위쪽으로 간격 띄우기 복사를 합니다.

명령: O Enter
Offset
현재 설정: 원본 지우기=아니오, 도면층=원본, OFFSETGAPTYPE=0
간격 띄우기 거리 지정 또는 [통과점(T)/지우기(E)/도면층(L)] ⟨120.0000⟩: 120 Enter
간격 띄우기할 객체 선택 또는 [종료(E)/명령 취소(U)] ⟨종료⟩: P1점 클릭
간격 띄우기할 면의 점 지정 또는 [종료(E)/다중(M)/명령 취소(U)] ⟨종료⟩: P2점 클릭
간격 띄우기할 객체 선택 또는 [종료(E)/명령 취소(U)] ⟨종료⟩: Enter

04 세로 선분을 그림과 같이 마우스로 그립니다. 길이는 지금 보이는 정도로 가로 선분보다 크게 그리면 되며, 직교가 아닌 경우 F8을 눌러 직교가 켜지도록 합니다.

명령: F8
[직교 켜기]

명령: L Enter
Line
첫 번째 점 지정: P3점 클릭
다음 점 지정 또는 [명령 취소(U)]: P4점 클릭
다음 점 지정 또는 [명령 취소(U)]: Enter

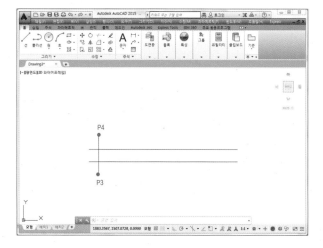

05 창문 전체 가로 크기인 1200만큼 간격
띄우기 명령어로 평행 복사합니다.

명령: O Enter
Offset
현재 설정: 원본 지우기=아니오 도면층=원본 OFFSETGAPTYPE=0
간격 띄우기 거리 지정 또는 [통과점(T)/지우기(E)/도면층(L)] 〈1200.0000〉: 1200 Enter
간격 띄우기할 객체 선택 또는 [종료(E)/명령 취소(U)] 〈종료〉: P5점 클릭
간격 띄우기할 면의 점 지정 또는 [종료(E)/다중(M)/명령 취소(U)] 〈종료〉: P6점 클릭
간격 띄우기할 객체 선택 또는 [종료(E)/명령 취소(U)] 〈종료〉: Enter

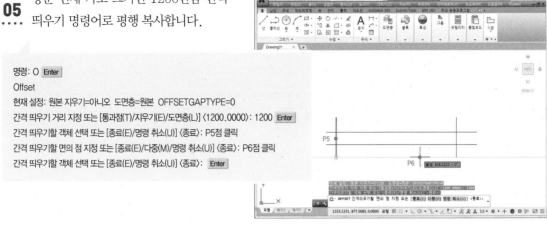

06 창 안쪽으로 45단위의 두께만큼 간격
띄우기 평행 복사합니다.

명령: O Enter
Offset
현재 설정: 원본 지우기=아니오 도면층=원본 OFFSETGAPTYPE=0
간격 띄우기 거리 지정 또는 [통과점(T)/지우기(E)/도면층(L)] 〈1200.0000〉: 45 Enter
간격 띄우기할 객체 선택 또는 [종료(E)/명령 취소(U)] 〈종료〉: P7점 클릭
간격 띄우기할 면의 점 지정 또는 [종료(E)/다중(M)/명령 취소(U)] 〈종료〉: P8점 클릭
간격 띄우기할 객체 선택 또는 [종료(E)/명령 취소(U)] 〈종료〉: P9점 클릭
간격 띄우기할 면의 점 지정 또는 [종료(E)/다중(M)/명령 취소(U)] 〈종료〉: P10점 클릭
간격 띄우기할 객체 선택 또는 [종료(E)/명령 취소(U)] 〈종료〉: Enter

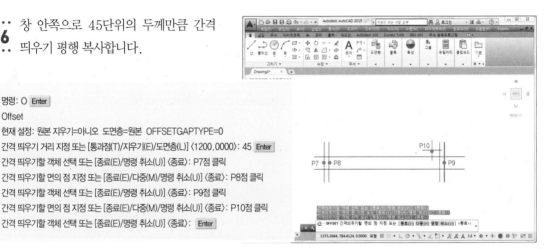

07 기준 선분들을 정리합니다. Trim 명령
어를 이용하여 그림과 같이 모든 선분을
모두 기준선으로 지정합니다.

명령: TR Enter
Trim
현재 설정: 투영=UCS 모서리=없음
절단 모서리 선택 …
객체 선택 또는 〈모두 선택〉: 반대 구석 지정: 6개를 찾음
→ P11~P12점 클릭, 드래그
객체 선택: Enter

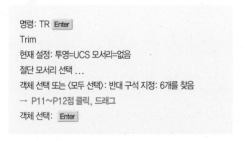

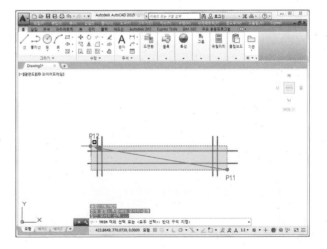

08 다음의 P13이라고 되어 있는 모든 선분을 모두 클릭하여 잘라 없앱니다. 드래그하여 상자를 만들고 선택하면 한 번에 여러 개를 빠르게 선택할 수 있습니다.

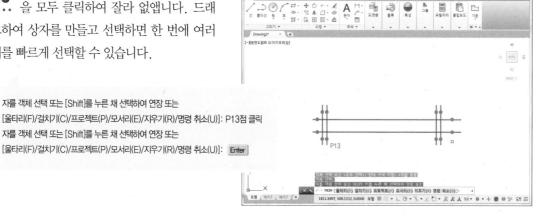

자를 객체 선택 또는 [Shift]를 누른 채 선택하여 연장 또는
[울타리(F)/걸치기(C)/프로젝트(P)/모서리(E)/지우기(R)/명령 취소(U)]: P13점 클릭
자를 객체 선택 또는 [Shift]를 누른 채 선택하여 연장 또는
[울타리(F)/걸치기(C)/프로젝트(P)/모서리(E)/지우기(R)/명령 취소(U)]: Enter

09 창문 평면도의 중간 부분의 중심선을 하나 그려줍니다. 객체 스냅을 이용하여 정확히 선택합니다.

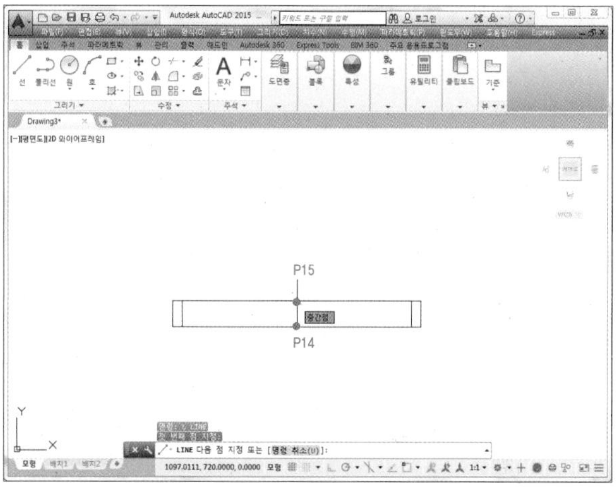

명령: L Enter
Line
첫 번째 점 지정: P14점 클릭
다음 점 지정 또는 [명령 취소(U)]: P15점 클릭
다음 점 지정 또는 [명령 취소(U)]: Enter

10 간격이 작은 선분들을 그려야 하므로 Zoom 명령어를 통해 그림과 같은 지점을 크게 확대합니다. 마우스 휠로도 가능하지만 정확한 구역을 지정하는 경우 Zoom 명령어를 사용하는 것이 좋습니다.

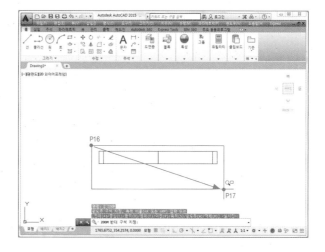

명령: Z Enter
Zoom
윈도우 구석 지정, 축척 비율(nX 또는 nXP) 입력 또는
[전체(A)/중심(C)/동적(D)/범위(E)/이전(P)/축척(S)/윈도우(W)/
객체(O)] 〈실시간〉:
반대 구석 지정: P16~P17점 클릭, 드래그

11 가운데 중심선을 좌우 양쪽으로 간격 띄
우기 평행 복사합니다.

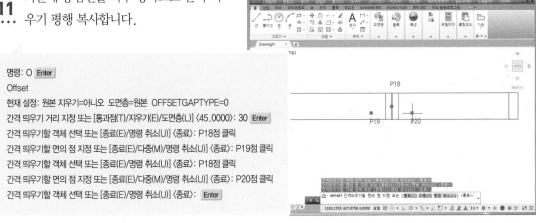

명령: O Enter
Offset
현재 설정: 원본 지우기=아니오 도면층=원본 OFFSETGAPTYPE=0
간격 띄우기 거리 지정 또는 [통과점(T)/지우기(E)/도면층(L)] ⟨45.0000⟩: 30 Enter
간격 띄우기할 객체 선택 또는 [종료(E)/명령 취소(U)] ⟨종료⟩: P18점 클릭
간격 띄우기할 면의 점 지정 또는 [종료(E)/다중(M)/명령 취소(U)] ⟨종료⟩: P19점 클릭
간격 띄우기할 객체 선택 또는 [종료(E)/명령 취소(U)] ⟨종료⟩: P18점 클릭
간격 띄우기할 면의 점 지정 또는 [종료(E)/다중(M)/명령 취소(U)] ⟨종료⟩: P20점 클릭
간격 띄우기할 객체 선택 또는 [종료(E)/명령 취소(U)] ⟨종료⟩: Enter

12 창문 평면의 가운데 중심선을 그림과 같
이 객체 스냅만 이용하여 마우스로 선을
그립니다.

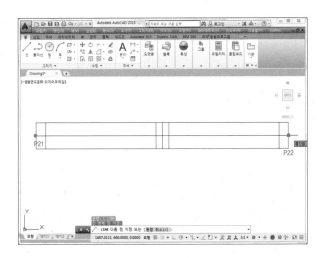

명령: L Enter
Line
첫 번째 점 지정: P21점 클릭
다음 점 지정 또는 [명령 취소(U)]: P22점 클릭
다음 점 지정 또는 [명령 취소(U)]: Enter

13 창문의 두께 만큼 간격 띄우기를 합니
다. 중심선의 위아래로 두 번 Offset합
니다.

명령: O Enter
Offset
현재 설정: 원본 지우기=아니오, 도면층=원본, OFFSETGAPTYPE=0
간격 띄우기 거리 지정 또는 [통과점(T)/지우기(E)/도면층(L)] ⟨25.0000⟩: 35 Enter
간격 띄우기할 객체 선택 또는 [종료(E)/명령 취소(U)] ⟨종료⟩: P23점 클릭
간격 띄우기할 면의 점 지정 또는 [종료(E)/다중(M)/명령 취소(U)] ⟨종료⟩: P24점 클릭
간격 띄우기할 객체 선택 또는 [종료(E)/명령 취소(U)] ⟨종료⟩: P23점 클릭
간격 띄우기할 면의 점 지정 또는 [종료(E)/다중(M)/명령 취소(U)] ⟨종료⟩: P25점 클릭
간격 띄우기할 객체 선택 또는 [종료(E)/명령 취소(U)] ⟨종료⟩: Enter

14 왼쪽의 창문 상세를 그리기 위해 그림과 같이 Zoom 명령으로 구역을 확대합니다.

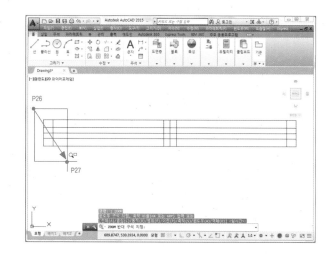

명령: Z `Enter`
Zoom
윈도우 구석 지정, 축척 비율(nX 또는 nXP) 입력 또는
[전체(A)/중심(C)/동적(D)/범위(E)/이전(P)/축척(S)/윈도우(W)/
객체(O)] 〈실시간〉:
반대 구석 지정: P26~P27점 클릭, 드래그

15 왼쪽으로 10만큼 간격 띄우기합니다. Offset 명령어를 입력한 후 그림과 같이 왼쪽으로 평행 복사합니다.

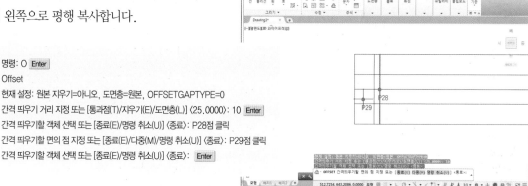

명령: O `Enter`
Offset
현재 설정: 원본 지우기=아니오, 도면층=원본, OFFSETGAPTYPE=0
간격 띄우기 거리 지정 또는 [통과점(T)/지우기(E)/도면층(L)] 〈25.0000〉: 10 `Enter`
간격 띄우기할 객체 선택 또는 [종료(E)/명령 취소(U)] 〈종료〉: P28점 클릭
간격 띄우기할 면의 점 지정 또는 [종료(E)/다중(M)/명령 취소(U)] 〈종료〉: P29점 클릭
간격 띄우기할 객체 선택 또는 [종료(E)/명령 취소(U)] 〈종료〉: `Enter`

16 기준선을 중심으로 선분들을 정리합니다. 먼저 Trim 명령어를 입력한 후 다음과 같이 객체를 경계 객체로 선택합니다.

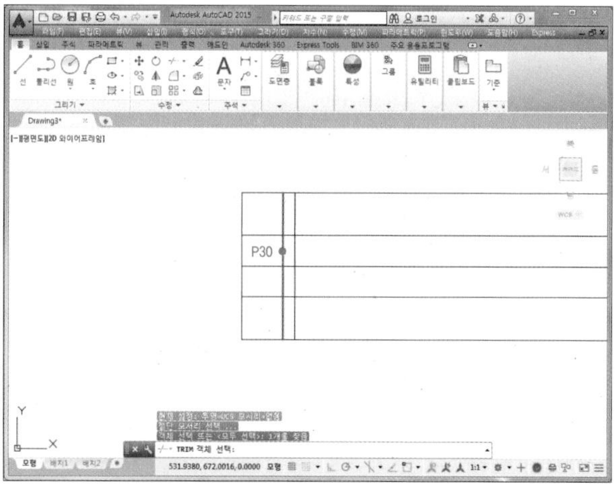

명령: TR `Enter`
Trim
현재 설정: 투영=UCS 모서리=없음
절단 모서리 선택 …
객체 선택 또는 〈모두 선택〉: 1개를 찾음
→ P30점 클릭
객체 선택: `Enter`

166

17 경계 객체를 기준으로 다음 두 지점의 불필요한 선분은 모두 잘라 없앱니다.

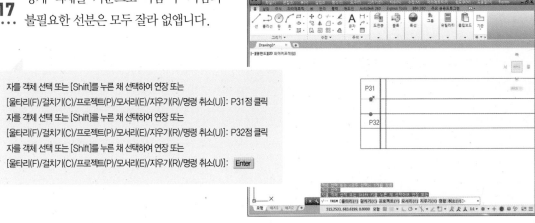

자를 객체 선택 또는 [Shift]를 누른 채 선택하여 연장 또는
[울타리(F)/걸치기(C)/프로젝트(P)/모서리(E)/지우기(R)/명령 취소(U)]: P31점 클릭
자를 객체 선택 또는 [Shift]를 누른 채 선택하여 연장 또는
[울타리(F)/걸치기(C)/프로젝트(P)/모서리(E)/지우기(R)/명령 취소(U)]: P32점 클릭
자를 객체 선택 또는 [Shift]를 누른 채 선택하여 연장 또는
[울타리(F)/걸치기(C)/프로젝트(P)/모서리(E)/지우기(R)/명령 취소(U)]: Enter

18 다시 나머지 선분을 정리하기 위해 이번 에는 다음의 두 가로 선분을 기준 경계 객체로 선택하여 자를 수 있는 경계로 만듭니다.

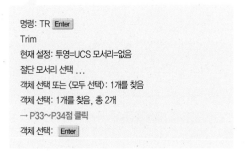

명령: TR Enter
Trim
현재 설정: 투영=UCS 모서리=없음
절단 모서리 선택 …
객체 선택 또는 〈모두 선택〉: 1개를 찾음
객체 선택: 1개를 찾음, 총 2개
→ P33~P34점 클릭
객체 선택: Enter

19 다음의 2개의 필요 없는 선분을 잘라 없 앱니다.

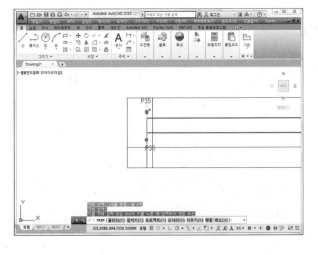

자를 객체 선택 또는 [Shift]를 누른 채 선택하여 연장 또는
[울타리(F)/걸치기(C)/프로젝트(P)/모서리(E)/지우기(R)/명령 취소(U)]: P35점 클릭
자를 객체 선택 또는 [Shift]를 누른 채 선택하여 연장 또는
[울타리(F)/걸치기(C)/프로젝트(P)/모서리(E)/지우기(R)/명령 취소(U)]: P36점 클릭
자를 객체 선택 또는 [Shift]를 누른 채 선택하여 연장 또는
[울타리(F)/걸치기(C)/프로젝트(P)/모서리(E)/지우기(R)/명령 취소(U)]: Enter

20 오른쪽 부분도 왼쪽과 같이 정리하기 위해 화면을 이동합니다. Zoom 명령어의 P 옵션을 이용하여 이전 단계의 화면으로 이동한 후 그림과 같이 영역을 지정하여 화면을 확대합니다.

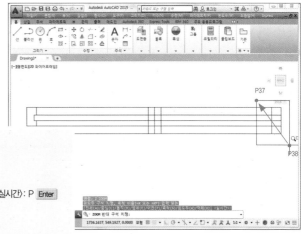

명령: Z Enter
Zoom
윈도우 구석 지정, 축척 비율(nX 또는 nXP) 입력 또는
[전체(A)/중심(C)/동적(D)/범위(E)/이전(P)/축척(S)/윈도우(W)/객체(O)] 〈실시간〉: P Enter

명령: Z Enter
Zoom
윈도우 구석 지정, 축척 비율(nX 또는 nXP) 입력 또는
[전체(A)/중심(C)/동적(D)/범위(E)/이전(P)/축척(S)/윈도우(W)/객체(O)] 〈실시간〉:
반대 구석 지정: P37~P38점 클릭, 드래그

21 왼쪽과 마찬가지로 들어가는 크기 10단 위만큼 오른쪽으로 간격 띄우기 복사를 합니다.

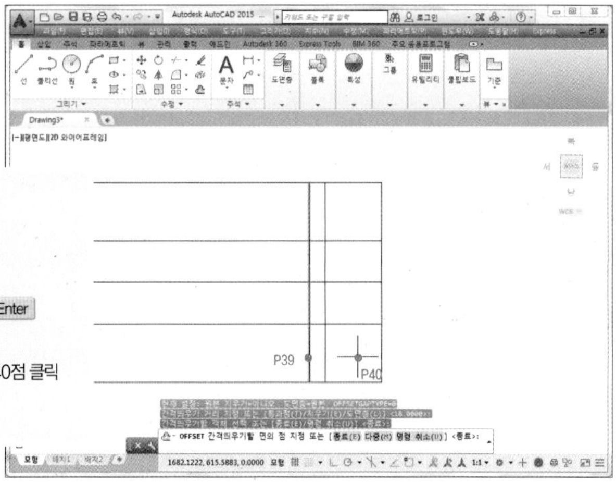

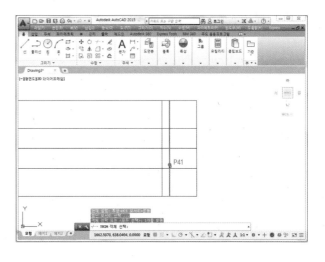

명령: O Enter
Offset
현재 설정: 원본 지우기=아니오, 도면층=원본, OFFSETGAPTYPE=0
간격 띄우기 거리 지정 또는 [통과점(T)/지우기(E)/도면층(L)] 〈10.0000〉: Enter
간격 띄우기할 객체 선택 또는 [종료(E)/명령 취소(U)] 〈종료〉: P39점 클릭
간격 띄우기할 면의 점 지정 또는 [종료(E)/다중(M)/명령 취소(U)] 〈종료〉: P40점 클릭
간격 띄우기할 객체 선택 또는 [종료(E)/명령 취소(U)] 〈종료〉: Enter

22 오른쪽으로 들어간 부분을 정리하기 위해 Trim 명령어를 입력한 후 그림과 같은 선을 기준 경계 객체로 지정합니다.

명령: TR Enter
Trim
현재 설정: 투영=UCS 모서리=없음
절단 모서리 선택 …
객체 선택 또는 〈모두 선택〉: 1개를 찾음
→ P41점 클릭
객체 선택: Enter

23 앞에서 선택한 기준 객체를 중심으로 다음과 같은 두 지점을 마우스로 클릭하여 잘라 없앱니다.

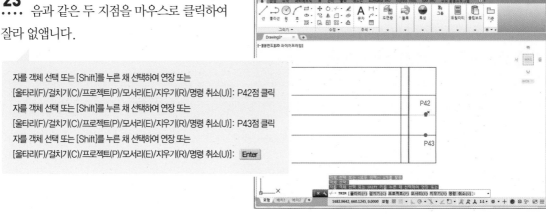

자를 객체 선택 또는 [Shift]를 누른 채 선택하여 연장 또는
[울타리(F)/걸치기(C)/프로젝트(P)/모서리(E)/지우기(R)/명령 취소(U)]: P42점 클릭
자를 객체 선택 또는 [Shift]를 누른 채 선택하여 연장 또는
[울타리(F)/걸치기(C)/프로젝트(P)/모서리(E)/지우기(R)/명령 취소(U)]: P43점 클릭
자를 객체 선택 또는 [Shift]를 누른 채 선택하여 연장 또는
[울타리(F)/걸치기(C)/프로젝트(P)/모서리(E)/지우기(R)/명령 취소(U)]: Enter

24 가운데 파인 부분을 왼쪽과 같이 만들기 위해 Trim 명령어를 입력한 후 그림과 같은 두 지점을 경계 객체로 선택합니다.

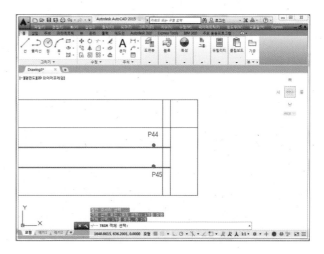

명령: TR Enter
Trim
현재 설정: 투영=UCS 모서리=없음
절단 모서리 선택 …
객체 선택 또는 〈모두 선택〉: 1개를 찾음
객체 선택: 1개를 찾음, 총 2개
→ P44~P45점 클릭
객체 선택: Enter

25 다음의 세 곳을 마우스로 클릭하여 경계 객체를 기준으로 불필요한 부분을 잘라 없앱니다.

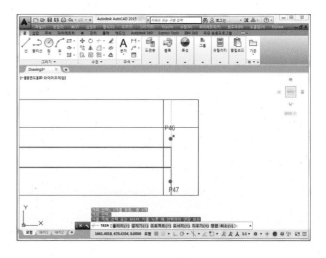

자를 객체 선택 또는 [Shift]를 누른 채 선택하여 연장 또는
[울타리(F)/걸치기(C)/프로젝트(P)/모서리(E)/지우기(R)/명령 취소(U)]: P46점 클릭
자를 객체 선택 또는 [Shift]를 누른 채 선택하여 연장 또는
[울타리(F)/걸치기(C)/프로젝트(P)/모서리(E)/지우기(R)/명령 취소(U)]: P47점 클릭
자를 객체 선택 또는 [Shift]를 누른 채 선택하여 연장 또는
[울타리(F)/걸치기(C)/프로젝트(P)/모서리(E)/지우기(R)/명령 취소(U)]: Enter

26 이제 가운데 부분을 만들도록 합니다.
먼저 화면을 이전 화면 상태로 이동하고
다음의 지역을 확대하기 위해 Zoom 명령어
의 [P] 옵션과 Zoom 명령어 구역 확대를 이
용합니다.

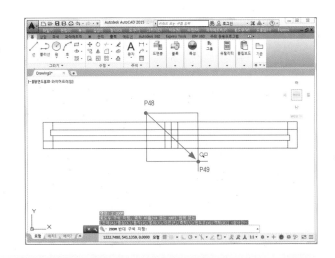

명령: Z `Enter`
Zoom
윈도우 구석 지정, 축척 비율(nX 또는 nXP) 입력 또는
[전체(A)/중심(C)/동적(D)/범위(E)/이전(P)/축척(S)/윈도우(W)/객체(O)] 〈실시간〉: P `Enter`

명령: Z `Enter`
Zoom
윈도우 구석 지정, 축척 비율(nX 또는 nXP) 입력 또는
[전체(A)/중심(C)/동적(D)/범위(E)/이전(P)/축척(S)/윈도우(W)/객체(O)] 〈실시간〉:
반대 구석 지정: P48~P49점 클릭, 드래그

27 가운데 부분을 정리하기 위해 Trim 명
령어를 입력한 후 다음의 P51에 해당하
는 5개의 선분을 모두 선택합니다.

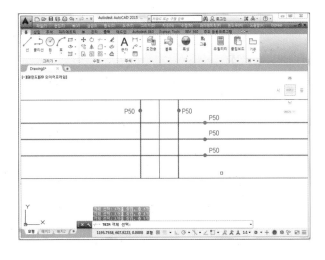

명령: TR `Enter`
Trim
현재 설정: 투영=UCS 모서리=없음
절단 모서리 선택 …
객체 선택 또는 〈모두 선택〉: 1개를 찾음
객체 선택: 1개를 찾음, 총 2개
객체 선택: 1개를 찾음, 총 3개
객체 선택: 1개를 찾음, 총 4개
객체 선택: 1개를 찾음, 총 5개
→ P50점 5개 객체 모두 클릭
객체 선택: `Enter`

28 완성된 모양을 보면서 다음의 8개의 객체를 순서대로 선택합니다.

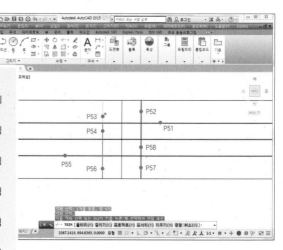

자를 객체 선택 또는 [Shift]를 누른 채 선택하여 연장 또는
[울타리(F)/걸치기(C)/프로젝트(P)/모서리(E)/지우기(R)/명령 취소(U)]: P51점 클릭
자를 객체 선택 또는 [Shift]를 누른 채 선택하여 연장 또는
[울타리(F)/걸치기(C)/프로젝트(P)/모서리(E)/지우기(R)/명령 취소(U)]: P52점 클릭
자를 객체 선택 또는 [Shift]를 누른 채 선택하여 연장 또는
[울타리(F)/걸치기(C)/프로젝트(P)/모서리(E)/지우기(R)/명령 취소(U)]: P53점 클릭
자를 객체 선택 또는 [Shift]를 누른 채 선택하여 연장 또는
[울타리(F)/걸치기(C)/프로젝트(P)/모서리(E)/지우기(R)/명령 취소(U)]: P54점 클릭
자를 객체 선택 또는 [Shift]를 누른 채 선택하여 연장 또는
[울타리(F)/걸치기(C)/프로젝트(P)/모서리(E)/지우기(R)/명령 취소(U)]: P55점 클릭
자를 객체 선택 또는 [Shift]를 누른 채 선택하여 연장 또는
[울타리(F)/걸치기(C)/프로젝트(P)/모서리(E)/지우기(R)/명령 취소(U)]: P56점 클릭
자를 객체 선택 또는 [Shift]를 누른 채 선택하여 연장 또는
[울타리(F)/걸치기(C)/프로젝트(P)/모서리(E)/지우기(R)/명령 취소(U)]: P57점 클릭
자를 객체 선택 또는 [Shift]를 누른 채 선택하여 연장 또는
[울타리(F)/걸치기(C)/프로젝트(P)/모서리(E)/지우기(R)/명령 취소(U)]: P58점 클릭
자를 객체 선택 또는 [Shift]를 누른 채 선택하여 연장 또는
[울타리(F)/걸치기(C)/프로젝트(P)/모서리(E)/지우기(R)/명령 취소(U)]: Enter

29 완료되면 그림과 같이 선분이 정리됩니다. 혹시 선택하는 순서를 달리 하면 잘리지 말아야 할 부분이 잘리거나 나중에 선택하는 선분은 경계면이 변경되어 잘리지 않을 수 있습니다.

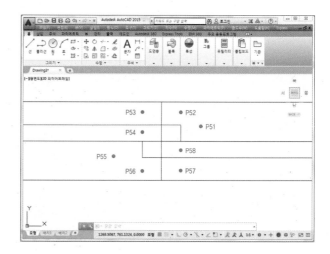

30 Limits와 관계없이 객체를 화면에 꽉 채워서 볼 수 있도록 Zoom 명령어의 [E] 옵션을 이용하여 화면을 정리합니다.

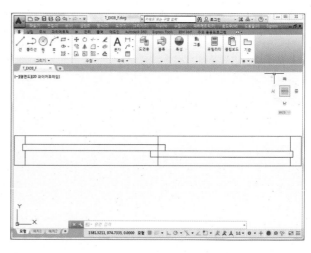

명령: Z Enter
Zoom
윈도우 구석 지정, 축척 비율(nX 또는 nXP) 입력 또는
[전체(A)/중심(C)/동적(D)/범위(E)/이전(P)/축척(S)/윈도우(W)/객체(O)] <실시간>: E Enter

SECTION
3

도면 작업의 효율적 관리

이번 섹션에서는 도면 작업 시 자주 사용되는 관리 명령어에 대해 알아봅니다. 기존의 그리고 수정하는 명령어에 비해 자주 사용하는 것은 아니지만 모르면 불편하고, 알면 빠르게 도면 작업에 접근할 수 있는 편리한 명령어들입니다. 작업자의 수작업을 통하지 않고 작업할 수 있는 여러 가지 간편한 방법을 기준으로 알아봅니다.

A u t o C A D 2 0 1 5

1 화면의 확대 축소 Zoom

마우스 휠이 화면의 확대 축소를 대신하면서 많은 작업에서 명령어 사용이 줄어든 명령어입니다. 그러나 Zoom 명령어의 경우 다양한 옵션을 통해 원하는 지점에 정확하고 빠르게 접근할 수 있습니다. 이전 단계에 사용한 화면을 자동으로 설정하는 방법 등을 이용하여 사용자의 편리성에 중점을 두고 사용해봅니다.

메뉴	명령 행
[뷰(V)-줌(Z)]	Zoom(단축 명령어: Z) 🔍

명령어 사용법 ▼

명령 행에 Zoom 명령어를 직접 입력하여 기본적인 Real Time부터 다양한 옵션을 사용하는 것을 기본으로 합니다. 일반적인 상태에서는 마우스 휠을 이용한 화면 확대/축소를 주로 이용하며 주로 특정 구역을 정확히 지정하거나, 원하는 배율대로 화면을 확대/축소하거나, 배치 상태에서 축척을 지정할 때 사용합니다.

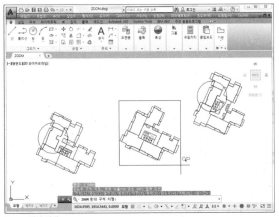

Zoom 영역 선택

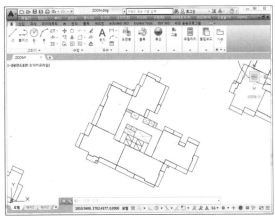

Zoom으로 확대된 도면

```
명령: Z  Enter
Zoom
윈도우 구석 지정, 축척 비율(nX 또는 nXP) 입력 또는
[전체(A)/중심(C)/동적(D)/범위(E)/이전(P)/축척(S)/윈도우(W)/객체(O)] 〈실시간〉:
→ 옵션을 입력하거나 확대를 원하는 지점을 클릭, 드래그를 이용하여 대각선 지점으로 드래그하여 확대합니다.
```

명령어 옵션 해설 ▼

대부분의 화면의 확대, 축소는 마우스 휠을 조작하여 간편하게 하는 경우가 많이 있지만, 특정 구역을 정확히 드래그하여 원하는 지점을 확대하는 경우 등 정확도를 높이기 위해 Zoom 명령어의 옵션을 이용합니다. 정확한 Scale로의 축척이나 중심점을 기준으로 확대하는 등의 정확도가 높은 화면 제어 옵션을 알 수 있습니다.

옵션	옵션 해설
전체(A) All	Limits의 영역과 관계없이 화면에 존재하는 모든 객체를 화면에 표시합니다. 또한 Limits값을 변경한 후 그 수치값을 화면에 설정하는 옵션입니다.
중심(C) Center	선택한 지점의 X, Y좌표 지점을 확대한 화면의 정중앙으로 설정하고, 입력된 높이값을 화면이 높이로 설정하여 화면을 확대하는 옵션입니다.
동적(D) Dynamic	현재 보이는 화면과는 관계없이 전체 화면을 Display하며, 원하는 부분을 Dynamic 화면 창을 통해 자유롭게 확대하거나 원하는 장소로 이동하는 옵션입니다.
범위(E) Extents	Limits에 관계없이 현재 화면에 있는 객체를 기준으로 화면의 상하좌우를 최대한 공백 없이 가득 채워 보여주는 옵션입니다.
이전(P) Previous	바로 이전 단계에 Display되었던 Zoom 화면의 장면으로 되돌아가는 옵션으로, 최대 10회까지 이전 단계의 화면 단계로 이동합니다.
축척(S) Scale	현재 보이는 화면을 비율 수치를 입력하여 확대하거나 축소하는 옵션입니다. '1'을 기준으로 1 이상은 확대하며, 1 이하의 소수점은 화면을 축소합니다. Scale 수치값만 입력하는 경우 Limits 크기에 대해 확대하거나 축소하며 Scale 수치값 뒤에 x를 붙여 확대/축소하는 경우, 현재 보고 있는 화면 상태를 기준으로 확대/축소하는 것으로 현재 작업 중인 화면 상태를 기준으로 작업하므로 대부분 숫자 뒤에 x를 붙여 이용합니다.
윈도우(W) Window	대각선 방향으로 지정하는 두 점 사이에 만들어지는 사각형의 크기만큼으로 화면을 확대하여 표시합니다. 가장 많이 사용하는 옵션으로 'W'를 직접 입력하지 않아도 기본값으로 세팅되어 있으므로 원하는 두 지점을 드래그하여 사용합니다.
객체(O) Object	선택한 도면 객체를 중심으로 확대합니다.
실시간 Real Time	옵션을 사용하지 않고 마우스의 휠을 조작하여 화면을 확대/축소합니다. 마우스 휠을 위로 드래그하는 경우는 확대, 아래로 드래그하는 경우는 축소됩니다.

TIP

화면을 재구성하는 Regen 명령어

도면을 그리다 보면 객체를 생성하고 지우는 과정에 대한 Data가 모두 화면에서 이루어지므로 작은 요소를 확대하거나 변수가 조정된 이후 조정된 값이 적용이 안 되는 경우가 있습니다. 이 경우 화면의 Data를 재해석하여 다시 그리면 화면에 도면 요소가 제대로 그려집니다. 즉, 모든 객체의 위치 및 가시성을 다시 재계산하는 것으로, 이때 사용하는 명령어가 'Regen'입니다.

2 두 지점의 거리 측정 Dist

Dist 명령어를 통해 선택한 두 지점 간의 직선거리값과 선택한 직선분의 각도를 알 수 있습니다. 간단하게 두 지점을 클릭하면 직선거리에 대한 정보를 빠르게 볼 수 있습니다. 조회 명령어로 많이 사용합니다.

메뉴	명령 행
[도구(T)-조회(Q)-거리(D)]	Dist(단축 명령어: DI) 📐

명령어 사용법 ▼

명령어를 입력한 후 거리값을 알고 싶은 두 지점을 마우스로 클릭하여 선택합니다. 객체 스냅을 이용하여 정확한 점을 클릭해야 정확한 거리가 나옵니다. 두 지점의 직선거리를 알려주는 명령어지만, 옵션을 통해 연속하여 이어지는 점과의 합산 거리 및 곡선의 거리값도 조회가 가능합니다.

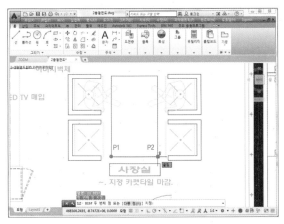
Dist 명령어로 두 지점 선택

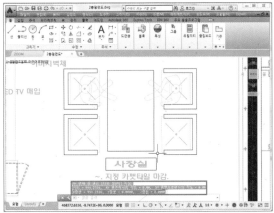
Dist 명령어로 조회된 리스트 표시

명령: DI [Enter]
Dist
첫 번째 점 지정:
→ 거리값을 알고 싶은 첫 번째 점을 클릭합니다.
두 번째 점 또는 [다중 점(M)] 지정:
→ 거리값을 알고 싶은 두 번째 점을 클릭합니다.
거리=959.2326, XY 평면에서의 각도=0.00, XY 평면으로부터의 각도=0.00
X증분=959.2326, Y증분=0.0000, Z증분=0.0000
→ 조회된 결과값을 명령 행에 나타냅니다.

명령어 옵션 해설 ▼

Dist 명령의 사용은 보통 두 지점 간의 직선거리값을 알아보는 데 가장 많이 사용하는 것이 보통이지만, 옵션을 이용하면 두 지점 이상의 거리값을 누적하여 알아볼 수 있으며 이어지는 선분이 직선이 아닌 곡선의 경우에도 옵션을 지정하여 조회가 가능합니다.

옵션	옵션 해설
다중 점(M) Multiple Points	두 점 이상의 누적 거리를 알아보는 경우에 사용합니다. ① 호(A): 호로 이어진 지점의 거리를 재는 경우, 호가 가진 속성을 입력하여 거리를 잴 때 사용합니다. Arc를 그리는 방법과 동일하게 옵션을 사용합니다. ② 길이(L): 보통 객체를 클릭하여 길이를 재는 것이 보통인 Dist의 속성 중 현재의 위치에서 원하는 위치까지 길이값만큼 이동하여 길이를 알아봅니다. ③ 명령 취소(U): 바로 전단계의 명령 수행을 취소합니다. ④ 합계(T): 현재까지 입력한 지점의 최종 길이값의 합산값을 보여 줍니다.

3 객체의 특성 조회 List

List 명령어로 선택된 각 객체마다 갖고 있는 전반적인 정보를 조회하여 객체에 대한 속성을 Text Window에 표시합니다.

메뉴	명령 행
[도구(T)-조회(Q)-리스트(L)]	**List(단축 명령어: LI)**

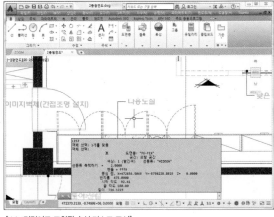

[List 명령어로 객체 선택]   [List명령어로 조회된 속성 리스트 표시]

명령: LI [Enter]
List
객체 선택: 1개를 찾음
→ 속성을 알고 싶은 객체를 선택합니다.
객체 선택: [Enter]
→ 객체의 선택을 완료하기 위해 [Enter] 를 눌러 명령어를 종료합니다.

4 좌표값의 조회 Id

Id로 일정 지점을 클릭하면 선택한 지점의 절대 좌표만 표시하는 명령어입니다. 단순히 해당 지점의 절대 좌표값을 표시하며 활용 시 보통 치수 기입의 방법 중에서 Ordinate의 치수 기입 방법을 쓰는 경우 보조적인 도구로 사용할 수 있으며, 정확한 지점을 알아내기 위해서는 객체 스냅(Osnap) 등의 보조 도구를 이용하는 것이 정확합니다.

메뉴	명령 행
[도구(T)-조회(Q)-Id점(I)]	Id

명령어 사용법

명령어를 입력한 후 절대 좌표를 알아내야 하는 장소를 마우스로 클릭합니다. 옵션이 없으므로 선택하면 명령 라인에 X, Y, Z좌표값이 표시됩니다.

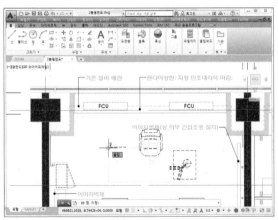

Id 명령어로 좌표점 선택

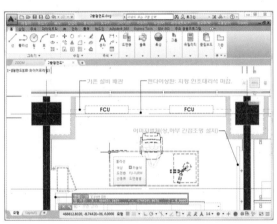

Id 명령어로 조회된 좌표값 표시

명령: ID Enter
점 지정:
→ 좌표를 알고 싶은 곳을 마우스로 클릭하여 선택합니다.

[결과]
X=466621.1029   Y=-8744205.0636   Z=0.0000

5 면적을 측정하는 Area

Area 명령어를 이용하면 일정한 영역의 면적을 구할 수 있습니다. 옵션을 이용하면 일정한 면적에서 다음 면적을 합하거나 뺄 수 있으며, 지금은 사용하지 않는 평의 단위로도 변환할 수 있습니다.

메뉴	명령 행
[도구(T)-조회(Q)-면적(A)]	Area(단축 명령어: AA)

명령어 사용법 ▼

Area 명령어를 입력한 후 면적을 구하고자 하는 곳의 둘레를 정확하게 객체 스냅을 이용하여 선택합니다. 구해야 하는 장소의 선택이 끝나고 나면 Enter 를 눌러 표시되는 면적을 확인합니다. 옵션을 이용하면 구해진 면적에서 원하는 면적을 빼거나 합할 수 있습니다.

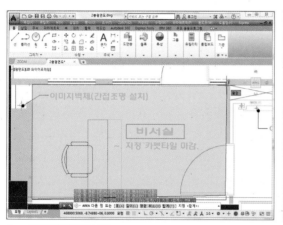

Area 명령어로 영역의 좌표 선택

Area 명령어로 조회된 면적값 표시

명령: AA Enter
Area
첫 번째 구석 점 지정 또는 [객체(O)/면적 추가(A)/면적 빼기(S)] 〈객체(O)〉:
→ 면적을 구하려는 첫 번째 점을 클릭합니다.
다음 점 또는 [호(A)/길이(L)/명령 취소(U)] 지정:
→ 면적을 구하려는 두 번째 점을 클릭합니다.
다음 점 또는 [호(A)/길이(L)/명령 취소(U)] 지정:
→ 면적을 구하려는 세 번째 점을 클릭합니다.
다음 점 또는 [호(A)/길이(L)/명령 취소(U)/합계(T)] 지정 〈합계〉:
→ 면적을 구하려는 네 번째 점을 클릭합니다.
다음 점 또는 [호(A)/길이(L)/명령 취소(U)/합계(T)] 지정 〈합계〉: Enter
→ 더 이상 선택할 영역이 없으면 Enter 를 눌러 값을 확인합니다.
[결과]
영역=2160000.0000, 둘레=6600.0000

명령어 옵션 해설 ▼

Area 명령어는 원하는 구간을 클릭하여 다각형 영역의 면적을 구하는 기본값 이외에 단일 객체의 면적을 구하거나 현재 구해진 영역에 새로운 영역을 추가하거나 빼내어 면적을 계산할 수 있는 옵션을 제공합니다.

옵션	옵션 해설
객체(O) Object	단일 객체를 선택한 후 선택된 단일 객체의 면적과 둘레를 화면에 표시합니다.
면적 추가(A) Add	현재 선택되어 있는 객체의 좌표값에 추가로 객체를 선택한 후 좌표를 입력하여 모두 합친 전체의 면적과 둘레의 값을 화면에 표시합니다.
면적 빼기(S) Subtract	현재 선택되어 있는 객체의 좌표값의 면적에서 새로 선택된 객체의 면적을 뺀 나머지 면적의 면적과 둘레의 값을 화면에 표시합니다.

6 세그먼트를 개수로 등분하기 Divide

선이나 원 등의 객체를 원하는 개수로 등분해주는 명령어입니다. 제도판을 이용하여 제도 시 원하는 객체를 일정한 개수로 나눠주는 디바이더에 해당하는 명령어입니다.

메뉴	명령 행
[도구(T)-점(O)-등분할(D)]	Divide(단축 명령어: DIV)

명령어 사용법 ▼

명령어를 입력한 후 객체를 선택하고 원하는 개수를 입력하면 미리 지정된 Point의 모양대로 전체 객체를 나눌 수 있는 기준점을 보여줍니다. 실제로 객체가 잘라지는 것은 아니며, 해당 Point의 위치를 기준으로 객체의 등분을 찾을 수 있게 합니다. 그러므로 먼저 Point 모양을 고르는 Ddptype을 먼저 실행해야 합니다. Point 객체는 Line처럼 일종의 AutoCAD의 객체 중 하나로 일정 지점의 표시를 위해 사용하는 것이므로 Divide가 필요 없는 경우에는 삭제합니다. Divide로 분할 표시를 한 Point의 경우 선택하기 위해서는 OSNAP의 NODE Point를 이용하여 선택할 수 있습니다.

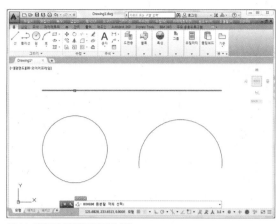

Divide 명령어를 적용할 대상 객체 선택

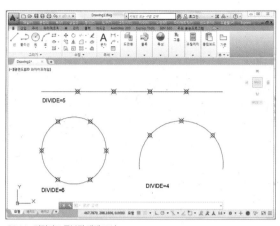

Divide 명령어로 등분된 객체 표시

명령: DIV `Enter`

Divide

등분할 객체 선택:

→ 분할할 대상 객체를 클릭합니다.

세그먼트의 개수 또는 [블록(B)] 입력: 5 `Enter`

→ 분할할 숫자를 입력합니다. 동일한 길이값으로 선분이 분할됩니다.

명령어 옵션 해설 ▼

　　　　　　　　　　　　　　　　Divide 명령어는 대부분 원하는 개수로 등분하는 것을 가장 많이 사용합니다. 옵션으로 사용되는 블록(Block)은 분할되어 나눠지는 기준인 Point 모양 대신 사용자가 만든 블록 객체를 이용하는 것입니다. 보통은 분할하는 기준만 필요하다면 Point를 사용하지만 해당 블록을 동일한 간격대로 나열하여 사용하는 경우, 블록 옵션을 이용합니다.

옵션	옵션 해설
Block	사용자가 지정한 Block을 Divide의 기준 객체로 이용합니다.

7 세그먼트를 길이로 등분하기 Measure

Measure 명령어는 Divide 명령어와 사용법은 같지만 내용은 전혀 다릅니다. Divide 명령어가 객체를 원하는 개수로 등분하는 명령어라면 Measure 명령어는 사용자가 원하는 길이값을 가진 객체로 분할하는 명령어입니다. Divide는 적용할 객체의 길이에 관계없이 3등분을 하는 것이므로 각각의 길이값은 틀리지만, Measure는 어떤 객체를 가져오더라도 입력한 길이값이 같다면 동일한 길이값으로 나뉘게 됩니다.

메뉴	명령 행
[도구(T)-점(O)-길이 분할(M)]	Measure(단축 명령어: ME) ✍

명령어 사용법 ▼

명령어 입력한 후 적용할 객체를 선택하고 나눠질 길이값을 입력하면 미리 정해진 Point의 모양대로 입력된 길이값으로 객체가 분할됩니다. 물론 Divide처럼 객체가 잘라지는 것은 아니며, 원하는 길이가 되는 위치에 Point 모양이 표시되는 것입니다. Point 모양은 미리 Ddptype에서 설정되어 있어야 하며, 분할된 후라도 필요 없는 Point 객체는 Erase 명령어를 이용하여 삭제도 가능합니다.

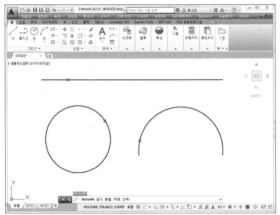

Measure 명령어를 적용할 대상 객체 선택

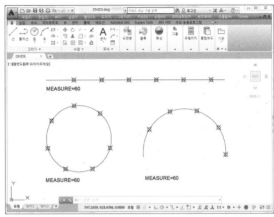

Measure 명령어로 등분된 객체 표시

명령: ME Enter
Measure
길이 분할 객체 선택:
→ 길이 분할할 객체를 선택합니다. 나누기를 시작할 부분과 가까운 쪽으로 선택합니다.
세그먼트의 길이 지정 또는 [블록(B)]: 60 Enter
→ 분할되는 길이값을 입력합니다.

명령어 옵션 해설 ▼

Measure 명령어의 옵션으로 사용되는 블록은 분할되어 나눠지는 기준인 Point 대신 사용자가 만든 블록 객체를 이용하는 것입니다. 보통은 분할하는 기준만 필요하다면 Point를 사용하지만 해당 블록을 동일한 간격대로 나열하여 사용하는 경우에는 블록 옵션을 이용합니다. 사용하는 방법은 Divide와 동일하지만, 원하는 길이값을 이용하여 블록 객체로 나누기를 하는 것만 다릅니다.

옵션	옵션 해설
Block	사용자가 지정한 Block을 Measure의 기준 객체로 이용합니다.

도면 정보를 이용하는 방법 익히기

AutoCAD로 도면을 그리다 보면 해당하는 객체들의 정보를 이용하여 체계적인 도면을 그려야 하는 경우가
많습니다. 이때 화면을 이용하는 경우 객체의 성분에 따라 적용되는 명령어가 달라질 수 있으므로 해당하는
객체를 조회하여 원하는 명령어를 적용할 수 있도록 해야 합니다. 각각의 객체를 이용하는 다양한 방법을
익혀 AutoCAD로 도면을 그리는 경우에 활용할 수 있도록 합니다.

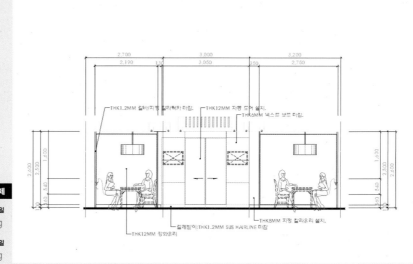

현장실습예제

예제 파일
Sample/T_EX09_B.dwg

완성 파일
Sample/T_EX09_F.dwg

···· Open 명령어를 이용하여 'Sample/
01 T_EX09_B.dwg' 파일을 엽니다. 도
···· 면의 일부를 Zoom 명령어를 이용하여 확대
해봅니다.

명령: Z Enter
Zoom
윈도우 구석 지정, 축척 비율(nX 또는 nXP) 입력 또는
[전체(A)/중심(C)/동적(D)/범위(E)/이전(P)/축척(S)/윈도우(W)/객
체(O)] 〈실시간〉:
반대 구석 지정: P1~P2점 클릭, 드래그

02 확대되고 나면 화면을 정리하기 위해 그
림과 같이 Regen 명령어의 단축키를
입력하여 화면의 객체 데이터를 현재 화면의
크기대로 재계산하여 화면에 표시합니다.

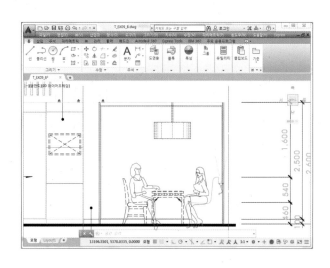

명령: RE Enter
Regen 모형 재생성 중 …

03 도면의 중앙에 있는 객체의 정보를 알아
보기 위해 List 명령어의 단축키를 입력
한 후 다음의 객체를 클릭하여 명령 행의 내용
을 확인합니다.

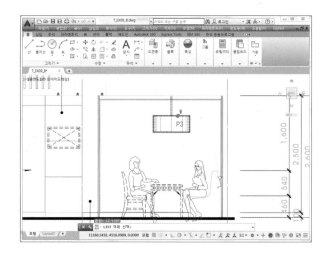

명령: LI Enter
List
객체 선택: 1개를 찾음
→ P3점 클릭
객체 선택: Enter

04 F2 를 눌러 List 항목을 확인합니다. 명
령 행의 높이가 작은 경우, 명령 행의
위쪽에 마우스를 올려놓으면 위아래로 크기를
조절할 수 있습니다.

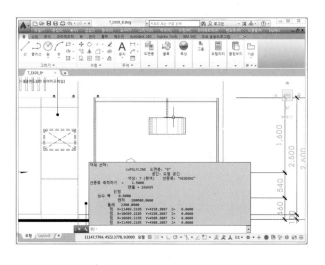

LWPOLYLine 도면층: '6'
공간: 모형 공간
색상: 7(흰색)   선종류: 'HIDDEN2'
선 종류 축척하기 = 1.5000
핸들=2dab65
닫힘
상수 폭 0.0000
면적 280000.0000
둘레 2300.0000
점 X=11409.2185 Y=4158.2087 Z=0.0000
점 X=10609.2185 Y=4158.2087 Z=0.0000
점 X=10609.2185 Y=4508.2087 Z=0.0000
점 X=11409.2185 Y=4508.2087 Z=0.0000

05 두 지점의 직선 거리값을 알려주는 Dist 명령어를 입력한 후 그림과 같은 두 지점을 선택하여 길이를 재어봅니다. 결과는 명령 행에 바로 나타납니다.

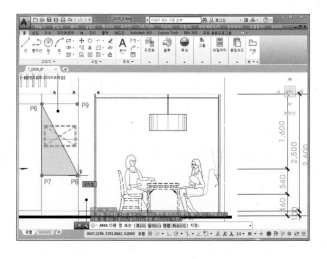

```
명령: DI Enter
Dist
첫 번째 점 지정: P4점 클릭
두 번째 점 또는 [다중 점(M)] 지정: P5점 클릭
```

06 그림과 같이 명령 행에 해당하는 두 지점의 거리값이 표시됩니다. 지정한 두 지점의 각도 및 거리가 표시됩니다.

```
거리=800.0000,  XY 평면에서의 각도=0.00,  XY 평면으로부터
의 각도=0.00
X증분=800.0000,  Y증분=0.0000,  Z증분=0.0000
```

07 왼쪽의 네모난 공간의 면적을 알아보기 위해 면적을 구하는 조회 명령어 Area의 단축키 'AA'를 입력한 후 다음의 네 곳을 클릭하고 Enter 를 눌러 면적을 확인합니다.

```
명령: AA Enter
Area
첫 번째 구석 점 지정 또는 [객체(O)/면적 추가(A)/면적 빼기(S)] 〈객
체(O)〉: P6점 클릭
다음 점 또는 [호(A)/길이(L)/명령 취소(U)] 지정: P7점 클릭
다음 점 또는 [호(A)/길이(L)/명령 취소(U)] 지정: P8점 클릭
다음 점 또는 [호(A)/길이(L)/명령 취소(U)/합계(T)] 지정 〈합계〉:
P9점 클릭
다음 점 또는 [호(A)/길이(L)/명령 취소(U)/합계(T)] 지정 〈합계〉:
Enter
영역=1232667.5000, 둘레=4668.0892
```

PRACTICE

DRAWING

A U T O C A D 2 0 1 5

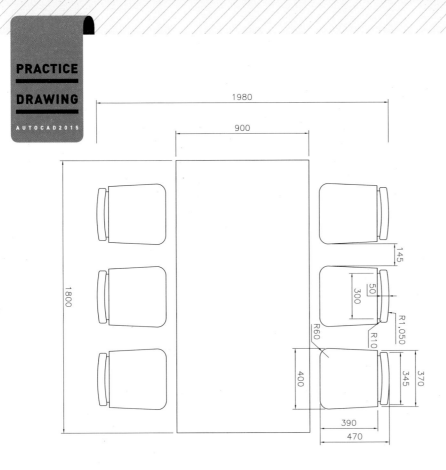

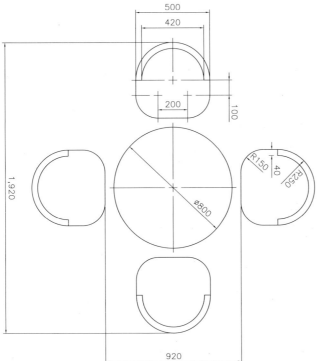

〈inner_table〉
ⓐ Limits : 4200,2970
ⓑ Array(R)/Array(P)이용하여 복제
ⓒ 반대편으로 복사 : Mirror

도면 요소 정보를 명확히 전달하기

PART

03

이 파트에서는 지금까지의 객체를 만드는 과정에 집중했던 경과 요소를 실제 도면이 갖는 특성으로 변모하기 위한 방법에 대해 알아봅니다. 지금까지 선, 원, 호 하나하나, 그리고 수정하는 데에 집중했다면 여기서부터는 도면이 갖춰야 하는 도면 요소를 중심으로 학습합니다. 문자 입력 또는 단면이나 영역의 내용 표시를 해주는 해칭, 하나의 도면 요소를 여러 도면에서 사용할 수 있는 블록 등과 같이 도면이 갖는 정보를 명확히 전달할 수 있도록 학습합니다.

정확한 정보 전달 도면 요소 정의하기

도면은 단순한 선, 호, 원등의 조합만으로 이루어지지 않습니다. 해당하는 객체들에 요소 표식이나 문자를 입력하여 해당하는 도면 요소가 갖는 정보를 독자에게 정확히 전달해야 합니다. 특히 도면이 단면인지, 재질은 어떤 부위에 들어가는지 등에 대한 요소를 일일이 문자로 표시하거나 그림 요소로 표시할 수 있어야 합니다. AutoCAD에서는 해칭이나 문자 요소를 통해 정보를 전달할 수 있습니다. 이번 섹션을 통해 해칭 요소와 문자 요소에 대한 정보 전달 방법을 익히도록 합니다.

A u t o C A D 2 0 1 5

1 영역에 해치(패턴 무늬) 표시하기 Hatch

Hatch 명령어를 통해 지정한 영역에 원하는 무늬를 입력하여 해당 영역의 재질이나 상태를 그림 상태를 이용하여 관리하는 명령어로 도면의 전달성을 높여줍니다. 주로 물체를 절단하였을 때 단면을 표시하는 빗금이나 마감 재료의 표시를 다양한 모양을 이용하여 입력하여 도면을 보는 사용자로 하여금 해당 영역의 도면 내용이나 역할을 알 수 있도록 하는 것을 말합니다. 즉, 사용자가 원하는 모양의 패턴을 원하는 영역에 채워 넣는 것을 'Hatch'라고 합니다.

메뉴	리본 메뉴	명령 행
[그리기(D)-해치(H)]	[홈] 탭-[그리기] 패널-[해치]	Hatch(단축 명령어: H, BH)

명령어 사용법

Hatch 명령어의 단축키나 리본 메뉴의 아이콘을 클릭한 후 입력하고 싶은 무늬(패턴)를 고르고 원하는 객체 또는 영역을 선택합니다. 이전 버전에서 Hatch 명령어를 입력하면 [Hatch] 대화상자가 나타나지만, 리본 메뉴를 주 환경으로 사용하는 AutoCAD 2015에서는 리본 메뉴 안에 [Hatch 명령어] 대화상자의 내용이 나타납니다. 그 안에서 조절이 가능하므로 원하는 축척이나 패턴, 각도, 해칭을 입력하는 방법이나 연관 등을 조절하여 패턴을 삽입합니다.

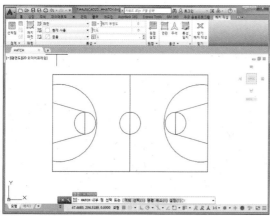

Hatch를 입력할 대상 객체

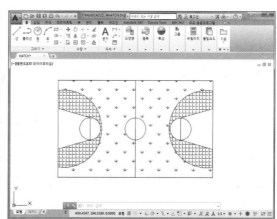

Hatch를 입력하여 패턴 표시

```
명령: H Enter
Hatch
내부점 선택 또는 [객체 선택(S)/명령 취소(U)/설정(T)]: 모든 것 선택
가시적인 모든 것 선택 중 …
선택된 데이터 분석 중 …
내부 고립 영역 분석 중 …
내부점 선택 또는 [객체 선택(S)/명령 취소(U)/설정(T)]:
```
→ Hatch를 입력할 대상 객체를 선택하거나 영역을 선택합니다.

명령어 옵션 해설

Hatch 명령어를 입력하면 대화상자 대신 리본 메뉴에 다음과 같은 메뉴가 나타납니다. 해당 탭의 역할을 이해한 후 원하는 해치 패턴을 입력합니다.

일반 무늬 패턴을 선택한 경우

그러데이션 패턴을 선택한 경우

1 | 일반 패턴 무늬 선택 시 옵션

옵션 내용은 패턴에 들어가는 유형이 무늬일 때와 그러데이션일 때가 조금 다릅니다. 먼저 일반 무늬를 입력하는 경우에 해당하는 옵션에 대해 알아보겠습니다.

옵션	옵션 해설
경계 패널	① 선택점: 내부점 선택 또는 [객체 선택(S)/명령 취소(U)/설정(T)]: 메시지에서 점을 지정하면 점을 기준으로 폐쇄 영역을 탐색합니다. ② 객체 선택: 해치할 영역을 원이나 폐쇄되어 있는 폴리선 등의 객체를 직접 선택하여 지정합니다. ③ 제거: 선택된 해칭 영역을 제거합니다. 즉, 제외시켜줍니다. ④ 재작성: 선택된 해치 또는 채우기를 중심으로 폴리선 또는 영역이 작성되는 경우 연관, 비연관을 선택합니다.
패턴 패널	사용자가 입력할 무늬 패턴을 미리 보기를 통해 보여줍니다. 사용자는 원하는 무늬를 선택하면 해당 무늬가 선택 영역에 표시됩니다.
특성 패널	① 패턴: 작성할 항목인 '솔리드 채우기', '그러데이션 채우기', '미리 정의된 해치 패턴 또는 사용자 정의 해치 패턴'을 지정합니다. ② 해치 색상: 해치에 들어갈 색상을 지정합니다. ③ 배경색: 해치 영역의 배경 색상을 지정합니다. ④ 투명도: 새로운 해치나 채우기의 투명도 레벨을 설정합니다. ⑤ 해치 각도: 선택한 무늬 패턴의 표시되는 각도를 지정합니다. ⑥ 해치 패턴 축척: 입력된 무늬 패턴의 표시 간격을 조절합니다. ⑦ 도면 공간에 상대적: 배치 공간 사용 시 도면 공간 단위를 기준으로 해치 패턴의 축척을 계산합니다. ⑧ ISO 펜 폭: 선택된 펜 폭으로 ISO 관련 패턴의 척도를 설정합니다. 해치 패턴에서는 'ISO' 해치 패턴이 선택되어야 활성화됩니다. ※ ⑦, ⑧의 내용은 특성 패널을 더 열어주어야 보입니다.

옵션	옵션 해설
원점 패널	해치 모양의 원점을 재지정합니다. 각도와 시작 위치를 사용자가 지정할 수 있도록 합니다.
옵션 패널	① 연관: 한 번에 선택된 영역에 대해 입력된 무늬 패턴이 서로 연관인지, 비연관인지를 결정합니다. 연관을 지정하면 한 번에 선택된 객체는 한 번에 선택 및 수정 편집이 가능합니다. ② 주석: 해치에 주석 축척의 적용 여부를 지정합니다. ③ 특성 일치 – 현재 원점 사용: 해치 원점을 제외하고 선택한 해치 객체의 특성을 사용해 특성을 설정합니다. – 소스 해치 원점 사용: 해치 원점을 포함하여 선택한 해치 객체의 특성을 사용해 해치의 특성을 설정합니다. ④ 차이 공차: 객체가 해치 경계로 사용될 때 무시될 수 있는 차이의 최대 크기값을 설정합니다. ⑤ 개별 해치 작성: 선택하는 경계를 여러 개로 지정하는 경우, 하나의 단일 해치로 정할 것인지, 여러 개의 해치로 정할 것인지의 여부를 결정합니다. ⑥ 외부 고립 영역 탐지: 중첩된 도형 영역 탐지 유형을 선택할 수 있습니다. ※ ④, ⑤, ⑥의 내용은 패널을 더 열어주어야 보입니다.
닫기	해치 옵션 리본 메뉴 상자를 닫습니다. Esc 나 Enter 를 눌러 종료할 수도 있습니다.

TIP

설명은 있는데 옵션이 없어 보인다구요?

설명은 있는데 옵션이 보이지 않으면 패널을 더 열어보세요. 그러면 아래로 떨어져서 보입니다. Hatch의 옵션 패널이 3개밖에 안 보이는 경우 화면의 크기에 따라 옵션이 숨어 있어요. 이 경우 패널을 열면 다른 옵션을 확인할 수 있습니다.

2 | 그러데이션 패턴 선택 시 옵션

대부분의 옵션은 동일하지만 그러데이션인 경우 그러데이션에 사용할 색 등을 따로 지정할 수 있으므로 옵션의 내용이 조금 다르게 나타납니다.

옵션	옵션 해설
패턴 패널	그러데이션 패턴을 선택할 수 있습니다. 선택 시 사용자가 원하는 그러데이션 색상이 선택 영역에 표시됩니다.
특성 패널	그러데이션에 들어갈 1, 2 색상을 선택할 수 있습니다.
원점 패널	원점을 '중심'으로 선택하면 중심을 기준으로 대칭을 이루는 그러데이션이 표시됩니다.
닫기	해치 옵션 리본 메뉴 상자를 닫습니다. Esc 나 Enter 를 눌러 종료할 수도 있습니다.

명령어 실습하기

패턴의 경우, 도면 요소에 알맞게 입력하는 방법을 순차적으로 익혀야 합니다. 무늬를 넣을 수도 있고, 그러데이션을 넣을 수도 있으며, 출력을 고려하여 투명도를 조절할 수도 있습니다. 이와 같은 일련의 작업을 실습을 통해 익혀봅니다.

● 실습 파일: Sample/EX25.dwg   ● 완성 파일: Sample/EX25-F.dwg

01 Open 명령어를 이용하여 'Sample/ EX25.dwg' 파일을 연 후 Zoom 명령어를 통해 다음의 영역을 확대합니다.

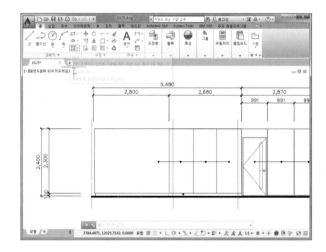

명령: Z Enter
Zoom
윈도우 구석 지정, 축척 비율(nX 또는 nXP) 입력 또는
[전체(A)/중심(C)/동적(D)/범위(E)/이전(P)/축척(S)/윈도우(W)/객체(O)] 〈실시간〉:
반대 구석 지정: P1~P2점 클릭, 드래그

02 해치 명령어를 이용하기 위해 명령어 단축키인 'H'를 입력하거나 그림처럼 [그리기] 탭의 해치 아이콘을 클릭합니다.

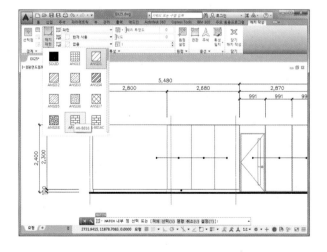

명령: H Enter
Hatch

03 해치가 실행되면 제일 먼저 어느 무늬 패턴으로 넣을 것인지를 생각하고, [패턴] 탭의 해치 패턴을 클릭하여 다양한 모양 중에서 알맞은 것을 고릅니다. 그림처럼 벽돌 무늬 패턴을 선택합니다.

화면의 크면 패턴 무늬가 처음부터 더 많이 나열되어 보입니다.

04 해치를 입력하기 전 축척 칸에 그림과 같이 축척 크기를 '25'로 변경하여 입력한 후 다음 영역에 마우스를 올려놓습니다. 자동으로 예상 무늬가 표시됩니다.

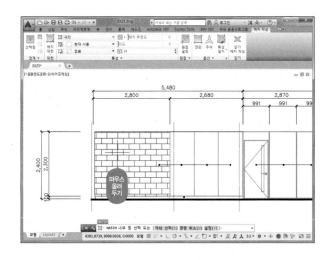

05 해치 패턴 무늬 입력을 완료하기 위해서는 해당 영역을 클릭하여 선택해야 합니다. 다음의 P3 지점을 클릭하면 영역이 테두리져 보이고, 무늬는 완벽하게 입력됩니다.

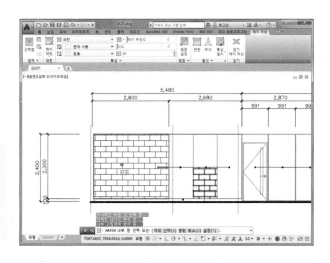

내부점 선택 또는 [객체 선택(S)/명령 취소(U)/설정(T)]: 모든 것 선택...
→ P3점 클릭
가시적인 모든 것 선택 중 ...
선택된 데이터 분석 중 ...
내부 고립 영역 분석 중 ...

06 영역은 한 번에 하나 이상 입력할 수 있습니다. 따라서 옆의 공간도 P4, P5 지점을 마우스로 순차적으로 클릭하여 무늬를 입력합니다.

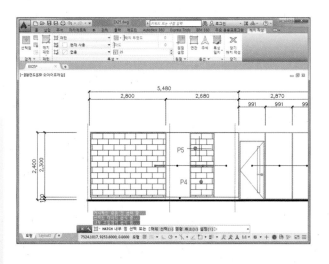

내부점 선택 또는 [객체 선택(S)/명령 취소(U)/설정(T)]: 모든 것 선택...
→ P4점 클릭
가시적인 모든 것 선택 중 ...
선택된 데이터 분석 중 ...
내부 고립 영역 분석 중 ...

내부점 선택 또는 [객체 선택(S)/명령 취소(U)/설정(T)]: 모든 것 선택...
→ P5점 클릭
가시적인 모든 것 선택 중 ...
선택된 데이터 분석 중 ...
내부 고립 영역 분석 중 ...

07 입력된 패턴 무늬의 각도를 변경해봅니다. [옵션] 탭의 각도에 45도를 입력합니다. 숫자 입력도 가능하며 숫자 왼쪽의 슬라이더를 이용하여 드래그해도 각도를 입력할 수 있습니다.

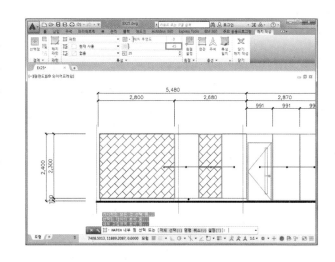

08 이미 입력된 패턴의 축척 스케일을 '40'으로 조정하여 패턴 무늬 간의 간격을 그림과 같이 조정해봅니다.

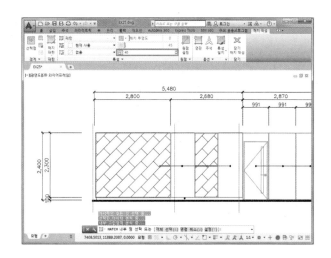

09 더 이상 조절할 내용이 없으면 Enter, Esc 또는 리본 메뉴의 [닫기] 버튼을 눌러 명령어를 종료합니다.

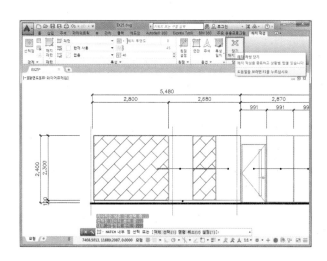

내부점 선택 또는 [객체 선택(S)/명령 취소(U)/설정(T)]: Enter

10 우측의 빈 곳에 해칭을 하기 위해 마우스 휠을 누른 채 그림과 같이 오른쪽에서 왼쪽으로 드래그하여 화면을 이동합니다.

→ P6~P7점 클릭, 드래그

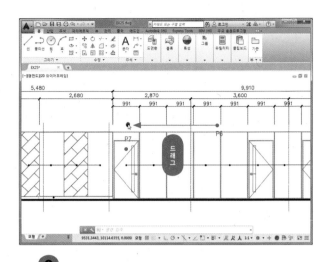

11 그레이디언트 해칭을 하기 위해 해치 명령어를 입력한 후 [패턴] 탭에서 스크롤바를 내려 아래쪽 그레이디언트 모양의 패턴을 선택합니다.

명령: H Enter
Hatch

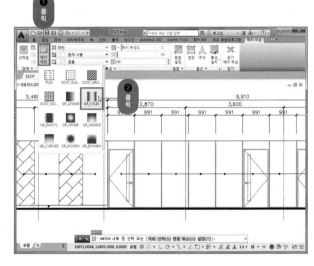

12 그레이디언트 패턴이 선택되었다면 그레이디언트의 컬러 중 1개를 다음의 컬러로 변경합니다. 물론 다른 색상으로 변경해도 좋습니다.

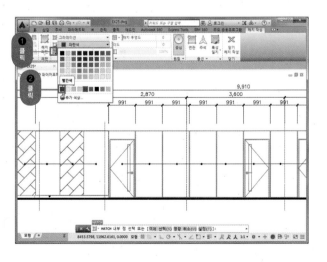

13 색상이 조절되었다면 그림과 같은 위치를 클릭하여 영역으로 선택합니다. 하나로 들어갈 패턴이 영역이 분할되어 있는 경우, 한 번에 선택하면 하나의 그레이디언트 패턴으로 칠해집니다. Enter 또는 Esc 를 누르거나 리본 메뉴의 [닫기] 버튼을 눌러 명령어를 종료합니다.

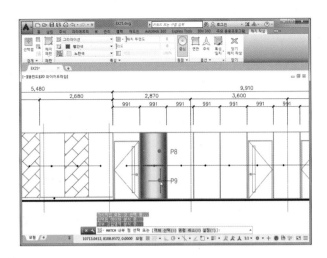

```
내부점 선택 또는 [객체 선택(S)/명령 취소(U)/설정(T)]: P8점 클릭
가시적인 모든 것 선택 중 …
선택된 데이터 분석 중 …
내부 고립 영역 분석 중 …
내부점 선택 또는 [객체 선택(S)/명령 취소(U)/설정(T)]: P9점 클릭
가시적인 모든 것 선택 중 …
선택된 데이터 분석 중 …
내부 고립 영역 분석 중 …
내부점 선택 또는 [객체 선택(S)/명령 취소(U)/설정(T)]: Enter
```

2 입력된 해치 수정하는 Hatchedit

Hatchedit를 이미 입력된 해치 패턴 무늬로 수정하는 명령어입니다. 한 번 입력된 패턴 무늬를 수정하거나 중첩된 패턴의 입력 방식을 수정, 입력된 패턴 무늬의 간격이나 각도들을 조절하면 다양한 재편집이 가능합니다. Hatchedit 명령어 이용 시 이전 버전에서 사용하던 대화상자가 나타납니다. 내용은 Hatch와 동일합니다.

메뉴	리본 메뉴	명령 행
수정(M)-객체(O)-해치(H)	[홈] 탭-[수정] 패널-[해치] 편집	Hatchedit(단축 명령어: HE)

명령어 사용법 ▼

Hatchedit 명령은 이미 입력된 해치 패턴 무늬를 수정하는 것입니다. 이미 입력된 패턴들은 패턴의 스타일, 간격, 해칭 영역 등을 수정할 필요가 있는 경우 지우고 다시 패턴을 입력하는 것보다 기존의 패턴을 다른 각도나 간격, 패턴 스타일로 수정하는 것이 빠르기 때문입니다. Hatchedit 명령어를 입력한 후 [Hatchedit] 대화상자가 나타나면 원하는 종류의 옵션을 이용하여 수정합니다.

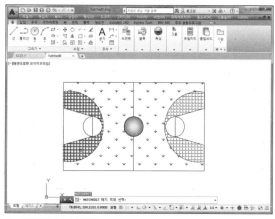

입력 완료된 Hatch 대상 객체

Hatchedit를 이용하여 패턴 수정

명령: HE [Enter]

Hatchedit

해치 객체 선택:

→ 수정할 해치 패턴 객체를 선택합니다.

명령어 옵션 해설

해칭을 수정하는 Hatchedit 명령어를 실행한 후 입력된 해치 객체를 선택하면 2개의 탭으로 구성된 다음과 같은 대화상자가 나타납니다.

1 | [해치] 탭

가장 일반적인 해칭 패턴을 지원하는 탭입니다. Hatch를 입력하는 기본적인 영역과 방법 및 입력 패턴 등을 선택하는 영역으로 나누어져 있으며, 해당 영역별로 역할에 따라 해칭의 조건을 편집할 수 있습니다. 주로 패턴 무늬를 정하고 해당 무늬의 영역과 스케일과 각도 등을 결정합니다.

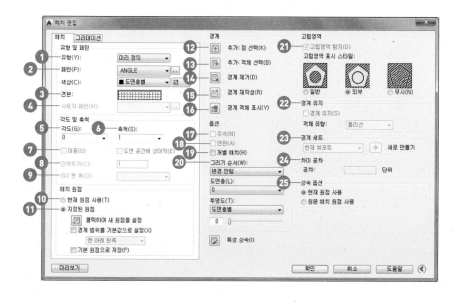

옵션	옵션 해설
유형 및 패턴	① **유형**: 패턴의 형태를 선택할 수 있습니다. • 미리 정의: 오토캐드에서 기본으로 제공하는 acad.pat 파일의 패턴을 사용하여 흔히 사용되는 패턴들을 갖고 있습니다. • 사용자 정의: 사용자가 원하는 스타일로 간격을 정하여 빗금 모양이나 격자 모양의 패턴을 만들어 표시합니다. • 사용자: 사용자가 직접 제작한 패턴을 사용합니다. ② **패턴**: 여러 가지 모양의 해치 패턴을 선택할 수 있습니다. [목록] 버튼을 열어 목록 리스트에서 패턴을 선택하거나 버튼을 클릭하면 나타나는 [목록] 대화상자를 이용하여 패턴을 선택할 수 있습니다. ③ **견본**: 패턴 무늬를 미리 보기 창을 통해 선택할 수 있습니다. ④ **사용자 패턴**: 사용자가 만든 외부의 패턴을 사용하도록 지정할 수 있습니다.
각도 및 축척	⑤ **각도**: 선택된 패턴의 각도를 지정하여 회전합니다. ⑥ **축척**: 도면 Limits의 크기에 따라 패턴 모양의 크기와 간격을 조절합니다. ⑦ **이중**: 유형을 '사용자 정의'로 선택한 후 사용자가 원하는 간격으로 사선의 빗금을 만들 때 90도 직각의 격자무늬 패턴을 표시해줍니다. ⑧ **간격두기**: 유형을 '사용자 정의'로 선택하는 경우, 사용자가 원하는 간격을 입력하여 조정합니다. ⑨ **ISO 펜 폭**: ISO 패턴을 사용하는 경우에만 활성화되며, 패턴에 사용되는 선의 두께를 지정합니다.
해치 원점	⑩ **현재 원점 사용**: 패턴 모양의 시작점을 기본 원점으로 사용합니다. ⑪ **지정된 원점**: 패턴 모양의 시작점 위치를 사용자가 다양한 방법으로 선택할 수 있습니다. • 클릭하여 새 원점을 클릭: 사용자가 선택한 지점을 패턴의 시작 원점으로 지정합니다. • 경계 범위를 기본값으로 설정: 설정해 놓은 패턴 시작의 원점을 선택할 수 있습니다. • 기본 원점으로 설정: 새로운 해칭 무늬 원점의 값을 시스템 변수 Hporigin에 저장합니다.
경계	⑫ **추가: 점 선택**: 패턴을 입력할 경계 내부를 선택하여 영역을 지정합니다. 주로 폐쇄 형태의 영역을 선택하는 경우에 사용하며, 열린 형태의 영역인 경우 [경고 메시지] 대화상자가 나타냅니다. ⑬ **추가: 객체 선택**: 패턴을 입력할 객체를 선택하여 영역을 지정합니다. 이때 경계가 되는 객체는 단일 객체(원, 타원, 다각형, Polyline 객체)로 선택되어야 하며, 선이 다른 선과 겹쳐 있는 경우에는 원하는 내부 안에 패턴이 채워지지 않을 수 있습니다. ⑭ **경계 제거**: 선택된 경계 영역을 제거해줍니다. ⑮ **경계 객체 작성**: 이미 입력된 패턴이 있는 객체의 경계 영역을 Pline이나 Region 객체로 경계 영역만 새로 만들어줍니다. ⑯ **경계 객체 표시**: 경계로 만들어진 영역을 화면에 점선으로 표시해줍니다.
옵션	⑰ **주석**: 주석 확장을 자동 지정합니다. ⑱ **연관**: 체크 시 패턴이 입력된 상태에서 패턴의 영역을 수정하면 패턴도 함께 편집되도록 합니다. 해치의 연관성을 설정합니다. ⑲ **개별 해치**: 체크 시 입력된 패턴이 블록으로 입력되지 않고 낱낱의 객체로 입력됩니다. ⑳ **그리기 순서**: 해치나 그레이디언트의 그리기 순서를 정합니다. 모든 해치나 그레이디언트 채움은 다른 모든 객체의 앞, 뒤 또는 해치 경계의 앞이나 뒤에 정돈할 수 있습니다. 이미 그려진 패턴을 선택하고 선택된 패턴의 특성을 다른 영역에 똑같이 사용합니다.
고립 영역 표시 스타일	㉑ **고립 영역 탐지**: 해칭의 경계가 중첩된 경우 가장 바깥쪽의 경계선을 기준으로 어떻게 해칭을 채워 나갈 것인지를 결정합니다. • 일반: 맨 바깥쪽의 영역부터 하나씩 교대로 패턴을 채워줍니다. • 외부: 경계 영역의 개수와 관계없이 맨 바깥쪽 영역에만 패턴을 채워 넣습니다. • 무시: 가장 바깥쪽 영역을 기준으로 안쪽의 모든 영역을 무시하고 패턴을 채워 넣습니다. ㉒ **경계 유지**: 경계의 유지 여부를 결정하는 것으로, 체크 시 패턴을 채워 넣고 패턴이 들어간 영역을 Pline이나 Region 객체를 둘러줍니다. ㉓ **경계 세트**: 해칭 영역 선택 시의 화면 설정으로, 초기 설정값은 Current Viewport, 즉 현재의 전체 화면으로 되어 있습니다. [New] 버튼을 선택한 후에 특정 객체나 화면을 선택하면 영역 선택의 기준으로 사용할 수 있습니다. ㉔ **차이 공차**: 간격 허용 오차값을 설정하는 것으로, 객체가 해치의 경계로 사용되는 경우 허용할 수 있는 오차의 최대 크기를 설정합니다. ㉕ **상속 옵션**: 해칭 시 상속 옵션을 설정합니다. • 현재 원점 사용: 해칭 상속 옵션으로 현재 사용하는 원본을 이용합니다. • 원본 해치 원점 사용: 해칭 상속 옵션으로 원본의 해칭 속성을 이용합니다.

2 | [Gradient] 탭

오래전 버전에는 없던 옵션으로, 플로터의 성능이 좋아지기 시작하면서 생겨난 옵션입니다. Hatch에 사용하는 무늬나 패턴 대신 그레이디언트 색 채움을 통해 해치를 표현합니다. 기존 영역을 설정하는 등의 내용은 같지만 패턴 무늬를 설정하는 구역 대신 Hatch 그레이디언트에 사용되는 색상 및 색 채움의 방향과 모양을 선택할 수 있습니다. 대화상자의 오른쪽 내용은 [Hatch] 탭과 동일합니다.

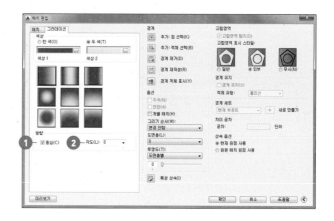

옵션	옵션 해설
색상	그레이디언트의 색상을 정할 수 있습니다. 한 가지 또는 두 가지의 색상을 이용하여 그레이디언트 색상을 정합니다. 한 가지 색상의 경우 Tint와 Shade를 이용하여 밝은 흰색과 섞어주거나 어두운 검은색과 섞어줄 수 있습니다.
패턴 무늬	그레이디언트 색 채움의 9가지 유형을 선택할 수 있습니다. 선형과 원형 등의 다양한 모양으로 바꿔줍니다.
방향	그레이디언트의 채움의 방향 각도를 지정할 수 있습니다. 'Centered'에 체크 표시를 하면 계조가 중앙부터 채워지는 것을 정할 수 있습니다. ① 중심: 대칭 형태의 그레이디언트를 구성합니다. ② 각도: 그레이디언트의 각도를 지정합니다. 이 부분은 해치 패턴의 각도와는 관계없습니다.

명령어 실습하기 ▼

패턴의 경우, 도면 요소에 알맞게 입력하는 방법을 순차적으로 익혀야 합니다. 무늬를 넣을 수도 있고, 그러데이션을 넣을 수도 있으며, 출력을 고려하여 투명도를 조절할 수도 있습니다. 이와 같은 일련의 작업을 실습을 통해 익혀봅니다.

● 실습 파일: Sample/EX26.dwg   ● 완성 파일: Sample/EX26-F.dwg

01 ···· Open 명령어를 이용하여 'Sample/EX26.dwg' 파일을 연 후 Hatchedit 명령어를 입력하고 그림과 같은 해치 패턴 객체를 선택합니다.

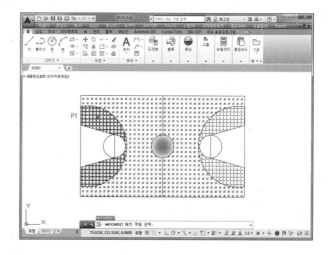

명령: HE Enter
Hatchedit
해치 객체 선택: P1점 클릭

02 Hatchedit 명령어를 입력한 후 객체를 선택하면 그림과 같은 대화상자가 나타 납니다. 이때 대화상자 아래 오른쪽 끝의 버 튼을 눌러 대화상자를 확장합니다.

03 패턴이 확장되고 나면 견본 칸을 클릭하 여 다음의 패턴 견본 대화상자를 클릭한 후 [ANSI] 탭을 클릭합니다. 그런 다음, ANSI38 패턴을 클릭하고 [확인] 버튼을 클릭 한 후 [미리 보기] 버튼을 클릭합니다.

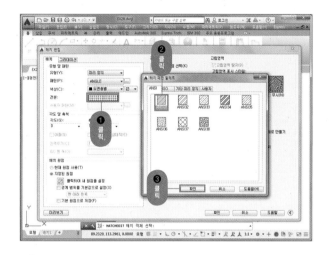

04 빗금에 해당하는 패턴으로 변경된 것을 확인한 후 간격이나 각도들이 적당하다 면 Enter 를 눌러 완료합니다.

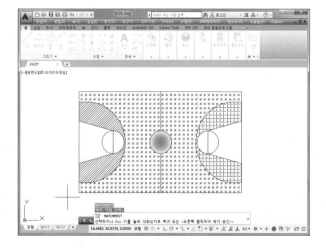

선택하거나 Esc 를 눌러 대화상자로 복귀 또는 〈오른쪽 클릭하여
해치 승인〉: Enter

05 이번에는 가운데에 있는 그레이디언트 해칭 패턴을 수정하기 위해 명령어를 입력하고 그레이디언트를 클릭하여 선택합니다.

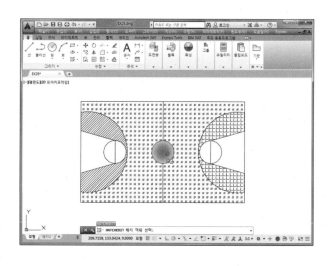

명령: HE Enter
Hatchedit
해치 객체 선택: P2점 클릭

06 그레이디언트 패턴을 선택한 경우, [그레이디언트] 탭이 먼저 나타납니다. 이때 '한색'의 색상 버튼을 클릭한 후 그림과 같이 청색을 클릭하고 [확인] 버튼을 클릭합니다.

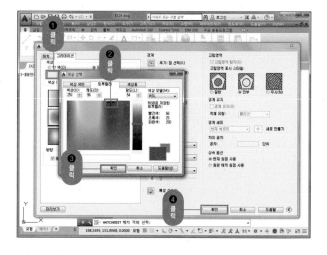

07 그림과 같이 완료되면 색상이 변경된 그레이디언트 형식의 패턴이 입력됩니다. 이번에는 [미리 보기]로 확인하지 않고 바로 적용했습니다.

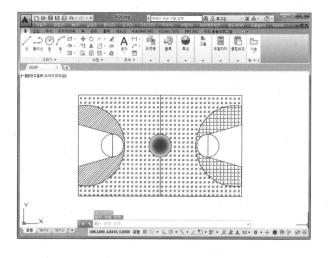

08 He 명령어를 입력하고 화면 가운데 있는 잔잔한 무늬의 패턴을 클릭하여 선택합니다.

명령: HE Enter

Hatchedit

해치 객체 선택: P3점 클릭

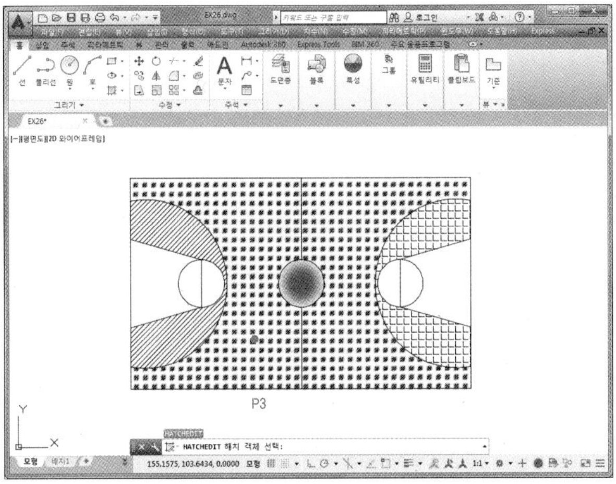

09 축척을 그림과 같이 '3'으로 변경한 후 [미리 보기] 버튼을 클릭합니다.

10 그림과 같이 패턴 무늬의 간격이 넓어지는 것을 확인할 수 있습니다. 추가로 수정하지 않는 경우 미리 보기 화면에서 Enter 를 눌러 완료합니다.

선택하거나 Esc 를 눌러 대화상자로 복귀 또는 〈오른쪽 클릭하여

해치 승인〉: Enter

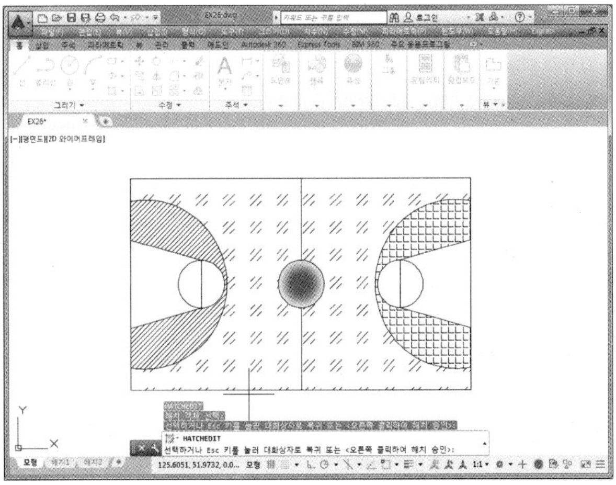

3 문자 스타일 지정하기 Style

도면에 빠질 수 없는 요소가 문자라면 해당 문자의 유형 및 스타일을 지정하는 명령어는 Style입니다. 문서 편집 프로그램을 쓰다 보면 바탕체, 굴림체, 돋움체 등의 서체를 지정하고 문자 높이나 기울기, 진하기, 폭 등을 결정해야 하는데, Style 명령어는 이와 같은 문자들의 유형을 관리하는 명령어입니다. 문자를 입력하기 전에 미리 설정해두면 편리합니다.

AutoCAD에서 사용하는 폰트는 윈도우에 지정되어 있는 트루타입 폰트나 AutoCAD 전용 SHX 폰트로 나뉩니다. 보통 도면을 사용하는 경우 빠르게 화면에 출력해주는 SHX를 사용하여 Big Font로 사용하며, Big Font의 경우 미리 Style에서 지정해두어야 영문과 한글을 제대로 사용할 수 있습니다.

메뉴	리본 메뉴	명령 행
[형식(O)-문자 스타일 (S)]	[홈] 탭-[주석] 패널-[문자 스타일] A	Style(단축 명령어: ST)

명령어 사용법 ▼

Style 명령어는 대화상자를 이용하여 제어합니다. 명령어를 입력한 후 대화상자의 서체 및 문자 유형을 옵션을 통해 사용자가 원하는 형태로 변경합니다. 한 번에 하나 이상의 유형을 만들 수 있으며 Text, Mtext 명령어 등에 활용하거나 치수 입력 시 치수 문자의 유형으로 사용할 수 있습니다.

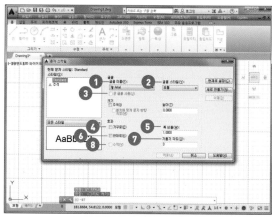

[문자 스타일] 대화상자

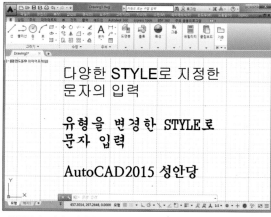

다양한 문자 스타일로 작성한 문자

명령: ST Enter
Style
→ 대화상자에서 원하는 옵션을 조절합니다.

명령어 옵션 해설 ▼

[문자 스타일] 대화상자의 내용을 이용하여 폰트의 변경이나 빅 폰트(Big Font)의 사용을 결정할 수 있습니다. 새로운 문자 스타일을 하나 이상 지정하여 다양한 유형을 만들어두면 제목이나 본문 또는 치수 문자의 유형을 활용할 수 있습니다.

옵션	옵션 해설
스타일	[새로 만들기]로 만들어진 문자 유형의 리스트를 나타내고, 리스트를 선택할 수 있습니다.
미리 보기	만들어진 문자 유형의 모양을 미리 볼 수 있습니다.
글꼴	① **글꼴 이름**: 서체를 선택합니다. ② **글꼴 스타일**: 선택된 문자 유형별 분류(굵은 서체, 이탤릭 서체 등)를 지정합니다. ③ **큰 글꼴 사용**: 큰 글꼴을 사용하는 것으로 Big Font는 숫자, 영문과 같이 1바이트 글꼴 외에 한글, 일본어, 중국어와 같은 2바이트 이상의 글꼴을 표현하기 위해 만든 글꼴로, 이 옵션을 체크하면 기본 글꼴은 반드시 SHX를 선택해야 사용 가능합니다.
높이	문자의 높이값을 정합니다. 문자 스타일 내에서는 높이값을 정하기보다 문자 입력이나 치수 입력에서 정하는 것이 다양하게 사용하기에 편리합니다. 다만, 늘 사용하는 수치값이 있다면 문자 스타일 내의 높이에 지정하는 것도 좋습니다.
효과	④ **거꾸로**: 문자의 위, 아래를 뒤집어 입력합니다. ⑤ **폭 비율**: 문자 폭의 넓이를 조절합니다. 1을 기준으로 1보다 작은 경우, 원래 글자의 폭보다 좁게 표현하고, 1보다 클 경우 원래 글자 폭보다 넓게 표현합니다. ⑥ **반대로**: 문자를 거꾸로 뒤집어서 입력합니다. ⑦ **기울기 각도**: 문자에 기울임 각도를 입력합니다. ⑧ **수직**: 문자를 세로로 입력합니다.

TIP

문자 스타일 지정 전에 알아야 할 폰트의 종류

AutoCAD에서 사용할 수 있는 폰트는 기본적으로 윈도우에서 제공하는 TTF 폰트와 AutoCAD 서체에 해당하는 SHX 폰트입니다. TTF 폰트는 C:\Windows\Fonts 폴더에 있는 폰트들이며, SHX 폰트는 C:\Program Files\AutoCAD 2012\Fonts 폴더에 있는 폰트입니다. 해당하는 폰트의 구분은 폰트 앞의 아이콘 모양을 보고 판단하면 됩니다. 또한 어떤 폰트라도 폰트 이름 앞에 '@'가 붙은 경우에는 문자가 270도 회전되어 나타난다는 의미입니다. 그러므로 굴림체를 사용하더라도 '@굴림체'는 선택하지 않도록 특히 주의해야 합니다. 다음과 같이 폰트명 앞의 아이콘을 보면서 구분해야 합니다.

트루타입 폰트(TTF)	셰이프 폰트(SHX)	270도 회전 문자 폰트
Tr 굴림 Tr 굴림체 Tr 궁서 Tr 궁서체 Tr 나눔고딕 Tr 나눔고딕 ExtraBold	romanc.shx romand.shx romans.shx romant.shx	Tr @SimSun Tr @SimSun-ExtB Tr @굴림 Tr @굴림체 Tr @궁서 Tr @궁서체

4 화면에 바로 입력해주는 Text

문자를 입력하는 명령어로, 한 번에 한 줄의 단문이나 단어의 문자를 입력하는 경우 단순하게 입력할 수 있습니다. 단일 행 문자로 한 번에 한 줄을 기준으로 입력할 때 편리하게 입력할 수 있습니다. 오래전부터 AutoCAD를 사용하던 사용자들은 오히려 편할 수 있습니다. 다만 문자 스타일(Style 명령)을 통해 서체를 지정해두어야 선택하여 사용할 수 있습니다.

메뉴	명령 행
[그리기(D)-문자(X)-단일 행 문자(S)]	Text/Dtext(단축 명령어: DT)

명령어 사용법 ▼

Text 명령어나 Dtext 명령어 또는 단축키 'DT'를 입력하고 문자가 입력될 삽입점을 클릭합니다. 문자의 높이값과 회전 각도값을 입력한 후 원하는 문자열을 입력하고 Enter 를 눌러 명령어를 종료합니다.

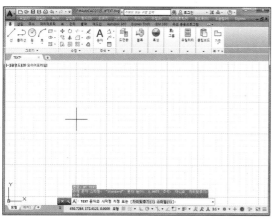

Text 명령어로 삽입점 클릭

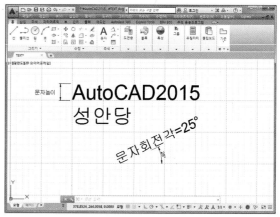

다양한 크기와 회전 각도로 문자 입력

명령: DT Enter

Text

현재 문자 스타일: 'Standard', 문자 높이: 2.5000, 주석: 아니오, 자리 맞추기: 왼쪽

→ 현재 설정되어 있는 문자 입력의 스타일값을 표시합니다.

문자의 시작점 지정 또는 [자리 맞추기(J)/스타일(S)]:

→ 문자 입력 시 시작점의 위치를 클릭하거나 옵션을 선택합니다.

높이 지정 〈2.5000〉: 25 Enter

→ 문자의 높이값을 입력합니다. 숫자로 입력하거나 마우스로 클릭하여 입력합니다.

문자의 회전 각도 지정 〈0〉: Enter

→ 문자열의 회전 각도값을 입력합니다.

Text : AutoCAD 2015 Enter

성안당 Enter Enter

Text 명령어의 옵션은 여러 개의 Style 중에서 변경하거나 자동 폭 조정 정도를 주로 사용하며, 다른 옵션은 주로 문장이 많은 경우에 적절한 옵션입니다. 옵션 중에서 Justify나 Style 등의 옵션을 이용하면 다양한 서체 스타일을 사용자가 원하는 형태로 변경하여 사용할 수 있고, 일정한 간격 안에 문자를 입력하는 경우 문자열의 개수대로 문자열을 정렬하여 사용자가 요구하는 문장의 정렬을 정밀하게 조정하여 입력할 수 있습니다.

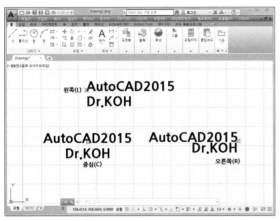

기본 정렬 방식의 문자 자리 맞추기

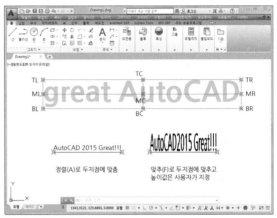

자리 맞추기 옵션 활용

옵션	옵션 해설
스타일(S)	Style 명령어로 미리 폰트에 대한 내용이 지정되어 있어야 하고, Text 명령어 내의 Style 옵션에서 지정된 스타일을 변경하여 사용할 수 있으며, Style에서의 서체와 크기, 회전 각도, 폭 등의 세부 사항을 지정한 여러 가지 스타일을 선택하여 변경할 수 있습니다.
자리 맞추기(J)	Text로 입력한 문자열의 정렬 방식을 지정하는 옵션입니다. • 왼쪽(L): 클릭한 점을 기준으로 문자를 왼쪽으로 정렬합니다. • 중심(C): 클릭한 점을 기준으로 문자를 가운데로 정렬합니다. • 오른쪽(R): 클릭한 점을 기준으로 문자를 오른쪽으로 정렬합니다. • 정렬(A): 첫 번째와 두 번째 클릭한 점 사이에 문자를 입력하면, 문자를 입력하면서 문자의 개수에 따라 문자의 높이값의 크기가 자동으로 조절되어 정렬합니다. • 중간(M): 클릭한 점을 기준으로 문자를 문자 높이의 가운데로 정렬합니다. • 맞춤(F): 첫 번째로 클릭한 점과 두 번째로 클릭한 점 사이에 문자를 입력하면, 사용자가 입력한 문자 크기를 유지한 상태로 문자열의 개수와 상관없이 두 점 사이의 문자 폭을 자동으로 조절하여 정렬합니다. • 맨 위 왼쪽(TL): Top Left로 클릭한 점을 문자 상단 왼쪽 지점을 기준으로 정렬합니다. • 맨 위 중심(TC): Top Center로 클릭한 점을 문자 상단 가운데 지점을 기준으로 정렬합니다. • 맨 위 오른쪽(TR): Top Right로 클릭한 점을 문자 상단 오른쪽 지점을 기준으로 정렬합니다. • 중간 왼쪽(ML): Middle Left로 클릭한 점을 문자 중간 왼쪽 지점으로 정렬합니다. • 중간 중심(MC): Middle Center로 클릭한 점을 문자 중간 가운데 지점으로 정렬합니다. • 중간 오른쪽(MR): Middle Right로 클릭한 점을 문자 중간 오른쪽 지점으로 정렬합니다. • 맨 아래 왼쪽(BL): Bottom Left로 클릭한 점을 문자 맨 아래 왼쪽 지점으로 정렬합니다. • 맨 아래 중심(BC): Bottom Center로 클릭한 점을 문자 맨 아래 가운데 지점으로 정렬합니다. • 맨 아래 오른쪽(BR): Bottom Right로 클릭한 점을 문자 맨 아래 오른쪽 지점으로 정렬합니다.

명령어 실습하기 ▼

문자를 입력하는 기본적인 방법을 이해하고 문자 스타일과 함께 사용하는 방법을 알아봅니다. 여러 줄을 입력하는 Mtext 명령어와 사용법이 조금 다르므로, 한 줄 입력 방법에 대해서도 학습합니다.

● 실습 파일: 없음   ● 완성 파일: Sample/EX27-F.dwg

01 New 명령어를 이용하여 새 파일을 연 후 문자를 입력하기 위해 서체를 지정하기 위한 작업인 문자 스타일을 새로 설정합니다.

명령: NEW Enter

02 문자 스타일 단축 명령어 'ST'를 입력한 후 그림과 같이 기본 서체 스타일의 폰트를 변경하기 위해 [새로 만들기] 버튼을 클릭하고 새로운 이름을 입력한 후 [확인] 버튼을 클릭합니다.

명령: ST Enter
Style

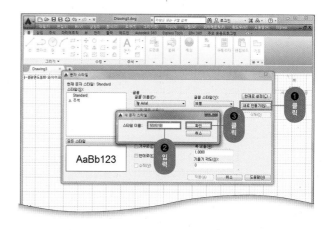

03 일반적인 트루타입 폰트(윈도우 제공 폰트)를 사용하는 경우, 글꼴에서 이름을 그림과 같이 선택하면 됩니다. 그림처럼 '굴림' 폰트를 클릭합니다.

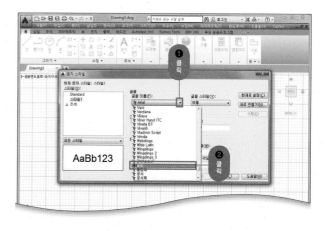

04 서체가 지정되고 나면 그림과 같이 [적용] 버튼을 클릭하여 새로 만든 스타일에 새로운 서체가 지정되도록 합니다.

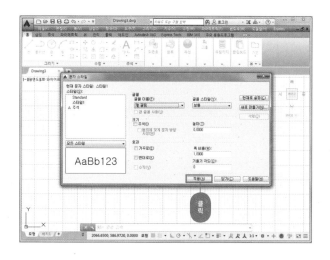

05 이번에는 SHX의 캐드 전용 서체를 지정하여 사용하는 큰 글꼴을 만들어 봅니다. 먼저 [새로 만들기] 버튼을 클릭한 후 '스타일'을 만들고 왼쪽의 글꼴에서 'romans. shx' 폰트를 클릭한 후 그림처럼 '큰 글꼴 사용'에 체크하여 오른쪽이 활성화되면 'whgtxt.shx' 폰트를 선택합니다.

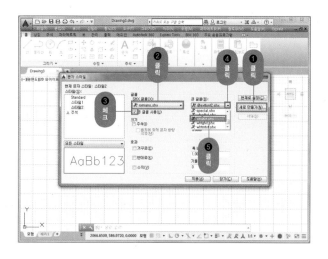

06 큰 글꼴 선택 시에는 왼쪽과 오른쪽 2개의 글꼴이 선택된 것을 확인할 수 있습니다. 선택이 완료되면 [적용] 버튼을 클릭하고 [닫기(C)] 버튼을 눌러 대화상자를 종료합니다.

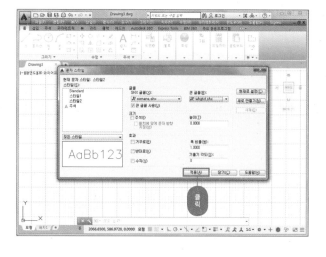

07 화면에 문자를 입력하기 위해 Zoom 명령어로 화면을 정리한 후 문자 입력 단축 명령어인 'DT'를 입력하고 문자 스타일을 '스타일1'로 설정한 다음 그림과 같이 시작점을 입력합니다.

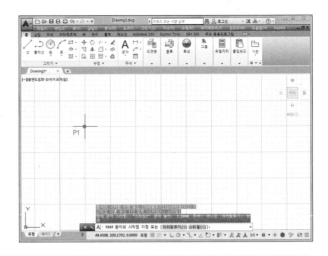

명령: Z `Enter`
Zoom
윈도우 구석 지정, 축척 비율(nX 또는 nXP) 입력 또는
[전체(A)/중심(C)/동적(D)/범위(E)/이전(P)/축척(S)/윈도우(W)/객체(O)] 〈실시간〉: A `Enter`
모형 재생성 중 …

명령: DT `Enter`
Text
현재 문자 스타일: '스타일2', 문자 높이: 2.5000, 주석: 아니오, 자리 맞추기: 왼쪽
문자의 시작점 지정 또는 [자리 맞추기(J)/스타일(S)]: S `Enter`
스타일 이름 또는 [?] 입력 〈스타일2〉: 스타일1 `Enter`
현재 문자 스타일: '스타일2', 문자 높이: 2.5000, 주석: 아니오, 자리 맞추기: 왼쪽
문자의 시작점 지정 또는 [자리 맞추기(J)/스타일(S)]: P1점 클릭

08 문자 높이값에 '25', 문자의 회전 각도는 '0도'에서 `Enter`를 누르고 그림과 같이 문자를 입력합니다. 문자 입력이 완료되면 `Enter`를 2번 눌러 명령어를 종료합니다.

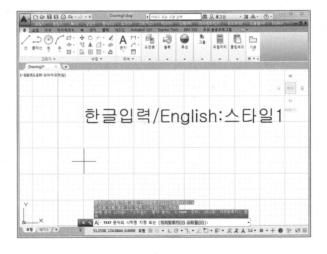

높이 지정 〈2.5000〉: 25 `Enter`
문자의 회전 각도 지정 〈0〉: `Enter`
Text: 한글 입력/English: 스타일1 `Enter` `Enter`

09 이번에는 스타일을 빅 폰트로 지정한 후
문자를 입력해봅니다. 먼저 문자 입력
명령어를 입력한 후 문자 스타일을 '스타일2'
로 변경하여 그림과 같이 입력합니다.

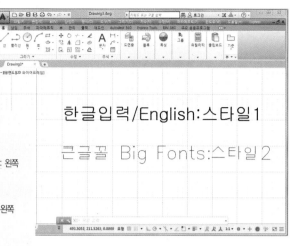

명령: DT `Enter`
Text
현재 문자 스타일: '스타일1', 문자 높이: 25.0000, 주석: 아니오, 자리 맞추기: 왼쪽
문자의 시작점 지정 또는 [자리 맞추기(J)/스타일(S)]: s `Enter`
스타일 이름 또는 [?] 입력 〈스타일1〉: 스타일2 `Enter`
현재 문자 스타일: '스타일1', 문자 높이: 2.5000, 주석: 아니오, 자리 맞추기: 왼쪽
문자의 시작점 지정 또는 [자리 맞추기(J)/스타일(S)]: P2점 클릭
높이 지정 〈2.5000〉: 25 `Enter`
문자의 회전 각도 지정 〈0〉: `Enter`
Text: 큰 글꼴 Big Fonts:스타일2 `Enter` `Enter`

10 이번에는 자리 맞추기 옵션을 활용하여
문자를 입력해봅니다. 명령어를 입력한
후 옵션인 'J'를 입력합니다. 그런 다음, 두 지
점 안에 문자를 넣어주는 정렬 옵션 'a'를 입력
하고 2개의 기준점을 입력합니다.

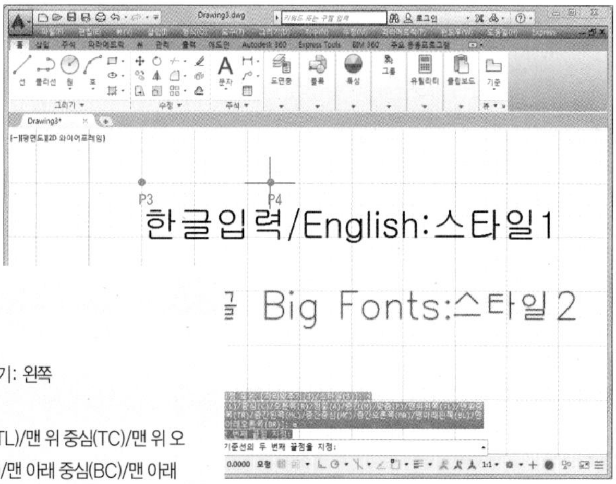

명령: DT `Enter`
Text
현재 문자 스타일: '스타일2', 문자 높이: 25.0000, 주석: 아니오, 자리 맞추기: 왼쪽
문자의 시작점 지정 또는 [자리 맞추기(J)/스타일(S)]: j `Enter`
옵션 입력 [왼쪽(L)/중심(C)/오른쪽(R)/정렬(A)/중간(M)/맞춤(F)/맨 위 왼쪽(TL)/맨 위 중심(TC)/맨 위 오
른쪽(TR)/중간 왼쪽(ML)/중간 중심(MC)/중간 오른쪽(MR)/맨 아래 왼쪽(BL)/맨 아래 중심(BC)/맨 아래
오른쪽(BR)]: a `Enter`
문자 기준선의 첫 번째 끝점 지정: P3점 클릭
문자 기준선의 두 번째 끝점을 지정: P4점 클릭

11 글자를 입력할 때마다 글자가 점점 작아
지는 것을 볼 수 있습니다. 처음 선택한
P3~P4점 사이에 글자가 모두 정렬되어 들어
가야 하므로 자동으로 글자 높이가 조정되는
것입니다. 글자 수가 많을수록 글자 높이가
자동으로 줄어듭니다.

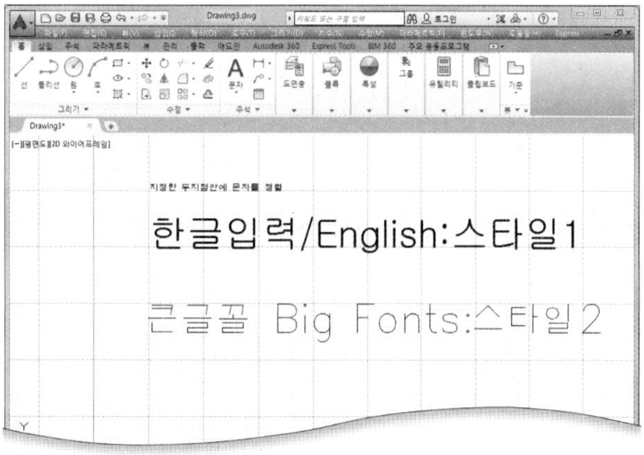

Text: 지정한 두 지점 안에 문자 입력 `Enter` `Enter`

12 이번에는 맞춤(F)에 해당하는 옵션을 입력하여 두 지점에 글자를 입력합니다. 두 지점 안에 글자를 모두 입력하는 것은 동일하지만 정렬(A)와 다른 점은 맞춤(F)의 경우 문자의 높이값을 사용자가 결정한다는 것입니다.

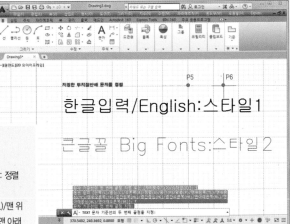

명령: DT Enter
Text
현재 문자 스타일: '스타일2', 문자 높이: 25.0000, 주석: 아니오, 자리 맞추기: 정렬
문자 기준선의 첫 번째 끝점 지정 또는 [자리 맞추기(J)/스타일(S)]: j Enter
옵션 입력 [왼쪽(L)/중심(C)/오른쪽(R)/정렬(A)/중간(M)/맞춤(F)/맨 위 왼쪽(TL)/맨 위
중심(TC)/맨 위 오른쪽(TR)/중간 왼쪽(ML)/중간 중심(MC)/중간 오른쪽(MR)/맨 아래
왼쪽(BL)/맨 아래 중심(BC)/맨 아래 오른쪽(BR)]: f Enter
문자 기준선의 첫 번째 끝점 지정: P5점 클릭
문자 기준선의 두 번째 끝점을 지정: P6점 클릭
높이 지정 〈25.0000〉: Enter

13 문자를 입력하면 자동으로 두 지점 안에 글자가 끼워 맞춰집니다. 다만, 글자의 높이값을 '25'로 지정하였으므로, 높이는 자동 입력이 아니라 사용자가 입력한 높이값으로 표시됩니다.

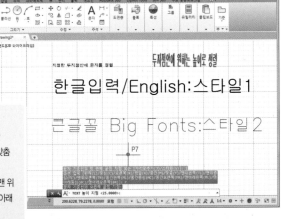

Text: 두 지점 안에 원하는 높이로 정렬 Enter Enter

14 이번에는 오른쪽 정렬 방식으로 문자를 입력해보겠습니다. 문자 입력 명령어인 'DT'를 입력한 후 옵션 'R'을 입력하고 다음 지점을 오른쪽 끝점의 위치로 클릭하여 선택합니다.

명령: DT Enter
Text
현재 문자 스타일: '스타일2', 문자 높이: 25.0000, 주석: 아니오, 자리 맞추기: 맞춤
문자 기준선의 첫 번째 끝점 지정 또는 [자리 맞추기(J)/스타일(S)]: j Enter
옵션 입력 [왼쪽(L)/중심(C)/오른쪽(R)/정렬(A)/중간(M)/맞춤(F)/맨 위 왼쪽(TL)/맨 위
중심(TC)/맨 위 오른쪽(TR)/중간 왼쪽(ML)/중간 중심(MC)/중간 오른쪽(MR)/맨 아래
왼쪽(BL)/맨 아래 중심(BC)/맨 아래 오른쪽(BR)]: r Enter
문자 기준선의 오른쪽 끝점 지정: P7점 클릭
높이 지정 〈25.0000〉: Enter
문자의 회전 각도 지정 〈0〉: Enter

15 그림과 같이 문자를 입력한 후 Enter 를 눌러 종료하면 처음 클릭한 P7점을 기준으로 글자가 모두 오른쪽 정렬되어 나타납니다.

Text: AutoCAD 2015 Enter
Good! Enter Enter

특수 기호를 함께 사용하여 다양한 문자 심벌 만들기

문자를 입력하는 경우 일반적인 문자 외에 각도를 표시하거나 공차 등의 degree나 Pie 등의 특수 문자를 입력해야 하는 경우가 많습니다. Text 명령어를 사용하는 경우, 해당하는 특수 문자들은 조합 문자로 이루어지고, 다음 표 안의 내용으로 조합하여 사용하면 특수 문자가 입력되며, Mtext로 문자를 입력하는 경우에는 대화상자 내에 포함되어 있으므로 선택하여 사용하면 됩니다. 자주 사용하는 특수 기호의 경우에는 암기하여 사용합니다.

입력 특수 키	설명	사용 예	표시 결과
%%U	문자 아래에 밑줄을 그립니다.	%%UAutoCAD 2015!!!	AutoCAD 2015!!!
%%O	문자 위에 윗줄을 그립니다.	%%OAutoCAD 2015~	AutoCAD 2015~
%%C	문자 앞에 지름 표시를 입력합니다.	%%C2000	ø2000
%%D	문자 뒤에 각도 표시를 입력합니다.	180%%D	180°
%%P	문자 앞에 공차 표시를 입력합니다.	%%P0.05	±0.05

---

5 편집 창을 이용하여 여러 줄 입력하기 Mtext

Mtext는 'Mutiple Text'의 약자로, 편집 창을 이용하여 한 번에 다중의 문장 열을 입력하고 수정, 편집하기 편리한 명령어입니다. Text 명령어가 해당 문자의 시작점부터 문자를 입력하는 모든 것은 화면의 좌표점을 기준으로 한다면 Mtext는 워드 프로세서처럼 하나의 편집기를 통해 입력합니다. 화면의 편집기를 이용하여 다양한 문장 구조나 특수 문자 등의 기호를 입력할 수 있으며 나중에 수정하는 경우에도 Mtext로 입력한 문장이나 단어는 Mtext 편집기가 나타나 편리하게 편집할 수 있습니다.

메뉴	리본 메뉴	명령 행
[그리기(D)-문자(X)-단일 행 문자(S)]	[홈] 탭-[주석] 패널-문자 A	Text(단축 명령어: T/MT)

명령어 사용법 ▼

Mtext 명령어를 입력한 후 문자가 입력될 장소를 사각형을 그리듯이 대각선 방향으로 드래그하여 문자 입력 영역을 미리 선택합니다. 해당 영역이 선택하면 그 영역에 입력될 문자를 입력할 편집기 창이 나타나고, 이곳에 원하는 문자열을 입력한 후 각 메뉴에 알맞은 내용을 골라 지정할 수 있으며, 폰트의 크기나 특수 기호 또는 정렬 상태나 리스트 등을 조절할 수 있습니다.

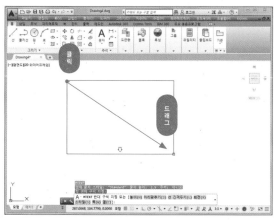

문자열 입력 영역을 사각형으로 영역 설정

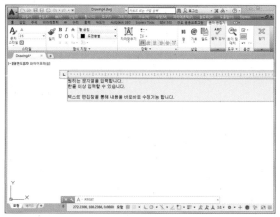

편집 창에 문자열 입력

명령: T Enter
Mtext
현재 문자 스타일: 'Standard', 문자 높이: 2.5, 주석: 아니오
첫 번째 구석 지정:
→ 문자 입력 영역의 시작점의 좌표를 입력합니다.
반대 구석 지정 또는 [높이(H)/자리 맞추기(J)/선 간격두기(L)/회전(R)/스타일(S)/폭(W)/열(C)]:
→ 문자 입력 영역의 대각선 방향으로 드래그하는 두 번째 좌표점을 입력합니다.

명령어 옵션 해설 ▼

Mtext 명령어를 이용하여 문자를 입력하는 경우, 편집 창에 내용을 입력하면 리본 메뉴에 해당하는 문자 편집에 관련된 내용이 나타납니다. 이때 문자의 스타일이나 높이 등을 수정하여 원하는 형태로 변경합니다. 문자열의 입력과 수정이 완료되면 [닫기] 버튼을 클릭하여 명령어를 종료합니다.

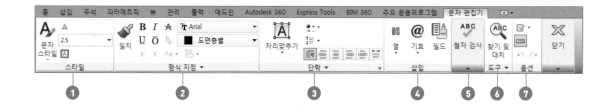

옵 션	옵 션 해 설
문자 편집기	① **[스타일] 탭** : 문자의 스타일을 선택합니다. • 문자 스타일: Style 명령어에서 지정해 놓은 다양한 문자 스타일을 선택할 수 있습니다. • 문자 높이: 문자의 높이값을 입력합니다.
	② **[형식 지정] 탭** : 문자의 형식을 지정해주는 패널입니다. • B(Bold): 문자를 굵은 서체로 표시합니다. 이 옵션은 트루타입 글꼴에서만 사용 할 수 있습니다. • I(Italic): 문자를 15도 기울여 기울임 문자를 표시합니다. 이 옵션은 트루타입 글꼴에서만 사용 가능합니다. • U(UnderLine): 선택한 문자열에 밑줄을 표시합니다. • O(OverLine): 선택한 문자열에 윗줄을 표시합니다. • Font: 문자의 서체를 선택합니다. 트루타입 서체는 서체명 그대로 표시됩니다. • Color: 기본은 By Layer(레이어에 준하여)로 되어 있으며, 문자의 색상을 정합니다.
	③ **[단락] 탭** : 문장의 정렬 상태와 단락 기호를 설정합니다. • 자리 맞추기: 문자의 위치를 자리 맞추기를 통해 정렬합니다. • 글머리 기호: 글머리 기호 및 번호를 지정합니다. • 행 간격: 줄 간격, 즉 행 사이의 간격을 지정합니다. • Align: 문장의 정렬 상태를 정합니다.
	④ **[삽입] 탭** : 기호나 필드 등을 삽입합니다. • 열: 문장의 단을 삽입합니다. • 기호: 특수 기호 등의 심벌을 삽입합니다. • 필드: 문자에 삽입할 필드를 선택할 수 있습니다.
	⑤ **[철자 검사] 탭** : 문자열의 철자 오류를 검사합니다.
	⑥ **[도구] 탭** : 찾기 및 대치: 문자열의 내용을 찾아서 대치합니다.
	⑦ **[옵션] 탭** : 문자열의 입력에 대한 표시를 관리합니다. • 눈금자: 눈금자를 표시하거나 해제합니다. • 문자 세트: 문자 세트를 선택합니다.

명령어 실습하기 ▼

　　　　　Mtext 명령어는 최신 버전을 배우는 사용자가 가장 많이 사용하는 문자 입력 명령어입니다. 한 번에 여러 가지 옵션을 이용하여 수정 편집하기가 쉽고, 특수 기호나 편집 기능이 있기 때문입니다. Dtext 명령어와 비교하여 명령어를 사용해보고 좋은 점을 활용해봅니다.

● 실습 파일: Sample/EX28.dwg　● 완성 파일: Sample/EX28-F.dwg

01 ‥‥ Open 명령어를 이용하여 'Sample/ EX28.dwg' 파일을 연 후 문자를 입력 하기 위해 서체를 지정하기 위한 작업인 문자 스타일을 새로 설정해봅니다. 먼저 기본 서체 의 폰트를 '굴림'으로 변경합니다.

명령: ST Enter
Style

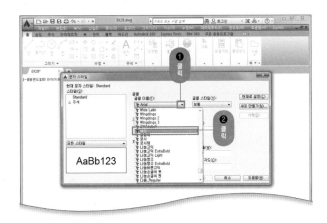

02 굴림으로 변경되고 나면 문자 스타일에 입력되도록 [적용] 버튼을 클릭한 후 [닫기] 버튼을 클릭하여 대화상자를 종료합니다.

03 여러 줄 문자 입력 명령어 Mtext의 단축키인 'T'를 입력한 후 그림과 같이 문자가 입력될 영역을 사각형 모양대로 클릭하여 선택합니다.

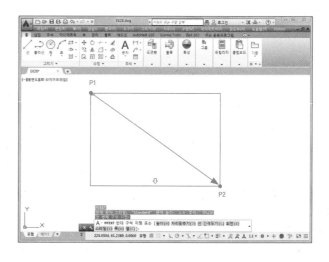

명령: T Enter
Mtext
현재 문자 스타일: 'Standard' 문자 높이: 2.5 주석: 아니오
첫 번째 구석 지정: P1점 클릭
반대 구석 지정 또는 [높이(H)/자리 맞추기(J)/선 간격두기(L)/회전(R)/스타일(S)/폭(W)/열(C)]: P2점 클릭

04 사각 영역이 지정되고 나면 그림과 같이 문자 입력 창이 나타나며, 리본 메뉴는 [Text 입력 메뉴] 탭으로 변경됩니다. 먼저 문자의 높이를 현재의 한계에 알맞게 '20'으로 변경합니다.

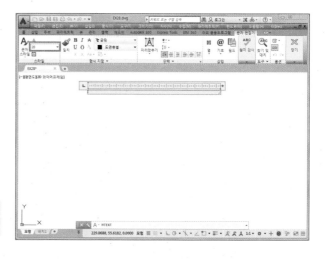

→ '20'을 입력한 후 반드시 Enter 를 눌러야 문자의 높이가 설정됩니다.

05 그림과 같이 문자를 입력합니다. 한 줄 이상 입력 시 Enter 를 눌러 구분합니다.

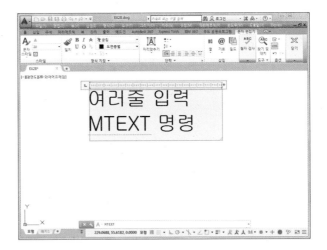

Text: 여러 줄 입력 Enter
Mtext 명령

06 더 이상 입력할 문자열이 없다면 리본 메뉴 오른쪽 끝의 [닫기] 버튼을 클릭하여 명령어를 종료합니다.

07 다시 새로운 문자열을 입력하기 위해 Text 명령어의 단축키인 'T'를 입력한 후 문자열의 영역을 그림과 같이 사각형의 모양대로 선택합니다.

명령: T Enter
Mtext
현재 문자 스타일: 'Standard', 문자 높이: 2.5, 주석: 아니오
첫 번째 구석 지정: P3점 클릭
반대 구석 지정 또는 [높이(H)/자리 맞추기(J)/선 간격두기(L)/회전
(R)/스타일(S)/폭(W)/열(C)]: P4점 클릭

214

08 이번에는 처음 정한 굴림이 아닌 다른 서체를 편집기 내부에서 선택합니다. [폰트 설정 목록] 버튼을 클릭한 후 그림과 같이 '궁서체'를 선택합니다.

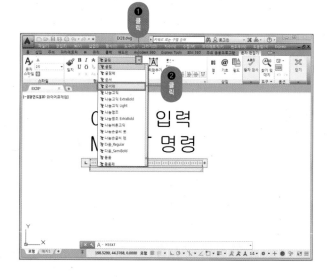

09 문자의 높이값도 변경합니다. '15'를 입력한 후 Enter 를 눌러 높이값이 완전히 적용되도록 합니다.

10 그림과 같이 문자를 입력한 후 [닫기] 버튼을 클릭하여 명령어를 종료합니다. 문장과 문장 사이는 Enter 로 구분합니다.

Text: 편집기 내부에서 Enter
폰트 변경

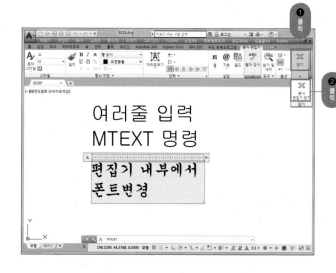

11 이번에는 특수한 심벌을 입력하기 위해 Text 명령어의 단축키인 'T'를 입력하고 문자열의 영역을 그림과 같이 사각형 모양 대로 선택합니다.

명령: T [Enter]

Mtext

현재 문자 스타일: 'Standard' 문자 높이: 2.5 주석: 아니오

첫 번째 구석 지정: P5점 클릭

반대 구석 지정 또는 [높이(H)/자리 맞추기(J)/선 간격두기(L)/회전
(R)/스타일(S)/폭(W)/열(C)]: P6점 클릭

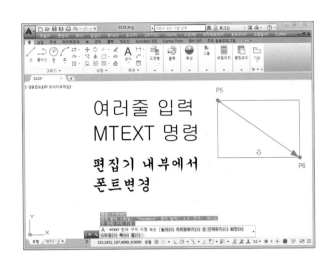

12 일반적으로 Dtext 명령어에서는 직접 입력해야 하는 특수 기호들이 Text나 Mtext에서는 이미 설정되어 있으므로 다음 그림처럼 직접 특수 기호를 원하는 문자 전이나 다음에 선택만 하면 됩니다.

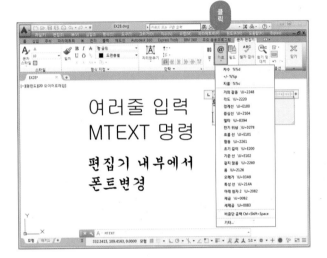

13 그림과 같이 문자와 특수 문자를 입력해 봅니다. 입력이 완료되면 [닫기] 버튼을 클릭하여 명령어를 종료합니다.

Text: 특수 기호 입력 [Enter]

45° 각도 [Enter]

ø20 지름 [Enter]

±0.01 공차

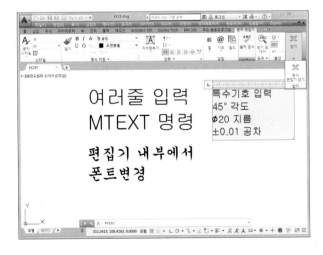

6 문자 내용을 수정 및 편집하는 Textedit/Ddedit

입력된 문자나 문자열의 내용만 편집하고 싶은 경우 Ddedit 명령어를 통해 수정할 수 있습니다. 특히, 명령어를 입력하지 않고 해당 문자를 클릭하면 객체 특성 창에 내용이 자동으로 표시되며, 특성 창 내에서 수정도 가능합니다. AutoCAD에서는 문자를 입력할 때마다 문자 입력 도구를 사용하기보다 일반적인 문자를 하나만 입력한 후 원하는 장소에 원하는 개수만큼 복사한 후 문자의 내용을 재편집하는 명령어를 이용하여 문자의 내용만 변경하여 사용할 때 많이 활용합니다.

메뉴	명령 행
[수정(M)-객체(O)-문자(T)-편집(E)]	Textedit/Ddedit(단축 명령어: ED)

명령어 사용법

Textedit 명령어나 Ddedit 명령어는 동일한 명령어로, 단축키는 'ED'입니다. 'ED'를 입력한 후 원하는 문자열을 클릭하면 해당 문자열이 Dtext로 입력한 내용은 한 번에 한 줄만, Text로 입력한 내용은 한 번에 드래그한 영역의 모든 문자가 나타나며, 사용자가 원하는 다른 문자열로 대치할 수 있습니다.

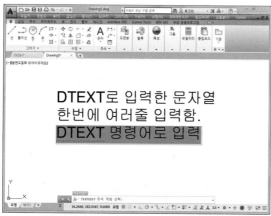

Dtext로 입력한 문자 선택

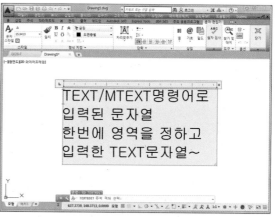

Text/Mtext로 입력한 문자 선택

TIP

특성 창에서 내용 수정 가능

Change 명령어, 즉 Properties 특성 창에서는 선택한 객체의 속성을 수정할 수 있습니다. 문자열 역시 내용을 수정할 수 있는데, Dtext로 입력된 것은 한 줄씩 나타나므로 속성을 이용하여 수정하기가 편리합니다. 문자열을 클릭한 후 명령어에서 'CH'를 입력하면 그림과 같은 [특성] 창이 나타나며, 이때 문자 속성의 내용을 클릭하여 수정하고 Enter 를 누르면 문자열의 내용이 수정됩니다.

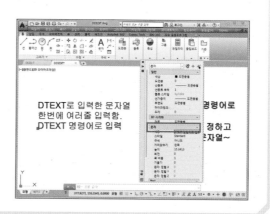

문자 입력 명령어와 수정 명령어 익히기

현장 실습 명령어를 이용하여 단일 행 문자를 입력하거나 여러 행 문자를 입력하는 방법을 학습하고 입력된 문자를 이용하는 다양한 방법을 학습합니다. 보통은 문자 하나만 입력하고 여러 개 복사한 후 내용만 수정하는 방법을 많이 사용하므로 간단하지만 현장 실습을 통해 실무에서 사용하는 방식을 학습해봅니다.

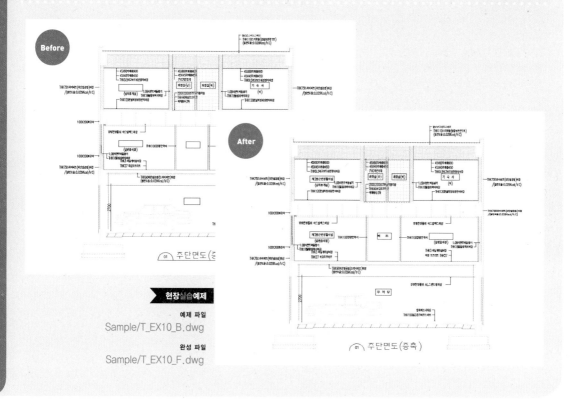

현장실습예제

예제 파일
Sample/T_EX10_B.dwg

완성 파일
Sample/T_EX10_F.dwg

01 Open 명령어를 이용하여 'Sample/T_EX10_B.dwg' 파일을 엽니다. 다양한 문자가 입력된 파일이 나타나면 다음의 구역을 확대하기 위해 Zoom 명령어로 확대합니다.

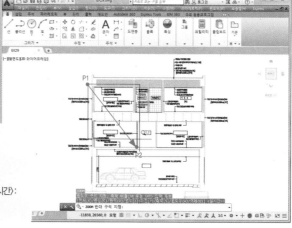

명령: Z Enter
Zoom
윈도우 구석 지정, 축척 비율(nX 또는 nXP) 입력 또는
[전체(A)/중심(C)/동적(D)/범위(E)/이전(P)/축척(S)/윈도우(W)/객체(O)] 〈실시간〉:
반대 구석 지정: P1~P2점 클릭, 드래그

02 화면이 확대되면 화면 가운데의 빈칸에 다음과 같이 한 줄 입력 명령어를 입력하고 자리맞춤을 이용하여 두 지점 사이에 문자를 끼워 넣습니다.

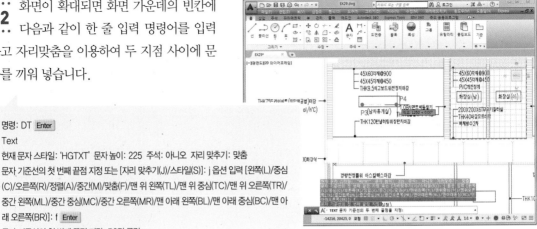

명령: DT Enter
Text
현재 문자 스타일: 'HGTXT' 문자 높이: 225 주석: 아니오 자리 맞추기: 맞춤
문자 기준선의 첫 번째 끝점 지정 또는 [자리 맞추기(J)/스타일(S)]: j 옵션 입력 [왼쪽(L)/중심(C)/오른쪽(R)/정렬(A)/중간(M)/맞춤(F)/맨 위 왼쪽(TL)/맨 위 중심(TC)/맨 위 오른쪽(TR)/중간 왼쪽(ML)/중간 중심(MC)/중간 오른쪽(MR)/맨 아래 왼쪽(BL)/맨 아래 중심(BC)/맨 아래 오른쪽(BR)]: f Enter
문자 기준선의 첫 번째 끝점 지정: P3점 클릭
문자 기준선의 두 번째 끝점을 지정: P4점 클릭

03 문자 높이값에 '150'을 입력한 후 그림과 같이 '제2종근린생활시설'이라고 입력합니다. 미리 두 지점 안에 글자가 들어가도록 맞춤(F) 옵션을 지정하였기 때문에 글자폭이 자동으로 줄어서 입력됩니다.

높이 지정 〈225〉: 150 Enter
Text: 제2종근린생활시설 Enter Enter

04 입력된 문자가 상자 안에 완벽하게 들어가지 않는 경우에는 Move 명령어를 통해 원하는 장소로 옮겨놓습니다.

Move나 Copy를 이용하는 경우 객체 스냅이 켜 있는 경우가 편할 때도 있지만 오히려 방해가 될 수도 있습니다. 이때는 수직이나 수평으로 이동하는 F8을 켜거나 끄고 이용하거나 F3을 끄거나 켜서 객체 스냅을 ON/OFF하면서 사용합니다.

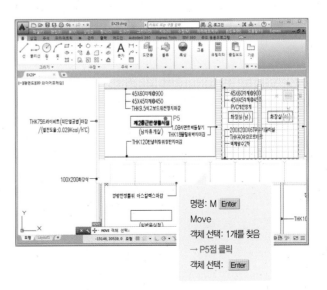

명령: M Enter
Move
객체 선택: 1개를 찾음
→ P5점 클릭
객체 선택: Enter

05 움직이는 기준 폭이 작지만 상자 중앙에 들어갈 수 있도록 기준점에서 이동점으로 적절히 이동합니다. F8을 이용하여 수직이나 수평으로 이동합니다.

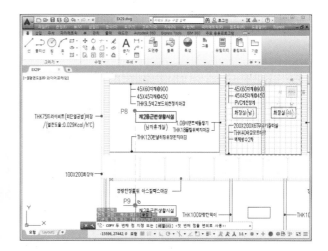

기준점 지정 또는 [변위(D)] 〈변위〉: P6점 클릭
두 번째 점 지정 또는 〈첫 번째 점을 변위로 사용〉: P7점 클릭

06 이번에는 동일한 문자의 경우 Copy 명령어를 통해 복제합니다. 명령어를 입력하고 맨 마지막에 입력된 객체를 자동으로 선택하는 [L] 옵션을 이용하여 선택하고, 상자의 끝점에서 끝점으로 객체 스냅을 이용하여 복제합니다.

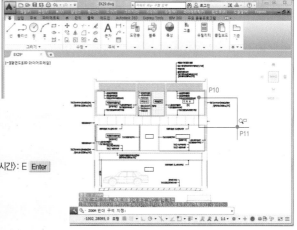

명령: CP Enter
Copy
객체 선택: L Enter
1개를 찾음
객체 선택: Enter
현재 설정: 복사 모드=다중(M)
기본점 지정 또는 [변위(D)/모드(O)] 〈변위〉: P8점 클릭
두 번째 점 지정 또는 [배열(A)] 〈첫 번째 점을 변위로 사용〉: P9점 클릭
두 번째 점 지정 또는 [배열(A)/종료(E)/명령 취소(U)] 〈종료〉: Enter

07 객체를 화면에 가득 채워서 표시하도록 Zoom 명령어의 [E] 옵션을 입력하여 전체 화면이 나타나면 다시 Zoom 명령어를 통해 다음의 구역을 확대합니다.

명령: Z Enter
Zoom
윈도우 구석 지정, 축척 비율(nX 또는 nXP) 입력 또는
[전체(A)/중심(C)/동적(D)/범위(E)/이전(P)/축척(S)/윈도우(W)/객체(O)] 〈실시간〉: E Enter

명령: Z Enter
Zoom
윈도우 구석 지정, 축척 비율(nX 또는 nXP) 입력 또는
[전체(A)/중심(C)/동적(D)/범위(E)/이전(P)/축척(S)/윈도우(W)/객체(O)] 〈실시간〉:
반대 구석 지정: P10~P11점 클릭, 드래그

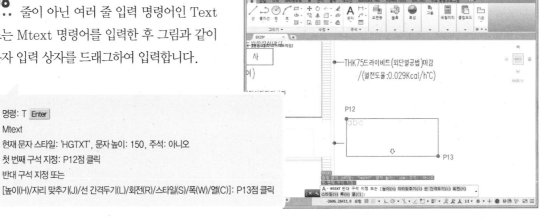

08 위와 동일한 글자를 입력해봅니다. 한 줄이 아닌 여러 줄 입력 명령어인 Text 또는 Mtext 명령어를 입력한 후 그림과 같이 문자 입력 상자를 드래그하여 입력합니다.

명령: T Enter
Mtext
현재 문자 스타일: 'HGTXT', 문자 높이: 150, 주석: 아니오
첫 번째 구석 지정: P12점 클릭
반대 구석 지정 또는
[높이(H)/자리 맞추기(J)/선 간격두기(L)/회전(R)/스타일(S)/폭(W)/열(C)]: P13점 클릭

09 위의 문자 내용과 동일하게 입력하되, 특수 문자의 경우 [기호] 탭에서 맨 위의 각도에 해당하는 특수 기호를 입력합니다.

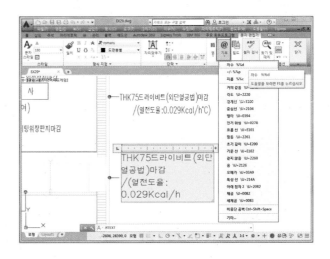

10 문자가 너무 크게 나타나므로 높이값을 조절해봅니다. 전체 문자를 클릭, 드래 그하여 블록으로 설정한 후 맨 앞의 문자 높이 값에 '100'을 입력하고 Enter 를 누르면 그림과 같이 문자의 높이값이 변경 적용됩니다.

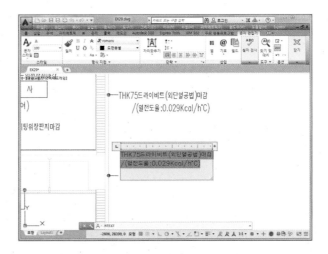

11 문자의 높이값을 변경한 후 다른 변경 사항이 있다면 블록이 설정된 상태에서 수정하고, 더 이상 수정할 내용이 없다면 리본 메뉴 오른쪽 끝의 [닫기] 버튼을 클릭하여 Text 명령어를 종료합니다.

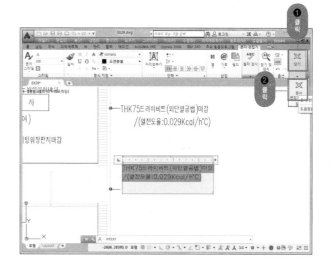

12 입력된 문자가 리더 선분과 수평이 맞지 않습니다. Move 명령어를 통해 아랫부분으로 옮겨서 리더 선분과 수평을 맞춰줍니다.

명령: M Enter
Move
객체 선택: 1개를 찾음
→ P14점 클릭
객체 선택: Enter
기준점 지정 또는 [변위(D)] ⟨변위⟩: P15점 클릭
두 번째 점 지정 또는 ⟨첫 번째 점을 변위로 사용⟩: P16점 클릭

13 Zoom 명령어의 이전 단계에 표시된 화면으로 돌아가는 [P] 옵션을 눌러 이전 화면 상태로 간 후 다시 Zoom 명령어를 이용하여 다음의 구역을 확대합니다.

명령: Z Enter
Zoom
윈도우 구석 지정, 축척 비율(nX 또는 nXP) 입력 또는
[전체(A)/중심(C)/동적(D)/범위(E)/이전(P)/축척(S)/윈도우(W)/객체(O)] ⟨실시간⟩: P Enter

명령: Z Enter
Zoom
윈도우 구석 지정, 축척 비율(nX 또는 nXP) 입력 또는
[전체(A)/중심(C)/동적(D)/범위(E)/이전(P)/축척(S)/윈도우(W)/객체(O)] ⟨실시간⟩:
반대 구석 지정: P17~P18점 클릭, 드래그

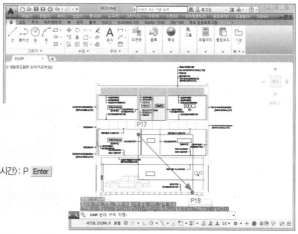

14 이번에는 한 줄만 입력하는 문자를 여러 줄 입력하는 Text 명령어를 통해 입력해봅니다. Text 명령어를 입력한 후 문자 입력 영역을 그림과 같이 입력합니다.

명령: T Enter
Mtext
현재 문자 스타일: 'HGTXT' 문자 높이: 150 주석: 아니오
첫 번째 구석 지정: P19점 클릭
반대 구석 지정 또는 [높이(H)/자리 맞추기(J)/선 간격두기(L)/회전 (R)/스타일(S)/폭(W)/열(C)]: P20점 클릭

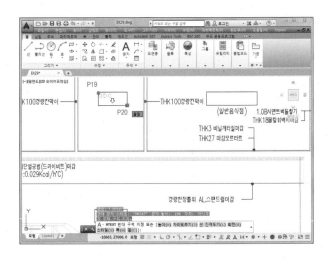

15 '복도'라고 입력한 후 [닫기] 버튼을 눌러 Text 명령어를 종료합니다.

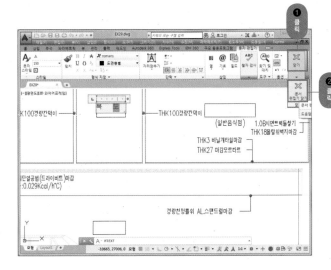

16 상자 윗부분에 치우쳐 입력되어 있는 문자를 Move 명령어를 통해 이동합니다.

명령: M Enter
Move
객체 선택: L Enter
1개를 찾음
객체 선택: Enter
기준점 지정 또는 [변위(D)] 〈변위〉: P21점 클릭
두 번째 점 지정 또는 〈첫 번째 점을 변위로 사용〉: P22점 클릭

17 이번에는 아래쪽으로 복도라는 문자열
을 Copy 명령어를 통해 복제합니다.
F8 직교키나 F3 객체 스냅키를 ON으로 설정
하고 사용하면 편리합니다.

명령: CP Enter
Copy
객체 선택: L
1개를 찾음
객체 선택: Enter
현재 설정: 복사 모드=다중(M)
기본점 지정 또는 [변위(D)/모드(O)] 〈변위〉: P23점 클릭
두 번째 점 지정 또는 [배열(A)] 〈첫 번째 점을 변위로 사용〉: P24점 클릭
두 번째 점 지정 또는 [배열(A)/종료(E)/명령 취소(U)] 〈종료〉: Enter

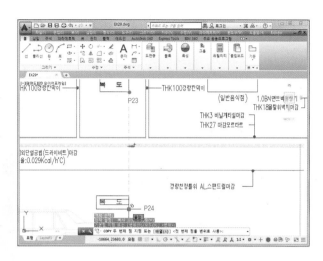

18 입력된 문자를 다른 내용으로 변경합니
다. Textedit 명령어의 단축키인 'ED'
를 입력한 후 아래쪽에 복사된 '복도' 문자를
선택합니다.

명령: ED Enter
Textedit
주석 객체 선택: P25점 클릭

19 '주차장'이라고 입력하고 Enter 를 누르
면 문자열의 내용이 수정됩니다.

20 이번에는 한 줄 문자로 입력된 문자를 선택하여 내용을 수정해보겠습니다. Textedit 명령어의 단축키인 'ED'를 입력한 후 그림과 같은 문자를 클릭하여 선택합니다.

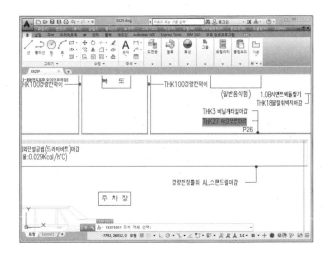

```
명령: ED Enter
Textedit
주석 객체 선택: P26점 클릭
```

21 내용의 앞뒤는 바꿔서 입력해봅니다. '마감모르타르 THK27'로 입력한 후 Enter 를 누르고 명령어를 종료하면 내용이 변경되어 수정됩니다. 완료된 후 Zoom 명령어를 통해 전체 화면으로 표시합니다.

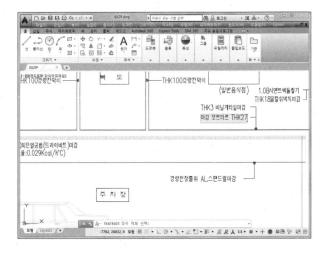

```
명령: Z Enter
Zoom
윈도우 구석 지정, 축척 비율(nX 또는 nXP) 입력 또는
[전체(A)/중심(C)/동적(D)/범위(E)/이전(P)/축척(S)/윈도우(W)/
객체(O)] 〈실시간〉: E Enter
```

참조를 위한 다양한 도면 요소 활용하기

이번 섹션의 포인트는 '참조'입니다. 다양한 도면을 그리는 경우 같은 내용이나 반복되는 내용을 매번 그리거나 만드는 데 시간을 할애하기 어렵습니다. 이때 자주 사용하는 도면 객체를 블록이나 참조 객체로 만들어두고 필요한 도면에 여러 번 반복해서 삽입하여 도면을 작성하는 시간을 아낄 수 있습니다. 또한 도면이 갖고 있는 일반적인 속성만 갖고 현재의 도면에 삽입하면 도면을 작성하는 시간을 최대한 절약할 수 있으므로 참조에 대한 여러 가지 명령어를 활용해봅니다.

A u t o C A D 2 0 1 5

1 객체 라이브러리 블록 정의하기 Block

우리가 작성하는 건축이나 기계 도면 안에는 반복적으로 사용되는 일정한 객체들이 있습니다. 같은 모양의 객체는 복제 명령어를 통해 복사할 수도 있지만 미리 메모리상에 저장해두었다가 원하는 시점에 선택과 이동이라는 명령 체계를 이용하지 않더라도 삽입하여 활용할 수 있습니다. 바로 블록을 이용하여 원하는 장소에 객체를 삽입할 수 있고, 블록으로 만든 객체를 삽입할 때 크기, 위치, 각도 등을 변경하기 쉬우며, 분해하여 삽입하거나 재편집도 가능합니다. 또한 만들어진 블록은 다른 작업자와의 공유를 통해 함께 사용할 수도 있습니다.

메뉴	리본 메뉴	명령 행
[그리기(D)-블록(K)-만들기(M)]	[홈] 탭-[블록] 패널-[만들기]	Block(단축 명령어: B)

명령어 사용법 ▼

가장 먼저 블록으로 설정할 대상 객체를 작성합니다. Block 명령어를 입력하고 대화상자가 나타나면 등록할 블록을 구별할 블록 이름을 입력한 후, 조건에 맞도록 블록 객체를 선택하고 삽입 시의 기준점을 좌표나 객체의 일정 지점으로 선택하여 블록을 완료합니다.

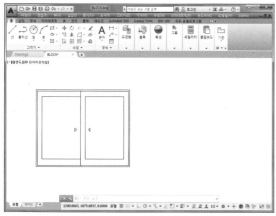

Block 대상 객체 작성

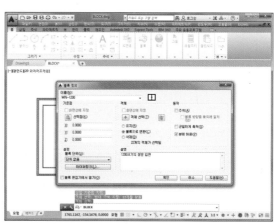

[Block 명령어] 대화상자

명령: B [Enter]

Block

→ 대화상자에서 블록의 이름을 명명한 후 순서대로 삽입점, 객체 등을 선택합니다.

삽입 기준점 지정:

→ 블록 대상 객체의 삽입 시 기준점의 위치를 클릭합니다.

객체 선택: 반대 구석 지정: 22개를 찾음

→ 블록 대상 객체를 선택합니다.

객체 선택: [Enter]

→ 블록 대상 객체의 선택을 완료하기 위해 [Enter]를 누릅니다.

명령어 옵션 해설

블록 명령어인 Block은 대화상자의 내용들이 옵션에 해당합니다. 각 대화상자의 내용을 원하는 형태로 선택해야 블록으로 지정할 수 있습니다. 이름 명명→기준점→객체 선택→설명 내용 입력(선택 사항) 순으로 설정합니다.

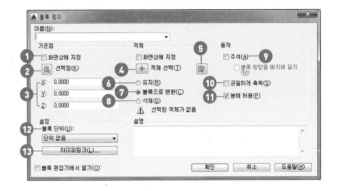

옵션	옵션 해설
이름	블록의 이름을 정하여 입력합니다. 삽입할 때 편리하도록 형식을 미리 정하여 입력합니다.
기준점	블록을 삽입할 때의 기준점을 지정합니다. ① **화면상에 지정**: 체크 시 [블록] 대화상자는 닫히고, 기준점을 지정하지 않고 스크린 화면에서 원하는 지점을 선택할 수 있습니다. ② **선택점**: 버튼을 클릭 시 블록의 삽입점을 사용자가 직접 선택할 수 있습니다. ③ **X/Y/Z**: x, y, z의 좌표값을 직접 입력할 수 있습니다.
객체	블록으로 만들 객체를 선택하여 지정합니다. ④ **[객체 선택] 버튼**: 버튼을 선택한 후 선택 박스를 이용하여 화면의 개체를 선택합니다. ⑤ **[신속 선택] 버튼**: 객체의 특성을 이용하여 선택합니다. ⑥ **유지**: 블록으로 만들기 위한 객체를 만들 당시의 상태로 유지합니다. ⑦ **블록으로 변환**: 선택한 객체를 블록으로 변환합니다. ⑧ **삭제**: 블록으로 선택된 객체를 삭제합니다.
동작	블록의 세부 사항(주석 여부나 축척 등)을 지정합니다. ⑨ **주석**: 블록 주석을 설정합니다. 주석 축척에 따른 스케일을 정할 수 있습니다. ⑩ **균일하게 축척**: 블록의 Scale이 정비례하도록 미리 지정합니다. ⑪ **분해 허용**: Explode 명령어를 이용하여 블록을 분해할 수 있도록 지정하는 옵션입니다.
설정	블록의 단위와 링크 상태를 지정합니다. ⑫ **블록 단위**: 블록의 단위를 설정합니다. 밀리미터를 지정합니다. ⑬ **하이퍼링크**: 도면이나 웹 페이지, 이메일 등의 링크를 설정합니다.
설명	블록에 대한 간단한 설명을 입력합니다. 해당 블록이 어떤 블록인지 또는 해당 블록의 사이즈는 얼마인지를 설명에 붙여둡니다.
블록 편집기에서 열기	블록을 삽입할 때마다 블록의 편집 창을 열어 블록을 다양하게 작성하도록 해줍니다.

명령어 실습하기 ▼

Block 명령어는 자주 사용하는 객체를 심벌화하여 라이브러리에 두고 필요할 때 원하는 위치에 삽입하여 사용하기 위한 블록화 작업을 의미합니다. 자주 사용되는 객체를 등록하는 기본적인 방법을 익혀 삽입에 필요한 라이브러리를 구축합니다.

● 실습 파일: **Sample/EX29.dwg**   ● 완성 파일: **Sample/EX29-F.dwg**

01 ···· Open 명령어를 이용하여 'Sample/ EX29.dwg' 파일을 연 후 Block 명령어의 단축키인 'B'를 입력합니다. 그런 다음 그림과 같이 블록의 이름을 입력하고 기준점을 선택하기 위해 [선택점] 버튼을 클릭합니다.

명령: B Enter

02 ···· 만들어진 블록을 나중에 도면에 삽입할 때 필요한 위치를 그림과 같이 객체 스냅을 이용하여 정확하게 선택합니다. 삽입점의 위치는 사용자가 정하면 됩니다.

Block 삽입 기준점 지정: P1점 클릭

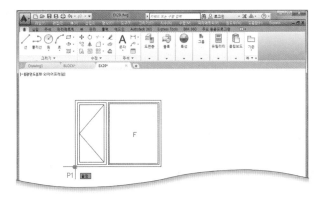

03 ···· 삽입할 기준점을 지정하였다면 블록으로 지정할 객체를 모두 선택하기 위해 객체 영역의 [객체 선택] 버튼을 클릭합니다.

04 대화상자가 사라지고 객체가 나타납니다. 선택 박스를 이용하여 대각선 방향으로 드래그하여 객체를 선택합니다. 선택이 완료되면 Enter 를 눌러 선택을 종료합니다.

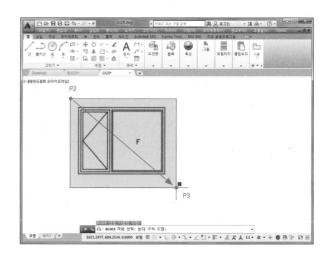

> 객체 선택: 반대 구석 지정: 23개를 찾음
> → P2~P3점 클릭, 드래그
> 객체 선택: Enter

05 Enter 를 눌러 선택을 종료하면 대화상자로 되돌아옵니다. 이때 단위는 '밀리미터'로 선택합니다. 전반적인 Units가 밀리미터로 되어 있다면 다시 설정하지 않아도 됩니다.

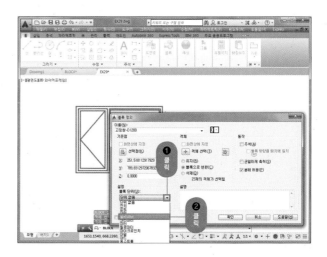

06 설명란에 원하는 문자열을 입력합니다. 반드시 넣어야 하는 것은 아니지만, 많은 블록이 있는 경우 해당 블록에 대한 정보를 입력해두면 사용자가 편리하게 이용할 수 있습니다. 설명을 입력한 후 [확인] 버튼을 클릭하면 블록이 만들어집니다.

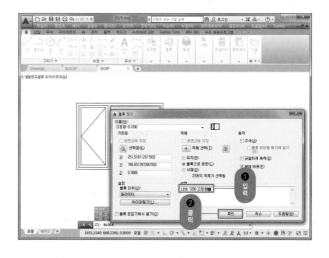

2 파일 블록 정의하기 Wblock

Block 명령어로 만들어진 블록은 현재의 도면에서만 사용하는 것이므로 사용에 제한이 따릅니다. 따라서 이 블록을 다른 도면에서도 사용하기 위해서는 디자인 센터를 이용하거나 이 블록만 도면 요소 내에서 하나의 파일인 쓰기 블록으로 전환해야 합니다. 처음부터 Wblock으로 정하면 하나의 파일로 저장되므로 현재 도면부터 다른 도면 또는 다른 사용자도 함께 사용할 수 있는 파일로 만들어진 블록이 제공됩니다. Block으로 만든 것도 Wblock으로 재등록할 수 있습니다.

> 명령 행
> **Wblock**(단축 명령어: W)

명령어 사용법

Wblock으로 지정하는 방법은 Block 설정 방법과 거의 동일합니다. 대화상자의 모양만 조금 다르며 기존의 블록을 등록할 수 있도록 대화상자 내에서 지원합니다. 화면에 도면 요소가 있다면 Wblock 명령어를 입력하고 대화상자가 나타나면 순서대로 원하는 블록 객체를 선택하고 기준점의 좌표를 입력합니다. 기준점의 좌표를 입력하고 나면 해당 블록을 파일로 저장하기 위해 [File Browser] 버튼을 클릭하여 원하는 경로에 파일 이름을 입력하고 저장합니다. 또한 [FILE] 메뉴의 내보내기 명령어에서 파일 형식을 블록으로 설정해도 Wblock으로 지정됩니다.

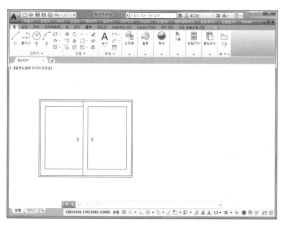

Wblock 대상 객체 작성

[Wblock 명령어] 대화상자

명령: W `Enter`
Wblock
삽입 기준점 지정:
→ 파일 블록으로 만들어진 블록을 도면 내로 삽입 시 기준점 위치를 선택합니다.
객체 선택: 반대 구석 지정: 22개를 찾음
→ 파일 블록으로 만들 대상 객체를 선택합니다.
객체 선택: `Enter`
→ `Enter` 를 눌러 객체 선택을 종료합니다.

명령어 옵션 해설

파일 블록인 Wblock는 Block과 마찬가지로 블록의 이름과 객체를 선택하거나 삽입 시 기준점 등이 옵션으로 지정됩니다. Block과 다른 점은 파일로 저장하기 위한 [파일 선택] 버튼이 있다는 것입니다.

옵션	옵션 해설
원본	Wblock으로 만들어 저장할 객체의 선택 방법을 결정합니다. ① **블록(B)**: 임시 기억 장소에 기억된 블록을 선택합니다. 즉, 일반 Block 명령어로 만든 객체를 다시 Wblock으로 만드는 경우에 사용합니다. ② **전체 도면**: 현재 화면에 있는 전체 도면을 블록으로 저장합니다. 일반 Save 명령어로 저장한 것과 다르지 않습니다. ③ **객체**: 전체 도면 요소 중에서 필요한 특정 객체만 선택하여 블록으로 저장하는 방법으로 많이 사용합니다.
기준점	블록의 삽입 기준점을 정합니다. 보통 절대 좌표값인 X, Y, Z 좌표값을 입력하거나 [선택점] 버튼을 이용하여 원하는 위치를 사용자가 직접 선택합니다.
객체	블록으로 만들 객체를 선택하여 지정합니다. ④ **[객체 선택] 버튼**: 버튼을 클릭한 후 선택 박스를 이용하여 화면의 객체를 선택합니다. ⑤ **신속 선택 버튼**: 객체의 특성을 이용하여 선택합니다. ⑥ **유지**: 블록으로 만들기 위한 객체를 만들 당시의 상태로 유지합니다. ⑦ **블록으로 변환(C)**: 선택한 객체를 블록으로 변환합니다. ⑧ **도면에서 삭제(D)**: 블록으로 선택된 객체를 삭제합니다.대상 Wblock으로 저장할 파일 경로를 선택한 후 블록 삽입 시의 기준 단위를 결정합니다.
대상	⑨ **파일 이름 및 경로(F)**: 블록으로 저장될 객체의 이름과 폴더의 경로를 지정합니다. ⑩ **단위 삽입**: 블록 삽입 단위를 지정합니다.

명령어 실습하기

Wblock 명령어는 어느 도면에서나 해당하는 블록을 사용하고 싶을 때 바로 삽입하여 쓸 수 있는 블록으로 만들어줍니다. 파일로 저장되는 블록이므로 저장 공간이 확보되어야 합니다. 다음의 예제를 통해 일반 블록 만들기와 파일 블록 만들기의 차이를 익히도록 합니다.

● 실습 파일: Sample/EX30.dwg　　● 완성 파일: Sample/EX30-F.dwg

01 Open 명령어를 이용하여 'Sample/
EX30.dwg' 파일을 연 후 일반 블록을
등록해봅니다. Block 명령어의 단축키인 'B'
를 입력한 후 그림과 같이 블록의 이름을 입력
하고 기준점을 선택하기 위해 [선택점] 버튼을
클릭합니다.

명령: B Enter
Block

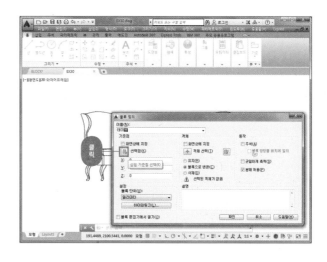

02 쇼파 가운데의 작은 테이블 상단 부분
의 가운데 중간점을 기준점으로 선택합
니다.

삽입 기준점 지정: P1점 클릭

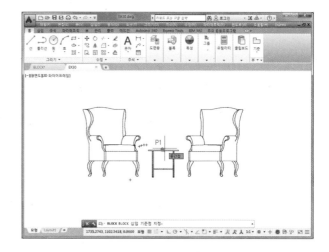

03 기준점의 선택이 완료되면 그림과 같이
대화상자로 되돌아옵니다. 이어 블록
대상을 선택하기 위해 객체 영역의 [객체 선
택] 버튼을 클릭합니다.

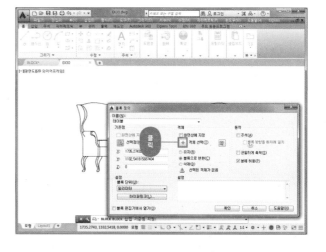

04 화면으로 되돌아가면 선택 박스를 이용하여 대각선 방향으로 마우스를 드래그하여 테이블 전체를 선택합니다. 선택이 완료되면 Enter 를 눌러 선택을 종료합니다.

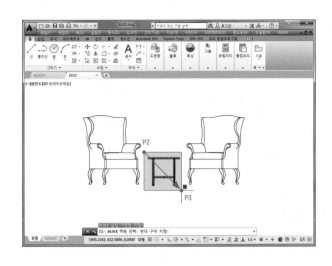

객체 선택: 반대 구석 지정: 26개를 찾음
→ P2~P3점 클릭, 드래그
객체 선택: Enter

05 대화상자로 되돌아오면 단위나 설명을 입력하고 [확인] 버튼을 클릭하여 블록 생성을 종료합니다.

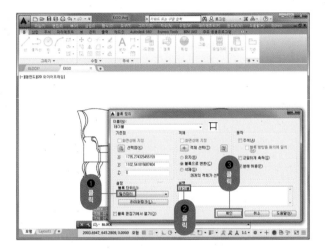

06 이번에는 파일 블록인 Wblock을 만들어 봅니다. 명령어 단축키인 'W'를 입력한 후 그림처럼 기준점 영역의 선택점 버튼을 클릭합니다.

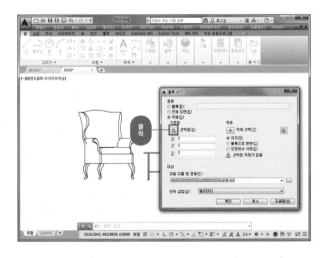

명령: W Enter
Wblock

07 왼쪽 소파 하단 부분의 중간점을 파일 블록의 기준점으로 선택합니다.

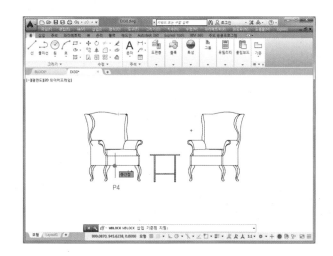

삽입 기준점 지정: P4점 클릭

08 기준점이 클릭되면 대화상자로 되돌아 옵니다. 파일 블록으로 지정될 객체를 선택하기 위해 객체 영역의 [객체 선택] 버튼 을 클릭합니다.

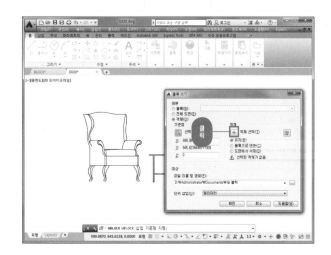

09 화면으로 되돌아가면 그림과 같이 선택 박스를 이용하여 대각선 방향으로 마우 스를 드래그하여 소파 전체를 선택합니다. 선택이 완료되면 Enter 를 눌러 선택을 종료합 니다.

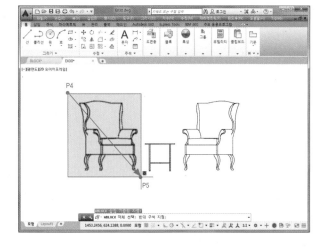

객체 선택: 반대 구석 지정: 146개를 찾음
→P4~P5점 클릭, 드래그
객체 선택: Enter

10 대화상자로 되돌아오면 파일명을 입력하기 위해 그림과 같이 [파일 선택] 버튼을 클릭합니다.

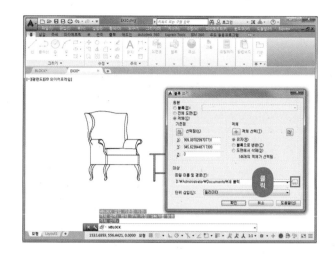

11 파일이 저장될 폴더를 원하는 위치로 설정한 후 원하는 블록의 이름을 입력하고 [저장] 버튼을 클릭합니다. 일반적인 파일 저장 방식과 동일합니다.

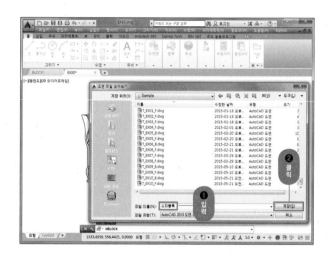

12 [파일 블록] 대화상자로 되돌아오면 [확인] 버튼을 클릭하여 파일 블록 생성을 완료합니다.

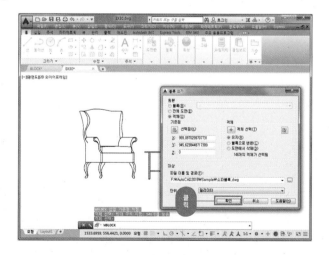

13 이번에는 처음에 등록해둔 일반 Block 을 Wblock으로 전환해봅니다. 먼저 파일 블록 명령어를 입력하고 그림과 같이 원본 영역을 '블록'으로 지정하여 처음 만들어둔 '테이블' 블록을 선택합니다.

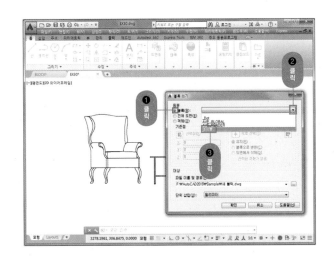

14 객체와 삽입 기준점이 이미 생성된 블록 이므로 바로 '파일 선택' 버튼을 눌러 파일로 저장한 후 [확인] 버튼을 클릭하여 파일 블록 생성을 완료합니다.

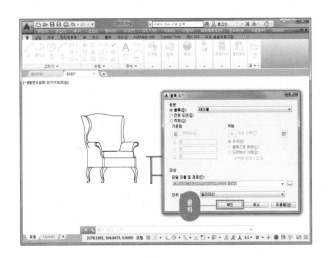

③ 블록 삽입하기 Insert

앞에서 만든 일반 블록이나 파일 블록 모두 어느 도면에서든지 삽입하여 사용하기 위해 만듭니다. Insert 명령어는 Block 명령어와 Wblock 명령어를 이용하여 만든 블록을 원하는 도면의 영역에 삽입하기 위한 명령어입니다. Insert 명령어를 통해 원하는 좌표로 삽입하면서 크기, 각도 등을 변경하여 사용자가 원하는 상태로 가공할 수 있으며, 그룹이나 개인 객체로도 사용할 수 있습니다.

메뉴	리본 메뉴	명령 행
[삽입(I)-블록(B)]	[홈] 탭-[블록] 패널-[삽입]	Insert(단축 명령어: I)

명령어 사용법

Insert 명령어는 일반적으로 블록이나 파일 블록으로 만든 객체를 현재 도면 안으로 삽입할 때 사용하는 명령어이므로, 삽입할 대상 블록이 있어야 사용할 수 있습니다. 일반 블록은 목록 상자에서 선택할 수 있고 파일 블록은 파일 목록에서 선택할 수 있습니다. 일단 한 번이라도 선택했거나 바로 현재 도면에 저장된 Block의 경우에는 블록의 이름이 최상위에 선택되어 있습니다. 바로 직전에 사용하거나 만들어진 블록이 없는 경우 빈칸으로 나타나며, 사용자는 [목록] 버튼이나 [파일] 버튼을 클릭한 후 원하는 블록을 선택하여 삽입할 수 있습니다.

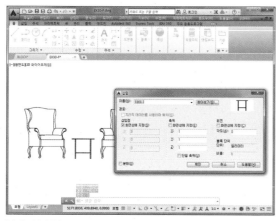

[삽입] 대화상자에서 대상 블록 선택

원하는 삽입점 위치 클릭

명령: I Enter

Insert

→ 삽입 대화상자에서 대상 블록을 선택합니다.

삽입점 지정 또는 [기준점(B)/축척(S)/X/Y/Z/회전(R)]:

→ 삽입할 대상 지점을 좌표나 마우스로 입력합니다.

명령어 옵션 해설

Insert 삽입 명령어도 Block나 Wblock처럼 대화상자의 영역과 버튼의 내용을 옵션으로 알고 있어야 사용할 수 있습니다. 삽입하는 블록의 조건을 결정하거나 삽입 시 크기 또는 각도를 조절하거나 삽입점의 좌표점을 마우스나 좌표점의 입력 등으로 변경할 수 있으며, Explode를 체크하므로 하나의 단일 객체로 삽입되는 것을 방지하여 개개의 객체로 삽입하는 등의 옵션을 정할 수 있습니다.

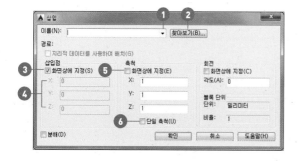

옵 션	옵 션 해 설
이름	도면 안으로 삽입할 블록의 리스트를 선택합니다. ① **[목록] 버튼**: 한 번 이상 삽입된 블록의 리스트가 등록되어 있습니다. 원하는 블록을 목록에서 선택할 수 있습니다. ② **찾아보기(B)**: 파일로 저장된 블록을 선택할 수 있는 파일 대화상자를 나타냅니다. 원하는 파일을 선택할 수 있습니다. 주로 Wblock으로 만든 파일이나 전체 도면을 삽입할 때 사용합니다.
삽입점	블록을 삽입하는 삽입점의 기준을 설정합니다. 절대 좌표값인 X, Y, Z 값을 입력하거나 화면상에 지정(S)을 이용하여 원하는 위치를 사용자가 직접 마우스로 클릭하여 선택합니다. ③ **화면상에 지정(S)**: 선택 시 초깃값을 이용합니다. 마우스로 원하는 지점을 클릭하여 블록을 삽입합니다. 사용자가 원하는 위치를 정할 때 많이 사용합니다. ④ **X/Y/Z**: 삽입점의 절대 좌표값을 각각 입력합니다.
축척	삽입하는 블록의 크기를 조정합니다. ⑤ **화면상에 지정(S)**: 블록의 크기를 화면에서 정하여 입력합니다. ⑥ **단일 축척**: 체크 시 가로, 세로의 크기를 정비례하게 설정합니다.
회전	삽입하는 블록의 회전각을 설정합니다. 만들어진 블록을 0도로 기준하여 360도 회전각을 지원합니다.
블록 단위	삽입하는 블록의 단위를 설정합니다. 기본 Units는 Millimeters를 사용합니다.
분해	• 삽입하는 블록을 분해하여 삽입할 것인지의 여부를 설정합니다. • 삽입 시 블록을 선택하거나 제어하는 경우 불편할 수 있으므로 주의합니다.

명령어 실습하기

Wblock이나 Block으로 만들어진 블록은 모두 도면에서 활용하기 위해 만드는 작업입니다. 만들어 놓은 블록 객체를 도면 안에 삽입하는 연습을 통해 블록 삽입을 연습합니다.

● 실습 파일: Sample/EX31.dwg ● 완성 파일: Sample/EX31-F.dwg

01 Open 명령어를 이용하여 'Sample/EX31.dwg' 파일을 열면 내부에 블록이 2개 설정되어 있는 파일이 열립니다. Insert의 단축 명령어인 'I'를 입력하여 블록 이름을 'WIN-1200'으로 선택합니다.

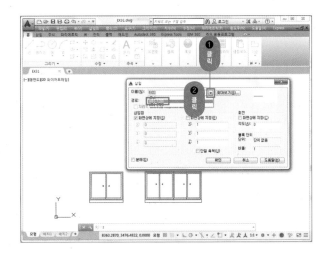

명령:I Enter
Insert

02 삽입점의 위치는 화면에서 선택하는 것으로 하며, 크기는 동일하게 2배로 키우고 회전 각도도 25도를 입력합니다. 입력이 완료되면 [확인] 버튼을 클릭합니다.

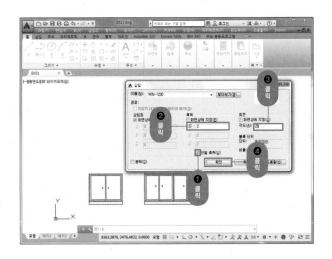

03 그림과 같은 지점에 삽입점을 클릭합니다. 절대 좌표나 마우스로 좌표점을 입력합니다.

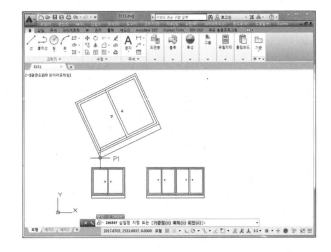

삽입점 지정 또는 [기준점(B)/축척(S)/회전(R)]: P1점 클릭

04 방금 삽입된 블록 위에 명령어를 입력하지 않은 채로 마우스를 올려놓습니다. 진하게 나타나고 상세 설명에 '블록 참조'라고 나타나며 전체가 하나로 인식되는 덩어리 객체입니다.

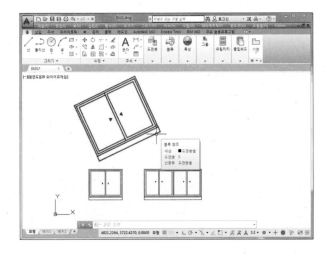

05 다시 삽입 명령어의 단축키인 'I'를 입력한 후 '분해'에 체크하고 기본값은 변경 없이 삽입하기 위해 [확인] 버튼을 클릭합니다.

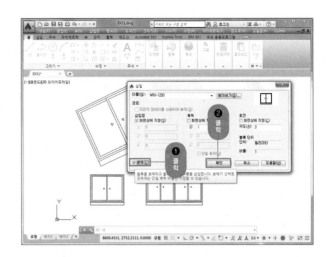

명령: I Enter
Insert

06 다음의 끝점을 삽입점으로 선택하여 바로 전 블록을 삽입합니다.

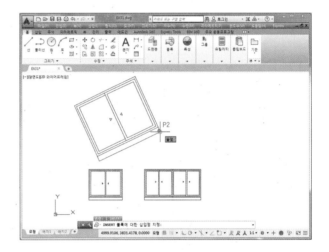

블록에 대한 삽입점 지정: P2점 클릭

07 지금 삽입된 블록 객체에 명령어를 입력하지 않은 채 마우스 포인터를 올려놓습니다. 그림과 같이 '선'이라고 표시되며 전체가 아닌 객체 하나만 선택되는 단일 객체인 것을 알 수 있습니다.

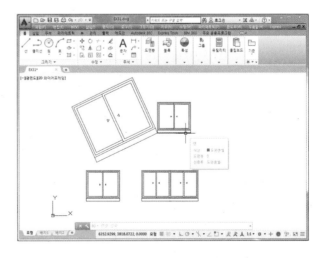

08 이번에는 가로의 크기와 세로의 크기를 달리 변환해봅니다. 삽입 명령어의 단축키인 'I'를 입력한 후 블록 이름 목록에서 'WIN-2720'을 선택합니다.

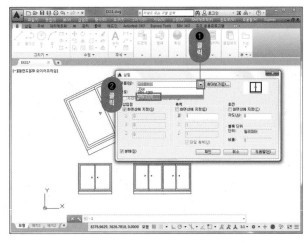

09 블록은 낱개의 객체보다 하나의 덩어리 객체로 관리하기 쉬우므로 '분해'를 다시 체크 해제하고 X의 축척은 '1', Y의 축척은 '0.5'로 줄여서 입력한 후 [확인] 버튼을 클릭합니다.

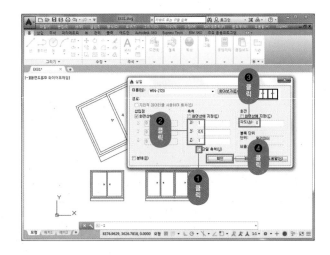

10 그림의 위치를 마우스로 클릭하여 삽입합니다. 원래의 크기보다 세로의 크기만 절반 줄어든 모양의 블록이 삽입됩니다.

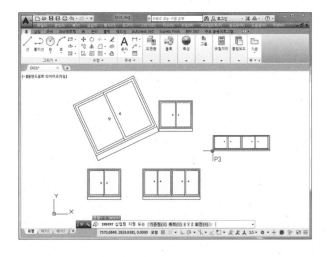

삽입점 지정 또는 [기준점(B)/축척(S)/X/Y/Z/회전(R)]: P3점 클릭

4 만든 블록을 수정하는 Bedit

Block이나 Wblock를 도면 객체로 등록한 후 Insert로 삽입하면 계속 동일한 모양으로 삽입됩니다. 만약, 해당 블록 객체의 도면 요소에 변동이 있다면 다시 등록하지 않고 Bedit를 통해 블록 자체를 수정할 수 있습니다.

메뉴	리본 메뉴	명령 행
[도구(T)-블록 편집기(B)]	[홈] 탭-[블록] 패널-[편집]	Bedit(단축 명령어: BE)

명령어 사용법 ▼

Bedit 명령어의 단축키를 입력하면 블록을 수정하는 상태인 블록 수정 편집 상태로 표시됩니다. 블록 편집 상태는 일반 작업 상태와 구분하기 위해 짙은 회색의 배경색이 나타나며, 수정 팔레트가 표시됩니다.

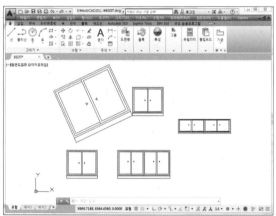

Bedit 적용 전 삽입된 블록 객체들

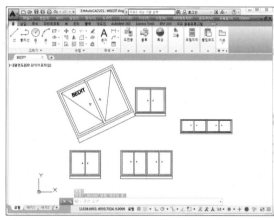

Bedit로 수정된 블록의 갱신된 상태

명령: BE Enter
→ 원하는 형태로 객체를 수정한 후 [닫기 버튼을 클릭하여 종료합니다.
Bedit 모형 재생성 중…

명령어 실습하기 ▼

Bedit 명령어는 일단 만들어진 블록이 있어야 합니다. 또한 이미 삽입된 블록이 있더라도 수정하면 자동으로 삽입된 블록에도 갱신된 내용이 반영됩니다. 실습을 통해 일반 작업 창과 블록 수정 작업 창의 차이를 익히도록 합니다.

● 실습 파일: Sample/EX32.dwg ● 완성 파일: Sample/EX32-F.dwg

01 Open 명령어를 이용하여 'Sample/ EX32.dwg' 파일을 열면 내부에 블록 이 2개 설정되어 있는 파일이 열립니다. Insert의 단축 명령어 'I'를 입력하여 블록 이 름을 'WIN-2720'으로 선택합니다.

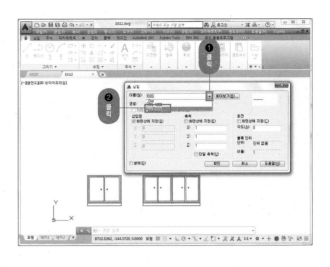

```
명령: I Enter
Insert
```

02 선택한 WIN-2720 블록의 축척을 2배 로 크게 만든 후 각도에 90도 회전하는 값을 입력한 후 [확인] 버튼을 클릭합니다.

03 그림과 같은 위치에 마우스를 클릭하여 삽입점을 입력합니다. 원래 크기의 2배 로 커지고 90도 직각으로 회전한 객체가 나타 납니다.

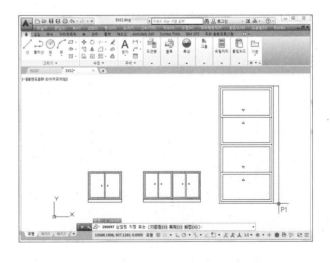

삽입점 지정 또는 [기준점(B)/축척(S)/회전(R)]: P1점 클릭

04 삽입된 블록은 화면에 이미 있던 원본과 동일한 모양의 창문 입면입니다. 이것을 수정해보겠습니다. Bedit 명령어의 단축키인 'BE'를 입력하고 수정할 블록 목록을 선택합니다.

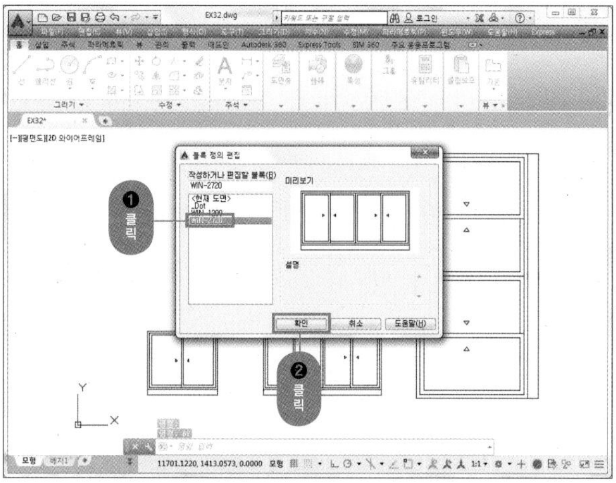

명령: BE `Enter`
Bedit 모형 재생성 중 …

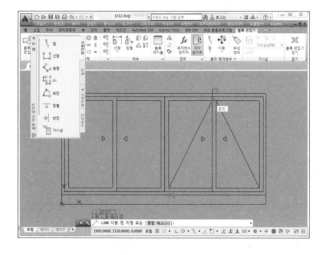

05 블록 수정 화면으로 들어갔습니다. 블록 수정 화면에서는 AutoCAD에서 사용하는 모든 명령어를 모두 사용할 수 있으므로 원하는 형태로 편집할 수 있습니다. 선을 그려보도록 합니다.

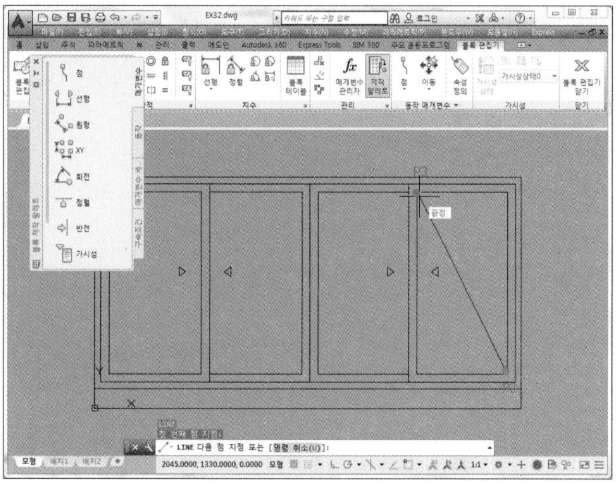

명령: L `Enter`
Line
첫 번째 점 지정: P2점 클릭
다음 점 지정 또는 [명령 취소(U)]: P3점 클릭
다음 점 지정 또는 [명령 취소(U)]: `Enter`

06 다시 선을 그리기 위해 `Enter`를 누르면 직전 명령어인 Line 명령어가 실행됩니다. 그림과 같이 선을 그립니다.

명령: `Enter`
Line
첫 번째 점 지정: P4점 클릭
다음 점 지정 또는 [명령 취소(U)]: P5점 클릭
다음 점 지정 또는 [명령 취소(U)]: `Enter`

07 수정이 끝나면 [블록 편집기 닫기]를 클릭합니다. [닫기] 버튼을 누르면 변경 사항을 저장할 것인지의 여부를 표시하는 메시지가 나타나는데, 여기서 [변경 사항을 WIN-2720에 저장]을 선택합니다.

명령: _BCLOSE 모형 재생성 중 ...

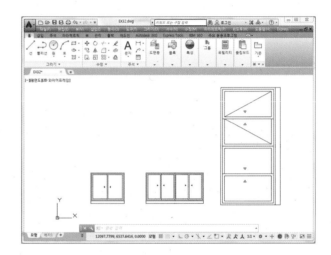

08 원래의 화면으로 되돌아오면 그림과 같이 삽입된 블록도 수정된 내용이 갱신되어 화면에 표시되는 것을 확인할 수 있습니다.

5 외부 참조 Xref

Xref의 경우 블록을 삽입하는 명령어와 유사합니다. 다만 Insert를 통해 블록을 삽입하면 객체 위주로 삽입되지만 Xref는 객체뿐만 아니라 삽입 파일이 갖고 있는 레이어나 치수 스타일 등 요소별로도 활용 가능합니다. 또한 블록은 삽입된 도면 안에 하나의 단독 객체로 자리 잡지만, Xref의 경우 참조만 하는 것으로 원본의 변화에 바로 영향을 받으며 원본에서 읽혀지는 방식으로 삽입되므로 용량이 큰 요소라고 하더라도 사용 가능합니다. 즉, 출력이나 화면의 인쇄 상태는 삽입된 블록과 같지만 원본 도면의 변화에 따라 도면의 내용은 매번 Update가 되며 원본의 파일을 읽어들이는 방식으로 만들어져 있으므로 [Insert]로 삽입된 블록 객체보다 데이터의 양을 작게 작업할 수 있는 장점이 있습니다. 또한 [Xref]를 통해 들어온 도면은 현 도면과의 레이어 충돌이나 데이터의 양 등에 관계없이 작업이 가능하고 원본 도면의 변화에 바로 적용되어 다시 삽입해야 하는 번거로움이 없으며 필요에 따라 간단하게 제거할 수도 있습니다.

메뉴	리본 메뉴	명령 행
[삽입(I)-외부 참조(N)]	[삽입]탭-[참조] 패널-[부착]	Xref(단축 명령어: XR)

명령어 사용법 ▼

참조 도면이나 요소를 삽입하기 위해 [삽입(I)-외부 참조(N)]를 클릭하거나 Xref의 단축키인 'XR'을 입력하고 대화상자가 나타나면 참조를 원하는 파일을 선택하여 원하는 위치에 삽입합니다. [참조 파일] 대화상자를 통해 크기나 회전 각도 등을 입력할 수 있습니다.

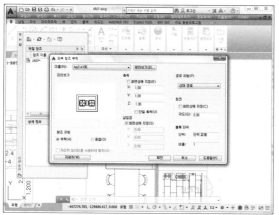 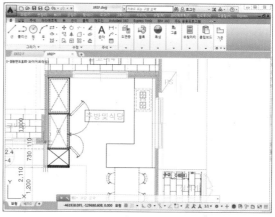

Xref로 참조 파일을 선택한 경우   Xref로 삽입된 가스레인지 파일 참조 완료

명령: XR Enter

Xref

명령: _XATTACH

삽입점 지정 또는 [축척(S)/X/Y/Z/회전(R)/플롯 축척(PS)/PX(PX)/PY(PY)/PZ(PZ)/플롯 회전(PR)]:

→ 삽입할 위치의 좌표값을 입력합니다.

명령어 옵션 해설 ▼

Xref를 이용하여 Attatch DWG를 클릭하면 파일을 선택하게 되고 해당 파일을 선택하면 다음과 같은 대화상자가 나타납니다. 블록을 삽입하는 Insert와 비슷한 옵션과 내용을 갖고 있습니다. 참조 파일을 현재 도면으로 삽입한다는 것은 가져올 파일의 속성을 정의하는 것으로, 축척 크기나 회전 각도, 삽입 단위 등도 확인 가능합니다.

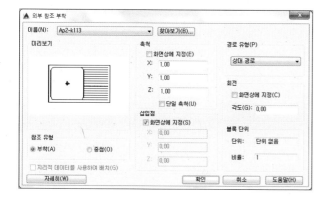

옵션	옵션 해설
이름	참조할 도면을 목록 리스트에서 선택하거나 [찾아보기] 버튼을 클릭하여 선택합니다.
참조 유형	참조 유형을 결정합니다. • 부착: 외부 참조 시 한 번 참조가 된 도면을 다시 다른 도면 안으로 참조하여 삽입하는 경우 도면에 표시됩니다. • 중첩: 외부 참조 시 한 번 참조가 된 도면을 다시 다른 도면 안으로 참조하여 삽입하더라도 도면에 표시되지 않습니다.
경로 유형	경로 유형을 결정합니다. • 전체 경로: 풀 패스의 경우로 참조 파일의 경로가 사용하는 상대방의 PC에서도 동일한 조건이어야 참조가 가능합니다. • 상대 경로/경로 없음: 참조의 경로를 상대적인 경로나 경로를 지정하지 않고 사용함을 뜻하며 보통은 자유로운 삽입을 위해 경로 없음을 지정합니다.
삽입점	참조 도면의 삽입점의 기준을 설정합니다. 절대 좌표값인 X, Y, Z값을 입력하거나 '화면상에 지정'을 이용하여 원하는 위치를 사용자가 직접 선택합니다. • 화면상에 지정: 체크 시 화면상에 지정합니다.
축척	참조 도면을 삽입하는 경우 도면의 크기를 조정합니다. • 화면상에 지정: 체크 시 화면상에 지정합니다. • 단일 축척: 체크 시 가로, 세로의 크기가 정비례하게 설정합니다.
회전	참조 도면을 삽입하는 경우, 도면의 회전각을 설정합니다.
블록 단위	참조 도면의 단위를 설정합니다. 주로 '밀리미터'를 사용합니다.

명령어 실습하기 ▼

Xref를 이용하여 도면 안에 원하는 도면 요소를 삽입한 후 해당하는 원본을 수정하여 기존의 삽입 도면에 갱신 자료가 적용되는지의 여부를 확인해봅니다.

● 실습 파일: Sample/EX33.dwg   ● 완성 파일: Sample/EX33-F.dwg

01 Open 명령어를 이용하여 'Sample/EX33.dwg' 파일을 연 후 Xref 명령어의 단축키인 'XR'을 입력하고 패널 목록에서 [DWG 부착(G)]을 클릭합니다.

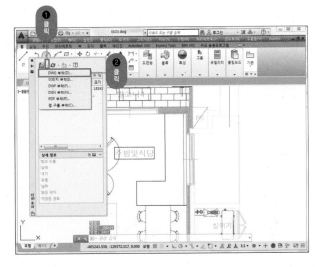

명령: XR Enter
Xref

02 Sample 폴더에 준비된 '가스레인지_원본'이라는 파일을 선택합니다. 구분하기 위해 필자는 '가스레인지' 파일을 선택한 후 [열기] 버튼을 클릭합니다.

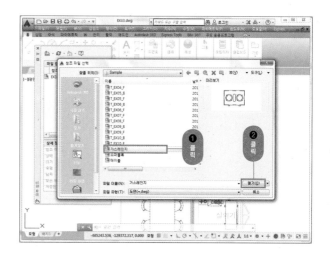

03 그림과 같이 선택한 파일의 미리 보기에서 DWG 파일의 모양을 확인할 수 있습니다. 축척은 그대로 두고 회전 각도만 90도로 입력한 후 [확인] 버튼을 클릭합니다.

명령:
명령: *취소*
명령: *취소*
명령: _XATTACH
부착 외부 참조 '가스레인지': ./가스레인지.dwg
'가스레인지'이(가) 로드됨: E:/AutoCAD 2015/Sample/가스레인지.dwg

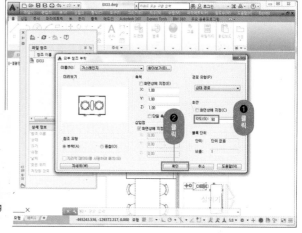

04 [확인] 버튼을 클릭하면 해당 파일을 도면 안에 삽입하기 위해 도면으로 되돌아옵니다. 그림과 같은 위치에 마우스를 클릭하여 가스레인지 파일을 삽입합니다.

삽입점 지정 또는 [축척(S)/X/Y/Z/회전(R)/플롯 축척(PS)/
PX(PX)/PY(PY)/PZ(PZ)/플롯 회전(PR)]: P1점 클릭

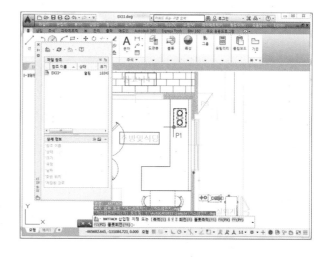

05 이번에는 삽입한 참조된 원본인 '가스레인지.dwg' 파일을 Open 명령어로 열어 수정해봅니다. 이 책의 내용을 따라하기를 원하는 경우 '가스레인지_원본.dwg' 파일을 선택합니다.

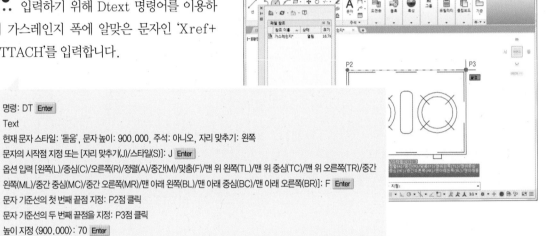

명령:OPEN Enter

06 가스레인지 파일의 위쪽에 한 줄 문자를 입력하기 위해 Dtext 명령어를 이용하여 가스레인지 폭에 알맞은 문자인 'Xref+ATTACH'를 입력합니다.

명령: DT Enter
Text
현재 문자 스타일: '돋움', 문자 높이: 900.000, 주석: 아니오, 자리 맞추기: 왼쪽
문자의 시작점 지정 또는 [자리 맞추기(J)/스타일(S)]: J Enter
옵션 입력 [왼쪽(L)/중심(C)/오른쪽(R)/정렬(A)/중간(M)/맞춤(F)/맨 위 왼쪽(TL)/맨 위 중심(TC)/맨 위 오른쪽(TR)/중간
왼쪽(ML)/중간 중심(MC)/중간 오른쪽(MR)/맨 아래 왼쪽(BL)/맨 아래 중심(BC)/맨 아래 오른쪽(BR)]: F Enter
문자 기준선의 첫 번째 끝점 지정: P2점 클릭
문자 기준선의 두 번째 끝점을 지정: P3점 클릭
높이 지정 〈900.000〉: 70 Enter

07 그림과 같은 문자를 입력한 후 Enter 를 2번 눌러 문자 입력을 완료합니다. 다른 문자를 넣어도 상관없습니다.

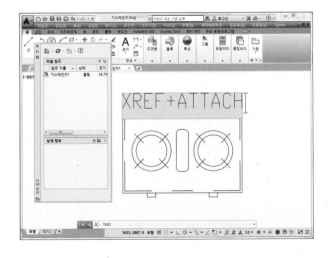

Text: Xref+ATTACH Enter Enter

08 명령 행에 Qsave 명령어 또는 신속 메뉴에서 [저장] 버튼을 클릭하여 Open 명령어로 열어둔 '가스레인지 원본.dwg' 파일을 저장합니다.

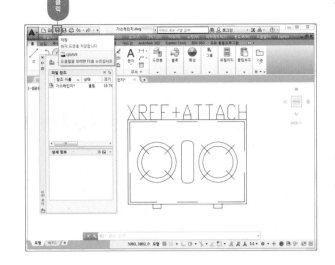

09 열려 있는 'EX33.dwg' 파일을 선택해도 아직은 가스레인지의 내용이 변하지 않았습니다. 다음과 같이 화면 오른쪽 아래쪽에 변경된 참조 파일의 내용을 갱신할 것인지의 유무를 묻고 갱신 시 링크 내용을 클릭하도록 툴 팁이 나타납니다. 파란색 밑줄이 그어져 있는 내용을 클릭합니다.

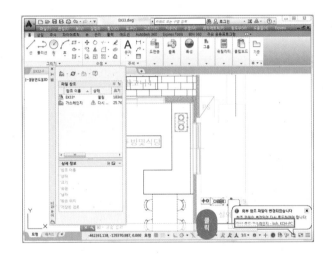

10 갱신을 하기 위해 링크를 누르면 가스레인지에 썼던 문자가 다시 갱신되어 나타나는 것을 확인할 수 있습니다.

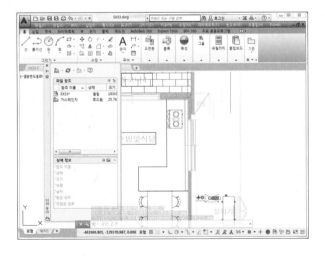

AutoCAD 2015

블록과 참조 익히기

블록은 오래전부터 라이브러리를 활용하는 방법으로 오랫동안 사용했던 명령어이며, Xref의 참조는 다양한 형식의 파일을 가져올 수 있는 외부 참조 방식입니다. 두 가지의 차이점에 해당하는 현장 실습을 통해 차이점을 익혀봅니다.

현장
실습
11

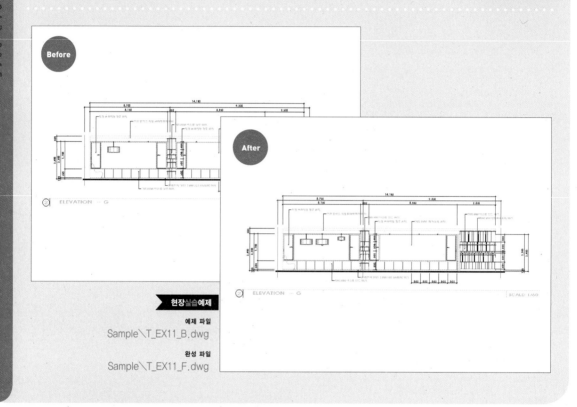

현장실습예제

예제 파일
Sample\T_EX11_B.dwg

완성 파일
Sample\T_EX11_F.dwg

01 Open 명령어를 이용하여 'Sample/T_EX11_B.dwg' 파일을 연 후 Zoom 명령어를 입력하고 그림과 같은 위치를 선택하여 화면을 확대합니다.

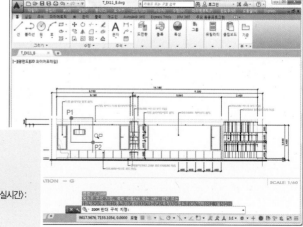

명령: Z Enter
Zoom
윈도우 구석 지정, 축척 비율(nX 또는 nXP) 입력 또는
[전체(A)/중심(C)/동적(D)/범위(E)/이전(P)/축척(S)/윈도우(W)/객체(O)] 〈실시간〉:
반대 구석 지정: P1~P2점 클릭, 드래그

02 화면이 확대되면 블록 객체를 정의하는 Block 명령어의 단축키인 'B'를 입력한 후 [블록] 대화상자에서 'LIGHT'라는 이름을 입력하고 기준점을 선택하기 위한 [선택점] 버튼을 클릭합니다.

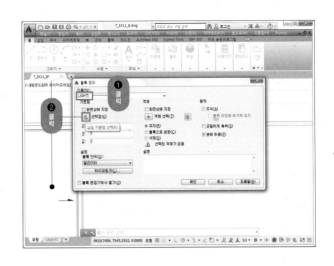

명령: B Enter
Block

03 기준점을 선택하기 위해 화면으로 이동 되면 그림과 같이 객체 스냅을 이용하여 전등 윗부분의 중간점을 클릭하여 선택합니다.

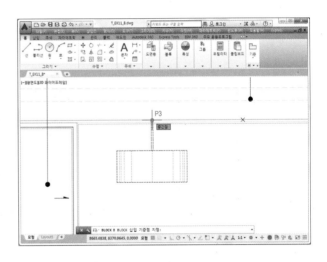

삽입 기준점 지정: P3점 클릭

04 [블록] 대화상자로 되돌아온 후 블록이 될 대상 객체를 선택하기 위해 객체 영역의 [객체 선택] 버튼을 클릭합니다.

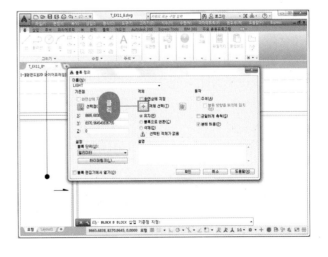

05 그림과 같이 전등만 선택하기 위해 선택 방법을 왼쪽에서 오른쪽 대각선 방향으로 드래그하여 전등 전체가 선택되도록 합니다.

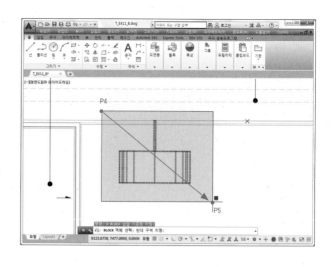

객체 선택: 반대 구석 지정: 13개를 찾음
→ P4~P5점 클릭, 드래그
객체 선택: Enter

06 객체를 선택하고 나면 [블록] 대화상자로 되돌아옵니다. 설명 칸에 간단하게 해당 블록에 대한 설명을 넣은 후 [확인] 버튼을 클릭합니다.

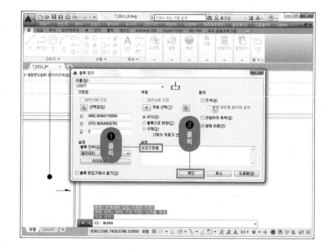

07 이제 해당 블록을 도면에 삽입할 차례입니다. 먼저 삽입할 위치를 화면의 중앙으로 이동하기 위해 마우스 휠을 누른 채 오른쪽에서 왼쪽으로 클릭, 드래그합니다.

→ P6~P7 방향으로 마우스 휠을 누른 채 드래그

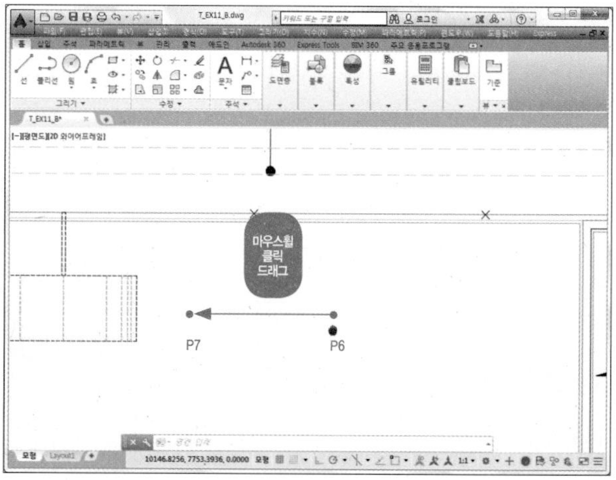

08 삽입할 위치가 화면에 정돈되면 블록을 삽입하는 Insert 명령어의 단축키인 'I'를 입력합니다. 그림과 같은 대화상자가 나타나면 이름 목록에서 'LIGHT' 항목을 선택합니다.

명령: I Enter
Insert

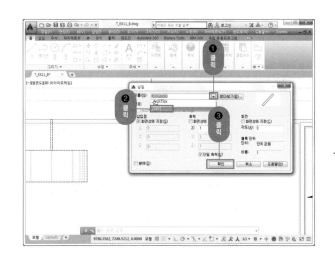

09 화면으로 마우스가 옮겨지면 미리 표시된 점(Point)를 삽입점으로 선택합니다. 점(Point)의 경우 일반 객체 스냅이 켜 있지 않은 경우가 많으므로 수동으로 제어하기 위해 'NOD'를 입력하고 Enter 또는 Space Bar 를 누른 후 점(Point)을 클릭하면 블록이 삽입됩니다.

삽입점 지정 또는 [기준점(B)/축척(S)/회전(R)]: NOD Enter 또는
Space Bar P8점 클릭

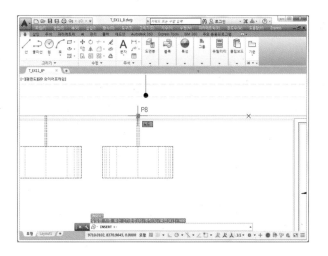

10 전등 하나를 더 삽입해보겠습니다. 단축 명령어 'I'를 입력한 후 그림과 같이 축척에 '0.6'을 입력하고 [확인] 버튼을 클릭합니다.

명령: I Enter
Insert

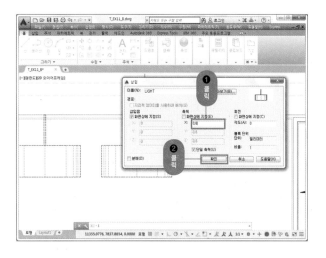

11 화면으로 마우스가 옮겨지면 미리 표시된 점(Point)를 삽입점으로 선택합니다. 전단계와 마찬가지로 객체 스냅을 수동 제어하기 위해 'NOD'를 입력한 후 Enter 또는 Space Bar 를 누르고 점(Point)을 클릭하면 블록이 삽입됩니다.

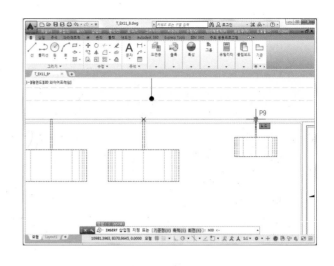

삽입점 지정 또는 [기준점(B)/축척(S)/회전(R)]: NOD Enter 또는 Space Bar P9점 클릭

12 이번에는 만들고 삽입된 블록을 한 번에 수정하고 변경된 데이터를 갱신 및 적용해보겠습니다. 먼저 블록 수정 명령어 Bedit의 단축키인 'BE'를 입력한 후 수정 항목에서 'LIGHT'를 선택하고 [확인] 버튼을 클릭합니다.

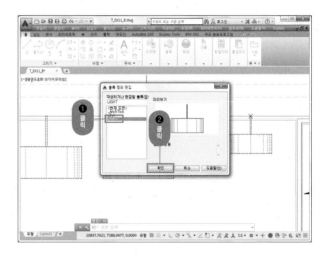

13 회색 바탕의 블록을 수정하는 화면으로 이동되면 Circle 명령어의 단축키인 'C'를 입력하고 그림과 같이 선택하여 반지름이 '80'인 원을 그립니다.

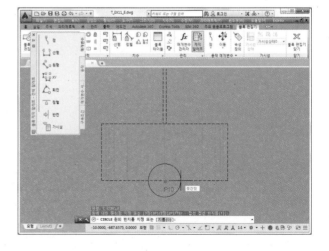

명령: C Enter
Circle
원에 대한 중심점 지정 또는 [3점(3P)/2점(2P)/Ttr-접선 접선 반지름(T)]: P10점 클릭
원의 반지름 지정 또는 [지름(D)]: 80 Enter

14 새로 그린 원을 기존에 있던 사각형을 기준으로 잘라 없애기 위해 Trim 명령어를 입력한 후 사각형을 기준 객체로 선택합니다.

명령: TR `Enter`
Trim
현재 설정: 투영=UCS 모서리=없음
절단 모서리 선택 …
객체 선택 또는 〈모두 선택〉: 1개를 찾음
→ P11점 클릭
객체 선택: `Enter`

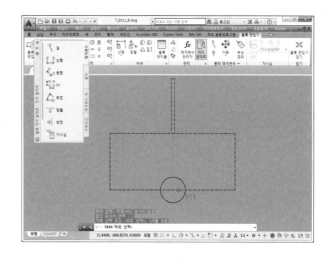

15 사각형 안쪽의 원을 선택하여 원을 잘라 냅니다. 그림과 같이 원은 아래 방향으로 반쪽만 보입니다.

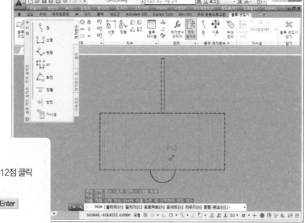

자를 객체 선택 또는 [Shift]를 누른 채 선택하여 연장 또는
[울타리(F)/걸치기(C)/프로젝트(P)/모서리(E)/지우기(R)/명령 취소(U)]: P12점 클릭
자를 객체 선택 또는 [Shift]를 누른 채 선택하여 연장 또는
[울타리(F)/걸치기(C)/프로젝트(P)/모서리(E)/지우기(R)/명령 취소(U)]: `Enter`

16 수정이 완료되면 [블록 편집 닫기] 버튼을 클릭하여 종료한 후 그림과 같이 [변경 사항을 LIGHT에 저장(S)]을 누르고 종료하면 변경된 사항이 저장됩니다.

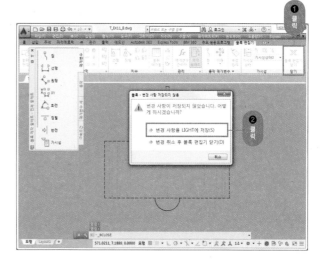

17 화면으로 되돌아오면 객체가 그림과 같이 갱신된 내용의 모양으로 화면에 표시됩니다.

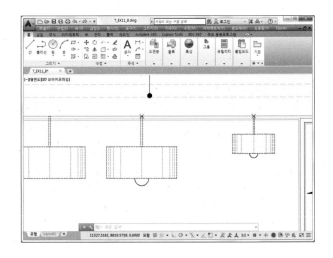

① 길이값이 60인 정삼각형을
그린다
② Circle명령어를 입력하고 3P
옵션을 선택한다.
③ 위의 도면의 점의 위치를
Osnap=Tan을 이용하여 클릭한다.

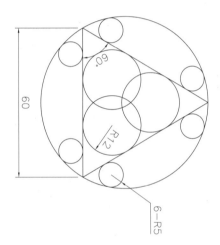

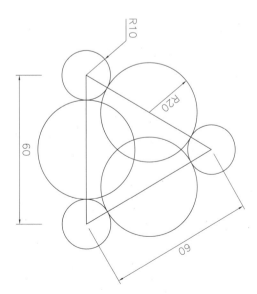

설계 도면으로
승격하기

PART

04

AutoCAD의 경우 설계 도면을 그리는 목적이 최우선입니다. 이전 파트에서 AutoCAD를 이용하여 도면 설계를 그리기 위한 다양한 테크닉을 학습하였다면 이 파트에서는 도면의 특성을 고려한 설계 도면 그리기에 대해 학습하겠습니다. 도면은 도면의 내용이 어떤 내용인지를 표시하는 표제란부터 각 선분의 색상과 선의 타입(종류)에 따라 구분할 수 있는 기준을 만들어줍니다. 선분의 용도와 쓰임에 따라 색과 사용을 제한하고 해당 객체의 속성을 재정의할 수도 있습니다. 즉, 도면을 그릴 때 가장 기본적으로 설정해주어야 하는 기본 사항에 대해 학습하고 만들어진 도면에 치수를 입력하여 누구나 도면을 해독할 수 있도록 설계 도면의 모습을 갖추도록 합니다.

도면층 이해하고 도면층 관리하기

이번 섹션에서는 도면층을 만드는 방법을 이해하고 직접 만들어보면서 적용하는 방법을 학습합니다. 만들어진 도면층에 속성을 부여하고 객체를 그린다면 해당하는 객체의 도면 속성과 다른 속성을 제어 관리하는 방법을 통해 빠르게 도면을 작성하는 방법을 익힐 수 있습니다. 도면층을 만들 때 필요한 기본적인 사항을 미리 학습하고 기본 사항에 알맞은 도면층을 만들고 적용하는 연습을 통해 AutoCAD로 활용할 수 있는 건축, 기계, 인테리어, 토목 등 다양한 분야의 도면을 그릴 수 있습니다.

A u t o C A D 2 0 1 5

1 분야별 도면층의 조건

지금까지 그리기 명령어를 학습하는 동안은 작업 화면에 하나의 단일 색을 가진 객체 위주로 도면 요소를 그렸습니다. 그러나 건축, 토목, 인테리어, 기계 등 각각의 도면을 그리는 경우 모두 하나의 단일 레이어에서 도면을 작성하지 않습니다. 일반적으로 대부분의 도면은 해당 도면 요소별로 분류하여 도면을 작성하게 되는데, 작성되는 각 분야별로 도면을 구분하는 방식을 조금 다르게 분류합니다. 또한 사용자마다 조금씩 다르기도 하기 때문에 다음 내용을 보고 분야별 구분 방식을 이해해봅니다.

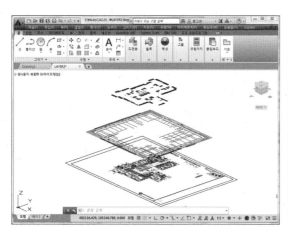 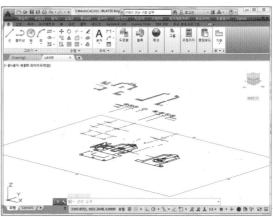

1 | 각 분야별 도면층의 구분 방식

도면을 구별할 때 각 분야별로 가장 먼저 고려해야 하는 구분 기준은 어떤 것인지 알아보고, 해당 방식으로 나누는 레이어에 대해 알아보도록 합니다. 주로 어떤 도면에서 종류별이나 색상별로 구분하는지, 용도별로 구분하는지를 알아보고 레이어를 구분해봅니다.

선의 종류별 구분	기계 분야의 도면에서 사용하는 방식 예 중심선, 외형선, 단면선, 파선 등으로 구분

선의 색상별 구분	토목 분야의 도면에서 사용하는 방식
선의 용도별 구분	건축, 인테리어 분야에서 사용하는 방식 **데** 벽선, 중심선, 벽돌, 해칭, 치수 등으로 구분

2 | 레이어 구분 기준

AutoCAD를 주로 많이 사용하는 건축 도면과 인테리어 도면을 기준으로 도면층을 구분해보겠습니다. 도면에서 사용하는 선의 기준과 용도를 결합하여 구분해야 하므로, 각각을 나눌 수 있는 기준에 따라 구분해봅니다.

레이어에서의 구분 기준	도면에 사용하는 선의 종류에 따른 구분	중심선(Center), 은선(Hidden), 도트선(Dot), 2점 쇄선(Phantom) 등
	도면에 사용된 객체의 용도에 따른 구분	벽선(내벽, 외벽), 콘크리트, 벽돌, 가구, 재료, 해칭 등
	도면 출력 두께에 따른 구분	가는 선, 중간 선, 굵은 선 등

3 | 도면층(Layer) 구성의 예

도면층을 처음 구성하는 경우 어떻게 만들어야 하는지 잘 모르는 사용자들이 있습니다. 따라서 도면층을 만드는 경우 사용자가 그려야 하는 도면을 색상명이나 번호, 목적에 따라 이름을 부여하고 부가적인 요소를 결정할 수 있습니다. 사용자가 항상 이렇게 사용하는 것은 아니지만 해당 종류별, 선의 두께별로 구분하여 다음 표처럼 각각의 용도에 따라 도면층을 결정한 후 다양한 선의 두께와 선의 종류, 그리고 색상을 지정하여 도면층을 형성하고, 이를 레이어의 기준안으로 하여 기초적인 도면을 작성할 때 사용해봅니다.

선 종류	선 가중치	사용 용도	도면층 이름	적용 색상
Center(중심선) Dashdot(중심선)	0.1mm	중심선	CEN	Red
Hiddeb(은선)	0.2~0.3mm	은선, 숨은선	HID	Gray
Continue(실선)	0.3mm	벽선 또는 외형선	CON, WALL	Green
	0.2mm	문, 창문, 가구, 문자, 치수	DOOR, WIN, FUR, Text, DIM	Cyan, Blue, Yellow
	0.15mm	해칭, 파단선, 단열재, 기타	HAT, DAN, etc	Magenta, 기타 원하는 색상

TIP

레이어명 지정 방식이 따로 있나요?

도면층 이름은 각 설계 사무실마다 다르게 지정하기도 하며, 사용자마다 다를 수도 있습니다. 위의 내용으로만 도면층의 이름을 지정하는 것은 아니므로 걱정하지 않아도 됩니다. 보통 전산응용건축제도와 같은 시험은 1, 2, 3, 4, 5, 6, 7과 같이 번호로 구분하거나 빨강, 노랑, 파랑, 흰색 등과 같이 색상명으로 구분하기도 합니다. 하지만 실무에서는 레이어가 10가지 이상 더 사용되므로 단순히 색상 이름이나 숫자로 구분하기에는 나중에 확인하기가 어렵습니다. 따라서 각 용도별로 이름을 간단하게 명명하면 도면층을 보면서 직관적으로 알 수도 있고, 타인이 보더라도 이해하기 쉬워지므로 도면을 관리하는 차원에서 더욱 좋습니다.

2 도면층을 만들어주는 Layer

도면층을 이해했다면 이번에는 도면층을 직접 만들고 설정해봅니다. Layer는 도면을 그릴 때 가장 먼저 설정해주는 명령어로, 도면을 용도별로 구분할 수 있는 기준을 갖고 있습니다. 바로 전에 학습한 레이어를 구분하는 기준안을 기본으로 하여 각각 사용자의 조건에 맞도록 용도별, 색상별, 선 두께별로 구분하고 이름과 색, 선의 종류와 선의 굵기를 구별하여 설정할 수 있습니다. 정의 방식은 대화상자를 이용하여 관리하며, 선 종류는 도면 한계인 Limits에 따라 제대로 보이거나 보이지 않을 수 있으므로 관리하는 명령어를 함께 익히도록 합니다.

메뉴	리본 메뉴	명령 행
[형식(O)-도면층(L)]	[홈] 탭-[도면층]	Layer/DDLMODES(단축 명령어: LA)

명령어 사용법 ▼

도면층 생성 명령어는 명령 행에서 단축키인 'LA'를 입력하여 사용하며, 보통은 리본 메뉴에 고정적으로 표시되는 아이콘을 클릭하여 사용하는 것이 더욱 빠를 수 있습니다. 아이콘을 이용하여 생성하고 속성을 하나하나 지정하여 도면층을 형성합니다.

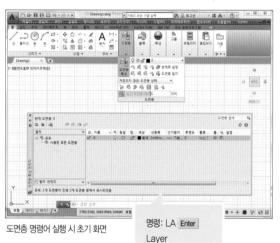

도면층 명령어 실행 시 초기 화면

명령: LA Enter
Layer

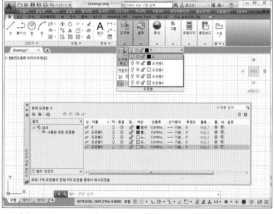

도면층을 생성한 상태의 도면층 명령어와 리본 메뉴

명령어 옵션 해설 ▼

도면층 패널이 실행되면 각 도면층을 만들고 각 도면층마다 속성을 지정할 수 있습니다. 이때 각각의 속성은 옵션의 기준에 따라 다른 속성을 지정할 수 있으므로 옵션의 종류와 쓰임새를 상세하게 알아봅니다. 패널 내의 여러 가지 옵션을 통해 도면층의 속성을 색이나 선의 종류와 가중치를 설정하고 각각의 도면층을 가시성과 잠금 등으로 관리합니다.

1 | 도면층 특성 관리자

기본적으로 도면층을 만들기 위해 [도면층 특성 관리자]를 열면 다음과 같은 대화상자가 나타납니다. 아이콘과 이름을 클릭하여 원하는 종류의 특성을 가진 도면층을 추가하여 만듭니다.

옵션	옵션 해설
도면층 특성 관리자 패널	① **새 도면층**: 새 레이어를 만듭니다. 아이콘을 클릭하면 바로 새로운 도면층이 만들어지고, 만들 수 있는 개수는 제한이 없으며, 만들면서 이름을 바로 입력하거나 나중에 변경할 수도 있습니다.
	② **켜기/끄기**: 화면에 존재하는 현재 레이어가 보이거나 보이지 않도록 설정합니다. 동결/해동 기능처럼 가시성을 관리하는 옵션입니다.
	③ **동결/해동**: 선택한 레이어를 동결해 화면에 보이지 않게 하거나 동결된 레이어를 해동시켜 화면에 나타나게 합니다. 많은 도면 관리 시 가시성을 관리하면서 메모리 관리도 유연하게 할 수 있습니다.
	④ **잠금/잠금 해제**: 선택한 레이어를 잠금 상태로 만들어 레이어를 마우스로 드래그나 클릭해도 선택(Selection)되지 않도록 합니다. 잠금이 설정된 레이어는 잠금 해제로 해제합니다.
	⑤ **색상**: 선택한 레이어의 색상 속성을 결정합니다. [색상 미리 보기] 아이콘을 클릭하여 [색상 선택] 대화상자에서 원하는 색상을 선택해 새로운 색상으로 변경할 수 있습니다. 기본 색상은 1~255까지의 색상 번호를 갖고 있으며, 1~7까지는 색상 번호와 색상 이름을 갖고 있습니다.
	⑥ **선 종류**: 기본 실선이 아닌 레이어에 사용되는 선의 종류를 결정합니다. 기본적인 선의 종류는 실선에 해당하는 'Continuous'입니다. 숨은선이나 중심선 등 다른 종류의 선을 선택하는 경우에는 [선 종류 선택] 대화상자에서 먼저 로드하여 불러온 후에 다른 종류의 선 종류를 선택할 수 있습니다.
	⑦ **선 가중치**: 선택한 레이어에서 사용하는 선의 가중치인 선 두께를 설정합니다. 도면 요소의 용도별로 선의 두께가 서로 다르게 출력되어야 합니다. 레이어에서 관리할 수도 있으며 플롯 시 관리할 수도 있습니다.
	⑧ **플롯 스타일**: 출력에 대한 유형을 설정합니다. 각 도면의 층별로 지정된 유형으로 출력할 수 있습니다.
	⑨ **플롯**: 출력의 유무를 지정합니다. 한 번 클릭하면 ON, 한 번 더 클릭하면 OFF가 됩니다.
	⑩ **새 VP 동결**: 배치 모드에서 Viewport 간의 도면층을 사용자의 의도에 따라 선택적으로 동결/해동할 수 있습니다.
	⑪ **설명**: 지정된 레이어에 대한 간단한 설명을 사용할 수 있습니다.

2 | 도면층 필터 특성(Alt + P)

도면층 특성 관리자 패널 좌측의 [New Property Filter] 버튼 🖻 을 클릭하면 [도면층 필터 특성] 대화상자가 나타납니다. [도면층 필터 특성]은 여러 개의 레이어가 만들어진 경우 사용자가 원하는 요소를 가진 레이어만 정확하게 걸러낼 수 있는 기능으로 조건을 입력하여 그 조건에 맞는 레이어가 걸러지도록 하는 옵션입니다.

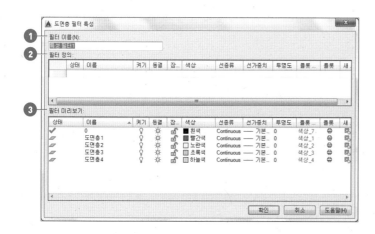

옵션	옵션 해설
도면층 필터 특성	① **필터 이름**: 필터의 이름을 입력합니다.
	② **필터 정의**: 도면층 이름, 색상, 동결 및 해동 등 필터의 조건을 설정합니다.
	③ **필터 미리 보기**: 필터의 정의에 따라 필터링된 도면층을 미리 볼 수 있습니다.

3 | 도면층 상태 관리자(Alt + S)

레이어 패널의 좌측 상단의 [도면층 상태 관리자] 대화
상자를 통해 이미 만들어진 레이어의 상태를 관리할 수
있습니다. 이 대화상자를 통해 현재 도면의 상태를 [내
보내기] 옵션을 이용해 저장하거나 [가져오기] 옵션으로
이미 만들어 저장한 레이어를 가져올 수도 있습니다.

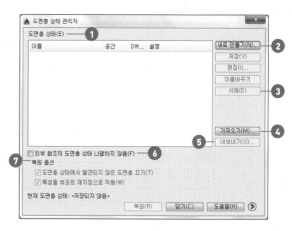

옵션	옵션 해설
도면층 상태 관리자	① **도면층 상태**: 도면층의 상태 리스트를 대화상자에 표시합니다.
	② **새로 만들기**: 도면층 이름과 설명 기준으로 새로운 도면층의 상태 관리 항목을 만듭니다.
	③ **삭제**: 선택된 도면층 이름의 리스트를 삭제합니다.
	④ **가져오기**: 도면층의 상태 파일을 외부에서 가져옵니다.
	⑤ **내보내기**: 도면층의 상태 파일을 외부로 보내기 위해 저장합니다.
	⑥ **외부 참조의 도면층 상태 나열하지 않음**: 레이어의 상태를 복원할 특성을 사용자가 지정할 수 있습니다.
	⑦ **복원 옵션**: 도면층의 상태와 특성을 설정하기 이전 상태로 복원합니다.

명령어 실습하기 ▼

도면층 생성 방법은 속성이 다양하기 때문에 복잡해보입니다. 하지만 자주 사용하는 형식의 도면층 상태는 사용자가 원본 도면에 미리 설정한 후에 사용할 수 있으므로 만드는 방법만 정확하게 숙지하면 편리하게 사용할 수 있습니다. 먼저 도면층을 만들고 속성을 부여하는 과정과 속성을 빠르게 변경하는 방법을 익혀봅니다.

● 실습 파일: 없음   ● 완성 파일: Sample/EX34-F.dwg

01 먼저 새로운 도면층을 생성하기 위해 New 명령어를 입력한 후 도면층을 새롭게 생성할 새로운 도면을 하나 열어줍니다.

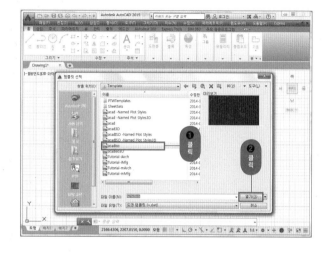

명령: NEW Enter

02 도면의 한계를 A4 용지 크기로 설정한 후 [뷰] 탭의 VIEW CUBE를 클릭하여 화면을 깨끗하게 정리합니다. 그리드의 ON/OFF도 사용자에 따라 설정합니다.

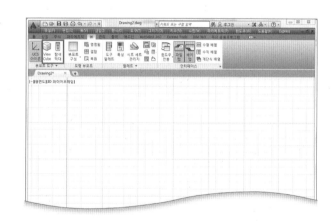

명령: LIMITS Enter
모형 공간 한계 재설정:
왼쪽 아래 구석 지정 또는 [켜기(ON)/끄기(OFF)] 〈0.0000,0.0000〉: Enter
오른쪽 위 구석 지정 〈420.0000,297.0000〉: 297,210 Enter

명령: Z Enter
Zoom
윈도우 구석 지정, 축척 비율(nX 또는 nXP) 입력 또는
[전체(A)/중심(C)/동적(D)/범위(E)/이전(P)/축척(S)/윈도우(W)/객체(O)] 〈실시간〉: A Enter
모형 재생성 중 …

03 명령 행에서 'LA'를 입력하거나 리본 메뉴의 [도면층] 탭의 [도면층 특성]을 클릭하면 도면 특성 관리자 패널이 나타납니다.

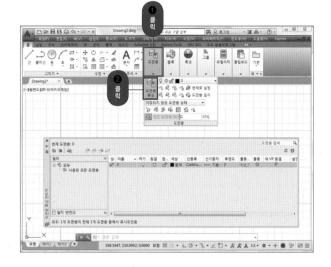

명령: LA Enter

04 [새 도면층 만들기] 아이콘을 클릭하여 그림과 같이 3개의 새로운 도면층을 만듭니다. 이름은 따로 입력하거나 지금처럼 생성되는 기본값으로 사용해봅니다.

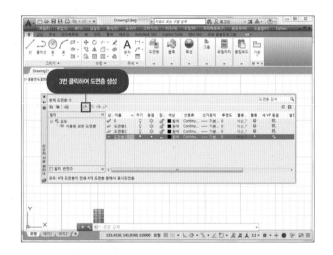

05 도면층1의 색상 항목의 흰색 앞의 상자를 클릭하면 나타나는 [색상 선택] 대화상자에서 원하는 색상을 클릭한 후 [확인] 버튼을 클릭합니다.

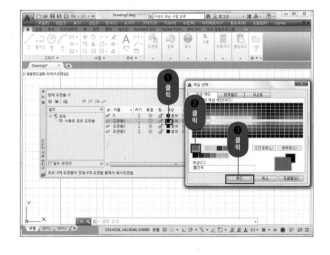

06 도면층2도 색상 항목의 흰색 앞의 상자를 클릭하면 나타나는 [색상 선택] 대화상자에서 원하는 색상을 클릭한 후 [확인] 버튼을 클릭합니다.

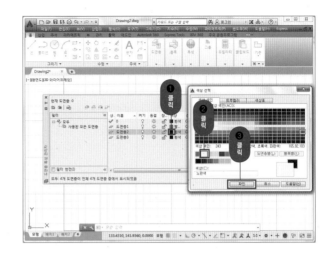

07 도면층3도 색상 항목의 흰색 앞의 상자를 클릭하면 나타나는 [색상 선택] 대화상자에서 원하는 색상을 클릭한 후 [확인] 버튼을 클릭합니다.

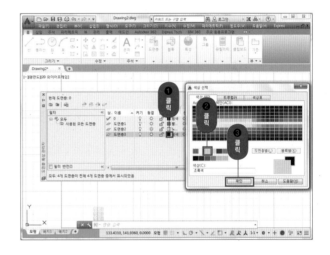

08 이번에는 도면층1의 선 종류를 변경하기 위해 'Continuous'라는 선 종류를 클릭한 후 [선 종류 선택] 대화상자에서 원하는 종류가 있다면 고르고, 없다면 [로드] 버튼을 눌러 다음의 선 종류를 로드하는 대화상자를 열어줍니다.

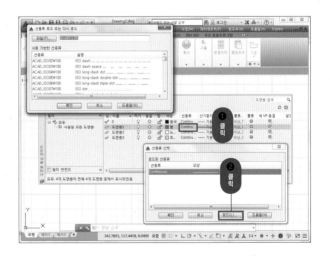

09 왼쪽의 선 종류 이름을 보고 원하는 선의 종류를 찾거나 아무 이름이나 클릭한 후 원하는 선 종류 이름의 첫 글자를 입력하면 그림과 같이 원하는 문자의 첫 번째 글자로 자동 이동됩니다. 'Center'를 찾아서 클릭한 후 [확인] 버튼을 클릭합니다.

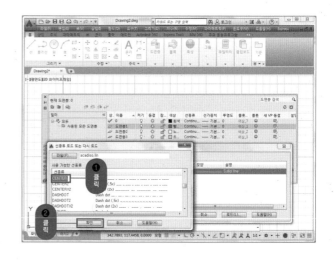

10 [선 종류 선택] 대화상자로 되돌아오면 조금 전에 로드한 'Center' 선을 마우스로 클릭한 후 다시 [확인] 버튼을 클릭합니다.

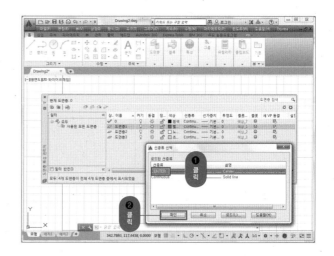

11 도면층1의 선 종류가 변경되었다면 도면층3에서 선 종류의 'Continuous' 글자를 클릭한 후 [선 종류 선택] 대화상자를 열어 [로드] 버튼을 클릭합니다. 그런 다음, [선 종류 로드] 대화상자에서 'Hidden'을 찾아 선택한 후 [확인] 버튼을 클릭합니다.

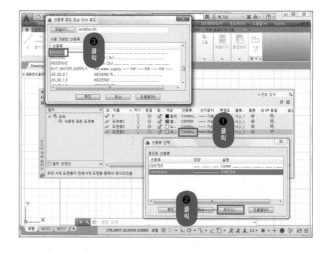

12 [선 종류 선택] 대화상자에서 'Hidden'
을 클릭한 후 [확인] 버튼을 클릭하여
선 종류 설정을 완료합니다.

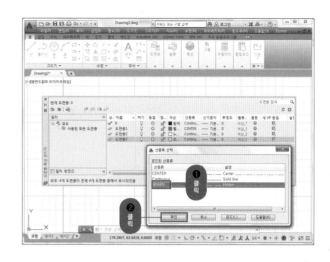

13 최종적으로 그림과 같이 3개의 도면층
이 추가되고 색상과 선 종류가 변경되었
습니다. 패널 왼쪽의 [닫기] 버튼을 클릭하여
[도면 특성 관리자] 패널을 닫습니다.

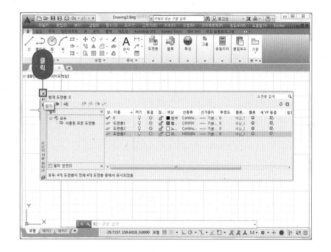

14 먼저 사각형을 그린 후 그림과 같이 가
운데 선분을 하나 더 그립니다. 객체 스
냅을 이용하여 정확히 그리도록 합니다.

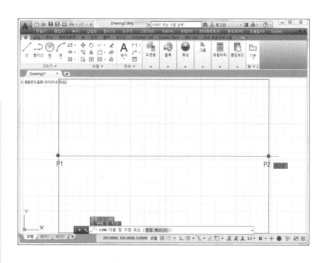

명령: REC Enter
Rectang
첫 번째 구석점 지정 또는 [모따기(C)/고도(E)/모깎기(F)/두께(T)/폭
(W)]: 0,0 Enter
다른 구석점 지정 또는 [영역(A)/치수(D)/회전(R)]: 297, 210 Enter

명령: L Enter
Line
첫 번째 점 지정: P1점 클릭
다음 점 지정 또는 [명령 취소(U)]: P2점 클릭
다음 점 지정 또는 [명령 취소(U)]: Enter

15 그려진 선분의 중간점을 기준으로 반지름이 50인 원을 하나 그리고, 그려진 원의 180도 지점에 같은 크기의 원을 하나 더 그립니다.

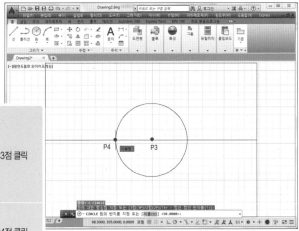

명령: C [Enter]
Circle
원에 대한 중심점 지정 또는 [3점(3P)/2점(2P)/Ttr−접선 접선 반지름(T)]: P3점 클릭
원의 반지름 지정 또는 [지름(D)]: 50 [Enter]

명령: C [Enter]
Circle
원에 대한 중심점 지정 또는 [3점(3P)/2점(2P)/Ttr−접선 접선 반지름(T)]: P4점 클릭
원의 반지름 지정 또는 [지름(D)] ⟨50.0000⟩: [Enter]

16 이번에는 처음 그린 원의 0도 지점에 중심점을 둔 반지름이 '50'인 원을 하나 더 그립니다.

명령: C [Enter]
Circle
원에 대한 중심점 지정 또는 [3점(3P)/2점(2P)/Ttr−접선 접선 반지름(T)]: P5점 클릭
원의 반지름 지정 또는 [지름(D)] ⟨50.0000⟩: [Enter]

17 가운데 기준선을 그림과 같이 클릭하여 선택한 후 리본 메뉴의 [도면층−도면층 특성]을 눌러 도면층 특성 관리를 할 수 있는 작은 목록이 나타나도록 한 후 '도면층1'을 선택합니다.

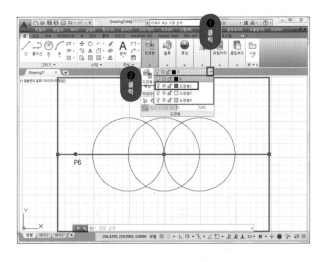

→ P6점 클릭

18 실선이면서 검은색인 선분이 빨간색의 중심선 모양으로 변경됩니다. 하지만 아직까지 객체는 선택 상태로 있으므로 Esc 를 눌러 선택을 해제합니다.

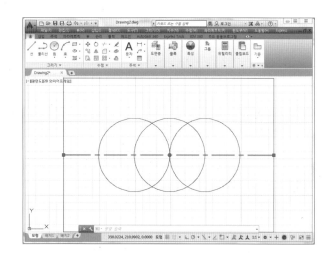

19 이번에는 그림과 같이 원을 3개 모두 드래그하여 한꺼번에 선택합니다.

→ P7~P8점 클릭, 드래그

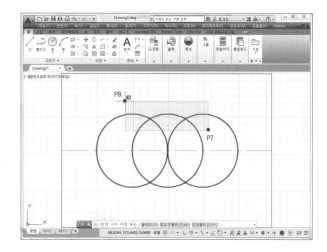

20 도면층 메뉴를 클릭한 후 도면층 특성 목록의 '도면층3'을 클릭하여 도면층을 변경합니다.

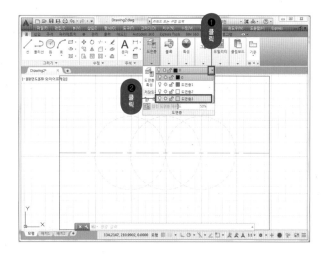

21 변경된 객체를 그대로두면 선택된 채로 남아 있게 되므로 Esc 를 눌러 선택을 해제합니다.

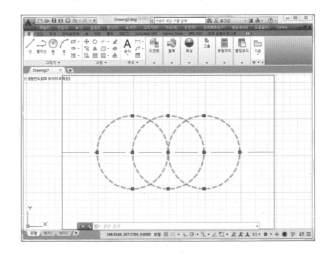

20 마지막으로 선 종류가 다른 Center형 과 Hidden형의 선분 간격이 듬성듬성 한 것을 고치기 위해 Ltscale 명령어를 이용 하여 선 간격을 조절합니다. 숫자를 낮추면 간격이 좁아지고, 높이면 넓어집니다.

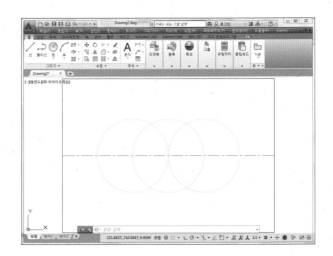

명령: LTS Enter
Ltscale 새 선 종류 축척 비율 입력 〈1.0000〉: 0.5 Enter
모형 재생성 중 …

TIP

Ltscale이 뭔가요?

도면층을 공부하고 나면 각 도면층별로 선 종류를 각각의 도면층에 적용하여 사용합니다. 이때 Center나 Hidden 등 중간이 끊어진 선 타입의 경우, 각 Limits가 변화되면 화면에 그 선 간격이 제대로 표시되지 않는 경우가 많습니다. 선 종류의 경우 기본값이 Dash와 Gap의 값으로 이루어진 Data 스타 일의 값을 불러와 사용하는 것이므로, 각 Limits마다 화면에 보이는 간격값을 조절할 수 있어야 합니다. Ltscale은 Limits가 다른 각각의 화면 상태에 서 선의 종류의 간격이 사용자가 원하는 만큼의 간격이 보일 수 있도록 조정해주는 명령어입니다.

명령 행 Ltscale(단축 명령어: LTS)

3 객체 속성을 빠르게 변경 및 적용하는 Matchprop

Matchprop 명령어는 도면에 사용되는 객체의 속성을 읽어들여 다음에 선택하는 객체에 선택된 객체의 속성을 적용시켜주는 명령어로, 모든 속성을 복제하거나 일부 사용자가 선택한 속성만 빠르게 복제해주는 명령어입니다. Matchprop 명령어는 레이어의 속성만 변경하여 사용하는 경우가 많습니다. 하지만 레이어뿐만 아니라 해칭이나 색상, 선의 종류 등 다양한 속성을 사용자의 용도에 따라 빠르게 변경할 수 있는 특징이 있습니다.

메뉴	리본 메뉴	명령 행
[수정(M)-특성 일치(M)]	[특성] 탭-[특성 일치]	Matchprop(단축 명령어: MA)

명령어 사용법 ▼

속성을 변경할 객체가 있는 경우 Matchprop 명령어의 단축키를 입력한 후 복제하고 싶은 속성을 가진 객체를 클릭하면 속성이 복제되므로 적용할 대상 객체를 바로 선택합니다. 속성을 선택할 때는 단일 객체로 선택하지만, 적용할 객체를 선택할 때는 한 번에 하나 이상의 드래그를 통해 선택하여 속성을 변경할 수 있습니다. 레이어 변경 시 편리하게 이용할 수 있습니다.

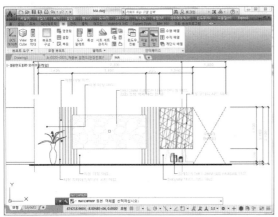

적용할 속성을 가진 객체를 선택

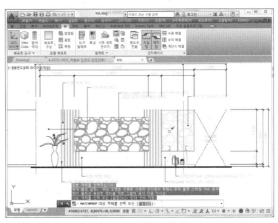

선택한 속성을 적용할 객체를 선택

명령: MA `Enter`

Matchprop

원본 객체를 선택하십시오:

→ 변경할 속성을 가진 객체를 선택합니다. 한 번에 하나의 단일 객체만 선택할 수 있습니다.

현재 활성 설정: 색상 도면층 선 종류 선축척 선가중치 투명도 두께 플롯 스타일 치수 문자 해치 폴리선 뷰포트 테이블 재료 그림자 표시 다중 지시선

대상 객체를 선택 또는 [설정(S)]:

→ 속성을 적용할 객체를 선택합니다. 한 번에 하나 이상 여러 개를 선택할 수 있습니다.

대상 객체를 선택 또는 [설정(S)]: `Enter`

→ 더 이상 변경할 객체가 없는 경우 `Enter` 를 눌러 완료합니다.

명령어 옵션 해설 ▼

Matchprop의 옵션은 내부적으로 따로 지정하지는 않지만 속성을 변경하는 '대상 객체를 선택 또는 [설정(S)]:'에서 옵션인 'S'를 입력하면 [특성 설정] 대화상자가 나타나면서 Matchprop로 변경할 수 있는 도면 속성이 나타납니다. 기본값은 모두 체크되어 있으며 사용자가 원하는 속성만 체크하면 됩니다. 속성은 색상, 도면층, 선의 종류, 두께 등과 같이 다양합니다. 대화상자의 내용에 해당하는 옵션은 일반적으로 사용하는 속성이므로 해설은 생략합니다.

명령어 실습하기 ▼

도면층을 생성하는 방법의 속성은 다양하기 때문에 복잡해보입니다. 하지만 자주 사용하는 형식의 도면층 상태는 사용자가 원본 도면에 미리 설정한 후 사용할 수 있으므로 만드는 방법만 정확하게 숙지하면 편리하게 사용할 수 있습니다. 먼저 도면층을 만들고 속성을 부여하는 과정과 속성을 빠르게 변경하는 방법을 먼저 익혀봅니다.

● 실습 파일: Sample/EX35.dwg   ● 완성 파일: Sample/EX35-F.dwg

01 Open 명령어를 이용하여 'Sample/EX35.dwg' 파일을 연 후 Ma 명령어를 입력하고 오른쪽의 점선을 원본 속성 객체로 클릭합니다.

명령: MA Enter
Matchprop
원본 객체를 선택하십시오: P1점 클릭
현재 활성 설정: 색상, 도면층, 선 종류, 선 축척, 선 가중치, 투명도, 두께, 플롯 스타일, 치수 문자, 해치, 폴리선, 뷰포트, 테이블 재료, 그림자 표시, 다중 지시선

02 왼쪽의 보라색 실선의 선분을 대각선 방향으로 드래그하여 한 번에 여러 개의 객체를 선택합니다. 드래그하는 것만으로도 처음 선택한 객체의 속성을 따라 변하는 것을 볼 수 있습니다.

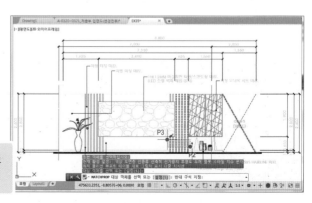

대상 객체를 선택 또는 [설정(S)]: 반대 구석 지정: P2~P3점 클릭, 드래그
대상 객체를 선택 또는 [설정(S)]: Enter

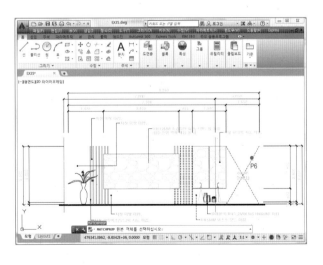

03 해칭 속성을 적용해보겠습니다. 'MA'를 입력한 후 그림과 같이 둥근 돌무늬의 해칭 객체를 속성 객체로 선택합니다.

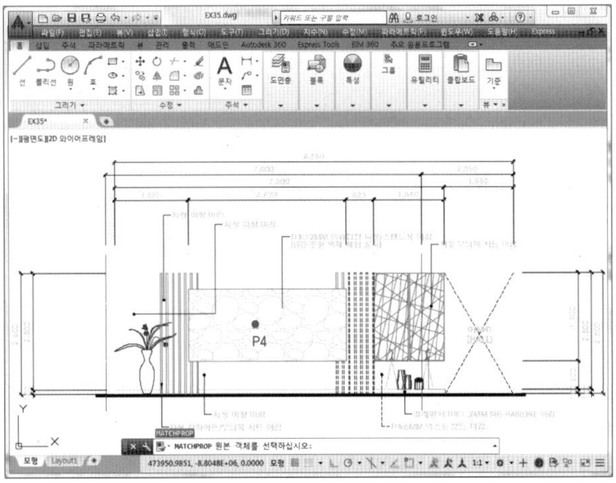

> 명령: MA Enter
> Matchprop
> 원본 객체를 선택하십시오: P4점 클릭
> 현재 활성 설정: 색상 도면층 선 종류 선축척 선가중치 투명도 두께 해치

04 오른쪽의 선분으로 이루어진 해칭 객체를 마우스로 클릭합니다. 해칭 모양과 함께 레이어, 색상도 변경되는 것을 확인할 수 있습니다.

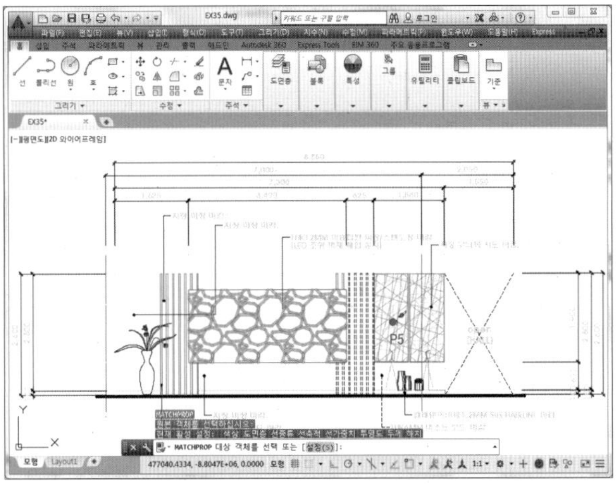

> 대상 객체를 선택 또는 [설정(S)]: P5점 클릭
> 대상 객체를 선택 또는 [설정(S)]: Enter

05 이번에는 원하는 속성만 복사해보겠습니다. MA 명령어를 입력한 후 처음 선택한 은선을 그림과 같이 클릭합니다.

> 명령: MA Enter
> Matchprop
> 원본 객체를 선택하십시오: P6점 클릭
> 현재 활성 설정: 색상 도면층, 선 종류, 선 축척, 선 가중치, 투명도, 두께, 해치

06 색상만 옮기고 도면층이나 선 종류는 복사하지 않도록 하기 위해 설정 옵션인 'S'를 누르고 [속성 설정] 대화상자가 나타나면 옵션의 체크를 모두 해제합니다.

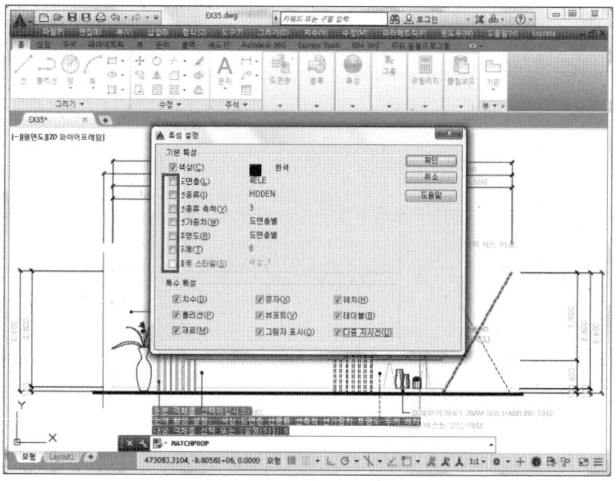

대상 객체를 선택 또는 [설정(S)]: S Enter
현재 활성 설정: 색상, 차수, 문자, 해치, 폴리선, 뷰포트, 테이블
재료, 그림자 표시, 다중 지시선

07 왼쪽의 보라색 선분을 클릭, 드래그하여 대각선 방향으로 여러 객체를 선택해봅니다. 점선은 나타나지 않고 색상만 검은색으로 나타나며 사용자가 지정한 속성만 적용되는 것을 확인할 수 있습니다.

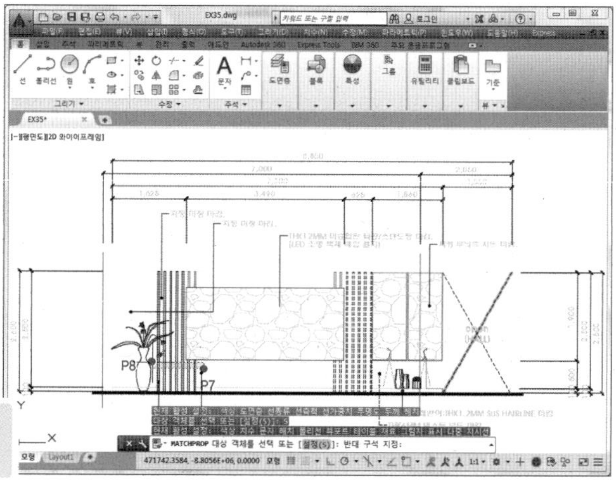

대상 객체를 선택 또는 [설정(S)]: 반대 구석 지정: P7~P8점 클릭, 드래그

4 무한선을 그려주는 Xline

선을 그리는 경우 Line 명령어로 두 지점의 좌표를 입력하여 하나의 선분을 그리는 방법을 가장 많이 사용합니다. 하지만 길이, 각도, 위치 좌표를 아는 경우 외에 특별한 길이나 치수 없이 보조선의 용도로 쓰는 경우에는 길이가 무한대로 뻗은 선인 Xline을 이용하여 그린 후 원하는 만큼 잘라 사용할 수 있습니다. 또한 그리는 용도 외에 겹친 선분의 연장선 위치를 파악하거나 연장선을 통하여 교점을 찾는 등과 같이 구조적인 계산에도 많이 사용됩니다.

메뉴	리본 메뉴	명령 행
[그리기(D)-구성선(T)]	[홈] 탭-[그리기] 패널-[구성선]	Xline(단축 명령어: XL)

명령어 사용법

Xline은 시작점을 원하는 좌표점에 마우스로 클릭하거나 좌표값을 입력한 후 옵션을 이용하여 다양한 방향으로 여러 가지 형태의 무한선을 그릴 수 있습니다. 일반적으로 구성선에 해당하는 무한선은 객체가 있는 경우 시작점과 다음 점을 객체의 Osnap을 통해 입력하거나 360도 회전하면서 원하는 위치를 클릭하여 자유로운 각도의 무한선을 그립니다.

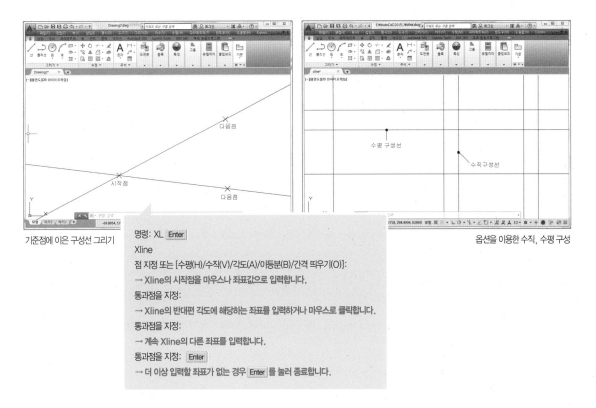

기준점에 이은 구성선 그리기

명령: XL Enter
Xline
점 지정 또는 [수평(H)/수직(V)/각도(A)/이등분(B)/간격 띄우기(O)]:
→ Xline의 시작점을 마우스나 좌표값으로 입력합니다.
통과점을 지정:
→ Xline의 반대편 각도에 해당하는 좌표를 입력하거나 마우스로 클릭합니다.
통과점을 지정:
→ 계속 Xline의 다른 좌표를 입력합니다.
통과점을 지정: Enter
→ 더 이상 입력할 좌표가 없는 경우 Enter 를 눌러 종료합니다.

옵션을 이용한 수직, 수평 구성

명령어 옵션 해설

구성선에 해당하는 Xline은 자유롭게 그리는 무한선의 특성을 이용하기도 하지만 레이아웃을 위해 가로, 세로 등 수직, 수평의 선분과 일정 지정 각도를 이용한 옵션이 지정되어 있습니다. 각각 원하는 옵션을 이용하기 위해 해당 옵션의 대문자를 입력하고 진행 내용에 따라 각도를 입력하거나 거리값을 입력하여 무한선을 그립니다.

옵션	옵션 해설
수평(H)	수평의 무한선을 그리는 경우에 사용합니다.
수직(V)	수직의 무한선을 그리는 경우에 사용합니다.
각도(A)	지정한 각도의 무한선을 그립니다.
이등분(B)	시작점과 끝점의 이등분점에 무한선을 그립니다.
간격 띄우기(O)	입력한 간격만큼 띄워 무한선을 그립니다.

구성선에 해당하는 Xline의 이용 방법은 비교적 간단합니다. 다만, 어떤 도면을 그리기 위한 명령어보다 보조적인 도구로 사용하기 위해 주로 많이 이용합니다. 다양한 객체를 활용하는 방법과 기존의 Xline을 사용할 때 어떤 방식으로 사용하는지 확인해봅니다.

● 실습 파일: Sample/EX36.dwg   ● 완성 파일: Sample/EX36-F.dwg

01 Open 명령어를 이용하여 'Sample/EX36.dwg' 파일을 연 후 구성선 명령어의 단축키인 'XL'을 입력하고 다음의 시작점과 다음 점을 객체 스냅을 이용하여 차례로 선택합니다.

```
명령: XL Enter
Xline
점 지정 또는 [수평(H)/수직(V)/각도(A)/이등분(B)/간격 띄우기
(O)]: P1점 클릭
통과점을 지정: P2점 클릭
```

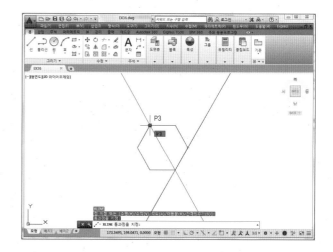

02 마우스를 왼쪽으로 돌려 두 번째 구성선의 위치를 객체 스냅을 이용하여 클릭한 후 Enter 를 눌러 명령어를 종료합니다.

```
통과점을 지정: P3점 클릭
통과점을 지정: Enter
```

03 이번에는 옵션을 이용하여 많이 사용하는 수평선을 그려봅니다. 'XL'을 입력한 후 옵션 'H'를 입력하고 그림과 같이 두 곳을 차례대로 클릭하여 수평선을 그린 후 Enter 를 눌러 명령어를 종료합니다.

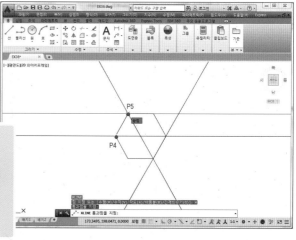

```
명령: XL Enter
Xline
점 지정 또는 [수평(H)/수직(V)/각도(A)/이등분(B)/간격 띄우기(O)]: H Enter
통과점을 지정: P4점 클릭
통과점을 지정: P5점 클릭
통과점을 지정: Enter
```

04 이번에는 수직선을 그리도록 합니다. 'XL'을 입력한 후 수직의 옵션 'V'를 입력합니다. 그런 다음, 차례대로 다음 지점을 클릭하고 Enter 를 눌러 명령어를 종료합니다.

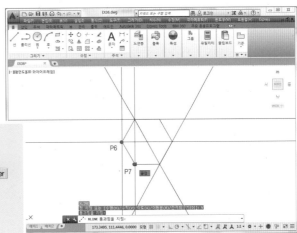

명령: XL Enter
Xline
점 지정 또는 [수평(H)/수직(V)/각도(A)/이등분(B)/간격 띄우기(O)]: V Enter
통과점을 지정: P6점 클릭
통과점을 지정: P7점 클릭
통과점을 지정: Enter

05 다음은 일정한 각도를 가진 구성선을 그려봅니다. 명령어인 'XL'을 입력한 후 옵션을 이용하여 각도를 입력합니다. 그런 다음 차례대로 다음 지점을 클릭하고 Enter 를 눌러 명령어를 종료합니다.

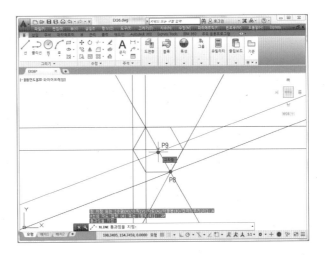

명령: XL Enter
Xline
점 지정 또는 [수평(H)/수직(V)/각도(A)/이등분(B)/간격 띄우기
(O)]: A Enter
X선의 각도 입력 (0) 또는 [참조(R)]: 20 Enter
통과점을 지정: P8점 클릭
통과점을 지정: P9점 클릭
통과점을 지정: Enter

5 채워진 원이나 면이 넓은 원을 그리는 Donut ●

Donut은 두께를 가진 원이나 면을 가진 원을 그립니다. Circle을 이용하여 원을 그리는 경우, 원은 선분에 너비가 없는 형태의 원을 그려주며, 선에 두께 너비를 입력하는 방법으로는 Pline의 Width를 이용하여 반쪽의 호를 2개 이어서 그릴 수 있지만, 완전하게 두께를 갖는 원을 그리는 방법은 Donut을 이용하여 그리는 것입니다.

메뉴	리본 메뉴	명령 행
그리기(D)-도넛(D)	[홈] 탭-[그리기] 패널-[도넛] ◎	Donut(단축 명령어: DO)

Donut도 원의 모양을 갖고 있으므로 그릴 때에도 원의 지름값을 이용합니다. Donut의 안쪽 지름값과 바깥쪽 지름값을 입력한 후 Donut가 입력될 좌표점을 입력하면 완료됩니다. 한 번 입력한 지름값을 가진 Donut은 Enter 를 누르기 직전까지 계속해서 중심점을 클릭하여 Donut을 입력할 수 있습니다. 선의 너비는 Pline에서 보았던 형태대로 표시되며, 속 채움 표시는 'FILL'이라는 변수에 따라 화면에 속이 채워지거나 비어 보이게 할 수 있습니다.

Donuts의 입력 지름값의 위치

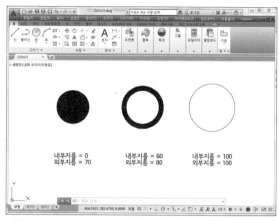

다양하게 입력하는 지름값에 따른 모양

명령: DO Enter
Donut
도넛의 내부 지름 지정 〈0.5000〉:
→ Donut의 안쪽 지름값을 입력합니다.
도넛의 외부 지름 지정 〈1.0000〉:
→ Donut의 바깥쪽 지름값을 입력합니다.
도넛의 중심 지정 또는 〈종료〉:
→ Donut의 중심 좌표의 위치를 클릭합니다.
도넛의 중심 지정 또는 〈종료〉: Enter
→ 명령어를 종료하기 위해 Enter 를 누릅니다.

6 하나로 이어진 두께 있는 선을 만드는 폴리선 Pline

Donut과 같이 두께가 있는 선을 만들어주는 선분으로, Pline을 이용하여 무언가를 그리기보다 Pline(Polyline), 즉 폴리선이라는 특성을 갖는 다른 명령어를 이해하기 위한 도구로 사용합니다. 주로 Rectang, Polygon 등과 같이 여러 마디로 이루어져 있는 객체가 한 번에 선택되는 경우 Polyline의 성분으로 이루어져 있는 객체입니다. Polyline으로 만들어진 객체는 하나로 묶여 있으므로 명령어를 한 번에 적용하기에 적당합니다.

메뉴	리본 메뉴	명령 행
그리기(D)-폴리선(P)	[홈] 탭-[그리기] 패널-[폴리선]	Pline(단축 명령어: PL)

명령어 사용법 ▼

Pline은 일반 Line 그리는 방식과 동일한 명령어를 사용합니다. Pline의 특성을 이용하여 선의 굵기를 정하거나 길이값을 입력하여 선을 그릴 수 있으며, [Arc] 옵션을 이용하면 하나로 이어진 곡선을 그리거나 굵기가 다른 곡선을 그릴 수 있습니다.

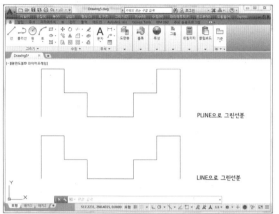

Donuts의 입력 지름값 위치

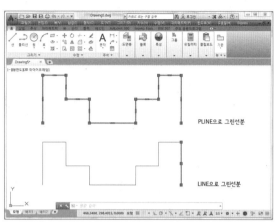

다양하게 입력하는 지름값에 따른 모양

명령: PL Enter
Pline
시작점 지정:
현재의 선 폭은 0.0000임
→ 현재 Pline 선분의 두께를 표시합니다.
다음 점 지정 또는 [호(A)/반폭(H)/길이(L)/명령 취소(U)/폭(W)]:
→ Pline의 시작점의 좌표를 입력합니다.
다음 점 지정 또는 [호(A)/닫기(C)/반폭(H)/길이(L)/명령 취소(U)/폭(W)]:
→ Pline의 다음 점의 좌표를 입력하거나 여러 가지 옵션을 입력합니다.
다음 점 지정 또는 [호(A)/닫기(C)/반폭(H)/길이(L)/명령 취소(U)/폭(W)]:
→ Pline의 다음 점의 좌표를 입력하거나 여러 가지 옵션을 입력합니다.
다음 점 지정 또는 [호(A)/닫기(C)/반폭(H)/길이(L)/명령 취소(U)/폭(W)]: Enter
→ Enter 를 눌러 Pline을 종료합니다.

명령어 옵션 해설 ▼

Pline의 옵션을 이용하면 두께 있는 선분이나 호를 이어서 그릴 수 있습니다. 호를 그리는 옵션은 Arc 명령어인 호 그리기와 동일한 옵션을 사용합니다.

옵션	옵션 해설
명령 취소(U)	Pline 선분을 그리는 중 바로 직전 단계의 Pline을 취소합니다.
닫기(C)	시작점과 마지막 점을 연결해 닫아주고, Pline 명령어를 종료합니다.
반폭(H) / 폭(W)	Pline의 선 두께를 입력합니다. 보통, Halfwidth는 전체 두께의 1/2값을 입력해 두께를 지정하고 Width는 전체 두께의 너비값을 입력해 지정합니다. 두께값은 하나의 마디를 기준으로 시작점과 끝점의 값을 다르게 입력할 수 있습니다.
길이(L)	원하는 길이값을 입력하면 선분의 진행 방향대로 해당 Pline을 연장해줍니다.

옵션	옵션 해설
호(A)	Pline으로 만들어지는 호를 그려줍니다. 한 번에 그려진 호는 하나로 연결된 호를 만듭니다.

- 각도(A): Pline 호의 내부 각을 입력하여 호를 그립니다.
- 중심(CE): Pline 호의 중심점이 갖는 좌표값을 입력하여 호를 그립니다.
- 닫기(CL): Pline 호를 그리는 중에 시작점과 마지막 점을 호로 연결해 닫아주고, 명령어를 종료합니다.
- 방향(D): Pline 호의 접선 방향을 입력하여 호를 그립니다.
- 반폭(H) / 폭(W): Pline 호의 두께를 정하는 옵션입니다. 반폭은 두께의 1/2값을 지정해 사용합니다. 폭은 두께 전체의 너비 값을 입력해 사용합니다.
- 선(L): Pline으로 호를 그리는 중 다시 선분을 그리는 옵션입니다.
- 반지름(R): Pline호의 반지름값을 입력하여 호를 그립니다.
- 두 번째 점(S): 두 점을 입력하여 호를 그리는 옵션으로 Pline 호의 두 번째 점을 클릭해 호를 그립니다. 기본값입니다.
- 명령 취소(U): Pline호를 그리는 중 바로 직전 단계의 좌표점을 취소시킵니다.

명령어 실습하기 ▼

Pline을 그리는 다양한 옵션을 익혀보고 두께 있는 원을 그리는 Donut를 함께 사용해봅니다. 반원은 Pline으로 그리고 원의 경우는 Donut로 그려줍니다.

● 실습 파일: Sample/EX37.dwg   ● 완성 파일: Sample/EX37-F.dwg

01 Open 명령어를 이용해 'Sample/ EX37.dwg' 파일을 연 후 Pline 명령어의 단축키인 'PL'을 입력합니다. 그런 다음, 먼저 선분의 두께를 입력하기 위해 옵션 'W'를 입력하고 그림과 같이 입력한 후 시작점과 다음 점을 클릭해봅니다.

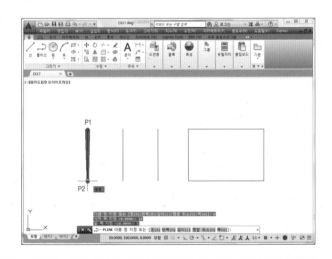

명령: PL Enter
Pline
시작점 지정:
현재의 선 폭은 0.0000임
다음 점 지정 또는 [호(A)/반폭(H)/길이(L)/명령 취소(U)/폭(W)]: W Enter
시작 폭 지정 〈0.0000〉: 10 Enter
끝 폭 지정 〈10.0000〉: 5 Enter
다음 점 지정 또는 [호(A)/반폭(H)/길이(L)/명령 취소(U)/폭(W)]: P1점 클릭
다음 점 지정 또는 [호(A)/닫기(C)/반폭(H)/길이(L)/명령 취소(U)/폭(W)]: P2점 클릭

02 시작점의 두께와 다음 점의 두께가 서로 다르게 표시된 것을 확인했습니다. 이어서 옵션 변동 없이 P3점을 클릭해봅니다. 두 번째 두께값으로 이어져서 그려지는 것을 확인할 수 있습니다.

다음 점 지정 또는 [호(A)/닫기(C)/반폭(H)/길이(L)/명령 취소(U)/폭(W)]: P3점 클릭

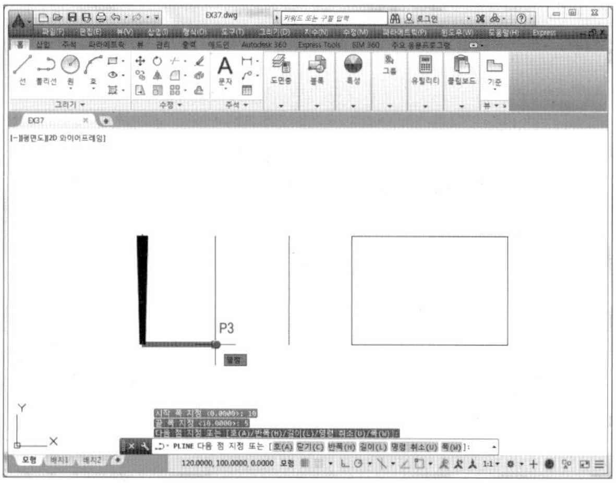

03 이번에는 다시 두께를 재지정해봅니다. 그림과 같이 두께 옵션을 입력한 후 값을 변경하고, 다음의 P4점을 클릭해봅니다.

다음 점 지정 또는 [호(A)/닫기(C)/반폭(H)/길이(L)/명령 취소(U)/폭(W)]: W Enter
시작 폭 지정 〈5.0000〉: 25 Enter
끝 폭 지정 〈25.0000〉: 0 Enter
다음 점 지정 또는 [호(A)/닫기(C)/반폭(H)/길이(L)/명령 취소(U)/폭(W)]: P4점 클릭

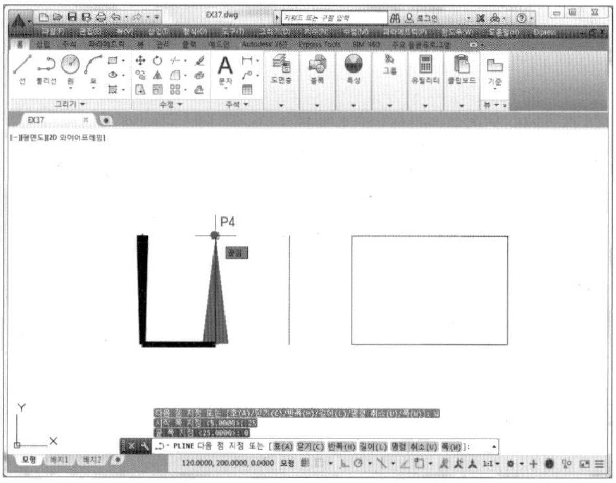

04 선분에 이어 호를 그려보겠습니다. 호를 그리는 옵션 'A'를 입력한 후 다음 점을 클릭합니다.

다음 점 지정 또는 [호(A)/닫기(C)/반폭(H)/길이(L)/명령 취소(U)/폭(W)]: A Enter
호의 끝점 지정([Ctrl]키를 누른 상태에서 방향 전환) 또는 [각도(A)/중심(CE)/닫기(CL)/방향(D)/반폭(H)/선(L)/반지름(R)/두 번째 점(S)/명령 취소(U)/폭(W)]: P5점 클릭

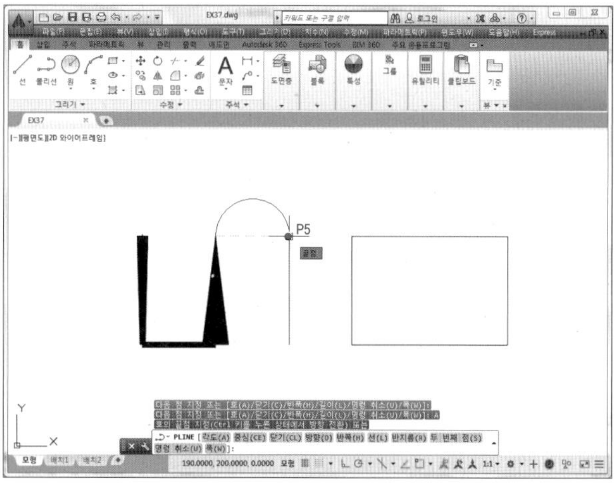

05 계속 진행 방향으로 호를 하나 더 그려 보겠습니다. 이어지는 호는 처음 그려 진 호와 반대 방향으로 호가 그려지는 것을 확 인할 수 있습니다.

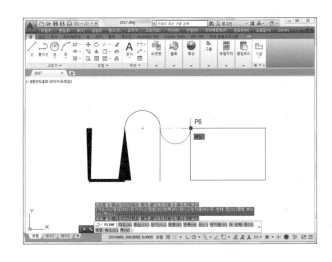

호의 끝점 지정([Ctrl]을 누른 상태에서 방향 전환) 또는
[각도(A)/중심(CE)/닫기(CL)/방향(D)/반폭(H)/선(L)/반지름(R)/
두 번째 점(S)/명령 취소(U)/폭(W)]: P6점 클릭

06 Pline 호 역시 두께를 변경하여 지정할 수 있습니다. 그림과 같이 호 옵션의 'W'를 입력한 후 시작 폭과 다음 폭을 동일하 게 입력하고 그림과 같은 위치를 클릭하여 호 를 그립니다.

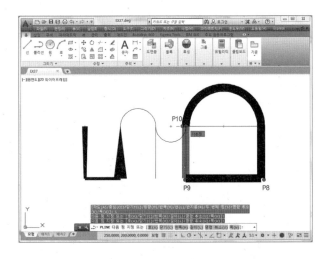

호의 끝점 지정([Ctrl]을 누른 상태에서 방향 전환) 또는
[각도(A)/중심(CE)/닫기(CL)/방향(D)/반폭(H)/선(L)/반지름(R)/두 번째 점(S)/명령 취소(U)/폭(W)]: W Enter
시작 폭 지정 〈0.0000〉: 15 Enter
끝 폭 지정 〈15.0000〉: Enter
호의 끝점 지정([Ctrl]을 누른 상태에서 방향 전환) 또는
[각도(A)/중심(CE)/닫기(CL)/방향(D)/반폭(H)/선(L)/반지름(R)/두 번째 점(S)/명령 취소(U)/폭(W)]: P7점 클릭

07 두께의 변경은 없이 다시 선분으로 되돌 아오기 위해 선분 옵션인 'L'을 입력한 후 다음의 위치를 클릭하고 Enter 를 눌러 Pline 명령어를 종료합니다.

호의 끝점 지정([Ctrl]을 누른 상태에서 방향 전환) 또는
[각도(A)/중심(CE)/닫기(CL)/방향(D)/반폭(H)/선(L)/반지름(R)/
두 번째 점(S)/명령 취소(U)/폭(W)]: L Enter
다음 점 지정 또는 [호(A)/닫기(C)/반폭(H)/길이(L)/명령 취소
(U)/폭(W)]: P8점 클릭
다음 점 지정 또는 [호(A)/닫기(C)/반폭(H)/길이(L)/명령 취소
(U)/폭(W)]: P9점 클릭
다음 점 지정 또는 [호(A)/닫기(C)/반폭(H)/길이(L)/명령 취소
(U)/폭(W)]: P10점 클릭
다음 점 지정 또는 [호(A)/닫기(C)/반폭(H)/길이(L)/명령 취소
(U)/폭(W)]: Enter

08 가운데 채워진 원을 그리기 위해 Donut 명령어를 입력한 후 그림과 같 이 지름값을 입력하고 속이 채워진 원을 그립니다.

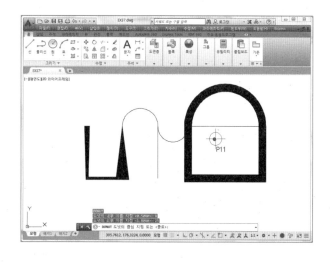

명령: DO Enter
Donut
도넛의 내부 지름 지정 ⟨0.5000⟩: 0 Enter
도넛의 외부 지름 지정 ⟨1.0000⟩: 25 Enter
도넛의 중심 지정 또는 ⟨종료⟩: P11점 클릭

09 옆에 Donut을 하나 더 그린 후 Enter 를 눌러 명령어를 종료합니다.

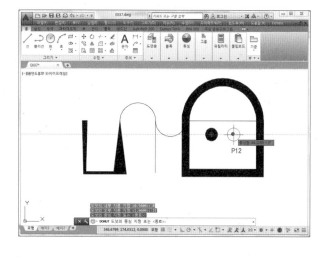

도넛의 중심 지정 또는 ⟨종료⟩: 12점 클릭
도넛의 중심 지정 또는 ⟨종료⟩: Enter

도면층을 만들고 활용하는 방법 익히기

도면을 그리는 가장 기본적인 방법은 선이나 원을 그리는 것으로 시작하는 것이 아니라 해당 도면을 작업할
도면층(Layer)를 만들고 해당 도면층에 알맞은 색상과 선 종류를 세팅한 후에 작업을 시작합니다. 또한 각기
다른 도면층으로 제작되는 객체들의 복제 객체를 다른 도면층으로 빠르게 전환하는 등의 작업을 하는 빠른
방법을 익히고 활용합니다.

현장실습예제

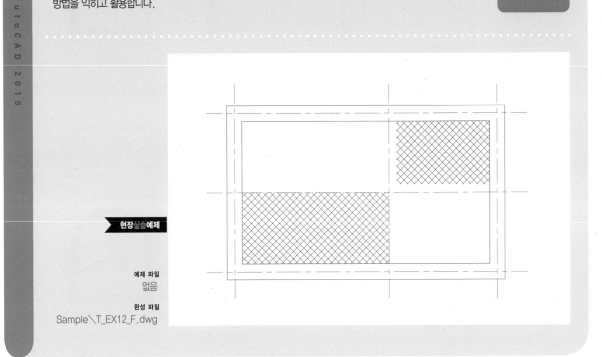

예제 파일
없음

완성 파일
Sample\T_EX12_F.dwg

도면층 만들고, 속성 정의하고, 기준선 정의하기

01. New 명령어를 이용하여 아무것도 설정
되어 있지 않은 새로운 도면을 하나 꺼
내고 도면층을 새로 설정하기 위해 그림과 같
이 도면층 속성 관리자 명령어인 'LA'를 입력
하여 대화상자를 불러옵니다.

명령: LA Enter
Layer

02 [도면층 새로 만들기] 버튼을 클릭한 후 '도면층1'이라는 이름이 자동으로 나타나면 바로 '중심선'이라는 이름으로 변경하고 [색상] 버튼을 클릭하여 그림과 같이 빨간색을 선택합니다.

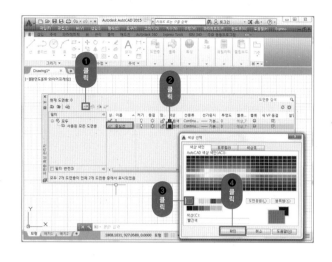

03 중심선 도면층에 선 종류를 지정하기 위해 'Continuous'라는 선 종류를 클릭하여 선 종류를 선택하는 대화상자에서 [로드] 버튼을 클릭한 후 [선 종류 로드 또는 다시 로드] 대화상자가 나타나면 'Center' 선을 선택하고 [확인] 버튼을 누릅니다.

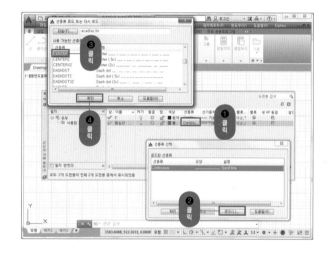

04 선 종류를 'Center'로 선택하면 바로 적용되지 않습니다. [선 종류 선택] 대화상자에서 방금 로드한 'Center' 선의 종류를 다시 한 번 선택하고 [확인] 버튼을 클릭해야 적용됩니다.

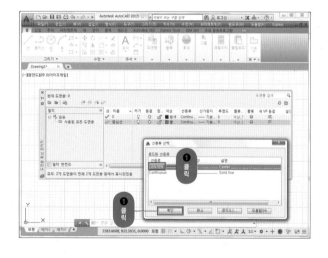

05 선 가중치를 주기 위해 기본값으로 설정 되어 있는 [선 가중치]를 클릭합니다. 다음과 같은 [선 가중치] 대화상자가 나타나면 중심선의 두께를 0.1mm가량 가까운 0.09mm로 선택하고 [확인] 버튼을 클릭합니다.

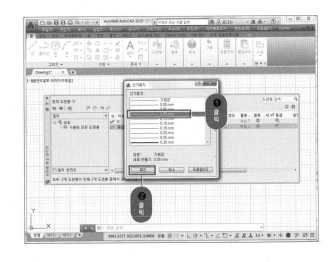

06 다시 [새로운 도면층 만들기] 버튼을 클릭한 후 도면층의 이름을 '은선'이라고 입력합니다. 색상 버튼을 클릭하여 색상을 '노란색'으로 선택하고 [확인] 버튼을 눌러 완료합니다.

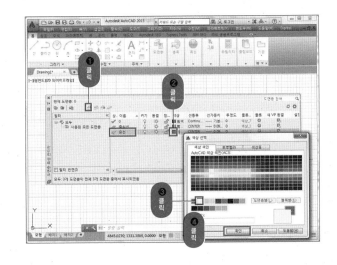

07 '은선' 도면층의 선 종류를 은선으로 설정하기 위해 [선 종류 선택] 대화상자에서 [로드] 버튼을 눌러 [선 종류 로드 또는 다시 로드] 대화상자 안에서 'Hidden' 선 종류를 고르고 [확인] 버튼을 클릭합니다. 선 종류를 꺼내고 [선 종류 선택] 대화상자에서도 'Hidden'으로 선택한 후 [확인] 버튼을 클릭합니다.

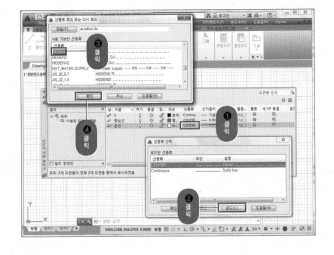

08 '은선' 도면층의 선 가중치를 지정하기 위해 기본값으로 되어 있는 선 두께를 0.2mm로 선택한 후 [확인] 버튼을 클릭합니다.

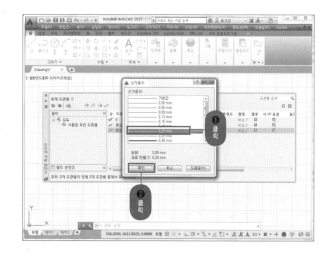

09 이제 세 번째 도면층을 새로 만든 후 이름에 '외형선'을 입력하고 색상은 '파란색'을 선택한 후 선 종류는 원래의 실선인 'Continuous'로 선택하고 [확인] 버튼을 클릭합니다.

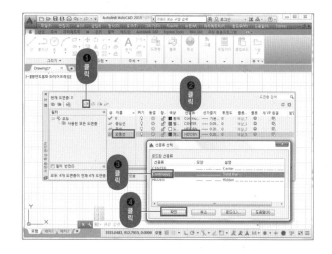

10 외형선의 선 가중치는 '0.3mm'로 설정하여 조금 굵게 지정합니다.

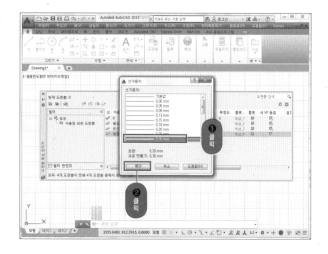

11 이렇게 3개의 도면층이 새로 만들어지고 색상과 선 종류 선 가중치(선 두께)가 지정되었는지 확인한 후 [도면층 속성 관리자] 패널을 닫습니다.

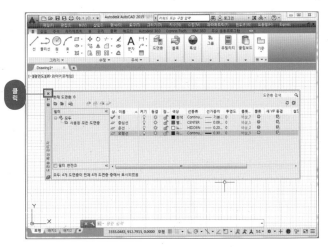

12 직접 실습을 하기 위해 도면 한계를 세팅하고 가로의 무한선인 구성선을 하나 그리도록 합니다.

명령: Limits Enter
모형 공간 한계 재설정:
왼쪽 아래 구석 지정 또는 [켜기(ON)/끄기(OFF)] ⟨0.0000,0.0000⟩: Enter
오른쪽 위 구석 지정 ⟨420.0000,297.0000⟩: 297,210 Enter

명령: Z Enter
Zoom
윈도우 구석 지정, 축척 비율(nX 또는 nXP) 입력 또는
[전체(A)/중심(C)/동적(D)/범위(E)/이전(P)/축척(S)/윈도우(W)/객체(O)] ⟨실시간⟩: A Enter
모형 재생성 중 …

명령: XL Enter
Xline
점 지정 또는 [수평(H)/수직(V)/각도(A)/이등분(B)/간격 띄우기(O)]: H Enter
통과점을 지정: P1점 클릭
통과점을 지정: Enter

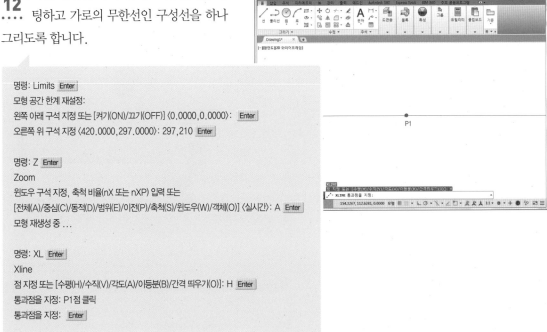

13 한 번 Enter 를 누르면 바로 전에 사용한 Xline 명령어가 다시 실행됩니다. 한 번 더 실행하여 세로의 구성선을 그리도록 합니다.

명령: Enter
명령: Xline Enter
점 지정 또는 [수평(H)/수직(V)/각도(A)/이등분(B)/간격 띄우기(O)]: V Enter
통과점을 지정: P2점 클릭
통과점을 지정: Enter

14 가로 세로 무한선인 구성선이 만들어지
면 명령어를 입력하지 않은 상태에서 그림과 같이 클릭, 드래그하여 상자를 만들고 2개의 객체를 선택합니다.

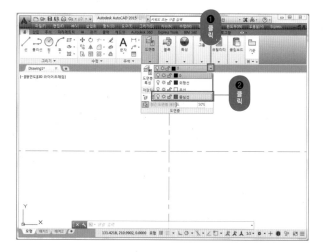

→ P3~P4점 클릭, 드래그

15 선택된 객체의 도면층(레이어)를 변경하기 위해 도면층 메뉴를 클릭한 후 [목록]
버튼을 눌러 '중심선' 레이어를 클릭합니다.
자동으로 실선이던 객체가 중심선 도면층의 속성으로 변경됩니다. 중심선의 간격을 조절하기 위해 Ltscale을 좀 줄이도록 합니다.

명령: LTS Enter
Ltscale 새 선 종류 축척 비율 입력 〈1.0000〉: 0.5 Enter
모형 재생성 중 …

16 세로의 중심선 하나를 왼쪽으로 100만큼 Offset하여 평행 복사합니다.

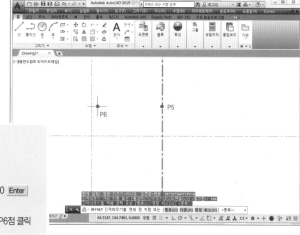

명령: O Enter
Offset
현재 설정: 원본 지우기=아니오, 도면층=원본, OffsetGAPTYPE=0
간격 띄우기 거리 지정 또는 [통과점(T)/지우기(E)/도면층(L)] 〈통과점〉: 100 Enter
간격 띄우기할 객체 선택 또는 [종료(E)/명령 취소(U)] 〈종료〉: P5점 클릭
간격 띄우기할 면의 점 지정 또는 [종료(E)/다중(M)/명령 취소(U)] 〈종료〉: P6점 클릭
간격 띄우기할 객체 선택 또는 [종료(E)/명령 취소(U)] 〈종료〉: Enter

17 이번에는 가로의 구성선을 위아래로 50만 큼 Offset을 이용하여 평행 복사합니다.

명령: O `Enter`
Offset
현재 설정: 원본 지우기=아니오 도면층=원본 OffsetGAPTYPE=0
간격 띄우기 거리 지정 또는 [통과점(T)/지우기(E)/도면층(L)] ⟨100.0000⟩: 50 `Enter`
간격 띄우기할 객체 선택 또는 [종료(E)/명령 취소(U)] ⟨종료⟩: P7점 클릭
간격 띄우기할 면의 점 지정 또는 [종료(E)/다중(M)/명령 취소(U)] ⟨종료⟩: P8점 클릭
간격 띄우기할 객체 선택 또는 [종료(E)/명령 취소(U)] ⟨종료⟩: P7점 클릭
간격 띄우기할 면의 점 지정 또는 [종료(E)/다중(M)/명령 취소(U)] ⟨종료⟩: P9점 클릭
간격 띄우기할 객체 선택 또는 [종료(E)/명령 취소(U)] ⟨종료⟩: `Enter`

18 다시 중앙의 세로선을 오른쪽으로 70만 큼 Offset하여 다음의 모양으로 완료합니다.

명령: O `Enter`
Offset
현재 설정: 원본 지우기=아니오 도면층=원본 OffsetGAPTYPE=0
간격 띄우기 거리 지정 또는 [통과점(T)/지우기(E)/도면층(L)] ⟨40.0000⟩: 70 `Enter`
간격 띄우기할 객체 선택 또는 [종료(E)/명령 취소(U)] ⟨종료⟩: P10점 클릭
간격 띄우기할 면의 점 지정 또는 [종료(E)/다중(M)/명령 취소(U)] ⟨종료⟩: P11점 클릭
간격 띄우기할 객체 선택 또는 [종료(E)/명령 취소(U)] ⟨종료⟩: `Enter`

19 중심선의 크기의 한계를 원하는 크기만 큼으로 제한하기 위해 중심선을 정리합니다. 먼저 중심선의 크기의 한계가 될 위치에 Rectang을 이용하여 대략적인 사각형을 그립니다.

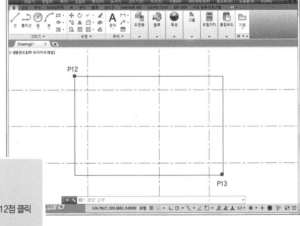

명령: REC `Enter`
Rectang
첫 번째 구석점 지정 또는 [모따기(C)/고도(E)/모깎기(F)/두께(T)/폭(W)]: P12점 클릭
다른 구석점 지정 또는 [영역(A)/치수(D)/회전(R)]: P13점 클릭

20 방금 그린 사각형을 기준으로 Trim을 이용하여 잘라내기합니다. 먼저 잘라낼 기준선을 사각형으로 선택합니다.

명령: TR Enter
Trim
현재 설정: 투영=UCS 모서리=없음
절단 모서리 선택 …
객체 선택 또는 〈모두 선택〉: 1개를 찾음
→ P14점 클릭
객체 선택: Enter

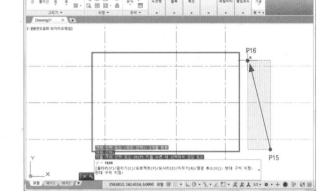

21 선택된 기준선 바깥쪽을 그림과 같이 차례로 잘라냅니다. 한 번에 드래그하여 여러 개를 잘라내도록 합니다.

자를 객체 선택 또는 [Shift]를 누른 채 선택하여 연장 또는
[울타리(F)/걸치기(C)/프로젝트(P)/모서리(E)/지우기(R)/명령 취소
(U)]: 반대 구석 지정: P15~P16점 클릭, 드래그

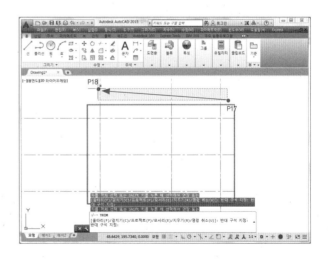

22 이번에는 위쪽의 객체를 모두 드래그로 선택하여 잘라냅니다.

자를 객체 선택 또는 [Shift]를 누른 채 선택하여 연장 또는
[울타리(F)/걸치기(C)/프로젝트(P)/모서리(E)/지우기(R)/명령 취소
(U)]: 반대 구석 지정: P17~P18점 클릭, 드래그

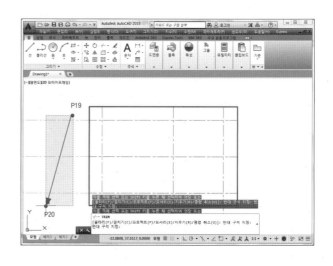

23 이번에는 왼쪽의 선분들을 모두 선택하여 잘라내도록 합니다. 한 번에 하나씩 또는 그림처럼 드래그하여 여러 개를 잘라 없애도록 합니다.

자를 객체 선택 또는 [Shift]를 누른 채 선택하여 연장 또는 [울타리(F)/걸치기(C)/프로젝트(P)/모서리(E)/지우기(R)/명령 취소(U)]: 반대 구석 지정: P19~P20점 클릭, 드래그

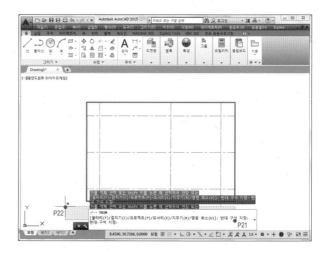

24 아래쪽은 명령 행 때문에 잘 보이지 않을 수 있습니다. 마우스 휠로 위쪽으로 드래그한 후 선택해도 되며 클릭, 드래그하여 사각형으로 선택하면 바로 선택되므로 둘 중 선택하여 자르기를 하면 됩니다.

자를 객체 선택 또는 [Shift]를 누른 채 선택하여 연장 또는 [울타리(F)/걸치기(C)/프로젝트(P)/모서리(E)/지우기(R)/명령 취소(U)]: 반대 구석 지정: 반대 구석 지정: P21~P22점 클릭, 드래그
자를 객체 선택 또는 [Shift]를 누른 채 선택하여 연장 또는 [울타리(F)/걸치기(C)/프로젝트(P)/모서리(E)/지우기(R)/명령 취소(U)]: Enter

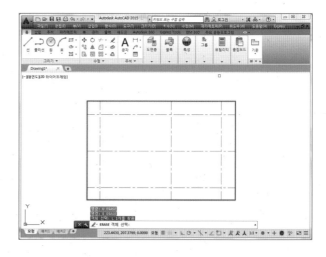

25 이제 기준선으로 만들었던 사각형은 지우도록 합니다. 화면의 객체 중 맨 나중에 만들어진 객체이므로 객체 선택 방법 중 마지막에 그려진 객체를 자동으로 선택하는 L 옵션을 이용하여 선택하고 지웁니다.

명령: E Enter
Erase
객체 선택: L Enter
1개를 찾음
객체 선택: Enter

도면층 객체 만들고 적용하기

01 먼저 만들어진 중심선을 그림과 같이 외곽의 선분을 중심선 안쪽과 바깥쪽으로 한 번씩 Offset을 이용하여 평행 복사합니다.

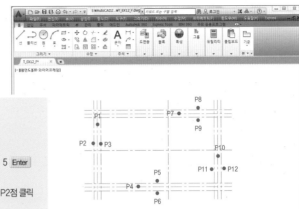

```
명령: O  Enter
Offset
현재 설정: 원본 지우기=아니오, 도면층=원본, OffsetGAPTYPE=0
간격 띄우기 거리 지정 또는 [통과점(T)/지우기(E)/도면층(L)] <70.0000>: 5  Enter
간격 띄우기할 객체 선택 또는 [종료(E)/명령 취소(U)] <종료>: P1점 클릭
간격 띄우기할 면의 점 지정 또는 [종료(E)/다중(M)/명령 취소(U)] <종료>: P2점 클릭
간격 띄우기할 객체 선택 또는 [종료(E)/명령 취소(U)] <종료>: P1점 클릭
간격 띄우기할 면의 점 지정 또는 [종료(E)/다중(M)/명령 취소(U)] <종료>: P3점 클릭
간격 띄우기할 객체 선택 또는 [종료(E)/명령 취소(U)] <종료>: P4점 클릭
간격 띄우기할 면의 점 지정 또는 [종료(E)/다중(M)/명령 취소(U)] <종료>: P5점 클릭
간격 띄우기할 객체 선택 또는 [종료(E)/명령 취소(U)] <종료>: P4점 클릭
간격 띄우기할 면의 점 지정 또는 [종료(E)/다중(M)/명령 취소(U)] <종료>: P6점 클릭
간격 띄우기할 객체 선택 또는 [종료(E)/명령 취소(U)] <종료>: P7점 클릭
간격 띄우기할 면의 점 지정 또는 [종료(E)/다중(M)/명령 취소(U)] <종료>: P8점 클릭
간격 띄우기할 객체 선택 또는 [종료(E)/명령 취소(U)] <종료>: P7점 클릭
간격 띄우기할 면의 점 지정 또는 [종료(E)/다중(M)/명령 취소(U)] <종료>: P9점 클릭
간격 띄우기할 객체 선택 또는 [종료(E)/명령 취소(U)] <종료>: P10점 클릭
간격 띄우기할 면의 점 지정 또는 [종료(E)/다중(M)/명령 취소(U)] <종료>: P11점 클릭
간격 띄우기할 객체 선택 또는 [종료(E)/명령 취소(U)] <종료>: P10점 클릭
간격 띄우기할 면의 점 지정 또는 [종료(E)/다중(M)/명령 취소(U)] <종료>: P12점 클릭
간격 띄우기할 객체 선택 또는 [종료(E)/명령 취소(U)] <종료>:  Enter
```

02 맨 위의 객체 하나만 명령어 없이 먼저 클릭하여 선택한 후 도면층 메뉴를 클릭하고 목록을 열어 '외형선' 도면층 목록을 선택합니다. 변경 완료되면 Esc 를 눌러 선택이 해제되도록 합니다.

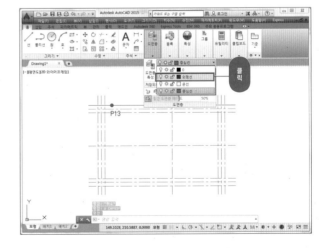

→ P13점 클릭
→ Esc

03 변경된 도면층 속성을 다른 객체에도 적용하기 위해 속성 일치 명령어를 입력한 후 다음과 같이 복제할 원본 객체를 먼저 클릭합니다.

명령: MA `Enter`
Matchprop
원본 객체를 선택하십시오:
현재 활성 설정: P14점 클릭
색상, 도면층, 선 종류, 선 축척, 선 가중치, 투명도, 두께, 플롯,
스타일, 치수, 문자, 해치, 폴리선, 뷰포트, 테이블 재료, 그림자
표시, 다중 지시선

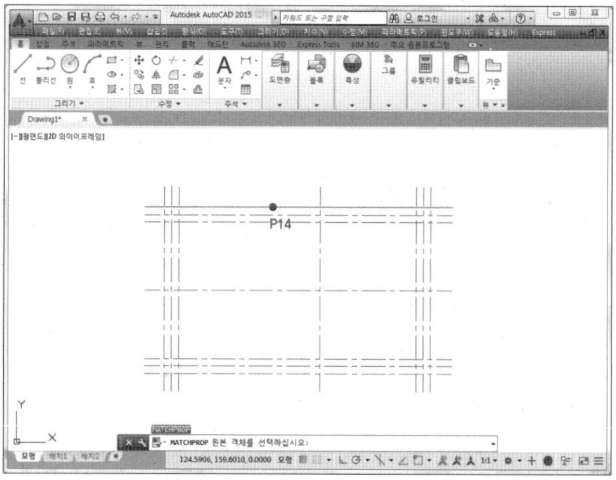

04 그림과 같이 외형선으로 변경해야 하는 객체를 하나씩 또는 여러 개씩 선택하여 속성을 일치시킵니다.

대상 객체를 선택 또는 [설정(S)]: P15점 클릭
대상 객체를 선택 또는 [설정(S)]: P16점 클릭
대상 객체를 선택 또는 [설정(S)]: P17점 클릭
대상 객체를 선택 또는 [설정(S)]: P18점 클릭
대상 객체를 선택 또는 [설정(S)]: P19점 클릭
대상 객체를 선택 또는 [설정(S)]: P20점 클릭
대상 객체를 선택 또는 [설정(S)]: P21점 클릭
대상 객체를 선택 또는 [설정(S)]: `Enter`

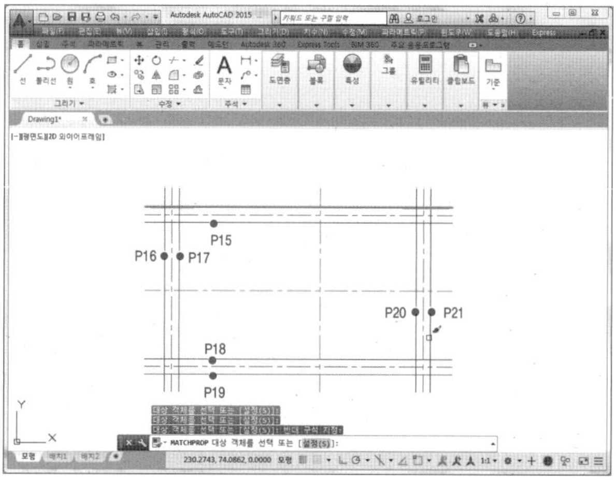

05 선분의 모서리를 정리하기 위해 Fillet 명령어를 이용하여 모깎기합니다. 반지름이 '0'인 경우 `Shift` 를 누르지 않고 클릭해도 모서리가 만들어집니다. 한 번에 여러 번 선택할 경우 다중 옵션 'M'을 누르고 진행합니다.

명령: F `Enter`
Fillet
현재 설정: 모드=자르기, 반지름=0.0000
첫 번째 객체 선택 또는 [명령 취소(U)/폴리선(P)/반지름(R)/자르기(T)/다중(M)]: M `Enter`
첫 번째 객체 선택 또는 [명령 취소(U)/폴리선(P)/반지름(R)/자르기(T)/다중(M)]: P22점 클릭
두 번째 객체 선택 또는 [Shift]를 누른 채 선택하여 구석 적용 또는 [반지름(R)]: P23점 클릭

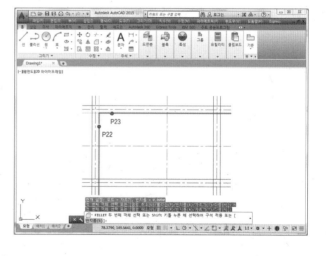

06 바깥쪽 선분도 그림과 같이 클릭하여 선분을 정리합니다.

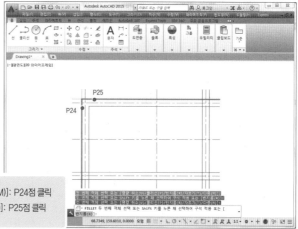

첫 번째 객체 선택 또는 [명령 취소(U)/폴리선(P)/반지름(R)/자르기(T)/다중(M)]: P24점 클릭
두 번째 객체 선택 또는 [Shift]를 누른 채 선택하여 구석 적용 또는 [반지름(R)]: P25점 클릭

07 나머지 선분들도 그림과 같이 클릭하여 모서리를 완료합니다.

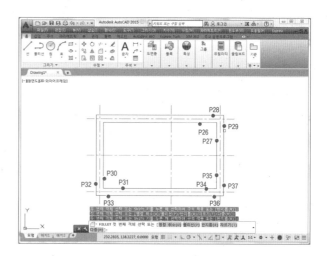

첫 번째 객체 선택 또는 [명령 취소(U)/폴리선(P)/반지름(R)/자르기(T)/다중(M)]: P26점 클릭
두 번째 객체 선택 또는 [Shift]를 누른 채 선택하여 구석 적용 또는 [반지름(R)]: P27점 클릭
첫 번째 객체 선택 또는 [명령 취소(U)/폴리선(P)/반지름(R)/자르기(T)/다중(M)]: P28점 클릭
두 번째 객체 선택 또는 [Shift]를 누른 채 선택하여 구석 적용 또는 [반지름(R)]: P29점 클릭
첫 번째 객체 선택 또는 [명령 취소(U)/폴리선(P)/반지름(R)/자르기(T)/다중(M)]: P30점 클릭
두 번째 객체 선택 또는 [Shift]를 누른 채 선택하여 구석 적용 또는 [반지름(R)]: P31점 클릭
첫 번째 객체 선택 또는 [명령 취소(U)/폴리선(P)/반지름(R)/자르기(T)/다중(M)]: P32점 클릭
두 번째 객체 선택 또는 [Shift]를 누른 채 선택하여 구석 적용 또는 [반지름(R)]: P33점 클릭
첫 번째 객체 선택 또는 [명령 취소(U)/폴리선(P)/반지름(R)/자르기(T)/다중(M)]: P34점 클릭
두 번째 객체 선택 또는 [Shift]를 누른 채 선택하여 구석 적용 또는 [반지름(R)]: P35점 클릭
첫 번째 객체 선택 또는 [명령 취소(U)/폴리선(P)/반지름(R)/자르기(T)/다중(M)]: P36점 클릭
두 번째 객체 선택 또는 [Shift]를 누른 채 선택하여 구석 적용 또는 [반지름(R)]: P37점 클릭
첫 번째 객체 선택 또는 [명령 취소(U)/폴리선(P)/반지름(R)/자르기(T)/다중(M)]: Enter

08 중앙의 선분을 위와 오른쪽으로 '5'만큼 평행 복사하기 위해 Offset을 이용하여 그림과 같이 복사합니다.

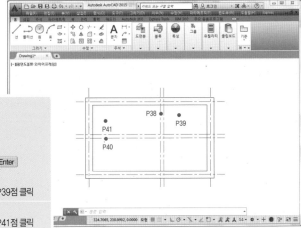

명령: O Enter

Offset

현재 설정: 원본 지우기=아니오, 도면층=원본, OffsetGAPTYPE=0

간격 띄우기 거리 지정 또는 [통과점(T)/지우기(E)/도면층(L)] ⟨5.0000⟩: Enter

간격 띄우기할 객체 선택 또는 [종료(E)/명령 취소(U)] ⟨종료⟩: P38점 클릭

간격 띄우기할 면의 점 지정 또는 [종료(E)/다중(M)/명령 취소(U)] ⟨종료⟩: P39점 클릭

간격 띄우기할 객체 선택 또는 [종료(E)/명령 취소(U)] ⟨종료⟩: P40점 클릭

간격 띄우기할 면의 점 지정 또는 [종료(E)/다중(M)/명령 취소(U)] ⟨종료⟩: P41점 클릭

간격 띄우기할 객체 선택 또는 [종료(E)/명령 취소(U)] ⟨종료⟩: Enter

09 Offset한 객체를 마우스로 클릭하고 도면층의 목록을 눌러 '은선' 도면층으로 변경하고 Esc 를 눌러 선택을 해제합니다.

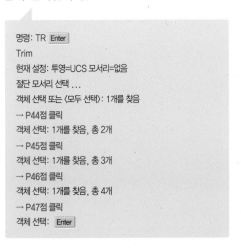

P42, P43점 클릭

10 변경된 은선 도면층 객체를 기준으로 안쪽의 객체만 남기기 위해 Trim 자르기 명령어를 입력하고 그림과 같이 기준선을 네 군데 선택합니다.

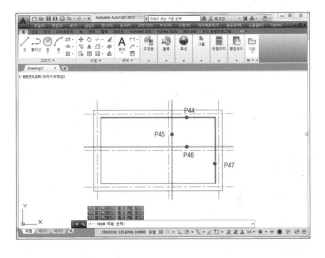

명령: TR Enter

Trim

현재 설정: 투영=UCS 모서리=없음

절단 모서리 선택 …

객체 선택 또는 ⟨모두 선택⟩: 1개를 찾음

→ P44점 클릭

객체 선택: 1개를 찾음, 총 2개

→ P45점 클릭

객체 선택: 1개를 찾음, 총 3개

→ P46점 클릭

객체 선택: 1개를 찾음, 총 4개

→ P47점 클릭

객체 선택: Enter

11 안쪽의 선분만 남기기 위해 그림과 같은 위치를 마우스로 클릭하여 잘라내도록 합니다.

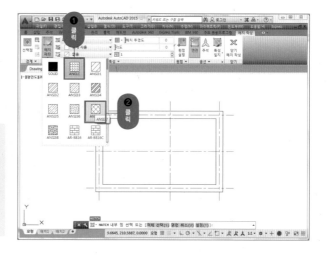

자를 객체 선택 또는 [Shift]를 누른 채 선택하여 연장 또는
[울타리(F)/걸치기(C)/프로젝트(P)/모서리(E)/지우기(R)/명령 취소(U)]: P48점 클릭
자를 객체 선택 또는 [Shift]를 누른 채 선택하여 연장 또는
[울타리(F)/걸치기(C)/프로젝트(P)/모서리(E)/지우기(R)/명령 취소(U)]: P49점 클릭
자를 객체 선택 또는 [Shift]를 누른 채 선택하여 연장 또는
[울타리(F)/걸치기(C)/프로젝트(P)/모서리(E)/지우기(R)/명령 취소(U)]: P50점 클릭
자를 객체 선택 또는 [Shift]를 누른 채 선택하여 연장 또는
[울타리(F)/걸치기(C)/프로젝트(P)/모서리(E)/지우기(R)/명령 취소(U)]: P51점 클릭
자를 객체 선택 또는 [Shift]를 누른 채 선택하여 연장 또는
[울타리(F)/걸치기(C)/프로젝트(P)/모서리(E)/지우기(R)/명령 취소(U)]: Enter

12 안쪽 영역에 해칭을 입력하기 위해 해칭 명령어를 입력하고 제일 먼저 패턴 무늬를 그림과 같이 선택합니다.

명령: H Enter
Hatch
내부 점 선택 또는 [객체 선택(S)/명령 취소(U)/설정(T)]: 모든 것 선택
가시적인 모든 것 선택 중 …
선택된 데이터 분석 중 …
내부 고립 영역 분석 중 …

13 다음의 영역을 선택하여 해칭 무늬를 입력합니다. 입력이 완료되면 [닫기] 버튼을 클릭하여 해칭 입력을 완료합니다.

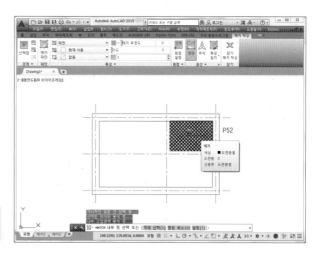

내부 점 선택 또는 [객체 선택(S)/명령 취소(U)/설정(T)]: P52점 클릭

14 •••• 다시 한 번 해칭을 입력하겠습니다. 해칭 명령어를 입력한 후 다른 패턴 무늬를 먼저 클릭하여 선택합니다.

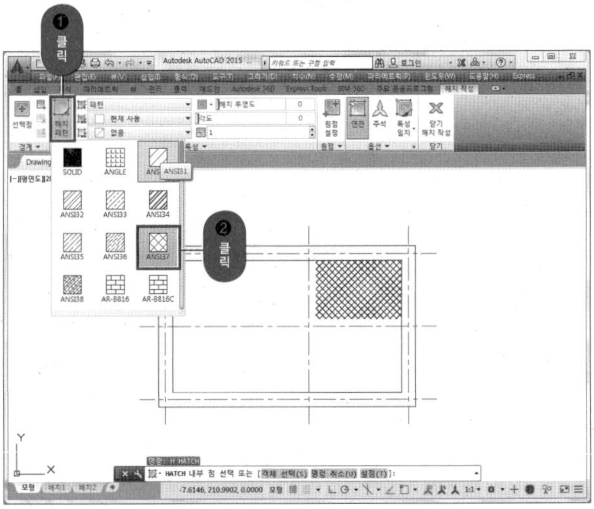

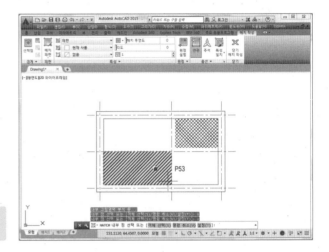

명령: H Enter
Hatch
내부 점 선택 또는 [객체 선택(S)/명령 취소(U)/설정(T)]: 모든 것 선택
가시적인 모든 것 선택 중 …
선택된 데이터 분석 중 …
내부 고립 영역 분석 중 …

15 •••• 그림과 같은 위치를 해칭의 영역으로 선택하면 해칭 패턴이 입력됩니다. [닫기] 버튼을 클릭하여 해칭 입력을 완료합니다.

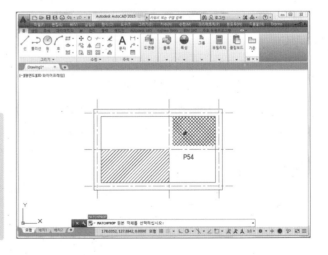

내부 점 선택 또는 [객체 선택(S)/명령 취소(U)/설정(T)]: P53점 클릭

16 •••• 이번에는 처음 입력된 해칭 패턴 무늬를 두 번째 입력한 해칭 패턴 무늬로 일치시키도록 합니다.

명령: MA Enter
Matchprop
원본 객체를 선택하십시오:
현재 활성 설정: P54점 클릭
색상, 도면층, 선 종류, 선 축척, 선 가중치, 투명도, 두께, 플롯, 스타일, 치수, 문자, 해치, 폴리선, 뷰포트, 테이블, 재료, 그림자 표시, 다중 지시선

17 아래쪽의 해칭 무늬를 클릭하면 그림과 같이 오른쪽 위의 해칭 무늬와 일치됩니다. 해칭 수정을 하지 않아도 기존의 화면에 있는 객체의 속성과 빠르게 일치시킬 수 있습니다.

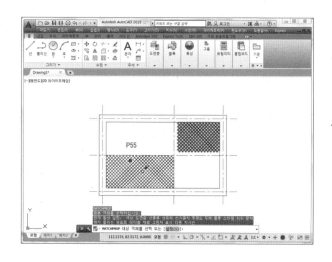

대상 객체를 선택 또는 [설정(S)]: P55점 클릭
대상 객체를 선택 또는 [설정(S)]: Enter

치수의 정의와 치수 기입 이해하기

도면에 작성된 객체에 대한 그림은 부품 또는 건축물 등의 실제 객체를 기준으로 그리는 경우가 대부분입니다. 이렇게 다양한 객체를 제작하는 경우, 도면에 대한 그림만으로는 해당하는 객체를 정확히 파악하기 어렵기 때문에 도면에 대한 자세한 설명이 필요합니다. 즉, 치수(Dimension)는 도면을 작성하고 맨 마지막에 전체적인 크기에 대한 가늠을 숫자로 표시하기 위한 작업으로 도면을 모두 작성하고 나면 그 도면을 보는 사용자가 해당 지점의 크기를 숫자로 확인할 수 있도록 하며 도면상의 일정 지점에 대한 코멘트 등을 입력하여 사용자가 설계 의도대로 작성할 수 있도록 하는 데 있습니다. 이번 섹션에서는 치수의 의미부터 파악한 후 입력 가능한 치수 요소를 하나하나 살펴보고 치수와 전체적인 스케일의 관계에 대해 알아보겠습니다.

A u t o C A D 2 0 1 5

1 치수에 대한 일반 사항

치수가 갖는 다양한 용어를 먼저 파악해야 합니다. 치수가 갖는 값을 알지 못하면 치수를 입력하는 데 있어 알맞게 적용하기 어렵습니다. 치수 기입에 사용되는 여러 가지 기호와 표시 방법을 알아내어 그 의미를 정확히 파악해야 합니다.

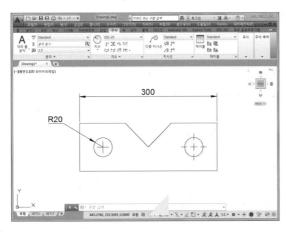 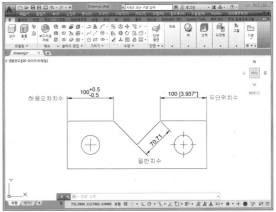

1 | 치수선(Dimension Line)

길이나 각도를 표현하는 것으로, 전체 치수의 너비를 표시하여 양끝에는 화살표나 도트, Tick 등으로 표현합니다. 일반적으로 외형선과 구별되도록 가는 선으로 그립니다.

2 | 치수 보조선(Extension Line)

치수선의 시작과 끝을 표시하는 보조선으로, 치수선의 양끝 점을 직각 방향으로 그려 치수 영역의 시작과 끝을 나타냅니다. 가는 선으로 표현하고 객체의 끝점에서부터 시작합니다.

3 | 치수 문자(Dimension Text)

길이, 각도, 반지름 등 실제 치수 또는 설명을 나타내는 문자로, 실질적으로 도면을 보는 사용자가 해당 도면의 길이값을 확인할 수 있는 부분입니다. 보통은 치수선과 나란하게 기입하는 것을 원칙으로 하며, 치수선 위에 문자를 기입합니다.

4 | 화살표(Arrow)

치수선(Dimension Line)의 양끝에 표시하는 형태로, 해당 치수선의 끝 부분을 명시하는 부분입니다. 모양은 화살표, 도트, 사선 등으로 변경이 가능하고 국가, 단체 업계, 회사별로 기호를 구분하여 사용합니다. AutoCAD는 다양한 기호를 제공하고 있으며 필요에 따라 사용자가 정의하여 사용하기도 합니다.

5 | 중심 표식(Center Mark)

원이나 호의 경우 중심을 표시하는 십자 표시선을 말하며 설정에 따라 표식을 하거나 없앨 수 있습니다.

6 | 지시선(Leader Line)

'지시선', '인출선' 등과 같이 다양하게 불리며 치수 기입의 경우, 기입이 어려운 장소인 경우, 치수 문자가 정상적인 위치에 입력되기 어려운 경우 해당 내용을 입력할 수 있으며 문자 내용을 변경할 수도 있습니다.

7 | 허용 오차(Tolerances)

기계 제품에서 흔히 볼 수 있으며, 제품 가공 시 기준 치수로부터 허용 가능한 범위의 오차의 상한값과 하한값을 기준 치수와 함께 표시하는 것을 말합니다. 오차의 한계를 입력하여 오차 범위를 알 수 있도록 합니다.

8 | 두 단위 치수(Alternate Unit)

하나의 치수를 2개의 단위로 표시하는 것을 말합니다. 즉, 밀리미터(mm)와 인치(inch)를 함께 표기하거나 분수값이나 엔지니어링값을 함께 표기하는 등 두 단위 이상의 값을 표기할 수 있습니다.

2 치수 유형 설정하기 Dimstyle

치수 유형인 치수 스타일은 사용자가 원하는 유형의 치수 기입 방법을 말합니다. 즉, 사용자가 치수선의 화살표 모양이나 치수 문자의 위치, 크기 등을 자유롭게 조절할 수 있어야 하며, 각각의 Limits에도 동일한 크기의 치수 문자나 화살표가 나타날 수 있도록 지정할 수 있어야 합니다. Dimstyle을 지정하면 화면의 크기에 따라 화살표의 모양이나 치수 문자의 크기나 서체를 지정하거나, 소수점 이하의 정밀도 등을 지정하여 사용자가 원하는 형태의 치수 모양을 정할 수 있고 [Dimstyle] 대화상자를 컨트롤하여 치수 스타일의 세부적인 사항을 관리할 수 있도록 합니다.

메뉴	리본 메뉴	명령 행
[형식(O)-치수 스타일(D)]	[주석] 탭-[치수] 패널-[치수 스타일 관리] ✎	Dimstyle(단축 명령어: D)

명령어 사용법 ▼

치수 유형을 수정하거나 새로운 스타일을 만들 때 사용하며 Dimstyle 또는 단축키 'D'를 입력하면 나타나는 대화상자를 통해 제어합니다. AutoCAD 기본 템플릿에 포함된 ISO-25 치수 스타일을 기본으로 하여 수정하여 사용하거나 ISO-25 스타일을 복제하여 필요한 부분만 편집하여 새로운 스타일로 사용합니다. 도면의 치수 입력 유형에 맞추어 추가 및 수정 편집하여 사용합니다.

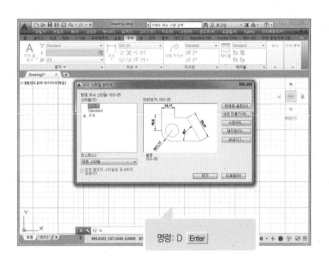

명령어 옵션 해설 ▼

새로운 치수 스타일을 정하기 위해 [치수 스타일 관리자] 대화상자를 열어 기존의 치수 스타일을 수정하거나 추가하여 스타일을 정합니다. 미리 설정되어 있는 스타일을 수정하거나 새로운 스타일을 만들어 사용할 수 있으며, 각각의 스타일은 각 항목별로 내용을 수정하여 사용자가 원하는 스타일에 맞도록 설정할 수 있습니다.

1 | 치수 스타일 관리자

Dimstyle을 입력하면 [치수 스타일 관리자] 대화상자가 나타납니다. 각각의 구역마다 다음의 내용을 표시하며, [새로 만들기(N)] 또는 [수정(M)] 버튼을 누르면 새로운 대화상자가 나타나 각 치수 유형을 하나하나 세밀하게 수정 및 편집할 수 있습니다.

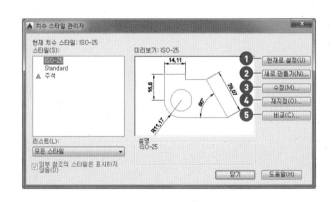

옵션	옵션 해설
스타일	현재 도면에 작성된 치수 스타일 목록이 표시됩니다. 여러 개가 있는 경우 해당하는 리스트 이름을 클릭하여 수정하거나 편집합니다. 특히 스타일 이름 앞의 ▲ 표시는 '주석 스타일'이라는 의미입니다.
리스트	스타일(S)에 표시되는 스타일의 조건을 필터링합니다. 즉, 여러 개 중에서 사용 중인 것만 표시하는 등의 필터링 조건이 있습니다.

옵션	옵션 해설
미리 보기	선택된 스타일로 표시되는 치수 기입에 대한 설정 상태를 미리 보여줍니다.
설명	스타일에 대한 기본 설명을 표시합니다. ① **현재로 설정(U)**: 스타일 목록에서 선택한 스타일은 현재 사용하는 스타일로 지정합니다. ② **새로 만들기(N)**: 새 치수 스타일을 작성 합니다. ③ **수정(M)**: 스타일 목록에서 선택한 스타일을 수정합니다. ④ **재지정(O)**: 특정값을 재설정한 후 그 값을 기존의 치수 유형에 적용합니다. ⑤ **비교 (Q)**: 비교 대상에 해당하는 치수 스타일을 지정하여 각항목별 설정값을 표시합니다.

2 | [선] 탭

선 탭의 내용은 치수 스타일 중에서 치수선과 치수 보조선에 관련된 내용을 설정합니다. 사용자가 사용하는 각 도면별로 필요한 치수선에 관련한 요소가 모두 다르므로 건축, 기계, 토목, 인테리어 등 각각의 용도에 알맞게 편집하여 사용합니다.

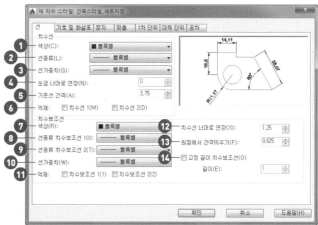

옵션	옵션 해설
치수선 (Dimension Lines)	치수선과 관련된 속성을 변경합니다. ① **색상(C)**: 치수선의 색상을 설정합니다(DIMCLRD). ② **선 종류(L)**: 치수선의 스타일을 설정합니다. 실선이나 점선 등을 결정합니다. ③ **선 가중치(G)**: 치수선의 두께인 선 가중치를 설정합니다(DIMLWD). ④ **눈금 너머로 연장(N)**: 치수선의 양끝 모양을 화살표 대신 Tick으로 지정한 경우 치수선 연장선의 길이값을 설정합니다. ⑤ **기준선 간격(A)**: 기준선의 기준 치수 입력 시 치수선 간의 간격을 조절합니다(DIMDLI). ⑥ **억제**: 치수선의 사용을 억제하여 억제된 치수선이 나타나지 않도록 합니다. '치수선 1(M)'을 체크하면 첫 번째 치수선의 사용을 억제하고, '치수선 2'에 체크하면 두 번째 치수선의 사용을 억제합니다(DIMSD1, DIMSD2).
치수 보조선 (Extension Lines)	치수 보조선과 관련된 속성을 변경합니다. ⑦ **색상(R)**: 치수 보조선의 색상을 설정합니다(DIMCLRE). ⑧ **선 종류 치수 보조선 1**: 첫 번째 치수 보조선의 선 스타일을 설정합니다. ⑨ **선 종류 치수 보조선 2**: 두 번째 치수 보조선의 선 스타일을 설정합니다. ⑩ **선 가중치(W)**: 치수 보조선의 두께인 선 가중치를 설정합니다. ⑪ **억제**: 치수 보조선의 사용을 억제합니다. 치수 보조선(1)에 체크하면 첫 번째 치수 보조선의 사용을 억제하고, 치수 보조선(2)에 체크하면 두 번째 치수 보조선의 사용을 억제합니다(DIMSE1, DIMSE2). ⑫ **치수선 너머로 연장(X)**: 치수선의 끝을 지나는 치수 보조선의 연장되는 길이값을 조정합니다(DIMEXE). ⑬ **원점에서 간격 띄우기(F)**: 치수 보조선과 객체와의 거리값을 조정합니다(DIMEXO). ⑭ **고정 길이 치수 보조선(D)**: 치수 보조선을 정해진 길이값으로 고정합니다.

3 | [기호 및 화살표] 탭

[기호 및 화살표] 탭은 치수선의 양끝에 입력되는 화살표 모양에 대한 속성을 관리하는 탭으로 화살표의 모양, 크기, 중심 표시 등 속성을 변경하고 사용자가 원하는 스타일의 도면에 사용되는 화살표와 관계된 요소를 변경하여 지정하는 탭입니다. Arrow, Tick, Dot 등의 모양을 결정하고 크기를 변경하여 도면에 알맞은 형태로 지정하여 사용할 수 있습니다.

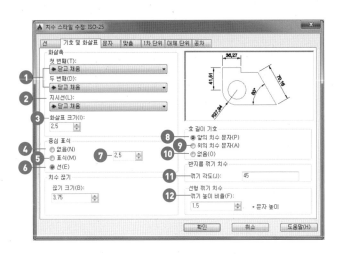

옵 션	옵 션 해 설
화살촉 (Arrowheads)	치수선 양끝의 화살표 모양에 대한 속성을 설정할 수 있습니다. ① 첫 번째(T)/두 번째(D): 치수선의 양쪽 화살표 모양을 변경합니다. 동일하게 또는 다르게 변경할 수 있습니다 (DIMBLK1, DIMBLK2). ② 지시선(L): 지시선의 화살표 모양을 변경합니다. ③ 화살표 크기: 화살표의 크기를 변경합니다(DIMASZ).
중심 표식 (Center Mark)	원이나 호에 중심 표시를 하거나 표시의 형태와 크기를 조절할 수 있습니다. ④ 없음(N): 원이나 호에 중심 표시를 하지 않습니다. ⑤ 표식(M): 원이나 호에 중심을 표시합니다. ⑥ 선(E): 원이나 호에 중심선과 보조선까지 표시합니다. ⑦ 크기: 중심 표시의 크기를 조절합니다(Dimcen).
치수 끊기 (Dimension Break)	끊기 크기: 치수 기입 시 끊기 길이값을 조절합니다.
호 길이 기호 (Arc Length Symbol)	호의 길이 기호의 상세값을 조절하여 위치를 지정하거나 없앱니다. ⑧ 앞의 치수 문자(P): 호의 길이 기호를 치수 문자 앞에 나타나게 합니다. ⑨ 위의 치수 문자(A): 호의 길이 기호를 치수 문자 위에 나타나게 합니다. ⑩ 없음: 호의 길이 기호를 화면에 표시하지 않습니다.
반지름 꺾기 치수 (Radius Jog Dimension)	반지름 치수의 꺾기값을 조절합니다. ⑪ 꺾기 각도: 반지름 치수 입력 시 치수 보조선과 치수선을 연결하는 가로 선분의 각도를 조절합니다.
선형 꺾은치수 (Linear Jog Dimension)	선형 꺾은 치수 입력의 꺾기값을 조절합니다. ⑫ 꺾기 높이 비율: 선형 꺾은 치수의 꺾기 길이값의 높이에 대한 비율을 입력합니다.

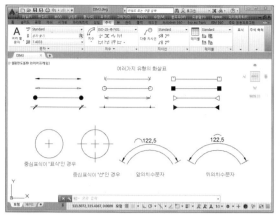

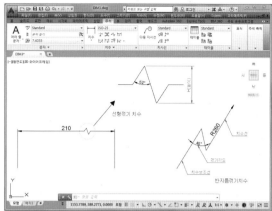

4 | [문자] 탭

치수선 위에 입력되는 치수 문자에 관련된 내용을 설정하는 탭으로, 치수 문자의 크기, 색상, 위치 등의 속성을 변경합니다. 치수 문자와 관련 있는 치수 서체의 정의나 변경 및 도면 Limits 대비 크기를 조절하거나, 치수 문자의 크기를 조절하거나 치수 문자의 색상만 따로 관리할 수 있습니다.

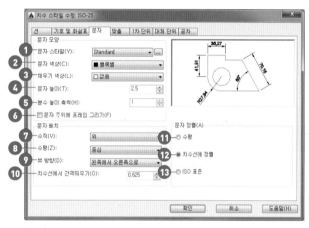

옵션	옵션 해설
문자 모양 (Text Appearance)	치수 문자의 여러 가지 유형을 설정합니다. ① **문자 스타일(Y)**: 치수 문자의 유형을 결정합니다. 미리 설정된 스타일은 목록에서 선택하고, 설정된 목록이 없으면 옆의 버튼을 클릭하여 스타일을 지정하여 사용합니다(DIMTXSTY). ② **문자 색상(C)**: 치수 문자의 색상을 지정합니다. 일반적으로 소속 레이어를 기준으로 작성하거나 사용자에 따라 치수 문자를 단독으로 변경하여 사용합니다(DIMCLRT). ③ **채우기 색상(L)**: 치수 문자의 배경 색상을 결정합니다. ④ **문자 높이(T)**: 치수 문자의 높이값을 조절합니다. 축척 스케일로 통합하여 관리하거나 축척 스케일은 그냥 둔 채 각각의 크기를 조절하여 사용자가 원하는 높이값이 되도록 지정합니다(DIMTXT). ⑤ **분수 높이 축척(H)**: 분수 단위의 치수 문자의 축척을 결정합니다. ⑥ **문자 주위에 프레임 그리기(F)**: 치수 문자에 사각형의 테두리를 만듭니다. Basic 치수 입력의 형태와 같습니다.
문자 배치 (Text Placement)	치수 문자의 위치를 설정합니다. ⑦ **수직(V)**: 치수 문자의 세로 위치를 변경합니다. ⑧ **수평(Z)**: 치수 문자의 가로 위치를 변경합니다. ⑨ **뷰 방향(D)**: 치수 문자를 보는 방향을 조정합니다. ⑩ **치수선에서 간격 띄우기(O)**: 치수 문자와 치수선 사이의 간격을 조절합니다(DIMGAP).
문자 정렬 (Text Alignment)	치수 문자의 정렬 방향을 설정합니다. ⑪ **수평**: 치수 유형과 상관없이 치수 문자를 무조건 수평으로 정렬합니다. ⑫ **치수선에 정렬**: 치수 문자를 치수선의 각도에 따라 치수선과 나란하게 정렬합니다. ⑬ **ISO 표준**: ISO 표준에 따라 정렬합니다. 치수 문자가 치수 보조선 안쪽에 위치하면 치수선과 나란하게 정렬하고, 바깥에 위치하면 수평으로 정렬합니다.

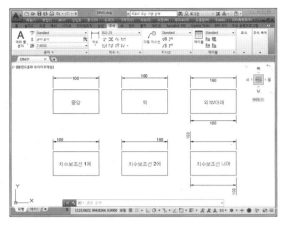

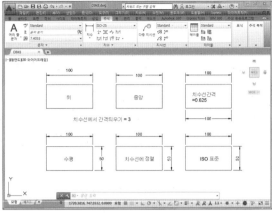

5 | [맞춤] 탭

치수 문자와 화살표의 위치를 설정하는 탭으로, 치
수 스타일의 전체적인 Scale 속성을 정의하며, 치
수선과 치수 문자, 그리고 지시선과 화살표 등의 위
치에 대한 속성을 설정합니다. [맞춤] 탭의 옵션들을
통해 도면 전체의 Limits에 알맞은 치수 문자와 치
수선의 화살표 등의 크기를 결정할 수 있으며, 치수
보조선 사이의 간격에 따른 치수 문자의 위치를 조
절하여 사용자의 형식에 알맞은 도면 요소로 지정되
도록 합니다.

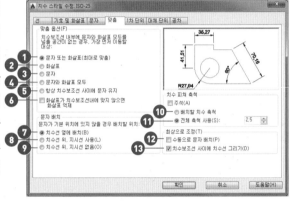

옵션	옵션 해설
맞춤 옵션 (Fit Options)	화살표와 문자, 치수선과 치수 보조선 등의 맞춤 옵션을 지정합니다. 치수 보조선 사이에 치수 문자나 치수 화살표의 위치를 공간의 크기에 따라 배치하는 방식을 조절합니다. 입력한 후 [Dimtedit] 명령어 등으로 수정할 수 있습니다. ① **문자 또는 화살표(최대로 맞춤)**: 문자와 화살표의 위치를 조절합니다. ② **화살표**: 치수 보조선의 간격이 좁은 경우에 문자의 위치는 안쪽으로, 화살표의 위치는 바깥쪽으로 표시되도록 조절합니다. ③ **문자**: 문자의 위치를 조절하여 치수 보조선의 간격이 좁은 경우에는 안쪽으로, 문자는 바깥쪽으로 표시되도록 조절합니다. ④ **문자와 화살표 모두**: 문자와 화살표의 위치를 치수 보조선의 간격이 좁은 경우 둘 다 바깥쪽으로 표시되도록 조절합니다. ⑤ **항상 치수 보조선 사이에 문자 유지**: 치수 보조선 사이에 항상 문자를 표시합니다. ⑥ **화살표가 치수 보조선 내에 맞지 않으면 화살표 억제**: 치수 보조선의 간격이 좁은 경우나 화살표의 표시를 하지 않는 경우 조절합니다.
문자 배치 (Text Placement)	치수 문자가 옮겨지는 경우, 문자의 위치를 조절합니다. ⑦ **치수선 옆에 배치(B)**: 치수선 밖으로 문자의 위치를 조절합니다. ⑧ **치수선 위, 지시선 사용(L)**: 치수선에서 문자가 떨어지는 경우, 따로 지시선을 표현하여 문자를 표시합니다. ⑨ **치수선 위, 지시선 없음(O)**: 치수선에서 문자가 떨어지는 경우, 따로 지시선을 표현하지 않고 문자를 그대로 표시합니다.
치수 피처 축척(Scale for Dimension Features)	치수의 전체 축척을 관리합니다. Limits에 비례하여 축척의 크기를 관리합니다. ⑩ **배치할 치수 축척**: 모델 공간과 레이아웃 출력 공간 사이의 확대, 축소에 대한 축척을 조절합니다. ⑪ **전체 축척 사용(S)**: 모든 도면의 치수 요소 크기나 거리에 대한 전체적인 치수 축척을 변경합니다(DIMSCALE).
최상으로 조절 (Fine Tuning)	치수 문자의 위치를 사용자가 수동으로 설정하거나 치수선의 최적화를 조절합니다. ⑫ **수동으로 문자 배치(P)**: 치수 문자의 위치를 수동으로 사용자가 선택하는 위치로 지정합니다. ⑬ **치수 보조선 사이에 치수선 그리기(D)**: 치수선이 밖에 입력되는 경우, 치수선을 항상 치수 보조선 사이에 표시하도록 지정합니다(DIMTOFL).

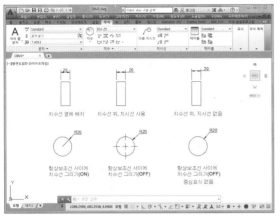
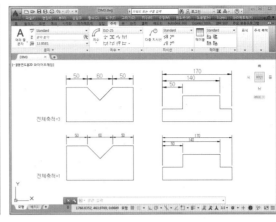

6 | [1차 단위] 탭

치수 기입의 단위를 설정하고 정밀도를 지정
합니다. 치수 스타일을 지정할 때 제일 먼저
설정해야 하는 단위에 관련된 탭으로, 치수
입력에 관계되는 일반적인 치수 및 각도 치수
의 단위와 축척 등 관련 정밀도를 지정합니
다. 모든 치수 스타일을 지정하기 전에 제일
먼저 [1차 단위] 탭의 해당 단위와 축척 등의
정밀도를 먼저 설정한 후 치수를 입력해야 합
니다. 기본적으로 십진수를 선택하고 천 단위
마다 콤마(,)를 찍어주는 Window 바탕화면
을 많이 선택합니다.

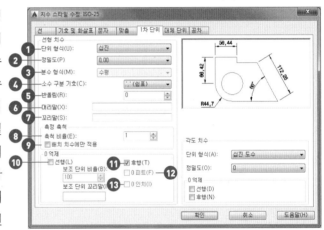

옵 션	옵 선 해 설
선형 치수 (Linear Dimensions)	선형 치수 요소의 단위를 설정합니다. ① **단위 형식(U)**: 전체 단위를 변경합니다. 기본은 '십진수'로 설정되어 있습니다. 사용자의 요구에 따라 치수 문자의 세 자리마다 ','로 구분하는 경우 'Window 바탕화면'으로 지정합니다. ② **정밀도(P)**: 치수의 정밀도를 소수점 단위로 변경하여 소수점 이하의 자릿수를 결정합니다. 정밀 기기인 경우, 소수 이하 수를 높이도록 합니다. ③ **분수 형식(M)**: 분수 단위의 형식으로 변경합니다. ④ **소수 구분 기호(C)**: 소수점의 형식을 변경합니다. 기본값이 쉼표(Comma)인 ','이므로, 마침표(Period)인 '.'으로 변경하여 사용합니다. ⑤ **반올림(R)**: 소수점 이하의 반올림에 대한 자리를 변경합니다. ⑥ **머리말(X)**: 치수 문자 앞에 접두사를 입력합니다. ⑦ **꼬리말(S)**: 치수 문자 뒤에 접미사를 입력합니다. ※ 각도 치수의 내용과 선형 치수의 내용은 동일합니다. 단, 각도형이거나 선형의 차이만 틀리며 단위나, 정밀도, 소수점 제어 등은 내용이 같습니다.

옵 선	옵 선 해 설
측정 축척 (Measurement Scale)	측정 단위의 축척 크기를 조절합니다. ⑧ **척 비율(E)**: 실제 선형 치수의 척도 비율을 지정합니다. 축척 비율에 '10'이 설정되면 '실제 길이×10'의 값이 표시됩니다. ⑨ **배치 치수에만 적용**: 체크 박스 선택시 배치 모드에만 축척이 적용됩니다.
0 억제 (Zero Suppression)	소수점 앞뒤의 '0'을 제어합니다. ⑩ **선행(L)**: 소수점 앞의 '0'을 표시하지 않습니다. ⑪ **후행(T)**: 소수점 이하의 필요 없는 '0'을 표시하지 않습니다. 치수가 0.05인 경우에는 0.05로 표시하지만 치수가 0.50인 경우에는 필요 없는 '0'을 없애고 0.5로 표시합니다. ⑫ **0 피트(F)**: 거리를 1피트보다 작을 때 피트와 인치 치수의 피트 위치를 억제합니다. ⑬ **0 인치(I)**: 거리가 피트의 정수인 경우 피트와 인치 치수의 인치 위치를 억제합니다.

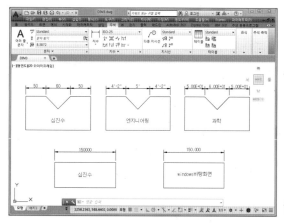

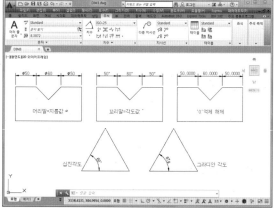

7 | [대체 단위] 탭

기본 치수 이외에 대체 치수나 참고 치수를 도면에 나타내는 경우에 사용하며, 각각의 참고 치수에 대한 옵션을 설정합니다. 특히, 하나의 도면 안에 2개 이상의 단위를 표시하고 싶을 때 사용하는 것으로, 예를 들어 전체 치수는 mm를 사용하지만, 특정 치수는 단위를 cm나 inch로 표시하여 [ ] 안에 표시합니다.

옵 션	옵 션 해 설
대체 단위 표시 (Display Alternate units)	대체 단위를 표시합니다. 체크를 해야 아래의 대체 단위의 모든 내용을 수정할 수 있습니다.
대체 단위 (Alternate Units)	대체 단위에 대한 내용을 변경합니다. 하위 옵션 내용은 [1차 단위] 탭과 동일합니다.
0 억제 (Zero Suppression)	소수점 앞뒤의 '0'을 억제합니다.
배치 (Placement)	대체 단위의 위치를 조절합니다. '1차값 다음(A)'가 체크되면 원래 치수의 오른쪽에 대체 치수가 [ ] 안에 표시 되며, '1차 값 아래(B)'를 체크하면 원래의 치수 아래쪽에 대체 치수가 [ ] 안에 표시됩니다.

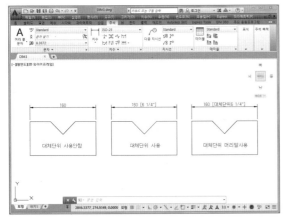

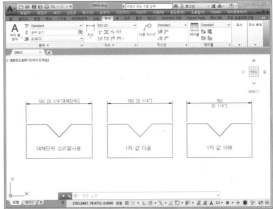

8 | [공차] 탭

치수 문자 중 허용 오차를 표시하는 공차값을
입력하는 형식을 지정합니다. 일반적인 건축
이나 인테리어 도면보다 기계 도면처럼 오차
의 범위를 표시하는 도면에서 주로 사용하며,
공차의 치수 기입 시 필요한 부분이며, 보통
건축이나 인테리어 분야에서는 크게 사용할
일이 없습니다.

옵션	옵션 해설
공차 형식 **(Tolerance** **Format)**	치수 공차를 표시하는 형식을 조절합니다. ① **방법**: 공차 표시의 방법을 조절합니다.(Symmetrical은 +, −의 동일 공차 수치인 경우 사용하며, Deviation은 +, −의 공차 치수가 달라 따로 써야 하는 경우 사용합니다. Limits의 경우 공차를 실제 치수에 계산하며, 최댓값과 최솟값으로 차례로 표시합니다. Basic의 경우 기준 치수를 입력하는 것으로 치수 문자에 사각형 테두리가 표시됩니다. ② **정밀도**: 공차의 정밀도를 조절합니다. ③ **상한값**: 공차의 상한값을 입력합니다(+ 공차 값). ④ **하한값**: 공차의 하한값을 입력합니다(−공차 값). ⑤ **높이에 대한 축척**: 치수 문자의 크기에 비례하는 공차 문자의 높이값을 조절합니다. ⑥ **수직 위치**: 공차 값의 수직 위치값을 조절합니다.
공차 정렬	스택 시에 상위나 하위 공차 값을 정렬합니다.
0 억제 **(Zero** **Suppression)**	소수점 앞 뒤 '0'을 억제합니다. ⑦ **선행**: 소수점 앞의 '0'을 억제합니다. ⑧ **후행**: 소수점 이하의 '0'을 억제합니다. ⑨ **0 피트/0 인치**: Unit format이 Arc hitectural이나 Engineering인 경우에 활성화되며 각각 피트와 인치의 '0'을 제어합니다.
대체 단위 공차 **(Alternate** **Unit Tolerance)**	대체 단위의 공차값의 단위를 조정합니다. ⑩ **정밀도**: 대체 단위 공차값의 소수점 이하 정밀도를 조정합니다.
0 억제 **(Zero** **Suppression)**	공차 문자의 소수점 앞뒤의 '0'을 억제합니다. ⑪ **선행**: 공차 문자의 소수점 앞의 '0'을 억제합니다. ⑫ **후행**: 공차 문자의 소수점 이하의 '0'을 억제합니다.

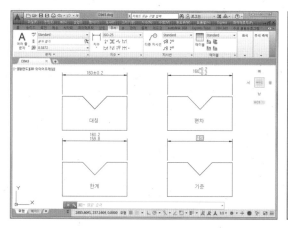
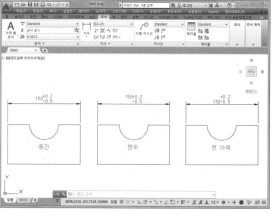

3 수평, 수직의 선형 치수 입력하기 Dimlinear

선형 치수 입력의 가장 기본적인 치수 입력 방법으로 가로, 세로에 해당하는 수직 수평 모양의 치수를 입력하는 방법입니다. 각도가 0도, 90도처럼 수직 수평 방향의 치수만 입력하며 사선처럼 각도가 있는 경우에도 무조건 수직, 수평의 길이만 치수를 입력해줍니다.

메뉴	리본 메뉴	명령 행
[치수(N)-선형(L)]	[주석] 탭-[치수] 패널-[선형]	Dimlinear(단축 명령어: DLI)

명령어 사용법 ▼

　　　　　　　　　　　　명령어의 단축키를 입력하거나 리본 메뉴의 [선형 치수] 아이콘을 클릭한 후 수평 또는 수직의 치수를 입력할 두 지점을 객체 스냅을 통해 정확히 선택하고 치수선의 위치를 클릭하면 선형 치수가 입력됩니다. 치수 입력 도중 옵션을 통해 치수 문자의 각도나 회전 등을 할 수 있습니다.

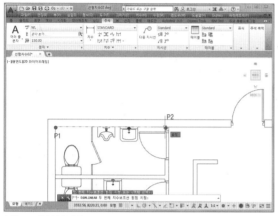

치수 보조선의 위치 선택

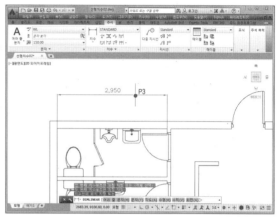

치수선의 위치 선택

명령: DLI [Enter]
Dimlinear
첫 번째 치수 보조선 원점 지정 또는 〈객체 선택〉: P1점 클릭
→ 첫 번째 치수 보조선의 위치를 클릭합니다.
두 번째 치수 보조선 원점 지정: P2점 클릭
→ 두 번째 치수 보조선의 위치를 클릭합니다.
치수선의 위치 지정 또는
[여러 줄 문자(M)/문자(T)/각도(A)/수평(H)/수직(V)/회전(R)]: P3점 클릭
→ 치수선의 위치를 클릭합니다.
치수 문자=2950
→ 입력된 치수 문자를 표시합니다.

명령어 옵션 해설 ▼

　　　　　　　　　　선형 치수를 입력하는 경우 대부분 기본적으로 첫 번째 점과 두 번째 점의 위치의 길이값에 대해 자동으로 입력하는 것을 원칙으로 하지만, 해당 치수에 내용을 덧붙이거나 수정하는 경우 또는 치수 보조선의 각도를 기울여 변형하는 등의 옵션을 이용합니다. 빠르게 치수 문자의 변경 등은 Ddedit 등을 통해 변경하는 것이 편리합니다.

옵션	옵션 해설
여러 줄 문자(M)	새로 입력하려는 치수 문자를 여러 줄 문자 명령인 Mtext 창을 이용하여 변경합니다.
문자(T)	새로 입력하려는 치수 문자를 문자 명령어 Text 옵션을 이용하여 변경합니다.
각도(A)	입력된 치수 문자의 각도값을 입력합니다.
수평(H)	선형 치수를 입력할 때 가로 치수를 입력합니다.
수직(V)	선형 치수를 입력할 때 세로 치수를 입력합니다.
회전(R)	치수 보조선의 각도를 입력하여 치수 보조선의 각도를 기울입니다.

명령어 실습하기 ▼

선형 치수를 입력하는 다양한 방법을 통해 치수를 입력하고 옵션을 활용하는 방법을 익히도록 합니다. 특히 단축키와 리본 메뉴를 적절히 사용해봅니다.

● 실습 파일: **Sample/EX38.dwg**　● 완성 파일: **Sample/EX38-F.dwg**

01 Open 명령어를 이용하여 'Sample/EX38.dwg' 파일을 연 후 선형 치수를 이용하기 위해 리본 메뉴의 [주석] 탭을 클릭하고 [선형 치수] 아이콘을 클릭합니다.

→ [리본 메뉴]-[주석] 탭-[치수] 패널-[선형 치수] 선택

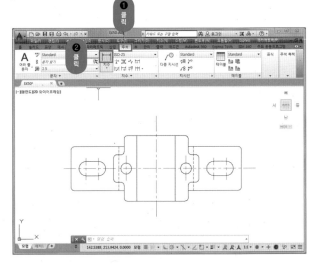

02 메뉴를 클릭하면 명령어가 실행됩니다. 명령 순서에 맞추어 첫 번째 치수 보조선의 위치와 두 번째 치수 보조선의 위치를 다음 지점을 기준으로 선택합니다.

명령: _DIMLINEAR
첫 번째 치수 보조선 원점 지정 또는 〈객체 선택〉: P1점 클릭
두 번째 치수 보조선 원점 지정: P2점 클릭

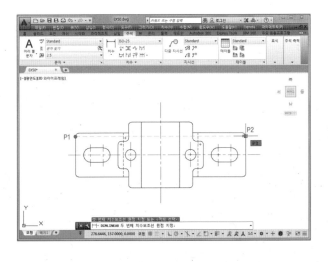

03 치수가 입력될 치수선의 위치를 그림과
같이 클릭하여 선택합니다.

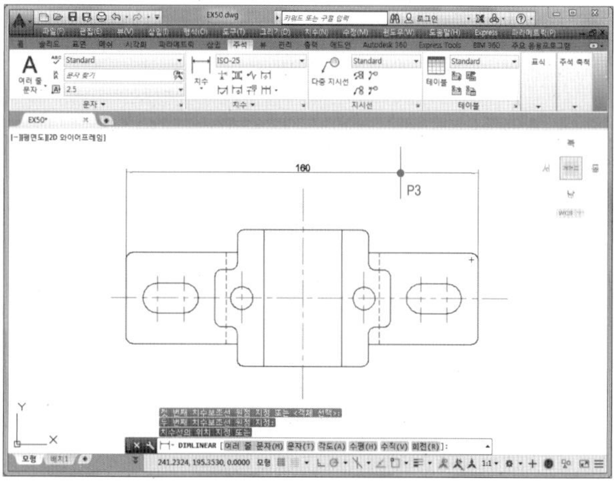

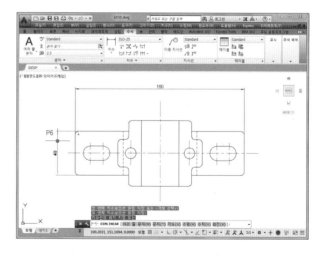

치수선의 위치 지정 또는
[여러 줄 문자(M)/문자(T)/각도(A)/수평(H)/수직(V)/회전(R)]: P3
점 클릭
치수 문자=160

04 선형 치수 입력 시 세로 형태로도 입력
가능합니다. 선형 치수 명령의 단축키
인 'DLI'를 입력한 후 그림과 같은 두 지점을
클릭하여 선택합니다.

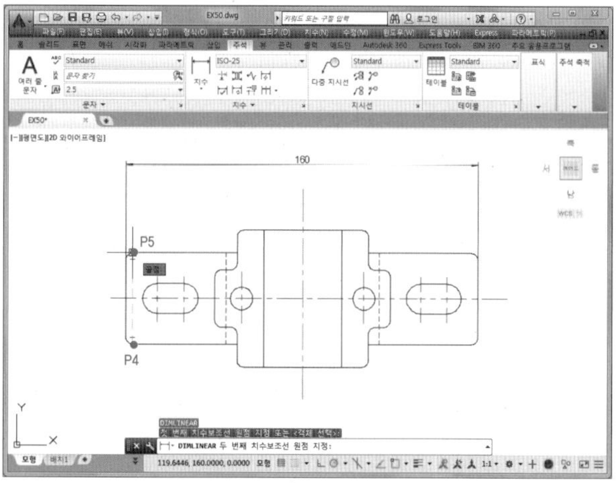

명령: DLI [Enter]
Dimlinear
첫 번째 치수 보조선 원점 지정 또는 〈객체 선택〉: P4점 클릭
두 번째 치수 보조선 원점 지정: P5점 클릭

05 치수선의 위치는 세로의 치수가 입력되
는 위치로 클릭하여 지정합니다.

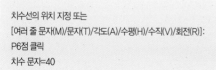

치수선의 위치 지정 또는
[여러 줄 문자(M)/문자(T)/각도(A)/수평(H)/수직(V)/회전(R)]:
P6점 클릭
치수 문자=40

06 메뉴를 통한 입력도 가능합니다. [치수
(N)] 메뉴를 누른 후 선형(L) 치수를 먼
저 클릭하여 명령어를 실행합니다.

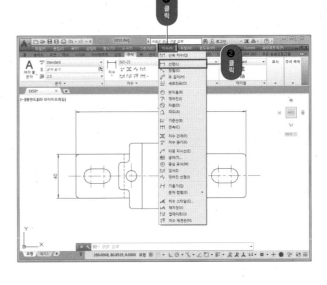

→ [치수(N) 메뉴]-[선형(L)] 클릭

07 그림과 같이 첫 번째 치수 보조선과 두
번째 치수 보조선의 위치를 객체 스냅을
이용하여 정확하게 클릭합니다.

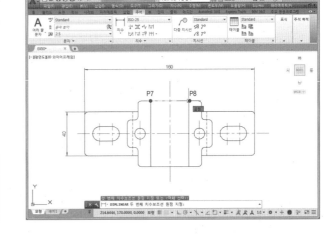

명령: _DIMLINEAR
첫 번째 치수 보조선 원점 지정 또는 〈객체 선택〉: P7점 클릭
두 번째 치수 보조선 원점 지정: P8점 클릭

08 다음 P9의 위치로 치수선의 위치를 클
릭하여 완료합니다. 각각의 위치에 따
라 입력하는 방법을 실습합니다.

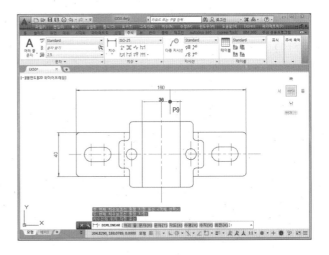

치수선의 위치 지정 또는
[여러 줄 문자(M)/문자(T)/각도(A)/수평(H)/수직(V)/회전(R)]:
P9점 클릭
치수 문자=36

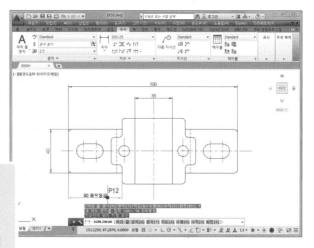

09 ···· 옵션을 활용해보겠습니다. 리본 메뉴
[주석] 탭의 치수의 선형 치수를 선택한
후 다음의 두 지점을 첫 번째 치수 보조선과
두 번째 치수 보조선으로 선택합니다.

> 명령: _DIMLINEAR
> 첫 번째 치수 보조선 원점 지정 또는 〈객체 선택〉: P10점 클릭
> 두 번째 치수 보조선 원점 지정: P11점 클릭

10 ···· 새로운 치수 문자를 입력하는 옵션 'T'를
누른 후 그림과 같은 위치를 클릭하여
치수 문자와 함께 새로운 문자열을 입력한 상
태로 완료되도록 합니다. 해당하는 문자는 치
수에 주석을 입력하는 형태로 원하는 문장을
입력하면 됩니다.

> 치수선의 위치 지정 또는
> [여러 줄 문자(M)/문자(T)/각도(A)/수평(H)/수직(V)/회전(R)]: T Enter
> 새 치수 문자를 입력 〈50〉: 50 좌우 동일 Enter
> 치수선의 위치 지정 또는
> [여러 줄 문자(M)/문자(T)/각도(A)/수평(H)/수직(V)/회전(R)]: P12점 클릭
> 치수 문자=50

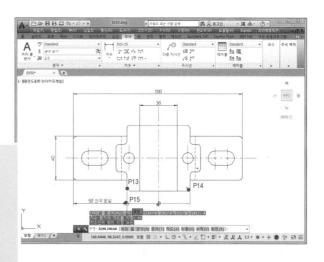

11 ···· 이번에는 치수 문자를 회전시켜보겠습니
다. 동일한 명령어를 바로 이어서 사용
하는 경우 Enter 를 누르면 명령어가 나타납니
다. 치수 문자 회전 옵션인 각도 'A'를 입력하여
각도를 입력하면 그림과 같이 입력됩니다.

> 명령: Enter
> _DIMLINEAR
> 첫 번째 치수 보조선 원점 지정 또는 〈객체 선택〉: P13점 클릭
> 두 번째 치수 보조선 원점 지정: P14점 클릭
> 치수선의 위치 지정 또는
> [여러 줄 문자(M)/문자(T)/각도(A)/수평(H)/수직(V)/회전(R)]: A Enter
> 치수 문자의 각도를 지정: 45 Enter
> 치수선의 위치 지정 또는
> [여러 줄 문자(M)/문자(T)/각도(A)/수평(H)/수직(V)/회전(R)]: P15점 클릭
> 치수 문자=60

4 대각선 선형 치수 입력하기 Dimaligned

대각선의 치수를 입력하는 명령어입니다. 일반적으로 앞에서 설명한 Dimlinear는 가로, 세로의 수평 수직형의 치수를 입력하는 것으로, 각도가 있는 대각선 유형의 치수는 정확한 크기로 입력할 수 없습니다. 이렇게 각도가 있는 사선 형태의 치수를 입력하는 명령어가 'Dimaligned'이며, 입력 방법은 Dimlinear과 동일합니다.

메뉴	리본 메뉴	명령 행
[치수(N)-정렬(G)]	[주석] 탭-[치수] 패널-[정렬]	Dimaligned(단축 명령어: DAL)

명령어 사용법

선형 치수의 입력 방법과 동일합니다. 정렬 치수 명령어를 입력한 후 첫 번째 치수 보조선의 위치를 클릭하고 두 번째 치수 보조선의 위치를 클릭한 다음 치수선의 위치를 마우스로 클릭합니다. 치수선의 위치를 클릭하면 해당 지점의 길이값이 치수 문자로 표시됩니다.

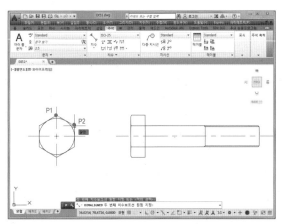
치수 보조선의 위치 선택

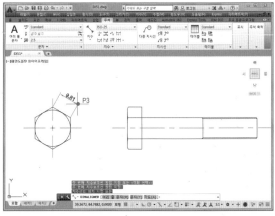
치수선의 위치 선택

명령: DAL Enter
첫 번째 치수 보조선 원점 지정 또는 〈객체 선택〉: P1점 클릭
→ 첫 번째 치수 보조선의 위치를 클릭합니다.
두 번째 치수 보조선 원점 지정: P2점 클릭
→ 두 번째 치수 보조선의 위치를 클릭합니다.
치수선의 위치 지정 또는
[여러 줄 문자(M)/문자(T)/각도(A)]: P3점 클릭
→ 치수선의 위치를 클릭합니다.
치수 문자=9.81
→ 입력된 치수 문자를 표시합니다.

명령어 옵션 해설 ▼

정렬 치수를 입력하는 경우, 대부분 기본적으로 첫 번째 점과 두 번째 점의 위치의 길이값에 대해 자동으로 입력하는 것을 원칙으로 하지만, 해당 치수에 내용을 덧붙이거나 수정할 수 있으며 치수 문자의 각도를 기울이는 것은 옵션을 이용합니다. 그렇지만 보통의 방법은 기본을 많이 이용하며 치수 문자의 변경 등은 Ddedit 등을 통해 변경하는 것이 편리합니다.

옵션	옵션 해설
여러 줄 문자(M)	새로 입력하려는 치수 문자를 Mtext 창을 이용하여 변경합니다.
문자(T)	새로 입력하려는 치수 문자를 Text 옵션을 이용하여 변경합니다.
각도(A)	입력된 치수 문자의 각도값을 입력합니다.

명령어 실습하기 ▼

정렬 치수를 입력하는 다양한 방법을 통해 치수를 입력하고 옵션을 활용하는 방법을 익히도록 합니다. 특히 단축키와 리본 메뉴를 적절히 사용해봅니다.

● 실습 파일: Sample/EX39.dwg ● 완성 파일: Sample/EX39-F.dwg

01 Open 명령어를 이용하여 'Sample/EX39.dwg' 파일을 연 후 정렬 치수를 이용하기 위해 리본 메뉴의 [주석] 탭을 클릭합니다. 그런 다음, [정렬 치수] 아이콘을 클릭합니다.

→ [리본 메뉴]-[주석] 탭-[치수] 패널-[정렬 아이콘]을 클릭합니다.

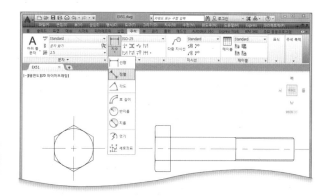

02 정렬 치수를 입력할 사선을 가진 객체의 두 지점을 먼저 클릭한 후 위쪽으로 끌어당겨 그림과 같이 원하는 위치에 치수선을 클릭합니다.

명령: _DIMALIGNED
첫 번째 치수 보조선 원점 지정 또는 〈객체 선택〉: P1점 클릭
두 번째 치수 보조선 원점 지정: P2점 클릭
치수선의 위치 지정 또는
[여러 줄 문자(M)/문자(T)/각도(A)]: P3점 클릭
치수 문자=9.81

03 정렬과 선형의 차이를 익히기 위해 다시 메뉴의 [선형] 아이콘을 클릭합니다.

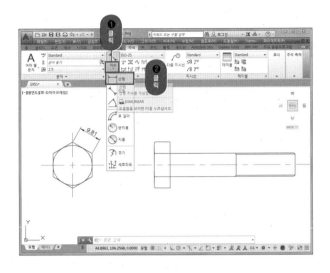

04 그림과 같이 첫 번째 치수 보조선의 위치와 두 번째 치수 보조선의 위치를 클릭하고 아래로 당긴 후 치수선의 위치를 클릭하여 위치를 잡아줍니다. 정렬처럼 사선이 되지도 않고 치수값도 달라지는 것을 볼 수 있습니다.

> 명령: _DIMLINEAR
> 첫 번째 치수 보조선 원점 지정 또는 〈객체 선택〉: P4점 클릭
> 두 번째 치수 보조선 원점 지정: P5점 클릭
> 치수선의 위치 지정 또는
> [여러 줄 문자(M)/문자(T)/각도(A)/수평(H)/수직(V)/회전(R)]: P6
> 점 클릭
> 치수 문자=8.5

05 두 지점에 대한 사선 길이값을 치수로 입력하는 것이므로 두 지점의 높이 차이가 있는 곳을 정렬 치수로 입력해보겠습니다. 단축키인 'DAL'을 입력한 후 다음의 두 지점을 치수 보조선의 위치로 클릭합니다.

> 명령: DAL Enter
> 첫 번째 치수 보조선 원점 지정 또는 〈객체 선택〉: P7점 클릭
> 두 번째 치수 보조선 원점 지정: P8점 클릭

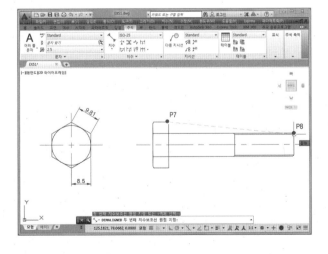

06 위쪽으로 당겨 치수선의 위치를 잡아주
고 클릭하여 정렬 치수를 완료합니다. 직
선 지점이지만 클릭된 위치의 높이가 달라 사
선으로 치수가 입력되는 것을 볼 수 있습니다.

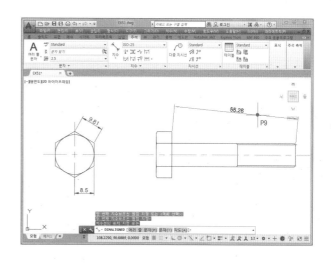

치수선의 위치 지정 또는
[여러 줄 문자(M)/문자(T)/각도(A)]: P9점 클릭
치수 문자=55.26

07 선형인 경우 높낮이가 다르면 선형 치수
의 단축키를 입력하고 다음의 두 지점을
치수 보조선의 위치로 클릭합니다.

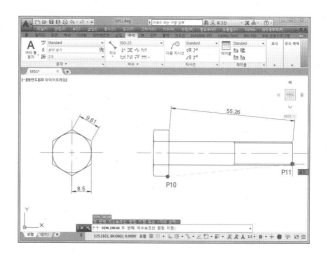

명령: DLI Enter
Dimlinear
첫 번째 치수 보조선 원점 지정 또는 〈객체 선택〉: P10점 클릭
두 번째 치수 보조선 원점 지정: P11점 클릭

08 다음의 위치로 당겨서 치수를 입력해보
면 선형의 치수의 경우 그림과 같이 두
지점의 높낮이가 달라도 무조건 수직, 수평
방향으로만 입력된다는 것을 알 수 있습니다.

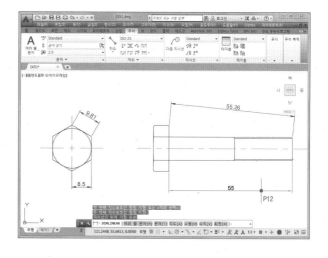

치수선의 위치 지정 또는
[여러 줄 문자(M)/문자(T)/각도(A)/수평(H)/수직(V)/회전(R)]:
P12점 클릭
치수 문자=55

5 각도 치수 입력하기 Dimangular

두 선이나 세 점 사이의 각도를 측정하여 각도의 치수를 입력합니다. 선 외에도 원, 호 등의 객체를 클릭하여 자동으로 각도의 치수를 입력할 수 있습니다.

메뉴	리본 메뉴	명령 행
[치수(N)-각도(A)]	[주석] 탭-[치수] 패널-[각도] △	Dimangular(단축 명령어: DAN)

명령어 사용법 ▼

각도 치수를 입력하는 리본 메뉴나 일반 메뉴 또는 명령 행에 단축키를 입력한 후 각도 치수를 입력하기 원하는 선 또는 원, 호를 클릭하고 각도의 치수가 입력되어야 하는 곳을 클릭하여 각도 치수를 입력합니다.

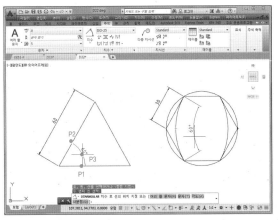

각도 입력 두 지점 또는 객체 선택

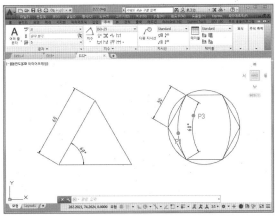

각도 치수선 위치 선택

선분이나 두 점의 각도를 입력하는 경우

명령: DAN Enter
호, 원, 선을 선택하거나 〈정점 지정〉: P1점 클릭
→ 각도를 입력할 첫 번째 선을 클릭합니다.

두 번째 선 선택: P2점 클릭
→ 각도를 입력할 두 번째 선을 클릭합니다.

치수 호 선의 위치 지정 또는 [여러 줄 문자(M)/문자(T)/각도(A)/사분점(Q)]:
P3점 클릭
→ 각도의 치수선이 지정될 위치를 클릭합니다.

치수 문자=60
→ 입력된 치수 문자를 표시합니다.

호의 각도를 입력하는 경우

명령: DAN Enter
호, 원, 선을 선택하거나 〈정점 지정〉: P1점 클릭
→ 각도를 입력할 호를 클릭하여 선택합니다.

치수 호 선의 위치 지정 또는 [여러 줄 문자(M)/문자(T)/각도(A)/사분점(Q)]:
P3점 클릭
→ 각도의 치수선이 지정될 위치를 클릭합니다.

치수 문자=60
→ 입력된 치수 문자를 표시합니다.

명령어 옵션 해설 ▼

치수는 도면이 제대로 그려져 있다면 특별히 어려운 것은 없습니다. 왜냐하면 해당 객체의 데이터에 근거하여 원래의 치수를 자동으로 입력하는 것을 원칙으로 하기 때문입니다. 하지만 사용자의 설계 의도에 따라 해당 치수 문자에 추가하는 내용이나 코멘트를 치수 문자에 함께 입력해야 하는 경우 옵션을 이용하여 다양하게 표현할 수 있습니다.

옵션	옵션 해설
여러 줄 문자(M)	새로 입력하려는 치수 문자를 Mtext 창을 이용하여 변경합니다.
문자(T)	새로 입력하려는 치수 문자를 Text 옵션을 이용하여 변경합니다.
각도(A)	입력된 치수 문자의 각도값을 입력합니다.
사분점(Q)	각도 치수를 입력하면 치수값은 선택한 선분을 기준으로 360도 모두 입력합니다. 하지만 [사분점(Q)] 옵션을 이용하면 선택한 지점의 각도만을 360도 회전하여 원하는 위치에 입력할 수 있습니다. 즉, 선택한 각도의 Lock을 지정하여 치수를 입력하는 옵션입니다.

명령어 실습하기 ▼

각도 치수를 입력하는 다양한 방법을 통해 치수를 입력하고 옵션을 활용하는 방법을 익히도록 합니다. 특히 단축키와 리본 메뉴를 적절히 사용해봅니다.

● 실습 파일: **Sample/EX40.dwg** ● 완성 파일: **Sample/EX40-F.dwg**

01 Open 명령어를 이용하여 'Sample/EX40.dwg' 파일을 연 후 각도 치수를 이용하기 위해 리본 메뉴의 [주석] 탭을 클릭합니다. 그런 다음 [각도 치수] 아이콘을 클릭합니다.

→ [리본 메뉴]-[주석] 탭-[치수] 패널-[각도 치수]를 클릭합니다.

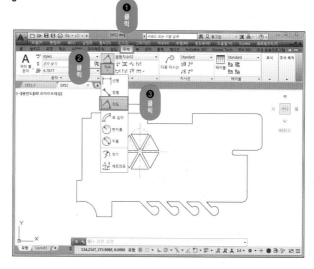

02 각도를 표시할 2개의 선분을 차례로 클릭하여 선택한 후 치수선의 위치가 될 장소로 드래그하여 클릭하면 각도의 치수가 입력됩니다.

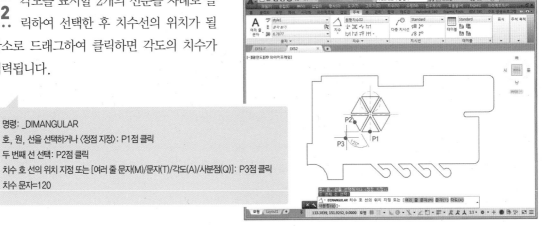

명령: _DIMANGULAR
호, 원, 선을 선택하거나 〈정점 지정〉: P1점 클릭
두 번째 선 선택: P2점 클릭
치수 호 선의 위치 지정 또는 [여러 줄 문자(M)/문자(T)/각도(A)/사분점(Q)]: P3점 클릭
치수 문자=120

03 호와 같이 단일 객체의 각도를 입력해봅니다. 각도 치수의 단축키인 'DAN'을 입력하고 호를 클릭하여 아래로 끌어당긴 후 그림과 같은 위치를 클릭하여 치수를 입력합니다.

명령: DAN Enter
Dimangular
호, 원, 선을 선택하거나 〈정점 지정〉: P4점 클릭
치수 호 선의 위치 지정 또는 [여러 줄 문자(M)/문자(T)/각도(A)/사분점(Q)]: P5점 클릭
치수 문자=109

04 객체의 반대편으로도 각도는 입력될 수 있습니다. 명령어를 입력한 후 다음의 두 지점을 클릭하여 선택하고 원 전체 한 바퀴를 돌리면서 원하는 위치를 선택해보고 그림과 같은 위치를 클릭하여 각도 치수를 입력합니다.

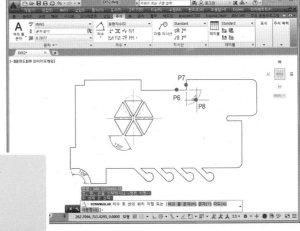

명령: DAN Enter
Dimangular
호, 원, 선을 선택하거나 〈정점 지정〉: P6점 클릭
두 번째 선 선택: P7점 클릭
치수 호 선의 위치 지정 또는 [여러 줄 문자(M)/문자(T)/각도(A)/사분점(Q)]: P8점 클릭
치수 문자=90

6 호 길이 치수 입력하기 Dimarc

일반적으로 호의 경우에는 반지름의 치수를 입력하는 것을 기본으로 하지만 Dimarc는 호의 길이를 입력합니다. 명령어를 입력하지 않는 경우에는 정보 조회 명령어인 List 명령어를 통해 전체적인 길이를 알 수 있으며, 호의 치수를 입력하면 치수 문자 앞에 ⌒(원호 기호)를 입력하여 호의 길이임을 표시해줍니다.

메뉴	리본 메뉴	명령 행
[치수(N)-호 길이(H)]	**[주석] 탭-[치수] 패널-[호 길이]** ⌒	**Dimarc(단축 명령어: DAR)**

명령어 사용법 ▼

Dimarc 명령어를 입력하고 나면 치수를 입력할 일반 호나 폴리선 호를 클릭합니다. 자동으로 나타나는 호의 길이 치수선의 위치를 설정하기 위해 원하는 위치로 드래그하여 클릭하면 호의 길이가 입력되는 치수선이 완료됩니다. 호의 길이 앞에는 자동으로 ⌒(원호 기호)가 붙습니다.

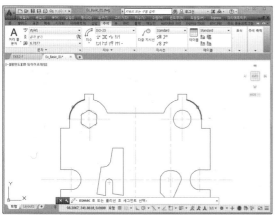

호 길이를 입력할 호 객체 선택

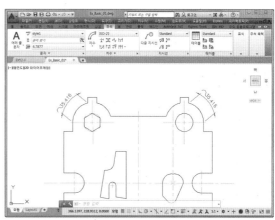

호 길이 치수를 입력할 치수선 위치 선택

명령: DAR Enter
Dimarc
호 또는 폴리선 호 세그먼트 선택:
→ 호의 길이 치수를 입력할 대상 호 객체를 클릭합니다.
호 길이 치수 위치 지정 또는 [여러 줄 문자(M)/문자(T)/각도(A)/부분(P)]:
→ 호의 길이 치수선을 입력할 위치를 클릭합니다.
치수 문자=35.416
→ 입력된 호의 길이 치수 문자를 표시합니다.

명령어 옵션 해설 ▼

호의 길이 치수를 기입하는 경우도 앞서 설명한 치수들과 마찬가지로 해당 객체의 데이터에 근거하여 원래의 치수를 자동으로 입력하는 것을 원칙으로 하지만, 해당 치수 문자에 추가하는 내용이나 코멘트를 치수 문자에 함께 입력해야 하는 경우 옵션을 이용하여 입력할 수 있습니다. 호의 길이 치수의 경우 [부분(P)] 옵션을 통해 사용자가 클릭하는 위치의 값을 자유롭게 호의 길이로 환산하여 표시하기도 합니다.

옵션	옵션 해설
여러 줄 문자(M)	새로 입력하려는 치수 문자를 Mtext 창을 이용하여 변경합니다.
문자(T)	새로 입력하려는 치수 문자를 Text 옵션을 이용하여 변경합니다.
각도(A)	입력된 치수 문자의 각도값을 입력합니다.
부분(P)	선택된 호의 전체 길이 대신 그 호 중에서 원하는 두 지점 간의 길이를 편리하게 표시해줍니다.

명령어 실습하기 ▼

호 길이 치수를 입력하는 다양한 방법을 통해 치수를 입력하고 옵션을 활용하는 방법을 익히도록 합니다. 특히 단축키와 리본 메뉴를 적절히 사용해봅니다.

● 실습 파일: Sample/EX41.dwg   ● 완성 파일: Sample/EX41-F.dwg

01 Open 명령어를 이용하여 'Sample/EX41.dwg' 파일을 연 후 호 길이 치수를 이용하기 위해 리본 메뉴의 [주석] 탭을 클릭합니다. 그런 다음 [호 길이 치수] 아이콘을 클릭합니다.

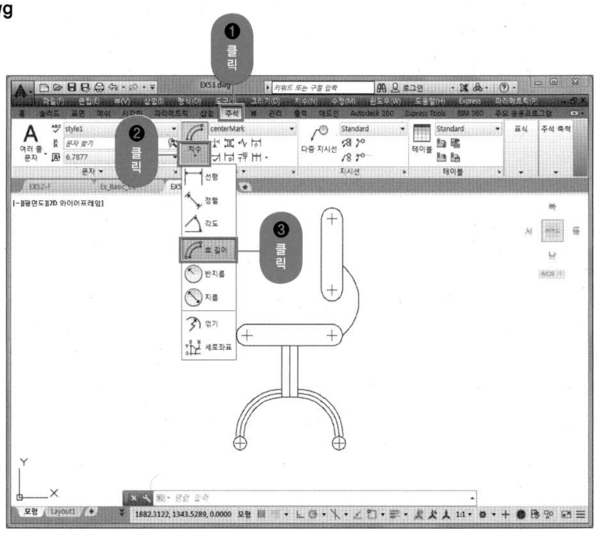

→ [리본 메뉴]-[주석] 탭-[치수]-[호 길이] 아이콘을 클릭합니다.

02 먼저 그림과 같이 호를 클릭하고 오른쪽 으로 잡아당겨 호 길이 치수선의 위치를 클릭합니다. 간단하게 호 길이 치수가 입력됩 니다.

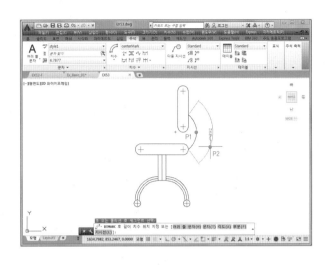

명령: _DIMARC
호 또는 폴리선 호 세그먼트 선택: P1점 클릭
호 길이 치수 위치 지정 또는 [여러 줄 문자(M)/문자(T)/각도(A)/
부분(P)/지시선(L)]: P2점 클릭
치수 문자=292

03 호 길이 치수 입력 명령어의 단축키인 'DAR'을 입력하고 다음의 호를 클릭하 고 부분의 호 길이 치수 입력을 위한 옵션 'P' 를 입력합니다.

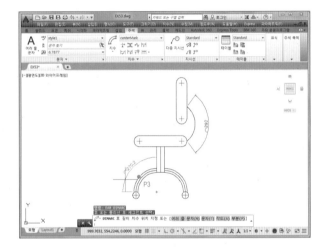

명령: DAR Enter
Dimarc
호 또는 폴리선 호 세그먼트 선택: P3점 클릭
호 길이 치수 위치 지정 또는 [여러 줄 문자(M)/문자(T)/각도(A)/
부분(P)]: P Enter

04 부분의 호만 입력할 예정이므로 첫 번째 시작점부터 두 번째 호길이 지점까지 객 체 스냅을 이용하여 선택합니다.

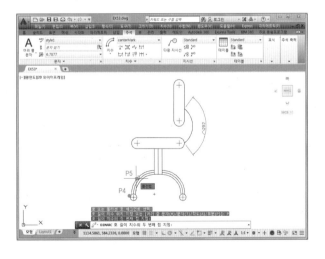

호 길이 치수의 첫 번째 점 지정: P4점 클릭
호 길이 치수의 두 번째 점 지정: P5점 클릭

05 부분의 호 길이 치수선이 위치할 장소로 드래그한 후 같이 클릭하여 치수선의 위치를 선택합니다.

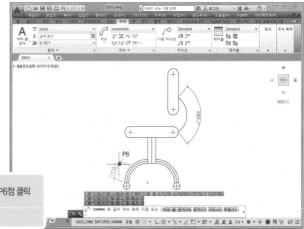

호 길이 치수 위치 지정 또는 [여러 줄 문자(M)/문자(T)/각도(A)/부분(P)]: P6점 클릭
치수 문자=135.1

06 원하는 치수 문자의 내용이 맞지 않은 경우 간단하게 [문자(T)] 옵션을 이용하여 변경할 수 있습니다. 호 길이 명령어를 입력하고 다음의 호를 선택합니다.

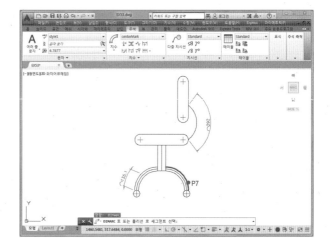

명령: DAR Enter
Dimarc
호 또는 폴리선 호 세그먼트 선택: P7점 클릭

07 새로운 문자를 입력하는 [문자(T)] 옵션을 이용하기 위해 'T'를 입력한 후 소숫점 이하 자리는 없앱니다. 그런 다음 '270'만 입력하고 위쪽으로 끌어당겨 치수선의 위치를 지정합니다. 새로운 치수 문자가 탄생합니다.

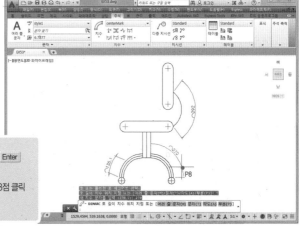

호 길이 치수 위치 지정 또는 [여러 줄 문자(M)/문자(T)/각도(A)/부분(P)]: T Enter
새 치수 문자를 입력 〈270.2〉: 270 Enter
호 길이 치수 위치 지정 또는 [여러 줄 문자(M)/문자(T)/각도(A)/부분(P)]: P8점 클릭
치수 문자=270.2

7 반지름 치수 입력하기 Dimradius

Dimradius를 이용하면 원이나 호의 반지름 치수를 입력할 수 있습니다. 보통 선형 치수는 치수 입력 시 숫자만 입력되지만, 원형 치수는 자동으로 'R', 'ø' 등의 기호가 치수 문자 앞에 입력되어 반지름, 지름을 표시하여 치수를 입력합니다. Dimradius는 보통 원(Circle), 호 (Arc) 등 반지름을 갖고 있는 도면 객체의 치수를 자동으로 입력하는 명령어이며, 치수를 기입할 때 반지름 기호인 'R'이 치수 문자 앞에 자 동으로 입력되고, 타원으로 그려진 Ellipse Arc는 반지름이 각 지점별로 모두 다르므로 이 경우에는 반지름 치수를 입력할 수 없는 객체로 분류됩니다.

메뉴	리본 메뉴	명령 행
[차수(N)-반지름(R)]	[주석] 탭-[치수] 패널-[반지름] ◯	Dimradius(단축 명령어: DRA)

명령어 사용법 ▼

Dimradius 명령어를 입력한 후 반지름의 치수를 입력하고자 하는 원이나 호 를 클릭하고 치수선의 위치를 조정하여 클릭하면 반지름의 치수가 입력됩니다. 반지름의 치수를 입력하는 유 형은 여러 가지가 있고, 기본적인 Dimstyle에 지정된 내용을 기준으로 변경하여 사용 가능하며, 이미 입력 된 유형의 경우에도 Dimstyle에서 새로 지정하면 자동으로 갱신됩니다.

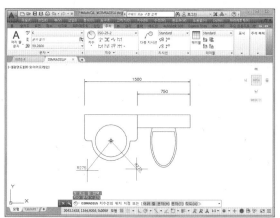

반지름 치수를 입력할 객체를 선택한 후 위치 지정

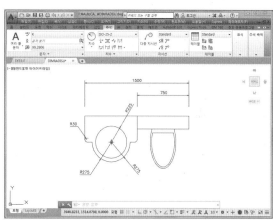

다양한 형태의 반지름 치수 입력

명령: DRA Enter

Dimradius

호 또는 원 선택:

→ 반지름의 치수를 입력할 호나 원을 클릭합니다.

차수 문자=275

→ 입력될 치수 문자의 값을 표시합니다.

차수선의 위치 지정 또는 [여러 줄 문자(M)/문자(T)/각도(A)]:

→ 반지름의 치수를 입력할 치수선의 위치를 클릭하여 정합니다.

330

명령어 옵션 해설 ▼

반지름 치수의 경우에는 기존의 선형 치수나 기울기 치수 등이 갖는 옵션과 동일합니다. 자동 입력될 치수 문자의 변경이나 치수 문자의 각도를 변경하는 등의 옵션을 지원합니다.

옵션	옵션 해설
여러 줄 문자(M)	새로 입력하려는 치수 문자를 Mtext 창을 이용하여 변경합니다.
문자(T)	새로 입력하려는 치수 문자를 Text 옵션을 이용하여 변경합니다.
각도(A)	입력된 치수 문자의 각도값을 입력합니다.

명령어 실습하기 ▼

반지름 치수를 입력하는 다양한 방법을 통해 치수를 입력하고, 옵션을 활용하는 방법을 익히도록 합니다. 특히 단축키와 리본 메뉴를 적절히 사용해봅니다.

● 실습 파일: **Sample/EX42.dwg** ● 완성 파일: **Sample/EX42-F.dwg**

01 Open 명령어를 이용하여 'Sample/EX42.dwg' 파일을 연 후 반지름 치수를 이용하기 위해 리본 메뉴의 [주석] 탭을 클릭하고 [반지름 치수] 아이콘을 클릭합니다.

→ 리본 메뉴-[주석] 탭-[치수] 패널-[반지름] 아이콘을 클릭합니다.

02 반지름 치수를 입력할 객체를 선택하라는 메시지가 나타나면 그림과 같은 위치를 클릭하고 왼쪽 위로 당겨 위치를 정합니다.

명령: _Dimradius
호 또는 원 선택: P1점 클릭
치수 문자=300
치수선의 위치 지정 또는 [여러 줄 문자(M)/문자(T)/각도(A)]: P2점 클릭

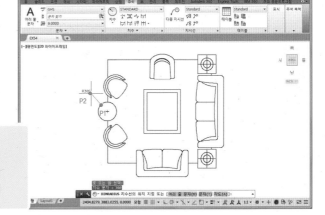

03 이번에는 단축키를 입력하여 반지름의 치수를 입력해봅니다. 'DIMRAD'를 입력하고 다음의 객체를 클릭하여 오른쪽 아래 방향으로 당겨 다음의 위치에 치수선을 위치시킵니다.

```
명령: DIMRAD [Enter]
Dimradius
호 또는 원 선택: P3점 클릭
차수 문자=200
차수선의 위치 지정 또는 [여러 줄 문자(M)/문자(T)/각도(A)]: P4점 클릭
```

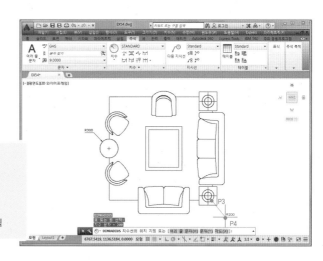

04 반지름 치수 입력의 유형을 바꿔보겠습니다. 먼저 치수 유형을 결정하는 Dimstyle 명령어의 단축키인 'D'를 입력하여 치수 스타일 대화상자가 나타나면 [새로 만들기]를 클릭하고 유형을 그림과 같이 하나 더 추가하여 [계속] 버튼을 클릭합니다.

```
명령: D [Enter]
```

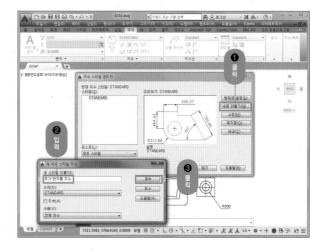

05 반지름 치수 입력의 가장 많은 부분은 기본 형태에서 문자의 위치를 조절하는 것이므로 [문자] 탭을 먼저 클릭하고 현재의 'ISO 표준' 상태를 '치수선에 정렬' 상태로 변경합니다. 선택이 완료되면 [확인] 버튼을 클릭하여 대화상자를 닫습니다.

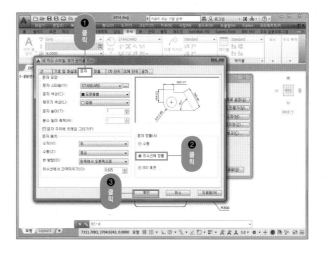

06 치수 스타일 목록에서 새로 지정한 치수 스타일이 현재의 치수 유형으로 지정된 것을 확인했습니다. [닫기] 버튼을 클릭하여 치수 스타일 대화상자를 완전히 닫습니다.

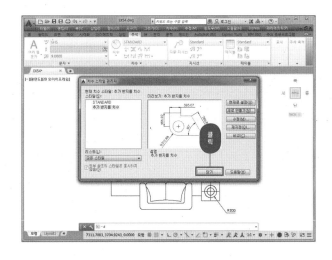

07 반지름 치수를 입력하기 위해 단축키인 'DIMRAD'를 입력하고 그림과 같은 위치를 클릭하여 마우스로 끌어당겨 치수선의 위치를 정해줍니다.

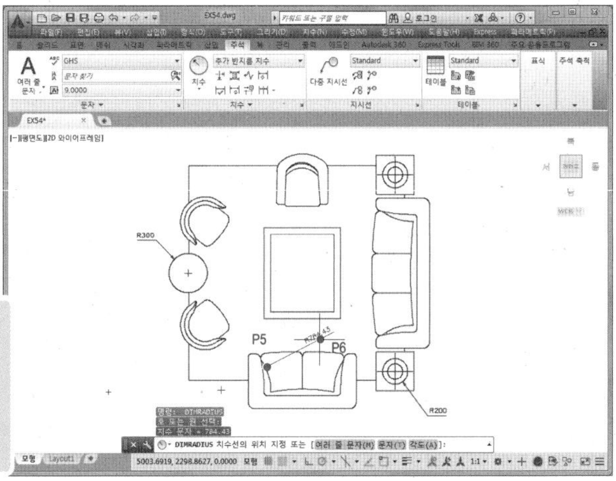

명령: DIMRAD Enter
호 또는 원 선택: P5점 클릭
치수 문자=784.43
치수선의 위치 지정 또는 [여러 줄 문자(M)/문자(T)/각도(A)]: P6점 클릭

08 다시 이전 치수 유형을 사용하고 싶은 경우에는 치수 스타일에서 설정할 수도 있지만, 지금처럼 [주석] 탭에 있는 치수 유형 목록을 눌러 해당 치수 유형을 선택합니다.

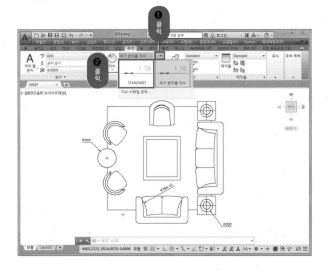

09 반지름 치수를 입력하기 위해 단축키인 'DIMRAD'를 입력한 후 그림과 같은 위치를 클릭하여 마우스로 끌어당겨 치수선의 위치를 정해줍니다. 처음의 치수 유형으로 입력되는 것을 볼 수 있습니다.

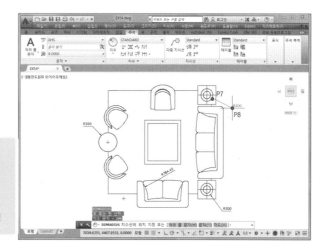

명령: DIMRAD Enter
Dimradius
호 또는 원 선택: P7점 클릭
치수 문자=200
치수선의 위치 지정 또는 [여러 줄 문자(M)/문자(T)/각도(A)]: P8점 클릭

8 지름 치수 입력하기 Dimdiameter

Dimdiameter를 이용하면 원이나 호의 지름 치수를 입력할 수 있습니다. 원(Circle), 호(Arc) 등과 같이 지름을 갖고 있는 객체의 치수를 자동으로 입력해주는 명령어로, Dimradius와 마찬가지로 치수를 입력하면 치수 문자에 자동으로 지름 기호인 'ø' 기호가 치수 문자 앞에 나타납니다. 반지름의 치수를 입력하는 방법과 마찬가지로 입력하며 지름의 치수 입력 스타일은 Dim Style에서 미리 정해진 것을 사용하거나 변경된 것은 Update하여 갱신할 수 있습니다.

메뉴	리본 메뉴	명령 행
[치수(N)-지름(D)]	[주석] 탭-[치수] 패널-[지름]	**Dimdiameter(단축 명령어: DDI)**

명령어 사용법 ▼

Dimdiameter 명령어를 입력한 후 지름의 치수를 입력해야 하는 원이나 호 객체를 클릭하고 원하는 방향으로 드래그하여 치수선의 위치를 정하여 클릭합니다. 지름 치수의 경우, 원 내부에 선을 그리거나 중심 표시 또는 중심 표시를 하지 않는 등 다양한 스타일이 있으므로 원하는 치수 유형에 해당하는 스타일은 DIM Style을 통해 미리 설정하거나 수정하여 사용합니다.

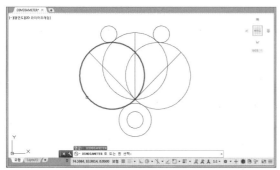

지름의 치수를 입력할 원 또는 호 선택

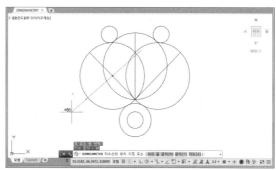

지름의 치수선을 입력할 위치 선택

명령: DDI Enter
Dimdiameter
호 또는 원 선택:
→ 지름 치수를 입력할 호나 원 객체를 클릭합니다.
치수 문자=80
→ 입력될 치수 문자의 값을 표시 합니다.
치수선의 위치 지정 또는 [여러 줄 문자(M)/문자(T)/각도(A)]:
→ 지름 치수가 입력될 치수선의 위치를 클릭하거나 옵션을 지정합니다.

명령어 옵션 해설 ▼

지름 치수의 경우에는 기존의 선형 치수나 기울기 치수 등이 갖는 옵션과 동일합니다. 자동 입력될 치수 문자의 변경이나 치수 문자의 각도를 변경하는 등의 옵션을 지원합니다.

옵션	옵션 해설
여러 줄 문자(M)	새로 입력하려는 치수 문자를 Mtext 창을 이용하여 변경합니다.
문자(T)	새로 입력하려는 치수 문자를 Text 옵션을 이용하여 변경합니다.
각도(A)	입력된 치수 문자의 각도값을 입력합니다.

명령어 실습하기 ▼

지름 치수를 입력하는 다양한 방법을 통해 치수를 입력하고, 옵션을 활용하는 방법을 익히도록 합니다. 특히 단축키와 리본 메뉴를 적절히 사용해봅니다.

● 실습 파일: Sample/EX43.dwg   ● 완성 파일: Sample/EX43-F.dwg

···· **01** ···· Open 명령어를 이용하여 'Sample/EX43.dwg' 파일을 연 후 지름 치수를 이용하기 위해 리본 메뉴의 [주석] 탭을 클릭하고 그림과 같이 [지름 치수] 아이콘을 클릭합니다.

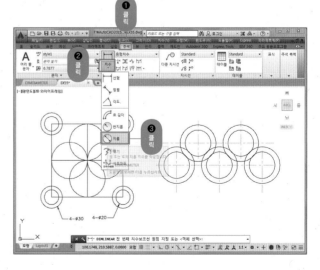

→ [리본] 메뉴-[주석] 탭-[치수] 패널-[지름] 아이콘을 클릭합니다.

02 리본 메뉴를 클릭하면 나타나는 명령어의 순서에 따라 다음의 원을 클릭하여 지름의 치수를 입력합니다.

```
명령: _DIMDIAMETER
호 또는 원 선택: P1점 클릭
치수 문자=50
```

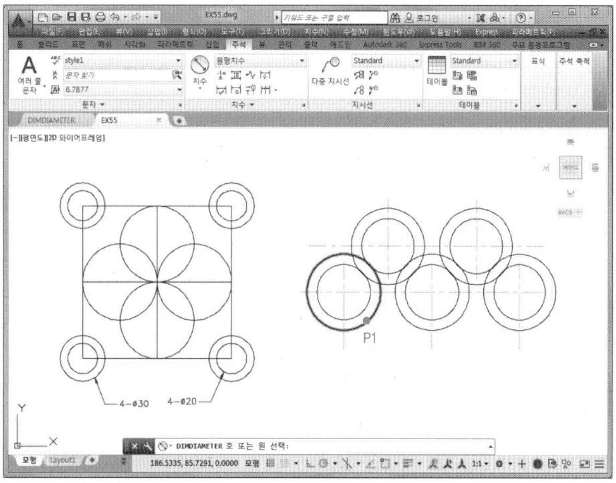

03 지름 치수의 경우 처음 클릭한 위치부터 원의 어느 각도 위치라도 원하는 위치로 조정하여 위치시킬 수 있습니다. 원하는 위치로 빙빙 돌려 설정한 후 그림과 같은 위치를 클릭하여 선택합니다.

```
치수선의 위치 지정 또는 [여러 줄 문자(M)/문자(T)/각도(A)]: P2점 클릭
```

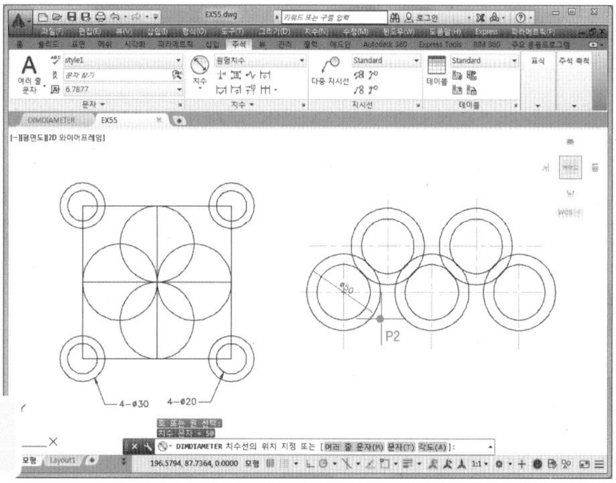

04 치수 문자가 치수선과 나란히 기입이 되었습니다. 지금 현재 설정된 치수 스타일의 유형이므로 다른 ISO 표준 유형으로 변경해보겠습니다. 치수 유형을 지정하는 명령어를 입력한 후 'ISO-25' 유형을 선택합니다. 그런 다음 [현재로 설정(U)]를 클릭하고 [닫기] 버튼을 누릅니다.

```
명령:D Enter
```

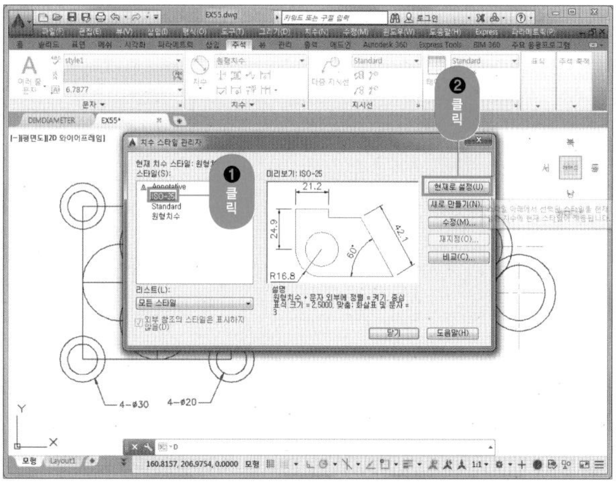

05 지름 치수를 입력하는 단축 명령어 'DDI'를 입력한 후 그림과 같이 지름 치수를 입력할 원을 클릭합니다. 그런 다음 아래로 끌어당겨 치수를 입력합니다. 그림과 같이 치수 문자가 가로로 입력됩니다.

명령:DDI Enter
Dimdiameter
호 또는 원 선택: P3점 클릭
치수 문자=50
치수선의 위치 지정 또는 [여러 줄 문자(M)/문자(T)/각도(A)]: P4점 클릭

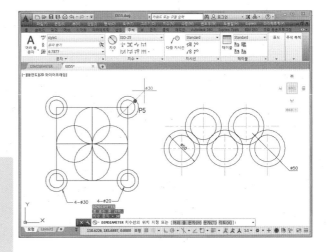

06 이번에는 치수 문자에 문장을 삽입하기 위해 문자를 입력하여 치수를 입력하겠습니다. 지름 치수 명령어 'DDI'를 입력한 후 그림과 같은 위치를 클릭하고 오른쪽 위로 잡아당겨 놓습니다. 치수선의 위치는 클릭하지 않고 옵션인 'T'만 입력합니다.

명령: DDI Enter
Dimdiameter
호 또는 원 선택: P5점 클릭
치수 문자=30
치수선의 위치 지정 또는 [여러 줄 문자(M)/문자(T)/각도(A)]: T Enter

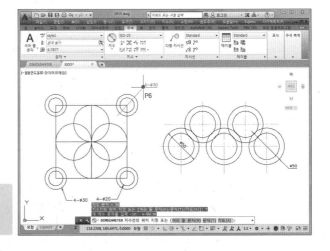

07 새로 입력하는 치수에는 기존의 ø 문자 외에 4개의 원이 지름이 같다는 표시로 '4-ø30'을 입력하기 위해 특수 기호 '%%C'를 함께 입력하고 원하는 위치를 클릭하면 치수 문자가 입력됩니다.

새 치수 문자를 입력 〈30〉: 4-%%C30 Enter
치수선의 위치 지정 또는 [여러 줄 문자(M)/문자(T)/각도(A)]:P6점 클릭

9 꺾기 치수 입력하기 Dimjogged

실제 치수를 기준으로 도면을 그리는 AutoCAD의 도면은 도면 요소 중 너무 크거나 전체를 기술하기 어려워 도면의 일부만 기술되는 경우 객체 전체 치수를 모두 기술하지 않고 중간에 파선 등을 이용하여 생략한 채로 치수를 입력하기도 합니다. 이때 사용하는 치수를 'Dimjogged'이라 하며, Dimjogged의 경우 현재 길이값이 그려진 객체의 실척 치수가 아니라 입력된 치수임을 표시하기 위해서 치수선 자체에 파선을 그려 넣는 치수 기입 방식이라고 할 수 있습니다. 입력된 형태를 보게되면 실제 치수를 입력하고 자른 부위의 치수까지 더하여 치수를 수정한 후 Dimjogged을 실행하여 원본 치수가 실제 그림을 절단해 표시했다는 사실을 표시합니다.

메뉴	리본 메뉴	명령 행
[치수(N)-꺾어진(J)]	[주석] 탭-[치수] 패널-[꺾기 치수] ↗	Dimjogged(단축 명령어: DJO)

명령어 사용법 ▼

꺾기 치수는 파선을 만들기 때문에 객체 스냅이 켜져 있으면 계속 일정 스냅점을 찾으려고 합니다. 따라서 F3을 눌러 객체 스냅을 끄고 실행합니다. 먼저 명령어를 입력한 후 파선 치수를 입력할 호나 원을 클릭하고, 해당 호나 원의 가상 중심점의 위치를 클릭합니다. 그런 다음 치수를 입력할 위치를 클릭하거나 치수값을 변경하여 입력하고 완료되면 꺾은선의 위치를 조절하고 클릭하여 선택합니다.

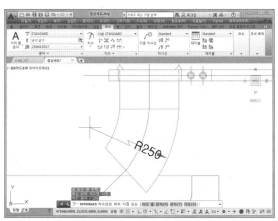

꺾기 치수를 입력한 후 가상의 중심 위치 선택

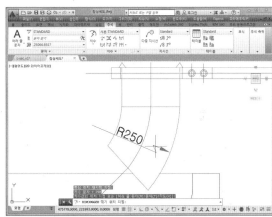

꺾은선의 위치 확정

명령: DJO Enter
Dimjogged
호 또는 원 선택:
→ 꺾은 치수를 입력할 호나 원을 클릭합니다.
중심 위치 재지정 지정:
→ 가상의 중심점의 위치를 원하는 위치에 클릭합니다.
치수 문자=250
→ 입력될 치수 문자를 표시합니다.
치수선의 위치 지정 또는 [여러 줄 문자(M)/문자(T)/각도(A)]:
→ 치수선의 위치를 클릭하거나 옵션을 입력합니다.
꺾기 위치 지정:
→ 꺾은선의 위치를 클릭하여 지정합니다.

명령어 옵션 해설 ▼

꺾기 치수의 경우에는 기존의 선형 치수나 기울기 치수 등이 갖는 옵션과 동일
합니다. 자동 입력될 치수 문자의 변경이나 치수 문자의 각도를 변경하는 등의 옵션을 지원 합니다.

옵션	옵션 해설
여러 줄 문자(M)	새로 입력하려는 치수 문자를 Mtext 창을 이용하여 변경합니다.
문자(T)	새로 입력하려는 치수 문자를 Text 옵션을 이용하여 변경합니다.
각도(A)	입력된 치수 문자의 각도값을 입력합니다.

명령어 실습하기 ▼

꺾기 치수를 입력하는 다양한 방법을 통해 치수를 입력하고, 옵션을 활용하는
방법을 익히도록 합니다. 특히 단축키와 리본 메뉴를 적절히 사용해봅니다.

● 실습 파일: **Sample/EX44.dwg**　● 완성 파일: **Sample/EX44-F.dwg**

01 Open 명령어를 이용하여 'Sample/
EX44.dwg' 파일을 연 후 반지름 치수
를 이용하기 위해 리본 메뉴의 [주석] 탭을 클
릭하고 [꺾기 치수] 아이콘을 클릭합니다.

→ [리본 메뉴]-[주석] 탭-[치수] 패널-[꺾기 치수] 아이콘을
클릭합니다.

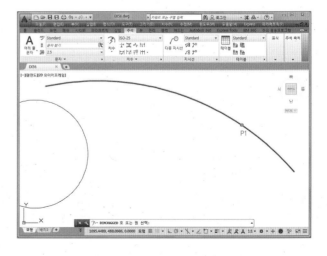

02 꺾기 치수를 입력할 호나 원의 위치를
다음과 같이 클릭합니다.

명령: _DIMJOGGED
호 또는 원 선택: P1점 클릭

03 가상의 중심점의 위치를 지정해줍니다.
가상의 중심점은 꼭 원래 객체의 중심점
일 필요가 없습니다.

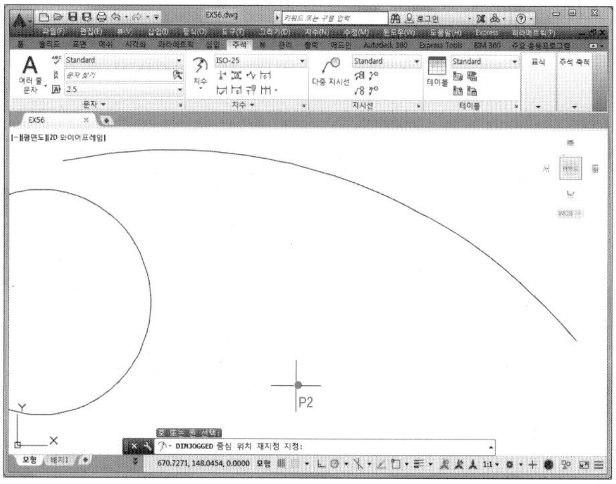

중심 위치 재지정 지정: P2점 클릭
차수 문자=1326

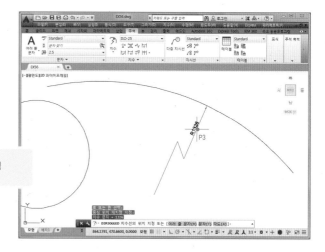

04 치수선의 위치를 지정합니다. 적당한
크기와 위치가 되는 곳을 두루 움직이며
모양을 살펴본 후 그림과 같은 형태가 된 상태
에서 클릭합니다.

치수선의 위치 지정 또는 [여러 줄 문자(M)/문자(T)/각도(A)]: P3점 클릭

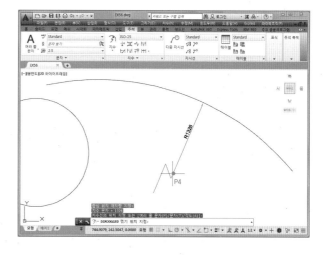

05 꺾기선이 위치할 곳을 위아래로 이동하
면서 위치를 잡고 그림과 같은 위치에
꺾기선을 클릭합니다.

꺾기 위치 지정: P4점 클릭

06 이번에는 원에 꺾기 치수를 입력해봅니다. 원은 중심이 있지만 더 큰 원이라고 가정하고 그림과 같이 클릭해 가상의 꺾기 치수가 입력될 위치를 선택합니다.

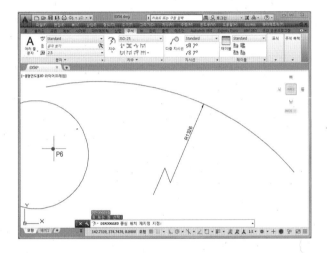

명령: DJO Enter

Dimjogged

호 또는 원 선택: P5점 클릭

07 가상의 중심점 위치를 그림과 같은 위치에 클릭합니다.

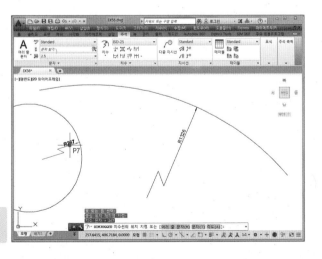

중심 위치 재지정 지정: P6점 클릭

치수 문자=267

08 치수선의 위치를 여기저기 옮기면서 확인하고 알맞은 위치에 위치시킨 후 다음과 같은 위치에 클릭합니다.

치수선의 위치 지정 또는 [여러 줄 문자(M)/문자(T)/각도(A)]: P7점 클릭

09 꺾기선을 그림과 같이 적당한 위치에 잡
은 후 클릭하여 꺾기 치수를 완료합니다.

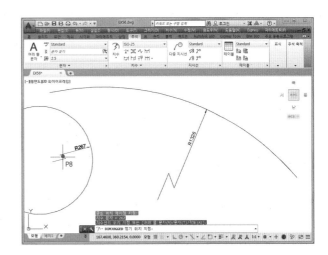

꺾기 위치 지정: P8점 클릭

10 세로 좌표 치수 입력하기 Dimordinate

화면의 세로 좌표를 입력하는 명령어입니다. 세로 좌표의 치수의 경우 UCS의 기준 원점인 0,0을 기준으로 X,Y의 좌표를 표시합니다. 주로 기계 설계 도면 안에 원점으로부터 떨어진 좌표 치수를 입력할 때 사용하는 것으로, '데이텀'이라는 원점으로부터 부품의 구멍과 같은 피처까지의 수직 거리를 측정합니다. 보통 이런 치수는 기계 가공 시 기준점(데이텀)에서 정확한 좌표를 지정하는 데 이용됩니다.

메뉴	리본 메뉴	명령 행
[치수(N)-세로 좌표(O)]	[주석] 탭-[치수] 패널-[세로 좌표]	Dimordinate(단축 명령어: DOR)

명령어 사용법

세로 좌표 치수를 입력할 장소를 클릭한 후 가로 좌표(X)일 경우 위나 아래방
향으로, 세로 좌표(Y)일 경우 좌우 방향으로 당겨 치수를 입력합니다. 보통 절대 좌표의 치수가 입력되는 것
이므로 원하는 위치에 UCS가 위치하도록 하는 것이 중요합니다.

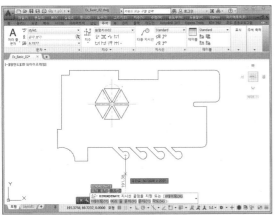

가로 좌표 치수 입력

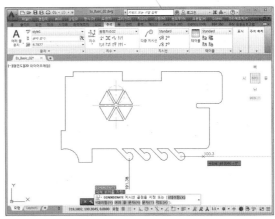

세로 좌표 치수 입력

명령: DOR Enter
Dimordinate
피처 위치를 지정:
→ 데이텀이 될 좌표 위치를 클릭합니다.
지시선 끝점을 지정 또는 [X데이텀(X)/Y데이텀(Y)/여러 줄 문자(M)/문자(T)/각도(A)]:
→ 입력될 좌표값의 위치를 지정합니다.
치수 문자=191.38
→ 입력될 치수 문자를 표시합니다.

명령어 옵션 해설

세로 좌표 치수의 경우에는 기존의 선형 치수나 기울기 치수 등이 갖는 옵션과 동일한 옵션과 데이텀에 대한 위치를 조정하는 내용을 갖습니다. 특히, 자동 입력될 치수 문자의 변경이나 치수 문자의 각도를 변경하는 등의 옵션을 지원합니다.

옵션	옵션 해설
X	데이텀(X) 끌기 방향에 관계없이 X좌표값을 표시 합니다.
Y	데이텀(Y) 끌기 방향에 관계없이 Y좌표값을 표시 합니다.
여러 줄 문자(M)	새로 입력하려는 치수 문자를 Mtext 창을 이용하여 변경합니다.
문자(T)	새로 입력하려는 치수 문자를 Text 옵션을 이용하여 변경합니다.
각도(A)	입력된 치수 문자의 각도값을 입력합니다.

명령어 실습하기

연속하는 치수를 입력하는 다양한 방법을 통해 치수를 입력하고 옵션을 활용하는 방법을 익히도록 합니다. 특히, 단축키와 리본 메뉴를 적절히 사용해봅니다.

● 실습 파일: **Sample/EX45.dwg** ● 완성 파일: **Sample/EX45-F.dwg**

01 Open 명령어를 이용하여 'Sample/EX45.dwg' 파일을 연 후 반지름 치수를 이용하기 위해 리본 메뉴의 [주석] 탭을 클릭하고 [세로좌표] 아이콘을 클릭합니다.

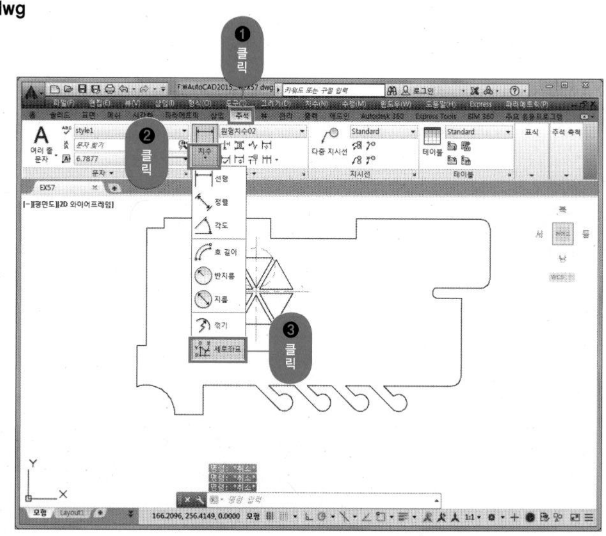

→ [리본 메뉴]-[주석] 탭-[치수] 패널-[세로 좌표 치수] 아이콘을 클릭합니다.

02 명령어가 실행되면 다음의 호의 중심점을 피처 위치로 클릭합니다.

객체스냅이 켜져 있어야 호의중심이 찾아지며 호선분을 마우스로 지나가야 정확히 읽어드립니다.

명령: _DIMORDINATE
피처 위치를 지정: P1점 클릭

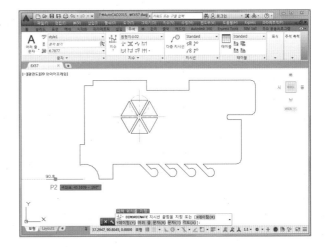

03 세로 좌표의 경우 오른쪽이나 왼쪽으로 끌어당겨주면 Y데이텀이 입력됩니다. 그림처럼 왼쪽으로 잡아당겨 클릭합니다. Y의 좌표가 입력됩니다.

지시선 끝점을 지정 또는 [X데이텀(X)/Y데이텀(Y)/여러 줄 문자(M)/문자(T)/각도(A)]: P2점 클릭
치수 문자=90.8

04 세로 좌표 명령어의 단축키인 'DOR'을 입력한 후 처음 클릭한 호의 중심점을 다시 피처의 위치로 클릭합니다.

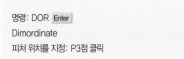

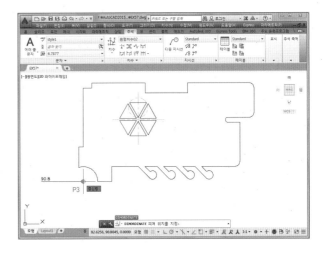

명령: DOR Enter
Dimordinate
피처 위치를 지정: P3점 클릭

05 위나 아래 방향으로 당기면 X 데이텀의 좌표가 입력되므로 그림처럼 아래 방향으로 잡아당겨 X좌표가 입력되도록 합니다.

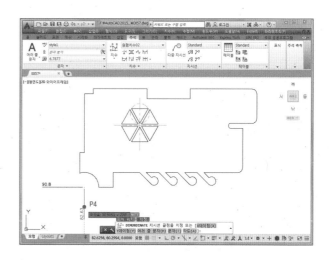

지시선 끝점을 지정 또는 [X데이텀(X)/Y데이텀(Y)/여러 줄 문자
(M)/문자(T)/각도(A)]: P4점 클릭
치수 문자=82.63

06 이번에는 당기는 방향과 관계없이 원하는 좌표값을 원하는 방향으로 입력해보겠습니다. 세로 좌표 명령어의 단축키인 'DOR'을 입력한 후 다음 원의 중심점을 피처의 위치로 클릭합니다.

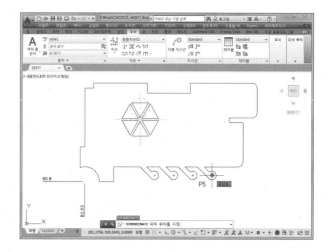

명령: DOR Enter
Dimordinate
피처 위치를 지정: P5점 클릭

07 세로 좌표 데이터값을 입력하기 위해 'Y' 옵션을 입력한 후 아래 방향으로 당겨봅니다. 그림과 같은 위치를 클릭합니다. X데이텀이 입력되는 방향이지만 Y데이텀이 입력되었습니다.

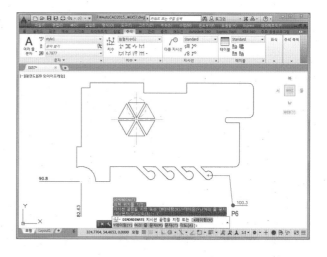

지시선 끝점을 지정 또는 [X데이텀(X)/Y데이텀(Y)/여러 줄 문자
(M)/문자(T)/각도(A)]: Y Enter
지시선 끝점을 지정 또는 [X데이텀(X)/Y데이텀(Y)/여러 줄 문자
(M)/문자(T)/각도(A)]: P6점 클릭
치수 문자=100.3

08 이번에는 X데이텀값을 입력하기 위해 단축 명령어를 입력하고 원의 중심점을 클릭한 후 옵션 'X'를 입력하고 좌우 방향으로 당겨봅니다. 그림과 같이 오른쪽으로 당겨 잡아 클릭합니다. 방향은 Y데이텀이 입력되는 방향이지만 X데이텀값이 입력됩니다.

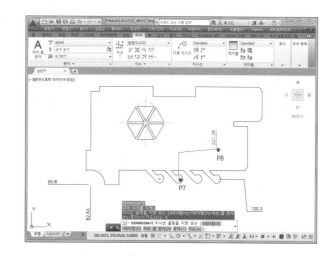

```
명령: DOR Enter
Dimordinate
피처 위치를 지정: P7점 클릭
지시선 끝점을 지정 또는 [X데이텀(X)/Y데이텀(Y)/여러 줄 문자
(M)/문자(T)/각도(A)]: X Enter
지시선 끝점을 지정 또는 [X데이텀(X)/Y데이텀(Y)/여러 줄 문자
(M)/문자(T)/각도(A)]: P8점 클릭
치수 문자=221.38
```

11 기준 치수에 연속으로 입력되는 연속 치수 Dimcontinue

입력된 하나의 기준 치수선과 나란한 위치에 서로 다른 치수를 연속해서 입력합니다. Dimcontinue는 기준 치수에 준하여 입력하는 것으로 맨 마지막에 입력된 치수를 기준으로 연속하는 것이기 때문에 무조건 실행 전에 하나 이상 입력된 치수가 있어야 맨 마지막에 입력된 치수에 준하여 연속하는 치수가 입력되며, 맨 마지막 치수를 기준으로 설정하지 않는 경우 새로운 기준 치수 보조선을 새롭게 선택하여 연속 치수를 입력할 수 있습니다.

메뉴	리본 메뉴	명령 행
[치수(N)-연속(C)]	[주석] 탭-[치수] 패널-[연속]	Dimcontinue(단축 명령어: DCO)

명령어 사용법

연속 치수 명령어를 입력하면 맨 마지막에 입력된 치수에 이어 두 번째 치수 보조선이 자동으로 나타납니다. 이때 맨 마지막 치수에 이어서 하는 경우에는 계속 두 번째 치수 보조선의 위치를 클릭하여 입력하면 연속 치수가 입력됩니다. 그러나 최종 입력된 치수에서 연속 치수를 입력하는 경우가 아니라면 Enter 나 Space Bar 를 누르고, 새로운 기준이 될 치수선의 치수 보조선을 마우스로 클릭한 후에 입력해야 합니다.

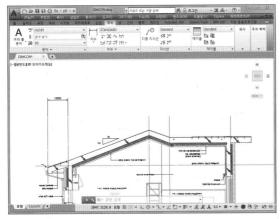

연속 치수의 기준 치수

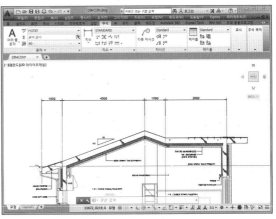

기준 치수에 연속하는 연속 치수

명령: DCO `Enter`

Dimcontinue

두 번째 치수 보조선 원점 지정 또는 [명령 취소(U)/선택(S)] 〈선택(S)〉:

→ 연속할 치수의 두 번째 치수 보조선의 위치를 클릭합니다.

치수 문자=4000

→ 입력될 치수 문자를 표시 합니다.

두 번째 치수 보조선 원점 지정 또는 [명령 취소(U)/선택(S)] 〈선택(S)〉:

→ 계속 연속할 치수의 두 번째 치수 보조선의 위치를 클릭합니다.

치수 문자=1000

→ 입력될 치수 문자를 표시 합니다.

두 번째 치수 보조선 원점 지정 또는 [명령 취소(U)/선택(S)] 〈선택(S)〉: `Enter`

→ 연속 입력할 치수가 없는 경우 `Enter` 를 누릅니다.

연속된 치수 선택: `Enter`

→ 계속 입력할 연속 치수가 없는 경우 `Enter` 를 눌러 명령어를 종료합니다.

명령어 옵션 해설 ▼

현재 입력하기 위한 치수가 맨 마지막에 입력된 치수가 아닌 다른 치수를 기준으로 연속하는 치수를 입력해야 하는 경우, 옵션을 이용합니다. [선택(S)] 옵션을 이용하여 마지막 치수가 아닌 다른 치수에 이어 연속 치수를 입력하는 경우 반드시 `Enter` 를 누른 후 기준 치수가 되는 치수선의 치수 보조선을 선택한 후에 이어서 입력합니다.

옵션	옵션 해설
선택(S)	입력하는 기준 치수의 두 번째 치수 보조선의 위치를 다시 설정하는 경우에 사용하며, 실행 시 두 번째 치수 보조선을 선택하기 전에 `Enter` 를 누른 후 다시 지정하고 싶은 치수선의 두 번째 치수 보조선을 선택하여 연속 치수의 새로운 기준으로 설정할 수 있습니다.

명령어 실습하기 ▼

연속 치수를 입력하는 다양한 방법을 통해 치수를 입력하고 옵션을 활용하는 방법을 익히도록 합니다. 특히 단축키와 리본 메뉴를 적절히 사용해봅니다.

● 실습 파일: **Sample/EX46.dwg** ● 완성 파일: **Sample/EX46-F.dwg**

01 Open 명령어를 이용하여 'Sample/EX46.dwg' 파일을 연 후 기준이 되는 치수를 입력하기 위해 리본 메뉴의 [주석] 탭에서 [선형 치수] 아이콘을 클릭하거나 선형 치수 명령어를 입력합니다.

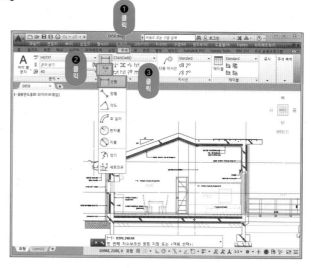

02 기준이 되는 치수를 입력하기 위해 그림과 같은 세 지점을 차례대로 클릭하여 가로 치수를 하나 입력합니다.

명령: _DIMLINEAR
첫 번째 치수 보조선 원점 지정 또는 〈객체 선택〉: P1점 클릭
두 번째 치수 보조선 원점 지정: P2점 클릭
치수선의 위치 지정 또는
[여러 줄 문자(M)/문자(T)/각도(A)/수평(H)/수직(V)/회전(R)]: P3
점 클릭
치수 문자=1000

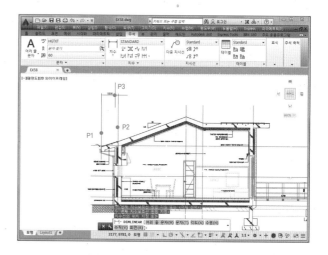

03 연속 치수를 입력하기 위해 리본 메뉴의 아이콘을 클릭하거나 단축키인 'DCO'를 입력하면 그림과 같이 첫 번째 입력된 치수의 두 번째 치수 보조선이 자동으로 나타납니다. 그림과 같은 위치를 클릭하면 자동으로 이어진 치수가 입력됩니다.

명령: DCO Enter
Dimcontinue
두 번째 치수 보조선 원점 지정 또는 [명령 취소(U)/선택(S)] 〈선택(S)〉: P4점 클릭
치수 문자=4000

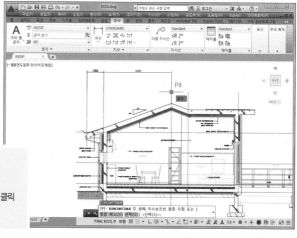

04 나머지 이어지는 연속 치수의 위치를 그림과 같이 클릭하여 입력하면 자동으로 입력됩니다. 더 이상 입력할 연속 치수가 없는 경우 Enter 를 눌러 명령어를 종료합니다.

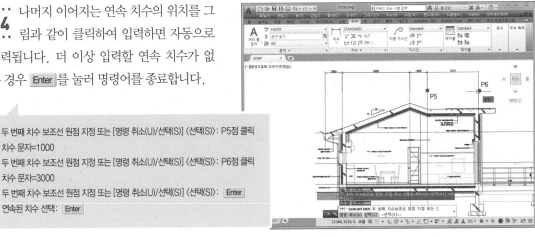

두 번째 치수 보조선 원점 지정 또는 [명령 취소(U)/선택(S)] 〈선택(S)〉: P5점 클릭
치수 문자=1000
두 번째 치수 보조선 원점 지정 또는 [명령 취소(U)/선택(S)] 〈선택(S)〉: P6점 클릭
치수 문자=3000
두 번째 치수 보조선 원점 지정 또는 [명령 취소(U)/선택(S)] 〈선택(S)〉: Enter
연속된 치수 선택: Enter

05 이번에는 세로로 기준 치수를 먼저 입력합니다. 다만 세로 치수의 첫 번째 지점을 그림과 같이 아래를 먼저 클릭한 후에 입력해봅니다.

명령: DLI Enter
Dimlinear
첫 번째 치수 보조선 원점 지정 또는 〈객체 선택〉: P7점 클릭
두 번째 치수 보조선 원점 지정: P8점 클릭
치수선의 위치 지정 또는
[여러 줄 문자(M)/문자(T)/각도(A)/수평(H)/수직(V)/회전(R)]: P9점 클릭
치수 문자=1750

06 연속 치수를 입력하기 위해 명령어를 다음과 같이 입력한 후 아래쪽으로 드래그해봅니다. 이어진 치수의 기준선이 위쪽의 보조선이기 때문에 전혀 다른 치수가 나타나며 위치도 다릅니다. Enter 를 눌러 기준 치수를 선택합니다.

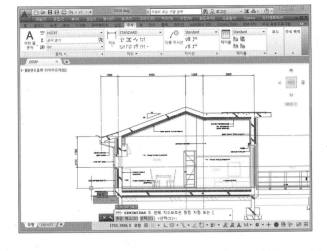

명령: DCO Enter
Dimcontinue
두 번째 치수 보조선 원점 지정 또는 [명령 취소(U)/선택(S)] 〈선택(S)〉: Enter

07 Enter 를 눌러 객체 선택 박스가 나왔다
면 연속할 치수의 기준선이 될 치수 보
조선을 그림과 같이 클릭합니다.

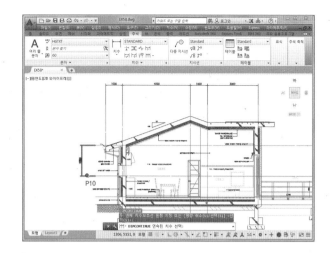

> 연속된 치수 선택: P10점 클릭

08 이제 이어질 두 번째 치수 보조선의 위
치가 될 위치를 그림과 같이 클릭하여
선택합니다. 정상적인 치수가 입력됩니다.
Enter 를 눌러 명령어를 종료합니다.

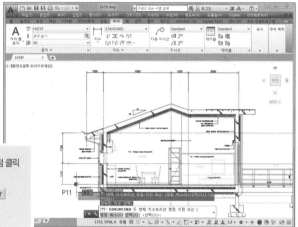

> 두 번째 치수 보조선 원점 지정 또는 [명령 취소(U)/선택(S)] 〈선택(S)〉: P11점 클릭
> 치수 문자=1200
> 두 번째 치수 보조선 원점 지정 또는 [명령 취소(U)/선택(S)] 〈선택(S)〉: Enter
> 연속된 치수 선택: Enter

12 기준 치수에 연장되는 연장 치수 Dimbaseline

Dimbaseline 명령어는 첫 번째 입력한 치수 보조선을 기준으로 계속하여 다음 치수를 더하여 계단식으로 치수값을 표시하는 치수 기입 방법으로, Dimcontinue 명령어 사용법과 동일하나 기준 치수에 다음 치수값이 합산되어 치수값이 표시되는 치수 기입 방법입니다.

메뉴	리본 메뉴	명령 행
[치수(N)-기준선(B)]	**[주석] 탭-[치수] 패널-[기준선]** 🔲	**Dimbaseline(단축 명령어: DBA)**

명령어 사용법 ▾

연장 치수 명령어를 입력하면 맨 마지막에 입력된 치수에 이어서 두 번째 치수
보조선이 자동으로 나타납니다. 이때 맨 마지막 치수에 이어서 하는 경우에는 계속해서 두 번째 치수 보조선

의 위치를 클릭하여 입력하면 연장 치수가 입력됩니다. 그러나 최종 입력된 치수에서 연속 치수를 입력하는 경우가 아니라면 Enter 나 Space Bar 를 누르고, 새로운 기준이 될 치수선의 치수 보조선을 마우스로 클릭한 후에 입력합니다.

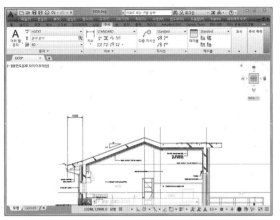

연장 치수의 기준 치수

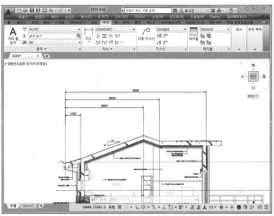

기준 치수에 연장되는 연장 치수

명령: DBA Enter
Dimbaseline
두 번째 치수 보조선 원점 지정 또는 [명령 취소(U)/선택(S)] 〈선택(S)〉:
→ 연속하여 입력할 기준 치수의 두 번째 치수 보조선의 위치를 클릭합니다.
치수 문자=5000
→ 입력될 치수 문자를 표시합니다.
두 번째 치수 보조선 원점 지정 또는 [명령 취소(U)/선택(S)] 〈선택(S)〉: Enter
→ 연속 입력할 치수가 없는 경우 Enter 를 누릅니다.
기준 치수 선택: Enter
→ 연속 치수의 기준 치수선을 클릭하거나 Enter 를 눌러 명령어를 종료합니다.

명령어 옵션 해설

Dimbaseline 치수 역시 Dimcontinue의 치수와 마찬가지로 기준 치수를 입력한 후 명령어를 입력하면 화면에 맨 마지막으로 입력된 치수에 바로 Baseline치수가 입력되도록 구조화되어 있습니다. 하지만 다른 치수에 연속하여 Baseline 치수를 입력해야 하는 경우라면 Enter 를 누른 후 기준이 되는 치수 보조선을 클릭하여 다른 치수선이 기준이 되도록 해야 합니다.

옵션	옵션 해설
Select	입력하는 기준 치수의 두 번째 치수 보조선의 위치를 재설정하는 경우에 사용하며 사용 시 Enter 를 누른 후 기준 치수가 될 치수의 첫 번째 치수 보조선을 선택하여 연속 치수의 새로운 기준으로 설정할 수 있습니다.

명령어 실습하기 ▼

기준 치수에 계속 더한 치수를 입력하는 다양한 방법을 통해 치수를 입력하고 옵션을 활용하는 방법을 익히도록 합니다. 특히 단축키와 리본 메뉴를 적절히 사용해봅니다.

● **실습 파일:** Sample/EX47dwg   ● **완성 파일:** Sample/EX47-F.dwg

01 Open 명령어를 이용하여 'Sample/
EX47.dwg' 파일을 연 후 기준이 되는 치수를 입력하기 위해 리본 메뉴의 [주석] 탭에서 [선형 치수] 아이콘을 클릭하거나 선형 치수 명령어를 입력합니다.

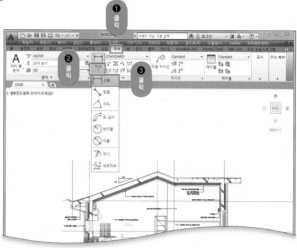

02 기준이 되는 치수를 입력하기 위해 선형 치수를 그림과 같이 입력합니다. 단축키 'DLI'를 입력해도 됩니다.

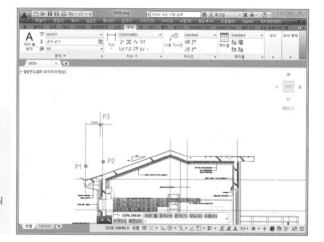

명령: DLI Enter
Dimlinear
첫 번째 치수 보조선 원점 지정 또는 〈객체 선택〉: P1점 클릭
두 번째 치수 보조선 원점 지정: P2점 클릭
치수선의 위치 지정 또는
[여러 줄 문자(M)/문자(T)/각도(A)/수평(H)/수직(V)/회전(R)]: P3점 클릭
치수 문자=1000

03 첫 번째 치수에 더한 치수를 입력하기 위해 리본 메뉴의 아이콘을 클릭하거나 다음과 같이 단축키 'DBA'를 입력하고 두 번째 치수 보조선의 위치를 클릭합니다.

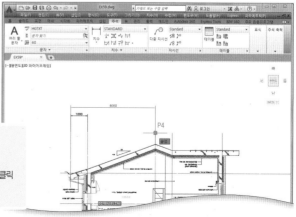

명령: DBA Enter
Dimbaseline
두 번째 치수 보조선 원점 지정 또는 [명령 취소(U)/선택(S)] 〈선택(S)〉: P4점 클릭
치수 문자=5000

04 이어지는 연장 치수의 위치를 그림과 같이 클릭하여 연장된 치수를 완성합니다. 더 이상 입력할 객체가 없으면 Enter 를 눌러 명령어를 종료합니다.

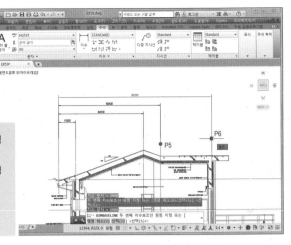

두 번째 치수 보조선 원점 지정 또는 [명령 취소(U)/선택(S)] 〈선택(S)〉: P5점 클릭
치수 문자=6000
두 번째 치수 보조선 원점 지정 또는 [명령 취소(U)/선택(S)] 〈선택(S)〉: P6점 클릭
치수 문자=9000
두 번째 치수 보조선 원점 지정 또는 [명령 취소(U)/선택(S)] 〈선택(S)〉: Enter
기준 치수 선택: Enter

13 치수선, 치수 보조선을 끊어내는 Dimbreak

Dimbreak 명령어는 치수선이나 치수 보조선이 다른 객체와 교차하는 경우, 교차하는 지점에서 선을 끊어내거나 복원하는 명령어입니다.

메뉴	리본 메뉴	명령 행
[치수(N)-치수 끊기(K)]	[주석] 탭-[치수] 패널-[치수 끊기]	Dimbreak(단축 명령어: 없음)

명령어 사용법 ▼

Dimbreak 명령어를 입력한 후 교차된 치수들 중에서 기준이 되는 치수를 선택하고 Break 끊기를 해야 하는 치수를 차례로 선택합니다. 처음 선택한 기준 치수를 기준삼아 나중에 선택한 치수의 보조선들이 교차된 부분에 끊어진 형태로 나타납니다.

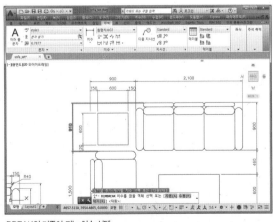

BREAK의 기준이 되는 치수 선택

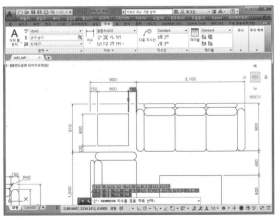

BREAK할 대상 치수 선택

```
명령: Dimbreak Enter
끊기를 추가/제거할 치수 선택 또는 [다중(M)]:
→ 끊기의 기준이 되는 치수를 선택합니다.
치수를 끊을 객체 선택 또는 [자동(A)/수동(M)/제거(R)] 〈자동〉:
→ 치수를 끊을 객체를 선택합니다.
치수를 끊을 객체 선택:
→ 치수를 끊을 객체를 또 선택합니다.
치수를 끊을 객체 선택:
→ 더 이상 끊을 객체가 없으면 Enter 를 눌러 명령어를 완료합니다.
1개의 객체 수정됨
```

명령어 옵션 해설

치수 끊기에 해당하는 Dimbreak의 경우 기준 치수에 대해 교차한 모든 치수를 끊어내거나 일일이 하나씩 선택이 가능하며, 끊어진 치수선을 복원할 수도 있습니다.

옵션	옵션 해설
자동(A)	선택한 기준 치수와 교차한 모든 치수에 Dimbreak가 실행되어 치수 끊기가 적용됩니다.
수동(M)	치수 끊기를 적용할 대상 치수를 하나씩 선택해야 치수 끊기가 적용됩니다.
제거(R)	치수 끊기가 적용된 대상 치수를 원래대로 복원합니다.

14 치수선 사이의 간격을 조절하는 Dimspace

Dimspace 명령어를 이용하여 기준선 치수와 연속 치수를 포함하여 선형 치수 또는 각도 치수 사이의 간격을 조절합니다. 입력 시 높낮이를 다르게 입력하거나 연속 치수의 간격이 좁은 경우에는 재지정할 수 있습니다.

메뉴	리본 메뉴	명령 행
[치수(N)-치수 간격(P)]	[주석] 탭-[치수] 패널-[공간 조정] 📐	Dimspace(단축 명령어: 없음)

명령어 사용법

Dimbreak 명령어를 입력하고 교차된 치수들 중에서 기준이 되는 치수를 선택한 후 Break 끊기를 해야 하는 치수를 차례대로 선택합니다. 처음 선택한 기준 치수를 기준삼아 나중에 선택한 치수의 보조선들이 교차된 부분에 끊어진 형태로 나타납니다.

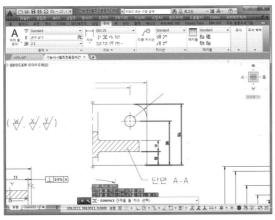

치수 간격 조정할 대상 치수 선택

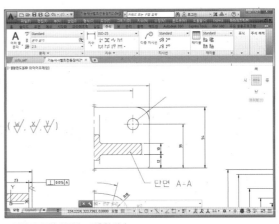

조정될 간격값을 입력하고 적용한 결과

명령: DIMSPACE Enter
기본 치수 선택:
→ 기준이 될 치수를 선택합니다.
간격을 둘 치수 선택: 1개를 찾음
→ 선택된 기준 치수에 간격을 둘 치수를 선택합니다.
간격을 둘 치수 선택: 1개를 찾음, 총 2개
간격을 둘 치수 선택: Enter
→ 더 이상 선택할 치수선이 없는 경우 Enter 를 누릅니다.
값 또는 [자동(A)] 입력 〈자동(A)〉: 20 Enter
→ 간격값을 숫자로 입력합니다.

명령어 옵션 해설 ▼

치수 공간의 값은 사용자가 치수 스타일에 지정해두고 입력하거나 치수 공간인 Dimspace 명령어를 이용하여 재조정합니다. 이때 치수 간격값을 수치로 입력하거나 옵션을 이용하여 설정된 변수값을 그대로 이용하기도 합니다.

옵션	옵션 해설
자동(A)	자동을 선택하면 치수 유형의 기본값으로 설정된 변수값으로 간격값이 자동 입력됩니다.

15 꺾기 치수선을 추가하는 Dimjogline

Dimjogline 명령어를 입력하고 꺾기 치수 모양이 들어갈 치수선을 선택합니다. 치수 문자를 피해 오른쪽이나 왼쪽에 클릭하여 꺾기 모양이 추가되도록 설정합니다.

메뉴	리본 메뉴	명령 행
[치수(N)-꺾어진 선형 (J)]	[주석] 탭-[치수] 패널-[치수, 치수꺾기선]	Dimjogline(단축 명령어: 없음)

명령어 사용법 ▼

Dimbreak 명령어를 입력하고 교차된 치수들 중에서 기준이 되는 치수를 선택한 후 Break 끊기를 해야 하는 치수를 차례로 선택합니다. 처음 선택한 기준 치수를 기준삼아 나중에 선택한 치수의 보조선들이 교차된 부분에 끊어진 형태로 나타납니다.

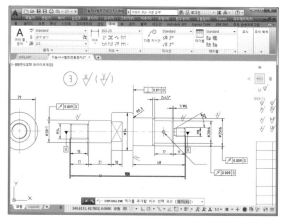

꺾기 치수를 입력할 대상 치수 선택

꺾기 치수가 적용된 결과

명령: DIMJOGLINE Enter
꺾기를 추가할 치수 선택 또는 [제거(R)]:
→ 꺾기를 할 치수 객체를 선택합니다.
꺾기 위치 지정(또는 Enter):
→ 꺾기 모양이 나타날 위치를 클릭합니다.

> **TIP**
> Dimjogline을 이용하여 꺾기 치수를 입력하는 경우, 꺾기 모양의 위치는 반드시 해당하는 치수선을 정확하기 클릭하지 않아도 됩니다. 즉, 꺾기 치수를 적용할 객체는 처음 선택이 되었으므로 위치는 꺾기가 들어갈 근처의 위치에 가깝게 선택하면 됩니다.

명령어 옵션 해설 ▼

옵션을 이용하여 입력된 꺾기 치수를 원래 없던 상태로 복원할 수 있습니다.

옵션	옵션 해설
제거(R)	입력된 꺾기 치수를 원래 입력하기 전 상태로 복원합니다.

16 원이나 호의 중심 표시 Dimcen

Dimcen 명령어를 통해 원이나 호에 중심 표식을 합니다. 일반적으로 레이어를 이용하여 선분을 그린 상태로 원이나 호에 중심 표식을 많이 하지만 작은 원이나 호의 경우 정확한 중심 표식이 어렵습니다. 이때 Dimcen을 이용하여 중심 표식을 하면 원하는 모양과 길이대로 표시할 수 있습니다.

메뉴	리본 메뉴	명령 행
[차수(N)-중심 표식(M)]	[주석] 탭-[차수] 패널-[중심 표식] ⊕	Dimcen(단축 명령어: DCE)

명령어 사용법 ▼

Dimbreak 명령어를 입력한 후 교차된 치수들 중에서 기준이 되는 치수를 선택하고 Break 끊기를 해야 하는 치수를 차례로 선택합니다. 처음 선택한 기준 치수를 기준삼아 나중에 선택한 치수의 보조선들이 교차된 부분에 끊어진 형태로 나타납니다.

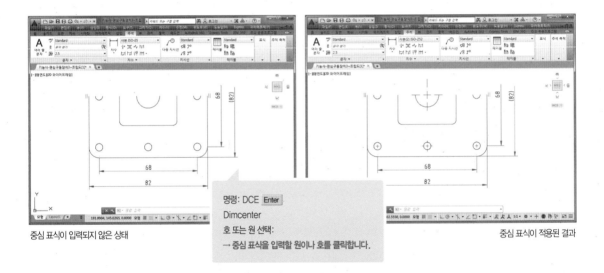

명령: DCE Enter
Dimcenter
호 또는 원 선택:
→ 중심 표식을 입력할 원이나 호를 클릭합니다.

중심 표식이 입력되지 않은 상태

중심 표식이 적용된 결과

TIP

중심 표식의 형식은 차수 스타일(DIM Style)로 변경합니다

Dimcen의 경우 중심만 십자로 표시하는 경우와 중심 밖으로 연장선이 있는 두 가지로 형태로 나뉩니다. 위쪽의 결과를 보아도 작은 원은 중심 표식과 연장선이 있는 형태로 입력된 것을 볼 수 있는데, 이는 DIM Style의 치수 스타일에서 [기호 및 화살표 탭의 중심 표식 영역에서 표시: 십자 선분으로만 표시 선: 십자선과 연장선까지 표시로 선택할 수 있습니다. 그러므로 Dimcen을 입력하는 경우, 두 가지의 형식을 모두 사용하려면 두 가지의 스타일을 지정해두고 원하는 형태로 입력하면 됩니다.

또한 십자선의 길이 역시 중심 표식 영역에서 표식 옆의 숫자를 입력하여 조절합니다.

17 치수 표현 방식을 수정하는 치수 편집 Dimedit

Dimedit는 이미 입력된 치수 객체의 기울기를 조절하는 것으로, 치수 보조선의 각도나 치수 문자의 각도 등을 입력하여 원래의 모양과 다른 형태의 치수 객체로 변경합니다. 또한 Dimedit 명령어는 치수를 작성한 후 기존에 입력된 문자를 회전 또는 새로운 문자로 대치합니다.

메뉴	리본 메뉴	명령 행
[차수(N)-기울기(Q)]	**[주석] 탭-[차수] 패널-[기울기]** ⟨H⟩	**Dimedit(단축 명령어: DED)**

명령어 사용법 ▼

명령어를 입력한 후 기울기를 수정할 치수 객체를 선택하고 옵션을 이용하여 항목을 선택합니다. 그런 다음, 해당하는 기울기 각도를 입력하고 Enter 를 누르면 새로운 기울기값이 적용된 치수 객체로 변경됩니다.

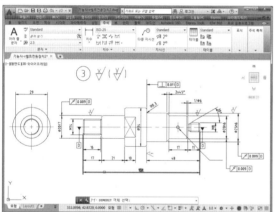

치수 기울기를 적용할 치수 객체 선택

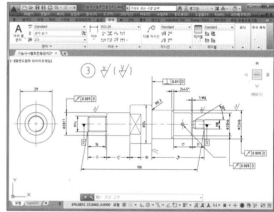

치수 보조선 및 치수 문자의 기울기 적용 결과

명령: DED Enter
Dimedit
치수 편집의 유형 입력 [홈(H)/새로 만들기(N)/회전(R)/기울기(O)] 〈홈(H)〉: O Enter
→ 수정할 유형을 입력합니다.
객체 선택: 1개를 찾음
→ 수정할 대상 치수 객체를 선택합니다.
객체 선택: Enter
→ Enter 를 눌러 선택을 완료합니다.
기울기 각도 입력 (없는 경우 Enter): 80 Enter
→ 치수 보조선의 기울기 각도를 입력합니다.

명령어 옵션 해설 ▼

Dimedit의 옵션을 이용하면 이미 입력된 치수 객체의 문자 내용이나 치수 보조선의 각도를 변경하여 조절할 수 있습니다. 하지만 치수 객체의 수정은 입력된 치수 문자의 치환보다는 입력된 치수 문자에 새로운 코멘트를 추가하는 정도로 사용합니다. 또한 특정 위치에 있는 치수 객체의 치수 보조선을 회전하여 강조하는 형태의 치수 객체를 만들기도 합니다.

옵션	옵션 해설
홈(H)	치수 문자의 위치를 초기에 입력된 상태의 위치로 복원합니다.
새로 만들기(N)	기존의 치수 문자에 새로운 문자를 입력하거나 추가 코멘트를 넣을 수 있습니다. 이때 기본적으로 Mtext 창 안에서 운영되며, 기존의 치수는 0으로 표시된 채로 고정되어 있고, 0으로 표시되는 문자를 지우지 않으면 코멘트에 해당하는 메시지만 추가하게 됩니다.
회전(R)	치수 문자에 각도를 입력하여 치수 문자를 회전시킵니다. 주로 치수 문자를 강조할 때나 겹친 치수 문자를 정렬할 때 사용합니다.
기울기(O)	치수 보조선에 각도를 입력하여 기울인 형태의 치수 객체를 만듭니다.

18 치수 문자의 위치 수정하는 Dimtedit

Dimtedit 명령어는 앞에서 치수 객체를 수정하는 명령어인 Dimedit와 마찬가지로 이미 화면에 입력된 치수 객체의 문자를 새로운 위치로 정렬하는 명령어입니다. 기준 위치에서 오른쪽이나 왼쪽으로 치수 문자를 정렬하거나 마우스를 이용하여 원하는 방향으로 드래그하여 새로운 위치를 지정할수 있습니다. 보통 좁은 공간에 입력된 치수 문자를 사용자가 원하는 위치로 자유롭게 이동시킬 때 주로 사용하는 명령어입니다.

메뉴	리본 메뉴	명령 행
[치수(N)-문자정렬 (X)]	[주석] 탭-[치수] 패널-[문자 각도]	Dimtedit(단축 명령어: 없음)

명령어 사용법

명령어를 입력한 후 기울기를 수정할 치수 객체를 선택합니다. 그런 다음 옵션을 이용하여 항목을 선택하고 해당하는 기울기 각도를 입력하거나 원하는 옵션을 통해 치수 문자의 위치를 재정렬합니다.

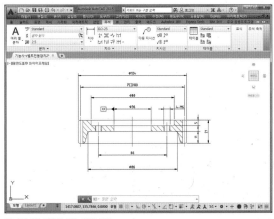

문자정렬을 적용할 치수 객체 선택

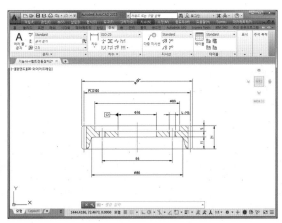

치수 문자의 정렬 적용 결과

명령: Dimtedit `Enter`
차수 선택:
→ 차수 기울기 및 정렬 수정할 차수 객체를 선택합니다.
차수 문자에 대한 새 위치 또는 다음을 지정 [왼쪽(L)/오른쪽(R)/중심(C)/홈(H)/각도(A)]: A `Enter`
→ 옵션을 선택합니다.
차수 문자에 대한 각도를 지정: 45 `Enter`
→ 옵션에 해당하는 각도값을 입력합니다.

명령어 옵션 해설 ▼

Dimtedit의 사용은 정해진 정렬보다는 선택한 차수 문자를 원하는 방향으로 드래그하여 위치시키는 방법을 가장 많이 사용하지만, 옵션을 이용하면 차수 문자의 정확한 정렬점을 입력하여 오른쪽, 왼쪽, 가운데로 정렬하거나 각도를 입력하여 회전하기도 합니다.

옵션	옵션 해설
홈(H)	차수 문자의 위치를 초기에 입력된 상태로 복원합니다.
왼쪽(L)	차수 문자의 위치를 차수 보조선의 왼쪽으로 치우쳐 정렬합니다.
오른쪽(R)	차수 문자의 위치를 차수 보조선의 오른쪽으로 치우쳐 정렬합니다.
중심(C)	차수 문자의 위치를 차수 보조선의 가운데로 정렬합니다.
각도(A)	차수 문자에 각도를 입력하여 회전시킵니다.

TIP

정렬에 대한 차수 입력 시 리본 메뉴의 아이콘을 이용하면 ⟨아이콘⟩ 옵션의 입력 없이 바로 원하는 정렬의 상태로 입력할 수 있습니다.

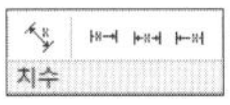

지시선을 간단하게 입력하자

간단하게 지시선을 입력하는 방법을 소개합니다. 복잡한 지시선보다 한 번에 하나씩 빠르게 입력이 가능한 Qleader 명령어로 단축키 'LE'를 입력하면
빠르게 입력이 가능합니다.

명령 행   Qleader(단축 명령어: LE)

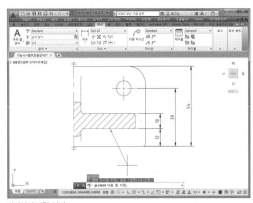

지시선의 방향 설정   지시선에 원하는 문자 입력 결과

명령: LE `Enter`

Qleader

첫 번째 지시선 지정, 또는 [설정(S)]〈설정〉:

→ 지시선의 화살표 끝점의 위치를 지정합니다.

다음 점 지정:

→ 지시선의 두 번째 점을 지정합니다.

다음 점 지정:

→ 지시선의 세 번째 점을 지정합니다.

문자 폭 지정 〈0〉: `Enter`

주석 문자의 첫 번째 행 입력 또는 〈여러 줄 문자〉: 빠른 지시선 입력 Qleader `Enter`

→ 원하는 문자열을 입력합니다.

주석 문자의 다음 행을 입력: `Enter`

→ 연속해서 다음 행의 문자를 입력하거나 `Enter` 를 눌러 명령어를 종료합니다.

3

도면
출력하기

AutoCAD로 도면을 그리면 원본 하나로 언제나 원본을 갖고 출력할 수 있다는 장점이 있습니다. 또한 수정하고 출력하면 다시 원본이 된다는 장점과 다양한 프로그램 안으로 삽입할 수 있어 사용자의 이해를 도울 수 있다는 장점도 있습니다. 예전 초창기 출력은 사용자가 플로터를 연결하는 데 있어 환경 구성을 반드시 해야 하는 번거로움이 있었지만, 지금은 네트워크나 온라인을 통해 장치 소프트웨어만 설치되어 있으면 출력에 대한 문제는 크게 어렵지 않습니다. 종이로 출력하거나 이미지로 출력하는 등의 부분적인 내용만 알면 원하는 형태의 출력물을 가질 수 있습니다.

A u t o C A D 2 0 1 5

1 출력을 위한 축척이란?

AutoCAD로 출력하는 경우 축척과 배척의 의미를 정확하게 알고 있어야 출력하는 데 오류가 없습니다. 모든 도면은 축척만 사용하는 것이 아니라 줄여주는 축척과 확대하는 배척, 1:1의 실척을 사용합니다. AutoCAD로 도면을 그리는 경우에는 주로 실척인 1:1로 그런 다음, 나중에 출력할 종이에 알맞은 축척이나 배척을 입력하여 도면을 출력하면 됩니다.

1 | 축척과 배척

축척이 필요한 종이에 표현할 수 없는 크기를 표현하기 위해 축척을 사용합니다. 예를 들어 100층 건물을 도면으로 옮겨보려 할 때 건물 만한 종이를 꺼낼 수 없으므로 건물의 도면 중에서 필요한 부분만 줄여 표현하게 됩니다. 즉, AutoCAD로는 실척으로 그린 후 [Plot] 명령을 통해 종이 크기에 알맞은 축척 비율을 입력하여 출력합니다. 이에 비해 배척은 '확대 도면'을 뜻합니다. 작은 정밀 기계 등을 설계한 후 해당 도면을 큰 종이에 커다랗게 표현하기 위해 확대하여 출력하는 것을 말하며, 축척과 배척은 사용자가 도면을 표현하는 가장 기본적인 방법이라고 할 수 있습니다.

2 출력을 위한 출력 장치의 연결

요즘은 프린터가 가정이나 회사에 1대 이상 존재합니다. 그러므로 개인의 컴퓨터에 1대 이상의 프린터가 연결되어 있으므로 사용자들은 특별히 디바이스를 설정하지 않아도 기본 프린터로 출력할 수 있습니다. 하지만 프린터의 경우가 아닌 플로터의 경우에는 각 사용자별, 네트워크나 개인별로 연결하여 사용할 수도 있습니다. 명령 행에서 'OPTION'이라고 입력하거나 [도구(T)-옵션(N)] 메뉴를 클릭하여 구성을 만들 수 있습니다. 장치의 연결은 환경 설정 방법입니다. 다음의 순서대로 EPS 파일로 출력하는 장치(디바이스)를 추가해봅니다.

01 명령 행에서 'Option'을 입력하거나 [도구(T)]-[옵션(N)] 메뉴를 클릭합니다. [플롯 및 게시] 탭을 클릭한 후 [새 도면에 대한 기본 플롯 설정]의 [플로터 추가 또는 구성(P)] 버튼을 클릭합니다.

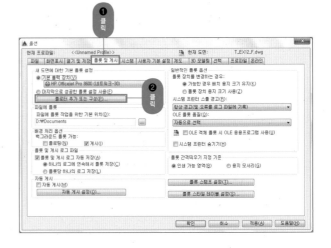

02 외부 파일로 나가면서 이미 설정되어 있는 장치에 대한 표시를 보여줍니다. 새로 추가하는 경우 [플로터 추가 마법사]를 더블클릭하여 새로운 장치를 추가합니다.

아이콘의 크기는 각 컴퓨터에서 아이콘 보기 형식에 따라 다릅니다.

03 새로운 플로터가 추가된다는 메시지 창이 나타나면 [다음] 버튼을 클릭하여 다음 페이지로 이동 합니다.

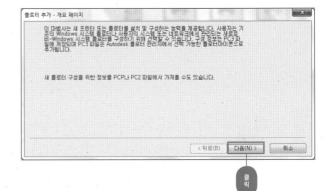

04 새로운 장치를 연결할 대상이 어디인지
를 선택합니다. 네트워크나 내 컴퓨터
등 원하는 연결 장소를 선택한 후 [다음] 버튼
을 클릭합니다.

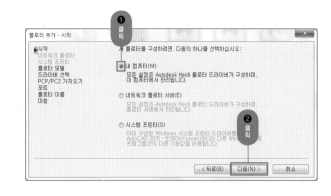

05 원하는 모델을 선택하기 위해 제조업체
별 모델을 원하는 것으로 알맞게 선택합
니다. 회사명을 클릭했을 때 기본 제공 장치
가 나타나지 않으면 [디스크 있음(H)]을 통해
새롭게 추가하여 선택합니다.

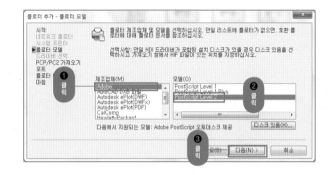

06 플로터에 대한 정보를 가져와 설치하고
사용할 수 있도록 표시해주며, [다음]
버튼을 클릭합니다.

07 연결할 포트가 어느 포트인지를 결정할
수 있습니다. 파일로 플롯할 예정인지
포트로 플롯할 것인지의 여부에 따라 선택하
고 [다음] 버튼을 클릭하면 됩니다. 파일이 필
요한 경우 '파일로 플롯'을 선택합니다.

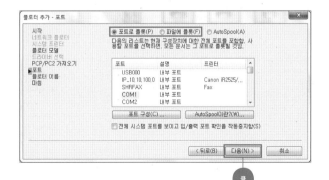

08 플로터의 이름을 입력하거나 기본적으로 제공하는 이름을 그대로 둔 채 [다음] 버튼을 클릭합니다.

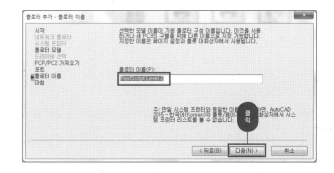

09 플로터 장치 추가가 완료되었다는 메시지가 나타나면 [마침] 버튼을 클릭하여 종료합니다.

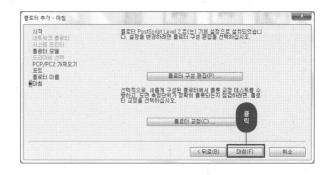

10 그림과 같이 새로운 장치가 추가된 것을 확인할 수 있습니다. 추가가 완료되면 [창 닫기] 버튼을 클릭하여 파일 목록 상자를 닫고 장치 추가 Option 명령어도 닫습니다.

11 Plot 명령어를 실행하면 그림과 같이 플로터/프린터의 종류를 고를 때 조금 전에 추가한 내용의 장치를 확인할 수 있습니다.

명령: PLOT Enter

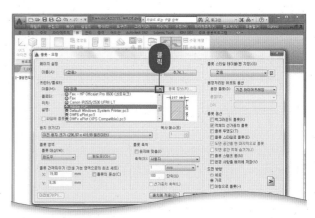

3 화면의 내용을 종이로, 파일로 출력하는 Plot

Plot 명령어는 출력 명령어로 일반적으로 화면에 그린 도면 내용을 종이에 프린트하는 것을 말합니다. 또한 종이로 출력하거나 파일로 출력해서 포토샵과 같은 프로그램을 이용하여 재생산하기도 합니다. 'Plot'이라는 출력 명령어는 실제 크기의 도면을 종이로 출력하는 것이므로 출력 시의 축척이 매우 중요하며 해당하는 도면 크기에 알맞은 크기로 출력하는 것이 가장 중요합니다.

메뉴	리본 메뉴	명령 행
[파일(F)-플롯(P)]	[출력] 탭-[플롯] 🖨	Plot/Print

명령어 사용법 ▼

Plot 명령어는 출력할 대상 도면을 먼저 열어두고 프린터나 플로터가 연결되어 있는 상태에서 내 컴퓨터에 프린터나 플로터의 장치 관리가 설정되어 있는 상태에서 명령어를 입력합니다. 대화상자가 나타나면 제일 먼저 출력 장치인 프린터/플로터를 항목에서 고른 후 용지 크기 목록에서 출력 용지 크기를 선택한 후 플롯 영역을 고르고 도면 방향을 '가로' 또는 '세로'로 고른 후 도면 크기에 알맞은 축척 값을 입력합니다. 미리 보기를 통해 출력 모양을 확인한 후 수정 사항이 없으면 [확인] 버튼을 클릭합니다.

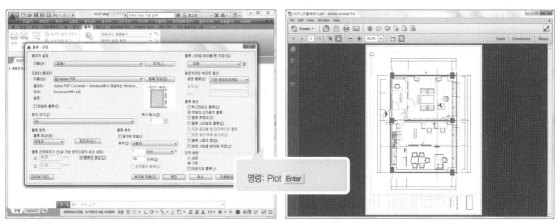

명령: Plot Enter

Plot 명령어로 출력 모드 설정하기   PDF 파일로 출력하여 화면으로 확인하기

명령어 옵션 해설 ▼

출력 명령어는 다양한 크기로 출력하기 위해 옵션의 내용을 하나하나 익혀야 출력이 가능합니다. 각각의 요소별로 사용하는 목적이 다르므로 해당 대화상자의 목록별 내용에 대하여 이해하고 사용합니다.

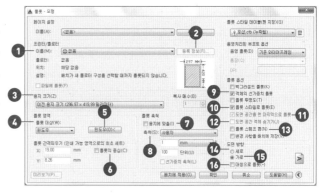

옵션	옵션 해설
페이지 설정	현재 출력과 관련된 출력 장비, 페이지 크기, 방향 등과 같은 페이지에 해당하는 여러 가지 값들을 설정합니다. 보통은 프린터가 연결되어 있다면 사용하지 않고 그대로 기본 프린터로 지정하여 사용합니다.
프린터/플로터	사용할 프린터나 플로터를 설정합니다. ① **이름**: 이미 환경 설정에서 설정된 프린터의 종류를 선택할 수 있습니다. ② **등록 정보**: 해당 프린터의 속성을 결정합니다.
용지 크기	③ **용지 크기**: 출력하는 용지의 크기를 결정합니다. 입력되어 있는 A4~A1이나 기타 사용자 정의까지 지원함으로써 다양한 크기의 용지를 결정할 수 있습니다. 각 프린터나 플로터에 따라 지원되는 용지의 종류가 다릅니다.
복사 매수	출력 매수를 입력합니다. 한 번의 출력으로 여러 장의 도면을 출력할 수 있습니다.
플롯 영역	화면상에서 도면의 출력 영역을 결정합니다. ④ **플롯 대상** • 화면 표시: 도면의 위치나 Zoom 상태와 관계없이 화면에 보이는 그대로 출력합니다. • 범위: 도면 한계와 관계없이 현재 객체를 중심으로 화면에 꽉 채워서 출력합니다. • 한계: 도면 한계에 지정된 영역만큼 도면 객체를 출력합니다. ⑤ **윈도우**: 오른쪽 [윈도우] 버튼을 클릭하여 화면에 나타나는 도면을 보고, 사용자가 직접 대각선 방향으로 두 점을 선택하여 사각 영역 안에 들어오는 부분만 부분 출력합니다. 주로 많이 사용하는 방법입니다.
플롯 간격 띄우기 (인쇄 가능 영역으로의 최소 세트)	도면 출력 시 X, Y 원점을 결정하거나 출력의 중심을 결정할 수 있습니다. ⑥ **플롯의 중심**: 체크 시 도면의 중앙을 화면의 중앙에 맞추어 출력합니다.
플롯 축척	출력 시 도면 스케일을 결정합니다. ⑦ **용지에 맞춤**: 스케일과 관계없이 용지에 꽉 채워 출력합니다. 'None Scale'입니다. 정확한 도면을 위해 Fit to paper 보다는 스케일값을 이용하는 것이 바람직합니다. ⑧ **축척**: 원하는 크기를 선택합니다. 1mm 단위에 대한 축척 스케일을 아래 칸에 입력합니다.
플롯 스타일 테이블 (펜 지정)	플로터의 펜 스타일을 결정합니다. *.ctb 파일을 통해 해당하는 도면의 지정된 색상에 따라 선의 두께나 Line Type 등을 결정할 수 있습니다. 파일에 따라 컬러와 모노 등을 지정하여 도면을 다양한 스타일로 출력할 수 있습니다. 기본적인 사항은 레이어의 Lineweight에서 지정하여 사용하며 세밀하게 조정하는 경우 *.ctb를 사용하여 지정합니다.
플롯 옵션	출력 옵션을 결정합니다. ⑨ **객체의 선 가중치 출력**: 도면의 선 두께에 따라 출력합니다. ⑩ **플롯 스타일 플롯**: 플로터의 스타일 결정에 따라 출력합니다. ⑪ **도면 공간을 맨 마지막으로 플롯**: Model 영역을 앞쪽에, 종이의 영역을 뒤쪽에 출력합니다. ⑫ **도면 공간 객체 숨기기**: 3차원 객체 출력 시 은선을 제거하고 출력합니다. ⑬ **플롯 스탬프 켬**: Stamp 체크 시에 오른쪽 대화상자 아이콘을 클릭합니다. 그러면 플로팅 사용자가 도면의 전반적인 정보에 해당하는 도면 경로 파일명이나 플롯 스케일 등을 새겨 넣을 수 있습니다.
도면 방향	출력 용지의 방향을 결정합니다. ⑭ **세로**: 출력 방향을 세로로 결정합니다. ⑮ **가로**: 출력 방향을 가로로 결정합니다. Landscape를 지정하지 않는 경우 용지의 방향을 가로로 만들어도 도면의 내용은 세로로 출력되므로 주의해야 합니다. ⑯ **대칭으로 플롯**: 출력 방향을 위, 아래로 뒤집어서 출력합니다.
미리 보기	출력될 도면을 미리 보기하여 출력 모양을 확인할 수 있습니다.

명령어 실습하기 ▼

Break를 연습하여 중심선을 다듬는 기초 연습을 해봅니다. 선분은 실선이지만 나중에 레이어를 만들고 중심선을 작도하는 작업을 할 때 사용할 중심선 다듬기를 연습해봅니다.

● 실습 파일: **Sample/EX48.dwg**   ● 완성 파일: **없음**

···· **01** ···· Open 명령어를 이용하여 'Sample/EX48.dwg' 파일을 연 후 Plot 명령어를 실행합니다. 연결되었다가 구성이 달라진 경우 그림과 같은 메시지가 나타날 수 있습니다. [확인] 버튼 눌러 넘어갑니다.

명령: PLOT Enter

···· **02** ···· 먼저 프린터/플로터 선택 항목의 이름 목록을 클릭하여 Adobe PDF를 선택합니다. 도면 방향은 '가로'를 선택하도록 하고 사용자가 원하는 프린터의 종류가 있다면 해당 프린터를 선택하면 됩니다.

···· **03** ···· 용지 크기 항목에서 A4 크기를 선택합니다. 역시 사용자가 원하는 크기가 다른 것이 있다면 원하는 사이즈를 선택합니다.

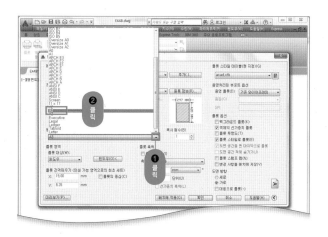

04 플롯 영역의 목록에서 '윈도우'를 선택하고 오른쪽의 [윈도우] 버튼을 눌러 원하는 영역을 선택합니다.

05 미리 보기 화면이 나타나면 왼쪽 위쪽에서 오른쪽 아래로 드래그하여 출력 영역을 정해줍니다.

→ P1~P2 클릭 드래그

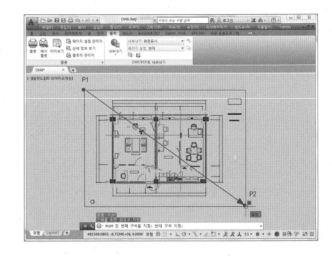

06 플롯 축척은 1/100로 설정해둡니다. 축척의 크기는 가로 길이/용지 크기로 계산하여 정량화하면 여백까지 여유롭게 출력 가능합니다.

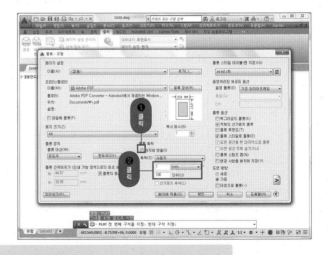

→ 가로 길이 약 20153 가로의 용지 크기 297 20153/297=67.8552... 1/100 정도로 출력 가능 1/70, 1/80, 1/90, 1/100 등 모두 가능

07 주석 축척이 도면에 있는 경우 메시지가 나타날 수 있습니다. [계속] 버튼을 클릭하여 진행합니다. 없는 경우 나타나지 않으므로 [계속] 버튼을 클릭한 후 도면의 '플롯의 중심'을 체크하고 [확인] 버튼을 클릭합니다.

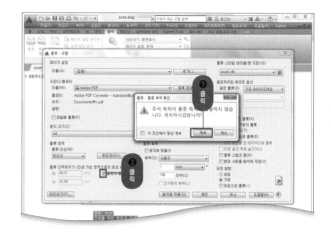

08 PDF 파일로 출력하기로 하였으므로 파일로 저장하는 저장 박스가 나타납니다. 원하는 이름을 입력한 후 [저장] 버튼을 클릭합니다.

09 [저장] 버튼을 클릭하면 그림과 같이 PDF 파일로 전환되는 모습을 확인할 수 있습니다.

10 그림과 같이 출력이 완료된 PDF 파일을 어도비 리더를 통해 확인할 수 있습니다. 이를 바로 출력해도 축척이 표현됩니다.

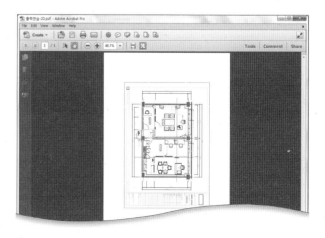

AutoCAD
2015로
3D 설계 디자인
도전하기

PART

05

AutoCAD 2015 프로그램은 오토데스크 사에서 만든 범용 캐드 프로그램으로, 누구나 개인용 PC를 이용하여 건축, 토목, 기계, 인테리어 등 설계 작업을 할 수 있는 2D, 3D 설계용 프로그램입니다. 그러므로 AutoCAD 하나로 3D 설계까지 완벽하게 할 수 있는 매력적인 프로그램입니다. 범용이라는 토대를 바탕으로 어느 분야에서나 알맞은 설계를 할 수 있도록 되어 있으며 특히 좌표계를 이용하여 정확한 3차원 설계를 할 수 있는 장점이 있습니다. 3D 프린팅이 주를 이루는 설계의 장점을 충분히 살릴 수 있는 3차원 모델링의 세계를 AutoCAD 2015와 함께 시작해봅시다.

AutoCAD 2015 3D 표현하기

AutoCAD 2015에서 3D를 표현하는 가장 기본적인 방법으로는 3차원 좌표계를 이해하는 것입니다. 기존의 2D의 경우, 가로와 세로 방향의 X, Y의 좌표계를 주로 이용하였다면 3D의 경우 X, Y 외에 Z라는 깊이값을 함께 표현해야 합니다. 다른 것은 없으며 기존의 상대 좌표 방식에 Z축만 하나 더 입력하여 표현할 수 있습니다. 3차원의 이해는 기존의 평면적인 화면을 입체적인 화면으로 볼 수 있어야 하며 다양한 3차원 물체를 모델링할 수 있는 모델링 방법을 알아야 합니다.

A u t o C A D 2 0 1 5

1 3D 화면 구성하기

AutoCAD 2015를 시작하면 기본적인 화면은 2차원 2D의 상태로 구성되어 있습니다. 3D 작업 시 작업 공간 자체를 '3D 모델링'으로 변경하여 작업하거나 기존의 '제도 및 주석' 작업 공간에서 작업할 수 있습니다. 어떤 것이 더 낫다는 것보다 작업자가 편리한 인터페이스에서 작업하는 것이 중요합니다.

제도 및 주석

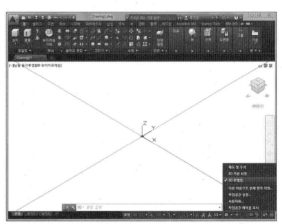

3D 모델링

명령어 사용법 ▼

먼저 '제도 및 주석'으로 되어 있는 화면을 '3D 모델링' 화면 구성으로 바꿉니다. 바꾸고 나도 화면의 뷰포트는 2차원 평면을 가르킵니다. 이때 화면 오른쪽 상단의 뷰큐브 모서리를 클릭하여 3차원 뷰포트로 간편하게 바꿉니다.

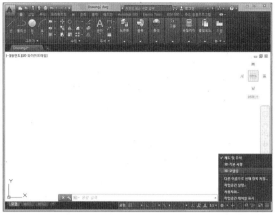

→ 먼저 화면 하단의 [작업 공간] 아이콘을 눌러 기본 화면 구성을 '3D 모델링'
으로 변경합니다.

→ 화면이 변경되면 리본 메뉴의 모양도 3차원 툴에 알맞은 형식으로 전환됩니
다. 이때 화면 오른쪽 위쪽의 뷰큐브의 우측 모서리를 클릭합니다.

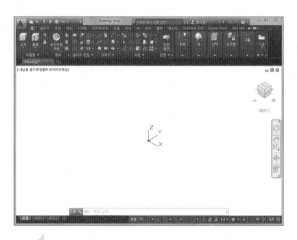

→ 3차원 뷰포트로 전환되면 위와 같이 사용자 좌표계(UCS)가 화면의 중앙에
서 X, Y, Z축을 표시하고 뷰큐브는 3면을 볼 수 있도록 전환됩니다.

TIP

화면은 꼭 3D 모델링 화면을 이용해야 하나요?

AutoCAD를 처음 사용하는 분이라면 3D 모델링 화면에서 하는 것이 편할 수 있습니다. 그러나 오랫동안 사용한 분이라면 크게 관계는 없습니다. 3D
라 하더라도 2D와 함께 사용해야 하며, 그렇다면 '제도 및 주석'의 화면 구성이나 '3D 모델링' 화면 구성이나 사용자가 얼마든지 사용하는 데는 문제없습
니다. 제도 및 주석에서도 뷰큐브를 이용하면 3차원 화면 구성으로 변경이 가능하며, 다만 리본 메뉴는 제도 및 주석 상태로 있고 3차원에 필요한 도구
가 우선이 아니라는 점만 다릅니다.

2 3D 뷰포트 관측 시점을 설정하는 3Dorbit

AutoCAD에서 고전적인 방법으로 3차원 물체를 보는 방법으로 많이 사용된 명령어는 'Vpoint'입니다. 즉, 화면의 View Point 관측점을 설정하는 것이죠. 숫자를 이용하여 사각형을 기준으로 보이는 면을 설정하는 방법이나 실시간 뷰가 지정이 되는 현 시점에서는 마우스로 빠르게 원하는 뷰를 돌려보거나 뷰큐브를 이용하여 원하는 뷰포트를 지정하는 것이 더 편리합니다.

메뉴	명령 행
[뷰(V)-궤도(B)-제한된 경로(C)]	3Dorbit(단축 명령어: 3DO)

명령어 사용법 ▼

3차원 모델 객체가 있는 상태에서 메뉴나 명령어를 이용하여 실행한 후 모델 객체를 보고 싶은 방향으로 마우스를 드래그하여 원하는 관측점을 찾아냅니다. 객체 자체가 움직이거나 회전하는 것이 아니라 관측 시점만 변경되는 것입니다.

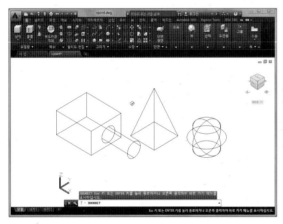

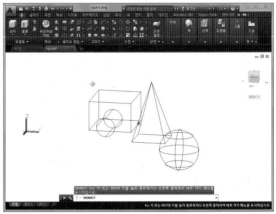

명령: 3DO Enter
3Dorbit Esc 또는 Enter 를 눌러 종료하거나 오른쪽 클릭하여 바로 가기 메뉴를 표시합니다.
모형 재생성 중 …
→ 화면 중앙의 커서를 눌러 관측 시점을 조정합니다.

→ 화면 안의 커서를 왼쪽으로 드래그하면 화면과 같이 관측 시점이 옮겨집니다.

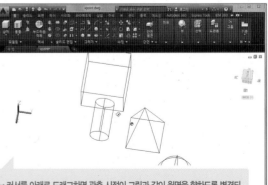

3Dorbit 명령 입력 없이 바로 사용하기

3Dorbit 명령어를 입력하지 않고 모델링 중간 중간 관측 시점을 변경하고 싶은 경우에는 Shift +〈마우스 휠〉로 제어 가능합니다. 명령어 입력으로 사용하기보다 Shift +〈마우스 휠〉을 이용한 방법이 더 많이 사용됩니다.

→ 커서를 아래로 드래그하면 관측 시점이 그림과 같이 윗면을 향하도록 변경되며 종료 시 Esc 나 Enter 를 눌러 종료합니다.

3 3D 좌표 입력법

AutoCAD는 크게 2D와 3D로 나누어집니다. 2D는 설계 도면 작성에 이용되고 3D는 3차원 형상 모델링에 활용됩니다. 사용하는 명령어는 기본적인 2D 명령어는 동일하지만, 3차원에만 있는 명령어가 추가되고 기존의 좌표계 시스템이 X, Y에서 X, Y, Z로 변경되는 부분만 익히면됩니다. 3D 프린터가 발전하는 시점에서 캐드를 이용한 모델링 기법을 알아둔다면 더 많은 일들을 경험할 수 있는 싹을 틔우는 일이라고 생각합니다.

> 명령 행
>
> **@X의 이동 길이, Y의 이동 길이, Z의 이동 길이**

명령어 사용법 ▼

3차원 화면에서 원하는 좌표값을 입력하여 3차원 좌표계를 이해합니다. 좌표값만 입력하여 도면을 작성하는 것은 아니지만 무엇보다 좌표계를 이해하는 중요한 단서이므로 반드시 이해하고 갑니다. 상대 좌표 입력법과 동일하며 그림과 같이 원하는 위치로 이동 시 @X, Y, Z의 순서로 변환값을 입력하여 모델링합니다.

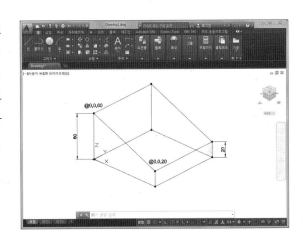

명령어 실습하기 ▼

3차원 좌표값을 입력하여 원하는 좌표계로 이동할 수 있도록 실습합니다. 기존의 파일 안에 있는 객체를 기준으로 3차원 좌표로 이동하도록 합니다.

● 실습 파일: **Sample/3DEX01.dwg** ● 완성 파일: **Sample/3DEX01-F.dwg**

01 Open 명령어를 이용하여 'Sample/3DEX01.dwg' 파일을 연 후 오른쪽 위에 있는 뷰 큐브의 오른쪽 하단 모서리를 클릭하여 3차원 뷰포트가 되도록 합니다.

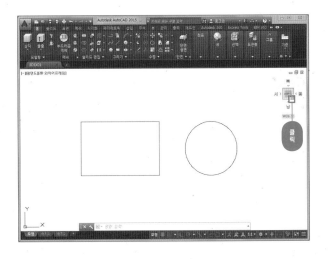

02 3차원 뷰포트 상태가 되면 그림과 같이 Line 명령어의 단축키 'L'을 입력하고 사각형 아래쪽 지점을 마우스로 클릭하여 선택합니다. 객체 스냅이 설정되어 있어야 정확한 끝점이 선택됩니다.

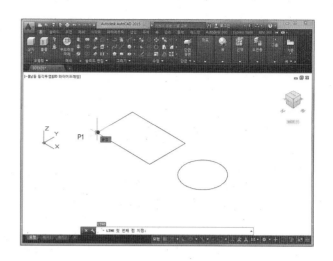

명령: L Enter

Line

첫 번째 점 지정: P1점 클릭

03 Z축으로 선을 긋기 위하여 다음 점에는 상대 좌표를 이용하여 50만큼 Z축 방향으로 선분이 생기도록 입력하고 Enter 를 눌러 선 그리기를 종료합니다.

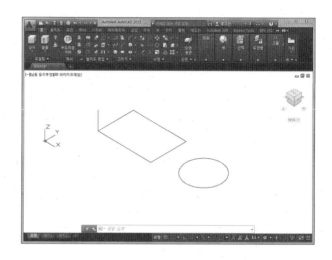

다음 점 지정 또는 [명령 취소(U)]: @0,0,50 Enter

다음 점 지정 또는 [명령 취소(U)]: Enter

04 이번에는 원의 중심점으로부터 Z축 방향으로 선을 그려봅니다. Line 명령어의 단축키 'L'을 입력하고 원의 중심점을 객체 스냅으로 클릭하여 시작점을 지정합니다.

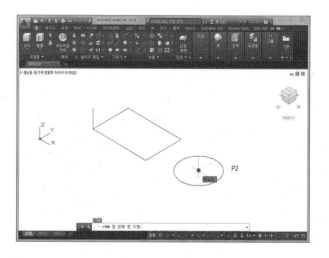

명령: L Enter

Line

첫 번째 점 지정: P2점 클릭

05 원의 중심에서 Z축 방향으로 선을 그리기 위하여 상대 좌표를 이용하여 다음과 같이 입력한 후 Enter 를 눌러 선 그리기를 종료합니다.

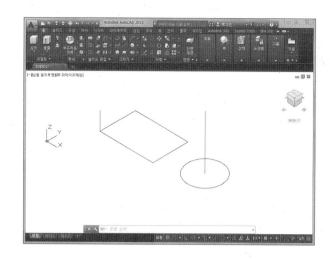

다음 점 지정 또는 [명령 취소(U)]: @0,0,150 Enter
다음 점 지정 또는 [명령 취소(U)]: Enter

06 이번에는 원을 Z축 방향으로 다중 복제를 해보겠습니다. 먼저 Copy 명령어의 단축키인 'CP'를 입력하고 그림과 같이 객체를 선택하고 Enter 를 눌러 선택을 종료합니다.

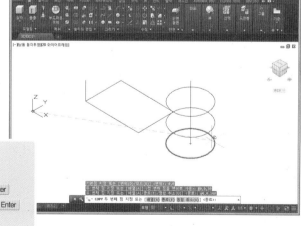

명령: CP Enter
Copy
객체 선택: 1개를 찾음
→ P3점 클릭
객체 선택: Enter

07 처음 원과 두 번째 원과의 간격을 50씩 띄워 복사하기 위해 기준점에 0,0을 입력한 후 Z축의 간격을 기준으로 그림과 같이 상대 좌표를 입력하여 복제하고 Enter 를 눌러 복제 명령어를 종료합니다.

현재 설정: 복사 모드=다중(M)
기본점 지정 또는 [변위(D)/모드(O)] 〈변위〉: 0,0 Enter
두 번째 점 지정 또는 [배열(A)] 〈첫 번째 점을 변위로 사용〉: @0,0,50 Enter
두 번째 점 지정 또는 [배열(A)/종료(E)/명령 취소(U)] 〈종료〉: @0,0,100 Enter
두 번째 점 지정 또는 [배열(A)/종료(E)/명령 취소(U)] 〈종료〉: Enter

08 왼쪽의 사각형을 Z축 방향으로 복제하기 위해 그림과 같이 Cross 객체 선택법을 이용하여 사각형 전체를 선택합니다.

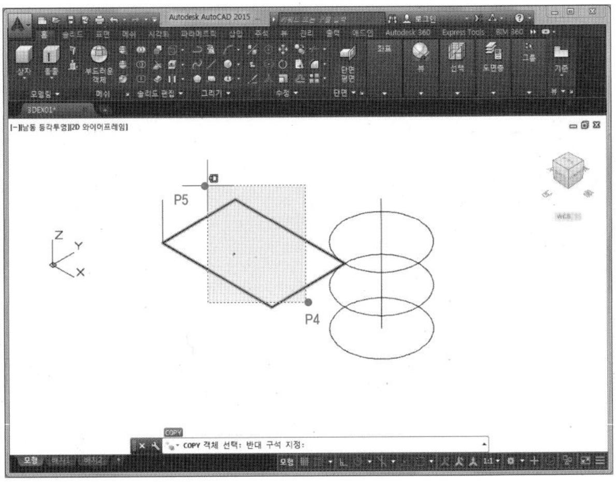

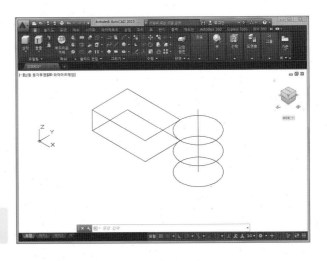

명령: CP Enter
Copy
객체 선택: 반대 구석 지정: 1개를 찾음
→ P4~P5점 클릭, 드래그
객체 선택: Enter

09 선택된 객체의 끝점을 이용하여 Z축으로 그려진 선분의 아래 끝점에서 위 선분의 끝점까지 객체 스냅을 이용하여 복제합니다.

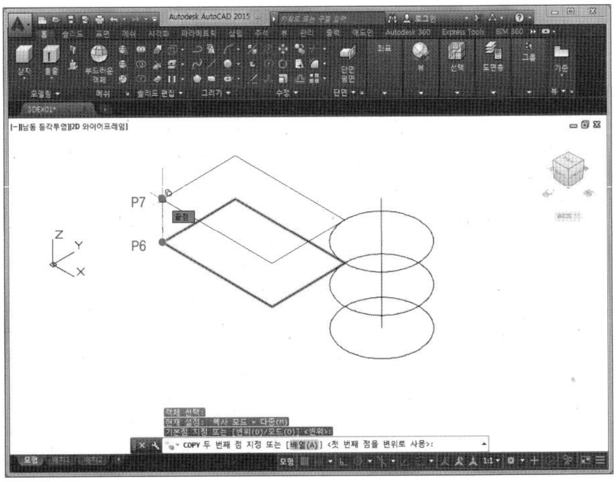

현재 설정: 복사 모드=다중(M)
기본점 지정 또는 [변위(D)/모드(O)] 〈변위〉: P6점 클릭
두 번째 점 지정 또는 [배열(A)] 〈첫 번째 점을 변위로 사용〉: P7점 클릭

10 복제가 완료되면 Enter 를 눌러 명령어를 종료합니다. 그림과 같이 완성됩니다.

두 번째 점 지정 또는 [배열(A)/종료(E)/명령 취소(U)] 〈종료〉: Enter

4 3D 관측점 사전을 설정하는 Ddvpoint

AutoCAD의 3D View의 관측 시점을 정할 수 있습니다. 보는 방향과 높이를 정하여 모델링 객체의 보이는 부분을 컨트롤합니다. 보통은 뷰큐브를 통해 제어하거나 3Dorbit의 단축키를 이용하여 제어하는 편이 더 빠르고 편리합니다. 혹은 구버전부터 모델링을 했던 유저라면 Vpoint 명령어를 사용해서 바로 제어도 가능합니다.

메뉴	명령 행
[뷰(V)-3D 뷰(3)-관측점 사전 설정(I)]	Ddvpoint(단축 명령어: VP)

명령어 사용법 ▼

3차원 화면에서 보는 위치를 변경하고자 하는 경우, 명령어를 입력하거나 메뉴를 클릭하여 [Ddvpoint] 대화상자를 열어줍니다. 해당 대화상자의 관측 각도나 시작 각도 등의 위치를 선택하여 선택된 좌표계를 기준으로 관측 시점을 구현합니다.

명령: VP Enter
Vpoint

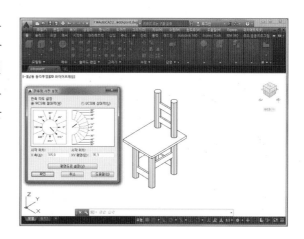

명령어 옵션 해설 ▼

관측점 사전 설정을 위한 대화상자의 내용을 이해하고 관측 각도와 시작 위치를 설정할 수 있습니다. 원하는 각도를 입력한 후 [확인] 버튼을 클릭하면 사용자 관측점이 설정됩니다.

옵션	옵션 해설
관측 각도 설정	WCS를 기준으로 또는 UCS에 상대적인 좌표 시스템에 의한 뷰의 방향을 설정합니다.
시작 위치	보는 각도를 지정합니다. • X축(A): X축에 대한 각도를 지정합니다. 즉, 설계자가 도면을 어느 방향으로 보는지를 결정합니다. • XY 평면 (P): XY 평면에 대한 각도를 지정합니다. 마이너스 값(-)은 아래쪽에서 바라보는 것을 의미합니다.
평면 뷰로 설정	선택된 좌표계를 기준으로 평면 뷰로 설정합니다.

명령어 실습하기 ▼

3차원 모델링 객체를 갖고 관측 시점에 대한 변경을 통해 관측 시점에 대한 이해하도록 합니다. Ddvpoint 명령어를 입력한 후 대화상자를 이용하여 변화되는 모습을 확인합니다.

● 실습 파일: Sample/3DEX02.dwg ● 완성 파일: Sample/3DEX02-F.dwg

01 ···· Open 명령어를 이용하여 'Sample/3DEX02.dwg' 파일을 열면 그림과 같이 블록 형태의 의자가 나타납니다. 현재 보이는 부분은 와이어 프레임 상태로 은선 감추기가 되어 있지 않은 상태로 보입니다.

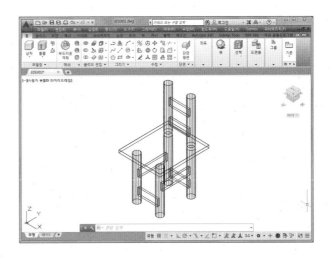

02 ···· Ddvpoint 명령어의 단축키인 'VP'를 입력하여 그림과 같이 대화상자를 연 후 X축의 각도에 '90도'를 입력하고 [확인] 버튼을 클릭합니다.

명령: VP Enter
Vpoint

03 ···· 명령어가 실행되면 그림과 같이 도면의 90도 지점인 옆면이 보입니다. 그림과 같이 변경되었는지 확인합니다.

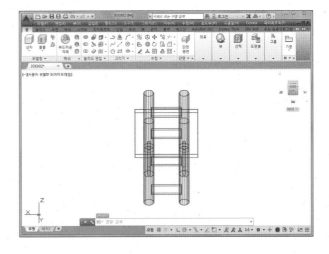

04 다시 VP 명령어를 입력하여 그림과 같은 대화상자가 나타나면 X축의 각도에 '200도'를 입력합니다.

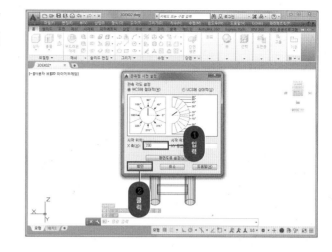

명령: VP Enter
Vpoint

05 200도가 움직인 상태에서 해당 객체의 은선을 제거하여 완성된 모습을 확인합니다. 은선을 제거하는 Hide 명령어의 단축키인 'HI' 명령어를 입력합니다.

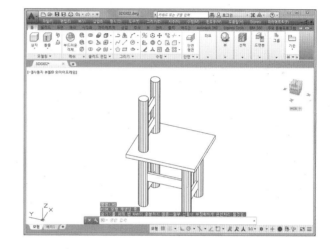

명령: HI Enter
Hide 모형 재생성 중 …

06 이번에는 'VP' 명령어를 입력한 후 XY 평면의 각도를 그림과 같이 마이너스 (−)로 입력해봅니다.

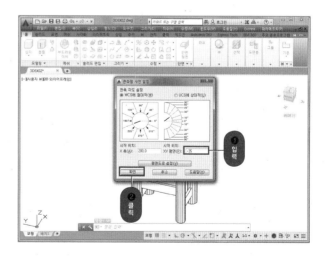

명령: VP Enter
Vpoint

07 회전되면 그림과 같이 보입니다. 은선이 제거되지 않은 와이어 프레임 상태에서는 위아래의 구분이 없어 보입니다.

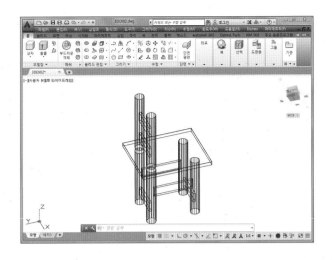

08 마이너스(−) 각도가 입력된 상태에서 은선 제거 명령인 Hide 명령어를 입력해보면 그림과 같이 아랫면이 보이는 것을 확인할 수 있습니다.

명령: HI Enter
Hide 모형 재생성 중 …

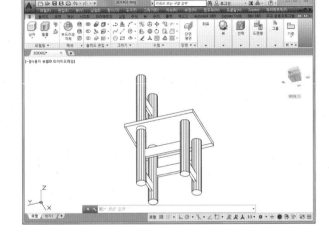

5 면을 형성하는 3Dface

3차원 모델링을 하는 경우 3차원 객체의 여러 가지 특성 중에서 와이어 프레임 모델링을 하는 경우 뼈대만 있고 면이 없는 경우가 있습니다. 이때 뼈대만 있는 구조에 면을 만들어주는 명령어를 '3Dface'라고합니다. 예를 들어 건물의 구조물 중 철근 부분에 해당하는 것을 '와이어 프레임'이라고 하고, 철근 사이의 벽면을 '면'이라고 하며 이를 3Dface로 처리할 수 있습니다.

메뉴	명령 행
[그리기(D)-모델링(M)-메시(M)-3D면(F)]	3Dface(단축 명령어: 3D)

명령어 사용법 ▼

선분으로만 이루어진 구조의 모델링인 와이어 프레임 모델링의 4점 또는 3점의 평면을 형성하는 명령어로, 명령어를 입력한 후 4점, 3점을 차례로 클릭하면 평면이 만들어집니다. 면 처리 유무는 Hide 명령어를 통해 은선을 제거하면 알 수 있습니다.

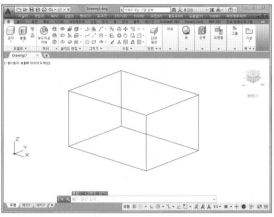

면 처리 전

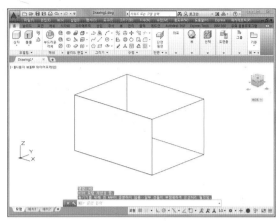

면 처리 후

명령: 3F Enter
3DFACE 첫 번째 점 지정 또는 [숨김(I)]:
→ 면 처리할 면의 첫 번째 지점을 클릭합니다.
두 번째 점 지정 또는 [숨김(I)]:
→ 면 처리할 면의 두 번째 지점을 클릭합니다.
세 번째 점 지정 또는 [숨김(I)] 〈종료〉:
→ 면 처리할 면의 세 번째 지점을 클릭합니다.
네 번째 점 지정 또는 [숨김(I)] 〈3면 작성〉:
→ 면 처리할 면의 네 번째 지점을 클릭합니다.
세 번째 점 지정 또는 [숨김(I)] 〈종료〉: Enter
→ 면 처리할 면이 없는 경우 Enter 를 눌러 종료합니다.

TIP

3D 모델링 객체의 완성도는 Hide 명령어를 통해 확인합니다

3DFACE 또는 솔리드 등의 3차원 객체의 은선이 제거된 완성된 모습을 면 처리할 수 있습니다. 보통 3차원 모델링 객체는 화면에서 Hide하기 전에는 모두 와이어 프레임 상태로 보입니다. 그래야만 모델링하는 데 지장이 없기 때문입니다. 하지만 Hide를 하면 막힌 면과 뚫린 면 등을 면 처리할 수 있고 메시 상태 등을 면 처리할 수 있으므로 3차원 모델링은 완성 후 반드시 화면에서 Hide된 상태로 최종 확인을 해야 합니다. Hide 명령어는 단축키 'HI'만 입력하면 옵션 없이 화면에 은선을 제거한 상태로 나타납니다.

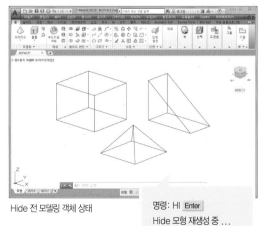

Hide 전 모델링 객체 상태

명령: HI Enter
Hide 모형 재생성 중 …

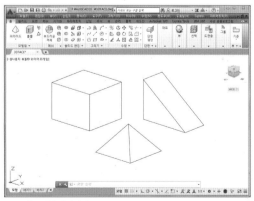

Hide 후 모델링 객체 상태

명령어 옵션 해설 ▼

3Dface 명령어를 이용하여 모델링을 면 처리하는 경우 4점이나 3점만 있는 객체 외에 5점 이상의 객체나 곡면이 있는 부분의 면 처리를 하는 경우가 발생합니다. 이때 면 처리는 되지만 화면에 횡단하는 선분이 나타나지 않도록 미리 설정하는 Invisible 옵션에 대해 알아봅니다.

옵션	옵션 해설
Invisible	4점 이상 갖고 있는 면을 3Dface 명령어로 처리하는 경우 해당 모서리를 이어주는 변(Edge)이 나타납니다. 이때 나타나는 모서리(Edge)의 화면 표시 유무를 결정할 수 있습니다. 'I' 옵션을 입력하고 모서리(Edge)를 형성하는 경우 해당 모서리가 화면에는 보이지 않으며 Hide 시에는 면이 있는 것으로 표시됩니다.

명령어 실습하기 ▼

선분으로만 이루어진 3차원 모델링 객체의 면 처리 연습을 해봅니다. 4점, 3점 있는 객체를 위주로 연습해보고 연속하여 면 처리를 하는 경우, 기존의 점에 이어서 최소한의 지점만 이용하여 면 처리 가능합니다.

● 실습 파일: Sample/3DEX03.dwg ● 완성 파일: Sample/3DEX03-F.dwg

···· **01** ···· Open 명령어를 이용하여 'Sample/3DEX03.dwg' 파일을 연 후 3차원 면 처리 명령어 단축키인 '3F'를 입력한 후 그림과 같이 순서대로 4점을 클릭하고 명령어를 종료하기 위해 Enter 를 누릅니다.

명령: 3F Enter
3DFACE 첫 번째 점 지정 또는 [숨김(I)]: P1점 클릭
두 번째 점 지정 또는 [숨김(I)]: P2점 클릭
세 번째 점 지정 또는 [숨김(I)] 〈종료〉: P3점 클릭
네 번째 점 지정 또는 [숨김(I)] 〈3면 작성〉: P4점 클릭
세 번째 점 지정 또는 [숨김(I)] 〈종료〉: Enter

···· **02** ···· 해당하는 면이 면 처리가 되어 막혀 있는지 확인하기 위해 Hide 명령어의 단축키인 'HI'를 입력해봅니다. 다음과 같이 막힌 면은 그림처럼 보입니다.

명령: HI Enter
Hide 모형 재생성 중 …

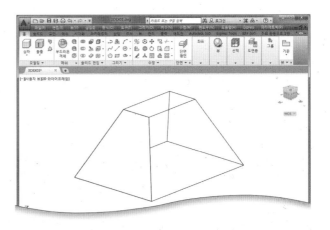

03 이번에는 나머지 옆면을 이어서 면 처리
해보도록 합니다. 먼저 막힌 면이 와이
어 프레임 상태로 보이도록 'Regen'을 입력하
여 화면을 재생성한 후 작업합니다. 이어서
처리하는 면은 세 번째, 네 번째 면의 끝점만
클릭하면 첫 번째, 두 번째 면이 공유됩니다.

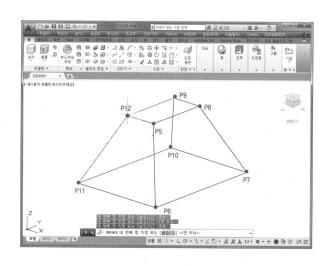

명령: RE Enter
Regen 모형 재생성 중 …

명령: 3F Enter
3DFACE 첫 번째 점 지정 또는 [숨김(I)]: P5점 클릭
두 번째 점 지정 또는 [숨김(I)]: P6점 클릭
세 번째 점 지정 또는 [숨김(I)] 〈종료〉: P7점 클릭
네 번째 점 지정 또는 [숨김(I)] 〈3면 작성〉: P8점 클릭
세 번째 점 지정 또는 [숨김(I)] 〈종료〉: P9점 클릭
네 번째 점 지정 또는 [숨김(I)] 〈3면 작성〉: P10점 클릭
세 번째 점 지정 또는 [숨김(I)] 〈종료〉: P11점 클릭
네 번째 점 지정 또는 [숨김(I)] 〈3면 작성〉: P12점 클릭
세 번째 점 지정 또는 [숨김(I)] 〈종료〉: Enter

04 역시 둘레의 모든 면이 면 처리가 되었
는지 확인하기 위하여 Hide 명령어의
단축키인 'HI'를 입력해봅니다. 다음과 같이
면 처리가 되어 막힌 면은 아래 그림처럼 보입
니다.

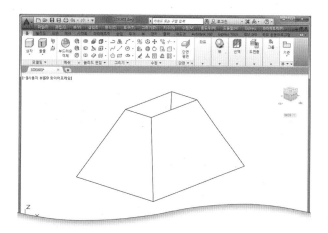

명령: HI Enter
Hide 모형 재생성 중 …

05 마지막으로 윗부분의 열린 곳을 면 처리
하도록 합니다. 면 처리 명령어 '3F'를
입력한 후 다음의 4점을 클릭합니다.

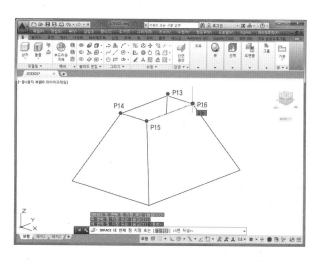

명령: 3F Enter
3DFACE 첫 번째 점 지정 또는 [숨김(I)]: P13점 클릭
두 번째 점 지정 또는 [숨김(I)]: P14점 클릭
세 번째 점 지정 또는 [숨김(I)] 〈종료〉: P15점 클릭
네 번째 점 지정 또는 [숨김(I)] 〈3면 작성〉: P16점 클릭
세 번째 점 지정 또는 [숨김(I)] 〈종료〉: Enter

06 모든 면이 면 처리가 되었는지의 유무를 확인하기 위하여 Hide 명령어의 단축키인 'HI'를 입력해봅니다. 다음과 같이 면 처리가 되어 막힌 면은 그림처럼 보입니다.

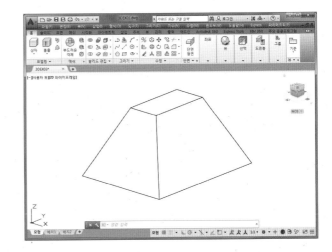

명령: HI [Enter]
Hide 모형 재생성 중 …

6 작업 창을 나눠주는 Vports

3D 모델링을 작업하다 보면 한 번에 여러 뷰를 보면서 작업을 하는 것이 더 편리합니다. AutoCAD는 기본적으로 하나의 뷰포트를 사용하므로 3차원 모델링을 하는 경우 화면을 분할하여 각각의 뷰포트를 보면서 작업을 하도록 합니다.

메뉴	리본 메뉴	명령 행
뷰(V)-뷰포트(V)-n개의 뷰포트(n)	[시각화] 탭-뷰포트 구성 🖼	Vports

명령어 사용법 ▼

화면 분할을 할 뷰포트 어느 곳에서든 메뉴, 리본 메뉴, 명령 행을 통해 뷰포트를 여러 개의 창으로 나눌 수 있습니다. 기본적으로 화면의 대화상자를 이용하여 사용자가 원하는 뷰포트 창을 선택합니다. 나눠진 뷰포트마다 각기 다른 관측 시점을 적용할 수 있으며, 작업은 선택된 뷰포트를 기준으로 작업됩니다.

vports 명령어 입력시 대화상자

명령: VPORTS [Enter]

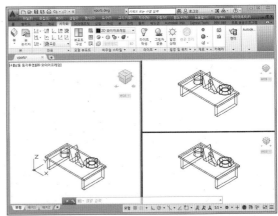

화면 분할 결과 창

명령어 옵션 해설 ▼

VPORTS 명령어를 이용한 화면 분할 시 대화상자의 [새 뷰포트] 탭의 옵션과 [명명된 뷰포트] 탭의 옵션을 익혀 사용자가 원하는 뷰포트로 사용 할 수 있습니다. 기존에 만들어진 내용을 그대로 사용하거나 사용자의 작업 환경에 알맞게 해당 뷰포트를 만들고 저장하여 사용할 수 있습니다.

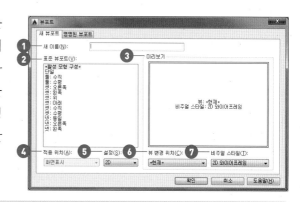

옵션	옵션 해설	
새 뷰포트	① 새 이름(N)	새로운 모형 공간 뷰포트의 이름을 명명합니다.
	② 표준 뷰포트 (V)	미리 구성된 뷰포트를 표시하고 클릭하여 지정하면 해당 뷰포트로 설정됩니다.
	③ 미리 보기	선택된 뷰포트의 구성 상황을 화면에 미리 표시합니다.
	④ 적용 위치(A)	모형 공간 뷰포트 구성을 화면에 표시할지 현재 뷰포트에만 표시할 것인지를 결정합니다.
	⑤ 설정(S)	2D, 3D를 선택합니다. 2D 선택 시 새 뷰포트 구성 시 모든 뷰포트는 현재 뷰로 지정됩니다. 3D 선택 시 구성하는 뷰포트에 표준 직교 3D 뷰 세트가 지정됩니다.
	⑥ 뷰 변경 위치(C)	목록에서 선택한 뷰로 대치합니다.
	⑦ 비주얼 스타일(T)	스타일을 지정합니다.
명명된 뷰포트	현재 이름	현재 선택된 뷰포트 이름을 표시합니다.
	명명된 뷰포트(N)	만들어진 명명된 뷰포트 목록을 표시합니다.

명령어 실습하기 ▼

만들어져 있는 3D 모델링이 있는 화면을 Vports 명령어를 통해 화면을 분할하고 해당 뷰포트 중 어떤 뷰포트가 현재 뷰포트인지 확인하도록 합니다.

● 실습 파일: **Sample/3DEX04.dwg** ● 완성 파일: **Sample/3DEX04-F.dwg**

01 Open 명령어를 이용하여 'Sample/3DEX04.dwg' 파일을 열면 그림과 같이 화면에 3차원 모델 객체가 있습니다. 먼저 명령 행에서 Vports 명령어를 입력해봅니다.

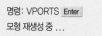

명령: VPORTS Enter
모형 재생성 중 …

02 왼쪽 표준 뷰포트의 항목의 '넷:동일'이 라는 목록을 클릭하면 우측 미리 보기 창에 4개로 균등분할된 화면 뷰포트가 나타납 니다. 다른 옵션은 그대로 둔 채 [확인] 버튼 을 클릭합니다.

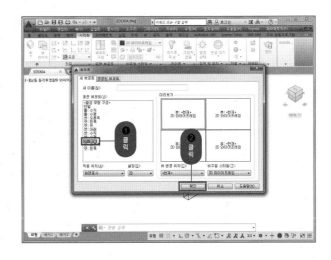

03 그림과 같이 화면이 4개로 분할됩니다. 또한 4개의 뷰포트의 관측 시점은 처음 객체가 있던 방향 그대로 4개가 분할된 것을 볼 수 있습니다. 다시 옵션을 이용하기 위하 여 명령 취소 명령인 'U'를 입력합니다.

명령: U Enter
Vports 모형 재생성 중 …

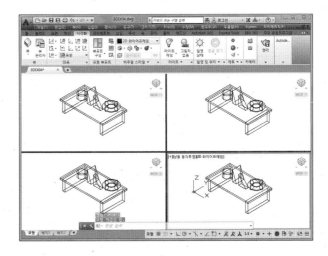

04 다시 처음의 하나로 된 뷰포트가 나타납 니다. VPORTS 명령어를 입력한 후 표 준 뷰포트의 항목의 '넷:동일'이라는 목록을 클릭한 후 설정 항목을 3D로 선택하고, [확 인] 버튼을 누릅니다.

명령: VPORTS Enter
모형 재생성 중 …

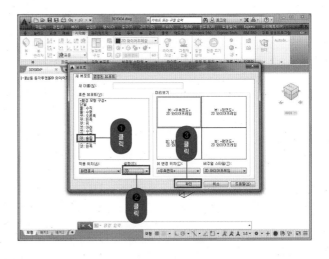

05 다음 그림과 같이 4개의 뷰포트로 화면 은 분할되었지만, 각 화면마다 각각의 관측 시점이 자동으로 설정되어 평면, 정면, 측면, 3차원부가 한 번에 자동 세팅되었습니다. 다시 원래의 화면으로 돌아가기 위해 명 령 취소 명령 'U'를 입력합니다.

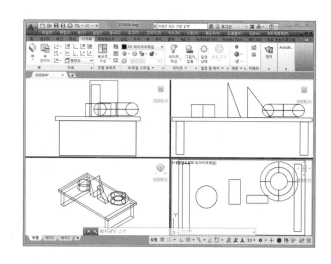

명령: U Enter
Vports 모형 재생성 중 …

06 다시 하나의 뷰포트 화면으로 돌아왔다 면 다시 원래의 화면으로 돌아가기 위하 여 명령 취소 명령 'U'를 입력하고 단일 화면 으로 돌아간 뒤 Vports 명령어를 입력하여 그림과 같이 표준 뷰포트의 항목의 '둘:수직' 이라는 목록을 클릭한 다음 설정 항목을 2D로 선택하고 [확인] 버튼을 누릅니다.

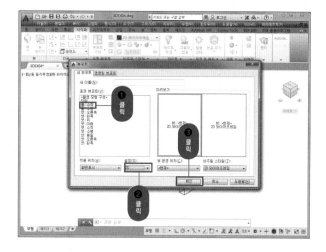

명령: U Enter
VPORTS 모형 재생성 중 …
명령: VPORTS Enter

07 2D로 설정되어 동일한 관측 시점의 수 직 방향으로 2개의 창으로 나눠졌습니 다. 현재 마우스 커서가 있는 곳이 작업을 할 수 있는 창입니다. 활성 창은 보기처럼 테두 리가 더 진한 색으로 나타납니다.

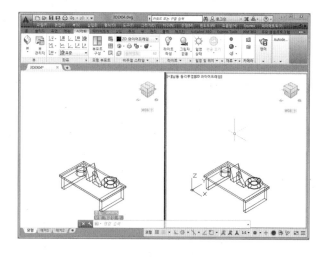

08 화면에 있는 모델링 객체를 좀 더 정확히 보기 위하여 Zoom 명령어의 단축키인 Z를 입력합니다. 활성 창만 Zoom 명령어가 적용되는 것을 면 처리할 수 있습니다.

명령: Z Enter
Zoom
윈도우 구석 지정, 축척 비율(nX 또는 nXP) 입력 또는
[전체(A)/중심(C)/동적(D)/범위(E)/이전(P)/축척(S)/윈도우(W)/객체(O)] 〈실시간〉: A Enter
모형 재생성 중
명령: 모형 재생성 중 …

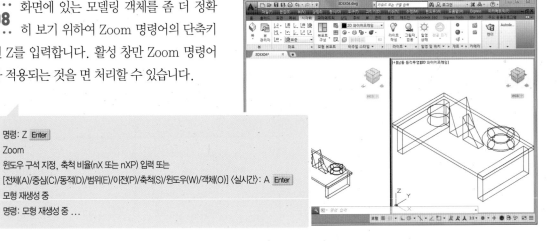

09 3Dorbit을 통해 화면 관측 시점을 변경해봅니다. Shift +〈마우스 휠 드래그〉를 왼쪽에서 오른쪽 방향으로 돌려서 그림과 같은 형태의 관측 시점이 나타나도록 합니다.

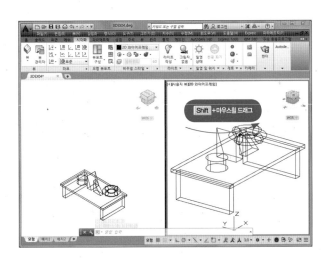

10 이번에는 활성 창에 객체를 하나 더 추가해봅니다. 활성 창에서만 나타나는지 다른 창에도 나타나는지 확인하기 위해 [홈]탭-[상자] 패널-[상자]를 클릭합니다.

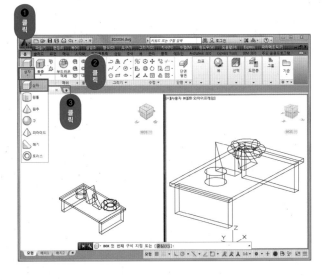

11 명령어의 요건에 맞춰 그려봅니다. 그림과 같이 P1~P2 지점을 클릭, 드래그하여 대각선 방향으로 육면체의 바닥을 그려줍니다.

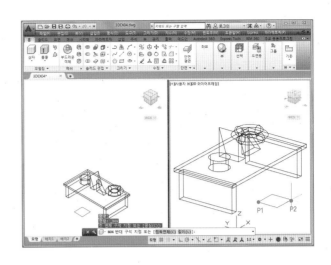

명령: _BOX
첫 번째 구석 지정 또는 [중심(C)]: P1점 클릭, 드래그
반대 구석 지정 또는 [정육면체(C)/길이(L)]: P2점 클릭

12 바닥의 가로×세로의 크기가 결정되었으므로 높이값에 해당하는 길이값을 마우스로 임의의 P3점을 클릭합니다. 화면과 같이 활성 창에 그려진 객체와 동일하게 비활성 창에도 육면체 상자가 그려집니다.

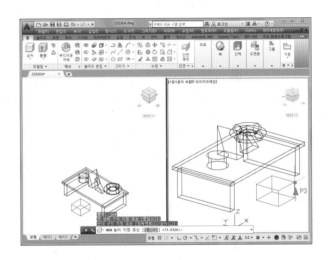

높이 지정 또는 [2점(2P)] 〈73.6326〉: P3점 클릭

13 완성된 객체와 현재 활성 창을 기준으로 Hide 명령어를 입력하고 완성된 이미지를 그림과 같이 확인합니다.

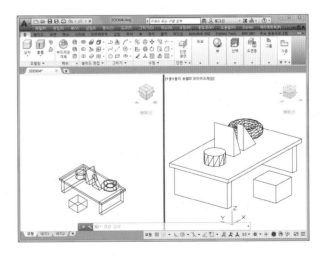

명령: HI Enter
Hide 모형 재생성 중 …

고도와 두께를 변경할 수 있는 'ELEV'와 'THICKNESS'

3D 모델링의 기본적인 형태로 객체의 시작점과 객체의 두께값을 정하는 'ELEV'와 'THICKNESS' 명령어가 있습니다. ELEV 명령어는 명령어 단독으로 사용하기보다 속성 창을 이용하여 두께와 고도값의 Z의 값을 지정하는 방식으로 이용됩니다. 변경하려는 객체를 마우스로 먼저 클릭한 후 메뉴에서 [수정(M)-특성(P)]를 눌러 다음의 팔레트가 나타나면 표시된 두께와 고도의 위치에 원하는 값을 입력하면 속성이 바로 변경됩니다.

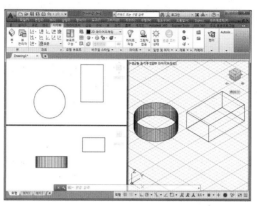

AutoCAD 2015

3차원 화면 구성과 객체 구성하기

현장
실습
13

3차원 모델링 시에 가장 걱정되는 것은 '물건을 어떻게 그리기 시작하는가?'입니다. 이때 모든 물건은 사용자가 고도의 0인 위치부터 천천히 쌓아서 그린다는 기준을 갖고 접근하면 됩니다. 꼭 그렇지 않더라도 기준이 정해지면 모델링의 순서가 정해지므로 보다 빠르게 접근할 수 있죠. 이번 실습은 앞서 배운 여러 가지 관측 시점에 대한 내용들과 간단한 도형을 중심으로 화면 구성에 대해 알아보겠습니다.

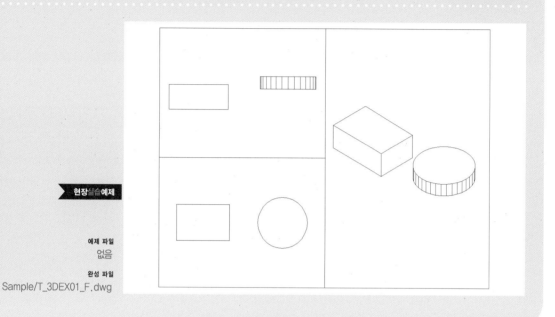

현장실습예제

예제 파일
없음

완성 파일
Sample/T_3DEX01_F.dwg

01 먼저 작업자를 위한 화면 구성을 하기 위해 새 도면을 불러옵니다. 작업 표시줄 하단의 [환경 설정] 버튼을 클릭하여 그림과 같이 '3D 모델링'으로 설정되어 있는지 확인합니다.

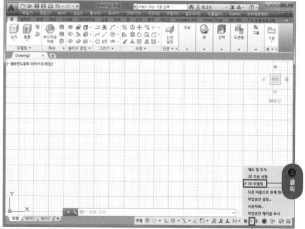

02 작업 환경을 맞추기 위하여 화면을 재구성합니다. Zoom 명령어 ALL 옵션을 이용하여 현재의 도면 한계에 화면을 세팅하면 그림과 같이 그리드의 간격이 달라지는 것을 확인할 수 있습니다.

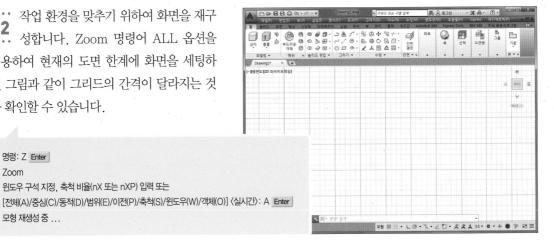

명령: Z Enter
Zoom
윈도우 구석 지정, 축척 비율(nX 또는 nXP) 입력 또는
[전체(A)/중심(C)/동적(D)/범위(E)/이전(P)/축척(S)/윈도우(W)/객체(O)] 〈실시간〉: A Enter
모형 재생성 중 …

03 기본적인 2D도형을 그리기 위해 'REC'를 입력하여 그림과 같이 사각형을 그려봅니다. 시작점은 이 책과 동일하도록 절대좌표로 입력해봅니다.

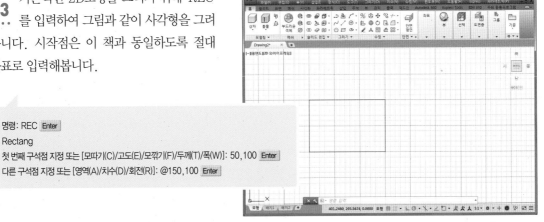

명령: REC Enter
Rectang
첫 번째 구석점 지정 또는 [모따기(C)/고도(E)/모깎기(F)/두께(T)/폭(W)]: 50,100 Enter
다른 구석점 지정 또는 [영역(A)/치수(D)/회전(R)]: @150,100 Enter

04 사각형 옆에 원을 그려보겠습니다. 원 명령어의 단축키인 'C'를 입력하고 그림과 같은 위치에 반지름 '70'의 원을 그린 후 뷰 큐브의 오른쪽 아래 모서리를 클릭하여 3차원 관측 시점으로 변경합니다.

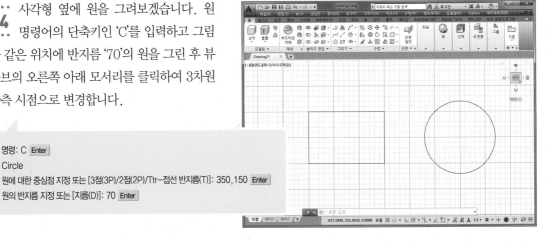

명령: C Enter
Circle
원에 대한 중심점 지정 또는 [3점(3P)/2점(2P)/Ttr−접선 반지름(T)]: 350,150 Enter
원의 반지름 지정 또는 [지름(D)]: 70 Enter

05 왼쪽의 사각형을 마우스로 클릭하면 그림처럼 파란색의 그립이 생깁니다. 이때 메뉴의 [수정(M)]-[특성(P)]를 눌러 속성 팔레트를 엽니다.

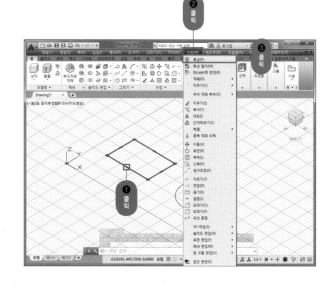

06 속성 팔레트의 두께 속성에 '50'을 입력하고 Enter를 누릅니다. 그림과 같이 상자의 높이가 생겨납니다. 완료되면 선택을 해제하기 위해 Esc를 누릅니다.

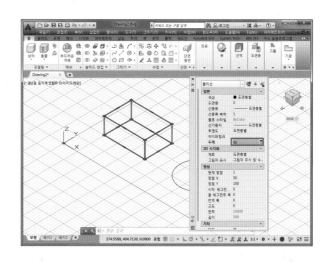

07 이번에는 원만 클릭하여 선택하고 속성 팔레트의 두께를 '30'으로 입력합니다. 이때 사각형이 선택되어 있는 상태에서 두께를 변경하면 둘 다 같은 값으로 변경되므로 주의해야 합니다. 완료되면 [닫기] 버튼을 눌러 속성 창을 닫습니다.

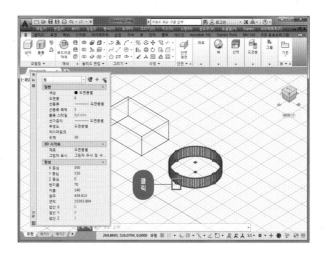

08 화면을 분할해보겠습니다. [리본] 메뉴-[시각화] 패널-[명명된 뷰] 버튼을 클릭한 후 그림과 같이 [새 뷰포트] 탭을 누릅니다. 그런 다음, 표준 뷰포트에서 '셋:오른쪽'을 클릭하고 설정(S)을 '3D'로 선택한 후 [확인] 버튼을 클릭합니다.

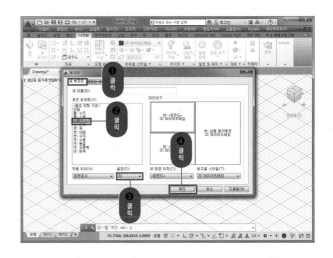

09 그림과 같이 화면이 3개의 관측 시점으로 나뉘어졌고 왼쪽 위는 정면 뷰, 왼쪽 아래는 평면 뷰, 오른쪽은 3차원 뷰가 나타납니다.

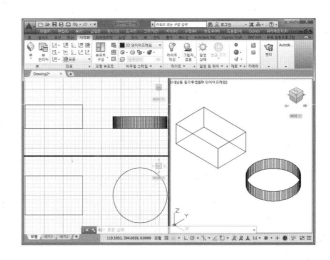

10 파랗게 되어 있는 오른쪽의 큰 화면이 활성 창이며, 은선 제거에 해당하는 Hide 명령어의 단축키인 'HI'를 입력하여 3차원 객체의 완성 상태를 확인합니다. 사각형은 윗면이 열려 있고, 원은 모든 면이 막혀 있는 것을 면 처리할 수 있습니다.

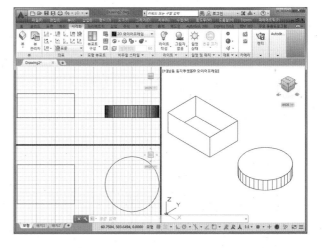

명령: HI Enter
Hide

모형 재생성 중 . . .

11 이번에는 고도를 변경해보겠습니다. 먼저 원을 선택합니다. 앞과 마찬가지로 [수정(M)] 메뉴-[특성(P)]를 눌러 속성 팔레트를 엽니다. 평면 뷰 상태에서는 고도라고 나타나지만 3차원 뷰 상태에서는 Z 중심입니다. Z 중심의 값에 '50'을 입력합니다.

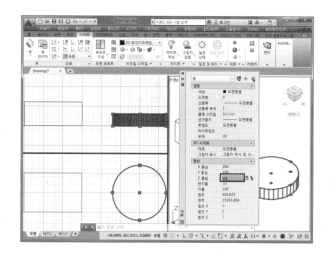

12 원의 시작면의 위치가 사각형과 같은 '0'인 위치에서 위쪽으로 '50' 만큼 이동되는 것을 볼 수 있습니다.

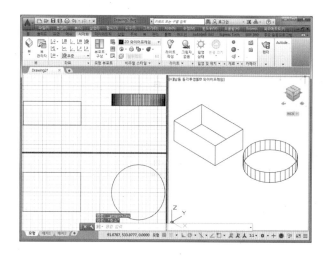

13 사각형의 위면을 막아주기 위해 3Dfave 명령어를 이용합니다. 3Dfave를 하기 전에 도면 재구성을 위해 Regen을 입력한 후 3Dfave를 합니다.

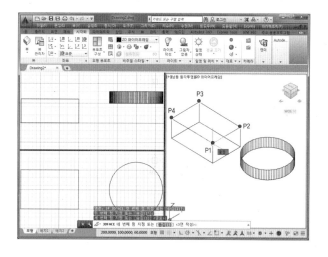

명령: RE [Enter]
Regen 모형 재생성 중 …

명령: 3F [Enter]
3DFACE 첫 번째 점 지정 또는 [숨김(I)]: P1점 클릭
두 번째 점 지정 또는 [숨김(I)]: P2점 클릭
세 번째 점 지정 또는 [숨김(I)] 〈종료〉: P3점 클릭
네 번째 점 지정 또는 [숨김(I)] 〈3면 작성〉: P4점 클릭
세 번째 점 지정 또는 [숨김(I)] 〈종료〉: [Enter]

14 Hide를 입력하여 윗면이 막혔는지, 즉 면 처리가 되었는지 확인합니다.

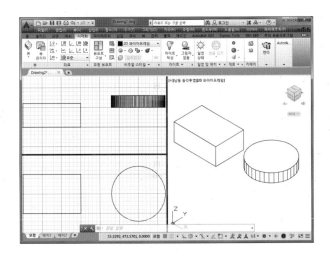

명령: HI Enter

Hide 모형 재생성 중 …

3차원 좌표 이용과 관측 시점 조정하기

3차원 모델링 시에 가장 걱정이 되는 것은 물건을 어떻게 그리기 시작하는가?라고 시작한 앞의 현장 실습처럼 이번에는 선으로 구성되는 3차원 공간상의 객체 사용법과 다양한 뷰를 뷰큐브로 이용하지 않고 3DORBIT을 통해 자유롭게 제어하는 방법을 공부하겠습니다. 따라하기를 하나하나 놓치지 말고 실행하기 바랍니다.

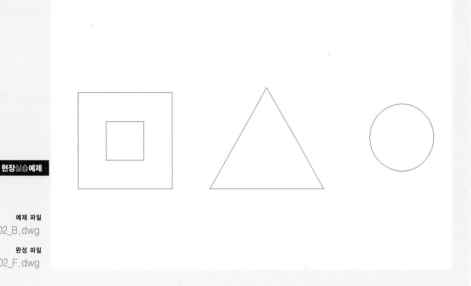

현장실습예제

예제 파일
Sample/T_3DEX02_B.dwg

완성 파일
Sample/T_3DEX02_F.dwg

01 Open 명령어를 이용하여 'Sample/ T_3DEX02_B.dwg' 파일을 연 후 뷰 큐브 오른쪽 아래 지점을 클릭하여 3차원 관 측 뷰로 들어갑니다.

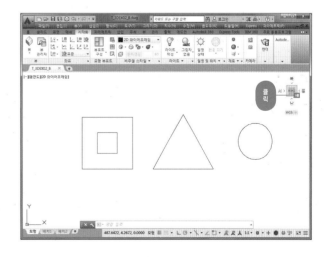

02 생각보다 윗면의 각도가 많이 보이는 관계로 3Dorbit을 이용하여 편하게 보이도록 관측 시점을 변경합니다. Shift +마우스 휠을 누른 채 아래쪽에서 위쪽으로 조금 드래그합니다.

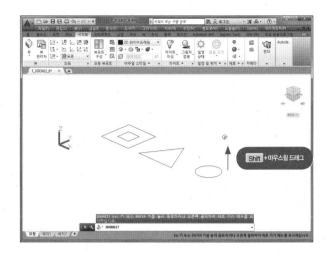

03 맨 왼쪽의 사각형 중 바깥쪽 사각형을 Z축 방향으로 이동시켜줍니다. Move 명령어의 단축키인 'M'을 입력하고 그림과 같이 이동할 객체를 선택합니다.

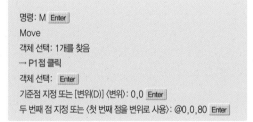

명령: M Enter
Move
객체 선택: 1개를 찾음
→ P1점 클릭
객체 선택: Enter
기준점 지정 또는 [변위(D)] 〈변위〉: 0,0 Enter
두 번째 점 지정 또는 〈첫 번째 점을 변위로 사용〉: @0,0,80 Enter

04 그림과 같이 바깥쪽의 큰 사각형이 Z축의 방향으로 이동된 것을 면 처리할 수 있습니다.

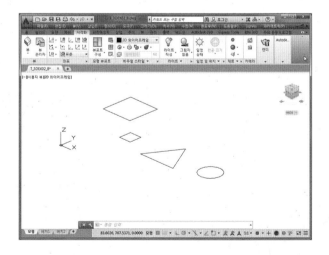

05 정면에 보이는 위아래 선분을 Line 명령어를 이용하여 연결합니다. 앞의 선분만 세 번 연결하겠습니다.

명령: L Enter
Line
첫 번째 점 지정: P2점 클릭
다음 점 지정 또는 [명령 취소(U)]: P3점 클릭
다음 점 지정 또는 [명령 취소(U)]: Enter

명령: L Enter
Line
첫 번째 점 지정: P4점 클릭
다음 점 지정 또는 [명령 취소(U)]: P5점 클릭
다음 점 지정 또는 [명령 취소(U)]: Enter

명령: L Enter
Line
첫 번째 점 지정: P6점 클릭
다음 점 지정 또는 [명령 취소(U)]: P7점 클릭
다음 점 지정 또는 [명령 취소(U)]: Enter

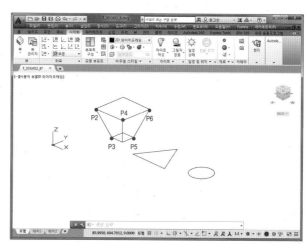

06 정사각형인 경우에는 모서리가 연결되어 보여 끝점을 제대로 못 찾는 경우가 있습니다. 3Dorbit을 이용하여 오른쪽 방향으로 조금 틀어주어 뷰를 엇갈리게 보이도록 합니다. Shift +마우스 휠을 누른 채 왼쪽에서 오른쪽 방향으로 조금 드래그합니다.

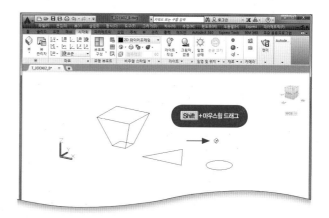

07 옆으로 비틀어 한 줄로 겹쳐 보이던 모서리 지점을 확인했습니다. 남은 선분을 하나 더 그립니다.

명령: L Enter
Line
첫 번째 점 지정: P8점 클릭
다음 점 지정 또는 [명령 취소(U)]: P9점 클릭
다음 점 지정 또는 [명령 취소(U)]: Enter

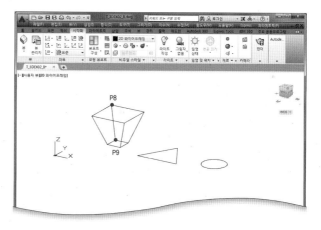

08 삼각형의 중앙을 찾기 위해 보조선을 그림과 같이 그려보겠습니다. 삼각형의 꼭짓점에서 대각선 방향의 선분의 중간점까지 선을 그립니다.

```
명령: L Enter
Line
첫 번째 점 지정: P10점 클릭
다음 점 지정 또는 [명령 취소(U)]: P11점 클릭
다음 점 지정 또는 [명령 취소(U)]: Enter
```

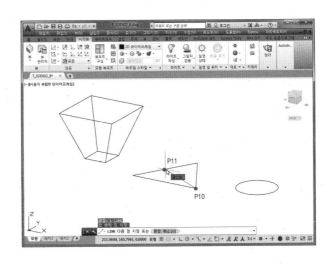

09 하나는 부족하므로 삼각형의 꼭짓점에서 대각선 방향의 선분의 중간점까지 선을 하나 더 그립니다.

```
명령: L Enter
Line
첫 번째 점 지정: P12점 클릭
다음 점 지정 또는 [명령 취소(U)]: P13점 클릭
다음 점 지정 또는 [명령 취소(U)]: Enter
```

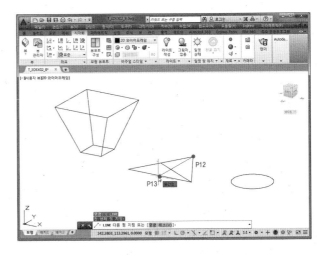

10 삼각뿔의 한 면을 만들기 위하여 대각선의 교점에서 Z축 방향으로 100단위의 선을 하나 그리고 다시 삼각뿔의 한 면이 되는 지점을 연결하여 선을 그립니다.

```
명령: L Enter
Line
첫 번째 점 지정: P14점 클릭
다음 점 지정 또는 [명령 취소(U)]: @0,0,100 Enter
다음 점 지정 또는 [명령 취소(U)]: Enter

명령: L Enter
Line
첫 번째 점 지정: P15점 클릭
다음 점 지정 또는 [명령 취소(U)]: P16점 클릭
다음 점 지정 또는 [명령 취소(U)]: P17점 클릭
다음 점 지정 또는 [명령 취소(U)]: Enter
```

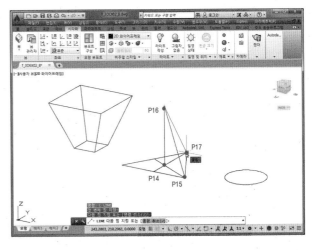

11 반대편에도 선을 하나 그리도록 하겠습니다.

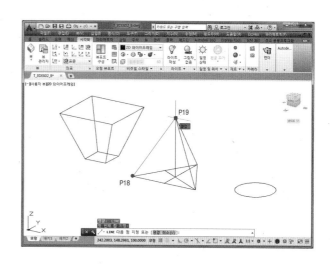

명령: L Enter
Line
첫 번째 점 지정: P18점 클릭
다음 점 지정 또는 [명령 취소(U)]: P19점 클릭
다음 점 지정 또는 [명령 취소(U)]: Enter

12 안쪽에 그렸던 보조선들은 Erase 명령어를 통해 드래그하여 선택한 후 지우도록 합니다.

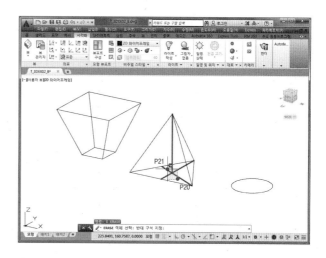

명령: E Enter
Erase
객체 선택: 반대 구석 지정: 3개를 찾음
→ P20~P21점 클릭, 드래그
객체 선택: Enter

13 원안에 보조선을 그리기 위하여 선을 그립니다. 높이가 70단위인 선을 그리기 위해 시작점은 원의 중심점을 선택하고, 다음 점은 상대 좌표를 이용하여 길이값을 입력하여 선을 그리도록 합니다.

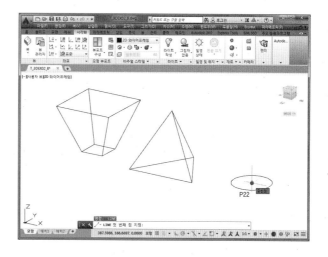

명령: L Enter
Line
첫 번째 점 지정: P22점 클릭
다음 점 지정 또는 [명령 취소(U)]: @0,0,70 Enter
다음 점 지정 또는 [명령 취소(U)]: Enter

14 아래의 원을 그려진 보조선의 끝점으로 복사합니다. Copy 명령어를 입력하고 원을 선택한 후 원의 중심점에서 선분의 끝점으로 복사하기 위해 객체를 선택합니다.

명령: CP Enter
Copy
객체 선택: 1개를 찾음
→ P23점 클릭
객체 선택: Enter

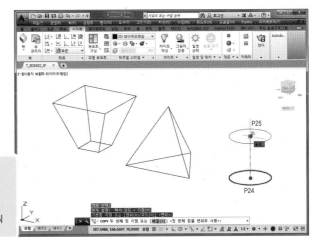

15 기준점은 아래 원의 중심점으로 복사될 위치는 위쪽 선분의 끝점으로 클릭하여 복사합니다. 복사가 완료되면 Enter 를 눌러 명령어를 종료합니다.

현재 설정: 복사 모드=다중(M)
기본점 지정 또는 [변위(D)/모드(O)] 〈변위〉:
두 번째 점 지정 또는 [배열(A)] 〈첫 번째 점을 변위로 사용〉: P24점 클릭
두 번째 점 지정 또는 [배열(A)/종료(E)/명령 취소(U)] 〈종료〉: P25점 클릭

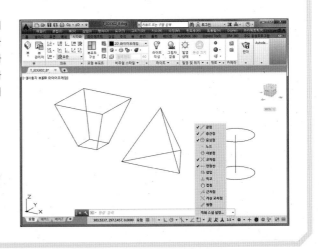

TIP

객체 스냅이 안 잡히는데요?

가끔 객체 스냅이 안 잡혀 있는 경우가 있습니다. 이전 실습에서 필요하지 않은 객체 스냅이 잡히는 것이 불편하여 꺼두는 경우라면 다음 작업 시 그대로 반영됩니다. 따라서 객체 스냅은 사용자가 원하는 시점에서 끄거나 켤 수 있도록 합니다. 상태 라인의 아이콘을 클릭하여 원하는 객체 스냅을 체크하면 켜지고, 한 번 더 클릭하면 꺼집니다.

2 3차원 모델링 객체 표현하기

일반적으로 3차원 객체의 종류로는 선과 면으로 되어 있는 일반 객체와 면 (Face)으로만 이루어져 있는 와이어 프레임(Wireframe) 객체, 표면으로 이루어져 있는 서페이스(Surface) 객체, 그리고 객체의 특성을 갖는 솔리드(Solid) 객체로 이루어져 있습니다. 보통 일반적인 덩어리 객체를 표현하고 작업하는 형태로는 솔리드(Solid) 객체가 편리하며 곡선이 많고 굴곡이 심한 형태의 객체를 모델링하기에는 서페이스(Surface) 객체가 적당합니다. 이번 섹션에서는 다양한 3차원 객체를 만드는 방식을 공부에 대해 알아보겠습니다.

A u t o C A D 2 0 1 5

1 객체의 특성을 갖고 있는 솔리드 그리기

솔리드(Solid) 객체는 일반적으로 3차원 모델링에서 흔하게 사용하는 덩어리로 된 객체입니다. 특히 해당 솔리드(Solid) 객체는 질량이나 부피, 관성과 같은 특성을 갖고 있습니다. 그렇기 때문에 질량 특성에 대한 솔리드 객체를 분석하고 C 밀링이나 FEM 분석을 수행하는 응용 프로그램으로 바로 보내어 객체를 만들어낼 수도 있으며, 가장 완성도가 높은 모델링 객체입니다. 다만 용량이 크고 데이터를 많이 포함하므로 컴퓨터 사양을 많이 고려하여 모델링하도록 합니다. 솔리드 객체는 7개의 기본체로 구성되어 있으며, 각각 그리는 방식은 비슷합니다.

메뉴	리본 메뉴	명령 행
[그리기(D)-모델링(M)]	[홈] 탭-[상자]	BOX(단축 명령어: BOX), WEDGE(단축 명령어: WE) CONE(단축 명령어: CONE), SPHERE(단축 명령어: SPHERE) CYLINDER(단축 명령어: CYL), PYRAMID(단축 명령어: PYR) TORUS(단축 명령어: TOR)

명령어 사용법 ▼

7개의 기본 솔리드 객체를 그릴 수 있습니다. 단축키나 리본 메뉴를 클릭하여 원하는 솔리드 객체를 선택하여 순서에 맞춰 그립니다. 각각의 객체는 명령어를 이용하므로 다음의 각 솔리드 객체를 이용하여 모델링합니다.

리본 메뉴 이용 시 선택

메뉴 이용 시 선택

2 상자(Box)

3D 솔리드 상자인 육면체를 그립니다. 치수와 옵션에 따라 정육면체나 직육면체를 그릴 수 있습니다. 마우스로 드래그하거나 원하는 가로 ×세로×높이값을 입력하여 모델링할 수 있습니다.

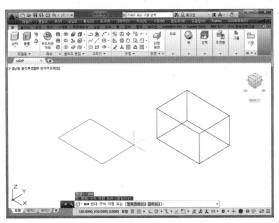 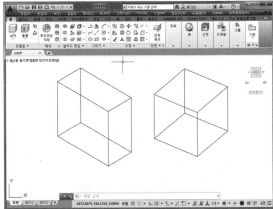

명령: BOX Enter
첫 번째 구석 지정 또는 [중심(C)]:
→ 상자의 한쪽 모서리 구석 지점을 선택합니다.
반대 구석 지정 또는 [정육면체(C)/길이(L)]:
→ 상자의 반대편 모서리 구석 지점을 마우스로 클릭하거나 '@150,100'처럼 좌표값을 입력하여 가로, 세로 길이값을 입력합니다.
높이 지정 또는 [2점(2P)] 〈243.8105〉:
→ 높이값을 마우스로 지정하거나 숫자 또는 좌표값을 입력합니다.

명령어 옵션 해설 ▼

　　　　　　　　　상자인 Box의 옵션을 지정하면 육면체 형태의 정육면체나 가로 또는 세로가 긴 형태 등 다양한 방법으로 솔리드 박스를 그릴 수 있습니다. 마우스로 드래그하여 그리는 방식을 벗어나 길이값을 직접 입력하거나 입력된 좌표를 길이값으로 환원하는 형식을 이용할 수 있습니다.

옵션	옵션 해설
중심(C) Center	중심(C)을 지정하면 상자(Box) 객체의 XYZ 평면을 기준으로 정중앙을 먼저 선택하여 객체를 그리는 기준점을 지정하도록 합니다. 즉, 상자의 중심부를 먼저 선택하고 나머지 길이의 좌표를 입력하는 방식입니다.
정육면체(C) Cube	하나의 길이값을 입력하여 가로, 세로, 높이값이 같은 정육면체를 그립니다.
길이(L) Length	솔리드 상자의 대각선 반대편 구석을 선택하지 않고 가로, 세로의 길이값을 직접 입력하여 그립니다.
2점(2P) 2Point	선택한 두 점 사이의 길이값이 깊이값인 Height값이 되도록 상자를 그리는 것입니다.

3 원통(Cylinder)

원통(Cylinder) 명령어를 이용하여 원기둥 형태의 솔리드를 그릴 수 있습니다. 일반적인 원기둥이나 타원 형태의 원기둥이 필요한 경우 사용할 수 있고, 타원 형태의 원기둥의 경우 장축이나 단축의 길이를 갖는 형태의 원기둥을 그릴 수 있으며, 옵션의 이용은 Circle 명령어와 동일합니다.

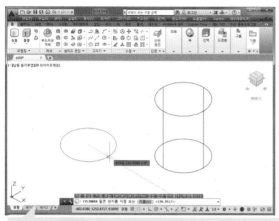
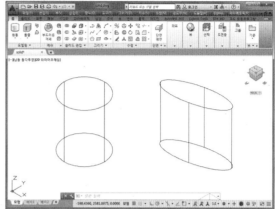

명령: CYL `Enter`
Cylinder
기준 중심점 지정 또는 [3P(3P)/2P(2P)/Ttr−접선 반지름(T)/타원형(E)]:
→ 원기둥의 중심점을 클릭하거나 옵션을 선택합니다.
밑면 반지름 지정 또는 [지름(D)] ⟨60.0000⟩:
→ 반지름값이나 지름값을 입력합니다.
높이 지정 또는 [2점(2P)/축 끝점(A)] ⟨300.0000⟩:
→ 높이값을 입력하거나 옵션을 선택합니다.

명령어 옵션 해설 ▼

원통(Cylinder) 명령어는 원추(Cone) 명령어나 구(Sphere)와 비슷한 옵션을 갖고 있습니다. 모두 원형을 기본으로 하는 형태이므로, 옵션으로는 중심점을 클릭하는 대신 옵션을 먼저 입력하고 기존의 객체의 접선을 기준으로 하거나 타원 형태의 원기둥 또는 사용자가 원하는 방향의 점을 기준으로 Z축 방향을 설정할 수 있습니다.

옵션	옵션 해설	옵션	옵션 해설
3P	세 점을 클릭하여 그 세 점을 지나는 원기둥을 그립니다.	타원형(E) Elliptical	타원형 원기둥을 그립니다.
2P	두 점을 클릭하여 그 두 점을 지나는 원기둥을 그립니다.	2점 2Point	원기둥의 높이값을 사용자가 원하는 두 지점의 좌표로 입력합니다.
Ttr−접선 반지름(T)	접선, 접선 반지름을 가진 원기둥을 그립니다.	축 끝점(A) Axis endpoint	원기둥의 Z축 양의 방향의 좌표를 입력합니다.
지름(D) Diameter	지름값을 입력하여 원기둥을 그립니다.		

4 원추(Cone)

원추(Cone) 명령어는 원뿔이나 타원뿔 형태의 솔리드를 그리는 명령어입니다. 따라서 원기둥처럼 먼저 원의 중심점의 위치를 클릭한 후 전체 높이값을 숫자나 마우스로 입력합니다. 그리고 이때 원뿔 밑면은 UCS 방향과 일치하도록 그려지고 타원뿔의 경우, 밑면은 타원인 Ellipse를 그리는 방법과 동일하게 장축과 단축을 입력하고 원뿔의 높이값을 입력하면 그립니다.

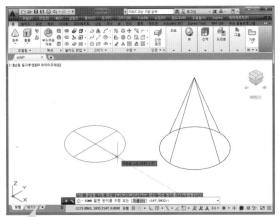 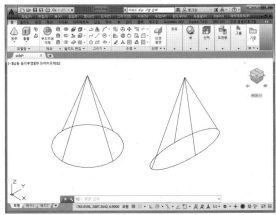

명령: CONE Enter
기준 중심점 지정 또는 [3P(3P)/2P(2P)/Ttr−접선 반지름(T)/타원형(E)]:
→ 원뿔의 중심점의 좌표를 선택합니다.
밑면 반지름 지정 또는 [지름(D)] ⟨120.0000⟩:
→ 원뿔의 반지름이나 지름값을 숫자로 입력하거나 마우스로 클릭합니다.
높이 지정 또는 [2점(2P)/축 끝점(A)/상단 반지름(T)] ⟨180.0000⟩:
→ 원뿔의 전체 높이값을 마우스나 숫자로 입력하거나 옵션을 선택합니다.

명령어 옵션 해설 ▼

원추(Cone)를 그리는 기본적인 방법인 중심점을 선택하고, 반지름값과 원뿔의 높이값을 입력하는 방법 외에 옵션을 이용하여 중심점 대신 2점이나 3점을 지나는 원뿔을 그리거나 기존 객체의 접선을 기준으로 원뿔을 그릴 수 있습니다. 타원형의 원뿔은 옵션을 지정하여 사용할 수 있으며, 축 끝점(A) 옵션을 이용하는 경우 사용자가 클릭하는 지점으로 원뿔의 Z축 방향을 결정하여 그릴 수 있습니다.

옵션	옵션 해설	옵션	옵션 해설
3P	세 점을 클릭하여 그 세 점을 지나는 원뿔을 그립니다.	타원형(E) Elliptical	타원형 원기둥을 그립니다.
2P	두 점을 클릭하여 그 두 점을 지나는 원뿔을 그립니다.	축 끝점(A) Axis endpoint	원기둥의 높이값을 사용자가 원하는 두 지점의 좌표로 입력합니다.
Ttr−접선 반지름(T)	접선, 접선 반지름을 가진 원뿔을 그립니다.	상단 반지름(T) Top radius	원기둥의 Z축 양의 방향의 좌표를 입력합니다.
지름(D) Diameter	지름값을 입력하여 원뿔을 그립니다.		

5 구(Sphere)

구(Sphere) 명령어는 공처럼 둥근 솔리드 모델링을 만듭니다. 구의 모양은 공과 같은 형태이므로 특별한 옵션은 없으며, 구체가 필요한 곳에 중심점과 반지름의 크기로 간단하게 그릴 수 있습니다.

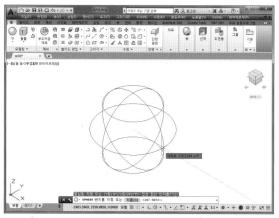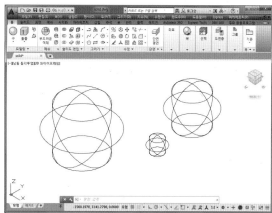

명령: SPHERE Enter
중심점 지정 또는 [3점(3P)/2점(2P)/Ttr-접선 반지름(T)]:
→ 중심점을 클릭하거나 옵션을 선택합니다.
반지름 지정 또는 [지름(D)] ⟨110.0000⟩:
→ 반지름값을 입력하거나 옵션을 이용하여 지름값을 입력합니다.

명령어 옵션 해설 ▼

구(Sphere) 솔리드는 공 모양의 모델이므로 형태는 단순하며 옵션은 원을 그리는 방법과 동일합니다. 옵션으로는 2점을 클릭하여 구를 그리거나 3점을 클릭하여 구를 그리는 옵션, 접선(Tangent)과 지름(Diameter)을 이용하여 구를 그립니다.

옵션	옵션 해설
3P	세 점을 클릭하여 그 세 점을 지나는 구를 그립니다.
2P	두 점을 클릭하여 그 두 점을 지나는 구를 그립니다.
Ttr-접선 반지름(T)	접선, 접선 반지름을 가진 구를 그립니다.
지름(D) Diameter	지름값을 입력하여 구를 그립니다.

6 피라미드(Pyramid)

Pyramid 형태의 솔리드 객체를 그립니다. 밑면은 사각형이고 각 변을 삼각형으로 끝이 뾰족한 형태의 피라미드이며, 옵션을 이용하여 3~1024각형의 다각형 형태의 피라미드를 제작할 수 있습니다.

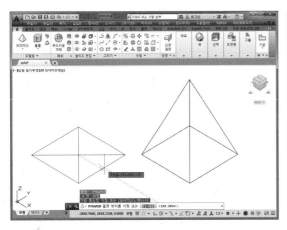 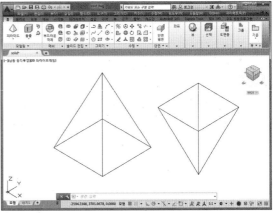

명령: PYR Enter
Pyramid
4면 외접
→ 현재 피라미드 밑면의 변의 개수와 내접, 외접의 상태를 표시합니다.
기준 중심점 지정 또는 [모서리(E)/변(S)]:
→ 피라미드의 중심점을 선택하거나 옵션을 선택합니다.
밑면 반지름 지정 또는 [내접(I)] ⟨100.0000⟩:
→ 피라미드의 반지름을 입력하거나 내접 또는 외접의 옵션을 선택합니다.
높이 지정 또는 [2점(2P)/축 끝점(A)/상단 반지름(T)] ⟨150.0000⟩:
→ 피라미드의 높이값을 입력합니다.

명령어 옵션 해설 ▼

변의 개수가 4개인 사각 면의 피라미드뿐만 아니라 다양한 다각형 형태의 피라미드를 그릴 수 있습니다. 각각의 변의 개수나 한 변의 길이를 입력하고 원에 내접하거나 외접하는 형태의 피라미드를 그릴 수 있습니다.

옵션	옵션 해설	옵션	옵션 해설
모서리(E) Edge	한 변의 길이값을 입력하여 피라미드를 그립니다.	2점(2P) 2Point	피라미드의 높이값을 2점을 클릭하여 입력합니다.
변(S) Sides	피라미드의 변의 개수를 입력합니다.	축 끝점(A) Axis endpoint	피라미드 꼭대기의 꼭짓점 위치를 사용자가 원하는 지점의 좌표로 입력합니다.
내접(I) Inscribed/ Circumscribed	원에 내접하거나 외접하는 옵션을 선택합니다.	상단 반지름(T) Top radius	피라미드 꼭짓점 부분의 반지름값을 입력하여 피라미드 위를 평평한 형태로 만듭니다.

7 쐐기(Wedge)

쐐기(Wedge)는 육면체를 샌드위치 모양의 삼각 형태로 자른 모양입니다. 명령어를 입력한 후 상자를 그릴 때와 같이 대각선 방향으로 드래그하여 길이값(Length), 높이값(Width)을 입력하고 깊이값(Height)을 입력한 다음 육면체를 그립니다. 쐐기(Wedge) 객체의 바닥 면은 육면체 형태와 동일한 사각형 형태로 그려지고 높이값을 입력하면 대각선 방향의 반쪽이 없는 샌드위치 형태의 객체가 만들어집니다.

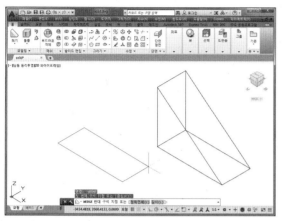 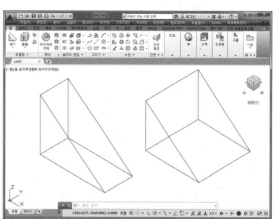

명령: WE Enter
Wedge
첫 번째 구석 지정 또는 [중심(C)]:
→ 쐐기의 한쪽 구석 점을 클릭합니다.
반대 구석 지정 또는 [정육면체(C)/길이(L)]:
→ 쐐기의 대각선 지점을 클릭합니다.
높이 지정 또는 [2점(2P)] ⟨245.0000⟩:
→ 마우스로 클릭하거나 숫자를 이용해 쐐기의 깊이값을 입력합니다.

명령어 옵션 해설 ▼

쐐기(Wedge)를 이용하여 쐐기 모양의 솔리드 객체를 그리는 옵션으로, 정육면체 형태의 쐐기나 가로, 세로, 깊이를 숫자로 입력하는 등 기본 입력 방법을 벗어난 형태의 쐐기 객체를 그릴 수 있습니다.

옵션	옵션 해설
중심(C) CenterWedge	객체의 XYZ 평면을 기준으로 정중앙을 먼저 선택하여 객체를 그리는 방법으로 [Center] 옵션을 지정하면 Wedge의 가로, 세로, 높이의 중심부를 먼저 선택한 후에 그리는 것입니다.
정육면체(C) Cube	가로, 세로, 높이값이 같은 Wedge를 그립니다.
길이(L) Length	대각선의 반대편으로 드래그하지 않고 가로, 세로 길이값을 수치로 입력합니다.
2점(2P) 2Point	클릭한 두 점 사이의 길이값이 Wedge의 Height값이 되도록 합니다.

8 토러스(Torus)

안쪽이 뚫린 형태의 도넛 모양으로 만들어 지는 토러스(Torus) 솔리드 객체를 그릴 수 있습니다. 토러스 튜브의 전체 지름과 튜브 자체의 지름값을 이용하여 도넛을 만들 수 있습니다. 수영장에서 사용하는 튜브와 같은 모양입니다.

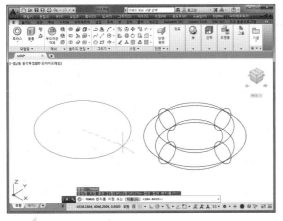
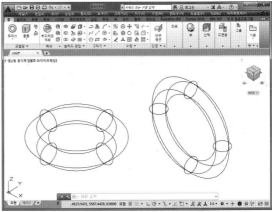

명령: TOR Enter

Torus
중심점 지정 또는 [3점(3P)/2점(2P)/Ttr-접선 반지름(T)]:
→ 쐐기의 중심점을 선택합니다.
반지름 지정 또는 [지름(D)] ⟨120.0000⟩:
→ 쐐기 전체의 반지름이나 지름값을 입력합니다.
튜브 반지름 지정 또는 [2점(2P)/지름(D)] ⟨50.0000⟩:
→ 쐐기 튜브의 반지름값이나 지름값을 입력합니다.

명령어 옵션 해설 ▼

토러스 명령어의 옵션은 구체 솔리드를 그리는 옵션과 동일합니다. 원기둥이나 원뿔기둥 등과 같이 기본값을 벗어나 2점이나 3점을 지나는 도넛 모양을 그리거나 접선을 지나는 도넛 모양의 객체를 그릴 수 있습니다.

옵션	옵션 해설
3점(3P) 3P	세 점을 클릭하여 그 세 점을 지나는 Torus를 그립니다.
2점(2P) 2P	두 점을 클릭하여 그 두 점을 지나는 Torus를 그립니다.
Ttr-접선 반지름(T) Ttr	접선, 접선 반지름을 가진 Torus를 그립니다.
지름(D) Diameter	지름값을 입력하여 Torus를 그립니다.

명령어 실습하기(1) ▼

솔리드 객체를 그리는 방법을 익히면서 다양한 쓰임새에 대해 알아봅니다. 6개의 솔리드 객체이므로 연관 있는 객체들을 기준으로 묶어 실습을 통해 그려보도록 합니다. 기본체를 그릴 수 있으면 응용 명령어를 이용하여 모델링하기 쉬워집니다.

● 실습 파일: Sample/3DEX05.dwg   ● 완성 파일: Sample/3DEX05-F.dwg

01 Open 명령어를 이용하여 'Sample/3DEX05.dwg' 파일을 엽니다. 관측 시점이 3차원인 빈 화면이 나타납니다. 먼저 'Box' 명령어를 입력하고 또는 리본 메뉴의 상자를 클릭하여 순서에 맞춰 좌표값을 입력하여 정확한 크기의 상자를 그립니다.

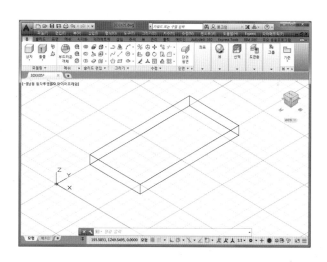

명령: BOX [Enter]
첫 번째 구석 지정 또는 [중심(C)]: 0,200 [Enter]
반대 구석 지정 또는 [정육면체(C)/길이(L)]: @300,600 [Enter]
높이 지정 또는 [2점(2P)] ⟨200.0000⟩: 50 [Enter]

02 상자를 다시 그립니다. [Enter]를 누르거나 명령어를 입력하고 그림의 위치를 객체 스냅으로 상자의 첫 번째 모서리 지점으로 선택합니다.

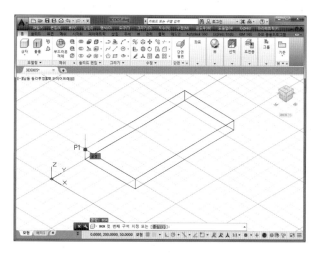

명령: BOX [Enter]
첫 번째 구석 지정 또는 [중심(C)]: P1점 클릭

03 반대편은 가로 300단위, 세로 100단위가 되도록 '@300,100'을 입력하고 상자의 높이는 '100'을 입력합니다.

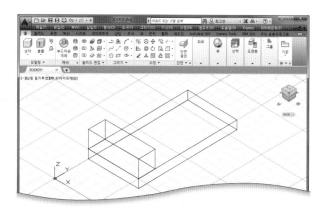

반대 구석 지정 또는 [정육면체(C)/길이(L)]: @300,100 [Enter]
높이 지정 또는 [2점(2P)] ⟨50.0000⟩: 100 [Enter]

04 이번에는 쐐기를 그리도록 합니다. 리본 메뉴에서 쐐기를 선택하거나 명령어의 단축키인 'WE'를 입력하고 다음의 지점을 객체 스냅으로 선택한 후 좌표값과 수치를 입력하여 쐐기를 그립니다.

명령: WE Enter
Wedge
첫 번째 구석 지정 또는 [중심(C)]: P2점 클릭
반대 구석 지정 또는 [정육면체(C)/길이(L)]: @300,-100 Enter
높이 지정 또는 [2점(2P)] ⟨50.0000⟩: 50 Enter

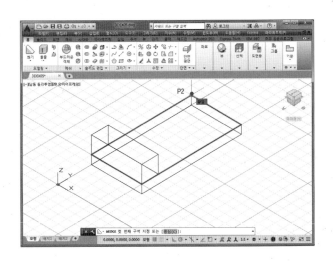

05 만들어진 솔리드 객체의 완성 모습을 보기 위하여 그림과 같이 Hide를 입력하여 확인합니다.

명령: HI Enter
Hide 모형 재생성 중 …

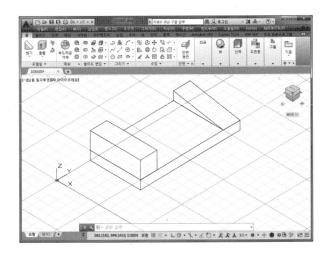

06 이번에는 쐐기를 한 번 더 그려봅니다. 마우스로 드래그하여 그리기 위하여 리본 메뉴나 명령어를 입력하고 다음의 지점을 쐐기의 모서리 첫 번째 지점으로 선택합니다.

명령: WE Enter
Wedge
첫 번째 구석 지정 또는 [중심(C)]: P3점 클릭

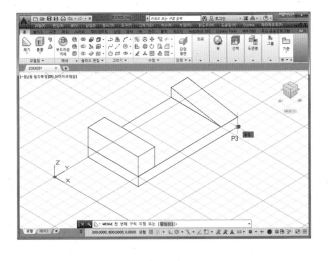

07 쐐기의 바닥 면의 대각선 모서리 지점을 클릭하기 위하여 반대편으로 마우스를 드래그합니다.

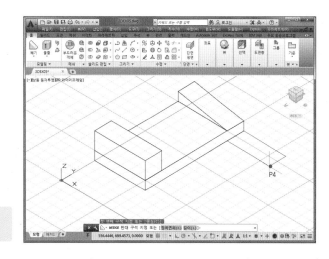

반대 구석 지정 또는 [정육면체(C)/길이(L)]: P4점으로 드래그 후 클릭

08 바닥의 가로 세로의 크기가 정해지면 높 이값을 입력하기 위하여 마우스를 위로 드래그합니다. 마우스가 드래그된 거리만큼 쐐기의 높이값이 입력되어 그림과 같은 쐐기 가 그려집니다.

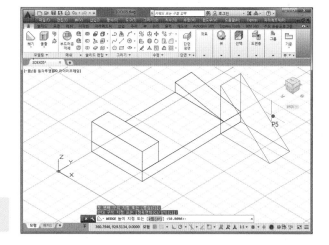

높이 지정 또는 [2점(2P)] 〈50.0000〉: P5점으로 드래그 후 클릭

09 이번에는 상자도 마우스로 그려보겠습 니다. 리본 메뉴에서 상자를 클릭하거 나 BOX 명령어를 입력하고 그림과 같이 마우 스로 임의의 지점을 선택하고 드래그하여 크 기를 정합니다.

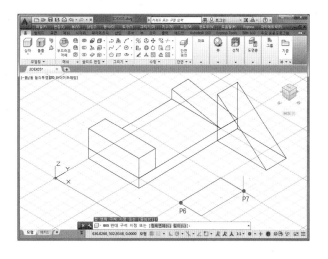

명령: BOX Enter
첫 번째 구석 지정 또는 [중심(C)]: P6점 클릭
반대 구석 지정 또는 [정육면체(C)/길이(L)]: P7점 클릭

10 가로와 세로의 크기가 결정되면 마우스를 위로 드래그하여 높이값이 입력되도록 한 후 클릭하면 그림과 같은 상자가 그려집니다.

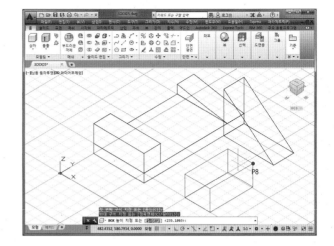

높이 지정 또는 [2점(2P)] 〈235.1803〉: P8점 클릭

11 끝으로 상자의 가로와 세로 높이에 해당하는 값을 일일이 숫자로 입력해보겠습니다. BOX 명령어를 입력하고 상자의 시작점을 클릭하고 길이값 조절을 위하여 'L' 옵션을 입력한 후 그림과 같이 가로, 세로, 높이의 값을 입력합니다.

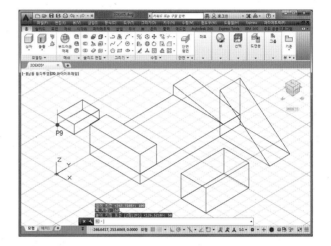

명령: BOX Enter
첫 번째 구석 지정 또는 [중심(C)]: P9점 클릭
반대 구석 지정 또는 [정육면체(C)/길이(L)]: L Enter
길이 지정 〈243.3105〉: 100 Enter
폭 지정: 150 Enter
높이 지정 또는 [2점(2P)] 〈126.5210〉: 50 Enter

명령어 실습하기(2) ▼

이번 실습은 솔리드 객체 중에 원형으로 되어 있는 솔리드를 그려보는 연습을 하겠습니다. 원통이나 원추, 구를 그리는 방법을 연습하고 명령어를 이용하는 방법을 학습하도록 합니다.

● 실습 파일: Sample/3DEX06.dwg ● 완성 파일: Sample/3DEX06-F.dwg

01 Open 명령어를 이용하여 'Sample/ 3DEX06.dwg' 파일을 엽니다. 관측 시점이 3차원인 빈 화면이 나타납니다. 먼저 원통 명령어의 단축키인 'CYL'을 입력하거나 리본 메뉴의 원통을 클릭한 후 순서에 맞춰 좌 표값과 크기값을 입력하여 그림과 같은 원통 을 그립니다.

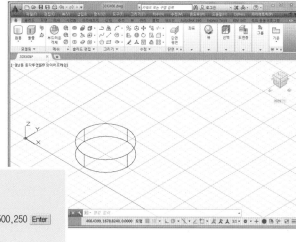

명령: CYL Enter
Cylinder
기준 중심점 지정 또는 [3P(3P)/2P(2P)/Ttr-접선 반지름(T)/타원형(E)]: 500,250 Enter
밑면 반지름 지정 또는 [지름(D)]: 200 Enter
높이 지정 또는 [2점(2P)/축 끝점(A)]: 100 Enter

02 그려진 원통 위에 작은 반지름을 가진 긴 원통을 그려봅니다. CYL 명령어를 입력하거나 리본 메뉴의 원통 명령어를 클릭 하면 그려지는 원통의 윗면 중심점을 객체 스 냅으로 선택합니다.

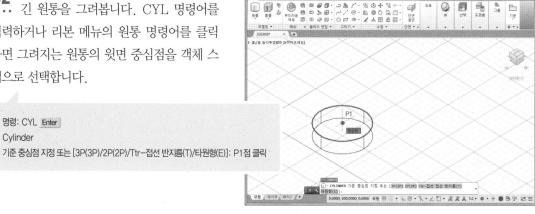

명령: CYL Enter
Cylinder
기준 중심점 지정 또는 [3P(3P)/2P(2P)/Ttr-접선 반지름(T)/타원형(E)]: P1점 클릭

03 반지름의 값과 원통의 높이값을 그림과 같 이 입력하여 긴 형태의 원통을 만듭니다.

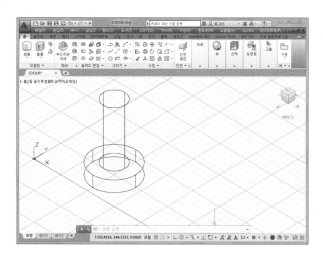

밑면 반지름 지정 또는 [지름(D)] ⟨200.0000⟩: 100 Enter
높이 지정 또는 [2점(2P)/축 끝점(A)] ⟨100.0000⟩: 500 Enter

04 이번에는 원통 위에 구체를 넣기 위하여 Sphere 명령어를 입력하거나 리본 메뉴의 구 명령어를 클릭하고 그림과 같이 원통의 윗면의 중심점을 객체 스냅으로 정확히 클릭하고 반지름을 입력합니다.

명령: SPHERE Enter
중심점 지정 또는 [3점(3P)/2점(2P)/Ttr-접선 반지름(T)]: P2점 클릭
반지름 지정 또는 [지름(D)] ⟨100.0000⟩: 120 Enter

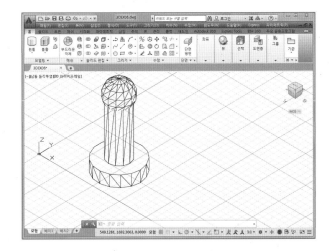

05 원통과 구가 제대로 그려졌는지 확인하기 위하여 은선을 제거하는 Hide 명령어를 입력하고 확인합니다.

명령: HI Enter
Hide 모형 재생성 중 ...

06 구체이다 보니 표면이 많이 거칠어 보입니다. 솔리드 객체의 구체 표면의 정밀도를 조절하는 Facetres 변수를 입력한 후 숫자를 높인 후 Hide 명령어로 확인해보면 그림처럼 부드럽게 보입니다.

명령: FACETRES Enter
Facetres에 대한 새 값 입력 ⟨0.5000⟩: 2 Enter

명령: HI Enter
Hide 모형 재생성 중 ...

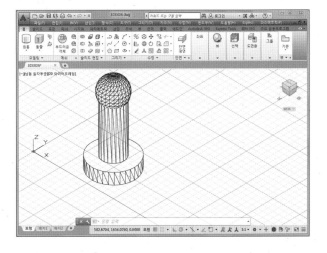

07 원추를 그리기 위해 Cone 명령어를 입력
하거나 리본 메뉴의 원추를 클릭하고 다
음의 지점을 마우스로 클릭, 드래그하여 원추의
중심점과 반지름값을 마우스로 입력합니다.

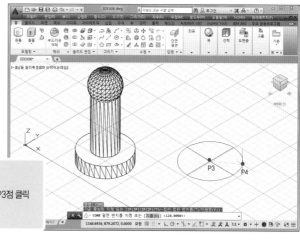

명령: CONE Enter
기준 중심점 지정 또는 [3P(3P)/2P(2P)/Ttr-접선 반지름(T)/타원형(E)]: P3점 클릭
밑면 반지름 지정 또는 [지름(D)] ⟨120.0000⟩: P4점 클릭

08 원추의 높이값도 마우스로 드래그하여
마우스의 이동거리가 들어가도록 드래
그하여 다음의 P5점을 클릭하도록 합니다.

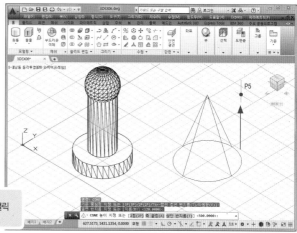

높이 지정 또는 [2점(2P)/축 끝점(A)/상단 반지름(T)] ⟨500.0000⟩: P5점 클릭

09 그려진 원통과 원추 객체의 밑면을 모두
만나는 원통을 그리기 위해 CYL 명령어
를 입력하고 접선 반지름에 해당하는 [Ttr] 옵션
을 선택하여 그림과 같은의 위치를 접점으로 클
릭합니다.

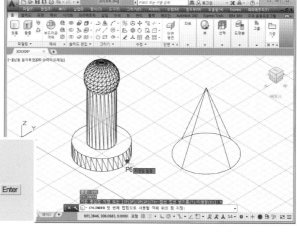

명령: CYL Enter
Cylinder
기준 중심점 지정 또는 [3P(3P)/2P(2P)/Ttr-접선 반지름(T)/타원형(E)]: T Enter
첫 번째 접점으로 사용할 객체 위의 점 지정: P6점 클릭

10 두 번째 만나야 하는 접점의 위치는 옆의 원추 객체의 그림과 같은 지점을 마우스로 클릭합니다.

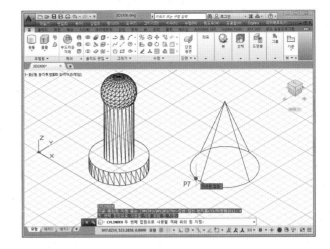

두 번째 접점으로 사용할 객체 위의 점 지정: P7점 클릭

11 그려질 원통의 반지름과 높이값을 입력하면 그림과 같이 왼쪽의 원통과 오른쪽의 원추 객체를 만나는 원통이 그려집니다.

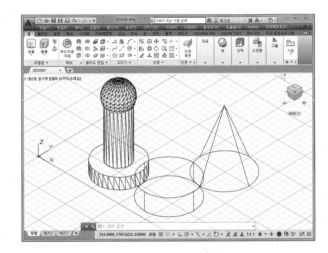

원의 반지름 지정 〈230.4409〉: 230 Enter
높이 지정 또는 [2점(2P)/축 끝점(A)] 〈520.9690〉: 150 Enter

12 Hide 명령어를 입력하여 그림과 같이 그려진 객체를 최종 확인합니다.

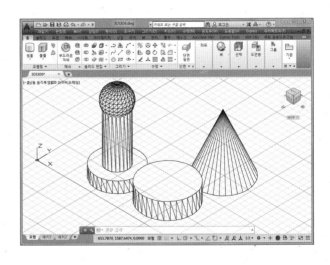

명령: HI Enter
Hide 모형 재생성 중 …

솔리드 객체의 Display 관리 변수 'Facetres'

솔리드 명령어로 만든 객체를 Hide 명령어를 통해 완성 예상도를 보게 되면 사각면의 경우에는 특별하지 않지만 원통, 원뿔 등의 구체의 경우에는 선분의 정밀도가 떨어져 굉장히 거칠어 보입니다. 이때에는 'Facetres'를 이용하여 모델링의 특성에 맞게 화면 표시 정밀도를 조절할 수 있습니다.

곡선 부분이 많은 곳은 숫자를 높게 설정하고 곡선이 없는 경우에는 숫자를 낮게 설정하여 용량이나 화면 표시 속도를 관리할 수 있습니다. 0.1~10 정도의 수치로 조절할 수 있으며, 숫자가 높을수록 정밀도도 높아집니다.

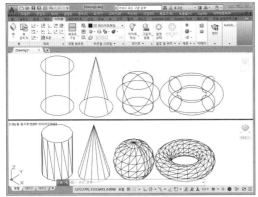 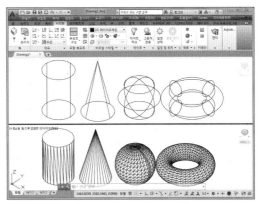

FACETRES=0.5   FACETRES=2.5

명령어 실습하기(3) ▼

이번 실습은 솔리드 객체 중에 원형으로 되어 있는 솔리드를 그려보는 연습을 하겠습니다. 원통이나 원추, 구를 그리는 방법을 연습하고 명령어를 이용하는 방법을 학습하도록 합니다.

● 실습 파일: Sample/3DEX07.dwg ● 완성 파일: Sample/3DEX07-F.dwg

01 Open 명령어를 이용하여 'Sample/3DEX07.dwg' 파일을 엽니다. 관측 시점이 3차원인 빈 화면이 나타납니다. 먼저 피라미드 명령어의 단축키인 'PYR'을 입력하거나 리본 메뉴의 피라미드를 클릭한 후 순서에 맞춰 좌표값과 크기값을 입력하여 다음과 같은 원통을 그립니다.

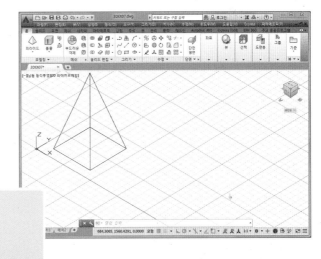

명령: PYR Enter
4면 외접
기준 중심점 지정 또는 [모서리(E)/변(S)]: 250,250 Enter
밑면 반지름 지정 또는 [내접(I)] ⟨241.4902⟩: @170⟨0 Enter
높이 지정 또는 [2점(2P)/축 끝점(A)/상단 반지름(T)] ⟨626.2141⟩: 600 Enter

02 토러스를 그리기 위해 'Torus'를 입력하거나 리본 메뉴의 토러스를 클릭하고 마우스로 클릭하여 토러스의 전체 크기를 결정합니다.

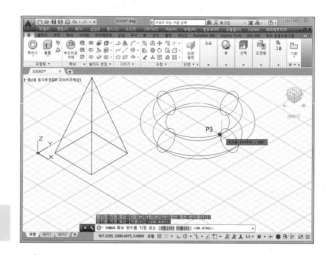

명령: TORUS Enter
중심점 지정 또는 [3점(3P)/2점(2P)/Ttr-접선 반지름(T)]: P1점 클릭
반지름 지정 또는 [지름(D)] ⟨240.4163⟩: P2점 클릭

03 토러스 안쪽으로 드래그하여 튜브의 두께를 결정합니다. 마우스로 안쪽으로 조금씩 드래그한 후 다음의 P3점을 클릭하면 토러스가 완성됩니다.

튜브 반지름 지정 또는 [2점(2P)/지름(D)] ⟨90.4796⟩: P3점 클릭

04 이번에는 토러스를 수치로 연산해보도록 합니다. 'TORUS'를 입력하거나 리본 메뉴의 토러스를 클릭하고 좌표값과 숫자를 입력하여 정확한 크기의 토러스를 그립니다.

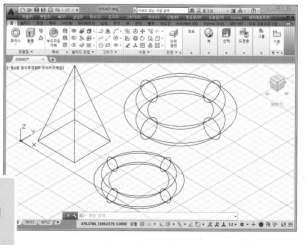

명령: TORUS Enter
중심점 지정 또는 [3점(3P)/2점(2P)/Ttr-접선 반지름(T)]: 860,250 Enter
반지름 지정 또는 [지름(D)] ⟨295.1562⟩: 250 Enter
튜브 반지름 지정 또는 [2점(2P)/지름(D)] ⟨78.1977⟩: 50 Enter

05 객체의 완성도를 보기 위하여 Hide 명령어를 입력하여 그림과 같이 완성된 객체를 확인합니다.

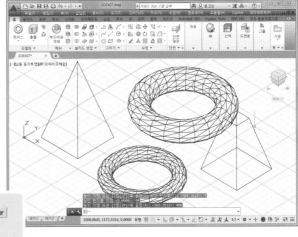

명령: HI Enter
Hide 모형 재생성 중 …

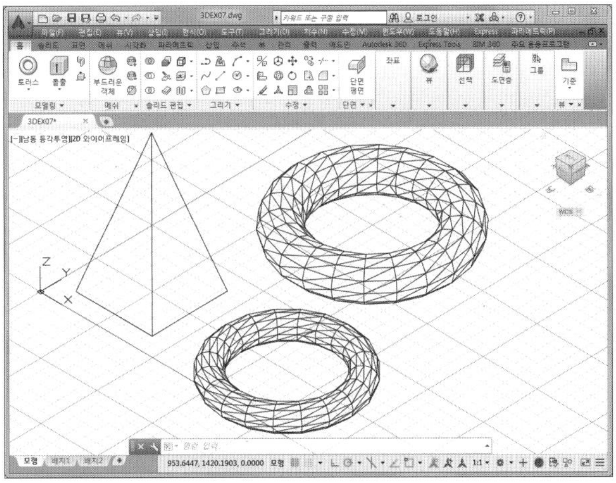

06 피라미드를 그리기 위해 명령어를 입력한 후 그림과 같은 위치를 마우스로 클릭하고 반지름값을 입력합니다.

명령: PYR Enter
Pyramid
4면 외접
기준 중심점 지정 또는 [모서리(E)/변(S)]: P4점 클릭
밑면 반지름 지정 또는 [내접(I)] ⟨297.6807⟩: 170 Enter

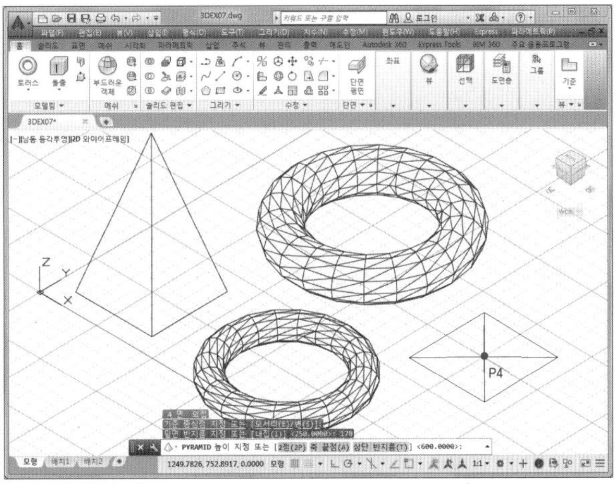

07 피라미드의 상부를 뾰족하지 않고 절단된 면이 생기도록 상단 반지름(T) 옵션을 선택한 후 상단 반지름값에 '60'을 입력한 후 높이값을 입력합니다.

높이 지정 또는 [2점(2P)/축 끝점(A)/상단 반지름(T)] ⟨365.3612⟩: T Enter
상단 반지름 지정 ⟨0.0000⟩: 60 Enter
높이 지정 또는 [2점(2P)/축 끝점(A)] ⟨365.3612⟩: 400 Enter

08 전체적인 완성도를 확인하기 위하여 다음과 같이 'Hide'를 입력하여 객체들을 확인합니다.

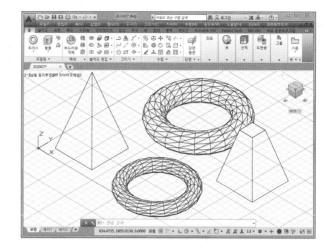

명령: HI `Enter`
Hide 모형 재생성 중 …

9 벽체를 만드는 두께와 높이를 갖는 Polysolid

'Polysolid'라는 명령어의 폴리솔리드는 기존의 2D Pline에 해당하는 폴리선처럼 두께를 갖는 선분을 그릴 수 있으며 이는 솔리드 객체라는 특성을 가지므로 3차원의 높이값도 갖습니다. 즉, 건축도면의 벽체를 만들 때 해당 벽체의 두께와 높이를 입력한 후 벽선을 따라 그리면 자동으로 벽체가 그려지게 되는 것입니다. 또한 폴리솔리드는 기존의 선이나 2D 폴리선에 해당하는 PLINE, 호, 원, 직사각형의 Rectang 등도 변환이 가능합니다.

메뉴	리본 메뉴	명령 행
[그리기(D)-모델링(M)-폴리솔리드(P)]	[홈] 탭-[모델링] 패널-[폴리솔리드]	Polysolid(단축 명령어: PSOLID)

명령어 사용법 ▼

명령어를 입력하고 명령어 실행 시 나타나는 기본값을 확인하여 해당 옵션을 원하는 옵션으로 바꾸거나 그대로 좌표 또는 마우스를 이용하여 선을 그립니다.

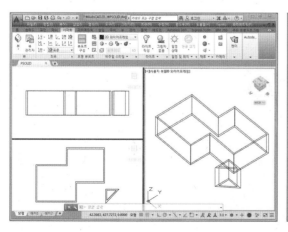
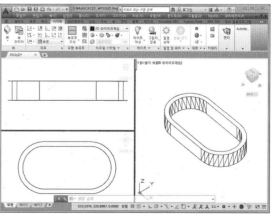

명령: PSOLID Enter
Polysolid
높이=80.0000, 폭=5.0000, 자리 맞추기=중심
시작점 지정 또는 [객체(O)/높이(H)/폭(W)/자리 맞추기(J)] 〈객체〉:
→ 폴리솔리드의 시작점의 위치를 입력합니다.
다음 점 지정 또는 [호(A)/명령 취소(U)]:
→ 폴리솔리드의 다음 점의 위치를 입력합니다.
다음 점 지정 또는 [호(A)/명령 취소(U)]:
→ 폴리솔리드의 다음 점의 위치나 옵션을 입력합니다.
다음 점 지정 또는 [호(A)/닫기(C)/명령 취소(U)]: C Enter
→ 폴리솔리드의 시작점과 끝점을 연결하여 닫고 명령어를 종료합니다.

명령어 옵션 해설 ▼

폴리솔리드를 이용하여 두께 있는 선분을 그릴 수 있습니다. 다만 원하는 두께와 높이, 호 모양이나 미리 그려진 객체를 변환하는 등의 내용은 옵션을 이용하여 그릴 수 있습니다. Pline 명령어와 마찬가지로 선과 호를 동시에 그릴 수 있으며, 연속하는 선과 곡선을 그리기에 적당하지만 호를 그리는 옵션은 원래의 Arc 명령어를 사용할 때처럼 다양하지 않으므로 주의해야 합니다.

옵션	옵션 해설
객체(O) ObjectPline	명령어로 그려진 모든 객체는 Psolid의 두께와 높이값으로 Psolid로 변경할 수 있습니다. 하지만 객체의 성분은 모두 Pline으로 그려진 객체여야 하며 Polygon이나 Circle, Rectangle 명령어 등으로 그려진 객체는 바로 Psolid로 변경이 가능합니다.
높이(H) Height	폴리솔리드(Psolid) 객체의 전체 높이값을 조절합니다.
폭(W) Width	폴리솔리드(Psolid) 객체의 가로 두께값을 조절합니다.
자리 맞추기(J) Justify	폴리솔리드(Psolid) 객체의 두께 시작점의 정렬 위치를 조절합니다. 왼쪽(L)/중심(C)/오른쪽(R)의 세 가지의 위치로 조절합니다.
호(A) Arc	폴리솔리드(Psolid) 객체를 호로 연결하여 그립니다.
닫기(C) Close	폴리솔리드(Psolid) 객체의 시작점과 마지막 점을 연결하여 닫고 명령어를 종료합니다.
명령 취소(U) Undo	바로 이전 단계에 그려진 폴리솔리드(Psolid) 객체의 실행을 취소합니다.

명령어 실습하기 ▼

Polysolid에 해당하는 폴리솔리드의 경우 간단하게 벽체를 세우거나 간단한 선과 호로 이루어진 객체를 변경할 수 있습니다. 다음의 폴리솔리드 기본 형태를 학습하고 옵션을 이용하는 방법을 익혀보도록 합니다.

● 실습 파일: Sample/3DEX08.dwg   ● 완성 파일: Sample/3DEX08-F.dwg

01 Open 명령어를 이용하여 'Sample/ 3DEX08.dwg' 파일을 연 후 리본 메뉴의 [폴리솔리드] 아이콘을 클릭하거나 단축키인 'Psolid'를 입력한 후 그림과 같은 지점을 클릭하여 시작합니다.

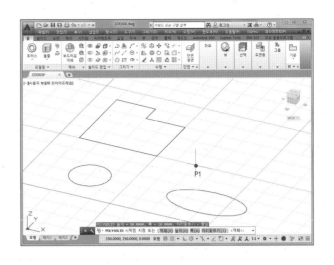

명령: PSOLID Enter
Polysolid
높이=80.0000, 폭=10.0000, 자리 맞추기=중심
시작점 지정 또는 [객체(O)/높이(H)/폭(W)/자리 맞추기(J)] 〈객체〉: P1점 클릭

02 가로, 세로의 길이가 100단위의 사각통을 그려봅니다. 상대 좌표나 상대 극좌표를 이용하여 입력한 후 [C] 옵션을 이용하여 시작점과 끝점을 닫고 명령어를 종료합니다.

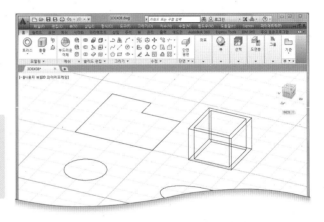

다음 점 지정 또는 [호(A)/명령 취소(U)]: @100〈90 Enter
다음 점 지정 또는 [호(A)/명령 취소(U)]: @100〈0 Enter
다음 점 지정 또는 [호(A)/닫기(C)/명령 취소(U)]: @100〈-90 Enter
다음 점 지정 또는 [호(A)/닫기(C)/명령 취소(U)]: C Enter

03 그려진 사각형의 형태를 보기 위해 'Hide'를 입력하여 확인한 후 폴리솔리드 명령어를 입력합니다. 그런 다음 폭과 높이를 새로 지정하고 그림과 같이 선을 하나 그려봅니다.

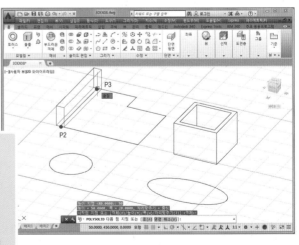

명령: HI Enter
Hide 모형 재생성 중 …

명령: PSOLID Enter
POLYSOLID
높이=80.0000, 폭=10.0000, 자리 맞추기=중심
시작점 지정 또는 [객체(O)/높이(H)/폭(W)/자리 맞추기(J)] 〈객체〉: W Enter
폭 지정 〈10.0000〉: 20 Enter
높이=80.0000, 폭=20.0000, 자리 맞추기=중심
시작점 지정 또는 [객체(O)/높이(H)/폭(W)/자리 맞추기(J)] 〈객체〉: H Enter
높이 지정 〈80.0000〉: 50 Enter
높이=50.0000, 폭=20.0000, 자리 맞추기=중심
시작점 지정 또는 [객체(O)/높이(H)/폭(W)/자리 맞추기(J)] 〈객체〉: P2점 클릭
다음 점 지정 또는 [호(A)/명령 취소(U)]: P3점 클릭
다음 점 지정 또는 [호(A)/명령 취소(U)]: Enter

04 그려져 있는 기준선에 맞추어 그리다보니 폴리솔리드의 폭의 중간점을 기준으로 그려진다는 것을 알았습니다. 이번에는 [자리 맞추기] 옵션을 통해 보조선 안쪽으로 폴리솔리드가 그려지도록 그림과 같이 옵션을 변경하고 선을 그려보겠습니다.

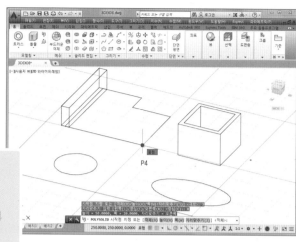

명령: PSOLID Enter
Polysolid
높이=50.0000, 폭=20.0000, 자리 맞추기=중심
시작점 지정 또는 [객체(O)/높이(H)/폭(W)/자리 맞추기(J)] 〈객체〉: J Enter
자리 맞추기 입력 [왼쪽(L)/중심(C)/오른쪽(R)] 〈중심(C)〉: R Enter
높이=50.0000, 폭=20.0000, 자리 맞추기=오른쪽
시작점 지정 또는 [객체(O)/높이(H)/폭(W)/자리 맞추기(J)] 〈객체〉: P4점 클릭

05 P4점에 이어서 P5점을 클릭해보면 그려져 있던 보조선 안쪽으로 두께가 있는 폴리 솔리드가 그려지는 것을 면 처리할 수 있습니다.

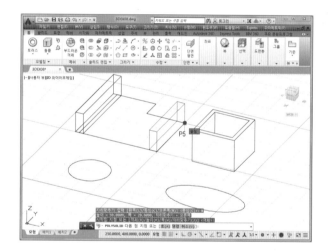

다음 점 지정 또는 [호(A)/명령 취소(U)]: P5점 클릭
다음 점 지정 또는 [호(A)/명령 취소(U)]: Enter

06 이미 그려진 원이나 타원을 폴리솔리드로 변경해보도록 하겠습니다. 객체(O) 옵션을 이용하여 그려진 원을 선택합니다.

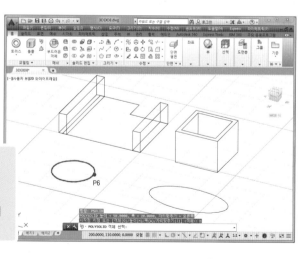

명령: PSOLID Enter
Polysolid
높이=50.0000, 폭=20.0000, 자리 맞추기=오른쪽
시작점 지정 또는 [객체(O)/높이(H)/폭(W)/자리 맞추기(J)] 〈객체〉: O Enter
객체 선택: P6점 클릭

07 이번에는 타원도 변경해보겠습니다. 폴리솔리드 명령어를 입력한 후 객체 옵션을 입력하고 타원을 클릭합니다.

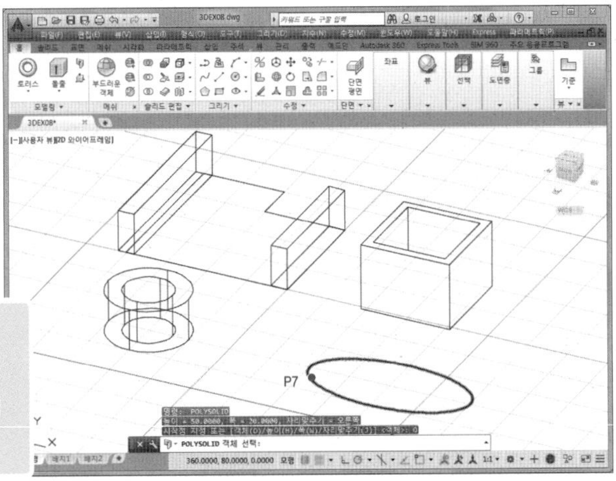

명령: PSOLID Enter
높이=50.0000, 폭=20.0000, 자리 맞추기=오른쪽
시작점 지정 또는 [객체(O)/높이(H)/폭(W)/자리 맞추기(J)] 〈객체〉: O Enter
객체 선택: P7점 클릭

08 화면을 재생성한 후 마우스 휠을 누른 채 오른쪽에서 왼쪽으로 화면을 이동 시켜 빈 공간을 확보합니다.

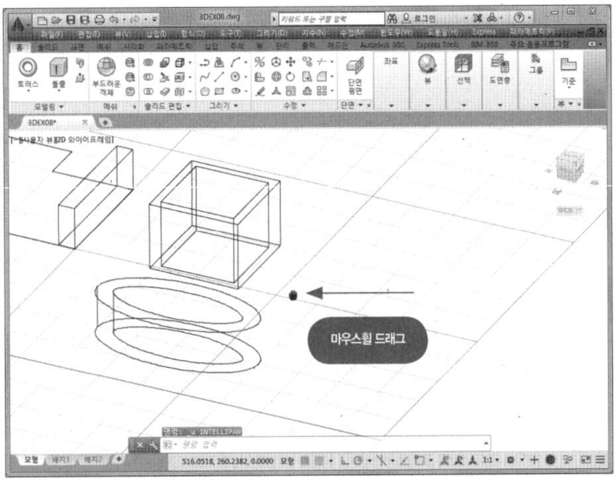

명령: RE Enter
REGEN 모형 재생성 중 …

09 이번에는 선과 호를 이어 선을 그려보도록 합니다. 리본 메뉴나 명령어를 입력한 후 그림과 같이 마우스로 클릭하여 선을 그리고 호를 그리기 위한 옵션인 'A'를 입력합니다.

명령: PSOLID Enter
Polysolid
높이=50.0000, 폭=20.0000, 자리 맞추기=오른쪽
시작점 지정 또는 [객체(O)/높이(H)/폭(W)/자리 맞추기(J)] 〈객체〉: P8점 클릭
다음 점 지정 또는 [호(A)/명령 취소(U)]: P9점 클릭
다음 점 지정 또는 [호(A)/명령 취소(U)]: A Enter

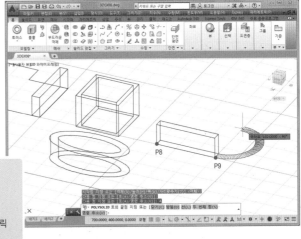

10 호 옵션을 이용하면 호가 나타나므로 P10점을 클릭하여 호를 그린 후 다시 선을 그리는 옵션 'L'을 입력하고 다음 점을 그립니다.

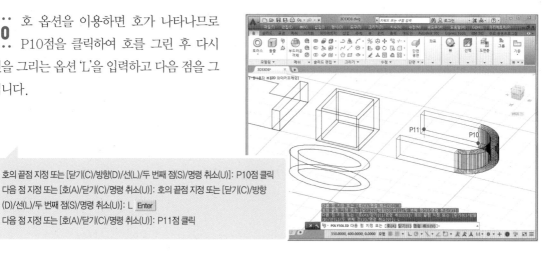

호의 끝점 지정 또는 [닫기(C)/방향(D)/선(L)/두 번째 점(S)/명령 취소(U)]: P10점 클릭
다음 점 지정 또는 [호(A)/닫기(C)/명령 취소(U)]: 호의 끝점 지정 또는 [닫기(C)/방향 (D)/선(L)/두 번째 점(S)/명령 취소(U)]: L Enter
다음 점 지정 또는 [호(A)/닫기(C)/명령 취소(U)]: P11점 클릭

11 이제 시작점과 마지막 점을 호로 연결하여 닫고 명령어를 종료하기 위하여 호 옵션 'A'를 입력한 후 닫기 옵션 'C'를 입력하고 명령어를 종료합니다. 선과 호가 이어진 폴리솔리드가 그려집니다.

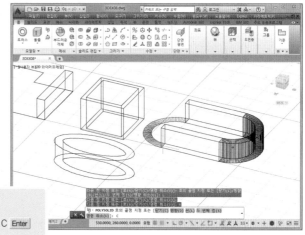

다음 점 지정 또는 [호(A)/닫기(C)/명령 취소(U)]: A Enter
호의 끝점 지정 또는 [닫기(C)/방향(D)/선(L)/두 번째 점(S)/명령 취소(U)]: C Enter

12 Hide 명령어를 이용하여 폴리솔리드의 완성된 모습을 확인합니다.

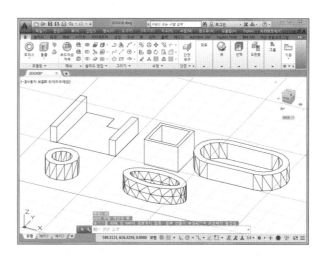

명령: HI Enter
Hide 모형 재생성 중 ...

10 객체를 돌출시켜 만드는 솔리드인 Extrude

2차원 폴리 객체(Line, Circle, Arc, Pline, Rectang, Polygon 등)들이나 3차원 면객체를 거리와 방향을 지정하여 돌출시켜서 3차원 객체로 만들어줍니다. 특히 닫혀 있지 않은 객체의 경우 서페이스 표면 객체가 되며 닫혀 있는 객체는 3차원 솔리드 객체가 되는 점이 다릅니다.

메뉴	리본 메뉴	명령 행
[그리기(D)-모델링(M)-돌출(X)]	[홈] 탭-[모델링] 패널-[돌출] 🔳	Extrude(단축 명령어: EXT)

명령어 사용법 ▼

2D 객체를 선택하여 원하는 두께와 방향으로 두께를 돌출시켜 솔리드 객체를 만드는 것을 원칙으로 합니다. 경사각을 입력하여 솔리드 객체를 만드는 것이므로, 각도에 따라 만들어지지 않는 객체가 생길 수도 있습니다. 다만, 열린 객체의 경우에는 서페이스 표면 객체로 전환되므로 주의해야 하며, 솔리드 객체의 속성을 지키기 위해서는 닫힌 폴리선을 기준으로 그리도록 합니다. 리본 메뉴의 모델링의 돌출을 누르거나 Extrude의 단축키인 'EXT'를 입력하고 객체를 선택한 후 돌출 두께를 넣거나 옵션을 이용하여 제어합니다.

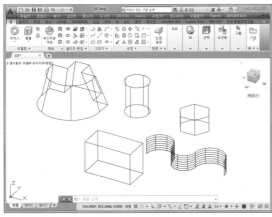

다양한 돌출 객체 와이어 프레임

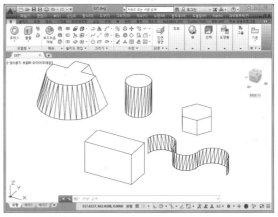

다양한 돌출 객체 은선 제거

명령: EXT Enter
Extrude
현재 와이어 프레임 밀도: ISOLINES=4, 닫힌 윤곽 작성 모드=솔리드
돌출할 객체 선택 또는 [모드(MO)]:
→ 돌출할 객체를 선택합니다.
돌출할 객체 선택 또는 [모드(MO)]: Enter
→ 선택이 완료되면 Enter 를 눌러 선택을 종료합니다.
돌출 높이 지정 또는 [방향(D)/경로(P)/테이퍼 각도(T)/표현식(E)] <100.0000>:
→ 두께값을 입력하거나 옵션을 이용하여 두께의 방향을 정합니다.

명령어 옵션 해설 ▼

돌출(Extrude)을 이용하여 객체를 만드는 경우, 두께에 해당하는 높이값만 입력하여 곧은 형태의 솔리드 객체를 만드는 것이 기본이지만, 돌출 방향을 설정하거나 테이퍼(Taper) 각도의 입력을 통해 위아래로 갈수록 넓거나 좁은 형태의 돌출(Extrude) 객체를 만들 수 있습니다. 또한 경로 (Path) 옵션을 이용하는 경우, 경로를 따라 돌출 객체를 생성할 수도 있지만 경로(Path)의 구부러지는 각도와 만들어지는 객체의 크기가 알맞지 않은 경우 생성되지 않는 경우도 있으므로 주의해야 합니다.

옵션	옵션 해설
방향(D) Direction	두께가 생성되는 돌출의 방향을 결정합니다.
경로(P) Path	경로를 만들고 경로의 방향으로 객체가 생성됩니다. 이때, 생성되는 객체의 모양이나 크기가 경로를 따라 형성되기 어려운 객체의 경우 생성되지 않을 수 있습니다.
테이퍼 각도(T) Taper Angle	돌출 시 기울기 각을 적용하여 높이가 적용되는 경우 피라미드처럼 위로 갈수록 좁아지거나 넓어지도록 만듭니다.
표현식(E)	돌출의 값을 공식이나 방정식 등을 입력하여 돌출높이를 지정합니다.
모드(MO) Mode	돌출 객체의 객체 성분을 지정합니다. 닫힌 객체라도 모드를 서페이스 표면(SU)으로 하는 경우, 메시 객체가 만들어집니다.

명령어 실습하기 ▼

돌출 명령어를 통해 기존의 2D 객체를 3D 솔리드나 메시 객체로 전환할 수 있습니다. 보통은 솔리드 객체로 만들어 모델링하는 방법을 많이 사용하고 옵션을 통해 다양한 형태로 전환하는 방법을 공부합니다.

● 실습 파일: Sample/3DEX09.dwg   ● 완성 파일: Sample/3DEX09-F.dwg

01 Open 명령어를 이용하여 'Sample/3DEX09.dwg' 파일을 연 후 리본 메뉴에서 돌출 명령어를 클릭하거나 Extrude 명령어의 단축키인 'EXT'를 입력하고 그림과 같은 폴리선을 선택하고, 두께값에 '100'을 입력합니다.

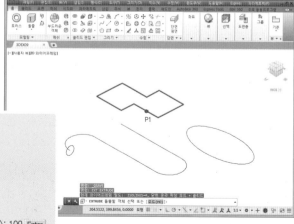

명령: EXT Enter
Extrude
현재 와이어 프레임 밀도: ISOLINES=4, 닫힌 윤곽 작성 모드=솔리드
돌출할 객체 선택 또는 [모드(MO)]: 1개를 찾음
→ P1점 클릭
돌출할 객체 선택 또는 [모드(MO)]: Enter
돌출 높이 지정 또는 [방향(D)/경로(P)/테이퍼 각도(T)/표현식(E)] <50.0000>: 100 Enter

02 돌출된 객체의 한쪽 면만 해당 방향으로 돌출시켜 봅니다. 돌출 명령어를 입력하고 돌출을 원하는 솔리드 객체의 단면이 되는 부분을 Ctrl 을 누른 채 면을 클릭합니다.

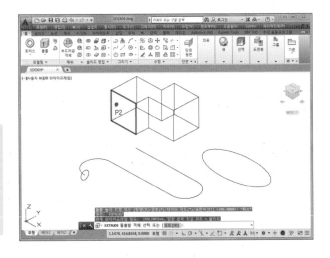

명령: EXT Enter
Extrude
현재 와이어 프레임 밀도: ISOLINES=4, 닫힌 윤곽 작성 모드=솔리드
돌출할 객체 선택 또는 [모드(MO)]: 1개를 찾음
→ P2점 클릭
돌출할 객체 선택 또는 [모드(MO)]: Enter

03 돌출될 방향으로 먼저 마우스를 드래그합니다. 수치를 입력할 수도 있지만, 지금처럼 마우스로 드래그하여 방향과 깊이를 결정할 수도 있습니다. 돌출의 두께값에 '50'을 입력하면 해당 방향으로 50만큼 돌출되는 모델링을 얻을 수 있으며, 원래의 면에서 돌출되었으므로 처음 면과 새로 생성된 면은 구분 면이 생겨납니다.

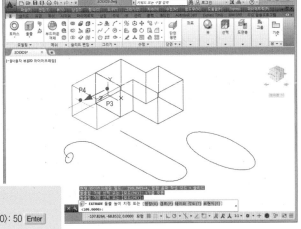

→ P3~P4점 클릭, 드래그
돌출 높이 지정 또는 [방향(D)/경로(P)/테이퍼 각도(T)/표현식(E)] ⟨100.0000⟩: 50 Enter

04 타원을 테이퍼 각도를 이용하여 비스듬하게 돌출시켜보겠습니다. 명령어를 입력한 후 타원을 선택하고 그림과 같이 옵션과 수치를 입력합니다.

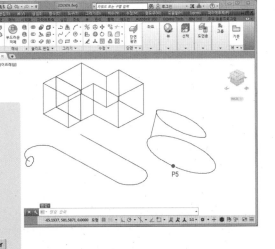

명령: EXT Enter
Extrude
현재 와이어 프레임 밀도: ISOLINES=4, 닫힌 윤곽 작성 모드=솔리드
돌출할 객체 선택 또는 [모드(MO)]: 1개를 찾음
→ P5점 클릭
돌출할 객체 선택 또는 [모드(MO)]: Enter
돌출 높이 지정 또는 [방향(D)/경로(P)/테이퍼 각도(T)/표현식(E)] ⟨50.0000⟩: T Enter
돌출에 대한 테이퍼 각도 지정 또는 [표현식(E)] ⟨0⟩: 15 Enter
돌출 높이 지정 또는 [방향(D)/경로(P)/테이퍼 각도(T)/표현식(E)] ⟨50.0000⟩: 100 Enter

05 경로를 따라 객체가 돌출되도록 하기 위해 경로(P)를 이용하여 돌출해보겠습니다. 명령어를 입력한 후 먼저 돌출할 객체인 원을 선택합니다.

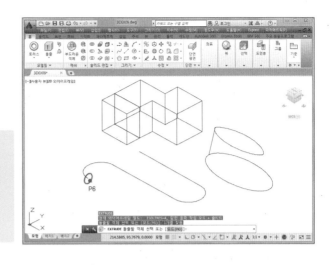

```
명령: EXT Enter
Extrude
현재 와이어 프레임 밀도: ISOLINES=4, 닫힌 윤곽 작성 모드=솔리드
돌출할 객체 선택 또는 [모드(MO)]: 1개를 찾음
→ P6점 클릭
돌출할 객체 선택 또는 [모드(MO)]: Enter
```

06 이번에는 경로를 지정하기 위해 P 옵션을 누르고 경로가 될 폴리선을 선택합니다. 이때 경로는 폴리선(Polyline)처럼 연속되는 선분이어야 한 번에 선택됩니다.

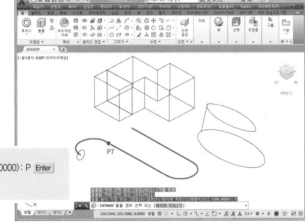

```
돌출 높이 지정 또는 [방향(D)/경로(P)/테이퍼 각도(T)/표현식(E)] 〈100.0000〉: P Enter
돌출 경로 선택 또는 [테이퍼 각도(T)]: P7점 클릭
```

07 솔리드 객체의 완성도를 확인하기 위하여 Hide 명령어를 입력합니다. 거칠기 정도에 해당하는 Facetres는 기본값보다 좀 더 높여 확인하면 부드럽게 보일 수 있습니다 (예제는 Facetres=2).

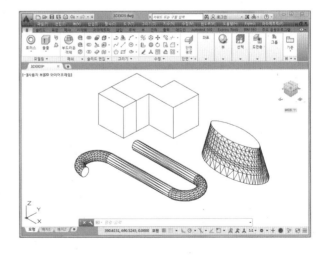

```
명령: HI Enter
Hide 모형 재생성 중 …
```

11 눌러 당기는 솔리드인 Presspull

다른 솔리드 객체 변환 명령어에 비해 경계 영역을 자동으로 인식하여 누르거나 당겨 3차원 솔리드 객체를 만드는 명령어입니다. 원이나 사각형처럼 닫힌 객체뿐만 아니라 선이나 호가 경계를 이루어 만들어진 공간도 쉽게 인식이 가능합니다.

리본 메뉴	명령 행
[홈] 탭-[모델링] 패널-[눌러 당기기]	Presspull

명령어 사용법 ▼

보통 완전히 닫혀 있는 공간이나 교차하여 경계 영역이 만들어지는 영역의 면을 선택하고 원하는 방향으로 끌어들여 마우스의 움직이는 거리나 숫자로 두께를 입력합니다.

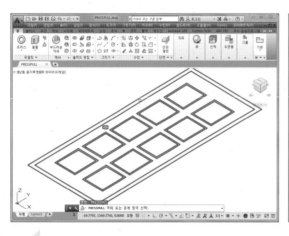 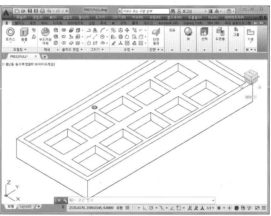

명령: PRESSPULL Enter
객체 또는 경계 영역 선택:
→ 눌러 당기기를 할 대상 영역을 선택하는 것으로 면의 안쪽 면의 영역을 선택합니다.
제거 대상인 솔리드, 표면 및 영역을 선택.
내부 영역을 빼는 중 …
돌출 높이 지정 또는 [다중(M)]:
돌출 높이 지정 또는 [다중(M)]: 200 Enter
→ 원하는 돌출 높이값을 마우스 또는 숫자로 입력합니다.
1개의 돌출이 작성됨.
객체 또는 경계 영역 선택: Enter
→ 다른 돌출 영역이 있으면 다시 선택하여 반복하고 돌출할 영역이 없으면 [Enter]를 입력하고 명령어를 종료합니다.

명령어 옵션 해설 ▼

눌러 당기기의 Presspull은 한 번에 하나의 영역을 지정하여 돌출시키는 명령어로 여러 개의 경계 면을 선택하는 경우에는 다중(M) 옵션을 이용하여 면을 선택할 수 있습니다. 하나 이상의 경계 영역을 선택할 때 사용합니다.

옵션	옵션 해설
다중(M)	한 번에 하나 이상의 경계 영역을 선택할 수 있습니다.

명령어 실습하기 ▼

눌러 당기기는 원하는 경계 면에서 원하는 돌출 두께만큼 뽑아내거나 밀어넣는 명령어입니다. 간단한 경계를 가진 객체를 이용하여 해당 명령어의 쓰임새를 익혀보도록 합니다.

● 실습 파일: Sample/3DEX10.dwg   ● 완성 파일: Sample/3DEX10-F.dwg

01 Open 명령어를 이용하여 'Sample/3DEX10.dwg' 파일을 연 후 리본 메뉴에서 눌러 당기기 명령어를 클릭하거나 PRESSPULL 명령어를 입력하고 다음의 영역을 선택하고 뽑아낼 돌출 두께에 '100'을 입력합니다.

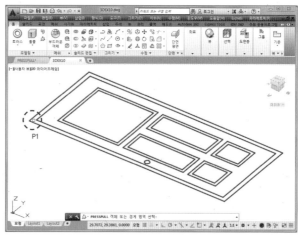

```
명령: PRESSPULL Enter
객체 또는 경계 영역 선택: 제거 대상인 솔리드, 표면 및 영역을 선택 …
내부 영역을 빼는 중 …
돌출 높이 지정 또는 [다중(M)]: P1점 클릭
돌출 높이 지정 또는 [다중(M)]:100 Enter
1개의 돌출이 작성됨
객체 또는 경계 영역 선택: Enter
```

Presspull을 이용하여 경계 영역을 선택하는 경우 선을 선택하면 경계가 선택이 안 됩니다. 최외곽을 선택하는 경우 해당 선분의 안쪽의 빈 공간을 선택하도록 합니다.

02 이번에는 테두리 안쪽을 당겨보겠습니다. Presspull 명령어를 입력하거나 리본 메뉴의 눌러 당기기를 클릭한 후 다음의 영역을 선택하고 돌출 두께에 '70'을 입력합니다.

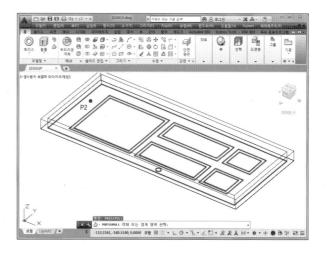

```
명령: PRESSPULL Enter
객체 또는 경계 영역 선택: 제거 대상인 솔리드, 표면 및 영역을 선택
내부 영역을 빼는 중 …
돌출 높이 지정 또는 [다중(M)]: P2점 클릭
돌출 높이 지정 또는 [다중(M)]:70 Enter
1개의 돌출이 작성됨
객체 또는 경계 영역 선택: Enter
```

03 어떤 모습인지 확인하기 위하여 Hide 를 입력하여 은선을 제거해봅니다. 무늬에 해당하는 부분의 깊이가 깊은 것을 볼 수 있습니다.

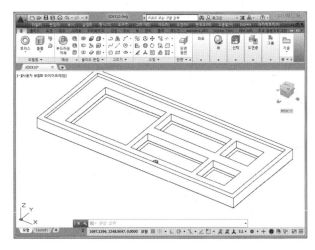

명령: HI Enter
Hide 모형 재생성 중 …

명령: RE REGEN 모형 재생성 중 …

04 Hide 상태를 해제해야 영역이 제대로 선택되므로 'Regen'을 입력한 후 Presspull을 입력하여 한 번에 여러 영역을 옵션을 이용하여 다중 선택하고 돌출 두께를 입력합니다.

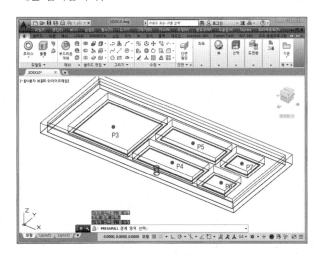

명령: RE Enter
Regen 모형 재생성 중

명령: PRESSPULL Enter
객체 또는 경계 영역 선택:
돌출 높이 지정 또는 [다중(M)]: P3점 클릭
돌출 높이 지정 또는 [다중(M)]:M Enter
경계 영역 선택: P4점 클릭
1개가 선택됨, 총 2개
경계 영역 선택: P5점 클릭
1개가 선택됨, 총 3개
경계 영역 선택: P6점 클릭
1개가 선택됨, 총 4개
경계 영역 선택: P7점 클릭
1개가 선택됨, 총 5개
경계 영역 선택: Enter
돌출 높이 지정 또는 [다중(M)]:
돌출 높이 지정 또는 [다중(M)]:35 Enter
5개의 돌출이 작성됨

05 Hide를 입력하여 은선을 제거한 채 완성된 형태를 확인합니다. 그림과 같이 사각 무늬의 깊이가 조금 전보다 얇아진 것을 면 처리할 수 있습니다.

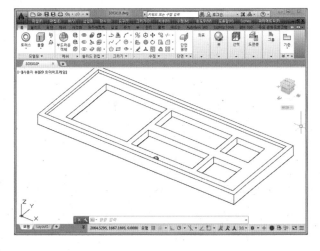

명령: HI Enter
Hide 모형 재생성 중 …

명령: Regen 모형 재생성 중 …

12 사용자 좌표계 조절하는 Ucs

지금까지의 솔리드 모델링의 경우 바닥(XY Plan)에서 Z축의 방향으로 물건이 올라가는 형태로 모델링을 주로 했습니다. 지금까지의 모델링 방식을 보면 순차적인 방식으로만 제작하게 되지만 다양한 물건을 모델링하는 경우 역설계나 역방향으로도 모델링이 가능해야 합니다. 지금까지 사용자는 항상 평면을 기준으로 바닥에 도면 요소를 그리는 방식의 세계 좌표계를 WCS(World Coordnate System)라 하고, 사용자가 원하는 장소에 XY Plan을 지정할 수 있는 사용자 지정 좌표계를 'UCS(User Coordinate System)'라고 합니다. 이에 사용자가 원하는 평면을 자유롭게 지정할 수 있도록 하기 위하여 UCS를 통해 XY Plan을 새로 지정하는 방식을 익히도록 합니다.

메뉴	리본 메뉴	명령 행
[도구(T)-새 UCS(W)]	[홈] 탭-[시각화] 패널-[UCS] ⟋	Ucs

명령어 사용법 ▼

UCS를 사용하기 전에는 모든 객체는 평면의 XP Plan을 기준으로 그려집니다. 사용자가 필요한 면을 XP Plan으로 설정하기 위하여 UCS 명령어를 입력하고 주어진 조건의 옵션을 입력하고 원하는 방향으로 XP Plan를 변경합니다. 'XY Plan'이란, 바닥 면을 뜻하며, 이는 사용자가 원하는 곳을 평면인 바닥 면으로 만들 수 있다는 것입니다.

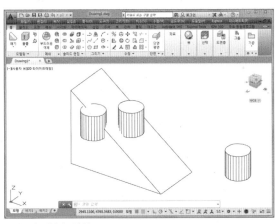

World 좌표계에서 그린 원

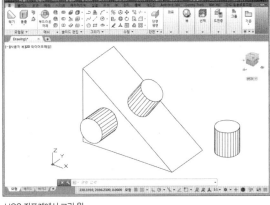

UCS 좌표계에서 그린 원

명령: UCS Enter
현재 UCS 이름: *표준*
UCS의 원점 지정 또는 [면(F)/이름(NA)/객체(OB)/이전(P)/뷰(V)/표준(W)/X(X)/Y(Y)/Z(Z)/Z축(ZA)] 〈표준〉:
→ 원하는 옵션을 지정합니다.

명령어 옵션 해설 ▼

사용자가 원하는 평면을 만들기 위해 자동 지정되는 동적 UCS를 이용할 수도 있지만, 사용자의 모델링 방식에 맞추어 XY Plan을 지정할 수도 있습니다. 정면이나 측면 등을 XY Plan으로 설정하는 경우, 객체의 3점을 선택하거나 화면에 참고할 대상 객체가 없는 경우는 UCS 스스로 하나의 축으로서 회전 각도를 입력하여 XY Plan을 정하기도 합니다.

옵션	옵션 해설
면(F) Face	Solid, Surface, Mesh로 그린 객체의 선택한 면(Face)을 기준으로 그 면이 생성된 XY 평면을 따라 UCS가 지정됩니다. • 다음(N): 선택한 면과 공통으로 선택되는 다음 면을 선택합니다. • X 반전(X): 현 UCS의 X축의 방향을 반대 방향으로 지정합니다. • Y 반전(Y): 현 UCS의 Y축의 방향을 반대 방향으로 지정합니다.
이름(NA) Named	모델링 시 UCS를 자주 변경하는 경우, 자주 사용하는 UCS 상태를 저장합니다. 필요 시 원하는 곳에서 바로 설정할 수 있도록 합니다. • 복원(R): 저장한 UCS를 불러옵니다. • 저장(S): 현재의 UCS 상태를 저장합니다. • 삭제(D): 저장한 UCS를 삭제합니다.
객체(OB) Object	이미 그려진 객체의 UCS의 상태를 알고 싶은 경우 사용하는 옵션으로, 선택한 객체를 기준으로 XY 평면을 따라 UCS가 자동 설정됩니다. 단, 이때 3차원 폴리라인이나 블록, 메시 등의 단일 객체는 기준 객체로 적합하지 않습니다.
이전(P) Previous	UCS 명령어로 순차적으로 변경한 UCS가 있는 경우, 바로 이전 단계에 지정된 UCS 상태로 되돌아갑니다.
뷰(V) View	3차원 뷰 상태의 화면을 2차원 평면으로 전환할 때 지정하는 옵션으로, 현재 보이는 그대로를 2차원 평면으로 만들어주는 옵션입니다. 예를 들어 Vpoint가 1, −1, 1인 3차원 상태에서의 XY 방향을 무시하고 무조건 화면에서 보이는 가로축이 X축, 세로축이 Y축이 됩니다.
표준(W) World	UCS를 바꾸기 전인 초깃값에 해당하는 세계 좌표계(WCS) 상태로 돌아갑니다.
X/Y/Z	각 축을 기준으로 UCS를 회전하여 UCS를 설정합니다. 회전 각도는 다양하게 사용할 수 있으며, 기본값인 90도를 기준으로 회전합니다. • X: X축을 기준으로 회전각을 입력합니다. • Y: Y축을 기준으로 회전각을 입력합니다. • Z: Z축을 기준으로 회전각을 입력합니다.
Z축(ZA) Axis	좌표계의 0, 0, 0의 원점과 Z축의 양의 방향을 지정하여 UCS를 설정합니다. 현재 XY의 방향은 그대로 둔 채 Z축의 방향만을 지정하여 XY Plan의 각도를 조절합니다.

동적 UCS를 이용하면 빠르게 UCS를 찾아줍니다

UCS를 사용자 좌표계라고 하는 것은 원하는 평면을 사용자인 설계자가 직접 찾아서 설정해줘야 한다는 의미입니다. 이때 F6을 누르면 동적 UCS를 끄거나 켤 수 있습니다. 원하는 평면에 마우스를 올려놓으면 자동으로 UCS가 설정되는 것을 '동적 UCS'라고 이해하면 됩니다. 하지만 상세한 설정을 해야 하거나 모델링된 물건이 없는 경우에는 불가능하므로 UCS와 동적UCS를 때에 따라서 적당히 사용하도록 하며 단순한 ON/OFF는 F6으로 설정하거나 상태 라인에서 마우스로 설정하면 됩니다.

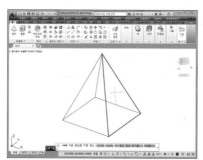 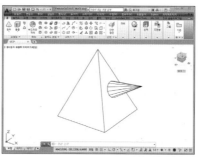

동적 UCS를 켜고 원하는 면에 마우스 포인터를 올려놓으면 그림과 같이 자동으로 면에 UCS가 맞춰지고 해당 면이 XY Plan이 되어 우측의 그림과 같이 해당 면이 되어 객체를 그릴 수 있습니다.

명령어 실습하기

사용자 좌표계에 해당하는 UCS를 이해하는 실습입니다. 명령어를 사용하는 방법을 익히고 각각의 UCS를 활용하는 법 중에서 다양한 옵션 사용법과 다양한 UCS를 이해하도록 합니다.

● 실습 파일: Sample/3DEX11.dwg ● 완성 파일: Sample/3DEX11-F.dwg

01 Open 명령어를 이용하여 'Sample/3DEX11.dwg' 파일을 연 후 UCS 명령어로 그림과 같이 3점을 클릭하여 앞면을 평면으로 만듭니다. 이때 F6을 눌러 동적 UCS는 끈 상태로 합니다.

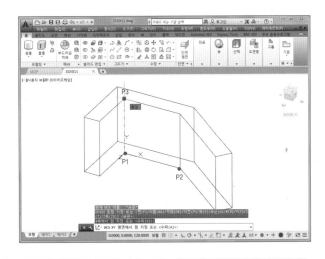

명령: F6
〈동적 UCS 끄기〉
→ F6을 눌러 〈동적 UCS 끄기〉 표시가 나온 후에 실행합니다.

명령: UCS Enter
현재 UCS 이름: *표준*
UCS의 원점 지정 또는 [면(F)/이름(NA)/객체(OB)/이전(P)/뷰(V)/표준(W)/X(X)/Y(Y)/Z(Z)/Z축(ZA)] 〈표준〉: P1점 클릭
X축에서 점 지정 또는 〈수락(A)〉: P2점 클릭
XY 평면에서 점 지정 또는 〈수락(A)〉: P3점 클릭

02 바닥에 있던 UCS가 면체의 앞면에 붙어서 나타납니다. 이때 평면의 구조상 Z축의 방향이 어디인지 확인하기 위하여 솔리드 객체인 원통을 그려봅니다. 원통이 해당 면을 기준으로 그려집니다.

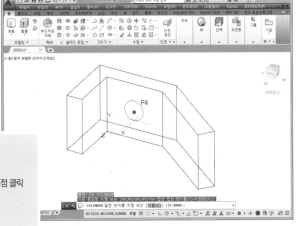

명령: CYL Enter
Cylinder
기준 중심점 지정 또는 [3P(3P)/2P(2P)/Ttr-접선 반지름(T)/타원형(E)]: P4점 클릭
밑면 반지름 지정 또는 [지름(D)] 〈31.6228〉: 20 Enter
높이 지정 또는 [2점(2P)/축 끝점(A)] 〈149.8216〉: 80 Enter

03 이번에는 옆면으로 옮겨서 평면을 재구성해보겠습니다. UCS 명령어를 입력하고 그림과 같이 3점을 클릭하여 원점과 X, Y의 방향을 지정합니다.

명령: UCS Enter
현재 UCS 이름: *표준*
UCS의 원점 지정 또는 [면(F)/이름(NA)/객체(OB)/이전(P)/뷰(V)/표준(W)/X(X)/Y(Y)/Z(Z)/Z축(ZA)] 〈표준〉: P5점 클릭
X축에서 점 지정 또는 〈수락(A)〉: P6점 클릭
XY 평면에서 점 지정 또는 〈수락(A)〉: P7점 클릭

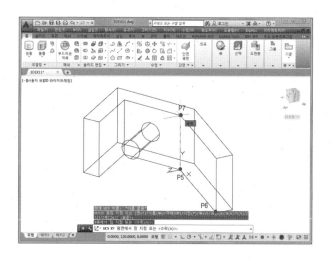

04 새로 지정된 평면에 원통을 다시 그려봅니다. 아까와는 달리 새로 지정된 면을 평면으로 다시 원통이 그려지는 것을 볼 수 있습니다.

명령: CYL Enter
Cylinder
기준 중심점 지정 또는 [3P(3P)/2P(2P)/Ttr-접선 반지름(T)/타원형(E)]: P6점 클릭
밑면 반지름 지정 또는 [지름(D)] 〈20.0000〉: 25 Enter
높이 지정 또는 [2점(2P)/축 끝점(A)] 〈80.0000〉: Enter

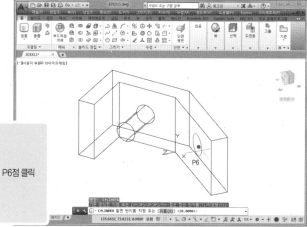

05 해당하는 면과 새로 생긴 원통의 바라보는 방향을 파악하기 위하여 Hide 명령어를 입력하고 객체의 완성 예상도를 확인합니다.

명령: HI Enter
Hide 모형 재생성 중 …

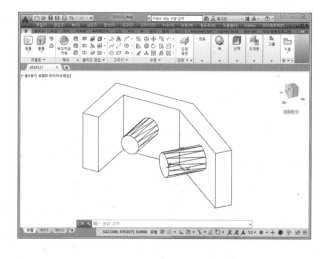

06 이전 UCS 좌표로 돌아가고 싶은 경우 옵션을 이전(P) 옵션을 이용하여 되돌아 가 보도록 합니다.

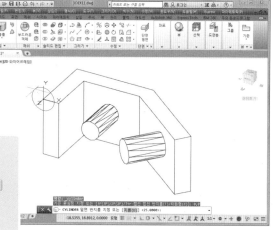

명령: UCS Enter
현재 UCS 이름: *이름 없음*
UCS의 원점 지정 또는 [면(F)/이름(NA)/객체(OB)/이전(P)/뷰
(V)/표준(W)/X(X)/Y(Y)/Z(Z)/Z축(ZA)] ⟨표준⟩: P Enter

07 이전 UCS의 좌표계에서 원점의 위치만 옮겨보겠습니다. 원점이란 X, Y, Z 0,0,0의 위치를 말합니다. UCS를 입력하고 X, Y는 변경 없이 바로 원점의 위치만 클릭하고 나오면 원점의 위치만 이동됩니다.

명령: UCS Enter
현재 UCS 이름: *이름 없음*
UCS의 원점 지정 또는 [면(F)/이름(NA)/객체(OB)/이전(P)/뷰
(V)/표준(W)/X(X)/Y(Y)/Z(Z)/Z축(ZA)] ⟨표준⟩: P7점 클릭
X축에서 점 지정 또는 ⟨수락(A)⟩: Enter

08 새롭게 원점으로 이루어진 원점의 위치에 원통을 그려봅니다. 명령어를 입력하고 원통의 중심점을 0,0으로 입력하여 다음과 같이 원통을 그립니다.

명령: CYL Enter
Cylinder
기준 중심점 지정 또는 [3P(3P)/2P(2P)/Ttr-접선 반지름(T)/타원형(E)]: 0,0 Enter
밑면 반지름 지정 또는 [지름(D)] ⟨25.0000⟩: Enter
높이 지정 또는 [2점(2P)/축 끝점(A)] ⟨80.0000⟩: Enter

09 객체가 없는 경우에도 자유롭게 UCS를 변경할 수 있도록 연습하도록 합니다. 먼저 UCS를 원점으로 보낸 후 X축을 기준으로 90도 회전시켜 정면의 뷰를 만듭니다.

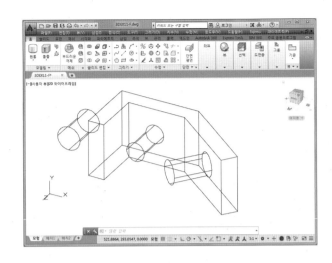

명령: UCS Enter
현재 UCS 이름: *표준*
UCS의 원점 지정 또는 [면(F)/이름(NA)/객체(OB)/이전(P)/뷰(V)/표준(W)/X(X)/Y(Y)/Z(Z)/Z축(ZA)] ⟨표준⟩: Enter

명령: UCS Enter
현재 UCS 이름: *표준*
UCS의 원점 지정 또는 [면(F)/이름(NA)/객체(OB)/이전(P)/뷰(V)/표준(W)/X(X)/Y(Y)/Z(Z)/Z축(ZA)] ⟨표준⟩: X Enter
X축에 관한 회전 각도 지정 ⟨90⟩: 90 Enter

10 정면의 뷰에 맞춰 UCS가 지정되었다면 그림과 같이 원점을 기준으로 원통을 그려서 Z축의 방향이 제대로 지정되었는지 확인합니다. 은선 제거로 모양도 확인합니다.

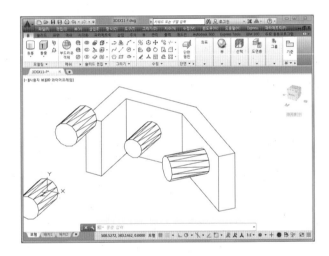

명령: CYL Enter
Cylinder
기준 중심점 지정 또는 [3P(3P)/2P(2P)/Ttr-접선 반지름(T)/타원형(E)]: 0,0 Enter
밑면 반지름 지정 또는 [지름(D)] ⟨25.0000⟩: Enter
높이 지정 또는 [2점(2P)/축 끝점(A)] ⟨80.0000⟩: Enter

명령: HI Enter
Hide 모형 재생성 중 …

11 두 번째로 정면의 UCS 상태에서 Y축으로 한 번 더 90도 회전시켜 정면의 평면 상태를 우측면의 평면 상태로 만들어줍니다. UCS가 옆으로 회전되는 것을 면 처리할 수 있습니다.

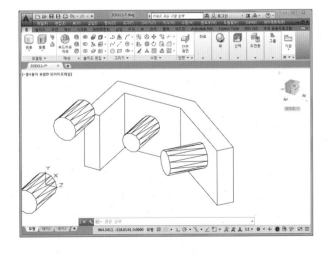

명령: UCS Enter
현재 UCS 이름: *이름 없음*
UCS의 원점 지정 또는 [면(F)/이름(NA)/객체(OB)/이전(P)/뷰(V)/표준(W)/X(X)/Y(Y)/Z(Z)/Z축(ZA)] ⟨표준⟩: Y Enter
Y축에 관한 회전 각도 지정 ⟨90⟩: 90 Enter

12 UCS가 새로운 측면의 평면을 구성하였는지 확인하기 위해 원통을 하나 그린 후 'Hide'를 입력하여 모든 방향을 확인해봅니다.

명령: CYL Enter
Cylinder
기준 중심점 지정 또는 [3P(3P)/2P(2P)/Ttr-접선 반지름(T)/타원형(E)]: 0,0 Enter
밑면 반지름 지정 또는 [지름(D)] ⟨25.0000⟩: Enter
높이 지정 또는 [2점(2P)/축 끝점(A)] ⟨80.0000⟩: Enter

명령: HI Enter
Hide 모형 재생성 중 …

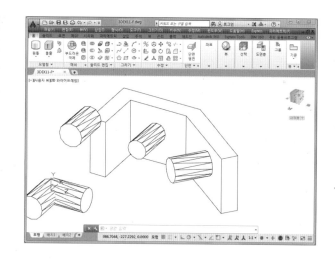

13 원통과 솔리드를 회전하는 Revolve

병이나 컵, 도자기와 같은 형태의 모델링 객체를 만들 때 주로 사용하며 두께 없는 2D 객체를 축을 중심으로 회전시켜 3차원 솔리드 객체를 만드는 명령어입니다. 닫힌 객체를 회전시키거나 솔리드 객체로 열린 객체를 회전시키면 서페이스 표면 객체가 됩니다. 솔리드 객체로 만드는 경우 반드시 닫힌 커브를 이용하여 회전시켜야 합니다. 회전체가 될 수 있는 객체는 Polyline 속성의 Pline의 닫힌 객체이거나 Region으로 변경된 속성을 가진 객체가 가능 객체입니다.

메뉴	리본 메뉴	명령 행
[그리기(D)-모델링(M)-회전(R)]	[홈] 탭-[모델링] 패널-[회전] 🔄	Revolve(단축 명령어: REV)

명령어 사용법 ▼

회전체를 만드는 명령어이므로 회전체가 될 객체와 축이 될 객체로 나눈 후 순서대로 선택하여 회전체를 만듭니다. 명령어를 입력한 후 제일 먼저 회전체가 될 대상 객체를 선택하고 회전을 할 객체의 축이 될 좌표 지점이나 축이 될 객체를 선택하고 회전할 각도를 마우스로 드래그하여 완성하거나 원하는 회전 각도를 입력하여 회전체를 완성합니다.

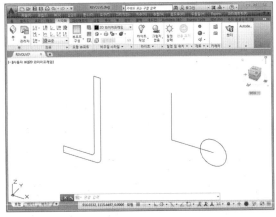

REVOLVE 대상 객체

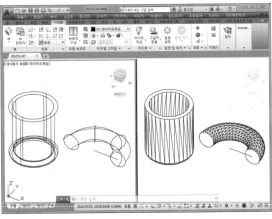

REVOLVE 결과

명령: REV Enter
Revolve
현재 와이어 프레임 밀도: ISOLINES=4, 닫힌 윤곽 작성 모드=솔리드
→ 회전체에 대한 현재 환경 상태를 나타냅니다.
회전할 객체 선택 또는 [모드(MO)]: 1개를 찾음
→ 회전할 객체를 선택합니다.
회전할 객체 선택 또는 [모드(MO)]: Enter
→ 선택이 완료되면 Enter 를 눌러 선택을 종료합니다.
축 시작점 지정 또는 다음에 의해 축 지정 [객체(O)/X/Y/Z] ⟨객체(O)⟩:
→ 회전 중심축의 시작점을 클릭합니다.
축 끝점 지정:
→ 회전 중심축의 끝점을 클릭합니다.
회전 각도 지정 또는 [시작 각도(ST)/반전(R)/표현식(EX)] ⟨360⟩:
→회전 각도를 입력하거나 마우스로 드래그합니다.

TIP

REVOLVE 명령어를 이용하여 회전 객체를 만드는 경우, 회전할 객체를 지정할 때 한 번에 선택이 될 수 있는 조건의 폴리선 위주로 만드는 것이 좋습니다. POLYLINE, POLYGON, RECTANG, CIRCLE 등 폴리선의 성격을 가진 두께가 있는 객체로 만드는 경우, 회전 솔리드 객체를 제대로 만들 수 있습니다.

명령어 옵션 해설

회전(Revolve) 명령어를 이용하여 회전체를 만드는 경우 축이 되는 조건을 설정하거나 회전 각도의 시작 값을 변경하는 등 속성을 제어합니다. 또한 회전을 하는 방향을 설정하며 미리 그려지는 객체를 선택하거나 UCS의 X, Y, Z 축을 기준으로 회전체를 만듭니다. UCS의 X, Y, Z를 지정하는 경우 0,0의 위치는 UCS의 원점을 기준으로 회전 기준을 만듭니다.

옵션	옵션 해설
객체(O) Object	선택한 객체가 회전의 중심축으로 설정됩니다.X/Y/Z를 선택한 X/Y/Z UCS 축을 중심축으로 설정하는 것으로, UCS가 있는 0,0,0을 기준으로 회전의 기준 축이 만들어집니다.
시작 각도(ST) Startangle	회전체의 시작 각도값을 입력합니다.
반전(R) Reverse	회전체의 회전 방향을 반대로 설정합니다.
표현식(EX) Expression	회전을 지정하는 방정식 등의 수식을 입력하여 설정합니다.

TIP

Isolines는 솔리드 객체의 와이어 프레임의 정밀도를 나타냅니다

Isolines는 솔리드 객체를 와이어 프레임 상태(뼈대 상태)로 나타낼 때 해당하는 와이어 프레임의 정밀도를 나타냅니다. 이때 Isolines의 정밀도는 Hide를 해서 은선을 제거하는 변수에는 영향을 끼치지 않으며, 다만 모델링 시 선분의 정밀도만 조절합니다. 보통 Isolines가 많다고 해서 모델링이 잘 되거나 Hide 시 완성도가 높아 보이는 것은 아니므로 기본값 정도로 사용하는 것이 편리합니다.

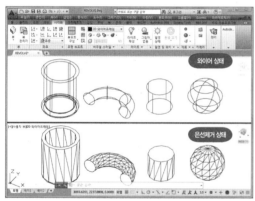

ISOLINES=4 / FACETRES=0.5

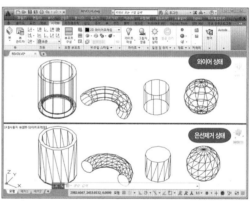

ISOLINES=10 / FACETRES=0.5

명령어 실습하기 ▼

　　　　　　　　　　　Revolve 명령어는 회전체를 만드는 명령어입니다. 회전체의 조건에 알맞은 객체를 찾아보고 해당하는 객체의 특성을 이용하여 회전체 객체를 만들어 보도록 합니다.

● 실습 파일: Sample/3DEX12.dwg　● 완성 파일: Sample/3DEX12-F.dwg

01 Open 명령어를 이용하여 'Sample/ 3DEX12.dwg' 파일을 연 후 회전체를 만들 대상 객체를 확인합니다. 회전할 대상체 는 왼쪽의 원 2개와 오른쪽의 닫힌 객체입니다.

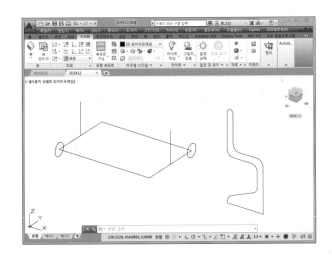

02 회전체 명령어의 단축키인 'REV'를 입력 하고 그림과 같이 원을 먼저 선택합니다.

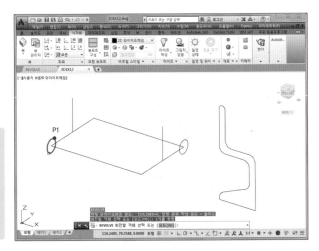

명령: REV Enter
Revolve
현재 와이어 프레임 밀도: ISOLINES=4, 닫힌 윤곽 작성 모드=솔리드
회전할 객체 선택 또는 [모드(MO)]: 1개를 찾음
→ P1점 클릭
회전할 객체 선택 또는 [모드(MO)]: Enter

03 이번에는 회전체가 회전할 기준 축이 되 는 두 지점을 객체 스냅을 이용하여 정 확히 선택하고 반쪽만 회전시켜봅니다.

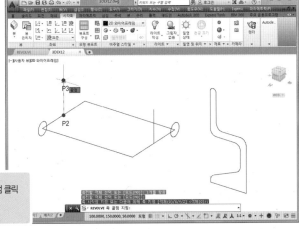

축 시작점 지정 또는 다음에 의해 축 지정 [객체(O)/X/Y/Z] ⟨객체(O)⟩: P2점 클릭
축 끝점 지정: P3점 클릭

04 객체의 회전 방향은 반시계 방향이 (+) 플러스입니다. 반대로 회전을 하고 싶은 경우에는 각도값에 (−) 마이너스를 붙여 회전시키도록 합니다.

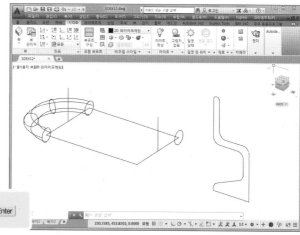

회전 각도 지정 또는 [시작 각도(ST)/반전(R)/표현식(EX)] ⟨360⟩: −180 Enter

05 이번에는 오른쪽의 원을 회전시켜보겠 습니다. 회전 명령어인 'Revolve' 명령 어의 단축키인 'REV'를 입력하고 다음의 객체 를 선택합니다.

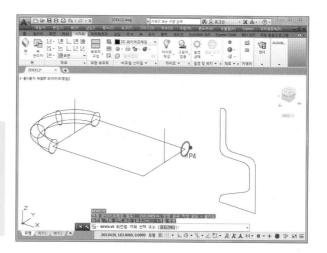

명령: REV Enter
Revolve
현재 와이어 프레임 밀도: ISOLINES=4, 닫힌 윤곽 작성 모드=솔리드
회전할 객체 선택 또는 [모드(MO)]: 1개를 찾음
→ P4점 클릭
회전할 객체 선택 또는 [모드(MO)]: Enter

06 이번에는 축을 지정할 때 두 지점을 클 릭하지 않고 축이 될 객체 자체를 선택 합니다. 시계 방향으로 180도 회전하기 위하 여 180도를 입력하고 완료합니다.

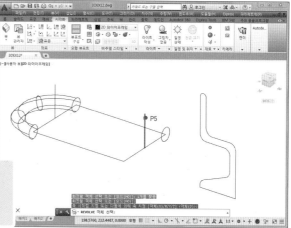

축 시작점 지정 또는 다음에 의해 축 지정 [객체(O)/X/Y/Z] ⟨객체(O)⟩: Enter
객체 선택: P5점 클릭
회전 각도 지정 또는 [시작 각도(ST)/반전(R)/표현식(EX)] ⟨360⟩: 180 Enter

07 Hide 명령어를 이용하여 완성된 반원의 토러스 모양을 그림과 같이 보이는 확인합니다. 양쪽에 마주보는 형태의 반원으로 만들어져 있습니다.

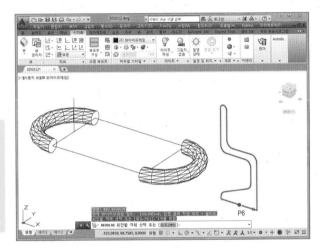

명령: HI Enter
Hide 모형 재생성 중 …

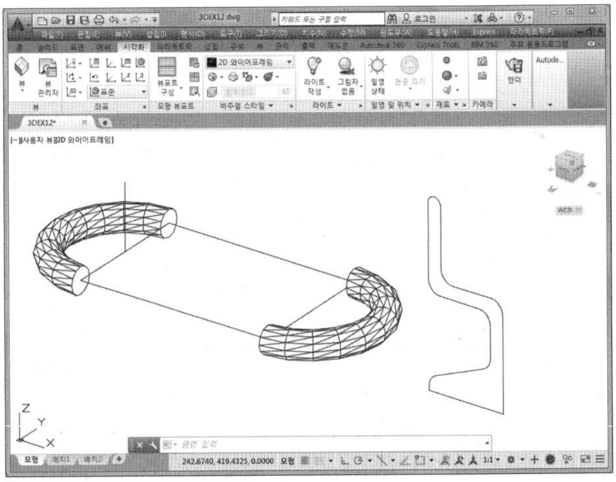

08 이번에는 우측의 닫혀 있는 모양체를 회전형 솔리드로 만들어 보겠습니다. 먼저 명령어의 단축키인 'REV'를 입력하고 그림과 같이 객체를 선택합니다.

명령: REV Enter
Revolve
현재 와이어 프레임 밀도: ISOLINES=4, 닫힌 윤곽 작성 모드=솔리드
회전할 객체 선택 또는 [모드(MO)]: 1개를 찾음
→ P6점 클릭
회전할 객체 선택 또는 [모드(MO)]: Enter

09 축이 될 지점을 선택된 객체의 중심부의 두 지점으로 지정합니다. 객체 스냅을 이용하여 다음의 두 지점을 정확히 클릭하여 선택합니다.

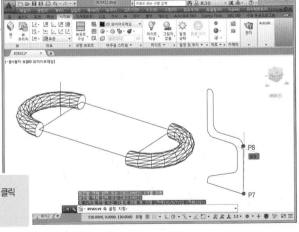

축 시작점 지정 또는 다음에 의해 축 지정 [객체(O)/X/Y/Z] 〈객체(O)〉: P7점 클릭
축 끝점 지정: P8점 클릭

10 앞선 2개의 원은 180도만 회전시켰지만, 지금 선택한 객체는 360도 전체를 회전시켜봅니다.

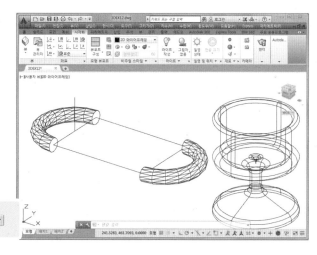

회전 각도 지정 또는 [시작 각도(ST)/반전(R)/표현식(EX)] ⟨360⟩: Enter

11 객체와 완성도를 보기 위해 은선 제거 명령어인 'Hide'를 입력하고 그림과 같이 확인해봅니다. 선분이 조금 거칠어 보입니다.

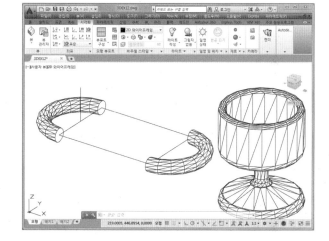

명령: HI Enter
Hide 모형 재생성 중 …

12 거친 퀄리티를 부드러운 완성도를 주기 위해 Facetres 값을 증가시킨 후 Hide 명령어로 확인합니다. 작업 시에는 높이지 않더라도 출력이나 최종 확인에는 높여서 확인하면 정확도가 높아집니다.

명령: FACETRES Enter
Facetres에 대한 새 값 입력 ⟨0.5000⟩: 2 Enter

명령: HI Enter
Hide 모형 재생성 중 …

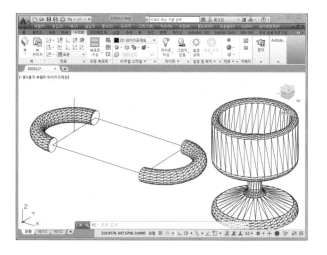

14 둘 이상의 객체를 조합하는 로프트 솔리드 객체인 Loft

둘 이상의 객체를 이어서 솔리드 객체나 면을 구성합니다. 단면의 지정 순서에 따라 전혀 다른 모양의 객체가 만들어지므로 순서를 고려하여 객체를 지정해야 합니다. 부드러운 표면을 가진 곡선이 만든 객체들을 만들 때 사용합니다.

메뉴	리본 메뉴	명령 행
[그리기(D)-모델링(M)-로프트(L)]	[홈] 탭-[모델링] 패널-[로프트]	Loft

명령어 사용법 ▼

이어 붙이기를 할 대상 솔리드나 면 객체를 제작하고 명령어를 입력하고 모양에 알맞은 단면의 지정 순서에 따라 객체를 선택합니다. 선택한 순서에 따라 전혀 다른 모양이 되므로 선택하는 순서를 잘 정하도록 합니다.

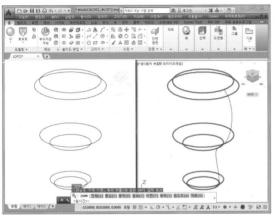

LOFT 대상 객체 및 선택

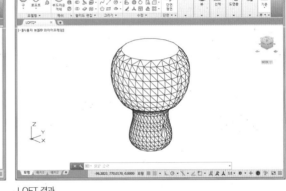

LOFT 결과

명령: LOFT Enter
현재 와이어 프레임 밀도: Isolines=4, 닫힌 윤곽 작성 모드=솔리드
→ 현재 로프트 대상 솔리드의 기본 환경을 표시합니다.
올림 순서로 횡단 선택 또는 [점(PO)/다중 모서리 결합(J)/모드(MO)]:
→ 로프트 대상 객체를 선택합니다.
옵션 입력 [안내(G)/경로(P)/횡단만(C)/설정(S)] 〈횡단만〉: Enter
→ 로프트 대상 객체의 선택이 완료되면 Enter 를 눌러 선택을 종료합니다.

명령어 옵션 해설 ▼

Loft의 옵션은 해당 로프트를 진행하는 동안 셰이프 곡선을 조정하거나 경로의 설정을 지정하는 데 이용합니다. 그러나 대부분의 로프트의 경우 솔리드 객체의 단일 경로를 이용하여 제작하는 것을 많이 사용합니다.

옵션	옵션 해설
안내(G)	로프트 솔리드나 곡면의 셰이프를 조정하는 안내 곡선을 지정합니다.
경로(P)	로프트 솔리드나 곡면에 대한 단일 경로를 지정합니다. 경로에 대한 곡선은 횡단면의 모든 평면을 교차해야 함에 주의합니다.
횡단만(C)	안내 또는 경로를 사용하지 않고 횡단만으로 로프트된 객체를 제작합니다.
설정(S)	로프트 표면 및 해당 횡단면의 윤곽을 조절하거나 솔리드나 표면을 닫을 수 있습니다.

명령어 실습하기 ▼

Loft 명령어는 여러 개의 닫히거나 열린 면을 이어 붙여서 만드는 솔리드 모델링으로 객체의 선택 순서에 따라 모양이 달라집니다. 다음의 순서에 맞추어 원하는 형태의 로프트 객체를 만들어 보도록 합니다.

● 실습 파일: Sample/3DEX13.dwg ● 완성 파일: Sample/3DEX13-F.dwg

01 Open 명령어를 이용하여 'Sample/3DEX13.dwg' 파일을 연 후 회전체를 만들 대상 객체를 확인합니다. 먼저 Loft 명령어를 입력하고 열려 있는 객체 2개를 먼저 선택합니다.

```
명령: LOFT Enter
현재 와이어 프레임 밀도: ISOLINES=4, 닫힌 윤곽 작성 모드=솔리드
올림 순서로 횡단 선택 또는 [점(PO)/다중 모서리 결합(J)/모드(MO)]: 1개를 찾음
→ P1점 클릭
올림 순서로 횡단 선택 또는 [점(PO)/다중 모서리 결합(J)/모드(MO)]: 1개를 찾음, 총 2개
→ P2점 클릭
올림 순서로 횡단 선택 또는 [점(PO)/다중 모서리 결합(J)/모드(MO)]: Enter
 2개의 횡단이 선택됨
옵션 입력 [안내(G)/경로(P)/횡단만(C)/설정(S)] 〈횡단만〉: Enter
```

02 열린 면은 그림과 같이 메시 형태의 표면 객체가 만들어집니다. 다음은 닫힌 곡면을 선택하여 연결해보도록 합니다.

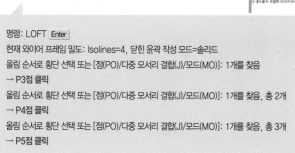

```
명령: LOFT Enter
현재 와이어 프레임 밀도: Isolines=4, 닫힌 윤곽 작성 모드=솔리드
올림 순서로 횡단 선택 또는 [점(PO)/다중 모서리 결합(J)/모드(MO)]: 1개를 찾음
→ P3점 클릭
올림 순서로 횡단 선택 또는 [점(PO)/다중 모서리 결합(J)/모드(MO)]: 1개를 찾음, 총 2개
→ P4점 클릭
올림 순서로 횡단 선택 또는 [점(PO)/다중 모서리 결합(J)/모드(MO)]: 1개를 찾음, 총 3개
→ P5점 클릭
```

03 중간에 이어진 선분은 와이어 프레임 상태에서 사라지고 연결된 경로만 화면에서 생성되어 있는 것을 면 처리할 수 있습니다. 그림과 같이 만들어진 것을 확인합니다.

올림 순서로 횡단 선택 또는 [점(PO)/다중 모서리 결합(J)/모드 (MO)]: Enter
3개의 횡단이 선택됨
옵션 입력 [안내(G)/경로(P)/횡단만(C)/설정(S)] 〈횡단만〉: Enter

04 해당하는 객체들의 완성 예상도를 보기 위해 'Hide'를 입력해보고 그림과 같은지 확인한 후 Loft 명령어를 입력하고 나머지 객체도 순서대로 선택해봅니다.

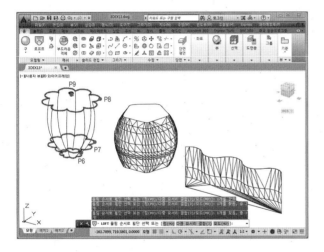

명령: HI Enter
Hide 모형 재생성 중 …

명령: LOFT Enter
현재 와이어 프레임 밀도: ISOLINES=4, 닫힌 윤곽 작성 모드=솔리드
올림 순서로 횡단 선택 또는 [점(PO)/다중 모서리 결합(J)/모드 (MO)]: 1개를 찾음
→ P6점 클릭
올림 순서로 횡단 선택 또는 [점(PO)/다중 모서리 결합(J)/모드 (MO)]: 1개를 찾음, 총 2개
→ P7점 클릭
올림 순서로 횡단 선택 또는 [점(PO)/다중 모서리 결합(J)/모드 (MO)]: 1개를 찾음, 총 3개
→ P8점 클릭
올림 순서로 횡단 선택 또는 [점(PO)/다중 모서리 결합(J)/모드 (MO)]: 1개를 찾음, 총 4개
→ P9점 클릭
올림 순서로 횡단 선택 또는 [점(PO)/다중 모서리 결합(J)/모드 (MO)]: Enter
4개의 횡단이 선택됨
옵션 입력 [안내(G)/경로(P)/횡단만(C)/설정(S)] 〈횡단만〉:
Enter

05 정밀도가 작아서 곡면이 부드럽지 않게 보입니다. Facetres를 높여서 입력한 후 Hide로 은선을 제거하여 그림과 같이 최종확인합니다.

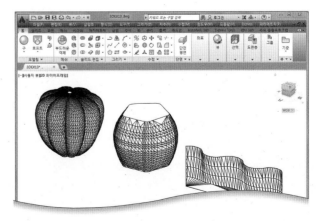

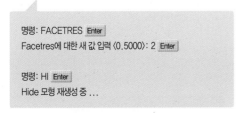

명령: FACETRES Enter
Facetres에 대한 새 값 입력 〈0.5000〉: 2 Enter

명령: HI Enter
Hide 모형 재생성 중 …

15 경로를 따라 면을 만드는 솔리드인 Sweep

Sweep 명령어는 서로 다른 방향의 UCS를 갖는 경로 객체를 따라 면을 만들어주는 솔리드 명령어입니다. 돌출과 같은 결과를 나타내는 경우도 있으며, 경로로 사용하는 객체는 한 번에 선택이 가능한 객체여야 하고, 특히 UCS 방향이 서로 동일하지 않으면 만들어지지 않습니다.

메뉴	리본 메뉴	명령 행
[그리기(D)-모델링(M)-스윕(P)]	[홈] 탭-[모델링] 패널-[스윕]	Sweep(단축 명령어: SW)

명령어 사용법 ▼

스윕할 대상 객체를 선택하고 스윕의 경로를 지정하여 해당 경로를 따라 솔리드 객체가 만들어지도록 합니다. 옵션을 이용하여 정렬이나 기준점을 재정의하도록 합니다.

 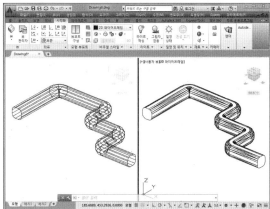

명령: SWEEP Enter
현재 와이어 프레임 밀도: Isolines=4, 닫힌 윤곽 작성 모드=솔리드
스윕할 객체 선택 또는 [모드(MO)]: 1개를 찾음
→ 스윕 대상 객체를 선택합니다.
스윕할 객체 선택 또는 [모드(MO)]: Enter
→ 선택이 완료되면 해당 Enter 를 눌러 선택을 종료합니다.
스윕 경로 선택 또는 [정렬(A)/기준점(B)/축척(S)/비틀기(T)]:
→ 스윕 경로를 선택하거나 옵션을 선택합니다.

명령어 옵션 해설 ▼

스윕 객체를 만드는 기본적인 틀 외에 정렬 방식이나 기준점 설정 등을 선택할 수 있습니다. 특히 축척(Scale) 옵션을 통해 원본 스윕 객체와는 다른 크기의 스윕을 만들어 내거나 스윕하는 동안 비틀림 각도를 입력하여 꼬인 형태의 객체를 만들어 냅니다.

454

옵션	옵션 해설
정렬(A) Alignment	스윕 객체를 경로(Path)에 수직 정렬하여 스윕합니다.
기준점(B) Base Point	기준점의 위치를 재설정합니다.
축척(S) Scale	객체가 경로(Path)에 스윕되는 동안의 전체적인 크기를 관리합니다. 처음 시작은 원래 스윕 객체의 크기지만 축척(Scale)에서 설정한 값 대로 점점 커지거나 점점 작아지는 형태의 스윕이 만들어집니다.
비틀기(T) Twist	비틀기(Twist)에 해당하는 비틀림 각도를 입력하거나 비평면 스윕 경로 Banking을 허용합니다.

명령어 실습하기 ▼

Sweep 객체는 스윕할 대상체와 스윕 객체가 따라갈 경로(Path) 객체로 이루어져 있습니다. 순서에 따라 스윕 객체와 경로 객체로 분리되므로 순서에 맞게 선택하여 스윕을 연습해봅니다.

● 실습 파일: Sample/3DEX14.dwg   ● 완성 파일: Sample/3DEX14-F.dwg

01 먼저 Open 명령어를 이용하여 'Sample/ 3DEX14.dwg' 파일을 연 후 회전체를 만들 대상 객체를 확인합니다. Sweep 명령어를 입력하고 그림과 같이 스윕 대상체를 먼저 선택합니다.

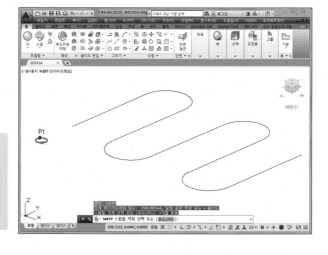

명령: SWEEP Enter
현재 와이어 프레임 밀도: IsolinesS=4, 닫힌 윤곽 작성 모드=솔리드
스윕할 객체 선택 또는 [모드(MO)]: 1개를 찾음
→ P1점 클릭
스윕할 객체 선택 또는 [모드(MO)]: Enter

02 이번에는 첫 번째 선택한 스윕 객체가 따라갈 경로(Path) 객체를 그림과 같이 선택합니다.

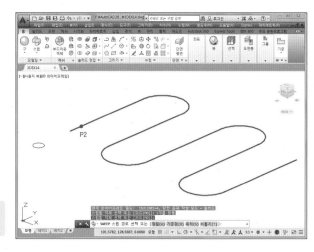

스윕 경로 선택 또는 [정렬(A)/기준점(B)/축척(S)/비틀기(T)]: P2점 클릭

03 그림과 같이 스윕 객체가 만들어졌습니다. 원통 형태의 구부러진 파이프가 만들어진 것을 면 처리할 수 있습니다.

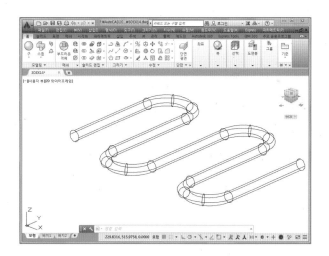

04 Hide 명령어를 입력하고 그림과 같이 완성된 형태를 확인합니다.

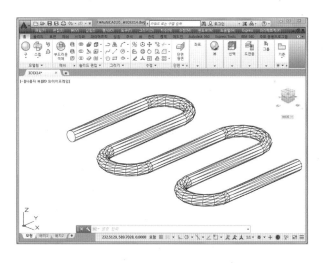

명령: HI Enter
Hide 모형 재생성 중 …

UCS를 이용한 다양한 솔리드 객체 그리기

이번에는 정확한 솔리드 명령어의 사용법과 각 객체와 사용자 좌표계를 이용하는 간편한 방법에 대해 알아보겠습니다. 기존의 UCS는 동적 UCS를 통해 객체를 기준으로 자동으로 설정되는 방식을 이용하여 빠르게 그릴 수 있도록 하며, 기준 객체가 없는 곳에서는 사용자가 축을 중심으로 사용자 좌표계를 움직일 수 있는 방법을 알아봅니다.

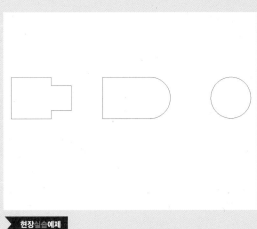

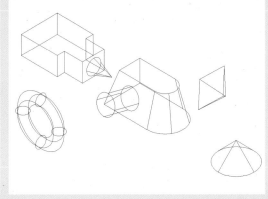

현장실습예제

예제 파일
Sample/T_3DEX03_B.dwg

완성 파일
Sample/T_3DEX03_F.dwg

01 Open 명령어를 이용하여 'Sample/ T_3DEX03_B.dwg' 파일을 연 후 뷰 큐 브 오른쪽 아래 지점을 클릭하여 3차원 관측 뷰 로 들어갑니다.

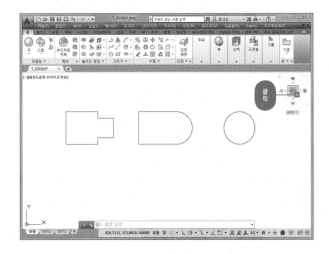

02 화면이 전체적으로 작게 보입니다. 3차
원 관측 뷰로 들어갔을 경우 Zoom 명령
어를 이용하여 전체 화면이 잘 보이도록 조절합
니다.

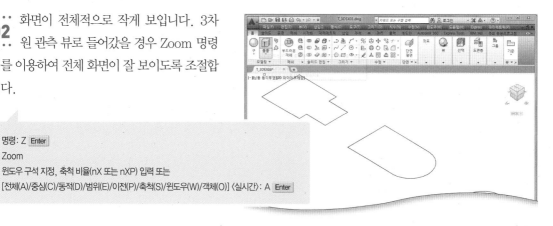

명령: Z Enter
Zoom
윈도우 구석 지정, 축척 비율(nX 또는 nXP) 입력 또는
[전체(A)/중심(C)/동적(D)/범위(E)/이전(P)/축척(S)/윈도우(W)/객체(O)] 〈실시간〉: A Enter

03 돌출 명령어를 리본 메뉴에서 선택하거
나 단축키인 'EXT'를 입력하고 다음의
객체를 돌출 객체로 선택합니다. 선택 후 돌
출의 높이값을 그림과 같이 입력하면 하나의
돌출 객체가 완성됩니다.

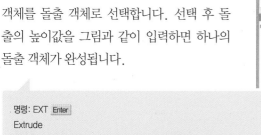

명령: EXT Enter
Extrude
현재 와이어 프레임 밀도: ISOLINES=4, 닫힌 윤곽 작성 모드=솔리드
돌출할 객체 선택 또는 [모드(MO)]: _MO 닫힌 윤곽 작성 모드 [솔리드(SO)/표면(SU)]
〈솔리드〉: _SO
돌출할 객체 선택 또는 [모드(MO)]: 1개를 찾음
→ P1점 클릭
돌출할 객체 선택 또는 [모드(MO)]: Enter
돌출 높이 지정 또는 [방향(D)/경로(P)/테이퍼 각도(T)/표현식(E)] 〈249.5273〉: 50 Enter

04 돌출 이후 보이지 않는 부분이 생기면
Zoom 명령어로 화면을 정리하고 선과
곡선이 이어진 객체를 선택하여 돌출해보겠습
니다. 명령어를 입력한 후 그림과 같이 선택
합니다.

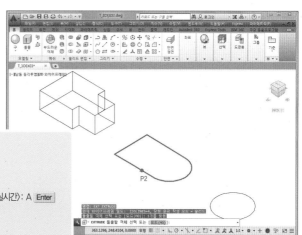

명령: Z Enter
Zoom
윈도우 구석 지정, 축척 비율(nX 또는 nXP) 입력 또는
[전체(A)/중심(C)/동적(D)/범위(E)/이전(P)/축척(S)/윈도우(W)/객체(O)] 〈실시간〉: A Enter

명령: EXT Enter
Extrude
현재 와이어 프레임 밀도: ISOLINES=4, 닫힌 윤곽 작성 모드=솔리드
돌출할 객체 선택 또는 [모드(MO)]: 1개를 찾음
→ P2점 클릭
돌출할 객체 선택 또는 [모드(MO)]: Enter

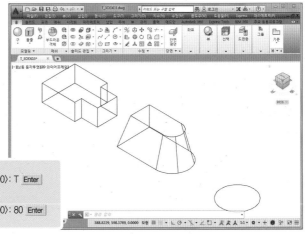

05 돌출 시 테이퍼 각도를 입력하여 기울기를 가진 돌출 객체를 만듭니다. 옵션을 입력하고 각도와 높이값을 차례로 지정합니다.

돌출 높이 지정 또는 [방향(D)/경로(P)/테이퍼 각도(T)/표현식(E)] ⟨50.0000⟩: T Enter
돌출에 대한 테이퍼 각도 지정 또는 [표현식(E)] ⟨0⟩: 15 Enter
돌출 높이 지정 또는 [방향(D)/경로(P)/테이퍼 각도(T)/표현식(E)] ⟨50.0000⟩: 80 Enter

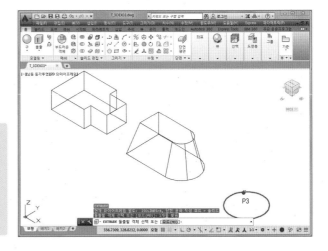

06 테이퍼 각도를 많이 지정하면 높이값을 제대로 표현할 수 없습니다. 다음 원을 테이퍼 각을 많이 입력한 후 높이값도 높게 지정해봅니다.

명령: EXT Enter
Extrude
현재 와이어 프레임 밀도: ISOLINES=4, 닫힌 윤곽 작성 모드=솔리드
돌출할 객체 선택 또는 [모드(MO)]: 1개를 찾음
→ P3점 클릭
돌출할 객체 선택 또는 [모드(MO)]: Enter

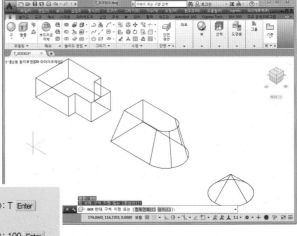

07 옆의 객체보다 더 높은 '100'을 입력했으나 테이퍼 각도가 45도이므로 꺾어져 올라가면서 만나는 꼭짓점이 생겨 더 이상 높이를 지정할 수 없으므로 그림과 같이 낮은 상태의 모양이 만들어집니다.

돌출 높이 지정 또는 [방향(D)/경로(P)/테이퍼 각도(T)/표현식(E)] ⟨80.0000⟩: T Enter
돌출에 대한 테이퍼 각도 지정 또는 [표현식(E)] ⟨15⟩: 45 Enter
돌출 높이 지정 또는 [방향(D)/경로(P)/테이퍼 각도(T)/표현식(E)] ⟨80.0000⟩: 100 Enter

458

08 이번에는 F6을 켜서 동적 UCS를 켭니다. 객체가 있는 경우 해당 객체에 자동으로 사용자 좌표계가 활성화되도록 하고 다음의 면에 원통을 그려보겠습니다. 명령어를 입력한 후 다음의 지점에 마우스를 올려놓으면 자동으로 해당 면이 활성화됩니다.

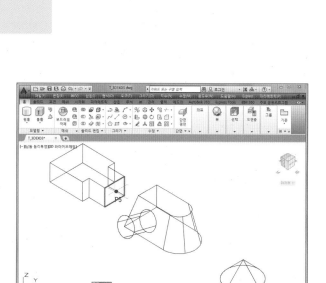

명령: F6
〈동적 UCS 켜기〉

명령: CYL Enter
Cylinder
기준 중심점 지정 또는 [3P(3P)/2P(2P)/Ttr-접선 반지름(T)/타원형(E)]: P4점 클릭
밑면 반지름 지정 또는 [지름(D)] 〈182.0318〉: 25 Enter
높이 지정 또는 [2점(2P)/축 끝점(A)] 〈50.0000〉: 70 Enter

09 다음은 Cone 명령어를 입력한 후 그림과 같은 지점에 마우스를 올려놓으면 활성화됩니다. 해당 지점을 원추의 중심점으로 클릭하고 그림과 같이 입력하여 원추를 그립니다.

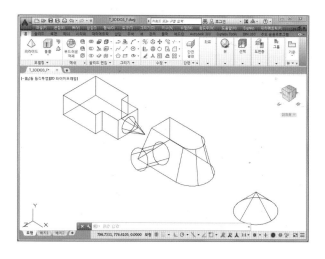

명령: CONE Enter
기준 중심점 지정 또는 [3P(3P)/2P(2P)/Ttr-접선 반지름(T)/타원형(E)]: P5점 클릭
밑면 반지름 지정 또는 [지름(D)] 〈25.0000〉: 20 Enter
높이 지정 또는 [2점(2P)/축 끝점(A)/상단 반지름(T)] 〈70.0000〉: 50 Enter

10 이번에는 모델링 객체 위에 그리지 않고 사용자 좌표계의 모양을 스스로 바꿔 객체가 없는 공간에 객체를 그리기 위하여 UCS를 X축을 기준으로 90도 회전시키고 다음과 같이 UCS를 정면을 향하게 합니다.

명령: UCS Enter
현재 UCS 이름: *표준*
UCS의 원점 지정 또는 [면(F)/이름(NA)/객체(OB)/이전(P)/뷰(V)/표준(W)/X(X)/Y(Y)/Z(Z)/Z축(ZA)] 〈표준〉: X Enter
X축에 관한 회전 각도 지정 〈90〉: 90 Enter

11 앞쪽을 평면으로 지정했다면 이제 토러스 명령어를 입력한 후 그림과 같이 중심점을 클릭하여 토러스를 그려봅니다. 바닥면에 누워서 그려지지 않고 세워져서 그려지는 것을 볼 수 있습니다.

명령: TORUS Enter
중심점 지정 또는 [3점(3P)/2점(2P)/Ttr-접선 반지름(T)]: P6점 클릭
반지름 지정 또는 [지름(D)] 〈20.0000〉: 50 Enter
튜브 반지름 지정 또는 [2점(2P)/지름(D)]: 15 Enter

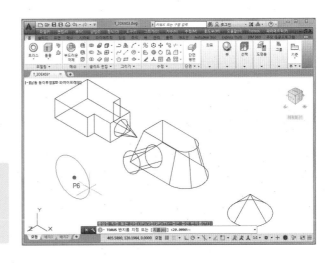

12 이번에는 오른쪽 면을 평면으로 하는 사용자 좌표계(UCS)를 지정하기 위해 현재 상태에서 Y축을 기준으로 90도 회전시키고 피라미드를 그려보겠습니다.

명령: UCS Enter
현재 UCS 이름: *이름 없음*
UCS의 원점 지정 또는 [면(F)/이름(NA)/객체(OB)/이전(P)/뷰(V)/표준(W)/X(X)/Y(Y)/Z(Z)/Z축(ZA)] 〈표준〉: Y Enter
Y축에 관한 회전 각도 지정 〈90〉: 90 Enter

명령: PYR Enter
PYRAMID
 4 면 외접
기준 중심점 지정 또는 [모서리(E)/변(S)]: P7점 클릭
밑면 반지름 지정 또는 [내접(I)] 〈50.0000〉: 35 Enter
높이 지정 또는 [2점(2P)/축 끝점(A)/상단 반지름(T)]
〈50.0000〉: 40 Enter

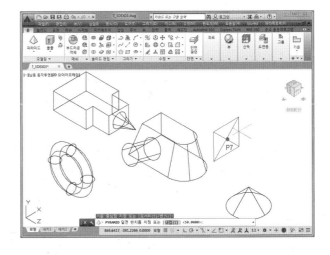

13 전체적인 솔리드의 모양을 확인하기 위하여 Hide 명령어를 입력하고 그림과 같이 각 방향대로 그려진 솔리드 객체를 확인합니다.

명령: Hide Enter
모형 재생성 중 ...

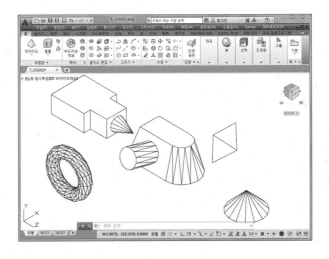

현장
실습
16

도면을 활용한 솔리드 객체 응용하기

이번에는 2D 도면의 객체를 3D 도면으로 활용하는 방법에 대해 알아보겠습니다. 건축이나 인테리어의 경우, 간단한 3차원 도면화 작업 시 벽체를 빠르게 전환하는 방법을 솔리드 모델링을 통해 작업할 수 있습니다. 다음의 벽체와 밀고 당기기 예제를 통해 빠른 작업을 할 수 있는 방법을 알아봅니다.

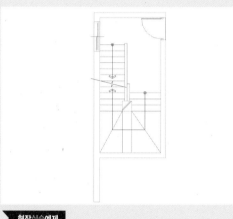
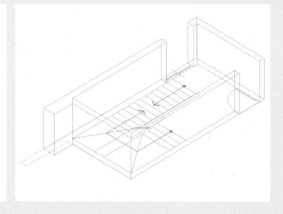

현장실습예제

예제 파일
Sample/T_3DEX04_B.dwg

완성 파일
Sample/T_3DEX04_F.dwg

01 Open 명령어를 이용하여 'Sample/ T_3DEX04_B.dwg' 파일을 연 후 뷰 큐브의 오른쪽 아래 지점을 클릭하여 3차원 관측 뷰로 들어갑니다.

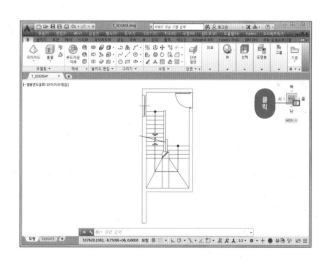

02 비좁은 공간을 눌러 당기기(Presspull)
를 해야 하므로 Zoom 명령어를 통해
정확한 구역을 확대하도록 합니다.

> 명령: Z `Enter`
> Zoom
> 윈도우 구석 지정, 축척 비율(nX 또는 nXP) 입력 또는
> [전체(A)/중심(C)/동적(D)/범위(E)/이전(P)/축척(S)/윈도우(W)/
> 객체(O)] 〈실시간〉:
> 반대 구석 지정: P1~P2점 클릭, 드래그

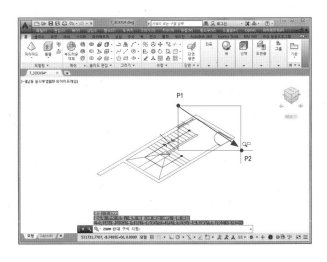

03 눌러 당기기(Presspull) 명령어를 리본
메뉴에서 클릭하거나 명령어를 입력하
고 다음의 지점에 마우스를 올려놓은 후 영역
이 선택되는지 확인하여 클릭하고 돌출 높이
값을 입력합니다.

> 명령: PRESSPULL `Enter`
> 객체 또는 경계 영역 선택:
> 돌출 높이 지정 또는 [다중(M)]: P3점 클릭
> 돌출 높이 지정 또는 [다중(M)]:1500 `Enter`
> 1개의 돌출이 작성됨
> 객체 또는 경계 영역 선택: `Enter`

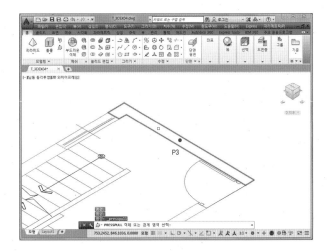

04 전체 화면으로 확대하여 확인합니다.
벽체가 1500만큼 커진 것을 확인할 수
있습니다. 보통 아이소메트릭의 경우 1500~
1800 정도로 원하는 만큼 잘라서 확인하는
경우가 많습니다.

> 명령: Z `Enter`
> Zoom
> 윈도우 구석 지정, 축척 비율(nX 또는 nXP) 입력 또는
> [전체(A)/중심(C)/동적(D)/범위(E)/이전(P)/축척(S)/윈도우(W)/
> 객체(O)] 〈실시간〉: A `Enter`
> 모형 재생성 중 ...

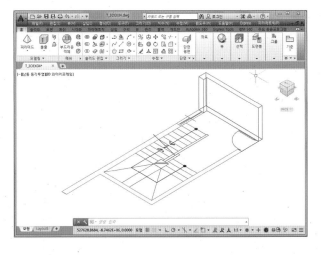

05 이번에는 눌러 당기기(Presspull) 명령어를 입력한 후 그림과 같은 영역을 선택하여 높이값을 입력합니다.

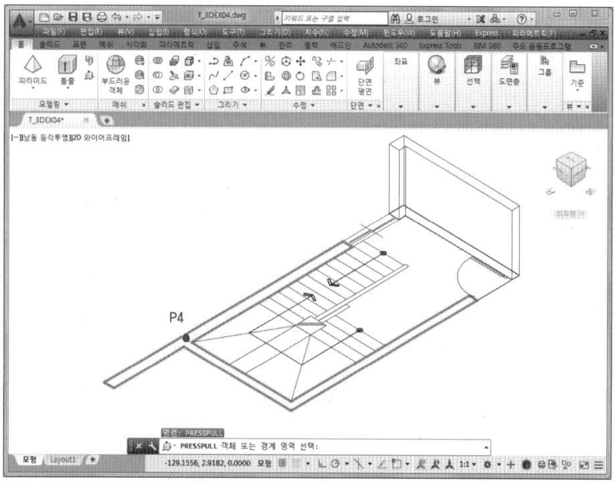

명령: PRESSPULL Enter
객체 또는 경계 영역 선택:
돌출 높이 지정 또는 [다중(M)]: P4점 클릭
돌출 높이 지정 또는 [다중(M)]: 1500 Enter
1개의 돌출이 작성됨
객체 또는 경계 영역 선택: Enter

06 Hide를 입력하여 다음의 벽체 형성 상태를 확인합니다. 위쪽과 아래쪽 모두 벽체가 생성된 것을 면 처리할 수 있습니다.

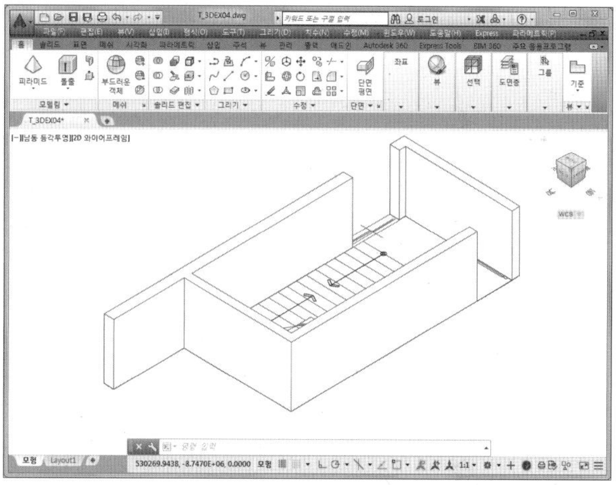

명령: HIDE Enter
모형 재생성 중 ...

07 이미 돌출시킨 솔리드 객체도 눌러 당기기를 할 수 있습니다. 눌러 당기기(Presspull) 명령어를 입력한 후 그림과 같이 영역을 선택하고 200만큼 돌출시킵니다.

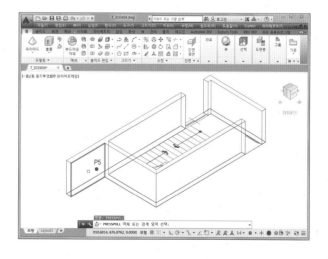

명령: PRESSPULL Enter
객체 또는 경계 영역 선택: P5점 클릭
돌출 높이 지정 또는 [다중(M)]: 200 Enter
1개의 돌출이 작성됨
객체 또는 경계 영역 선택: Enter

08 당기는 역할에 해당하는 내용으로 실습을 했으므로 이번에는 줄어드는 역할에 해당하는 내용을 실습합니다. Presspull 명령어를 입력한 후 그림과 같은 위치를 영역으로 선택합니다.

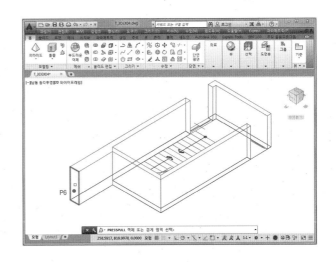

명령: PRESSPULL Enter
객체 또는 경계 영역 선택: P6점 클릭
돌출 높이 지정 또는 [다중(M)]: −1000 Enter
1개의 돌출이 작성됨
객체 또는 경계 영역 선택: Enter

09 눌러 들어가게 만든 객체를 확인하였다면 Hide 명령어를 입력하고 그림과 같이 줄어든 객체의 상태를 확인합니다.

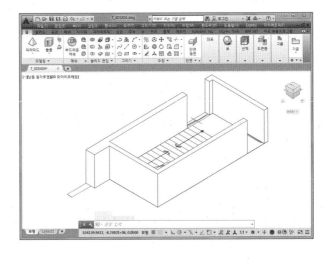

명령: HIDE Enter
모형 재생성 중 …

SECTION
3

3차원
솔리드
객체의
편집

솔리드 객체나 리전(Region) 객체는 더하거나 빼는 등의 연산을 통해 객체를 다양하게 모델링할 수 있습니다. 기본 솔리드 객체만 사용하거나 돌출(Extrude) 등의 명령어만 이용하는 것에는 한계가 있으며, 설사 만들 수 있다고 하더라도 UCS 등의 어려운 방법을 통해 완성해야 하는 등 어려운 점이 많습니다. 불린(Boolean) 연산을 이용하면 솔리드 객체와 리전(Region) 객체 간의 겹친 부분을 이용하여 더하거나 빼는 등의 연산을 통해 빠르고 편리하게 모델링할 수 있습니다.

A u t o C A D 2 0 1 5

1 둘 이상을 합치는 연산 합집합 Union

2개 이상의 겹치거나 겹치지 않은 솔리드 객체를 하나의 단일 솔리드 객체로 합쳐주는 연산을 하는 명령어를 '합집합(Union)'이라고 합니다. 합집합(Union) 명령어로 합쳐진 솔리드 객체의 겹친 부분은 하나의 면적으로 계산되며, 이는 전체적으로 안정적인 솔리드 객체를 만들어 다양한 모델링을 할 수 있습니다.

메뉴	리본 메뉴	명령 행
[수정(M)-솔리드 편집(N)-합집합(U)]	[홈] 탭-[솔리드 편집] ⊚	Union(단축 명령어: UNI)

명령어 사용법 ▼

2개 이상의 솔리드 객체가 겹친 부분이 있는 경우, 합집합(Union) 명령어로 선택하여 하나의 단일 면적으로 변경합니다. 겹친 부분의 면적은 하나의 면적으로 인식하며, 2D 리전(Region) 객체의 경우도 가능합니다. 다음 그림같이 Hide로 은선 제거시 하나로 합쳐진 부분은 이음새의 선분이 보이지 않고 하나의 덩어리인 것처럼 표시됩니다.

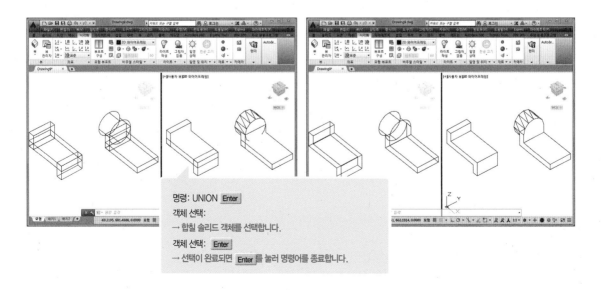

명령: UNION Enter
객체 선택:
→ 합칠 솔리드 객체를 선택합니다.
객체 선택: Enter
→ 선택이 완료되면 Enter 를 눌러 명령어를 종료합니다.

2개 이상의 솔리드 객체를 이용하여 하나로 합치는 합집합의 연산을 연습합니다. 반드시 2개 이상의 겹친 부분이 있는 객체를 이용하고, 다음의 예제를 통해 결과를 확인합니다.

● 실습 파일: Sample/3DEX15.dwg ● 완성 파일: Sample/3DEX15-F.dwg

01 Open 명령어를 이용하여 'Sample/3DEX15.dwg'의 파일을 열고 다음의 솔리드 객체를 확인합니다. 왼쪽은 상자와 원통이 겹친 부분이 있는 채로 있으며 오른쪽은 원통과 구가 겹쳐 있습니다.

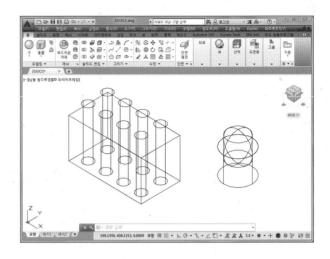

02 합집합의 연산을 하는 명령어를 리본 메뉴에서 선택하거나 UNION 명령어의 단축키인 UNI를 입력하고 합쳐져야 하는 객체를 그림과 같이 드래그하여 선택합니다.

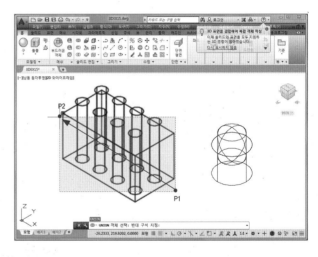

명령: UNI Enter
Union
객체 선택: 반대 구석 지정: 2개를 찾음
→ P1~P2점 클릭, 드래그

03 선택이 완료되면 Enter 를 눌러 완료합니다. 다음과 같이 겹친 부분의 객체는 하나의 덩어리가 되므로 중복되지 않고 하나로 인식 하게됩니다.

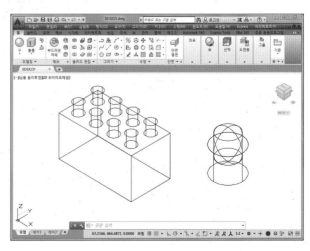

객체 선택: Enter

04 이번에는 원통과 구를 합집합시켜보겠습니다. 먼저 합집합의 명령어를 입력하고 그림과 같이 상자를 만들어 선택하고 Enter 를 눌러 완료합니다.

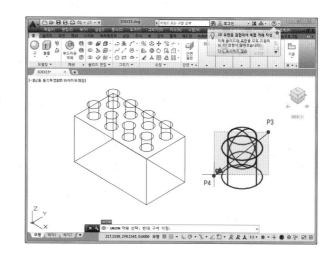

명령: UNI Enter
Union
객체 선택: 반대 구석 지정: 2개를 찾음
→ P3~P4점 클릭, 드래그
객체 선택: Enter

05 완성된 객체를 확인하기 위해 Hide를 입력하고 예상도를 확인합니다. 그림과 같이 하나의 솔리드 객체가 되었습니다.

명령: HI Enter
Hide 모형 재생성 중 …

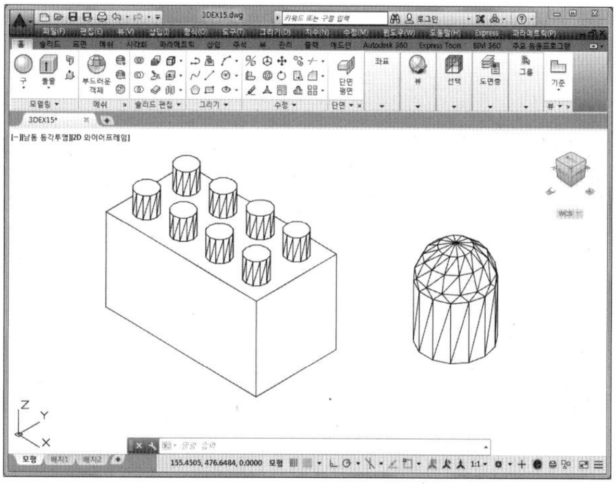

2 빼기 연산을 하는 차집합 Subtract

Subtract 연산은 A 솔리드 객체에서 B 솔리드 객체를 빼는 형태의 빼기 연산 명령어입니다. Subtract 연산의 경우, 겹친 부분 모양으로 빼내는 형태로 특히 솔리드 객체의 구멍을 뚫어주거나 절단하는 경우에 자주 사용하며, 일반적으로 한 번에 만들기 어려운 모델링을 간단하게 해결해주는 연산 방법입니다.

메뉴	리본 메뉴	명령 행
[수정(M)-솔리드 편집(N)-차집합(S)]	[홈] 탭-[솔리드 편집] ◎◎	Subtract(단축 명령어: SU)

　　　　　　　　2개 이상의 겹친 부분이 있는 솔리드 객체 중 첫 번째 선택하는 객체에서 두 번째 선택하는 객체를 빼는 연산이므로, 첫 번째 객체와 두 번째 객체를 구분하기 위해 첫 번째 객체를 선택한 후 Enter 를 누르고 다시 빼주는 객체를 선택합니다. 선택이 완료되면 처음 선택한 객체에서 두 번째 선택한 객체가 빠진 채로 모델링됩니다.

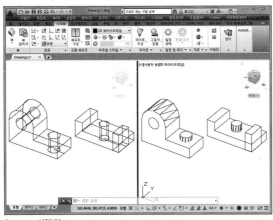

Subtract 실행 전

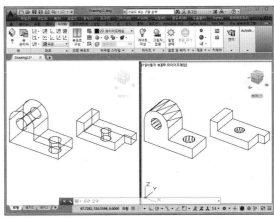

Subtract 실행 후

명령: SUB Enter
SUBTRACT
제거 대상인 솔리드, 표면 및 영역을 선택 …
객체 선택:
→ 차집합의 연산(A-B) 객체 중 A 솔리드 객체를 선택합니다.
객체 선택: Enter
→ A 솔리드 객체 선택을 완료하기 위해 Enter 를 누릅니다.
제거할 솔리드, 표면 및 영역을 선택 …
객체 선택:
→ 차집합의 연산(A-B) 객체 중 B 솔리드 객체를 선택합니다.
객체 선택: Enter
→ B 솔리드 객체 선택을 완료하기 위해 Enter 를 누릅니다.

　　　　　　　　2개 이상의 겹친 부분이 있는 A 솔리드 객체에서 B 솔리드 객체를 빼는 차집합의 연산을 연습합니다. 반드시 겹친 부분이 있어야 하며, A 솔리드와 B 솔리드 객체는 Enter 로 구분해야 합니다.

● 실습 파일: Sample/3DEX16.dwg　● 완성 파일: Sample/3DEX16-F.dwg

01 Open 명령어를 이용하여 'Sample/3DEX16.dwg' 파일을 열어 다음의 솔리드 객체를 확인합니다. 먼저 왼쪽 객체를 차집합의 연산 명령어의 단축키인 'SU'를 입력하고 다음의 A 솔리드 객체를 선택합니다.

명령: SU `Enter`
Subtract
제거 대상인 솔리드, 표면 및 영역을 선택 …
객체 선택: 1개를 찾음
→ P1점 클릭
객체 선택: `Enter`

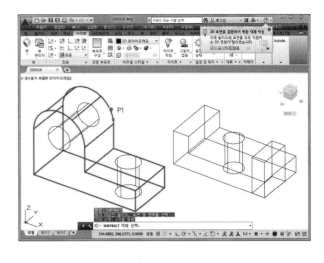

02 A 솔리드 객체에서 빼야할 B 솔리드 객체를 그림과 같이 선택합니다. 한 번에 하나이상 선택 가능합니다. 차집합 연산이 완료됩니다.

제거할 솔리드, 표면 및 영역을 선택 …
객체 선택: 1개를 찾음
→ P2점 클릭
객체 선택: 1개를 찾음, 총 2개
→ P3점 클릭
객체 선택: `Enter`

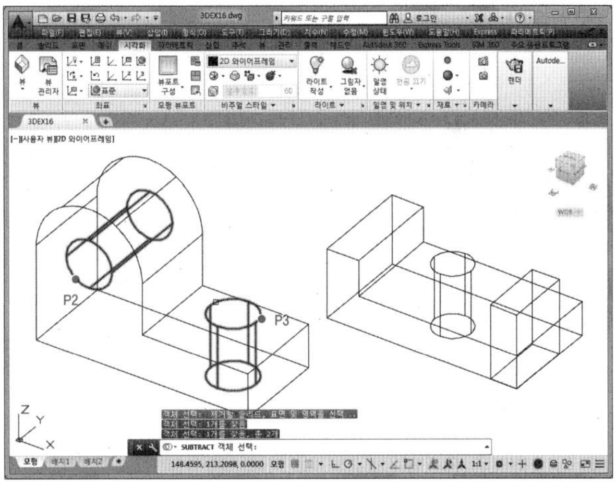

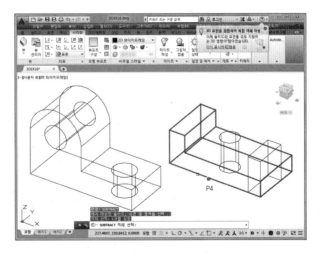

03 이번에는 옆의 객체도 차집합 연산을 해봅니다. SU 명령어를 입력한 후 A 솔리드 객체를 그림과 같이 선택합니다.

명령: SU `Enter`
Subtract
제거 대상인 솔리드, 표면 및 영역을 선택 …
객체 선택: 1개를 찾음
→ P4점 클릭
객체 선택: `Enter`

04 A 솔리드 객체에서 빼야할 B 솔리드 객체를 그림과 같이 선택합니다. 한 번에 하나이상 선택 가능합니다. 차집합의 연산이 완료됩니다.

제거할 솔리드, 표면 및 영역을 선택 ..
객체 선택: 1개를 찾음
→ P5점 클릭
객체 선택: 1개를 찾음, 총 2개
→ P6점 클릭
객체 선택: Enter

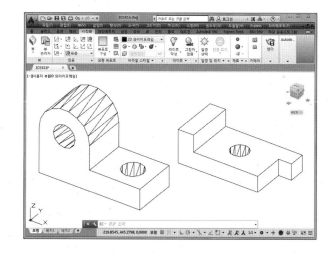

05 차집합 연산을 한 객체의 완성 예상도를 보기 위해 은선 제거 명령어인 'Hide'를 입력하고 확인합니다.

명령: HI Enter
Hide 모형 재생성 중 ...

3 공통 부분을 추출하는 교집합 Intersect

합집합은 더하기, 차집합은 빼기 연산이며, Intersect는 겹친 부분만 남기는 연산으로, 한 곳 이상의 겹친 부분이 있는 경우, 솔리드 객체 간에 겹친 부분만을 추출하는 방식의 연산입니다.

메뉴	리본 메뉴	명령 행
[수정(M)-솔리드 편집(N)-교집합(I)]	[홈] 탭-[솔리드 편집] ⊚	Intersect(단축 명령어 :IN)

명령어 사용법 ▼

2개 이상의 겹친 부분이 있는 솔리드 객체 중에서 교집합(Intersect) 명령어는 선택한 객체 간에 겹친 부분만을 추출하는 방식이므로 선택의 순서에는 관계없이 모두 선택하면 됩니다. 명령어를 입력하고 추출하고 싶은 교집합의 객체가 있는 솔리드 객체 모두를 선택합니다.

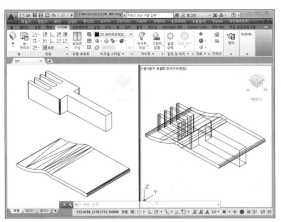 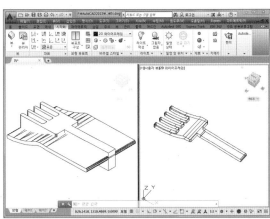

명령: IN Enter

Intersect

객체 선택:

→ 교집합의 연산을 할 대상 객체를 모두 선택합니다.

객체 선택: Enter

→ 교집합의 연산을 할 대상 객체의 선택이 완료되면 Enter 를 눌러 명령어를 종료합니다.

명령어 실습하기 ▼

교집합의 연산은 특별한 선택 방법이 없습니다. 공통으로 추출하고 싶은 내용의 객체를 모두 한 번에 선택하면 완료됩니다. 다만 공통으로 겹친 부분이 없다면 생성되지 않으므로 주의해야 합니다.

● 실습 파일: Sample/3DEX17.dwg   ● 완성 파일: Sample/3DEX17-F.dwg

01 Open 명령어를 이용하여 'Sample/3DEX17.dwg' 파일을 연 후 그림과 같은 솔리드 객체를 확인합니다. 옆에서 보면 곡선이고, 위에서 보면 평면적인 구도의 수저 모양인 솔리드로 구성하였습니다.

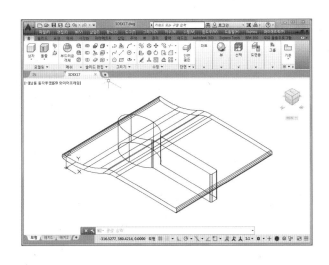

02 교집합 명령어의 단축키인 'IN'을 입력하고 그림과 같이 2개 이상의 공통 부분을 가진 객체를 모두 선택합니다.

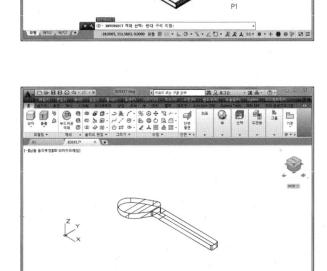

명령: IN Enter
Intersect
객체 선택: 반대 구석 지정: 2개를 찾음
→ P1~P2점 클릭, 드래그

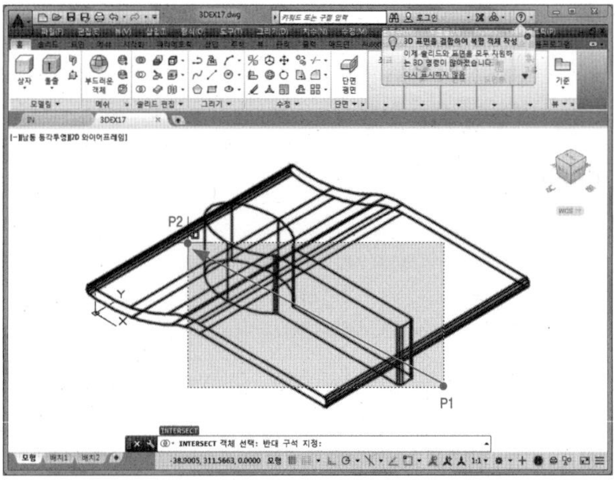

03 선택이 완료되면 Enter 를 눌러 명령어를 종료합니다. 그림과 같이 두 객체의 공통 부분만 남습니다.

객체 선택: Enter

04 완료된 모습을 3Dorbit을 통해 이리저리 돌려보고 Hide를 통해 은선을 제거하여 완성도를 확인합니다.

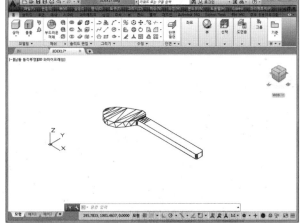

명령: HI Enter
Hide 모형 재생성 중 …

4 객체를 잘라주는 슬라이스 명령어 Slice

3D 솔리드 객체를 원하는 방향으로 잘라내는 명령어입니다. 생성된 솔리드 객체를 UCS의 축이나 3-point 등을 이용하여 원하는 부위를 잘라내는 명령어로 한 번에 그리기 어려운 객체를 다듬어 모양을 만들어 가는 명령어입니다.

메뉴	리본 메뉴	명령 행
[수정(M)-3D 작업(3)-슬라이스(S)]	[홈] 탭-[솔리드 편집] 패널-[슬라이스]	Slice(단축 명령어: SL)

명령어 사용법 ▼

자르고 싶은 솔리드 대상 객체를 선택한 후 자를 면을 3점이나 각각의 뷰에 맞추어 옵션을 이용하여 자르고 자른 솔리드 2개를 모두 남기거나 한쪽 방향의 솔리드 객체만 남깁니다.

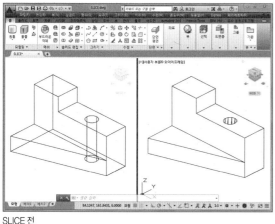

SLICE 전

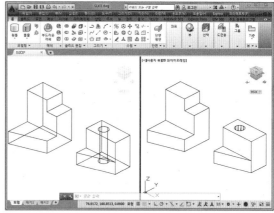

SLICE 후

명령: SL Enter
Slice
슬라이스할 객체 선택:
→ Slice할 대상 객체를 선택합니다.
슬라이스할 객체 선택: Enter
→ 선택이 완료되면 Enter 를 눌러 종료합니다.
슬라이싱 평면의 시작점 지정 또는 [평면형 객체(O)/표면(S)/Z축(Z)/뷰(V)/XY(XY)/YZ(YZ)/ZX(ZX)/3점(3)] 〈3점〉:
→ Slice 객체의 첫 번째 기준점을 선택하거나 옵션을 선택합니다.
평면 위의 두 번째 점 지정:
→ Slice 객체의 두 번째 기준점을 선택합니다.
원하는 면 위의 점 지정 또는 [양쪽 면 유지(B)] 〈양쪽(B)〉:
→ Slice 객체의 남는 부분을 클릭하거나 자른 모든 객체를 남기도록 합니다.

Slice 명령어는 솔리드 객체를 사용자가 원하는 형태로 자를 수 있도록 되어 있습니다. 이때 자르는 방향을 3점을 클릭하여 설정하거나 UCS나 객체 등을 이용하여 다양한 방법으로 자를 수 있도록 옵션이 구성되어 있습니다. 선택한 객체가 축이 되거나, UCS를 선택하여 각각의 X/Y/Z UCS 축을 중심축으로 설정하거나, 현재 보이는 Vpoint를 기준으로 View Point를 지정하는 방법 등을 이용할 수 있습니다.

옵션	옵션 해설
평면형 객체(O) Object	원, 타원, 호, 폴리선 등을 지정하여 절단면의 기준을 정합니다.
표면(S) Surface	서페이스(Surface)를 절단면의 기준으로 설정합니다. 이때 EDGESURF, REVSURF, RULESURF, TABSURF로 만든 Mesh 객체는 기준면이 될 수 없습니다.
Z축(Z)/ Zaxis	원점과 Z축의 한 점을 지정하여 절단면의 기준을 설정합니다.
뷰(V) View	절단면의 기준을 현재 뷰포트의 뷰 평면을 기준으로 설정합니다. XY/YZ/ZX를 선택한 XY/YZ/ZX UCS 축을 절단면의 기준으로 설정합니다.
3점(3) 3Points	절단면의 기준을 원점, X축의 방향, Y축의 방향으로 설정합니다.
양쪽 면 유지(B) Keep Both Sides	슬라이스(Slice)로 절단한 후 남을 솔리드 객체의 방향을 선택합니다.
양쪽(B) Both	슬라이스(Slice)로 절단한 후 모든 솔리드 객체를 남깁니다.

한 덩어리로 된 솔리드 객체를 원하는 방향으로 슬라이스하여 새로운 모양을 만들어 보도록 합니다. 여러 개를 붙여 새로운 모양을 만들거나 덩어리를 잘라 새로운 모양을 만듭니다.

● 실습 파일: Sample/3DEX18.dwg ● 완성 파일: Sample/3DEX18-F.dwg

· · · ·
01 Open 명령어를 이용하여 'Sample/
· · · · 3DEX18.dwg'의 파일을 연 후 다음의
솔리드 객체를 확인합니다. 왼쪽의 사각형을
비스듬하게 자르기 위해 먼저 UCS를 그림과
같이 사선으로 지정하기 위해 원점과 X축의
양의 방향을 결정합니다.

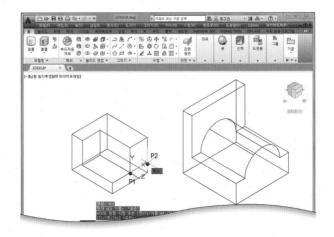

명령: UCS Enter
현재 UCS 이름: *표준*
UCS의 원점 지정 또는 [면(F)/이름(NA)/객체(OB)/이전(P)/뷰(V)/표준(W)/X(X)/Y(Y)/Z(Z)/Z축(ZA)] 〈표준〉: P1점
클릭
X축에서 점 지정 또는 〈수락(A)〉: per Enter P2점 클릭

TIP

3차원 뷰에서 객체 스냅이 켜져 있는 상태에서 잘 잡히지 않는 경우가 있습니다. 이때는 객체 스냅 단축 명령어를 세 글자만 입력한 후 Enter 나 Space Bar 를 누른 후 선택하면 제대로 선택됩니다.

02 비스듬한 면을 만들기 위해 Y축의 양의 방향의 지점을 그림과 같이 사각형의 맨 윗부분으로 선택합니다. UCS가 비스듬한 형태로 전환됩니다.

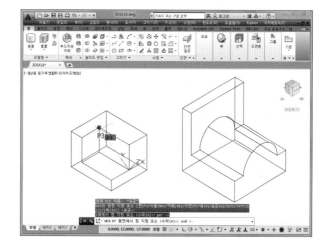

XY 평면에서 점 지정 또는 〈수락(A)〉: End Enter P3점 클릭

03 슬라이스 명령어의 단축키인 'SL'을 입력하고 그림과 같이 슬라이스 대상 객체를 선택합니다.

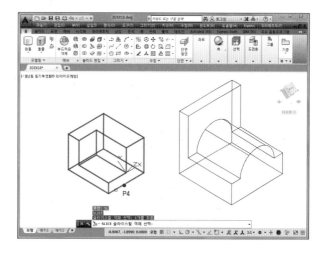

명령: SL Enter
Slice
슬라이스할 객체 선택: 1개를 찾음
→ P4점 클릭
슬라이스할 객체 선택: Enter

04 슬라이싱할 면은 조금 전에 설정한 UCS의 XY 평면을 기준으로 자를 예정 이므로 슬라이스 옵션에 'XY'를 입력하고 해 당 평면의 기준점을 그림과 같이 클릭합니다.

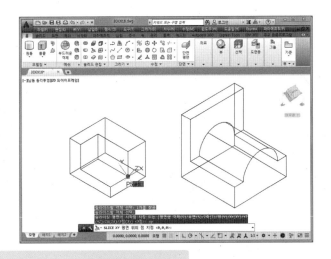

슬라이싱 평면의 시작점 지정 또는 [평면형 객체(O)/표면(S)/Z축(Z)/뷰(V)/XY(XY)/YZ(YZ)/ZX(ZX)/3점(3)] 〈3점〉: xy Enter
XY 평면 위의 점 지정 〈0,0,0〉: P5점 클릭

05 자를 면은 이제 구성되었으므로 자르고 난 후에 기준면을 기준으로 어느 쪽 면 을 남길 것인지, 또는 둘 다 남길 것인지의 옵 션을 정합니다. 만일 한쪽만 남기는 경우 지 금처럼 원하는 면의 일정한 지점을 마우스로 클릭합니다.

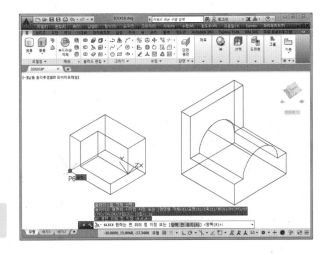

원하는 면 위의 점 지정 또는 [양쪽 면 유지(B)] 〈양쪽(B)〉: P6점 클릭

06 이번에는 옆의 객체를 반쪽으로 잘라 보 겠습니다. 슬라이스 명령어를 입력한 그림과 같이 객체를 선택합니다.

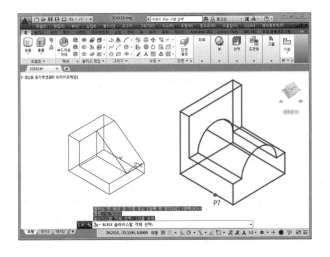

명령: SL Enter
Slice
슬라이스할 객체 선택: 1개를 찾음
→ P7점 클릭
슬라이스할 객체 선택: Enter

07 가운데를 기준으로 절반을 슬라이싱할 예정이므로 절반이 되는 지점의 첫 번째 점을 그림과 같이 클릭하여 선택합니다.

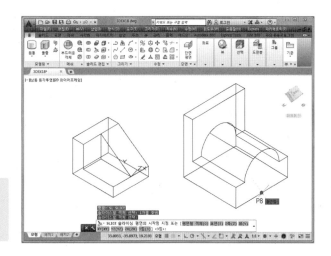

슬라이싱 평면의 시작점 지정 또는 [평면형 객체(O)/표면(S)/Z축(Z)/뷰
(V)/XY(XY)/YZ(YZ)/ZX(ZX)/3점(3)] 〈3점〉: P8점 클릭

08 슬라이싱 두 번째 지점을 그림과 같이 클릭하여 선택하고 자른 객체 둘 다 남기기 위하여 양쪽(B) 옵션을 이용합니다. 2개로 분리된 것을 확인할 수 있습니다.

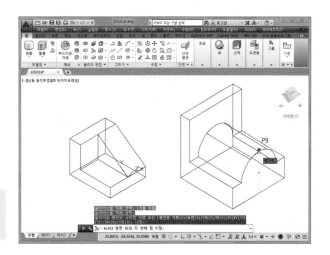

평면 위의 두 번째 점 지정: P9점 클릭
원하는 면 위의 점 지정 또는 [양쪽 면 유지(B)] 〈양쪽(B)〉: B Enter

09 실제로 2개로 분리가 되었는지 확인하기 위하여 MOVE 명령어로 반쪽을 반대편으로 이동시켜보겠습니다. M 명령어를 입력하고 그림과 같이 앞쪽의 객체를 선택합니다.

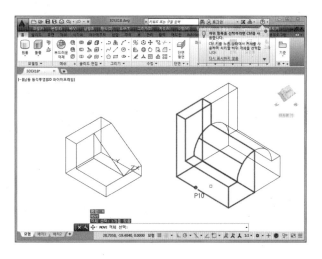

명령: M Enter
Move
객체 선택: 1개를 찾음
→ P10점 클릭
객체 선택: Enter

10 하나였던 객체를 슬라이싱으로 분리하였으므로 앞쪽의 객체만 따로 그림과 같이 이동시켜봅니다.

> 기준점 지정 또는 [변위(D)] 〈변위〉: P11점 클릭
> 두 번째 점 지정 또는 〈첫 번째 점을 변위로 사용〉: P12점 클릭

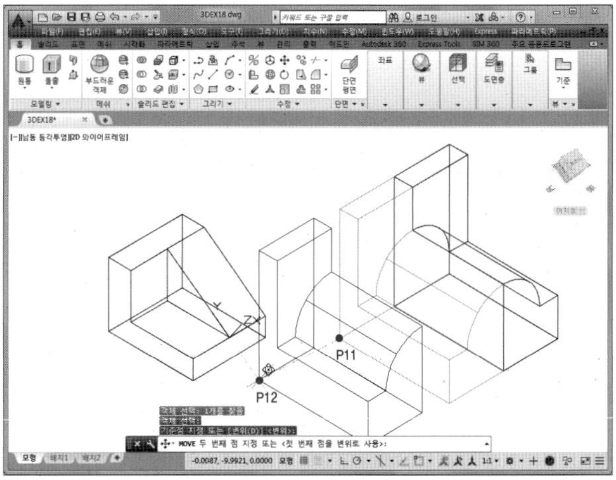

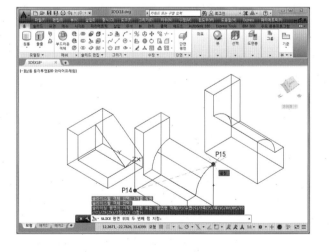

11 이번에는 3점을 클릭하여 XY 평면을 이루는 지점을 기준으로 잘라보겠습니다. 슬라이스 명령어를 입력한 후 다음의 객체를 선택합니다.

> 명령: SL Enter
> Slice
> 슬라이스할 객체 선택: 1개를 찾음
> → P13점 클릭
> 슬라이스할 객체 선택: Enter

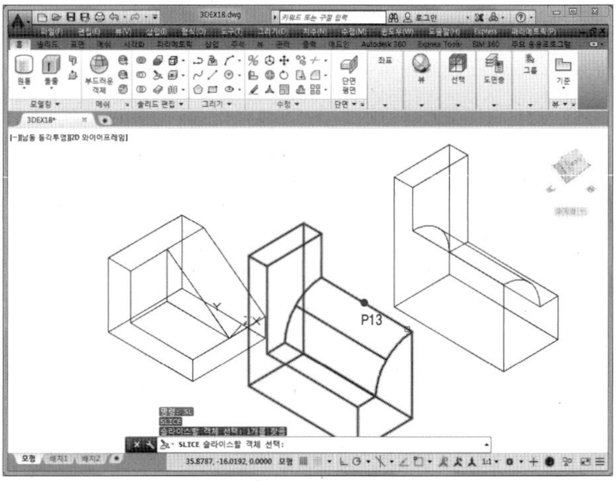

12 원점과 두 번째 점을 그림과 같이 대각선 방향으로 클릭합니다.

> 슬라이싱 평면의 시작점 지정 또는 [평면형 객체(O)/표면(S)/Z축
> (Z)/뷰(V)/XY(XY)/YZ(YZ)/ZX(ZX)/3점(3)] 〈3점〉: P14점 클릭
> 평면 위의 두 번째 점 지정: P15점 클릭

13 자른 사선의 면을 기준으로 남아 있어야 하는 부분을 객체의 뒤편을 기준으로 선택합니다.

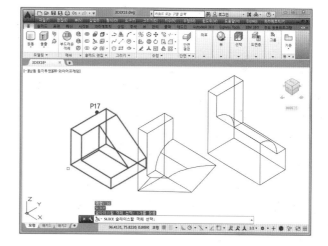

원하는 면 위의 점 지정 또는 [양쪽 면 유지(B)] 〈양쪽(B)〉: P16점 클릭

14 이번에는 UCS를 원래대로 복원하여 세계 좌표계로 설정하고 UCS를 기준으로 잘라보겠습니다. UCS를 원형으로 복구하고 슬라이스 명령어를 입력한 후 그림과 같은 객체를 선택합니다.

명령: UCS Enter
현재 UCS 이름: *이름 없음*
UCS의 원점 지정 또는 [면(F)/이름(NA)/객체(OB)/이전(P)/뷰(V)/
표준(W)/X(X)/Y(Y)/Z(Z)/Z축(ZA)] 〈표준〉: Enter

명령: SL Enter
Slice
슬라이스할 객체 선택: 1개를 찾음
→ P17점 클릭
슬라이스할 객체 선택: Enter

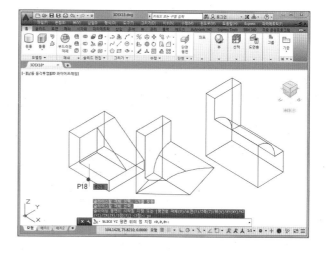

15 화면에 있는 UCS의 YZ축을 기준으로 자를 지점만 선택합니다. YZ축은 측면을 기준면으로 만들어줍니다.

슬라이싱 평면의 시작점 지정 또는 [평면형 객체(O)/표면(S)/Z축
(Z)/뷰(V)/XY(XY)/YZ(YZ)/ZX(ZX)/3점(3)] 〈3점〉: yz Enter
YZ 평면 위의 점 지정 〈0,0,0〉: P18점 클릭

16 잘라진 두 객체 중에서 왼쪽의 객체를 남깁니다.

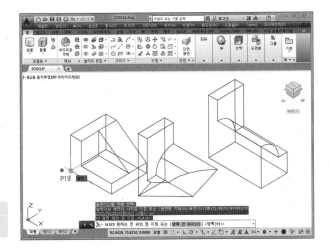

원하는 면 위의 점 지정 또는 [양쪽 면 유지(B)] 〈양쪽(B)〉: P19점 클릭

17 Hide 명령을 입력하여 은선을 제거한 완성된 모델링 객체를 확인합니다.

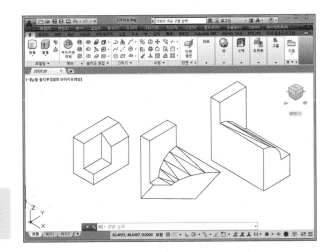

명령: HI Enter
Hide 모형 재생성 중 …

5 두께 있는 솔리드로 변경하는 굵게 하기 Thicken

단면의 서페이스로 만들어진 면을 두께가 있는 솔리드 객체로 전환시켜주는 명령어입니다. 하나로 이어진 스플라인이나 폴리선으로 이루어진 선의 돌출을 통해 두께를 부여하면 서페이스(Surface)면이 되며, 그 면에 두께값을 부여하여 솔리드 객체로 변경합니다.

메뉴	리본 메뉴	명령 행
수정(M)-3D작업(3)-굵게 하기(T)	[홈] 탭-솔리드 편집-굵게 하기	Thicken

명령어 사용법

명령어 사용법 ▼

곡면을 만들 대상인 스플라인이나 호, 2D 폴리선 등을 돌출(Extrude) 등을 이용하여 면을 만든 후 얇은 면을 두께가 있는 면으로 변경하기 위하여 Thicken 명령을 입력하고 원하는 두께값을 입력하면 두께 있는 솔리드 객체로 전환됩니다.

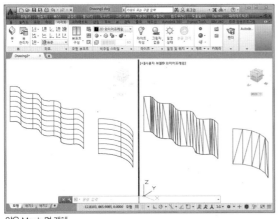

얇은 Mesh 면 객체   두께가 적용된 Thicken 객체

명령: THICKEN [Enter]
두껍게할 표면 선택:
→ 두께를 부여할 대상 면 객체를 선택합니다.
두껍게할 표면 선택: 두께 지정 〈0.0000〉:
→ 두께값을 입력합니다.

6 솔리드 모서리 모깎기 Filletedge ●

솔리드 객체의 모서리를 둥글게 모깎기합니다. 선으로 이루어진 모서리 부분을 반지름값으로 둥글게 깎아주는 명령어입니다. 2D 명령어의 모깎기인 Fillet의 역할입니다.

메뉴	리본 메뉴	명령 행
[수정(M)-솔리드 편집(N)-모서리 모깎기(F)]	[솔리드] 탭-[솔리드 편집] 패널-모서리 모깎기	Filletedge

명령어 사용법 ▼

선으로 보이는 모서리 면을 원하는 반지름의 값으로 둥글게 모깎기합니다. 한 번에 하나 또는 이어진 면을 기준으로 하거나 원하는 모서리를 선택하여 반지름의 값만큼 모깎기합니다.

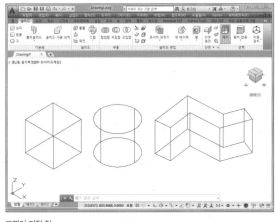

모깎기 지정 전

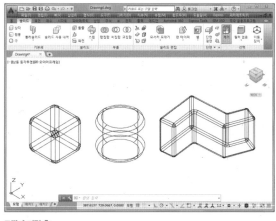

모깎기 지정 후

명령: FILLETEDGE Enter
반지름=0.0000
모서리 선택 또는 [체인(C)/루프(L)/반지름(R)]:
→ 모깎기를 할 모서리를 선택하거나 옵션을 선택합니다.
모서리 선택 또는 [체인(C)/루프(L)/반지름(R)]: Enter
→ 선택이 완료되면 Enter 를 눌러 선택을 종료합니다.
모깎기를 수락하려면 Enter 누름 또는 [반지름(R)]:
→ 선택한 모서리에 모깎기를 적용하려면 Enter 를 입력하거나 옵션을 입력하여 지정합니다.

명령어 옵션 해설

이전 버전의 AutoCAD에서는 Fillet 명령어와 Chamfer 명령어를 이용하여 모서리를 깎아주었습니다. 해당하는 객체들의 모서리의 처리 방식을 선택하여 지정할 수 있습니다.

옵션	옵션 해설
체인(C)	모서리가 서로 인접하는 경우 둘 이상의 모서리를 지정할 수 있습니다. 한 번에 여러 개의 모서리를 선택할 때 주로 사용합니다.
루프(L)	이어진 면을 기준으로 솔리드 면을 선택할 수 있습니다. 하나의 모서리는 인접한 2개의 루프면이 있을 수 있으며, 선택하고 나면 수락할 것인지의 여부를 묻습니다.
반지름(R)	모깎기의 반지름값을 입력합니다.
수락(A)	현재 상태를 지정합니다.
다음(N)	현재 지정된 모서리를 다른 모서리로 지정합니다.

명령어 실습하기 ▼

솔리드 모서리 모깎기를 할 대상 객체를 선택하여 한 번에 하나 이상의 여러 모서리를 모깎기처리합니다. 직선의 모서리와 곡선의 모서리, 이어진 모서리와 떨어진 모서리를 각각 선택하여 모깎기를 실습합니다.

● 실습 파일: Sample/3DEX19.dwg ● 완성 파일: Sample/3DEX19-F.dwg

01 Open 명령어를 이용하여 'Sample/3DEX19.dwg' 파일을 연 후 그림과 같은 솔리드 객체를 확인합니다. 모깎기 명령어를 입력하고 그림과 같이 선택된 모서리에 이어진 면을 한 번에 선택하는 루프 옵션을 입력한 후 그림과 같은 모서리를 클릭합니다.

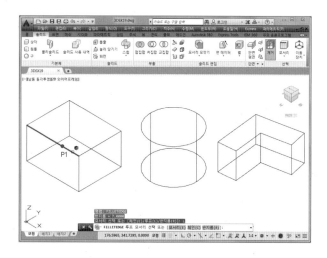

```
명령: FILLETEDGE Enter
반지름=7.0000
모서리 선택 또는 [체인(C)/루프(L)/반지름(R)]: L Enter
루프 모서리 선택 또는 [모서리(E)/체인(C)/반지름(R)]: P1점 클릭
```

02 선택한 모서리를 기준으로 수락을 누르면 해당 모서리와 연결된 모든 모서리가 한 번에 선택되고 기본으로 들어 있던 반지름이 적용됩니다. 새로운 반지름을 입력하기 위해 옵션을 입력합니다.

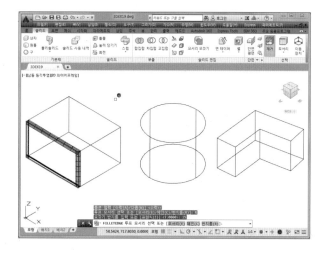

```
옵션 입력 [수락(A)/다음(N)] 〈수락〉: Enter
루프 모서리 선택 또는 [모서리(E)/체인(C)/반지름(R)]: R Enter
모깎기 반지름 입력 또는 [표현식(E)] 〈7.0000〉: 15 Enter
루프 모서리 선택 또는 [모서리(E)/체인(C)/반지름(R)]: Enter
4개의 모서리(들)이(가) 모깎기를 위해 선택됨
모깎기를 수락하려면 Enter 누름 또는 [반지름(R)]: Enter
```

03 띄엄띄엄 떨어져 있는 모서리를 선택하여 모깎기를 하기 위해 Filletedge 명령어를 입력한 후 체인(C) 옵션을 입력하고 그림과 같은 모서리를 순차적으로 선택한 다음 반지름값을 변경하여 적용해봅니다.

명령: FILLETEDGE Enter
반지름=15.0000
모서리 선택 또는 [체인(C)/루프(L)/반지름(R)]: C Enter
모서리 체인 선택 또는 [모서리(E)/반지름(R)]: P2점 클릭
체인에 인접 접선 모서리가 없습니다.
모서리 체인 선택 또는 [모서리(E)/반지름(R)]: P3점 클릭
체인에 인접 접선 모서리가 없습니다.
모서리 체인 선택 또는 [모서리(E)/반지름(R)]: P4점 클릭
체인에 인접 접선 모서리가 없습니다.
모서리 체인 선택 또는 [모서리(E)/반지름(R)]: R Enter
모깎기 반지름 입력 또는 [표현식(E)] 〈15.0000〉: 20 Enter
모서리 체인 선택 또는 [모서리(E)/반지름(R)]: Enter
3개의 모서리(들)이(가) 모깎기를 위해 선택됨.
모깎기를 수락하려면 Enter 누름 또는 [반지름(R)]: Enter

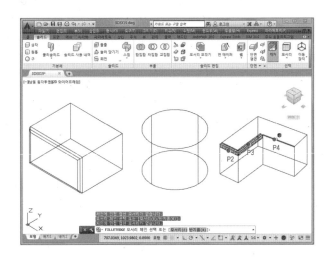

04 둥근 모서리를 모깎기하기 위해 Filletedge 명령어를 입력하고 다음과 같이 반지름을 변경한 후 모서리를 선택하여 모깎기합니다.

명령: FILLETEDGE Enter
반지름=20.0000
모서리 선택 또는 [체인(C)/루프(L)/반지름(R)]: R Enter
모깎기 반지름 입력 또는 [표현식(E)] 〈20.0000〉: 25 Enter
모서리 선택 또는 [체인(C)/루프(L)/반지름(R)]: P5점 클릭
모서리 선택 또는 [체인(C)/루프(L)/반지름(R)]: P6점 클릭
모서리 선택 또는 [체인(C)/루프(L)/반지름(R)]: Enter
2개의 모서리(들)이(가) 모깎기를 위해 선택됨.
모깎기를 수락하려면 Enter 누름 또는 [반지름(R)]: Enter

05 Hide 명령어를 입력한 후 은선을 제거 하여 그림과 같이 완성 예상도를 확인합 니다.

명령: HI Enter
Hide 모형 재생성 중 …

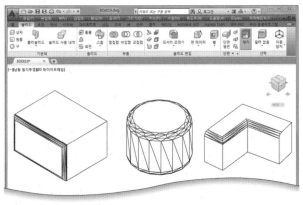

7 솔리드 모서리 모따기 Chamferedge

솔리드 객체의 모서리를 모따기합니다. 선으로 이루어진 모서리 부분을 거리값으로 깎아주는 명령어입니다. 2D 명령어의 모따기인 Chamfer의 역할입니다.

메뉴	리본 메뉴	명령 행
수정(M)-솔리드 편집(N)-모서리 모따기(C)	솔리드 탭-솔리드 편집-모서리 모따기	Chamferedge

명령어 사용법

선으로 보이는 모서리 면을 원하는 반지름의 값으로 둥글게 모깎기합니다. 한 번에 하나 또는 이어진 면을 기준으로 하거나 원하는 모서리를 선택하여 반지름의 값만큼 모깎기합니다. 모깎기에 비해 깎인 면이 둥글지 않고 절단면으로 표시됩니다.

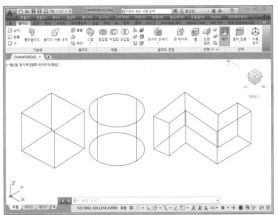

모따기 지정 전

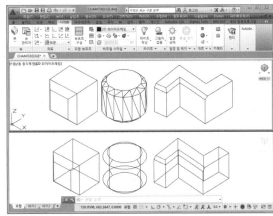

모따기 지정 후

```
명령: CHAMFEREDGE Enter
거리1=1.0000, 거리2=1.0000
→ 기본적인 거리 값 1,2,를 표시합니다.
모서리 선택 또는 [루프(L)/거리(D)]: L
→ 모서리의 선택 옵션을 정하여 입력합니다.
루프 모서리 선택 또는 [모서리(E)/거리(D)]:
→ 모따기를 할 대상 모서리를 선택합니다.
옵션 입력 [수락(A)/다음(N)] 〈수락〉: Enter
→ 해당 모서리가 모따기를 할 대상체인 경우 Enter 를 눌러 선택을 완료합니다.
루프 모서리 선택 또는 [모서리(E)/거리(D)]: D
→ 모서리의 모따기 거리값을 입력하기 위한 옵션을 입력합니다.
거리1 지정 또는 [표현식(E)] 〈1.0000〉: 20 Enter
→ 모따기 거리 값 1을 입력합니다.
거리2 지정 또는 [표현식(E)] 〈1.0000〉: 20 Enter
→ 모따기 거리값 2를 입력합니다.
동일한 면에 있는 다른 모서리 선택 또는 [루프(L)/거리(D)]: Enter
→ 다른 모서리를 선택하거나 Enter 를 눌러 모서리 선택을 완료합니다.
모따기를 수락하려면 Enter 누름 또는 [거리(D)]: Enter
→ 모따기를 완료하기 위하여 Enter 를 누릅니다.
```

명령어 옵션 해설 ▼

이전의 버전들에서는 Fillet 명령어와 Chamfer 명령어를 이용하여 모서리를 깎아주었습니다. 해당하는 객체들의 모서리의 처리 방식을 선택하여 지정할 수 있습니다.

옵션	옵션 해설
체인(C)	모서리가 서로 인접하는 경우 둘 이상의 모서리를 지정 할 수 있습니다. 한 번에 여러 개의 모서리를 선택 할 때 주로 사용합니다.
루프(L)	이어진 면을 기준으로 솔리드 면을 선택할 수 있습니다. 하나의 모서리는 인접한 2개의 루프면이 있을 수 있으며 선택하고 나면 수락할지의 여부를 묻습니다.
표현식(E)	거리 값 입력에 수학 공식을 입력한 값을 지정할 수 있습니다.
거리(D)	모따기의 거리 값을 입력합니다.
수락(A)	현재 상태를 지정하도록 합니다.
다음(N)	현재 지정된 모서리를 다른 모서리로 지정합니다.

명령어 실습하기 ▼

솔리드 모서리 모깎기를 할 대상 객체를 선택하여 한 번에 하나 이상의 여러 모서리를 모깎기를 처리합니다. 직선의 모서리와 곡선의 모서리, 이어진 모서리와 떨어진 모서리를 각각 선택하여 모깎기를 실습합니다.

● 실습 파일: Sample/3DEX20.dwg ● 완성 파일: Sample/3DEX20-F.dwg

01 Open 명령어를 이용하여 'Sample/3DEX20.dwg'의 파일을 열어 다음의 솔리드 객체를 확인합니다. 모따기 명령어를 입력하고 그림과 같이 선택된 모서리에 이어진 면을 한 번에 선택하는 루프 옵션을 입력한 후 다음의 모서리를 클릭합니다.

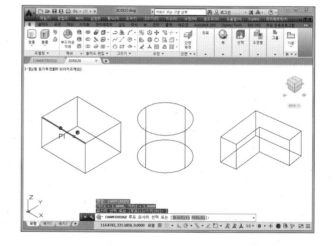

```
명령: CHAMFEREDGE Enter
거리1=1.0000, 거리2=1.0000
모서리 선택 또는 [루프(L)/거리(D)]: L Enter
루프 모서리 선택 또는 [모서리(E)/거리(D)]: P1점 클릭
옵션 입력 [수락(A)/다음(N)] 〈수락〉: Enter
```

02 선택된 모서리의 거리값을 입력하기 위하여 옵션 'D'를 입력하고 거리값을 1,2 모두 '20'을 입력하고 완료합니다. 그림과 같이 모따기가 완성됩니다.

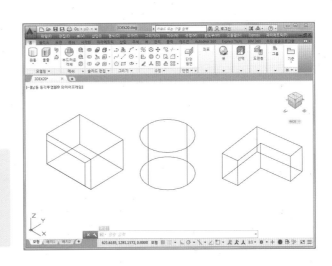

```
루프 모서리 선택 또는 [모서리(E)/거리(D)]: d Enter
거리1 지정 또는 [표현식(E)] <1.0000>: 20 Enter
거리2 지정 또는 [표현식(E)] <1.0000>: 20 Enter
동일한 면에 있는 다른 모서리 선택 또는 [루프(L)/거리(D)]: Enter
모따기를 수락하려면 Enter 누름 또는 [거리(D)]: Enter
```

03 이번에는 루프 스타일이 아닌 원하는 모서리를 따로 선택하여 모따기해보겠습니다. 명령어를 입력한 후 다음의 세 곳을 선택하여 원하는 곳만 모따기해봅니다.

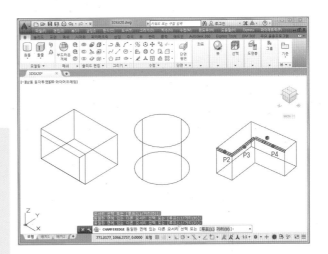

```
명령: CHAMFEREDGE Enter
거리1=20.0000, 거리2=20.0000
모서리 선택 또는 [루프(L)/거리(D)]: D Enter
거리1 지정 또는 [표현식(E)] <20.0000>: 10 Enter
거리2 지정 또는 [표현식(E)] <20.0000>: 10 Enter
모서리 선택 또는 [루프(L)/거리(D)]: P2점 클릭
동일한 면에 있는 다른 모서리 선택 또는 [루프(L)/거리(D)]: P3점 클릭
동일한 면에 있는 다른 모서리 선택 또는 [루프(L)/거리(D)]: P4점 클릭
동일한 면에 있는 다른 모서리 선택 또는 [루프(L)/거리(D)]: Enter
모따기를 수락하려면 Enter 누름 또는 [거리(D)]: Enter
```

04 곡선으로 이루어진 모서리를 모따기합니다. 명령어를 입력한 후 원하는 거리값 1,2를 입력하고 다음의 두 곳의 모서리를 클릭하여 모따기합니다.

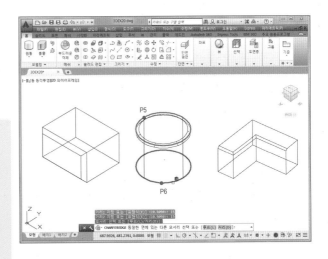

```
명령: CHAMFEREDGE Enter
거리1=10.0000, 거리2=10.0000
모서리 선택 또는 [루프(L)/거리(D)]: d Enter
거리1 지정 또는 [표현식(E)] <10.0000>: 15 Enter
거리2 지정 또는 [표현식(E)] <10.0000>: 15 Enter
모서리 선택 또는 [루프(L)/거리(D)]: P5점 클릭
동일한 면에 있는 다른 모서리 선택 또는 [루프(L)/거리(D)]: P6점 클릭
동일한 면에 있는 다른 모서리 선택 또는 [루프(L)/거리(D)]: Enter
모따기를 수락하려면 Enter 누름 또는 [거리(D)]: Enter
```

05 Hide를 입력하여 은선을 제거한 완성 예상도를 확인합니다.

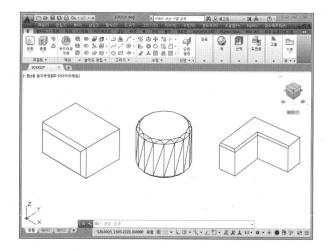

> 명령: HI Enter
> Hide 모형 재생성 중 …

8 솔리드의 간격을 띄우는 Offsetedge

솔리드 객체의 표면에서 일정 거리만큼 간격 띄우기를 통한 평행 복사를 할 수 있습니다. 단순히 Offsetedge만으로는 특별한 기능은 없지만, 해당하는 솔리드를 간격띄우기한 후 눌러 당기기 등을 이용하면 해당 솔리드를 재편집하기 편리합니다.

메뉴	리본 메뉴	명령 행
[수정(M)-솔리드 편집(N)-면 간격 띄우기(O)]	[솔리드] 탭-[솔리드 편집] 패널-[면 간격 띄우기]	Offsetedge

명령어 사용법

간격 띄우기 명령어를 입력한 후 간격 띄우기할 대상 솔리드를 선택합니다. 그런 다음 마우스로 거리를 드래그하거나 옵션을 이용하여 거리값을 정하고 원하는 면을 클릭하여 해당 거리만큼 간격 띄우기가 되도록 합니다.

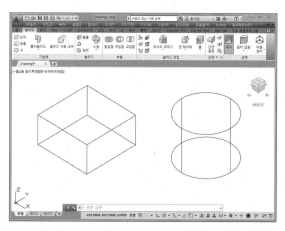
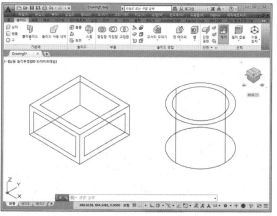

명령: OFFSETEDGE Enter
구석=선명한
→ OFFSETEDGE의 모서리 처리 방식을 표시합니다.
면 선택:
→ 면 간격띄우기를 할 솔리드 면을 선택합니다.
통과점 지정 또는 [거리(D)/구석(C)]:
→ 간격띄우기 거리값을 입력하거나 옵션을 지정합니다.
면 선택: Enter
→ Enter 로 명령어를 종료하거나 이어서 면을 선택합니다.

명령어 옵션 해설 ▼

면 간격 띄우기 옵션은 간격을 숫자로 입력하거나 모서리 처리 방식을 선택할 수 있도록 합니다. 다른 옵션에 비해 거리 옵션을 이용하면 정확한 간격을 가진 객체로 전환이 가능합니다.

옵션	옵션 해설
거리(D)	면 간격 띄우기의 거리값을 입력합니다. 거리값 옵션을 이용하지 않는 경우 마우스로 이동 거리가 환산됩니다.
구석(C)	간격 띄우기 객체를 선택한 면의 모서리 외부에 작성할 때 해당 객체의 구석에 대한 유형을 지정합니다.

명령어 실습하기 ▼

면 간격 띄우기에 해당하는 Offsetedge는 단독으로는 쓰이지 않습니다. 보통 새기는 작업을 하는 경우를 제외하고는 Presspull과 같은 눌러 당기기나 Extrude과 같은 돌출 등과 함께 사용합니다.

● 실습 파일: Sample/3DEX21.dwg　● 완성 파일: Sample/3DEX21-F.dwg

01 Open 명령어를 이용하여 'Sample/3DEX21.dwg' 파일을 연 후 그림과 같은 솔리드 객체를 확인합니다. 그런 다음 Offsetedge 명령어를 입력하고 그림과 같이 면 간격띄우기 객체를 선택합니다.

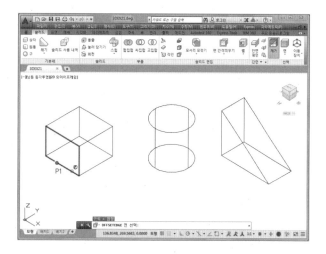

명령: OFFSETEDGE Enter
구석=원형
면 선택: P1점 클릭

02 간격 띄우기를 할 옵션 'D'를 입력하고, 간격값 '20'을 입력합니다. 입력된 거리값을 표시할 면을 그림과 같이 위치를 클릭합니다.

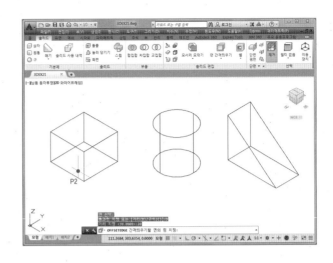

통과점 지정 또는 [거리(D)/구석(C)]: D Enter
거리 지정 〈30.0000〉: 20 Enter
간격띄우기할 면의 점 지정: P2점 클릭
면 선택: Enter

03 이번에는 원기둥에 면 간격 띄우기를 해보겠습니다. 먼저 명령어를 입력하거나 동일 명령어 재실행 시 Enter 만 누르면 동일 명령어가 반복적으로 나타납니다.

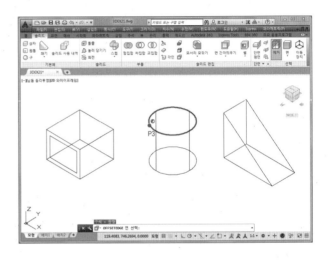

명령: OFFSETEDGE Enter
구석=원형
면 선택: P3점 클릭

04 이번에는 거리값을 숫자로 입력하지 않고 마우스로 안쪽으로 드래그해보겠습니다. 처음 선택한 상태에서 안쪽으로 드래그하여 그림과 같은 지점을 클릭합니다.

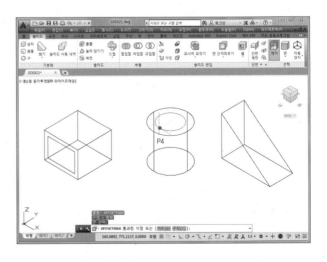

통과점 지정 또는 [거리(D)/구석(C)]: P4점 클릭
면 선택: Enter

05 이번에는 한 번 명령어를 입력하고 여러 면을 면 간격 띄우기해보겠습니다.

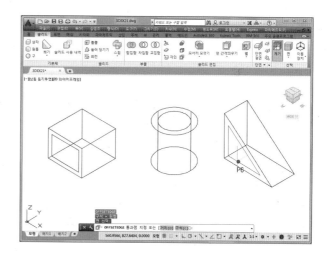

```
명령: OFFSETEDGE Enter
구석=원형
면 선택: P5점 클릭
```

06 처음 선택한 위치로부터 안쪽으로 드래 그하여 다음의 위치에 면 간격 띄우기를 실시합니다.

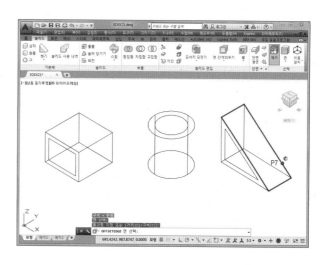

```
통과점 지정 또는 [거리(D)/구석(C)]: P6점 클릭
```

07 이어서 다음 면을 간격 띄우기할 다음 대상 면을 선택하도록 합니다.

```
면 선택: P7점 클릭
```

08 역시 안쪽으로 드래그만 해봅니다. 이 때 클릭은 하지 않고 안쪽으로 드래그하면 다른 것들과 다르지 않습니다. 구석 옵션에 대한 부분은 안쪽으로 드래그 시 전혀 변화가 없습니다.

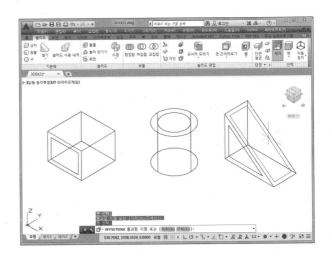

09 이때 마우스를 최소 솔리드 객체 영역의 바깥쪽으로 드래그해봅니다. 그림과 같이 커다란 모서리가 둥근 사각형이 나타납니다. 이때 마우스를 클릭합니다.

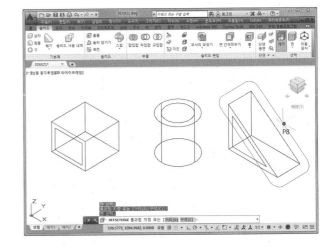

통과점 지정 또는 [거리(D)/구석(C)]: P8점 클릭
면 선택: Enter

10 면 간격 띄우기를 통해 간격을 만든 이후 활용할 수 있는 눌러 당기기를 실행해봅니다. Presspull 명령어를 입력한 후 다음과 같이 간격띄우기 된 부분을 클릭합니다.

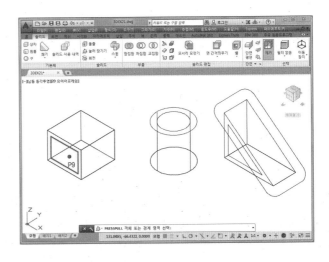

명령: PRESSPULL Enter
객체 또는 경계 영역 선택: P9점 클릭

11 다음 그림과 같이 마우스를 상자 안쪽으로 드래그하여 깊이를 만들어줍니다.

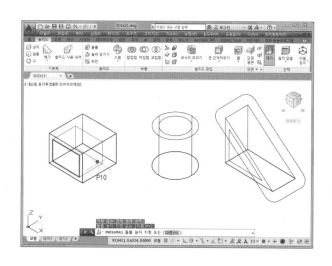

돌출 높이 지정 또는 [다중(M)]: P10점 클릭
1개의 돌출이 작성됨

12 이번에는 바깥으로 면 간격 띄우기 객체를 당겨보겠습니다. 그림과 같이 선분을 클릭하여 선택합니다.

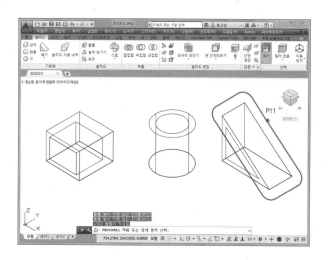

객체 또는 경계 영역 선택: P11점 클릭

13 선택된 객체의 돌출 두께에 그림과 같이 '50'을 입력합니다. 진행 방향으로 돌출되는 것을 볼 수 있습니다.

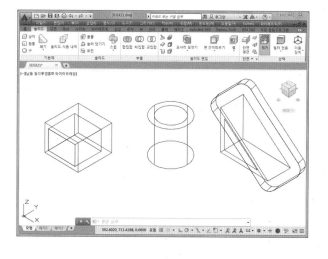

돌출 높이 지정 또는 [다중(M)]:50 Enter
1개의 돌출이 작성됨
객체 또는 경계 영역 선택: Enter

14 완성된 모습을 확인하기 위하여 'HI'를 입력하고 은선이 제거된 모습을 확인합니다.

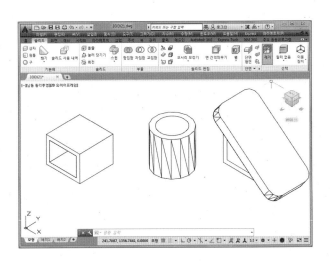

명령: HI Enter
Hide 모형 재생성 중 …

솔리드 객체 편집을 이용한 3D 모델링

이번에는 기본체를 활용한 물건을 모델링해보겠습니다. 다양한 모양을 가진 객체들을 어떻게
모델링하는지에 대해 알아보고, 여러 가지 대상을 스스로 모델링해보도록 합니다.

현장
실습

17

▶ 현장**실습**예제

예제 파일
없음

완성 파일
Sample/T_3DEX05_F.dwg

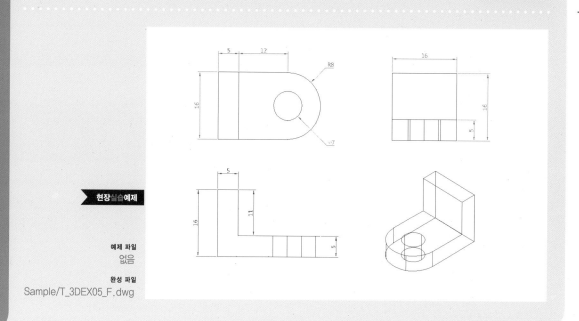

01 ···· New 명령어로 새 파일을 연 후 그림과
같이 Limits를 지정하여 도면한계를
새로 정합니다.

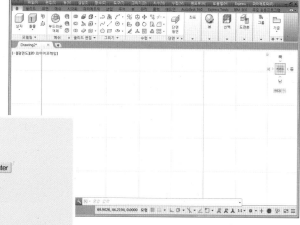

명령: LIMITS Enter
모형 공간 한계 재설정:
왼쪽 아래 구석 지정 또는 [켜기(ON)/끄기(OFF)] ⟨0.0000,0.0000⟩: Enter
오른쪽 위 구석 지정 ⟨120.0000,90.0000⟩: 70,45 Enter

명령: Z Enter
Zoom
윈도우 구석 지정, 축척 비율(nX 또는 nXP) 입력 또는
[전체(A)/중심(C)/동적(D)/범위(E)/이전(P)/축척(S)/윈도우(W)/객체(O)] ⟨실시간⟩: A Enter

02 먼저 모델링 객체의 하위 단위를 그리기 위해 보조 도구로 베이스에 해당하는 사각형을 그림과 같은 크기로 그리도록 합니다.

명령: REC Enter
Rectang
첫 번째 구석점 지정 또는 [모따기(C)/고도(E)/모깎기(F)/두께(T)/폭
(W)]: 15,15 Enter
다른 구석점 지정 또는 [영역(A)/치수(D)/회전(R)]: @17,16 Enter

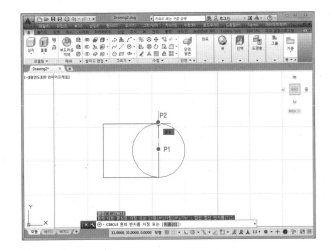

03 그려진 사각형 오른쪽 선의 중간점을 기준으로 원을 하나 그립니다. 마우스로 객체 스냅에 맞추어 그리도록 합니다.

명령: C Enter
Circle
원에 대한 중심점 지정 또는 [3점(3P)/2점(2P)/Ttr-접선 반지름
(T)]: P1점 클릭
원의 반지름 지정 또는 [지름(D)]: P2점 클릭

04 2D 일반 객체를 2차원 솔리드 객체로 전환하기 위한 Region 명령어를 입력합니다. 이렇게 하면 빠르게 2D 객체를 3차원 솔리드 객체화할 수 있습니다.

명령: REGION Enter
객체 선택: 반대 구석 지정: 2개를 찾음
→ P3~P4점 클릭, 드래그
객체 선택: Enter
2 루프들이(가) 추출됨.
2 영역들이(가) 작성됨.

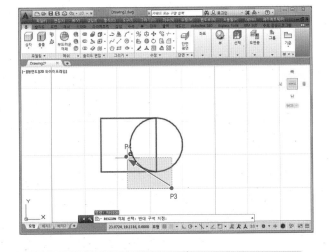

TIP

Region 명령어는 2D 폴리 객체들을 2D 솔리드 객체로 전환시켜줍니다. Region을 거친 2D 폴리 객체들은 합집합, 차집합 등의 연산이나 기타 솔리드 명령어도 바로 사용할 수 있습니다. REGION을 할 수 있는 객체는 일반 속성은 안 되며, Polyline 속성이나 Circle, Polygon 등과 같은 속성만 가능합니다.

05 Region 객체로 전환되었다면 2D 객체라도 솔리드 명령어를 통한 연산을 할 수 있습니다. 합집합의 연산 명령어를 입력한 후 그림과 같이 선택합니다.

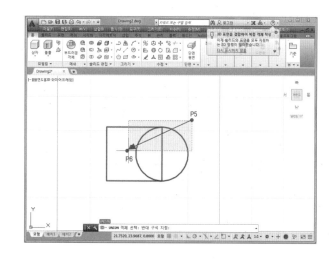

명령: UNI Enter
Union
객체 선택: 반대 구석 지정: 2개를 찾음
→P5~P6점 클릭, 드래그

06 Enter 를 눌러 명령어를 종료하면 다음 그림과 같이 사각형과 원이 하나의 단일 객체로 연산합니다. 아래 뷰큐브 오른쪽 아래의 지점을 클릭하여 3차원 뷰로 이동합니다.

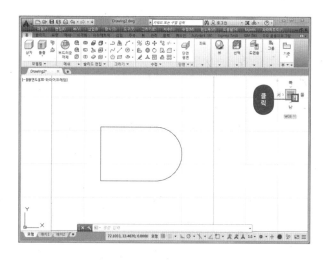

객체 선택: Enter

07 해당 도형을 3차원 솔리드 객체로 전환하기 위하여 돌출 명령어를 입력한 후 그림과 같이 선택하고 높이값에 '5'를 입력합니다.

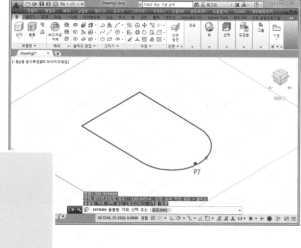

명령: EXT Enter
Extrude
현재 와이어 프레임 밀도: ISOLINES=4, 닫힌 윤곽 작성 모드=솔리드
돌출할 객체 선택 또는 [모드(MO)]: 1개를 찾음
→ P7점 클릭
돌출할 객체 선택 또는 [모드(MO)]: Enter
돌출 높이 지정 또는 [방향(D)/경로(P)/테이퍼 각도(T)/표현식(E)] ⟨0.0000⟩: 5 Enter

08 돌출된 도형의 왼쪽 모서리에 상자를 하나 더 그리기 위하여 명령어를 입력한 후 그림과 같은 위치를 시작점으로 클릭하고 크기를 다음과 같이 입력하여 그립니다.

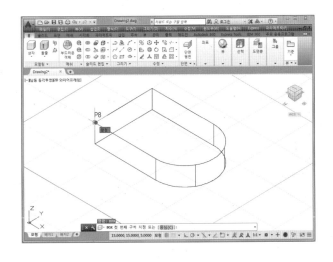

```
명령: BOX Enter
첫 번째 구석 지정 또는 [중심(C)]: P8점 클릭
반대 구석 지정 또는 [정육면체(C)/길이(L)]: @5,16 Enter
높이 지정 또는 [2점(2P)] ⟨5.0000⟩: 11 Enter
```

09 화면에 잘린 부분이 모두 보이도록 Zoom 명령어로 화면을 정리하고 아래의 솔리드와 위의 솔리드를 그림과 같이 선택하여 하나의 단일 솔리드로 만듭니다.

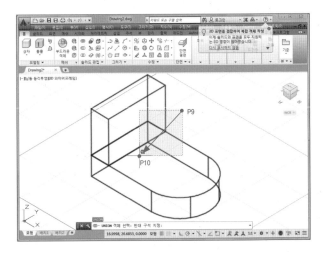

```
명령: Z Enter
Zoom
윈도우 구석 지정, 축척 비율(nX 또는 nXP) 입력 또는
[전체(A)/중심(C)/동적(D)/범위(E)/이전(P)/축척(S)/윈도우(W)/
객체(O)] ⟨실시간⟩: A Enter
모형 재생성 중 …

명령: UNI Enter
Union
객체 선택: 반대 구석 지정: 2개를 찾음.
→ P9~P10점 클릭, 드래그
객체 선택: Enter
```

10 이제 오른쪽의 반원 모양 아랫부분을 기준 중심점으로 하는 원통을 그리도록 합니다. 명령어 입력한 후 다음의 지점을 클릭하여 지름이 10인 원통을 그립니다.

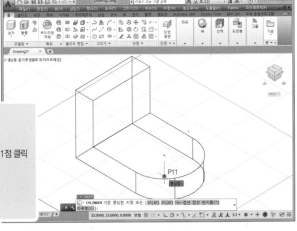

```
명령: CYL Enter
Cylinder
기준 중심점 지정 또는 [3P(3P)/2P(2P)/Ttr-접선 반지름(T)/타원형(E)]: P11점 클릭
밑면 반지름 지정 또는 [지름(D)] ⟨100.0000⟩: D Enter
지름 지정 ⟨200.0000⟩: 7 Enter
높이 지정 또는 [2점(2P)/축 끝점(A)] ⟨11.0000⟩: 10 Enter
```

11 처음 돌출시킨 도형에서 나중에 그린 원
통을 빼는 차집합 연산을 하겠습니다.
Subtract 명령어를 입력한 후 그림과 같이 A
솔리드를 선택하고 Enter 를 누릅니다.

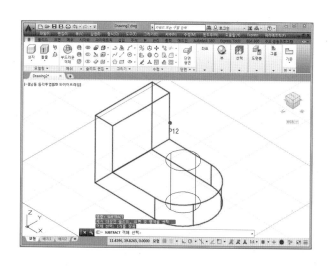

명령: SUBTRACT Enter
제거 대상인 솔리드, 표면 및 영역을 선택 …
객체 선택: 1개를 찾음.
→ P12점 클릭
객체 선택: Enter

12 차집합에서 빼야하는 B 솔리드 객체를
선택하고 Enter 를 누릅니다.

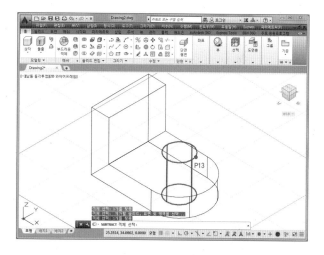

제거할 솔리드, 표면 및 영역을 선택 …
객체 선택: 1개를 찾음
→ P13점 클릭
객체 선택: Enter

13 Hide 명령어를 입력하여 완성된 모양
을 확인해봅니다.

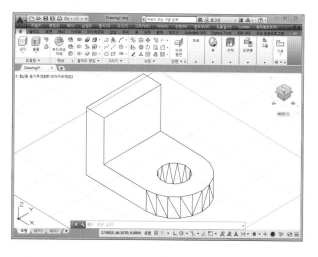

명령: HI Enter
Hide 모형 재생성 중 …

AutoCAD 2015

솔리드 객체 편집을 이용한 3D 모델링

이번에는 기본체를 활용한 물건을 모델링해보겠습니다. 다양한 모양을 가진 객체들을 어떻게 모델링하는지
학습하고 여러 가지 대상을 스스로 모델링해보도록 합니다.

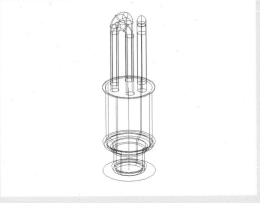

현장실습예제

예제 파일
Sample/T_3DEX06_B.dwg

완성 파일
Sample/T_3DEX06_F.dwg

01 Open 명령어를 이용하여 'Sample/
T_3DEX06_B.dwg' 파일을 연 후 회전
솔리드를 만들기 위해 Revolve 명령어를 입력
하고 그림과 같은 객체를 선택합니다.

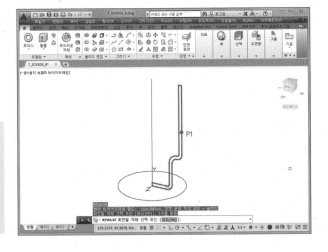

명령: REV Enter
Revolve
현재 와이어 프레임 밀도: ISOLINES=4, 닫힌 윤곽 작성 모드=솔리드
회전할 객체 선택 또는 [모드(MO)]: 1개를 찾음
→ P1점 클릭
회전할 객체 선택 또는 [모드(MO)]: Enter

02 회전의 중심축이 되는 두 지점을 그림과 같이 선택한 후 360도 회전시킵니다.

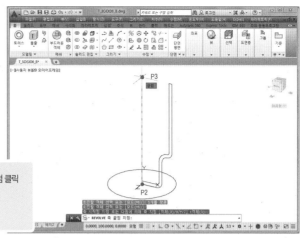

축 시작점 지정 또는 다음에 의해 축 지정 [객체(O)/X/Y/Z] ⟨객체(O)⟩: P2점 클릭
축 끝점 지정: P3점 클릭
회전 각도 지정 또는 [시작 각도(ST)/반전(R)/표현식(EX)] ⟨360⟩: Enter

03 회전체가 만들어지고 나면 Hide 시 정밀도를 조정하기 위해 변수를 조정하고 전체 화면이 보이도록 한 후 원기둥 하나를 그림과 같은 위치에 그립니다.

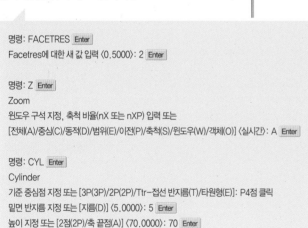

명령: FACETRES Enter
Facetres에 대한 새 값 입력 ⟨0.5000⟩: 2 Enter

명령: Z Enter
Zoom
윈도우 구석 지정, 축척 비율(nX 또는 nXP) 입력 또는
[전체(A)/중심(C)/동적(D)/범위(E)/이전(P)/축척(S)/윈도우(W)/객체(O)] ⟨실시간⟩: A Enter

명령: CYL Enter
Cylinder
기준 중심점 지정 또는 [3P(3P)/2P(2P)/Ttr−접선 반지름(T)/타원형(E)]: P4점 클릭
밑면 반지름 지정 또는 [지름(D)] ⟨5.0000⟩: 5 Enter
높이 지정 또는 [2점(2P)/축 끝점(A)] ⟨70.0000⟩: 70 Enter

04 원기둥을 하나 더 그리기 위해 복사 명령어를 입력하고 그림과 같이 바로 옆에 복사합니다.

명령: CP Enter
Copy
객체 선택: L Enter
1개를 찾음.
객체 선택: Enter
현재 설정: 복사 모드=다중(M)
기본점 지정 또는 [변위(D)/모드(O)] ⟨변위⟩: 0,0 Enter
두 번째 점 지정 또는 [배열(A)] ⟨첫 번째 점을 변위로 사용⟩: @20,0 Enter
두 번째 점 지정 또는 [배열(A)/종료(E)/명령 취소(U)] ⟨종료⟩: Enter

05 토러스를 그리기 위한 보조선을 그리기 위해 선 그리기 명령어를 입력한 후 원기둥의 중심에서 중심까지 객체 스냅으로 선을 그립니다.

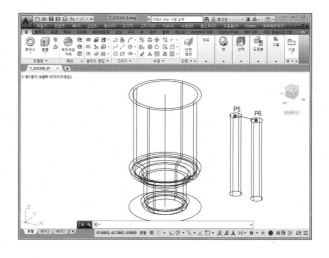

```
명령: L Enter
Line
첫 번째 점 지정: P5점 클릭
다음 점 지정 또는 [명령 취소(U)]: P6점 클릭
다음 점 지정 또는 [명령 취소(U)]: Enter
```

06 토러스의 방향을 정면을 바라보게 하기 위해 UCS를 X축을 기준으로 90도 회전시키고 토러스를 보조선의 중심을 기준으로 원기둥의 중심점까지 드래그하여 튜브 반지름을 입력합니다.

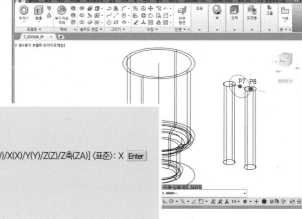

```
명령: UCS Enter
현재 UCS 이름: *이름 없음*
UCS의 원점 지정 또는 [면(F)/이름(NA)/객체(OB)/이전(P)/뷰(V)/표준(W)/X(X)/Y(Y)/Z(Z)/Z축(ZA)] 〈표준〉: X Enter
X축에 관한 회전 각도 지정 〈90〉: 90 Enter

명령: TORUS Enter
중심점 지정 또는 [3점(3P)/2점(2P)/Ttr-접선 반지름(T)]: P7점 클릭
반지름 지정 또는 [지름(D)] 〈5.0000〉: P8점 클릭
튜브 반지름 지정 또는 [2점(2P)/지름(D)] 〈5.0000〉: 5 Enter
```

07 토러스를 반쪽만 만들기 위해 UCS를 원래대로 복원한 후 XY 평면을 기준으로 원을 그려서 슬라이스의 기준 객체로 만듭니다.

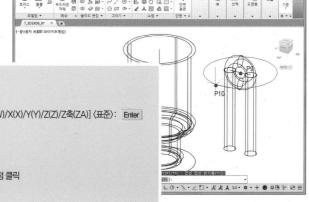

```
명령: UCS Enter
현재 UCS 이름: *이름 없음*
UCS의 원점 지정 또는 [면(F)/이름(NA)/객체(OB)/이전(P)/뷰(V)/표준(W)/X(X)/Y(Y)/Z(Z)/Z축(ZA)] 〈표준〉: Enter

명령: C Enter
Circle
원에 대한 중심점 지정 또는 [3점(3P)/2점(2P)/Ttr-접선 반지름(T)]: P9점 클릭
원의 반지름 지정 또는 [지름(D)]: P10점 클릭
```

08 슬라이스 명령어를 입력한 후 그림과 같
이 토러스를 선택합니다. 슬라이스의
기준을 평면형 객체로 지정하기 위해 옵션 'O'
를 입력하고 조금 전에 그린 원을 선택합니다.

명령: SL Enter
Slice
슬라이스할 객체 선택: 1개를 찾음.
→ P11점 클릭
슬라이스할 객체 선택: Enter
슬라이싱 평면의 시작점 지정 또는 [평면형 객체(O)/표면(S)/Z축
(Z)/뷰(V)/XY(XY)/YZ(YZ)/ZX(ZX)/3점(3)] 〈3점〉: O Enter
슬라이싱 평면을 정의할 원, 타원, 호, 2D 스플라인 또는 2D 폴리
선 선택: P12점 클릭
원하는 면 위의 점 지정 또는 [양쪽 면 유지(B)] 〈양쪽(B)〉: Enter

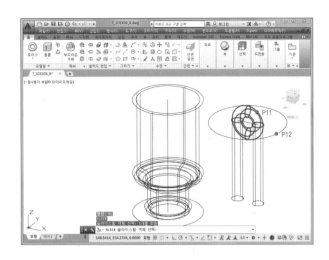

09 이제 불필요한 몇 가지 객체를 지우도록
합니다.

명령: E Enter
Erase
객체 선택: 1개를 찾음
→ P13점 클릭
객체 선택: 1개를 찾음, 총 2개
→ P14점 클릭
객체 선택: Enter

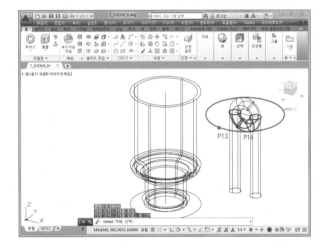

10 원기둥과 토러스 반쪽을 하나의 단일 솔
리드로 만들기 위하여 합집합의 명령어
를 입력한 후 그림과 같이 선택합니다.

명령: UNI Enter
Union
객체 선택: 반대 구석 지정: 4개를 찾음
→ P15~P16점 클릭, 드래그
객체 선택: Enter

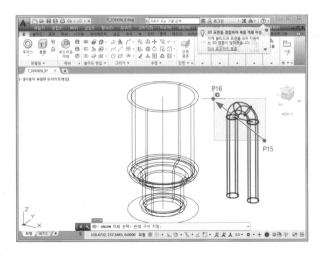

11 왼쪽의 회전체의 뚫린 부분을 해결하기 위해 원기둥을 다음의 위치에 하나 그립니다.

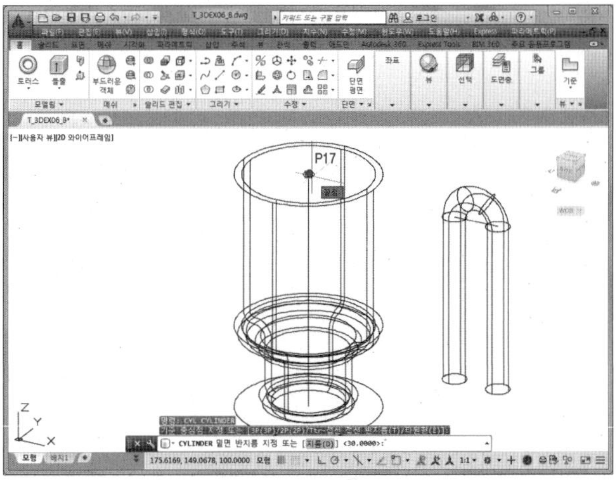

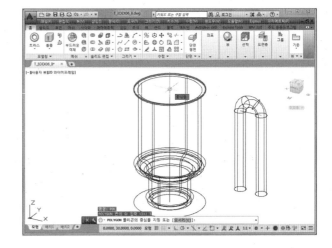

명령: CYL Enter
Cylinder
기준 중심점 지정 또는 [3P(3P)/2P(2P)/Ttr-접선 반지름(T)/
타원형(E)]: P17점 클릭
밑면 반지름 지정 또는 [지름(D)] 〈10.0000〉: 30 Enter
높이 지정 또는 [2점(2P)/축 끝점(A)] 〈70.0000〉: 1 Enter

12 보조선을 만들기 위해 방금 그린 원기둥의 중심점을 기준으로 삼각형의 폴리곤을 하나 그립니다.

명령: POL Enter
POLYGON 면의 수 입력 〈3〉: 3 Enter
원의 반지름 지정: 30 Enter

13 그림과 같이 삼각형의 폴리곤이 원기둥 위에 그려집니다.

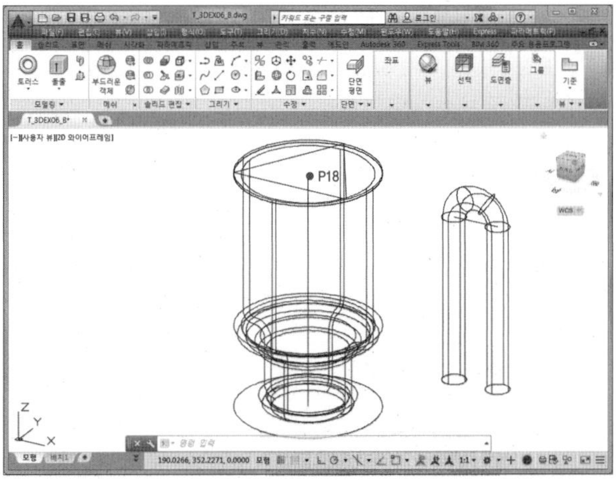

폴리곤의 중심을 지정 또는 [모서리(E)]: P18점 클릭
옵션을 입력 [원에 내접(I)/원에 외접(C)] 〈I〉: Enter

14 오른쪽 원기둥과 토러스의 합집합 솔리
드 객체에 보조선을 그립니다. 아래 기
둥의 중심선에서 중심선까지 그리도록 합니다.

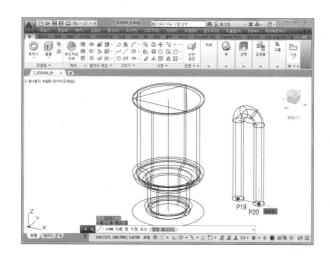

> 명령: L Enter
> Line
> 첫 번째 점 지정: P19점 클릭
> 다음 점 지정 또는 [명령 취소(U)]: P20점 클릭
> 다음 점 지정 또는 [명령 취소(U)]: Enter

15 보조선과 합집합의 솔리드 객체를 모두
선택하여 회전체 위로 이동시킬 예정입
니다. MOVE 명령어를 입력한 후 그림과 같
이 선택합니다.

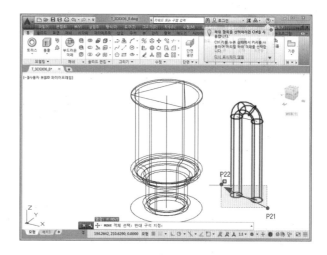

> 명령: M Enter
> Move
> 객체 선택: 반대 구석 지정: 2개를 찾음.
> → P21~P22점 클릭, 드래그
> 객체 선택: Enter

16 기준점은 원기둥과 토러스 합집합의 솔
리드 객체에 그린 보조선의 중간점을 선
택합니다.

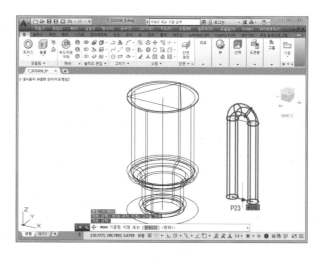

> 기준점 지정 또는 [변위(D)] 〈변위〉: P23점 클릭

17 회전체에 그린 삼각형의 선분의 중간점으로 이동시킵니다.

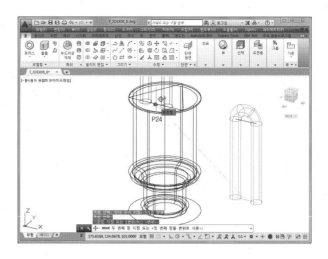

> 두 번째 점 지정 또는 〈첫 번째 점을 변위로 사용〉: P24점 클릭

18 이동된 원기둥 합집합 객체가 잘 보이도록 Zoom 명령어로 정리한 후 원형 배열 명령어를 입력하고 그림과 같은 객체를 선택합니다.

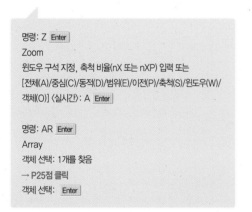

> 명령: Z Enter
> Zoom
> 윈도우 구석 지정, 축척 비율(nX 또는 nXP) 입력 또는
> [전체(A)/중심(C)/동적(D)/범위(E)/이전(P)/축척(S)/윈도우(W)/
> 객체(O)] 〈실시간〉: A Enter
>
> 명령: AR Enter
> Array
> 객체 선택: 1개를 찾음
> → P25점 클릭
> 객체 선택: Enter

19 원형 배열 복사를 하기 위해 옵션 'PO'를 입력한 후 회전의 중심을 삼각형의 중심이었던 원기둥의 중심을 클릭하여 선택합니다.

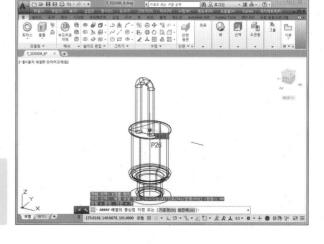

> 배열 유형 입력 [직사각형(R)/경로(PA)/원형(PO)] 〈원형〉: PO Enter
> 유형=원형 연관=예
> 배열의 중심점 지정 또는 [기준점(B)/회전축(A)]: P26점 클릭

20 리본 메뉴에 나타나는 배열의 개수를 3
개로 고치고, [닫기] 버튼을 클릭하여
원형 배열 복사를 완료합니다.

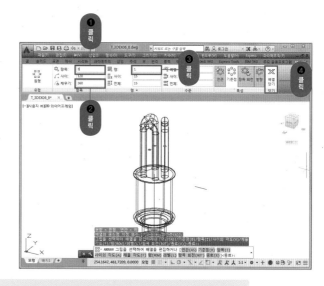

그립을 선택하여 배열을 편집하거나 [연관(AS)/기준점(B)/항목(I)/사이의 각도(A)/채울 각도(F)/행(ROW)/레벨(L)/항목 회전(ROT)/종료(X)]〈종료〉:
그립을 선택하여 배열을 편집하거나 [연관(AS)/기준점(B)/항목(I)/사이의 각도(A)/채울 각도(F)/행(ROW)/레벨(L)/항목 회전(ROT)/종료(X)]〈종료〉:

21 불필요한 보조선들은 삭제 명령어를 통
해 모두 선택하여 지우도록 합니다.

명령: E Enter
Erase
객체 선택: 1개를 찾음
객체 선택: 1개를 찾음, 총 2개
객체 선택: 1개를 찾음, 총 3개
→ P27, P28, P29 클릭
객체 선택: Enter

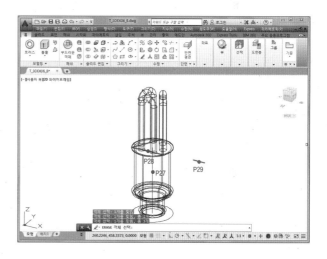

22 은선 제거 명령어인 'Hide'를 입력하여
완성된 객체를 확인합니다.

명령: HI Enter
Hide 모형 재생성 중 ...

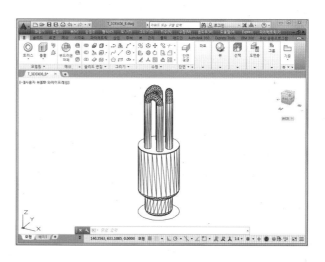

3차원 메시 객체의 생성과 편집

오래전 버전부터 사용하던 일반 사용자들에게는 SURFACE 모델링이라는 모델링 기법이 친숙합니다. 솔리드 모델링 방식 이전부터 사용하던 고전적인 명령어로 무엇보다 다양한 표면 모델링을 할 수 있다는 것이 특징입니다. RULESURF, TABSURF, REVSURF, EDGESURF 4개의 메시를 생성하고 앞에서 사용한 솔리드와 같은 기본 객체 메시 모양으로 제공됩니다. 기타 다른 명령어도 많이 있지만 가장 많이 사용하는 기본 SURFACE 객체를 기준으로 모델링을 생성하고 편집해보도록 합니다.

A u t o C A D 2 0 1 5

1 두 객체를 연결하여 메시를 만드는 Rulesurf

Rulesurf는 2개의 선분을 연결하여 메시 면을 만드는 명령어입니다. 직선+직선, 직선+곡선, 곡선+곡선의 조합을 만족하면 어느 상황에서도 3차원 모델링 객체를 만들 수 있습니다. 단, 양 끝점이 존재하는 열려 있는 선분을 선택하는 경우에는 처음과 두 번째 선택되는 선분의 위치에 따라 만들어지는 면의 방향이 반대로 꼬일 수도 있습니다.

메뉴	리본 메뉴	명령 행
[그리기(D)-메시(M)-직선보간 메시(R)]	[메시]탭-[기본체] 패널-[직선보간 표면]	**Rulesurf**

명령어 사용법 ▼

명령어를 입력한 후 직선+직선, 직선+곡선, 곡선+곡선의 조합의 객체를 순서대로 선택합니다. 시작점의 위치가 비슷한 위치로 선택해야 선이 꼬이지 않습니다.

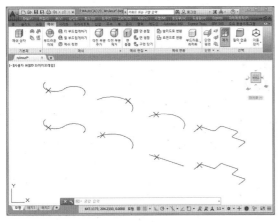
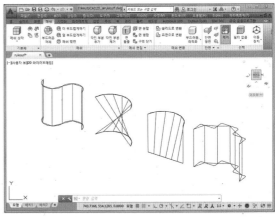

명령: RULESURF [Enter]
현재 와이어 프레임 밀도: SURFTAB1=6
→ 직선보간 표면을 만드는 메시 선분의 정밀도를 표시합니다.
첫 번째 정의 곡선 선택:
→ 생성할 곡면의 첫 번째 기준 객체를 선택합니다.
두 번째 정의 곡선 선택:
→ 생성할 곡면의 두 번째 기준 객체를 선택합니다.

TIP

표면 메시 객체의 정밀도를 조절하는 2개의 변수 SURFTAB1 / SURFTAB2

SURFTAB1은 RULESURF와 같이 세로 선분의 메시가 존재하는
SURFACE 객체에 적용되는 정밀도를 조정하는 변수입니다. 가로 메시
선분이 존재하는 경우 SURFTAB2의 개수로 정밀도를 조절합니다. 각
각의 명령어를 시행하면 현재 설정되어 있는 SURFTAB1,
SURFTAB2의 개수가 표시되므로 사용자는 원하는 정도의 정밀도를 입
력한 후 명령어를 사용합니다. 이미 지정된 정밀도는 소급하여 적용되지
않습니다.

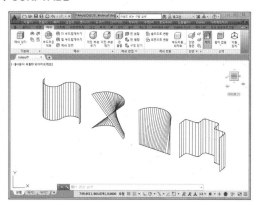

명령어 실습하기 ▼

2개의 단일 객체를 연결하여 하나의 표면 객체를 만드는 Rulesurf 명령어를
연습합니다. 특히 클릭하는 위치에 따라 전혀 다른 결과가 나올 수 있으므로, 반드시 선택 위치를 잘 확인하
여 명령어를 연습하도록 합니다.

● **실습 파일: Sample/3DEX22.dwg** ● **완성 파일: Sample/3DEX22-F.dwg**

01 Open 명령어를 이용하여 'Sample/
3DEX22.dwg' 파일을 연 후 직선보간
표면에 대한 명령어인 Rulesurf를 입력하거
나 리본 메뉴 [메시] 탭의 아이콘을 클릭하여
그림과 같은 두 지점을 마우스로 클릭합니다.

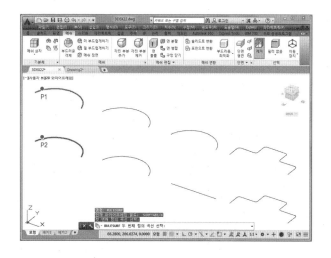

명령: RULESURF [Enter]
현재 와이어 프레임 밀도: SURFTAB1=6
첫 번째 정의 곡선 선택: P1점 클릭
두 번째 정의 곡선 선택: P2점 클릭

02 호를 연결하자 6개의 분할면으로 면 처리가 되었습니다. 사이사이 빈 공간도 보이므로 정밀도를 높이고 다시 한 번 선택합니다. 이번에는 반대 방향을 기준으로 선택합니다.

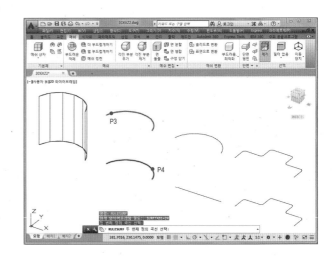

> 명령: SURFTAB1 Enter
> SURFTAB1에 대한 새 값 입력 ⟨6⟩: 24 Enter
>
> 명령: RULESURF Enter
> 현재 와이어 프레임 밀도: SURFTAB1=24
> 첫 번째 정의 곡선 선택: P3점 클릭
> 두 번째 정의 곡선 선택: P4점 클릭

03 'Hide'를 입력하여 은선을 제거해보면 처음보다 많은 메시 라인이 생성되어 정밀도가 높아졌으며, 선택한 위치가 반대이기 때문에 선분이 꼬여서 면 처리된 것을 알 수 있습니다. 곡선+직선의 조합도 그림과 같이 선택합니다.

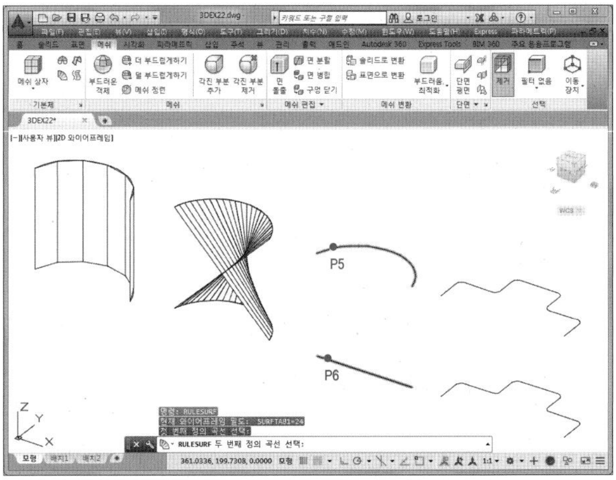

> 명령: HI Enter
> Hide 모형 재생성 중 …
>
> 명령: RULESURF Enter
> 현재 와이어 프레임 밀도: SURFTAB1=24
> 첫 번째 정의 곡선 선택: P5점 클릭
> 두 번째 정의 곡선 선택: P6점 클릭

04 다중 속성의 직선과 곡선이 연결된 객체라도 하나로 이어진 폴리선의 경우에는 다음과 같이 한 번에 선택되면 Rulesurf를 할 수 있습니다.

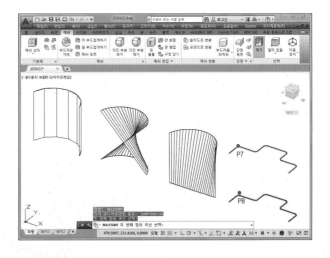

> 명령: RULESURF Enter
> 현재 와이어 프레임 밀도: SURFTAB1=24
> 첫 번째 정의 곡선 선택: P7점 클릭
> 두 번째 정의 곡선 선택: P8점 클릭

05 은선을 제거하여 완성도를 확인해보면 그림과 같으며, 맨 마지막 객체의 경우 곡선이 심하므로 정밀도를 더 높이면 더 정확한 곡면을 만들 수 있습니다.

명령: HI Enter
Hide 모형 재생성 중 …

2 방향과 길이를 따라 메시를 만드는 Tabsurf

Tabsurf는 면이 될 객체와 길이와 방향을 갖는 객체로 구분하여 길이와 방향을 갖는 객체의 크기와 방향에 따라 면이 될 객체가 3차원 곡면이 되는 방식을 말합니다. 단점은 길이와 방향을 갖는 객체가 직선이 아닌 경우 해당 선분의 경로를 따라 만들어지지 않으므로 기둥 형태의 객체만 만들게됩니다.

메뉴	리본 메뉴	명령 행
[그리기(D)-메시(M)-방향 벡터 메시(T)]	[메시]탭-[기본체] 패널-[방향 벡터 표면]	Tabsurf

명령어 사용법 ▼

명령어를 입력한 후 곡면이 될 객체(Curve 객체)를 선택하고 길이와 방향을 갖는 객체(Vector 객체)를 순서대로 선택합니다. Curve 객체는 한 번에 하나만 선택되므로 여러 개의 객체의 경우 수정해서라도 하나의 단일 객체여야 합니다. 이때 방향 객체는 직선인 경우에만 가능하며, 선택하는 방향에 따라 곡면이 만들어지는 방향은 서로 반대가 되기도 합니다.

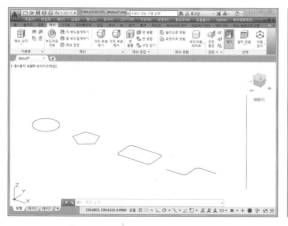
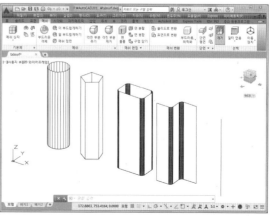

명령: TABSURF Enter

현재 와이어 프레임 밀도: SURFTAB1=6

→ Tabsurf로 만들어지는 객체의 메시 선분의 정밀도를 표시합니다.

경로 곡선에 대한 객체 선택:

→ 면이 되는 기본 곡선, 직선 객체를 선택합니다.

방향 벡터에 대한 객체 선택:

→ 생성되는 면의 길이와 방향을 정하는 벡터(Vector) 객체를 선택합니다.

명령어 실습하기

면이 될 객체와 길이와 방향을 갖는 객체로 구분하여 메시 객체를 생성하는 TABSURF 명령어를 익히도록 합니다. 기본적인 SURFTAB1의 개수를 일정 값만큼 올린 채 사용하여 정밀도가 높게 작업해봅니다.

● 실습 파일: Sample/3DEX23.dwg　● 완성 파일: Sample/3DEX23-F.dwg

01 Open 명령어를 이용하여 'Sample/3DEX23.dwg' 파일을 연 후 SURFTAB1의 값을 높이고 방향 벡터 표면에 대한 명령어인 Tabsurf를 입력하거나 [리본] 메뉴 [메시] 탭의 아이콘을 클릭한 다음 마우스로 클릭합니다.

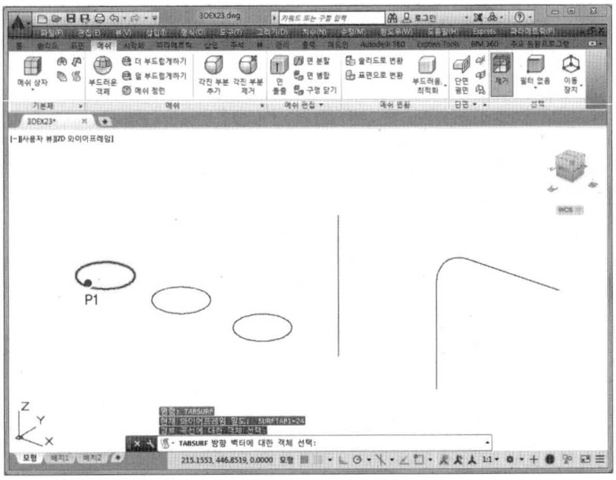

명령: SURFTAB1 Enter

SURFTAB1에 대한 새 값 입력 〈6〉: 24 Enter

명령: TABSURF Enter

현재 와이어 프레임 밀도: SURFTAB1=24

경로 곡선에 대한 객체 선택: P1점 클릭

02 길이와 방향을 나타내는 선분을 클릭합니다. 다음 그림과 같이 아랫부분을 클릭하면 원은 아래부터 위로 크기가 생겨 납니다.

방향 벡터에 대한 객체 선택: P2점 클릭

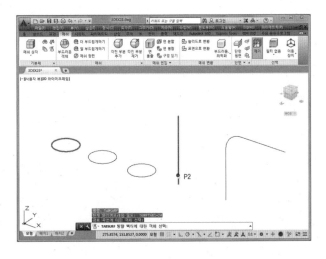

03 이번에는 옆의 원을 선택하여 Tabsurf를 해보겠습니다. 동일 명령인 경우 Enter 만 누르면 명령어가 재실행됩니다.

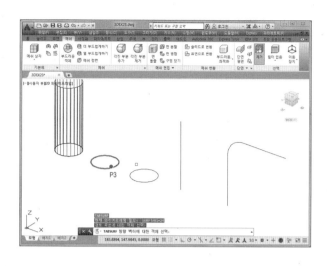

명령: TABSURF Enter
현재 와이어 프레임 밀도: SURFTAB1=24
경로 곡선에 대한 객체 선택: P3점 클릭

04 이번에는 길이와 방향을 지정하는 벡터 객체의 윗부분을 클릭합니다. 그러면 원은 같은 길이지만 방향은 위에서 아래로 자라는 형태로 만들어집니다.

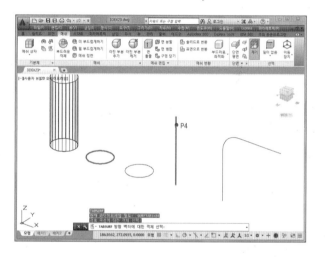

방향 벡터에 대한 객체 선택: P4점 클릭

05 벡터의 모양이 직선이 아닌 경우를 알아 보겠습니다. Enter 를 눌러 명령어를 재실행시키고 원을 커브 곡선으로 선택합니다.

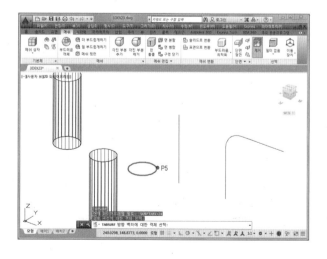

명령: TABSURF Enter
현재 와이어 프레임 밀도: SURFTAB1=24
경로 곡선에 대한 객체 선택: P5점 클릭

06 벡터 객체의 아랫부분을 마우스로 클릭합니다. 보기에는 위쪽으로 자라다가 오른쪽으로 꺾일 듯 해보입니다.

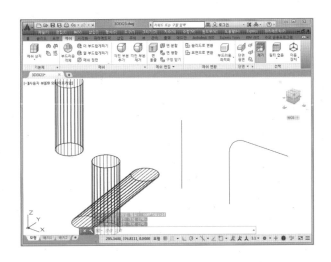

방향 벡터에 대한 객체 선택: P6점 클릭

07 결과는 그림과 같습니다. 방향을 전혀 알 수도 없지만, 원기둥은 직선도 곡선도 아닌 모양입니다. 보기와 같이 벡터 객체는 하나의 직선 객체여야 한다는 것을 확인하였습니다.

08 전체 화면으로 정리한 후 Hide 명령어를 통해 완전한 모양을 확인합니다.

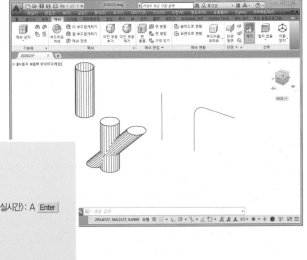

명령: Z Enter
Zoom
윈도우 구석 지정, 축척 비율(nX 또는 nXP) 입력 또는
[전체(A)/중심(C)/동적(D)/범위(E)/이전(P)/축척(S)/윈도우(W)/객체(O)] 〈실시간〉: A Enter
모형 재생성 중 …

명령: HI Enter
Hide 모형 재생성 중 …

3 회전 메시를 만드는 Revsurf

회전된 표면인 Revsurf는 주위에서 흔히 볼 수 있는 컵이나 물병, 도자기, 그릇 등과 같은 형태의 물체를 만드는 명령어로, 회전 곡면이 될 단면을 하나의 축을 기준으로 원하는 각도만큼 회전시켜 객체를 만듭니다. 명령을 실행하는 경우 대상 객체는 한 번에 하나씩 클릭하여 선택할 수 있으므로 여러 면으로 쪼개진 객체의 경우 PLINE으로 Join하여 만들거나 Z축에 존재해야 하는 Pline의 경우 3Dpoly로 선분을 만듭니다.

메뉴	리본 메뉴	명령 행
[그리기(D)-메시(M)-회전 메시(M)]	[메시 탭-[기본체] 패널-[회전된 표면] 🔄	**Revsurf**

명령어 사용법 ▼

Revsurf의 경우 회전 표면을 만들 객체를 한 번에 클릭하여 선택한 후 Enter 를 누르고 기준 축을 클릭하여 선택합니다. 기준 축을 중심으로 원하는 회전 각도의 시작 각도와 회전 각도를 입력하되, 각도는 반시계 방향은 '+', 시계 방향은 '−' 값으로 입력하여 원하는 만큼의 회전 곡면을 만듭니다.

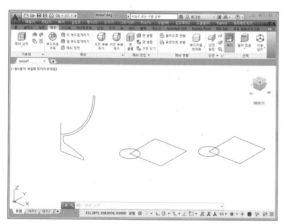 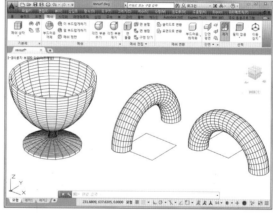

명령: REVSURF Enter
현재 와이어 프레임 밀도: SURFTAB1=24 SURFTAB2=24
→ 가로, 세로 메시 라인의 정밀도 개수를 표시합니다.
회전할 객체 선택:
→ 곡면이 될 객체를 클릭합니다.
회전축을 정의하는 객체 선택:
→ 회전 중심이 되는 기준 객체를 클릭합니다.
시작 각도 지정 〈0〉:
→ 곡면을 만드는 시작 각도값을 입력합니다. 보통 '0'으로 입력되어 있으면 Enter 를 누릅니다.
사이각 지정 (+=시계 반대 방향, −=시계 방향) 〈360〉:
→ 곡면의 회전 각도값을 입력합니다. 보통 '360'로 회전하는 경우 Enter 를 누릅니다.

기존의 RULESURF와 TABSURF와는 달리 REVSURF는 가로와 세로의 메시 정밀도를 모두 가져야 하므로 SURFTAB1과 SURFTAB2의 개수를 모두 조절하여야 원하는 곡면을 만들 수 있습니다.

명령어 실습하기 ▼

회전 표면 객체를 만드는 REVSURF 명령어를 익히도록 합니다. 기본적인 SURFTAB1, 2의 개수를 일정 값만큼 올린 채 사용하여 정밀도가 높게 작업해봅니다.

● 실습 파일: Sample/3DEX24.dwg ● 완성 파일: Sample/3DEX24-F.dwg

01 Open 명령어를 이용하여 'Sample/3DEX24.dwg' 파일을 연 후 그림과 같은 객체를 확인하고 곡면이 많은 객체 이므로 SURFTAB1과 SURFTAB2의 값을 먼저 조절합니다.

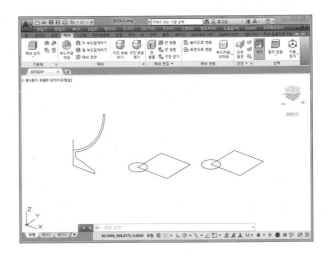

> 명령: SURFTAB1 Enter
> SURFTAB1에 대한 새 값 입력 〈6〉: 20 Enter
>
> 명령: SURFTAB2 Enter
> SURFTAB2에 대한 새 값 입력 〈6〉: 20 Enter

02 Revsurf 명령어를 입력하거나 [리본] 메뉴 [메시] 탭의 [회전된 표면] 아이콘을 클릭한 후 그림과 같이 회전체를 마우스로 클릭합니다.

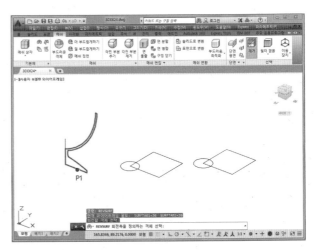

> 명령: REVSURF Enter
> 현재 와이어 프레임 밀도: SURFTAB1=20 SURFTAB2=20
> 회전할 객체 선택: P1점 클릭

03 회전할 대상체의 축이 되는 객체를 클릭하고 한 바퀴 온전한 회전 객체를 만들기 위해 시작 각도부터 회전 각도를 그림과 같이 지정합니다.

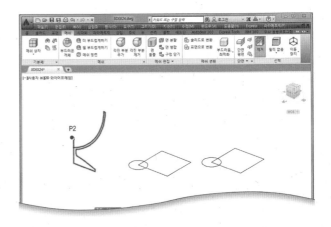

> 회전축을 정의하는 객체 선택: P2점 클릭
> 시작 각도 지정 〈0〉: Enter
> 사이각 지정 (+=시계 반대 방향, -=시계 방향) 〈360〉: Enter

04 두 번째는 회전 곡면을 기준으로 선택되는 축의 위치에 따라 방향이 달라지는 것을 확인하겠습니다. Revsurf 명령어를 입력한 후 그림과 같은 객체를 회전 곡면 객체로 선택합니다.

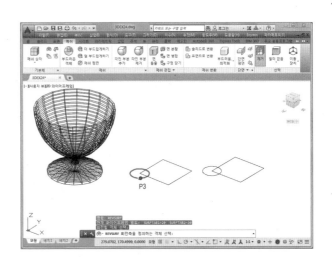

명령: REVSURF Enter
현재 와이어 프레임 밀도: SURFTAB1=20 SURFTAB2=20
회전할 객체 선택: P3점 클릭

05 축이 되는 객체를 그림과 같이 선택하되, 위치는 반드시 중간점을 기준으로 오른쪽으로 치우쳐서 선택합니다.

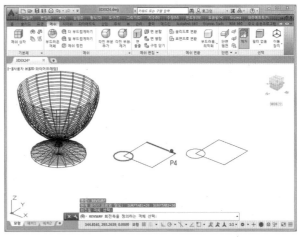

회전축을 정의하는 객체 선택: P4점 클릭

06 시작 각도에 0도를 지정하면 현재 있는 위치를 기준으로 한다는 뜻이며, 180도만 사이각을 정하면 반 바퀴만 회전한다는 뜻입니다.

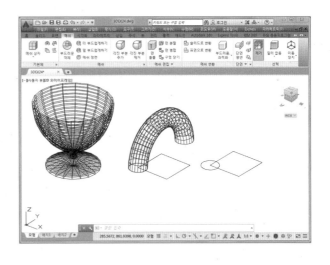

시작 각도 지정 〈0〉: Enter
사이각 지정 (+=시계 반대방향, −=시계 방향) 〈360〉: 180 Enter

07 이번에는 축의 방향이 다른 경우 어느쪽으로 회전되는지 확인하겠습니다. 명령어를 입력한 후 그림과 같은 위치를 클릭하여 선택합니다.

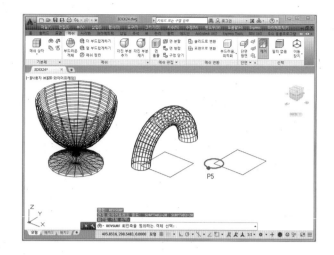

```
명령: REVSURF Enter
현재 와이어 프레임 밀도: SURFTAB1=20  SURFTAB2=20
회전할 객체 선택: P5점 클릭
```

08 회전축 객체를 그림과 같이 선택합니다. 중간점을 기준으로 아래쪽으로 치우쳐 선택합니다.

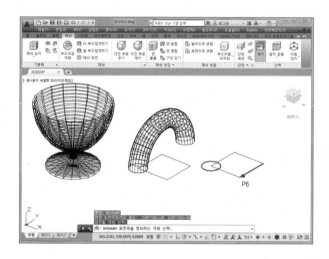

```
회전축을 정의하는 객체 선택: P6점 클릭
```

09 곡면 객체가 반만 회전하도록 하기 위해 시작각도는 0도 사이각은 180도를 입력하여 그림과 같이 회전체를 만듭니다.

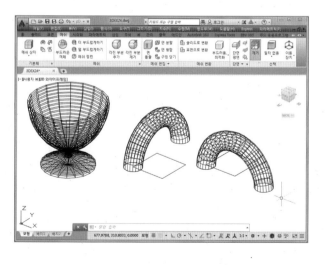

```
시작 각도 지정 〈0〉: Enter
사이각 지정 (+=시계 반대 방향, −=시계 방향) 〈360〉: 180 Enter
```

10 완료된 모습을 확인하기 위하여 'Hide' 를 입력합니다.

명령: HI Enter

Hide 모형 재생성 중 …

4 4개의 곡면을 연결하여 메시를 만드는 Edgesurf

Edgesurf 메시는 서로 끝점이 맞닿아 연결되어 있는 4개의 선분 곡률을 반영하여 면을 만듭니다. 4개의 선분을 이용하여 만드는 명령어이므로 반드시 끝점이 연결되어 있어야 하며, 객체는 무조건 4개여야 합니다. 또한 REVSURF처럼 가로, 세로 메시 라인이 생성되므로 Surftab1과 Surftab2의 개수에 영향을 받습니다.

메뉴	리본 메뉴	명령 행
[그리기(D)-메시(M)-모서리 메시(M)]	[메시] 탭-[기본체] 패널-[모서리 표면]	Edgesurf

명령어 사용법

4개의 모서리(Edge)가 끝점이 연결된 상태로 있는 전제 조건을 만족하는 경우에 실행이 가능합니다. 순서대로 4개의 객체를 선택하면 SURFTAB1과 SURFTAB2의 개수에 따라 메시 라인이 만들어집니다. 따라서 곡선이 많은 경우 곡면이 자연스럽게 만들어지도록 하기 위해서는 SURFTAB1, SURFTAB2의 개수를 미리 입력한 후에 작업해야 합니다.

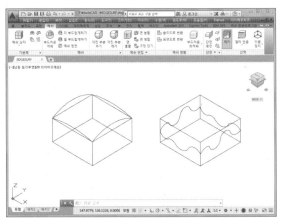
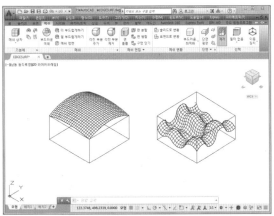

명령: EDGESURF Enter

현재 와이어 프레임 밀도: SURFTAB1=24 SURFTAB2=24

→ 메시 객체의 가로 세로 정밀도를 표시합니다.

표면 모서리에 대한 1 객체 선택:

→ 첫 번째 모서리 객체를 선택합니다.

표면 모서리에 대한 2 객체 선택:

→ 두 번째 모서리 객체를 선택합니다.

표면 모서리에 대한 3 객체 선택:

→ 세 번째 모서리 객체를 선택합니다.

표면 모서리에 대한 4 객체 선택:

→ 네 번째 모서리 객체를 선택합니다.

명령어 실습하기 ▼

4개의 맞닿은 모서리를 기준으로 표면을 형성하는 EDGESURF 명령어를 익히도록 합니다. 반드시 4개의 모서리가 기준이 되는 명령어이므로 4개의 끝점이 맞닿은 모서리를 만들어 사용해야 하는 부분을 익히도록 합니다.

● 실습 파일: Sample/3DEX25.dwg ● 완성 파일: Sample/3DEX25-F.dwg

01 Open 명령어를 이용하여 'Sample/3DEX25.dwg' 파일을 연 후 그림과 같이 객체를 확인합니다. 곡면이 많은 객체이므로 SURFTAB1과 SURFTAB2의 값을 먼저 조절합니다.

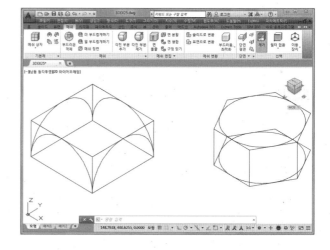

명령: SURFTAB1 Enter

SURFTAB1에 대한 새 값 입력 〈6〉: 20 Enter

명령: SURFTAB2 Enter

SURFTAB2에 대한 새 값 입력 〈6〉: 20 Enter

02 그려져 있는 4개의 모서리가 맞닿아 있는 왼쪽의 호 객체를 Edgesurf로 모서리 표면 처리를 합니다.

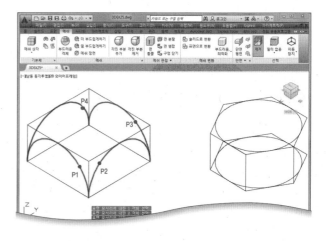

명령: EDGESURF Enter

현재 와이어 프레임 밀도: SURFTAB1=24 SURFTAB2=24

표면 모서리에 대한 1 객체 선택: P1점 클릭

표면 모서리에 대한 2 객체 선택: P2점 클릭

표면 모서리에 대한 3 객체 선택: P3점 클릭

표면 모서리에 대한 4 객체 선택: P4점 클릭

03 위로 향해 볼록 아나는 곡면을 면 처리
할 수 있습니다. SUFRTAB1,2의 개
수가 많아서 곡면이 자연스럽습니다. 적은 경
우 매우 거칠게 나타날 수 있습니다.

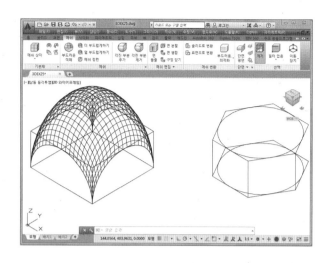

Edgesurf의 경우 한곳의 모서리라도 끝점이 닿아 있
지 않으면 클릭한 순서에 해당하는 객체의 순서에 닿지
않았다는 '모서리 1은(는) 다른 모서리와 만나지 않습
니다.' 라는 메시지와 함께 모서리 표면을 만들지 않습
니다.

04 이제 우측 육각나사 머리 부분의 둥근 모
서리 부분을 모델링해보겠습니다. 먼저
화면을 확대하도록 합니다.

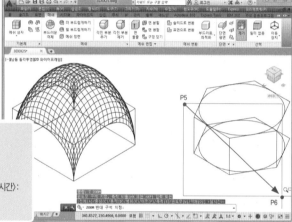

명령: Z Enter
Zoom
윈도우 구석 지정, 축척 비율(nX 또는 nXP) 입력 또는
[전체(A)/중심(C)/동적(D)/범위(E)/이전(P)/축척(S)/윈도우(W)/객체(O)] 〈실시간〉:
반대 구석 지정: P5~P6점 클릭, 드래그

05 볼트의 한쪽 면에 XY 평면을 만들기 위
하여 그림과 같이 UCS를 설정합니다.
평면이 되고자하는 지점을 원점, X축, Y축으
로 지정합니다.

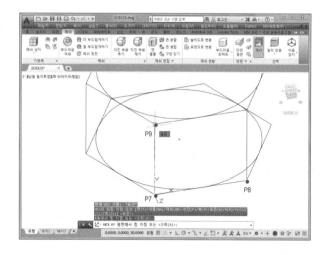

명령: UCS Enter
현재 UCS 이름: *이름 없음*
UCS의 원점 지정 또는 [면(F)/이름(NA)/객체(OB)/이전(P)/뷰
(V)/표준(W)/X(X)/Y(Y)/Z(Z)/Z축(ZA)] 〈표준〉: P7점 클릭
X축에서 점 지정 또는 〈수락(A)〉: P8점 클릭
XY 평면에서 점 지정 또는 〈수락(A)〉: P9점 클릭

06 지정된 면의 선분을 3등분하기 위해 먼저 등분의 가이드 표시가 되는 점 (Point)의 유형을 그림과 같이 지정합니다.

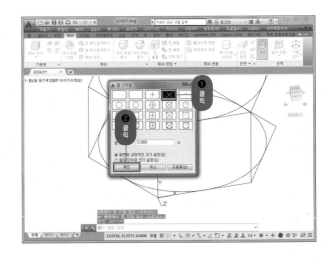

```
명령:DDPTYPE Enter
```

07 다음의 선분을 동일한 간격으로 등분하기 위하여 등분하는 Divide 명령어를 입력하고 선분을 선택합니다.

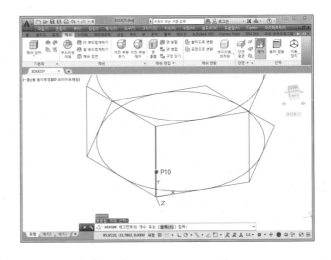

```
명령: DIV  Enter
Divide
등분할 객체 선택: P10점 클릭
세그먼트의 개수 또는 [블록(B)] 입력: 3 Enter
```

08 등분되는 기준은 바로 앞에서 선택한 점 (Point)의 모양으로 나타나며 해당하는 점은 객체 스냅 명령어가 지정되어 있지 않으므로 클릭하기전 에 'NOD'+ Enter 또는 Space Bar 를 누르고 점을 선택합니다.

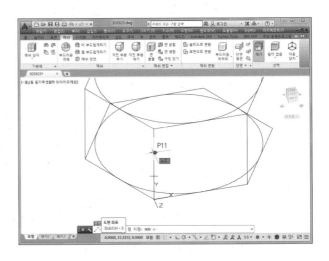

```
명령: L  Enter
Line
첫 번째 점 지정: NOD  Enter  (또는  Space Bar ) 후 P11점 클릭
```

자주 사용하는 객체 스냅은 미리 설정해 두지만 가끔씩 사용하는 경우에는 사용하기 전에 해당하는 객체 스냅 이름 앞 세 글자만 입력한 후 Enter 또는 Space Bar 를 누른 후 클릭하면 됩니다.

09 다음 점은 처음 점(Point)지점에서 옆의 선분에 수직이 되는 지점으로 선을 그리기 위해 객체 스냅 수직점에 해당하는 'PER'을 입력하고 Enter 또는 Space Bar 를 누른 후 선분을 클릭하면 P11점에서 수직인 지점이 선택됩니다.

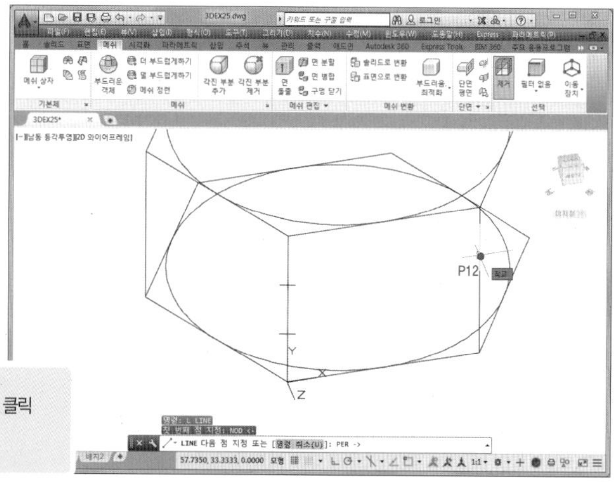

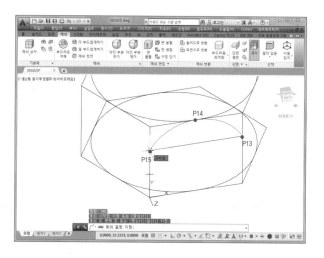

다음 점 지정 또는 [명령 취소(U)]: PER Enter (또는 Space Bar) 후 P12점 클릭
다음 점 지정 또는 [명령 취소(U)]: Enter

10 지금 그린 선분을 기준으로 세 점을 지나는 호를 그립니다.

명령: A Enter
Arc
호의 시작점 지정 또는 [중심(C)]: P13점 클릭
호의 두 번째 점 지정 또는 [중심(C)/끝(E)] 지정: P14점 클릭
호의 끝점 지정: P15점 클릭

11 옆에도 호를 그리기 위해 XY 평면을 맞춰보겠습니다. UCS를 입력한 후 그림과 같이 3개의 점을 설정합니다.

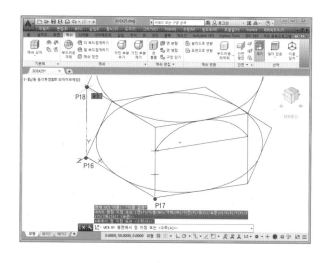

명령: UCS Enter
현재 UCS 이름: *이름 없음*
UCS의 원점 지정 또는 [면(F)/이름(NA)/객체(OB)/이전(P)/뷰(V)/표준(W)/X(X)/Y(Y)/Z(Z)/Z축(ZA)] 〈표준〉: P16점 클릭
X축에서 점 지정 또는 〈수락(A)〉: P17점 클릭
XY 평면에서 점 지정 또는 〈수락(A)〉: P18점 클릭

12 옆의 선을 그렸던 것처럼 오른쪽 선분의 끝점에서부터 왼쪽의 직교 수직점까지 선을 그립니다.

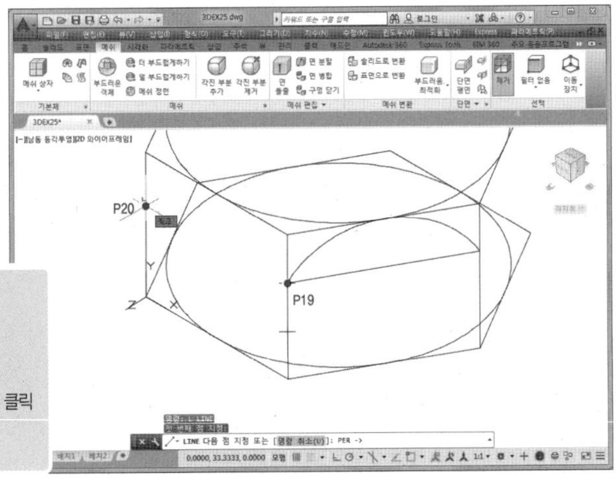

명령: L Enter
Line
첫 번째 점 지정: P19점 클릭
다음 점 지정 또는 [명령 취소(U)]: PER Enter (또는 Space Bar) 후 P20점 클릭
다음 점 지정 또는 [명령 취소(U)]: Enter

13 역시 세 점을 지나는 호를 하나 그립니다.

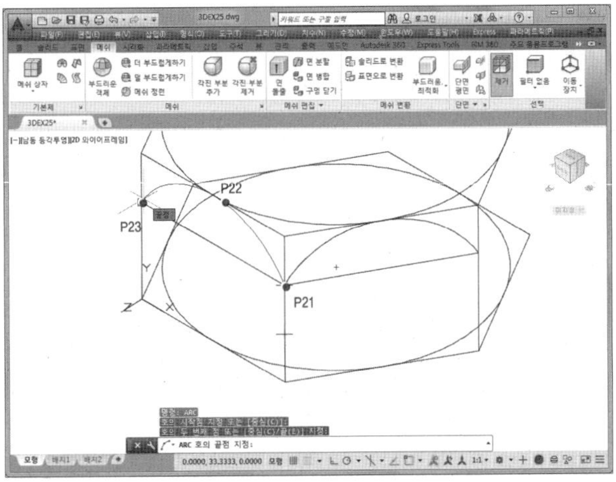

명령: A Enter
ARC
호의 시작점 지정 또는 [중심(C)]: P21점 클릭
호의 두 번째 점 또는 [중심(C)/끝(E)] 지정: P22점 클릭
호의 끝점 지정: P23점 클릭

14 이제 모서리를 만들기 위해 호를 가운데 교점을 중심으로 2개로 분리해보겠습니다. Break 명령어를 입력하고 다음과 같이 호를 선택합니다.

명령: BR Enter
Break
객체 선택: P24점 클릭

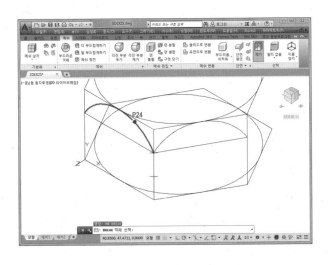

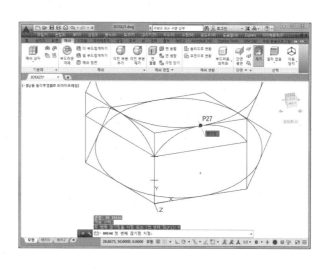

15 새로운 지점을 첫 점으로 정하기 위해 옵션 'F'를 입력하고 호와 폴리곤의 교점을 클릭하고 두 번째 지점도 동일한 점이 선택되도록 '@'를 입력합니다.

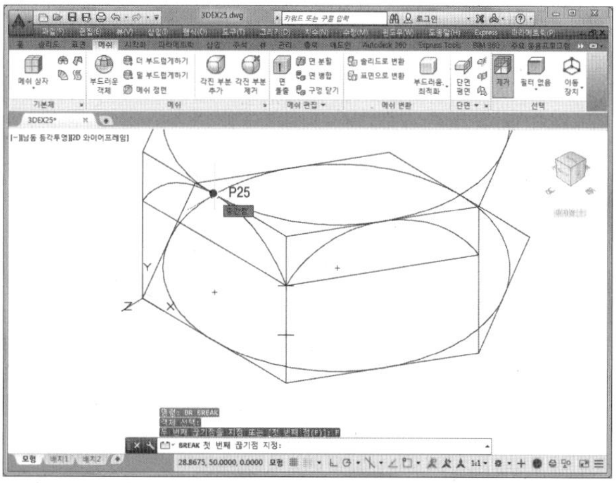

두 번째 끊기점을 지정 또는 [첫 번째 점(F)]: F Enter
첫 번째 끊기점 지정: P25점 클릭
두 번째 끊기점을 지정: @ Enter

16 옆의 호도 지금처럼 Break를 이용하여 끊기를 합니다. UCS를 이전 상태로 복원하여 명령어를 입력해야 하므로 UCS를 복원하고 Break를 그림과 같이 선택합니다.

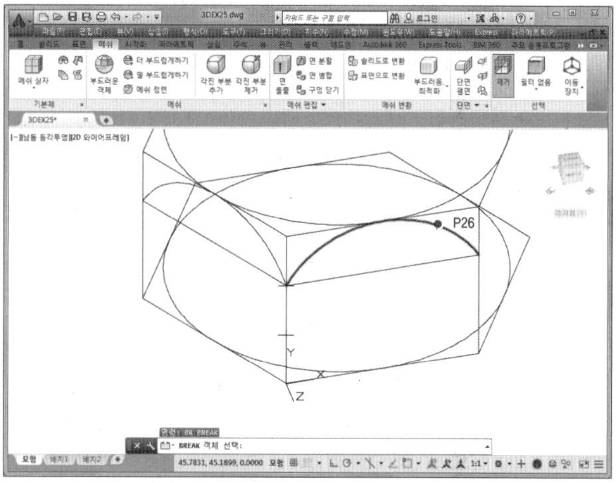

명령: UCS Enter
현재 UCS 이름: *이름 없음*
UCS의 원점 지정 또는 [면(F)/이름(NA)/객체(OB)/이전(P)/뷰(V)/표준(W)/X(X)/Y(Y)/Z(Z)/Z축(ZA)] 〈표준〉: P Enter

명령: BR Enter
Break
객체 선택: P26점 클릭

17 끊기의 첫 번째 지점을 새로 정하기 위해 옵션 'F'를 입력하고 그림과 같이 첫 점을 호와 폴리곤의 교점이 되는 중간점으로 선택하고 두 번째 점도 자동으로 새로 정한 첫 점의 위치가 되도록 '@'를 입력합니다.

두 번째 끊기점을 지정 또는 [첫 번째 점(F)]: F Enter
첫 번째 끊기점 지정: P27점 클릭
두 번째 끊기점을 지정: @ Enter

18 남아 있는 호의 반쪽을 Erase 명령어를 통해 지웁니다.

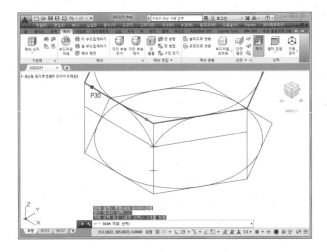

명령: E Enter
Erase
객체 선택: 1개를 찾음
→ P28점 클릭
객체 선택: 1개를 찾음, 총 2개
→ P29점 클릭
객체 선택: Enter

19 이제 위쪽의 원을 폴리곤의 교점을 기준으로 원하는 부분만 남기도록 Trim 명령어로 잘라냅니다. 위쪽의 폴리곤은 현재의 UCS와 다르므로 UCS를 먼저 초기화하고 Trim 명령을 실행합니다.

명령: UCS Enter
현재 UCS 이름: *표준*
UCS의 원점 지정 또는 [면(F)/이름(NA)/객체(OB)/이전(P)/뷰(V)/표준(W)/X(X)/Y(Y)/Z(Z)/Z축(ZA)] 〈표준〉: Enter

명령: TR Enter
Trim
뷰가 UCS에 평면이 아님. 명령 결과가 명백하지 않을수 있습니다.
현재 설정: 투영=UCS 모서리=없음
절단 모서리 선택 …
객체 선택 또는 〈모두 선택〉: 1개를 찾음
→ P30점 클릭
객체 선택: Enter

20 폴리곤의 왼쪽과 오른쪽의 원 부분을 클릭하여 잘라 없애도록 합니다.

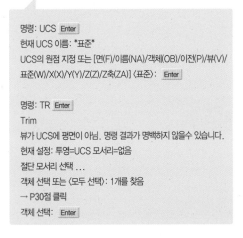

자를 객체 선택 또는 Shift 키를 누른 채 선택하여 연장 또는
[울타리(F)/걸치기(C)/프로젝트(P)/모서리(E)/지우기(R)/명령 취소(U)]: P31점 클릭
자를 객체 선택 또는 Shift 키를 누른 채 선택하여 연장 또는
[울타리(F)/걸치기(C)/프로젝트(P)/모서리(E)/지우기(R)/명령 취소(U)]: P32점 클릭
자를 객체 선택 또는 Shift 키를 누른 채 선택하여 연장 또는
[울타리(F)/걸치기(C)/프로젝트(P)/모서리(E)/지우기(R)/명령 취소(U)]: Enter

21 Edgesurf를 실행하기 위해서는 모서리가 모두 4개여야 하는데, 현재는 3개입니다. 잘라내고 남은 위쪽의 원을 Break를 통해 끊기를 합니다. 원의 중간 위치를 기준으로 객체를 선택합니다.

명령: BR Enter
Break
객체 선택: P33점 클릭
두 번째 끊기점을 지정 또는 [첫 번째 점(F)]: @ Enter

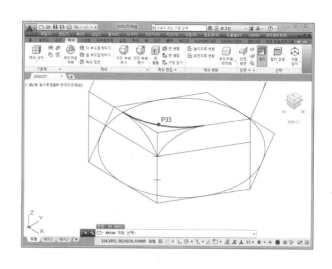

22 이제 Edgesurf를 실행하여 모서리 표면을 만듭니다.

명령: EDGESURF Enter
현재 와이어 프레임 밀도: SURFTAB1=24 SURFTAB2=24
표면 모서리에 대한 1 객체 선택: P34점 클릭
표면 모서리에 대한 2 객체 선택: P35점 클릭
표면 모서리에 대한 3 객체 선택: P36점 클릭
표면 모서리에 대한 4 객체 선택: P37점 클릭

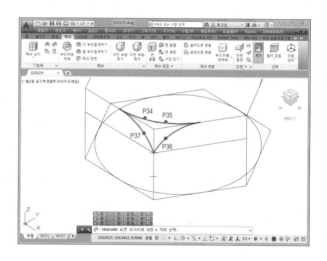

23 그림과 같이 모서리의 표면 부분이 만들어집니다. 육각볼트이므로 6개의 면이 필요합니다. Array를 통해 회전 배열 복사합니다. 객체는 마지막에 그려진 표면 객체가 자동으로 선택되는 옵션 L을 이용합니다.

명령: AR Enter
Array
객체 선택: L Enter
1개를 찾음.
객체 선택: Enter

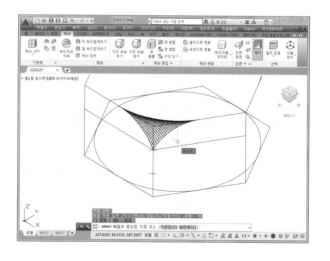

24 원형 배열이며, 개수는 6개가 입력이
되도록 리본 메뉴의 내용을 정리하고 완
료합니다.

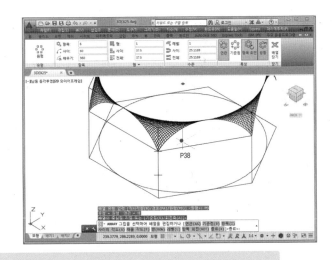

배열 유형 입력 [직사각형(R)/경로(PA)/원형(PO)] 〈원형〉: PO Enter
유형=원형 연관=예
배열의 중심점 지정 또는 [기준점(B)/회전축(A)]: P38점 클릭
그립을 선택하여 배열을 편집하거나 [연관(AS)/기준점(B)/항목(I)/사이의 각도(A)/채울 각도(F)/행(ROW)/레벨(L)/항목 회전(ROT)/종료(X)]〈종료〉: Enter

25 불필요한 선분들을 모두 선택하여 지웁
니다.

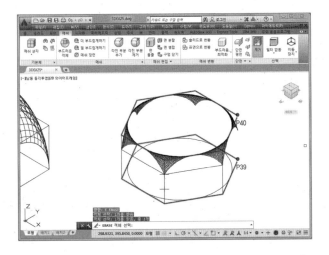

명령: E Enter
Erase
객체 선택: 1개를 찾음
→ P39점 클릭
객체 선택: 1개를 찾음, 총 2개
→ P40점 클릭
객체 선택: Enter

26 아래의 원을 위쪽으로 복사하여 면이 만
들어지도록 합니다.

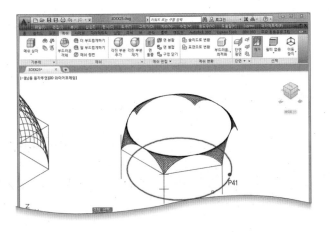

명령: CP Enter
Copy
객체 선택: 1개를 찾음
→ P41점 클릭
객체 선택: Enter

27 옆의 선분을 기준으로 기준점에서 다음 기준점으로 복사합니다.

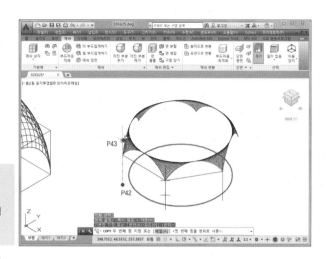

현재 설정: 복사 모드=다중(M)
기본점 지정 또는 [변위(D)/모드(O)] 〈변위〉: P42점 클릭
두 번째 점 지정 또는 [배열(A)] 〈첫 번째 점을 변위로 사용〉: P43점 클릭
두 번째 점 지정 또는 [배열(A)/종료(E)/명령 취소(U)] 〈종료〉: Enter

28 완성된 전체를 보기 위해 전체 화면을 만든 후 그림과 같이 원하는 화면 영역을 만듭니다.

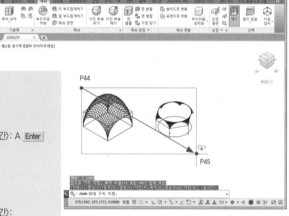

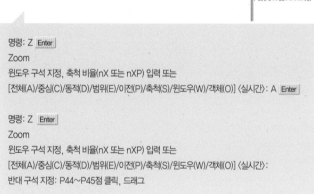

명령: Z Enter
Zoom
윈도우 구석 지정, 축척 비율(nX 또는 nXP) 입력 또는
[전체(A)/중심(C)/동적(D)/범위(E)/이전(P)/축척(S)/윈도우(W)/객체(O)] 〈실시간〉: A Enter

명령: Z Enter
Zoom
윈도우 구석 지정, 축척 비율(nX 또는 nXP) 입력 또는
[전체(A)/중심(C)/동적(D)/범위(E)/이전(P)/축척(S)/윈도우(W)/객체(O)] 〈실시간〉:
반대 구석 지정: P44~P45점 클릭, 드래그

29 Hide 명령어를 이용하여 완성 예상도를 확인합니다.

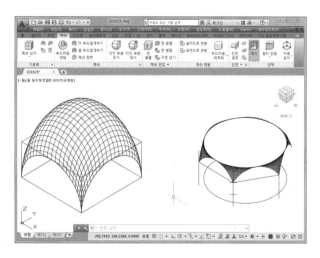

명령: HI Enter
Hide 모형 재생성 중 …

AutoCAD
2015
3D 배치와
출력 제어

PART

06

3D 모델링의 출력은 화면으로 출력하는 방법과 종이로 출력하는 방법이 있습니다. 이때 3차원 객체는 2D 객체와 다르게 여러 가지 복합적인 문제를 갖고 있습니다. 하나의 단면이 아니므로 최소 3개 면의 단면에 대한 구성 요소를 갖고 있으며, 그 구성 요소가 각 페이지에 어떻게 나타나게 할 것인지를 정해야 합니다. 따라서 3D 모델링에 대한 배치 및 출력은 일반 모형 공간이 아닌 배치 공간을 사용해야 정상적으로 출력할 수 있습니다. 이 파트에서는 2D 도면과 3D 도면 출력의 차이점에 대해 알아보겠습니다. 3D 도면 출력의 일반적인 내용이므로 차이점을 면밀히 알아두도록 합니다.

3D 모델링 출력 모드 제어하기

일반적으로 3D 객체의 출력은 한 번에 하나의 관측 시점만 출력하지 않고 기본 아이소메트릭 뷰부터 평면도, 정면도, 측면도와 함께 3개의 뷰를 같이 출력하는 경우가 많습니다. 사용자는 화면 분할 명령어인 Vports를 이용하여 화면을 분할하고 작업하지만 궁극적으로 출력되는 곳은 Current View에 해당하는 활성 창만 출력됩니다. 따라서 하나의 화면에 여러 개의 뷰포트를 출력하려면 배치 모드(Layout)에 대해 알아야 합니다.

A u t o C A D 2 0 1 5

모델 영역에서 출력에 해당하는 Layout 영역으로 이동하기 위해서는 화면 하단의 탭을 클릭하여 이동해야 합니다. 기본 탭으로는 [모형(Model)] 탭과 [배치1(Layout1)] 탭이 기본적으로 제공됩니다. [배치1(Layout1)] 탭은 추가로 더 만들거나 삭제 가능하며, 이름도 원하는 형태로 변경할 수 있습니다. 모델링은 모형 공간에서 3차원 객체의 출력은 배치1(Layout1) 공간에서 하도록 합니다.

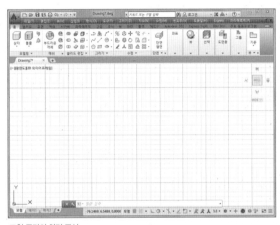

모형 공간의 화면 구성

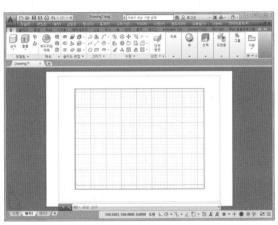

배치 공간의 화면 구성

1 3D 모델링을 배치하는 Mview

3D 모델링의 출력은 모형 공간에서는 하나의 단일 뷰만 되므로 원하는 뷰포트를 출력하기 위하여 배치 영역으로 이동해야 합니다. 모형 공간에서 배치 공간으로 이동하려면 화면 하단의 탭을 클릭하면 됩니다. 이때 화면에 나타난 기본 뷰포트 창은 지우고 사용자가 원하는 뷰포트를 구성합니다. MVIEW를 통해 원하는 화면을 구성합니다.

메뉴	명령 행
[뷰(V)-뷰포트(V)-*개의 뷰포트]	Mview(단축 명령어: MV)

명령어 사용법 ▼

　　　　　　　　Mview 명령어는 배치 영역에서만 사용하는 명령어입니다. 모형 공간에서 배치영역으로 이동하면 자동으로 하나의 Mview 창이 나타납니다. 보통은 사용자가 원하는 형태와 크기가 아니므로 Mview 창을 지우고 새로운 뷰를 생성합니다. 명령어를 입력한 후 원하는 분할 창의 개수를 입력하고 영역을 정의하면 분할된 화면이 나타나며, 각각의 분할된 화면은 PS와 MS 명령어를 통해 각각의 화면을 제어합니다.

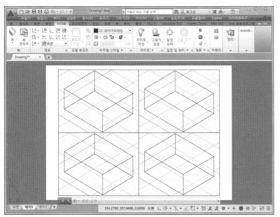
Mview로 화면 분할

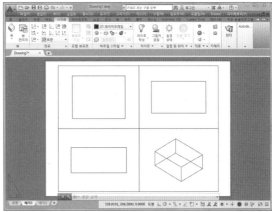
Mview로 분할 후 뷰포트마다 관측점 변경

명령: MV Enter
Mview
뷰포트 구석 지정 또는 [켜기(ON)/끄기(OFF)/맞춤(F)/음영 플롯(S)/잠금(L)/객체(O)/폴리곤(P)/복원(R)/도면층(LA)/2/3/4] 〈맞춤(F)〉: 4
→ 출력 영역에 나눠질 화면 분할의 개수를 입력합니다.
첫 번째 구석점 지정 또는 [맞춤(F)] 〈맞춤〉: Enter
 Enter 를 누르면 기본값인 화면에 꽉 채운 상태로 화면 분할을 하고 마우스로 드래그하면 해당 화면 크기만큼 화면이 분할됩니다.

명령어 옵션 해설 ▼

　　　　　　　　Mview 명령어는 배치 영역에서의 화면을 분할하여 3D 모델링 객체가 각각의 뷰포트에 나타날 수 있도록 하는 것이 목적이므로, 해당 옵션들도 모두 화면 분할에 관련된 옵션으로 지정되어 있습니다. 화면을 분할하는 경우 특정 부위를 확대나 축소하여 보여줄 수 있도록 사각 형태의 뷰포트뿐만 아니라 다각형 형태나 원의 형태도 가능합니다. 옵션을 이용하여 다양한 형태의 출력 모드를 지정할 수 있습니다.

옵션	옵션 해설
켜기(ON)/끄기(OFF) ON/OFF	선택한 뷰포트만 끄거나 켜서 해당 모델 객체가 보이거나 보이지 않도록 합니다. 옵션을 입력한 후 ON/OFF할 대상 뷰포트의 선분을 클릭하여 선택하면 실행됩니다.
맞춤(F) Fit	화면 분할 시 해당 뷰포트 크기에 꽉 차도록 화면을 분할합니다.
음영 플롯(S) Shadeplot	3차원 객체의 출력 시 해당 객체의 출력 상태를 지정하는 옵션입니다. 특히 Hide 상태로 출력하기 위해서는 이 옵션을 입력하고 원하는 뷰포트를 선택해야만 해당 뷰포트의 객체가 Plot 시 Hide 상태로 출력됩니다.

옵션	옵션 해설
잠금(L) Lock	뷰포트의 잠금 설정을 지정할 수 있습니다.
객체(O) Object	Mview로 뷰포트를 분할할 때 기본 사각형이 아니라 원이나 Polyogn 등의 다양한 모양의 객체를 선택하여 해당 뷰포트가 선택한 객체의 모양대로 지정되도록 합니다.
폴리곤(P) Polygonal	뷰포트의 모양을 사용자가 원하는 점을 클릭하여 만들고, 그 모양 만큼의 뷰포트 화면을 만들어 나타냅니다.
복원(R) Restore	저장된 뷰포트 모양을 불러내어 사용합니다. 2/3/4 분할할 화면의 개수를 지정합니다. 도면층(LA) 뷰포트 도면층 특성을 재지정합니다.

명령어 실습하기 ▼

3D 모델링 객체의 표현을 위하여 배치 공간에 원하는 뷰포트로 배치해보겠습니다. 모형 공간에서부터 출발하여 배치 공간으로 이동하고 각각의 뷰로 전환하는 작업을 합니다.

● 실습 파일: **Sample/3DEX26.dwg** ● 완성 파일: **Sample/3DEX26-F.dwg**

01 Open 명령어를 이용하여 'Sample/ 3DEX26.dwg' 파일을 연 후 화면 하단의 모형과 [배치1] 탭을 이용하여 배치 모드로 이동합니다.

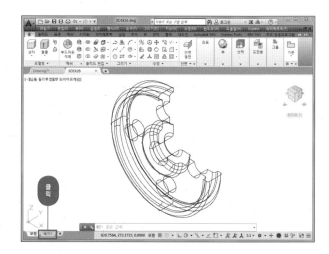

→ [배치1] 탭을 누릅니다.

02 배치 공간으로 이동 시 그림과 같이 하나의 뷰가 자동으로 나타납니다. 사용자가 원하는 뷰포트로 제어하기 위하여 Erase 명령어를 통해 뷰포트 창을 선택하여 지웁니다.

명령: E Enter
Erase
객체 선택: 1개를 찾음
→ P1점 클릭
객체 선택: Enter

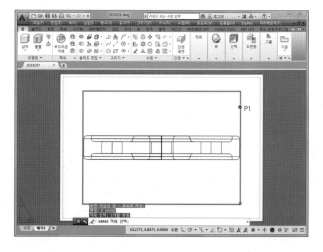

03 자동으로 생성된 뷰가 삭제되면 Mview 명령어를 입력하고 다음과 같이 3개의 뷰포트로 나누어 화면에 꽉채워서 표시합니다.

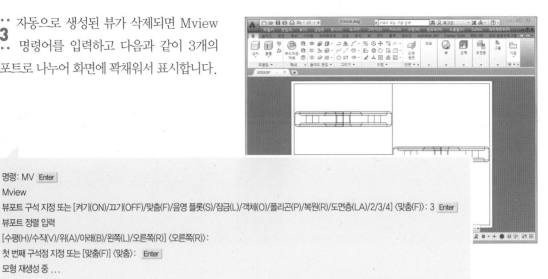

```
명령: MV Enter
Mview
뷰포트 구석 지정 또는 [켜기(ON)/끄기(OFF)/맞춤(F)/음영 플롯(S)/잠금(L)/객체(O)/폴리곤(P)/복원(R)/도면층(LA)/2/3/4] 〈맞춤(F)〉: 3 Enter
뷰포트 정렬 입력
[수평(H)/수직(V)/위(A)/아래(B)/왼쪽(L)/오른쪽(R)] 〈오른쪽(R)〉:
첫 번째 구석점 지정 또는 [맞춤(F)] 〈맞춤〉: Enter
모형 재생성 중 …
```

04 모두 하나의 뷰포트로 지정되어 있으므로 각각의 모형 공간으로 이동하여 각 창의 뷰포트를 재설정하겠습니다. 각각의 창으로 이동하는 MS 명령어를 입력한 후 오른쪽 창으로 이동하여 마우스로 뷰를 이동시키거나 -VPOINT 명령어를 통해 정확한 아이소뷰로 변경합니다.

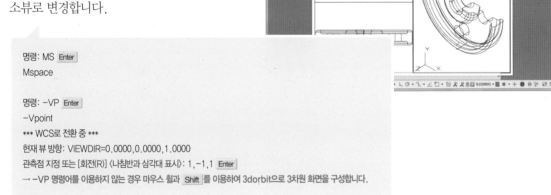

```
명령: MS Enter
Mspace

명령: -VP Enter
-Vpoint
*** WCS로 전환 중 ***
현재 뷰 방향: VIEWDIR=0.0000,0.0000,1.0000
관측점 지정 또는 [회전(R)] 〈나침반과 삼각대 표시〉: 1,-1,1 Enter
→ -VP 명령어를 이용하지 않는 경우 마우스 휠과 Shift 를 이용하여 3dorbit으로 3차원 화면을 구성합니다.
```

05 왼쪽 아래 뷰포트도 변경하겠습니다. 먼저 마우스로 왼쪽 뷰포트를 클릭하고 그림과 같이 정면의 뷰를 뷰큐브로 조정하거나 -VP 명령어로 그림과 같이 조정합니다.

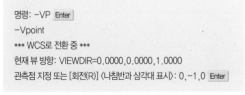
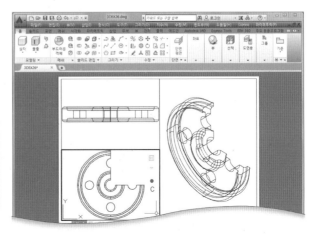

```
명령: -VP Enter
-Vpoint
*** WCS로 전환 중 ***
현재 뷰 방향: VIEWDIR=0.0000,0.0000,1.0000
관측점 지정 또는 [회전(R)] 〈나침반과 삼각대 표시〉: 0,-1,0 Enter
```

06 3개의 원하는 뷰가 완성되면 다시 PS인
종이 공간인 출력 모드로 되돌아옵니다.

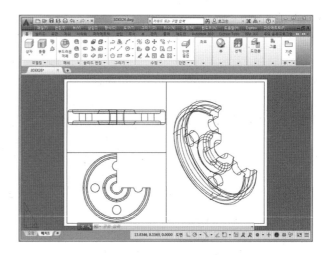

명령: PS Enter

Pspace

TIP

뷰큐브 대신 숫자로 관측 시점 제어하기 -VPOINT 명령

3차원 객체에 대한 관측 시점은 뷰큐브나 마우스 휠로 제어하는 3Dorbit을 이용하여 주로 제어합니다. 간편하기 때문이죠. 하지만 간혹 정확한 포인트를 잡아 화면을 제어할 때는 오랫동안 사용한 Vpoint 명령어를 명령 행에서 사용하는 것이 편리할 때도 있습니다. 원하는 뷰를 설정하는 방법은 다음과 같이 3개의 숫자로 제어하지만, 실제로 사용하는 숫자를 조합해 놓은 기본값들을 암기하여 사용하는 것도 편리합니다.

	X축 좌표(첫 번째 숫자)		Y축 좌표(두 번째 숫자)		Z축 좌표(세 번째 숫자)	
Vpoint의 각 수치값의 의미	1	Right View (오른쪽 뷰)	1	Back View (뒷면 뷰)	1	Top View (윗면 뷰)
	-1	Left View (왼쪽 뷰)	-1	Front View (정면 뷰)	-1	Bottom View (아랫면 뷰)
	0	No View (보지 않음)	0	No View (보지 않음)	0	No View (보지 않음)

입력하는 숫자는 어떤 것을 사용해도 관계없지만 주로 정육면체를 기준으로 하여 '1'을 기준으로 ON/OFF하거나 안 보는 면을 '0'으로 정돈하여 입력합니다. 위의 표를 기준으로 하면 정면과 평면과 우측면을 동시에 보는 경우 1,-1,1이 되는 원리입니다. 1 이상의 숫자를 입력하면 정육면체의 꼭지점에서 좌우나 상하로 조금씩 더 회전하여 객체를 보는 시점이 조금씩 틀어져 보이게 됩니다.

사용하는 방법 명령: -VP Enter

-VPOINT

*** WCS로 전환 중 ***

현재 뷰 방향: VIEWDIR=0.0000,0.0000,1.0000

관측점 지정 또는 [회전(R)] 〈나침반과 삼각대 표시〉: X좌표,Y좌표,Z좌표 Enter

자주 사용하는 Vpoint는 암기하여 사용하면 좀 더 빠르게 접근하여 사용할 수 있습니다. 물론 뷰큐브 등 직관적인 명령어를 이용하여 사용해도 되지만 명령 행에서 직접 컨트롤 하는 경우에는 많이 사용하는 뷰포트를 기억하고 입력하는 방법이 편리합니다.

관찰 시점 (View)	Vpoint 좌표값
Isometric-우측 기준	1,-1,1
Isometric-좌측 기준	-1,-1,1
평면도	0,0,1
정면도	0,-1,0
우측면도	1,0,0
좌측면도	-1,0,0

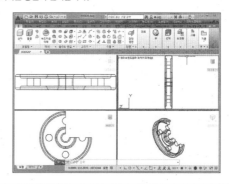

2 레이어를 선별적으로 관리하는 Vplayer

Mview를 통해 배치 영역에서 원하는 3차원 객체의 화면을 분할하거나 2차원 객체의 화면을 분할하여 작업 모드를 작성하는 도중 일반적인 도면층에 해당하는 레이어를 뷰포트마다 각각 관리할 수 있습니다. 각 창마다 창을 선택하여 명령 행에서 관리할 수도 있지만, 레이어 툴바를 이용하여 각 창별로 아이콘을 끄거나 켜면서 관리하는 것이 일반적인 방법입니다. Vplayer의 경우, 일반적인 모델 공간에서는 사용하지 않으며, 배치 영역에서만 사용합니다.

> **명령 행**
> **Vplayer**

명령어 사용법 ▼

보통 Vplayer 명령어를 Command 라인에서 직접 입력하면 다음 예시와 같이 여러 가지 복잡하게 설정되어 있습니다. 해당 레이어를 Freeze할지 Thaw할지 옵션을 먼저 정하고 원하는 레이어명을 입력하고 적용할 창을 선택합니다. Vplayer는 명령 행에서 입력하는 것보다 Layer Control 목록 상자에서 아이콘을 직접 ON/OFF하는 것이 효율적입니다. Mview로 분할된 뷰포트를 MS를 이용하여 각각의 뷰포트로 활성화하여 각 뷰포트마다 필요한 레이어는 한 번씩 눌러 끄거나 켜서 원하는 레이어만 원하는 뷰포트에 남도록 합니다.

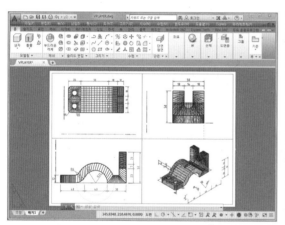

Vplayer를 적용하지 않은 뷰

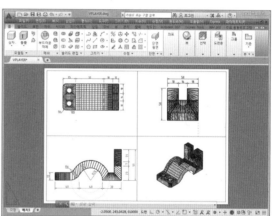

Vplayer를 적용하여 각 뷰마다 선별적 레이어를 컨트롤한 경우

명령: VPLAYER `Enter`
옵션 입력 [?/색상(C)/선 종류(L)/선 가중치(LW)/투명도(TR)/동결(F)/동결 해제(T)/재설정(R)/새 동결(N)/뷰포트 가시성 기본값(V)]: F `Enter`
→ 분할된 창의 선별적 레이어를 동결하기 위한 옵션 'F'를 입력합니다.
동결시킬 도면층 이름 입력 또는 〈객체 선택으로 도면층 지정): 2-2 `Enter`
→ 동결 시킬 도면층의 이름을 입력합니다.
뷰포트 지정 [모두(A)/선택(S)/현재(C)/현재 제외(X)] 〈현재): S `Enter`
→ 동결시킬 뷰포트를 선택하는 옵션을 지정하는 것으로 창을 선택할 수 있는 옵션 'S'를 입력합니다.
객체 선택: 1개를 찾음
→ MView 창을 클릭하여 선택합니다.
객체 선택: `Enter`
옵션 입력[?/색상(C)/선 종류(L)/선 가중치(LW)/투명도(TR)/동결(F)/동결 해제(T)/재설정(R)/새 동결(N)/뷰포트 가시성 기본값(V)]: `Enter`
→ `Enter` 를 눌러 명령어를 종료합니다.

명령어 실습하기 ▼

VPLAYER는 명령어를 입력하여 조작하기보다 도면층 리본 메뉴를 열어 원하는 뷰포트를 제어하는 방식으로 이용합니다. 다음의 예제 파일을 열어 각각의 뷰포트별로 레이어를 선별적으로 제어해보도록 합니다.

● 실습 파일: Sample/3DEX27.dwg　● 완성 파일: Sample/3DEX27-F.dwg

01 Open 명령어를 이용하여 'Sample/3DEX27.dwg' 파일을 열고 화면 하단의 모형과 배치1 탭을 이용하여 배치 모드로 이동합니다. 배치1 탭을 클릭합니다.

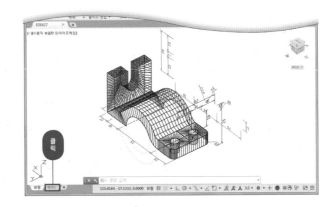

→ [배치] 탭을 클릭합니다.

02 배치 탭을 눌러 배치 공간으로 이동하면 자동생성된 뷰가 있다면 테두리를 눌러 지우고 없으면 MV 명령을 입력하고 그림과 같이 4개의 화면으로 분할합니다.

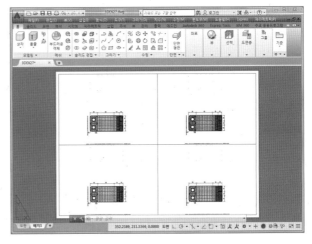

명령: E Enter
Erase
객체 선택: L Enter
1개찾음
객체 선택: Enter
명령: MV Enter
Mview
뷰포트 구석 지정 또는 [켜기(ON)/끄기(OFF)/맞춤(F)/음영 플롯(S)/잠금(L)/객체(O)/폴리곤(P)/복원(R)/도면층(LA)/2/3/4] 〈맞춤(F)〉: 4 Enter
첫 번째 구석점 지정 또는 [맞춤(F)] 〈맞춤〉: Enter
모형 재생성 중 …

03 각각의 뷰포트를 구성하기 위하여 MS 명령을 입력하고 오른쪽 하단의 뷰부터 3차원 관측 뷰로 변경합니다. 변경후 나타나는 작은 화면은 Zoom 통해 그림과 같이 확대합니다.

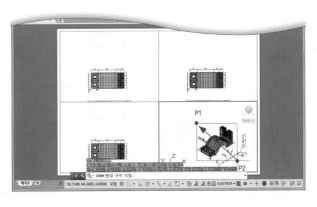

명령: MS [Enter]

Mspace

명령: -VP [Enter]

-Vpoint

현재 뷰 방향: VIEWDIR=1.0000,-1.0000,1.0000

관측점 지정 또는 [회전(R)] 〈나침반과 삼각대 표시〉: -1,-1,1 [Enter]

명령: Z [Enter]

Zoom

윈도우 구석 지정, 축척 비율(nX 또는 nXP) 입력 또는

[전체(A)/중심(C)/동적(D)/범위(E)/이전(P)/축척(S)/윈도우(W)/객체(O)] 〈실시간〉:

반대 구석 지정: P1~P2점 클릭, 드래그

04 오른쪽 위쪽 뷰를 마우스로 클릭한 후 그림과 같이 오른쪽 뷰로 관측 뷰를 변경하고 Zoom 명령어로 그림의 영역과 같이 확대합니다.

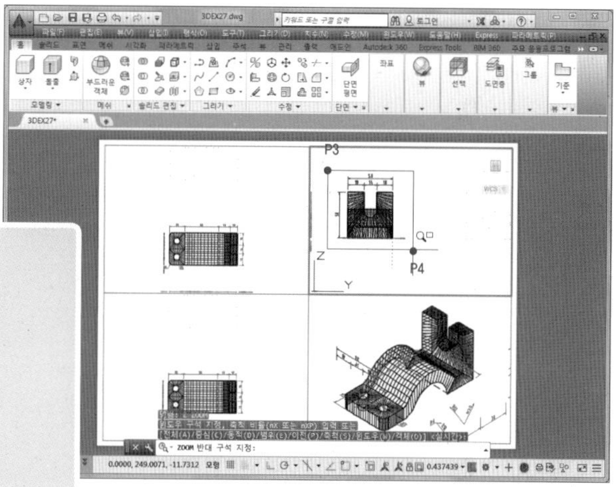

명령: -VP [Enter]

-Vpoint

현재 뷰 방향: VIEWDIR=0.0000,0.0000,1.0000

관측점 지정 또는 [회전(R)] 〈나침반과 삼각대 표시〉: 1,0,0 [Enter]

모형 재생성 중 …

명령: Z [Enter]

Zoom

윈도우 구석 지정, 축척 비율(nX 또는 nXP) 입력 또는

[전체(A)/중심(C)/동적(D)/범위(E)/이전(P)/축척(S)/윈도우(W)/객체(O)] 〈실시간〉:

반대 구석 지정: P3~P4점 클릭, 드래그

05 왼편 위쪽 뷰를 클릭한 후 그림과 같이 평면 뷰로 관측 뷰를 변경하고 Zoom 명령어로 영역을 확대합니다.

명령: -VP [Enter]

-Vpoint

현재 뷰 방향: VIEWDIR=0.0000,0.0000,1.0000

관측점 지정 또는 [회전(R)] 〈나침반과 삼각대 표시〉: 0,0,1 [Enter]

명령: Z [Enter]

Zoom

윈도우 구석 지정, 축척 비율(nX 또는 nXP) 입력 또는

[전체(A)/중심(C)/동적(D)/범위(E)/이전(P)/축척(S)/윈도우(W)/객체(O)] 〈실시간〉:

반대 구석 지정: P5~P6점 클릭, 드래그

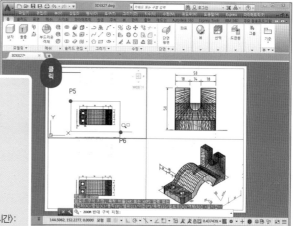

06 왼쪽 아래 뷰를 마우스로 클릭한 후 그림
과 같이 정면의 관측 뷰로 변경합니다.

> 명령: -VP Enter
> -Vpoint
> 현재 뷰 방향: VIEWDIR=0.0000,0.0000,1.0000
> 관측점 지정 또는 [회전(R)] 〈나침반과 삼각대 표시〉: 0,-1,0 Enter
> 모형 재생성 중 …

07 이제 Vplayer가 아닌 일반 도면층을
먼저 동결시켜보겠습니다. 리본 메뉴의
도면층 명령어를 눌러 그림과 같이 파란색의
[2-3 레이어의 동결] 아이콘을 클릭하면 전체
뷰포트에서 모두 파란색 도면층의 레이어 객
체가 모두 사라집니다.

08 그림과 같이 오른쪽 하단의 뷰포트가 선
택되어 있는 상태에서 이번에는 [동결]
아이콘 옆의 현재 도면에서 [동결] 또는 [해제]
의 아이콘을 누르면 현 뷰포트에서만 2-3의
도면층이 안 보입니다.

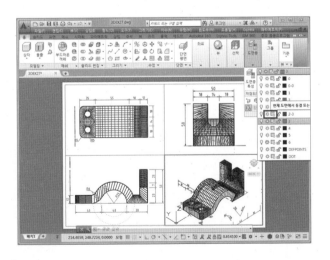

09 그림과 같이 오른쪽 아래 뷰포트의 2-3 레이어로 작성된 치수 입력 내용이 사라졌지만, 다른 뷰포트에는 그대로 남아 있는 것을 알 수 있습니다.

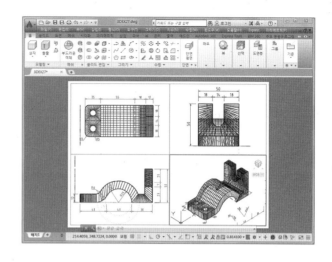

10 이번에는 2, 2-2, 2-3 도면층 모두 현재 도면에서 [동결] 또는 [해제] 아이콘을 눌러 그림과 같이 치수 입력된 내용이 오른쪽 아래의 뷰포트에서 보이지 않도록 합니다.

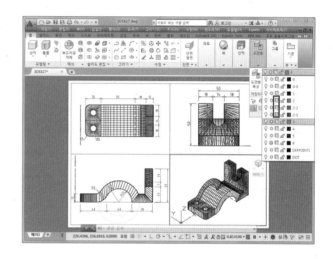

11 그림과 같이 정리된 화면을 보면 다른 뷰포트에는 해당하는 도면층의 치수 기입 내용이 표시되지만, 오른쪽 하단의 뷰포트에는 나타나지 않는 것을 알 수 있습니다.

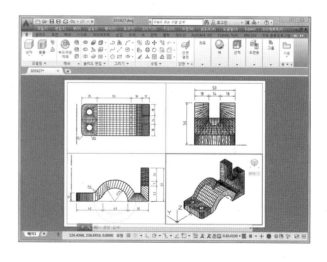

12 이번에는 왼쪽 위쪽 뷰를 마우스로 클릭한 후 도면층 목록을 눌러 그림과 같이 2-3 도면층의 [현재 도면 동결] 또는 [해제] 버튼을 클릭합니다.

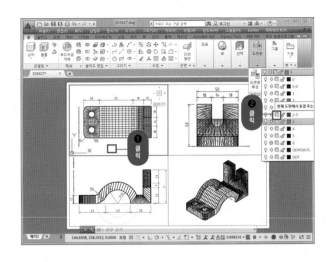

13 그림과 같이 왼쪽의 세로로 긴 줄처럼 보이던 치수가 사라졌습니다. Vplayer 라는 선별적 동결을 하는 레이어는 명령 행에서 제어하는 것보다 리본 메뉴에서 제어하는 것이 더 편리합니다.

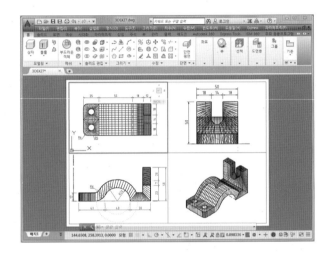

3 뷰포트 내의 객체를 정렬하는 Mvsetup_Align

Mvsetup은 모형 공간에서의 사용법과 배치 공간에서의 활용법이 틀립니다. 특히 배치 공간에서는 2D, 3D 도면의 상하좌우 위치 정렬에 많이 사용되며, 출력 시 각각의 뷰포트별 객체의 정렬에 활용됩니다. Mvsetup 명령어는 모형 공간에서는 도면을 작성하기 위한 전체적인 레이아웃을 결정하는 명령어로 종이 사이즈, 축척 등을 넣어 작업자가 도면의 한계 및 축척을 미리 설정하고 작업할 수 있도록 하며, 배치 공간에서는 Mview로 분할한 화면 안의 객체가 평면도와 정면도, 그리고 측면도 간의 위치를 정렬해줄 때 사용합니다.

```
명령 행
Mvsetup
```

명령어 사용법 ▼

　　　　　Mvsetup은 먼저 배치 공간 Mview 명령어로 화면이 분할되어 있어야 합니다. 해당 화면은 MS 상태에서 각각의 뷰를 컨트롤할 수 있어야 하는 상태일 때 Mvsetup 명령어를 입력합니다. 정렬에 해당하는 옵션인 'ALIGN'을 입력한 후 가로(Horiaontal), 세로(Vertical) 옵션을 선택한 후 정렬의 점은 객체 스냅으로 선택하고 기준 창을 클릭하여 기준점을 선택합니다. 기준 창의 기준점에 정렬할 다른 창의 정렬 대상 지점을 객체 스냅으로 선택하면 완료됩니다. 특히 객체 스냅은 설정해두어도 자동으로 풀리므로 한 번에 하나씩 객체 스냅을 수동으로 입력하여 작동시키도록 합니다.

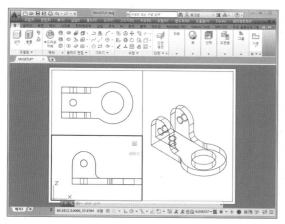 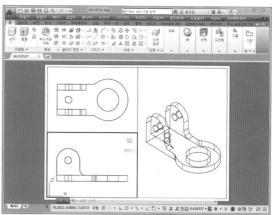

명령: MVSETUP Enter
옵션 입력 [정렬(A)/뷰포트 작성(C)/뷰포트 축척(S)/옵션(O)/제목 블록(T)/명령 취소(U)]: A Enter
→ 정렬 옵션인 Align 옵션을 이용하기 위해 'a'를 입력합니다.
옵션 입력 [각도(A)/수평(H)/수직 정렬(V)/뷰 회전(R)/명령 취소(U)]: V Enter
→ 세로 정렬을 하기 위해 'v'를 입력합니다. 조건에 따라 가로 정렬은 'h'를 입력합니다.
기준점 또는 변위 지정:
→ 정렬의 기준점을 클릭합니다.
두 번째 점을 지정:
→ 정렬해야 하는 지점을 클릭합니다.
옵션 입력 [정렬(A)/뷰포트 작성(C)/뷰포트 축척(S)/옵션(O)/제목 블록(T)/명령 취소(U)]: Enter

명령어 실습하기 ▼

　　　　　배치 공간에서 Mview 명령어로 분할된 화면의 모델링 객체를 정확한 위치로 정렬시키는 방법으로 Mvsetup을 이용해보겠습니다. 객체 스냅은 자동으로 설정되지 않으므로 객체를 선택할 때는 수동 제어 방식으로 객체 스냅을 사용합니다.

● 실습 파일: Sample/3DEX28.dwg　● 완성 파일: Sample/3DEX28-F.dwg

01 Open 명령어를 이용하여 'Sample/ 3DEX28.dwg' 파일을 열어보면 그림과 같이 솔리드 모형 객체가 왼쪽 위쪽 뷰만 정상적으로 배치되어 있고, 오른쪽 위쪽 뷰와 왼쪽 아래 뷰는 일부분이 보이지 않습니다.

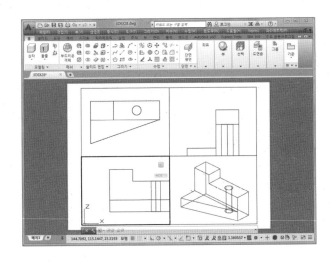

02 Mvsetup 명령어를 입력한 후 정렬 옵션 'A'와 방향의 'H'를 입력하고 다음의 기준점을 객체 스냅을 수동으로 입력하고 정렬의 기준이 되는 지점을 그림과 같이 클릭합니다.

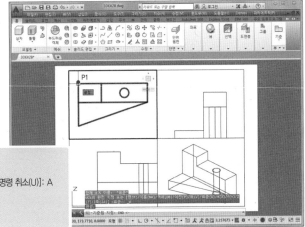

명령: MVSETUP Enter
옵션 입력 [정렬(A)/뷰포트 작성(C)/뷰포트 축척(S)/옵션(O)/제목 블록(T)/명령 취소(U)]: A
옵션 입력 [각도(A)/수평(H)/수직 정렬(V)/뷰 회전(R)/명령 취소(U)]: H
기준점 또는 변위 지정: END Enter (또는 Space Bar) 후 P1점 클릭

03 처음 클릭한 위치의 수평 위치에 맞출 두 번째 점을 클릭합니다. 역시 객체 스냅은 수동으로 제어해야 하므로 'END'를 입력한 후 Enter 또는 Space Bar 를 누르고 P2점을 클릭합니다.

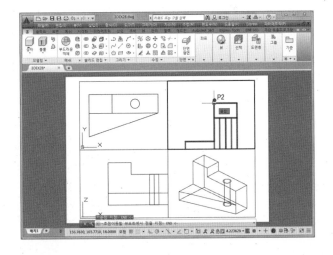

두 번째 점을 지정: END Enter (또는 Space Bar) 후 P2점 클릭

P1에서 정렬할 P2점을 선택 시 화면 창을 먼저 선택한 후 P2를 클릭합니다.

04 이번에는 왼쪽 아래 뷰와 정렬해보겠습니다. 먼저 세로 정렬 'V'를 입력한 후 기준점에 그림과 같이 'END'를 입력한 후 Enter 또는 Space Bar 를 누른 다음 P3점을 클릭합니다.

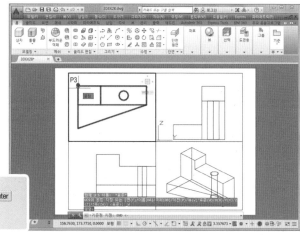

옵션 입력 [각도(A)/수평(H)/수직 정렬(V)/뷰 회전(R)/명령 취소(U)]: V Enter
기준점 지정: END Enter (또는 Space Bar) 후 P3점 클릭

05 처음 클릭한 위치의 수평 위치에 맞춰 두 번째 점을 클릭합니다. 역시 객체 스냅은 수동으로 제어해야 하므로 'END'를 입력한 후 Enter 또는 Space Bar 를 누르고 P4점을 클릭합니다. 완료되면 Enter 를 눌러 종료합니다.

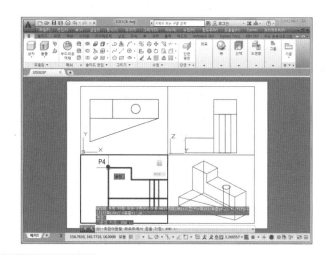

두 번째 점을 지정: END Enter (또는 Space Bar) 후 P4점 클릭
옵션 입력 [각도(A)/수평(H)/수직 정렬(V)/뷰 회전(R)/명령 취소(U)]: Enter
옵션 입력 [정렬(A)/뷰포트 작성(C)/뷰포트 축척(S)/옵션(O)/제목 블록(T)/명령 취소(U)]: Enter

AutoCAD 2015

3차원 모델링 객체 배치하고 정렬하기

3D 모델 객체는 모형 공간에서만 작업할 수 없습니다. 하나의 모양만 보는 것이 아니라 최소한 2개 이상의
관측 시점을 필요로 하기 때문이죠. 따라서 3D 모델 객체는 반드시 배치 공간에 배치하여 사용자가 원하는
여러 가지 관측 뷰를 이용하여 배치하고, 각각의 뷰포트별로 도면층인 레이어를 관리하는 것이 좋습니다.
이번에는 실습을 통해 3D 객체의 관리법에 대해 알아보겠습니다.

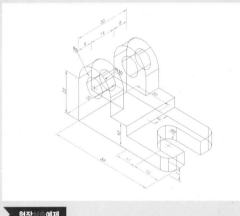

▶ 현장실습예제

예제 파일
Sample/T_3DEX07_B.dwg

완성 파일
Sample/T_3DEX07_F.dwg

01 Open 명령어를 이용하여 'Sample/T_
3DEX07_ B.dwg' 파일을 엽니다. 그
림과 같이 솔리드 객체가 모형 공간에 있습니
다. 하단의 [배치1] 탭을 눌러 배치 공간으로
이동합니다.

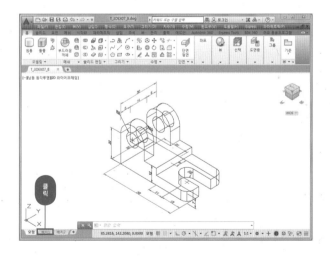

02 배치 공간으로 이동하면 하나의 뷰포트가 자동으로 나타납니다. 현재의 뷰포트 창은 필요 없으므로 Erase 명령어를 통해 다음과 같이 삭제합니다.

명령: E Enter
Erase
객체 선택: 1개를 찾음
→ P1점 클릭
객체 선택: Enter

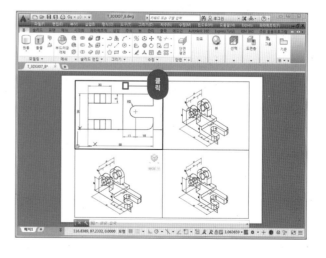

03 뷰포트 창이 삭제되면 모델링 객체가 안 보이므로 4개의 뷰포트 창을 Mview를 이용하여 꺼냅니다. 4개를 화면에 꽉 맞추어 표시합니다.

명령: MV Enter
Mview
뷰포트 구석 지정 또는 [켜기(ON)/끄기(OFF)/맞춤(F)/음영 플롯(S)/잠금(L)/객체(O)/폴리곤(P)/복원(R)/도면층(LA)/2/3/4] 〈맞춤(F)〉: 4 Enter
첫 번째 구석점 지정 또는 [맞춤(F)] 〈맞춤〉: Enter
모형 재생성 중 …

04 4개의 뷰포트 모두 동일한 관측점이 나타나므로 MS로 이동하여 모형 영역에서 원하는 관측점을 만들어줍니다. 먼저 MS 명령어 이후 왼쪽 위의 뷰포트를 클릭하고 PLAN을 통해 평면의 관측점을 표시합니다.

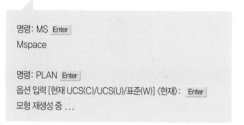

명령: MS Enter
Mspace

명령: PLAN Enter
옵션 입력 [현재 UCS(C)/UCS(U)/표준(W)] 〈현재〉: Enter
모형 재생성 중 …

05 왼쪽 아래 뷰포트를 클릭하고 뷰큐브의 정면을 누르거나 −VP 명령어로 암기된 정면의 숫자를 그림과 같이 입력하여 정면의 관측점을 만듭니다.

명령: −VP Enter
−VPOINT
현재 뷰 방향: VIEWDIR=153.1902,−153.1902,153.1902
관측점 지정 또는 [회전(R)] 〈나침반과 삼각대 표시〉: 0,−1,0 Enter
모형 재생성 중 …

06 다시 오른쪽 위의 뷰포트를 클릭한 후 뷰큐브의 우측면을 누르거나 −VP 명령어로 암기된 정면의 숫자를 그림과 같이 입력하여 우측면의 관측점을 만듭니다.

명령: −VP Enter
−VPOINT
현재 뷰 방향: VIEWDIR=153.1902,−153.1902,153.1902
관측점 지정 또는 [회전(R)] 〈나침반과 삼각대 표시〉: 1,0,0 Enter
모형 재생성 중 …

07 오른쪽 아래에 3차원 관측 뷰가 있습니다. 세 가지 종류의 치수가 나타나 있지만, 다른 도면에 이미 표시되어 있으므로 이 창에서는 치수 레이어가 안 보이도록 Vplayer를 실행하여 현재 도면에서 [동결] 또는 [해제]를 누릅니다.

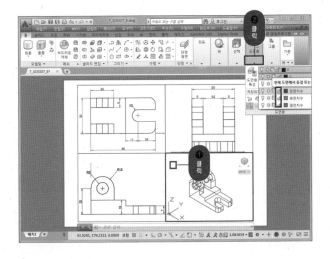

08 오른쪽 상단의 뷰는 측면 치수만 남기고 정면 치수와 평면 치수 도면층을 표시하지 않도록 도면층 목록을 눌러 Vplayer를 실행하여 현재 도면에서 동결 또는 해제를 누릅니다.

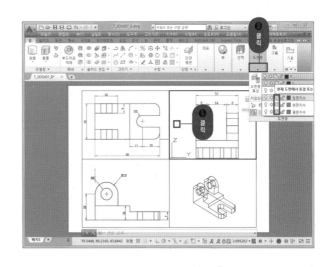

09 왼쪽 위의 뷰를 클릭한 후 다시 평면 치수만 남도록 도면층 목록을 눌러 정면 치수와 측면 치수 도면층을 표시하지 않도록 Vplayer를 실행하여 [현재 도면에서 동결 또는 해제]를 누릅니다.

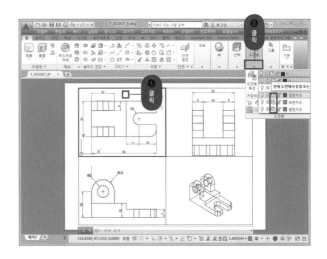

10 왼쪽 아래의 뷰를 클릭한 후 다시 정면 치수만 남도록 도면층 목록을 눌러 평면 치수와 측면 치수 도면층을 표시하지 않도록 Vplayer를 실행하여 [현재 도면에서 동결 또는 해제]를 누릅니다.

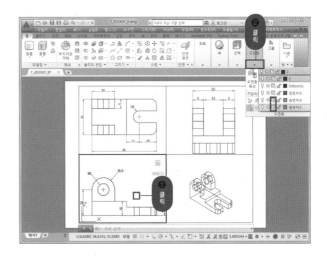

550

11 각각의 뷰 안에 객체가 너무 꽉 차 있습니다. 현재 창부터 Zoom 명령어를 통해 화면을 동일한 비율대로 축소합니다.

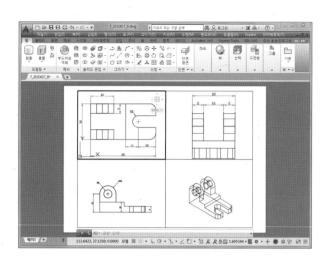

명령: Z Enter
Zoom
윈도우 구석 지정, 축척 비율(nX 또는 nXP) 입력 또는
[전체(A)/중심(C)/동적(D)/범위(E)/이전(P)/축척(S)/윈도우(W)/
객체(O)] 〈실시간〉: .7x Enter

12 왼쪽 상단 뷰를 클릭하고 조금 전과 동일하게 Zoom 명령어를 통해 화면을 동일한 비율대로 축소합니다.

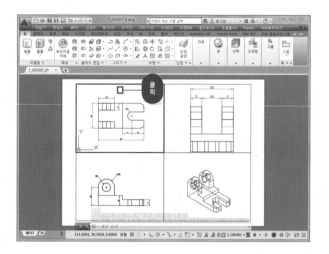

명령: Z Enter
Zoom
윈도우 구석 지정, 축척 비율(nX 또는 nXP) 입력 또는
[전체(A)/중심(C)/동적(D)/범위(E)/이전(P)/축척(S)/윈도우(W)/
객체(O)] 〈실시간〉: .7x Enter

13 오른쪽 상단 뷰를 클릭한 후 조금 전과 동일하게 Zoom 명령어를 통해 화면을 동일한 비율대로 축소합니다.

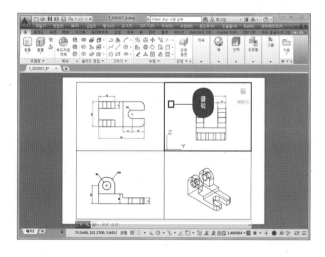

명령: Z Enter
Zoom
윈도우 구석 지정, 축척 비율(nX 또는 nXP) 입력 또는
[전체(A)/중심(C)/동적(D)/범위(E)/이전(P)/축척(S)/윈도우(W)/
객체(O)] 〈실시간〉: .7x Enter

14 이제 평면도와 정면도를 왼쪽 선분을 기준으로 정렬하겠습니다. 크게 어긋나지 않았으나 정확하지는 않으므로 정렬을 해야 하며, 화면에서 큰 변화는 못 느낄 수 있습니다. 객체 스냅은 수동으로 제어하게 되므로 'END'를 입력한 후 Enter 또는 Space Bar 를 누르고 다음의 P1점을 클릭합니다.

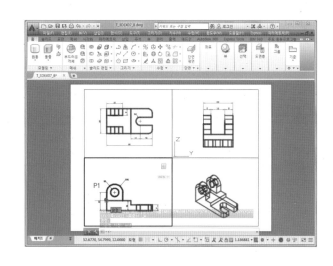

> 명령: MVSETUP Enter
> 옵션 입력 [정렬(A)/뷰포트 작성(C)/뷰포트 축척(S)/옵션(O)/제목 블록(T)/명령 취소(U)]: A Enter
> 옵션 입력 [각도(A)/수평(H)/수직 정렬(V)/뷰 회전(R)/명령 취소 (U)]: V Enter
> 기준점 지정: END Enter (또는 Space Bar) 후 P1점 클릭

15 기준점과 동일한 수직점의 위치가 될 왼쪽 상단 창을 클릭한 후 객체 스냅은 수동으로 제어하게 되므로 'END'를 입력합니다. 그런 다음 Enter 또는 Space Bar 를 누르고 다음의 P2점을 클릭합니다.

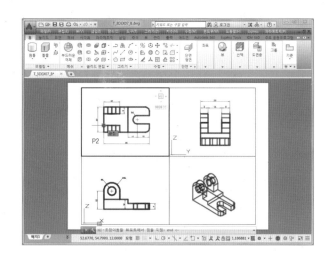

> 초점 이동할 뷰포트에서 점을 지정: 왼쪽 상단 뷰 클릭
> 두 번째 점을 지정: END Enter (또는 Space Bar) 후 P2점 클릭

16 이번에는 평면도와 측면도의 높이를 맞춰보겠습니다. 정렬 방식을 수직인 'V'를 입력한 후 기준점은 평면도 창을 기준으로 다음과 같이 'END'를 입력합니다. 그런 다음 Enter 또는 Space Bar 를 누르고 다음의 P3점을 클릭합니다.

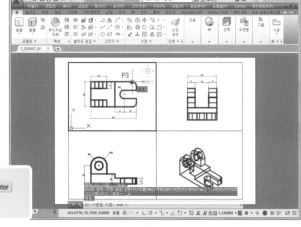

> 옵션 입력 [각도(A)/수평(H)/수직 정렬(V)/뷰 회전(R)/명령 취소(U)]: V Enter
> 기준점 또는 변위 지정: END Enter (또는 Space Bar) 후 P3점 클릭

17 기준점과 동일한 수평점의 위치가 될 오른쪽 상단 창을 클릭한 후 객체 스냅을 수동으로 제어해야 하므로 'END'를 입력합니다. 그런 다음 Enter 또는 Space Bar 를 누르고 다음의 P4점을 클릭하고 종료합니다.

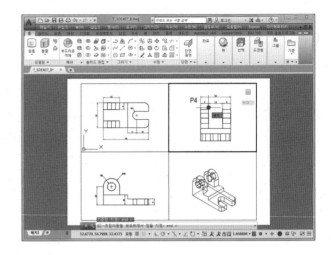

두 번째 점을 지정: END Enter (또는 Space Bar) 후 P4점 클릭

옵션 입력 [각도(A)/수평(H)/수직 정렬(V)/뷰 회전(R)/명령 취소(U)]: Enter

옵션 입력 [정렬(A)/뷰포트 작성(C)/뷰포트 축척(S)/옵션(O)/제목 블록(T)/명령 취소(U)]: Enter

호환성 관리 하기

이번 섹션에서는 AutoCAD에서 만든 도면 파일을 타 프로그램에서도 활용할 수 있도록 여러 가지 다양한 포맷을 활용해보겠습니다. 특히 일반적인 JPG, TIF와 같은 이미지 및 관공서 쪽으로 납품하는 도면에 많이 사용하는 PDF 등을 활용하여 저작권을 보호할 수 있는 등 다양한 방법을 익혀 여러 가지 파일 포맷으로 전환할 수 있는 능력을 키우도록 합니다. 호환성은 다양한 콘텐츠를 활용하는 사용자들에게 프로그램 간의 소통을 목적으로 하고 다른 프로그램과 AutoCAD를 한 번에 활용할 수 있는 방법을 제시합니다.

A u t o C A D 2 0 1 5

1 이미지 파일로 저장하기 Saveimg

고전적으로 이미지 파일로의 저장은 플롯(Plot) 명령을 통해 작업을 많이 했습니다. 그러나 이미지 파일의 사용이 많아져서 지금은 이미지 파일을 따로 저장하는 명령어를 통하면 빠르게 화면 속의 도면 내용을 JPG, TIF, BMP, PCX, TGA, PNG 같은 이미지 파일로 변경할 수 있습니다.

메뉴	명령 행
도구(T)-이미지 표시(Y)-저장(S)	Saveimg

명령어 사용법 ▼

이미지로 저장하려는 파일을 먼저 열기 명령어로 열어둔 채 원하는 구역을 Zoom으로 확대/축소하여 구역을 지정합니다. 이후 명령어를 입력하고 대화상자의 파일 포맷을 정한 후 파일명을 입력하여 [OK] 버튼을 클릭하여 저장합니다. 이것은 이미지 파일로 저장되는 것이므로 CAD 도면처럼 수정되지 않으며 변경된 사항이 있다면 도면을 수정한 후 다시 Saveimg 명령어를 통해 재저장해야 합니다. 만일 이미지만 수정한다면 이미지 편집 프로그램인 포토샵과 같은 프로그램을 이용하여 편집도 가능합니다.

명령: SAVEIMG [Enter]
→ 대화상자를 통해 원하는 파일 포맷을 선택한 후 파일 이름을 입력하고 품질을 결정한 다음 [확인] 버튼을 눌러 저장합니다.

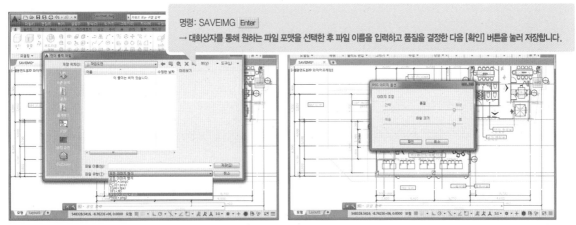

명령어 입력이후 파일 포맷 선택한 후 저장   저장 품질 결정

2 이미지 파일 불러오기 Imageattach

파일로 저장된 이미지 파일을 가져오는 명령어입니다. 보통 도면 안에 회사의 로고나 도면으로 완성될 예상도에 해당하는 이미지를 함께 넣어서 작성할 때 사용되며, 사용하는 방법은 Block을 Insert하는 방법과 동일합니다. 삽입된 이미지는 하나의 단독 객체로 사용되며 Scale, Rotate 등의 명령어도 사용이 가능합니다.

메뉴	리본 메뉴	명령 행
[삽입(I)-래스터 이미지(I)]	[삽입] 탭-[부착]	Imageattach(단축 명령어: IM)

명령어 입력 방법 ▼

이미지를 부착시키는 명령어는 일반 Imageattach 명령어 외에 Attach를 이용한 포맷을 정하여 가져올 수도 있습니다. 따라서 메뉴를 이용하는 경우 대화상자를 불러와 이미지 부착을 시도하고 명령 행에 명령어를 입력하는 경우 팔레트가 열려서 팔레트 안에서 원하는 이미지를 삽입하는 형태로 진행됩니다. 파일을 선택하면 블록의 Insert와 같은 대화상자가 나타나며, 해당 삽입 지점을 좌표나 마우스로 클릭하여 지정한 후 원본의 크기로 사용하거나 도면 안에 이용될 크기의 이미지로 스케일을 조정하거나 각도 등을 조절하여 도면 안에 삽입합니다.

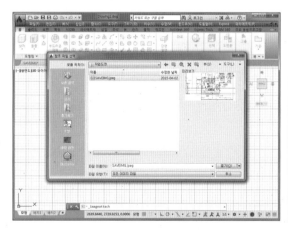 

명령: IMAGEATTACH Enter
삽입점 지정 ⟨0,0⟩:
→ 이미지의 삽입점의 좌표값을 입력하거나 마우스로 임의의 지점을 클릭합니다.
기본 이미지 크기: 폭: 1.000000, 높이: 0.524802, Millimeters
→ 원본 이미지의 크기를 표시합니다.
축척 비율 지정 ⟨1⟩:
→ 삽입할 이미지의 크기 배율을 입력합니다. Enter 를 입력하면 원본의 크기대로 삽입됩니다. 마우스로 드래그하여 크기를 정할수도 있습니다.

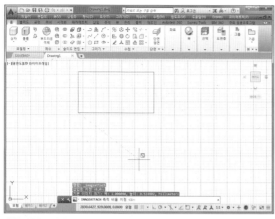

축척 비율을 고려하여 크기 조절

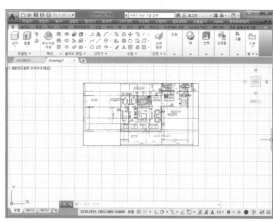

삽입된 이미지 파일

명령어 옵션 해설 ▼

삽입하는 이미지에 대한 기본값들을 조정하여 불러올 수 있습니다. 해당하는 대화상자 내의 옵션 내용을 확인하여 미리 설정하여 이미지를 삽입해보도록 합니다.

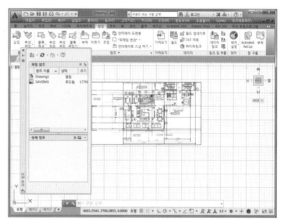

옵션	옵션 해설
이름 (Name)	삽입할 이미지 파일 이름을 표시하거나 선택합니다. 새로운 파일을 선택하는 경우, 우측의 [Browse] 버튼을 클릭하여 파일을 선택합니다.
미리 보기 (Preview)	선택한 이미지 파일을 미리 보여줍니다.
경로 유형 (Path Type)	삽입하는 이미지의 경로를 표시합니다.
축척 (Scale)	삽입하는 이미지의 크기를 조절합니다.
삽입점 (Insertion Point)	삽입하는 이미지의 삽입점의 위치를 조절합니다.
회전 (Rotation)	삽입하는 이미지의 회전 각도를 조절합니다.

Imageattach의 경우 메뉴 이용과 명령 행 이용 시 대화상자와 패널이 표시됩니다

Imageattach 명령어는 메뉴를 이용하면 해당하는 대화상자로 바로 이동되지만 리본 메뉴를 이용하거나 명령어를 입력하면 팔레트 패널이 나타납니다.
그림에 표시된 구역처럼 파일을 선택하여 삽입할 수 있습니다.

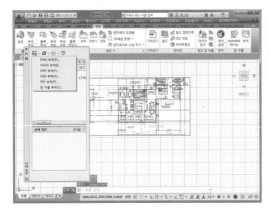

3 공통 파일을 내보낼 수 있는 Dxfout

호환성이라는 문제를 해결하기 위해서는 어느 프로그램에서나 공통으로 사용할 수 있는 공통 파일 형식으로 저장할 수 있어야 합니다. 이때
공통 파일로 사용한 DXF 파일로 만드는 명령어가 'Dxfout'라는 명령어입니다. 이것은 파일을 저장하는 Save 명령어로 저장이 가능하며
파일 형식만 'DXF'로 선택하면 일반 DWG 파일도 DXF 파일로 저장됩니다. 파일 형식을 DXF 파일로 저장하는 경우 ASCII 파일이나
Binary 형식을 선택하여 교환 파일을 만들 수 있으며, 사용자의 용도에 따라 선택이 가능합니다.

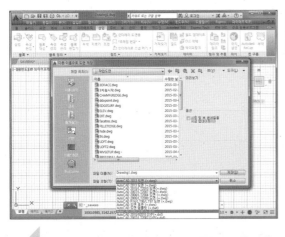

명령: DXFOUT Enter
→ DXF 파일 포맷을 선택한 후 원하는 파일 이름을 입력하고 저장합니다.

4 공통 파일을 불러오는 Dxfin

앞의 설명에서와 마찬가지로 DXF 파일은 기본적으로 현재 사용 중인 프로그램에서 사용하는 것을 목적으로 하기보다 다른 프로그램과의 호환성을 목적으로 하는 파일 형식입니다. 따라서 DXF 파일은 해당 도면 요소를 공유할 목적으로 사용하는 교환용 파일로 DXF를 지원하는 모든 프로그램에서는 공통으로 사용할 수 있는 파일 포맷입니다. 예를 들어 맥스와 캐드, 캐드와 일러스트, 등과 같이 각각의 프로그램이 원하는 파일들을 서로 공유하여 맥스 파일을 DWG 파일로, DWG 파일을 JPG나 EPS 파일로 호환이 가능하지만 버전이 낮은 프로그램의 경우에는 호환되지 않거나 혹은 된다고 하더라도 사용자가 원하는 수준에 도달하지 못하는 경우가 있습니다. 이 경우에 프로그램끼리 상호 공통으로 사용이 가능한 파일을 찾게 되는데, 이때 사용할 수 있는 파일이 DXF 파일 포맷이며 [DXFIN]은 DXF 파일을 현 도면 안으로 불러들이는 명령어입니다.

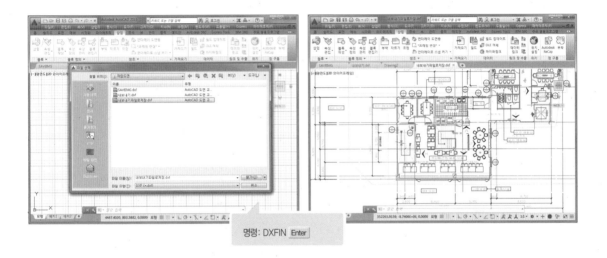

명령: DXFIN Enter

5 PDF 문서 만들기 Plot

PDF 문서는 여러 가지 문서로 저장하고 보관 및 사용이 원활하여 많이 사용하는 포맷 중에 하나입니다. 다만 일반 저장 방식이 아닌 출력 방식을 통해 저장해야 하므로 PDF 파일로 저장 시 'Plot'이라는 출력 명령어를 이용해야 합니다. 만일 사용자의 PLOT 장치 목록에 PDF 파일이 포맷이 없다면 플롯 환경 설정에서 Adobe Postscript 방식의 포맷을 추가해야 합니다.

명령: PLOT Enter
→ 플롯을 실행한 후 프린터/플로터 목록을 그림과 같이 Adobe PDF로 선택하고 원하는 플롯의 환경을 지정합니다.

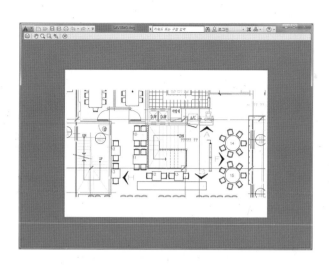

→ 미리 보기를 통해 본인이 원하는 구역이 제대로 설정되었는지를 확인합니다.

→ 원하는 파일명을 입력한 후 [저장] 버튼을 클릭하여 저장합니다.

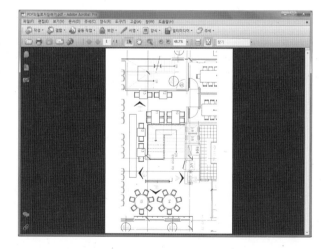

→ PDF 파일이 완료되면 PDF를 볼 수 있는 Acrobat 등을 통해 면 처리할 수 있습니다.

기타 파일 포맷으로 저장할 수 있어요

DXF와 같은 공통 파일 이외에 다른 포맷으로 전환해주는 Export 명령어도 있습니다. 일반적인 DXF 파일 이외에 WMF나 BMP뿐만 아니라 FBX 파일이나 DGN 형식의 파일로도 전환이 가능한 명령어가 'Export'입니다. Export 명령어의 단축 명령인 EXP를 입력하면 다음과 같이 대화상자가 나타나고 해당 대화상자의 파일 형식을 원하는 파일 형식으로 선택하면 원하는 파일의 포맷으로 전환됩니다.

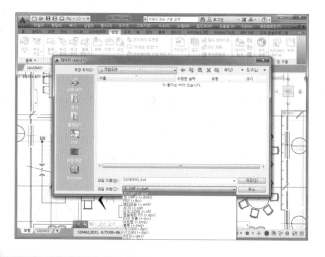

INDEX